로스쿨 불법행위법

김학동 외

세창출판사

이 도서의 국립중앙도서관 출판예정도서목록(CIP)은 서지정보유통지원시스템 홈페이지(http://seoji.nl.go.kr)와 국가자료공동목록시스템(http://www.nl.go.kr/kolisnet)에서 이용하실 수 있습니다.(CIP제어번호: CIP2014023018)

■ 머리말 ■

이제 로스쿨 민법교재의 마지막 편으로 「불법행위법」을 —「계약법」과 함께— 출간합니다. 법학전문대학원 체제의 도입이 확정되면서 이 새로운 교육제도에 맞는 교재를 만들어보자고 머리를 맞댔던 것이 5년 전인데, 이제 그 마지막 작품을 내놓게 되었습니다.

원래 교재의 편제는 민법전의 편제에 의하기로 했는데, 채권각론은 그 내용이 방대해서 「계약법」과 「불법행위법」을 나누었습니다. 그래 이 불법행위법 책자의 내용은 민법전의 채권편(제3편) 중 계약(제2장) 부분을 제외한 나머지 부분, 즉 사무관리 · 부당이득 · 불법행위(제3장-제5장)에 관한 것입니다. 다만 이 중 불법행위가 가장 방대하고 중요하므로, 책자 이름도 불법행위법으로 하고 서술 순서도 민법전의 순서와는 달리 불법행위를 앞에 두었습니다.

이 책자의 성격과 서술방식은 그동안 발간된 책자에서와 동일합니다. 이를 간단히 적는다면, 가장 기본적인 방향은 기존의 교과서와는 달리 법제도에 관한 추상적 설명 없이 오직 그 법제도가 적용된 판례만을 다룬다는 점입니다. 법제도에 관한 추상적 설명을 하다 보면 기성의 교과서로 회귀할 가능성이 있기 때문이기도 하지만, 그보다는 우리 법교육의 문제점은 법제도에 대한 추상적 이해에 매여 이의 실제적 의미를 파악하지 못하는 것인데, 이러한 점을 보완하기 위해서는 판례 중심의 교재가 필요하다고 생각했기 때문입니다.

이 책자는 이러한 기본방향과 취지로 인하여 다음과 같은 특성을 가집니다.

첫째, 판례만을 다루지만, 이는 법제도의 실제적 의미를 파악하도록 하기 위해서이므로, 지도적 판결을 모은 판례집이 아니라 강의용 교재입니다.

둘째, 교재이지만, 법제도에 대한 추상적 설명은 기성의 교과서에 맡기므로, 부교재일 뿐입니다.

셋째, 판례를 통해서 추상적 법제도의 실제적 의미를 파악하는 데 도움을 주기 위해서, 사안과 판결을 요약 정리하고 검토사항 · 관련사례 등을 덧붙였습니다.

요약한다면, 영미의 casebook을 지향하면서도, 판례를 이해하는 데 필요한 것을 덧붙였습니다.

그동안 발간된 로스쿨 민법교재를 통하여 독자들로부터 이 책자의 좋은 점과 아쉬운 점에 관한 의견을 들었습니다. 그리고 이를 토대로 이번 책자부터 약간의 수정을 가할 것인가 하는 점을 두고 고민도 하였습니다. 그런데 일단 이번 교재까지는 기출부분과의 일관성을 유지하고, 개정판부터 독자의 의견을 반영하기로 하였습니다.

이 책자를 시작하면서 고민하였던 것은, 어떤 것이 바람직한 법학교재인가 하는 점입니다. 이런 고민은 앞으로도 계속될 것입니다. 독자들의 의견과 조언을 기다립니다.

지금까지의 책자는 박영사에서 출간해 왔는데, 앞으로는 세창출판사에서 출간하기로 하였습니다. 세창출판사에 감사드리며, 아울러 모든 출판관계 일을 관장해 주시는 임길남 상무님께 감사의 뜻을 표합니다.

2014. 7.

저자를 대표하여　김학동 씀

■ 차 례 ■

제1장 불법행위

제1절 총 설 ······ 1

제2절 일반 불법행위 ······ 5

제1관 불법행위의 요건 ······ 5

1. 행 위 / 5
2. 위법성 / 10
3. 고의 혹은 과실 / 28
4. 책임능력 / 34
5. 손해의 발생 / 36
6. 인과관계 / 47

제2관 불법행위의 효과 ······ 53

1. 침해행위의 금지 또는 예방청구의 문제 / 53
2. 손해배상의 방법 / 56
3. 손해배상청구권자 / 60
4. 손해배상의 범위 / 63
5. 손해배상액의 산정 / 71
6. 손해배상청구권의 소멸시효 / 92

제3관 불법행위의 유형 ······ 99

Ⅰ. 인격권의 침해 ······ 99

1. 명예훼손 / 99
2. 인신공격적 표현: 모욕 / 105
3. 초상권 침해 / 110
4. 인격권에 기한 금지청구권 / 114

Ⅱ. 환경 침해 ······ 117

1. 공 해 / 117
2. 소 음 / 123
3. 일조권 침해 / 132
4. 조망권(조망이익) 침해/137

Ⅲ. 의료과오 ······ 141

1. 환자와 의사 사이의 의료관계 / 141
2. 의료과오소송 / 153

Ⅳ. 기타 개별적 유형 ········· 172
1. 재물의 침해 / 172 2. 인신의 침해 / 175
3. 부동산의 불법처분 / 182 4. 저당권의 침해 / 186
5. 채권의 침해 / 190 6. 법적 절차의 부당이용 / 199
7. 위법한 직무집행 / 208 8. 사용자의 부당행위 / 227
9. 집단행동 / 233

제3절 특수불법행위 ········· 237
제1관 민법에 기한 책임 ········· 237
제1항 무능력자 감독자의 책임 ········· 237
1. 법정감독의무자의 책임 / 237
2. 대리감독의무자의 책임 / 239
3. 학생의 불법행위와 교사 등의 책임 / 244
4. 미성년자의 불법행위와 친권자의 책임 / 248
제2항 사용자책임 ········· 250
Ⅰ. 사용자책임의 요건 ········· 250
1. 사용관계 / 250 2. 사무집행관련성 / 264
3. 피해자의 악의 또는 중과실 / 273
Ⅱ. 사용자책임의 효과 ········· 279
1. 배상책임 / 279 2. 피용자에 대한 구상권 / 282
제3항 공동불법행위 ········· 284
Ⅰ. 공동불법행위의 성립요건 ········· 284
1. 협의의 공동불법행위 / 284 2. 가해자 불명의 공동불법행위 / 288
3. 교사 또는 방조 / 291
Ⅱ. 공동불법행위의 효과 ········· 295
1. 대외적 관계 / 295 2. 내부적 관계 / 304
제4항 공작물책임 ········· 315
Ⅰ. 책임의 요건 ········· 315
1. 공작물의 하자 / 315 2. 입증책임 / 329
Ⅱ. 배상책임자 ········· 330

Ⅲ. 다른 법률과의 관계 …… 333
1. 국가배상법과의 관계 / 333　2. 실화책임법과의 관계 / 335
제2관 특별법에 기한 책임 …… 338
제1항 자동차손해배상책임 …… 338
Ⅰ. 자동차손해배상보장법의 의의 …… 338
1. 민법의 특별규정 / 338
2. 보험자의 배상책임 범위와 내용 / 340
Ⅱ. 자동차 운행자 …… 343
1. 운행지배와 운행이익을 인정한 사례(예외적 · 호의적 주차대행) / 343
2. 운행지배와 운행이익을 부정한 사례(절취운전) / 345
3. 공동의 운행지배와 운행이익을 인정한 사례 / 348
Ⅲ. 자동차의 운행과 사고 …… 350
1. 운　행 / 350
2. 운행과 사고 사이의 인과관계 / 352
Ⅳ. 면책사유 …… 354
1. 자배법상 면책사유: 고의 또는 자살행위 / 354
2. 신뢰의 원칙 / 355
Ⅴ. 특수한 문제 …… 357
1. 손해의 범위와 제한(호의동승) / 357
2. 상속 관련 문제(채권 · 채무의 혼동) / 359
제2항 제조물책임 …… 362

제2장 사무관리

1. 사무관리의 요건 / 372　2. 사무관리의 효과 / 374

제3장 부당이득

1. 급부부당이득 / 379
2. 인식 있는 비채변제와 불법원인급여 / 383
3. 침해부당이득 / 391
4. 삼면관계 부당이득 / 395
5. 부당이득의 효과 / 400

▨ 판례색인 ······ 403

로스쿨 불법행위법

제1장 불법행위

제1절 총 설

대판 2009.11.12. 2009다42765

| 사안 | 甲(원고)이 乙(피고 1)회사와 일반전화 가입계약을 체결하고 전화를 사용하여 왔다. 丙(피고 2)은 乙의 **지점 요금관리팀장으로 근무하던 중, 甲이 일정 기간 동안의 전화요금을 연체하였다는 이유로 시내전화이용약관에 따라 甲의 전화를 직권 해지하는 한편, 乙이 甲에게 반환하여야 할 설비비를 위 미납요금과 대등액에서 상계처리하였다. 이에 甲이, 자신은 전화요금을 연체한 바가 없는데도 乙과 丙이 아무런 독촉이나 통보절차 없이 위 전화를 직권으로 해지한 뒤 요금을 상계처리하였다고 하면서, 이들에게 손해배상을 청구하였다.

원심은, 甲의 주장을 "乙 · 丙은 '불법행위에 기한 손해배상'으로서 연대하여 손해를 배상할 의무가 있다"는 것으로 정리한 다음, 乙 · 丙이 위 전화를 부당하게 직권 해지하는 등 불법행위를 저질렀다는 점에 대한 甲의 입증이 부족하다는 이유로, 甲의 청구를 기각한 제1심 판결을 그대로 유지하였다.

| 판지 | (1) **피고 1에 대한 청구 부분** — 이 사건에서 피고 1의 손해배상책임이 인정될 것인지 여부의 관건이 되는 핵심적인 법률요건은 원고가 전화요금을 연체하였는지 여부 및 피고 1이 해지에 앞서 이행최고절차를 거쳤는지 여부이다. 그런데 위 요건들에 대한 입증책임은 손해배상청구의 법률적 근거를 계약책임으로 구성하느냐 아니면 불법행위책임으로 구성하느냐에 따라 정반대로 달라지게 된다. 즉

계약책임으로 구성할 경우 위 요건들에 대한 입증책임(원고가 전화요금을 연체하였다는 것과 피고 1이 이행최고를 하였다는 것에 대한 입증책임)은 피고 1이 부담하게 되는 반면, 불법행위책임으로 구성할 경우 그 입증책임(원고가 전화요금을 연체하지 않았다는 것과 피고 1이 이행최고를 하지 아니하였다는 것에 대한 입증책임)은 일반원칙에 따라 원고가 부담하게 되는 것이다. 따라서 이 사건 손해배상청구의 법률적 성질을 어떻게 파악하느냐는 그에 따라 소송의 승패가 달라질 수도 있는 중대한 법률적 사항에 해당한다고 할 것이다.

기록에 의하면 원고는 제1심과 원심에서 이 사건 손해배상청구가 계약책임을 묻는 것인지 아니면 불법행위책임을 묻는 것인지 명시한 바가 없음을 알 수 있는데, 이는 원고가 부주의나 법률적인 지식의 부족으로 입증책임의 법률적 효과에 관하여 명백히 이해하지 못하고 있거나 그 주장이 법률상의 관점에서 보아 불명료 또는 불완전한 경우라고 하지 않을 수 없다. 따라서 원심으로서는 마땅히 위와 같은 점을 지적하고 원고에게 의견을 진술할 기회를 부여함으로써, 원고로 하여금 그 주장을 법률적으로 명쾌하게 정리할 기회를 주었어야 한다. 그럼에도 불구하고 원심이 이러한 조치를 취하지 아니하고 위와 같이 원고의 청구를 받아들이지 아니한 것은 석명권을 적절하게 행사하지 아니하고 당사자에게 법률사항에 관한 의견 진술의 기회를 주지 아니하여 잘못이라고 할 것이다.

(2) **피고 2에 대한 청구 부분** — 피고 2에 대한 청구 부분에 대하여도 앞서 본 것과 마찬가지로 원심은 석명권을 적절하게 행사하지 아니한 잘못이 있다. 다만 피고 2는 원고와 아무런 계약관계에 있지 아니하므로 피고 2에 대해서는 계약책임을 물을 여지가 없다. 그리고 피고 2는 단순히 피고 1의 **지점 요금관리팀장에 불과할 뿐, 이 사건 전화의 직권해지과정에 관여하였음을 인정할 아무런 증거가 없으므로, 피고 2에 대하여 불법행위책임을 물을 수도 없다. 결국 원심의 조치에 위와 같은 잘못이 있다 하더라도 이러한 잘못이 판결 결과에 영향을 미쳤다고 할 수 없다.

■ 쟁 점

위 판결은 甲이 전화요금을 연체하지 않았음에도 乙이 연체를 이유로 전화가입계약을 해지하였음을 이유로 손해배상을 청구한 경우에, 그 배상청구의 법률적 근거가 불법행위이냐 채무불이행이냐에 따라 이의 요건에 관한 입증책임에 어떤 차이가 있는가 하는 점이 문제된 것이다.

■ 검토할 사항

- 동일한 사안이 불법행위의 요건도 갖추고 채무불이행의 요건도 갖춘 경우에, 불법행위를 이유로 한 손해배상청구권과 채무불이행을 이유로 한 손해배상청구권이 모두 성립하는가?
- 甲의 손해배상청구가 불법행위를 이유로 한 것인가 채무불이행을 이유로 한 것인가 하는 점에 따라 어떤 점에 차이가 생기는지를 검토하시오.
- 甲의 손해배상청구가 양자 중 어느 것에 기한 것인가 하는 점이 불분명한 경우에 법원은 어떠한 조치를 취해야 하는가?
- 乙의 책임과 그의 직원 丙의 책임의 차이를 살피시오.

■ 관련사례

- 법률행위가 사기에 의한 것으로서 취소되었는데 기망행위가 동시에 불법행위를 구성하는 경우에, 취소의 효과로 생기는 부당이득반환청구권과 불법행위로 인한 손해배상청구권은 경합하여 병존하고 따라서 상대방은 양자 중 하나를 선택하여 행사할 수 있는가? (대판 1993.4.27. 92다56087)

■ 기타 검토사항

- 하나의 생활사실이 채무불이행의 요건과 불법행위의 요건을 모두 충족하는 경우에는 각자에 기한 손해배상청구권이 병존하고, 따라서 권리자는 어느 것을 행사할 수도 있다고 하는 것(소위 청구권경합설)이 우리의 지배적 견해이다. 이러한 이론의 문제점, 그리고 이와 다른 이론의 내용을 살피시오.
- 계약당사자 간에 면책약관이 있는 경우에, 이는 채무불이행에 기한 손해배상에만 적용되는가 아니면 불법행위에 기한 손해배상에도 적용되는가? 그리고 이는 그 면책약관이 어떤 법률관계에 기한 것이냐 하는 점에 의하여 달라지지 않는가? 이 문제에 관해서는 다음 사례를 참조할 것.
- A회사는 B회사에게 물품을 팔고, 운송회사 C와 해상운송계약을 체결하여 그로 하여금 위 물품을 B에게 인도하도록 하였는데(A가 위 운송계약에 기해서 선하증권을 발행하고, B가 이를 소지하고 있음), C회사 소속 선박의 선박사용인의 과실로 일부 화물이 파손되었다. 그리하여 B회사와 해상적하보험계약을 체결한 보험업자 D가 B에게 적하보험금을 지급하고, B의 C에 대한 손해배상청구권을 취득하였다. 이에 기해서 D가 C에 대하여 불법행위로 인한 손해배상과 운송채무불이행으로 인한 손해배상을 선택적으로 청구하였다. 그런데 위 선하증권의 면책약관에 의하면 운송인은 일정 범위의 운송물 멸실 또는 훼손에 대해서는 일정 가액 이상의 배상책임을 지지 않는다는 면책규정이 있었다. C는 이러한 면책규정은

운송계약상의 채무불이행으로 인한 손해배상청구뿐만 아니라 다른 특약이 없으면 불법행위로 인한 손해배상청구에도 적용된다고 항변하였다. 타당한가? [대판(전) 1983.3.22. 82다카1533]

- A는 B회사에 근무하던 중 1982.4.13. B회사로부터 징계해고처분을 당하였다. 그리하여 A는 B를 상대로 위 해고처분의 무효확인 및 해고기간 동안의 임금청구소송(前訴)을 제기하여 승소하였다("위 징계해고처분은 무효이다. 피고 B는 원고 A에게 위 처분 다음 날부터 원고를 원직에 복직시킬 때까지 매일 일정액의 금원을 지급하라"는 내용의 판결). 그런데 B가 A를 원직에 복직시키지 않자, A는 다시, B가 자신을 원직에 복직시켜 주지 않음으로써 만약 복직시켰다면 받았을 임금상승분 만큼의 손해를 입게 되었다고 하면서, 주위적으로는 원직에 복직시켜 주어야 할 채무의 불이행에 기하여, 예비적으로는 복직거절이라는 불법행위에 기하여 손해의 배상을 청구하는 소를 제기하였다. 이에 대하여 B는 위 주위적 청구뿐만 아니라 예비적 청구도 前訴와 소송물이 동일하다고 항변하였다. 이러한 항변은 타당한가? (대판 1989.3.28. 88다1936)

■ 참고문헌

- 김진홍, 부당이득반환청구권과 손해배상청구권의 경합, 판례연구 8집, 1995, 134-145, 서울지방변호사회.
- 문일봉, 선택적 병합과 청구권경합, 법조 48권 3호(1999.3.), 112-152.
- 이재목, 청구권경합문제의 논의현황과 신실체법설의 위치, 비교사법 4권 1호(통권 6호), 1997, 293-336.
- 호문혁, 법조경합과 청구권경합에 관한 판례의 동향, 민사판례연구 10권, 1988, 467-498.

제2절 일반 불법행위

제1관 불법행위의 요건

1. 행 위

대판 1999.6.11. 98다22963

| 사안 | 1. A는 국민은행으로부터 금원을 차용함에 있어서 1993.3.30. 甲(원고, 신용보증기금)과 신용보증약정을 체결하였는데, 1994.7.11. 당좌부도를 내었다. 그런데 A는 1992년경 乙(피고)로부터 아파트를 분양받았으며, 그리하여 아파트의 분양대금을 완납하게 되면 乙에 대하여 소유권이전등기청구권을 가지게 되어 있었다. 이에 甲은 위 신용보증약정에 따라 취득하게 된 사전구상권의 보전을 위하여, 1994.7.13. A의 乙에 대한 위 소유권이전등기청구권에 대하여 가압류결정을 받았고, 위 가압류결정이 乙에게 송달되었다. 그런데 다른 한편으로 1994.1.11.에 A로부터 위 아파트를 매수한 B가 1994.8.3. A의 乙에 대한 위 소유권이전등기청구권에 관하여 처분금지 가처분결정을 받았다.

2. 1994.12.8. 위 아파트에 관하여 乙 명의의 소유권보존등기가 경료되자, B는 A와 乙을 공동피고로 하여 순차 소유권이전등기를 청구(乙에 대하여는 A를 대위하여)하는 소를 제기하였다. 그런데 이 소송에서 A와 乙이 응소하지 아니함(재판기일에 출석하지 않음)에 따라 1995.5.12. 의제자백으로 B의 전부 승소판결이 내려졌고(B는 소장 청구원인 제2항에서 甲의 선행 가압류가 있음을 자인하면서 그 가압류금액을 대위변제할 용의가 있다는 사정을 기재하였는데, 법원은 乙이 답변서도 제출하지 아니하고 출석하지도 아니하여 의제자백이 성립되자 청구원인 제1항만을 진술하게 하였다), 위 판결이 그대로 확정되어 1995.6.22. 소유권이전등기(乙로부터 A에게로, 다시 B에게로)가 경료되었다.

3. 甲은 1994.12.19. 국민은행에 A의 대출금채무를 대위변제하였고, 1995.2.8. A를 상대로 구상금청구소송을 제기하여 1996.2.1. 승소판결을 선고받았다. 그

런데 그 후 A의 소유권이전등기가 경료된 것을 알게 되자, 乙에 대하여 불법행위를 이유로 손해배상청구소송을 제기하였다. 소송에서는 乙이 재판에 불출석한 것(不應訴), 즉 단순히 아무런 적극적 행위를 하지 않은 것(不作爲)이 불법행위가 되는가 하는 점이 다투어졌다.

| 소송 경과 | 1. 제1심(원고의 청구 기각)

B명의로 소유권이전등기가 경료된 것은 확정판결에 기한 것으로 피고가 임의로 이를 경료하여 준 것이 아니므로 불법행위가 성립하지 아니하고, 소유권이전등기청구권 가압류의 제3채무자인 피고로서는 A명의의 소유권이전등기나 B명의의 소유권이전등기가 경료되지 않도록 적극적으로 저지할 의무가 있다고 하기 어렵다. 더구나 B가 원고의 위 소유권이전등기청구권 가압류가 있음을 자인하고 있는 마당에, 피고에 대한 승소판결에 기하여 소유권이전등기가 경료되었다고 하여 피고에게 손해배상책임을 지울 수 없으며, 제3채무자에게 적극적으로 민사소송법 제577조 소정의 보관인 선임을 신청할 의무도 없다.

2. 원심(원고의 청구 일부인용)

소유권이전등기를 명하는 판결은 의사의 진술을 명하는 판결로서 이것이 확정되면 채무자는 일방적으로 이전등기를 신청할 수 있고 제3채무자는 이를 저지할 방법이 없으므로, 소유권이전등기청구권이 가압류된 경우에는 일반채권이 가압류된 경우와 달리 제3채무자로서는 채무자의 소유권이전등기청구소송에 대해 응소하여 다투어야 할 가압류의 처분금지적 효력에 수반하는 주의의무가 있다고 보아야 할 것이고(제3채무자는 민사소송법 제577조에 의하여 보관인에게 이전함으로써 채무를 면할 수 있으므로 그와 같이 본다고 하여 지나치게 가혹하다 할 수 없고, 그렇지 않다고 하면 가압류의 처분금지적 효력은 무용의 것이 된다), 만일 제3채무자가 고의 또는 과실로 이에 응소하지 아니하여 채무자에게 소유권이전등기가 경료됨으로써 채무자가 이를 처분한 결과 채권자에게 손해를 입혔다면 제3채무자는 임의로 채무자에게 소유권이전등기를 경료하여 준 경우와 마찬가지로 채권자에 대하여 불법행위가 성립되어 그 배상책임을 면할 수 없다.

3. 피고의 상고이유

위 가압류의 처분금지적 효력이 전혀 미치지 않는 제3자인 B가 제소하여 온 사건에서 피고가 위 등기청구권이 가압류된 사실을 주장 · 입증하여 다투어 주지 않았다고 하여 곧 고의 · 과실로 가압류등기청구권을 침해한 불법행위가 된다고 할 수 없다. 또 B가 소유권이전등기청구소송을 제기함에 있어서 스스로 원고의 가압류가 있음을 자인하고 A의 원고에 대한 채무를 대위변제할 용의가 있다고 밝혔으므로 피고로서는 이 소송에 응소하거나 항소할 의무가 없으며, 오히려 그와 같은 경우 법원이 A로 하여금 대위변제하거나 가압류결정문을 제출하게 하여 가압류해제조건부 판결을 하였어야 함에도 그렇게 하지 아니한 잘못이 있음에도 그 책임을 피고에게 전가시키는 것이 되어 부당하다.

| 판지 | 소유권이전등기청구권에 대한 가압류가 있으면 그 변제금지의 효력에 의하여 제3채무자는 채무자에게 임의로 이전등기를 이행하여서는 안되는 것이나, 그와 같은 가압류는 채권에 대한 것이지 등기청구권의 목적물인 부동산에 대한 것이 아니고, 채무자와 제3채무자에게 결정을 송달하는 외에 현행법상 등기부에 이를 공시하는 방법이 없는 것으로서 당해 채권자와 채무자 및 제3채무자 사이에만 효력을 가지며 제3자에 대하여는 가압류의 변제금지의 효력을 주장할 수 없으므로, 소유권이전등기청구권의 가압류는 청구권의 목적물인 부동산 자체의 처분을 금지하는 대물적 효력은 없다 할 것이고, 제3채무자나 채무자로부터 이전등기를 경료한 제3자에 대하여는 취득한 등기가 원인무효라고 주장하여 말소를 청구할 수는 없는 것이므로, 제3채무자가 가압류결정을 무시하고 이전등기를 이행하고 채무자가 다시 제3자에게 이전등기를 경료하여 준 결과 채권자에게 손해를 입힌 때에는 불법행위를 구성하고 그에 따른 배상책임을 지게 된다고 할 것이다.

그런데 소유권이전등기를 명하는 판결은 의사의 진술을 명하는 판결로서 이것이 확정되면 채무자는 일방적으로 이전등기를 신청할 수 있고 제3채무자는 이를 저지할 방법이 없으므로, 소유권이전등기청구권이 가압류된 경우에는 변제금지의 효력이 미치고 있는 제3채무자로서는 일반채권이 가압류된 경우와는 달리 채무자 또는 그 채무자를 대위한 자로부터 제기된 소유권이전등기 청구소송에 응소하여 그 소유권이전등기청구권이 가압류된 사실을 주장하고 자신이 송달받은 가압류결정을 제출하는 방법으로 입증하여야 할 의무가 있다고 할 것이고, 만일 제3채무자가 고의 또는 과실로 위 소유권이전등기 청구소송에 응소하지 아니한 결과 의제자백에 의한 판결이 선고되어 확정됨에 따라 채무자에게 소유권이전등기가 경료되고 다시 제3자에게 처분된 결과 채권자가 손해를 입었다면, 이러한 경우는 제3채무자가 채무자에게 임의로 소유권이전등기를 경료하여 준 것과 마찬가지로 불법행위를 구성한다고 보아야 할 것이다.

그리고 소유권이전등기청구권이 가압류되어 있다는 사정은 피고 측의 항변사유에 해당하는 것이고 직권조사사항은 아닌 만큼, 소유권이전등기청구소송의 소장에 그와 같은 가압류의 존재 사실이 기재되어 있다고 하더라도 이는 선행자백에 불과하여 피고가 응소하여 그 부분을 원용하는 경우에 비로소 고려될 수 있는 것이므로, 피고가 답변서를 제출하지 아니하고 변론기일에 출석하지도 아니하여 그 사건의 원고가 주장하는 소유권이전등기청구권의 요건 사실에 관하여 의제자백의 효과가 발생한 이상 법원으로서는 전부승소의 판결을 할 것이지 단순히 가압류 사실을 알게 되었다고 하더라도 가압류가 해제될 것을 조건으로 한 판결을 할 수는 없는 것이다. 그러므로 원심의 판단은 정당하다.

■ 쟁 점

위 판결은 甲이 먼저 乙의 A에 대한 소유권이전등기의무에 대하여 가압류하였음에도, 그 후에 B가 乙의 위 의무에 관하여 처분금지 가처분을 하고 乙을 상대로 이전등기청구소송을 제기하였으나 乙이 응소하지 않아 의제자백으로 B의 승소판결이 확정되어 B에게의 이전등기가 경료한 경우에, 乙의 불응소가 甲에게 불법행위로 되는가 하는 점이 문제된 것이다.

■ 검토할 사항

- □ 어떤 자가 아무런 적극적 행동도 취하지 않은 경우(부작위)에도, 그것이 "가해행위"가 되어 불법행위로 될 수 있는가? 그렇게 되기 위한 요건은 무엇인가?
- □ 일반채권이 가압류된 경우와 소유권이전등기청구권이 가압류된 경우의 차이는 무엇인가? 후자의 경우에 제3채무자(乙)가 제3자(B)가 제기한 소유권이전등기청구소송에 응소하여 그 소유권이전등기청구권이 가압류된 사실을 주장 입증할 의무를 지는 이유는 무엇인가?

■ 관련사례

- □ 아파트 분양자는 아파트단지 인근에 공동묘지가 조성되어 있는 사실을 수분양자에게 고지할 신의칙상의 의무를 지는가? [대판 2007.6.1. 2005다5812,5829,5836. 이의 내용은 「과대광고」 부분에서 소개함(221면)]
- □ 아파트 분양에서 분양회사가 아파트단지 주변에 쓰레기매립장이 건설될 예정임을 알면서 분양시에 이를 알리지 않은 경우에, 부작위에 의한 불법행위로 되는가? [대판 2006.10.12. 2004다48515. 이 판결에서 문제된 그 외의 사항은 「과대광고」 부분(226면) 참조]
- □ 파출소에서 상급자인 경찰관 A가 피의자 B를 폭행할 때 하급경찰관 C가 단지 이

를 제지하지 않은 것은 부작위에 의한 불법행위가 되는가? (대판 1993.6.8. 92다633)

- 중사 A가 소속 부대원 B가 상관인 C를 구타한 데 대하여 징계를 주고 있는 중에, C가 B에 대한 화풀이로 B를 마구 구타함에도 A가 이를 방치하였고 C의 구타로 B가 사망한 경우에, A의 방치행위는 B의 사망에 대하여 불법행위를 구성하는가? (대판 1968.1.23. 67다2609)
- A회사는 일정 지역에 지역주택조합 방식에 의하여 아파트개발사업을 시행하기로 계획하였고 이에 따라 위 지역의 지역주택조합으로부터 위 사업의 시행대행자로 선정되었다. 그런데 얼마 후 위 사업부지가 지자체에 의하여 뉴타운사업지구로 지정되어 위 방식에 의한 사업 추진이 불가능할 수 있게 되었다. A는 이러한 점을 알지 못하여 이를 고지하지 않은 채, B 등 다수인과 조합원 가입계약을 체결하였다. 그후 위 사업이 불가능하게 됨으로써 B 등이 재산상 손해를 입게 되었다. A는 B 등에 대하여 불법행위로 인한 손해배상책임을 지는가? 즉 객관적으로 고지의무를 지는 자가 부주의 또는 착오로 고지의무를 인식하지 못한 경우에도 그 부작위는 위법하고, 따라서 불법행위가 되는가? (대판 2012.4.26. 2010다8709)
- B에 대한 채무자 A가 B에 대하여 채권을 가짐에도 이를 가지고 상계하지 않아 제3자가 손해를 입은 경우에 A는 그 제3자에 대하여 불법행위책임을 지는가? 예컨대 은행 A가 B회사에 대하여 대출금채권을 가지고 있었고, B는 A에 대하여 예금채권을 가지고 있었는데도 A가 양자를 상계하지 않음으로써 B의 보증인 C(신용보증기금)가 B의 채무를 대위변제하였고, 그리하여 B의 채무의 담보로 저당권이 설정되었던 부동산을 매수한 D가 담보권 실행을 방지하기 위하여 C에게 변제한 경우에, D는 A에 대하여 불법행위책임을 물을 수 있는가? (대판 2002.2.26. 2001다74353)
- 은행 A가 당좌예금 거래고객 B의 예금부족에도 불구하고 당좌수표의 부도처리에 이은 당좌예금계정계약을 해지하지 않고 미사용 당좌수표용지를 회수하지 아니하여 B의 상대방인 C가 손해를 입은 경우에, A의 그와 같은 부작위는 C에 대한 관계에서 불법행위가 되는가? (대판 1989.6.27. 88다카9524)

■ 기타 검토사항

- 근대민법은 원칙적으로 자기의 행위로 타인에게 가해행위를 한 경우에 한하여 불법행위책임을 인정한다(자기책임의 원칙). 이에 대한 예외로는 어떤 것이 있는지를 검토하시오.
- 가해행위는 단순한 부작위에 의해서 행해질 수도 있지만, 타인의 행위를 이용해서 행해질 수도 있다(다음의 사례가 그 예이다). 후자의 경우도 자기책임의 원칙

에 대한 예외가 되는가? 그 외에 법인의 대표자가 직무와 관련해서 타인에게 손해를 가한 경우에는 법인의 불법행위가 성립하는 바, 이 경우도 법인은 타인의 행위에 대하여 불법행위책임을 지는 것이 되는가?

- A에 대하여 채권을 가지는 B가 A의 공장에 있는 기계 등 물품을 압류토록 했는데, 그 기계 등은 A가 C로부터 소유권 유보하에 구입하여 인도받은 것으로서 그리하여 C로부터 그와 같은 사실을 통지받았다. 그럼에도 B는 압류상태를 계속 유지하여 위 기계가 경매되었다. B는 C에 대하여 불법행위책임을 지는가? 이 경우에 C는 기계에 대한 소유권을 상실하는가? [대판 1999.4.9. 98다59767. 이의 내용은 「부당압류의 계속」 부분(205면) 참조]
- 소유권이전등기청구권에 대한 가압류의 효력을 살피시오[대판(전) 1992.11.10. 92다4680; 대판 1998.5.29. 96다11648].

■ 참고문헌

- 김대영, 타인을 위한 응소의무와 불법행위책임: 소유권이전등기청구권 가압류의 효력과 관련하여, 민사재판의 제 문제 10권, 2000, 501-530.
- 김하늘, 아파트단지 인근에 쓰레기매립장 건설계획이 예정되어 있다는 사실이 분양회사가 분양계약자들에게 신의칙상 고지하여야 할 사항인지 여부, 대법원판례해설 63호, 2007, 11-45.
- 이승녕, 소유권이전등기청구권의 가압류와 응소의무, 대법원판례해설 32호, 1999, 114-130.

2. 위법성

(1) 일 반

대판(전) 2010.4.22. 2008다38288

| 사안 | 1. 甲(원고)은 학교 강제배정에 따라 학교재단 乙(피고)이 기독교 정신을 건학이념으로 하여 설립·운영하는 D고등학교에 입학하였으나, 평소 종교를 가지지 아니하였던 학생이었다. 그런데 위 학교에서는 매일 아침에 담임교사의 입회 아래 5분 정도 찬송과 기도 등을 실시하는 경건회 시간을 가졌고, 매주 수요일 정규 교과시간에 강당 등에서 1시간 가량 찬송과 목사의 설교, 기도 등을 하는 수요예배를 진행하였다. 그리고 나아가 위 학교는 학생들에게 매년 3박 4일에 걸쳐

합숙하면서 각종 기도와 성경읽기 등을 하는 생활관 교육을 받게 하였고, 부활절에는 정규 교과시간에 부활절 예배를 진행하였으며, 그로부터 3일간 정규 수업시간 일부로 심령수양회라는 시간을 편성하여 설교 및 기도 등을 진행하였으며, 또한 매년 반별 성가대회를 개최하였고 추수감사절에도 정규수업 대신 감사예배를 진행하였으며 성탄절에는 학생들을 교회에 출석하도록 하였다. 甲은 입학 이후부터 위 경건회 시간 및 수요예배에 참석하였으며, 나아가 위 생활관 교육, 부활절 예배, 성가대회, 추수감사절 예배에 참석하였고 성탄절에는 교회로 출석하였다. 그런데 위 학교는 위와 같은 종교행사를 거행함에 있어 甲을 포함한 학생들에게 자율적 참여를 보장하지 않고 동의를 구하지도 않은 채 학생들이 경건회 시간에 참석하지 아니하면 지각으로 처리하였으며, 수요예배에 참석하지 않는 학생에게는 청소를 시키는 등 불이익을 주고, 성탄절에 교회에 출석하였는지 여부를 확인하기도 하였다. 甲은 2002년 1학기말 학생회 부회장 선거에 출마하면서 "교회에 1년 이상 다녀야 한다"는 학생회 회칙상의 자격요건을 시정하여 줄 것을 교목교사에게 건의한 적이 있고, 2002년 말과 2004년 초경에는 교목 및 담임교사에게 예배 참가에 대한 거부감을 표시하였으나 교사들로부터 자중하고 학교방침에 따르라는 취지의 답변을 들었을 뿐이고 학교의 정책에는 아무런 변화가 없었다.

또한 위 학교는 주당 1시간씩 정규 수업으로 종교과목을 부과함에 있어 대체과목을 편성하지 아니하였고, 그 수업시간에 성경을 읽고 그에 관한 토론을 진행하였으며, 학생들에게 십계명이나 사도신경을 써오도록 과제를 부과하기도 하였다.

2. 위 학교는 2003.11. 甲이 담임교사에게 불손한 반항을 하였고 학교 공동기물을 무단으로 사용하고 학생회장 신분으로 학생들을 선동하였다는 등의 사유로 퇴학처분을 내렸다. 이에 甲은 乙을 상대로 퇴학처분 무효확인소송을 제기하였으며, 이 소송에서 甲은 교사에게 불손한 반항을 하였다는 것 이외에는 정당한 징계사유에 해당하지 않는다고 하여 甲의 승소 판결이 확정되었다. 그런데 나아가 甲은 2004.6.16. 08:30경 학교 방송실에서 학교가 매주 수요예배를 강요하는 것은 잘못으로 이를 거부한다는 취지의 교내방송을 하였으며, 담임교사가 甲에게 잘못을 시인하고 학교 측에 사과하라고 하자, 甲은 자신에게 잘못이 없으며, 학교가 변화될 때까지 싸우겠다는 취지로 답하였다. 甲은 같은 날 학교를 마친 후 18:00경부터 약 1시간 동안 서울특별시 교육청 앞에서 위 학교에서는 학생의 종교의 자유가 인정되지 않는다는 내용의 피켓을 목에 걸고 1인 시위를 하였으며, 그 다음날

담임교사로부터 학생선도위원회의 개최가 예정되어 있으니 학교에 부모를 모시고 오라는 말을 듣고 이에 항의하였으며, 방과 후에 다시 교육청 앞에서 1인 시위를 하였다. 담임교사는 2004.6.18. 甲에게 학교에 적대적인 모든 대외활동을 중단할 것을 권유하였으나 甲은 이를 거절하였으며, 이에 학교는 학생선도위원회를 개최하여 甲에게 전학을 권유하되 이를 거부하면 퇴학처분을 하기로 하는 내용의 징계결의를 하였다. 그런데 甲과 甲의 부모가 전학을 거부하자, 甲에게 이 사건 퇴학처분을 하였다.

서울시(丙, 피고) 교육감 및 담당 공무원은 2002년경부터 위 학교에 대하여 수차례 장학지도 등을 통하여 학교 내의 종교교육이 교육부 고시를 준수하여 운영되도록 지도를 해 왔으며, 교장 · 교감 회의 등 각종 회의와 연수시에 학교 종교교육에 관한 구체적인 지침을 안내하여 왔으며, 甲이 앞서 본 1인 시위를 한 후에는 담당장학사 등이 수차례 위 학교의 종교교육 현황을 점검하고 정규교과시간 외 종교행사에 관하여 그 운영 등을 개선하도록 시정조치를 하였다. 그러나 교육감은 더 이상의 시정 · 변경명령을 내리지는 않았다.

3. 甲은 한편으로 乙을 상대로 하여 우선 위 학교의 위와 같은 종교교육은 헌법상의 기본권인 종교의 자유를 침해하는 것으로서 위헌인 바 따라서 그러한 종교교육으로 인하여 자신의 인격적 법익 침해로 인한 손해배상을 청구하고, 나아가 부당한 징계처분으로 인한 손해배상을 청구하고, 다른 한편으로 丙을 상대로 하여 丙이 乙의 위헌적인 교육에 대하여 시정명령을 내리지 않은 것은 직무위반으로서 불법행위가 된다고 하면서 그로 인한 손해배상을 청구하였다.

| 판지 | 1. 피고 乙에 대한 청구

(1) 종교교육과 관련한 손해배상청구

㈎ 기본권의 침해와 손해배상청구

헌법상의 기본권은 제1차적으로 개인의 자유로운 영역을 공권력의 침해로부터 보호하기 위한 방어적 권리이지만 다른 한편으로 헌법의 기본적인 결단인 객관적인 가치질서를 구체화한 것으로서, 私法을 포함한 모든 법영역에 그 영향을 미치는 것이므로, 사인간의 사적인 법률관계도 헌법상의 기본권 규정에 적합하게 규율되어야 한다. 다만 기본권 규정은 그 성질상 사법관계에 직접 적용될 수 있는 예외적인 것을 제외하고는 사법상의 일반원칙을 규정한 민법 제2조, 제103조, 제750조, 제751조 등의 내용을 형성하고 그 해석기준이 되어 간접적으로 사법관계에 효력을 미치게 된다. 종교의 자유라는 기본권의 침해와 관련한 불법행위의 성립 여부도 위와 같은 일반규정을 통하여 사법상으로 보호되는 종교에 관한 인격적 법익 침해 등의 형태로 구체화되어 논하여져야 한다.

(나) 학생과 학교법인의 기본권 충돌과 그 위법성 판단

1) 헌법 제20조 제1항이 규정하는 종교의 자유에는 신앙에 대한 침묵을 뜻하는 소극적인 신앙고백의 자유와 자신의 종교적인 확신에 반하는 행위를 강요당하지 아니하는 소극적인 종교행위의 자유 및 종교교육의 자유 등이 포함된다. 한편 학교법인은 헌법 제10조, 제31조 제1항 및 제4항 등에 의하여 자신의 의사와 재산으로 독자적인 교육목적을 구현하기 위하여 학교를 설립하고 이를 운영할 자유를 가지며, 이러한 사학 운영의 자유에는 학교법인의 종교적 · 세계관적 교육이념에 따라 교과과정을 자유롭게 형성할 자유가 당연히 포함되므로, 종교단체가 설립한 사립학교 즉 '宗立學校'에서 종교행사 및 종교과목 수업('종교교육')을 할 자유는 종교의 자유뿐만 아니라 사학의 자유라는 관점에서도 일반적으로 보장되어야 한다.

2) 그런데 우리나라는 대도시 및 주요도시를 중심으로 고등학교 평준화정책을 시행하고 있으며, 이는 일정 지역에 거주하는 학생들을 학교군 별로 추첨을 통하여 학교에 강제로 배정하는 방법으로 실시되고 있다. 원래 학생과 그 부모는 사립학교 선택권을 갖는 것이 원칙이고, 사립학교 역시 사학의 자유에 의하여 학생 선발권을 가지지만, 위와 같은 평준화 정책 및 그로 인한 강제배정으로 인하여 학생의 사립학교 선택권과 사립학교의 학생 선발권이 제한된다. 또한 우리나라는 교육을 국가의 의무와 책임으로 하는 공교육체계를 교육제도의 근간으로 하고 있으며, 그리하여 사립학교에 대해서도 교원, 교육내용 등에 대한 공적 지도 · 감독 등 학교에 관한 사항에 관하여 국 · 공립학교와 구분 없이 동일한 규율을 받으며 아울러 국가로부터 재정지원을 받음으로써 종립학교도 공교육체계 내에 편입되어 있다. 이러한 공교육체계 내에서는 학생과 학교의 교육에 관한 기본권은 제한될 수 있고 그러한 기본권에 포함되는 학생의 사립학교 선택권과 그 이면에 있는 사립학교의 학생 선발권 또한 제한될 수밖에 없다.

그리하여 평준화정책이 시행되는 지역에 거주하는 학생은 자신의 신앙 또는 무신앙에 따라 자유로이 사립학교를 선택할 권리를 가지지 못하고, 자신과 다른 종교를 건학이념으로 하는 종립 고등학교로 진학할 수도 있게 된 반면, 종립학교 역시 자신과 동일한 종교를 가진 학생만을 선발하지 못하고, 신앙을 가지지 아니한

학생들이나 나아가서는 학교와는 다른 종교를 가진 학생까지도 배정받지 않을 수 없게 되었다. 그러나 사립학교가 공교육체계에 편입되었고 평준화정책이 실시되었다고 하더라도 그로 인하여 학교법인의 사학의 자유가 근본적으로 박탈된다고 볼 것은 아니므로, 종립학교는 여전히 종교교육을 할 자유를 가지고, 학생 역시 종립학교에 진학하게 되었다고 하더라도 종교의 자유를 완전히 잃게 되는 것은 아니므로 여전히 자신의 의사에 반한 종교교육을 거부할 자유를 가진다. 이러한 점들을 모두 고려한다면 고등학교 평준화정책에 따른 학교 강제배정제도에 의하여 학생이나 학교법인의 기본권에 일부 제한이 가하여진다고 하더라도 그것만으로는 위 제도가 학생이나 학교법인의 기본권을 본질적으로 침해하는 위헌적인 것이라고까지 할 수는 없다.

3) 그렇지만 이로써 학생들이 신앙에 따른 자유로운 선택을 하지 못한 채 강제배정된 학교로 입학하게 되고, 종립학교가 그 학생들을 상대로 자유로운 참가를 보장하지 아니하고 종교적 중립성이 유지된 보편적인 교양으로서의 종교교육의 범위를 넘어서서 학교의 설립이념이 된 특정의 종교교리를 전파하는 이른바 '종파교육' 형태의 종교교육을 실시한다면, 그 특정 종교와 다른 종교를 가지거나 종교를 가지지 아니한 학생들은 자신들이 이를 원하는 경우를 제외하고는 그 종교교육에 강제로 참여할 수밖에 없게 되고 전학을 가는 등의 특별한 조치 없이는 이를 면할 길이 없으며, 참여한 후에도 그 특정 종교를 신앙으로 가진 학생과는 달리 적극적으로 호응할 수 없게 된다는 문제가 생긴다. 즉 위와 같은 교육제도가 위헌이 아니라고 하더라도 여전히 학교가 가지는 종교교육의 자유 및 운영의 자유와 학생들이 가지는 소극적 종교행위의 자유 및 소극적 신앙고백의 자유 사이에 충돌이 생기게 되는 것이다. 이와 같이 하나의 법률관계를 둘러싸고 두 기본권이 충돌하는 경우에는 구체적인 사안에서의 사정을 종합적으로 고려한 이익형량과 함께 양 기본권 사이의 실제적인 조화를 꾀하는 해석 등을 통하여 이를 해결하여야 하고, 그 결과에 따라 정해지는 양 기본권 행사의 한계 등을 감안하여 그 행위의 최종적인 위법성 여부를 판단하여야 한다.

그런데 헌법은 학교법인의 기본권이 교육의 공공성이라는 헌법적 가치나 학생의 학습권이라는 기본권을 구체화한 법률에 의하여 제한될 수 있음을 밝히고 있다. 이에 기해서 교육기본법 제12조 제1항은 "학생을 포함한 학습자의 기본적 인권은 학교교육 또는 사회교육의 과정에서 존중되고 보호된다"고 규정하고, 교육부고시 제1997-15호(구 교육법 제155조 제1항을 근거로 제정되어 당시 시행되던)는 "학교가 종교과목을 부과할 때에는 종교 이외의 과목을 포함, 복수로 과목을 편성하여 학생에게 선택의 기회를 주어야 한다"라고 규정하는 바, 이는 학교 강제배정제도 아래서의 학생의 기본권과 학교법인의 기본권을 조화하기 위한 방책으로 마련된 것이다.

그러나 학교 강제배정제도로 인하여 학교법인의 기본권만 제한되어야 하는 것은 아니다. 학교교육은 학생의 창의력 개발 및 인성 함양을 포함한 전인적 교육을 중시하여 이루어져야 하고, 종교교육 역시 학생들의 올바른 심성과 가치관을 기르는 데에 도움이 될 수 있으므로, 종립학교가 종파교육 형태의 종교교육을 실시하는 자체만으로 바로 강제로 배정된 학생들에 대한 관계에서 학교법인의 종교교육의 자유나 사학의 자유의 한계를 넘은 것이라고 단정할 수는 없다. 그리고 학생의 소극적 종교행위의 자유 및 소극적 신앙고백의 자유도 외부로 표현되는 실현과정에서 다른 법익과 충돌한다면 제한이 수반될 수 있으므로, 학생 또한 피교육자의 입장에서 올바른 인성을 함양하고 민주 시민으로서 필요한 자질을 기르기 위하여 앞서 본 한계 내에서 실시되는 종교교육을 용인하여야 한다.

다만 종립학교와 학생의 기본권 모두 일정 한도에서 제한될 필요가 있다고 하더라도, 종립학교의 종교교육을 할 자유는 독립한 기본권의 주체인 학생들에 대하여 영향을 미치기 위한 것인 반면 학생의 종교교육을 거부할 자유는 소극적으로 자신의 권리를 지키기 위한 것인 점, 종립학교의 종교교육이 비판의식이 성숙되지 않은 학생에게 일방적으로 주입되는 방식으로 행하여진다면 그 자체로 교육 본연의 목적을 벗어났다고 볼 소지가 높은 점, 그로 인하여 학생이 입게 되는 피해는 지속적이고 치유되기 어려울 것이라는 점들을 고려한다면, 종립학교와 학생 사이의 관계에 있어서 학생의 법익이 보다 두텁게 보호될 필요가 있다. 아울러 학교 강제배정제도의 시행으로 종립학교는 학생 선발권을 가지지 못하더라도 그 반면에 학생들을 강제로 배정받아 정원을 확보하여 경영을 정상화할 수 있고 나아가 교세를 확장할 수도 있으며 종교교육을 거부하지 아니하는 학생들에게 종교교육을 실시하는 등의 방법으로 제한된 범위 내에서 종교의 자유 및 운영의 자유를 누릴 여지가 있으나, 종립학교로 진학하게 된 학생은 국 · 공립학교 등 종교교육을 실시하지 아니하는 학교에 배정된 것에 비하여 그 배정으로 인하여 누리는 특별한 이익이 거의 없다는 점도 고려되어야 한다.

그러므로 대립하는 양 법익의 가치와 보호목적 등을 모두 고려하여 양 법익 행사에 있어서 실제적인 조화를 실현하려면, 종교교육으로 인하여 학생들이 입을 수 있는 피해는 그 정도가 가볍지 아니하며 그 구제수단이 별달리 없음에 반하여, 학교법인은 제한된 범위 내에서 종교의 자유 및 운영의 자유를 실현할 가능성이 있다는 점도 고려하여야 한다. 이러한 점을 감안한다면 종립학교가 공교육체계에 편입되어 있는 이상 원칙적으로 학생의 종교의 자유, 교육을 받을 권리를 고려한 대책을 마련하는 등의 조치를 취하는 속에서 종교의 자유 및 운영의 자유를 누린다고 해석하여야 할 것이다.

그러므로 종립학교가 학교의 설립이념인 특정의 종교교리를 전파하는 종파교육 형태의 종교교육을 실시하는 경우에는 그 종교교육의 구체적인 내용과 정도, 종교교육이 일시적인 것인지 아니면 계속적인 것인지 여부, 학생들에게 그러한 종교교육에 관하여 사전에 충분한 설명을 하고 동의를 구하였는지 여부, 종교교육에 대한 학생들의 태도나 학생들이 불이익이 있을 것을 염려하지 아니하고 자유롭게 대체과목을 선택하거나 종교교육에 참여를 거부할 수 있었는지 여부 등의 구체적인 사정을 종합적으로 고려하여 사회공동체의 건전한 상식과 법감정에 비추어 볼 때 용인될 수 있는 한계를 초과한 종교교육이라고 보이는 경우에는 위법성을 인정할 수 있다.

㈐ 종교교육의 위법 여부에 관한 판단

1) 피고 乙이 실시한 종교행사의 위법 여부

위와 같은 사실관계에 의하면, D고등학교가 실시한 종교행사는 보편적인 교양으로서의 종교교육이 아니라 기독교라는 특정 종교의 교리를 기도와 설교, 찬송 등의 방법으로 전파하는 종파적인 행사라고 할 것임에도 위 학교는 이에 참석하지 아니하는 학생들에게 일정한 불이익을 줌으로써 참석을 거부하는 것이 사실상 불가능한 분위기를 조성하여 아무런 신앙을 갖지 아니한 원고가 그러한 행사에 대한 참가 여부를 자유로운 상태에서 결정할 수 없도록 하였다고 보이므로, 이는 신앙을 가지지 아니한 원고의 기본권을 고려한 처사라고 보기 어렵다. 또한 D고등학교가 원고에게 종교행사의 내용과 방식에 대하여 사전에 어떠한 설명을 하거나 동의를 받는 등의 조치를 취하지 않고 심지어는 수차례에 걸친 이의가 있었음에도 별다른 조치 없이 계속하여 기독교 교리에 입각한 여러 종류의 종교행사를 오랜 기간 동안 빈번하게 반복하여 실시한 행위는, 그러한 종교행사가 학생의 올바른 심성 함양에 도움이 된다는 점을 고려하더라도, 원고에 대한 관계에서는 종립학교에서 허용되는 종교행사의 한계를 넘은 것으로 보지 않을 수 없다. 비록 원고가 입학 당시 기독교 교육과 함께 모든 교과교육을 충실히 받겠다고 선서하거나 일시적으로 종교행사에 적극적으로 참여한 바 있다고 하더라도, 이러한 사정을 들어 입학 이후 이루어질 다양한 종교행사의 내용과 방식을 충분히 이해한 후 자유로운 상태에서 종교행사 참가에 포괄적으로 동의한 것으로 볼 수는 없으며, 오히려 원고가 수차례 종교행사 등에 대하여 부정적인 의견을 밝혀 왔던 점, 원고가 성년에 이르지 못한 고등학생으로 학교의 교육방침에 대하여 일일이 명시적인 반대 의사를 밝히는 것이 우리의 교육현실에서 용이하지 아니할 것이라는 점 등을 고려하면, 이와 달리 볼 것이 아니다.

2) 피고 乙이 실시한 종교과목 수업의 위법 여부

D고등학교가 종교과목 수업을 실시함에 있어서 교육부고시와는 달리 대체과목을 개설하지 아니함으로써 학생들에게 선택의 기회를 부여하지 않았고, 실질적인 참가의 자율성도 보장하지 아니하였으며 사전 동의조차 얻지 아니하였다. 이런 점에서, 비록 학교에서 제공하는 교육과정은 교원수, 학급수, 시설 등 학교의 현실적인 조건을 고려하여 운영될 수밖에 없다 하더라도, 위와 같은 종교과목 수업 진행이 종파교육을 실시함에 있어 원고의 종교의 자유라는 기본권으로 말미암아 생기는 한계를 고려하여 이루어진 조치라고 보기는 어렵다. 이는 D고등학교가 종교과목에 대하여 별도의 시험평가를 실시하지 아니하였다거나 원고가 학교에 대하여 명시적으로 종교과목 수업에 관한 거부의 의사를 표시한 바 없다 하더라도 달리 볼 것이 아니다.

3) 이러한 사정을 종합하여 보면, 결국 피고 乙이 시행한 종교교육은 우리 사회의 건전한 상식과 법감정에 비추어 용인될 수 있는 한계를 벗어난 것으로 원고의 종교에 관한 인격적 법익을 침해하는 위법한 행위라고 보지 않을 수 없다. 그리고 강제배정으로 입학한 학생들 모두가 피고 乙과 동일한 종교를 가지고 있지는 않을 것이라는 점은 경험칙상 분명하므로, 위와 같은 형태의 종교교육을 실시할 경우 그로 인하여 인격적 법익을 침해받는 학생이 있을 것이라는 점은 충분히 예견가능하고 그 침해는 회피가능하다고 할 것이어서 과실 역시 인정된다. 나아가 이로 인하여 피고 乙의 건학이념과 같은 종교를 가지지 않은 원고가 정신적으로 고통을 받았음은 넉넉하게 추인할 수 있다.

(2) 징계처분으로 인한 손해배상청구

㈎ 학생에 대한 징계가 징계대상자의 소행, 평소의 학업 태도, 개전의 정 등을 참작하여 학칙에 정한 징계절차에 따라서 징계위원들이나 징계권자의 자율적인 판단에 따라 행하여진 것이고, 실제로 인정되는 징계사유에 비추어 그 정도의 징계를 하는 것도 무리가 아니라고 인정되는 경우라면, 비록 그 징계양정이 결과적으로 재량권을 일탈한 것으로 인정된다고 하더라도 이는 특별한 사정이 없는 한 법률전문가가 아닌 징계위원들이나 징계권자가 징계의 경중에 관한 법령의 해석을 잘못한 데 기인하는 것이라고 보아야 하므로, 이러한 경우에는 징계의 양정을 잘못한 것을 이유로 불법행위책임을 물을 수 있는 과실이 없다. 그러나 학교가 그 징계의 이유로 된 사실이 퇴학 등의 징계처분의 사유에 해당한다고 볼 수 없음이 객관적으로 명백하고 조금만 주의를 기울이면 이와 같은 사정을 쉽게 알아 볼 수 있는데도 징계에 나아간 경우와 같이 징계권의 행사가 우리의 건전한 사회통념이나 사회상규에 비추어 용인될 수 없음이 분명한 경우에는, 그 징계는 그 효력이 부정됨에 그치지 아니하고 위법하게 상대방에게 정신적 고통을 가하는 것이 되어 그 학생에 대한 관계에서 불법행위를 구성하게 된다.

㈏ D고등학교 학칙은 성행이 불량하여 개전의 가망이 없다고 인정된 자, 정당한 이유 없이 무단결석이 수업일수의 3분의 1 이상인 자, 학생 본분에 어긋나는 집단적 행동으로 수업을 고의적으로 방해한 자, 특별교육을 이수하였음에도 동일한 내용의 교칙을 위반한 자에 대하여 퇴학처분을 할 수 있다고 규정하고 있고, 학칙의 위임에 따라 징계기준을 정한 학생선도규정은 교사에게 불손한 반항을 하거나 폭력을 가한 학생에 대하여 학교내 봉사 · 특별교육 이수 · 퇴학처분을 할 수 있다고 규정하고 있음을 알 수 있다. 그런데 위 학생선도규정에서 교사에게 불손한 반항을 하거나 폭력을 가한 학생에 대해서는 마치 개전의 가망이 있는지 여부를 묻지 않고 퇴학처분을 할 수 있는 것처럼 규정하고 있다 하더라도, 이는 학칙의 위임에 따라 제정된 것이므로 상위규범인 학칙에서 정한 데에 따라 학생이 교사에게 불손한 반항을 하거나 폭력을 가하였음을 징계사유로 한 경우에도 그에 따른 퇴학처분은 학생에게 개전의 가망이 없다고 인정된 때에만 가능하다고 해석하여야 할 것이다.

이 사건 징계처분의 사유가 된 원고의 담임교사에 대한 불손한 행동이나 지도에 불응한 행위의 내용 및 정도가 결코 경미한 것이라고는 볼 수 없다. 그러나 학생에 대한 징계처분 중 가장 무거운 퇴학처분은 학생의 신분이나 명예에 대하여 쉽사리 회복할 수 없는 불이익을 가하는 것으로 그 처분에 최대한의 신중을 기하여야 함이 당연하고, 학칙에 따라 개전의 가망이 없다고 인정되는 때에 한하여 취하여져야 한다.

원고가 이 사건 징계처분의 발단이 된 교내 방송 및 1인 시위를 하고 학교당국 및 담임교사와 갈등을 빚게 된 근본적인 원인은 D고등학교가 학생들에게 종교교육을 위법하게 강행한 데 있고, 학생인 원고가 학교의 위법·부당한 행위를 시정하기 위하여 취할 수 있는 수단은 일반적으로 교사에 대한 의견표현 이외에 달리 마땅한 수단이 없다는 점을 고려할 때, 원고가 수차례 교사들에게 그 문제점을 지적하였음에도 아무런 조치가 이루어지지 않은 채 학교의 방침에 따르라는 답변만을 들은 후 위와 같은 행위를 하였다는 사정이나 우리 사회의 정서상 학교 내부의 문제를 교육감 등에게 진정하는 등 다른 방법으로 해결하기란 쉽지 아니하다는 사정도 이 사건 징계의 불법성을 판단함에 있어서 고려하여야 하고, 아울러 D고등학교가 사랑과 용서라는 기독교 이념을 실현하는 것을 목표로 하여 설립되었다는 점도 위 판단에 참고할 수 있다. 더구나 원고는 입학식에서 신입생 대표로 선서를 하였고 재학 중에는 학생회 부회장 및 회장을 차례로 역임하였으며, 이 사건 교내 방송 이전의 재학기간 동안에는 교내 급식 개선과 관련하여 학교 측과 마찰을 빚은 것 이외에는 학교의 교육방침이나 정책에 순응해 왔고 달리 학교 정책에 반대하거나 비협조적인 태도를 보이지는 않은 것으로 보인다. 이러한 원고가 교사에 대하여 다소 극단적인 반항을 하였다고 하더라도, 이는 수차례의 시정 요구가 묵살되어 더 이상의 방법이 없다고 보고 선택한 교내방송 후 흥분된 감정을 추스르지 못한 채 학교의 잘못에 대하여는 언급이 없고 자신의 잘못만을 질책당하는 상태에서 저지른 우발적인 행동으로 보이고 그 이후의 언행도 그러한 연장선상에서 나온 것으로서, 이러한 여러 사정을 감안한다면 원고의 위와 같은 언행만으로 원고가 개전의 가망이 없는 학생이라고는 도저히 볼 수 없다.

그러므로 원고에 대한 이 사건 징계사유만으로는 학칙에서 정하는 퇴학처분 사유에는 해당하지 아니함이 객관적으로 명백할 뿐만 아니라 징계권자 또는 징계위원들이 조금만 주의를 기울였더라면 이러한 사정을 쉽게 알 수 있었다고 할 것이다.

원심이, 원고의 담임교사에 대한 불손한 태도만으로도 퇴학처분까지 가능한 징계사유에 해당한다고 전제하고, 원고의 위반 내용이나 담임교사의 권면 등 이 사건 퇴학처분에 이르게 된 경위에 비추어 볼 때 원고에 대한 징계로 퇴학처분을 선택한 것이 사회통념상 용인될 수 없을 정도의 징계권 남용에 해당한다고 보기는 어렵다고 판단한 조치는, 학생에 대한 징계처분으로 인한 불법행위의 성립요건에 관한 법리를 오해한 것이다.

2. 피고 丙에 대한 청구

교육감이 초·중등교육법의 규정에서 정하여진 직무상의 의무를 게을리하여 그 의무를 위반한 것으로 위법하다고 하기 위해서는 그 의무 위반이 직무에 충실한 보통 일반의 공무원을 표준으로 할 때 객관적 정당성을 상실하였다고 인정될 정도에 이르러야 할 것이다. 또한 교육감에게 장학지도나 시정·변경명령에 관한 권한을 부여한 취지와 목적에 비추어 볼 때, 구체적인 상황 아래에서 교육감이 그 권한을 행사하지 않은 것이 현저하게 합리성을 잃어 사회적 타당성이 없는 경우에 해당하여야만 교육감의 직무상 의무를 위반한 것으로서 위법하게 된다고 할 수 있을 것이다.

피고 丙(서울시)의 교육감 및 담당 공무원은 2002년경부터 D고등학교에 대하여 수차례 장학지도 등을 통하여 학교 내의 종교교육이 이 사건 교육부고시를 준수하여 운영되도록 지도를 해 왔으며, 교장·교감 회의 등 각종 회의와 연수 시에 학교 종교교육에 관한 구체적인 지침을 안내하여 온 사실, 원고가 교육청 건물 앞에서 앞서 본 1인 시위를 한 후 담당 장학사 등이 수차례 D고등학교를 방문하여 종교교육 현황을 점검하고 정규교과시간 외 종교행사에 관하여 그 운영 등을 개선하도록 시정조치를 한 사실, 담당 공무원이 피고 乙로부터 D고등학교의 학칙 등 자료를 제출받아 원고에 대한 이 사건 퇴학처분에 중대한 하자가 있는지 여부를 검토하고 국가인권위원회의 중재절차에 참가하여 조언을 하기도 한 사실 등을 알 수 있다. 이런 점에서 교육감은 이 사건 교육부고시를 준수할 것을 내용으로 하는 장학지도나 종교교육 현황을 점검하고 일부 시정조치를 하는 등으로 어느 정도 필요한 조치를 하였다. 뿐만 아니라 교육감은 시정·변경명령을 이행하지 아니할 경우 그 위반행위를 취소하거나 학교의 정원 감축 등의 조치를 취할 수 있지만, 이는 사립학교의 자율성과 학생의 학습권을 해할 우려가 있으므로 교육감이 시정·변경명령과 그 위반에 대한 조치를 취할 때에는 신중을 기할 필요가 있다는 점도 함께 고려하여야 한다.

이러한 사정을 모두 종합하여 본다면, 비록 서울시 교육감과 담당 공무원이 한 위와 같은 조치들만으로는 피고 乙의 위법한 종교교육이나 퇴학처분을 막기에는 부족하여 결과적으로 원고의 인격적 법익에 대한 침해가 발생하였다고 하더라도, 교육감이 더 이상의 시정 · 변경명령 권한 등을 행사하지 아니한 것이 위 법리에서 말하는 것과 같이 객관적 정당성을 상실하였다거나 그와 같은 상황 아래서 현저하게 합리성을 잃어 사회적 타당성이 없다고 볼 수 있는 정도에까지 이르렀다고 하기는 어렵다.

■ 쟁 점

위 판결은 학교가 종교교육을 강제하는 것, 그리고 이에 순응하지 않는 학생에게 퇴학처분을 내린 것이 불법행위가 되는가, 그리고 서울시가 위법한 종교교육의 강제와 퇴학처분에 대하여 시정명령을 내리지 않은 것이 불법행위가 되는가 하는 점이 문제된 것이다.

■ 검토할 사항

- □ 헌법상의 기본권 규정은 사법관계에도 적용되는가?
- □ 헌법상의 규정 내지 가치는 민법상의 불법행위에서 어떤 의미를 가지는가? 헌법상의 가치와 불법행위의 성립요건인 위법성과의 관계를 살피시오.
- □ 학교가 종교교육을 강제하는 것이 불법행위가 되는가 하는 점에 있어서 관건이 되는 것은 무엇인가?
- □ 사립학교가 종교교육을 시키는 것은 위헌인가?
- □ 만약 사립학교가 종교교육을 시키는 것이 위헌이 아니라면, 학생은 그러한 교육을 거부할 수 없는가?
- □ 소위 종립학교의 '종교교육의 자유'와 학생들이 가지는 '소극적 종교행위의 자유'가 서로 충돌한다면 양자를 조화시키는 방법은 무엇인가?
- □ 판결이 위 학교의 종교교육이 위헌으로서 위법하다고 한 근거는 무엇인가?
- □ 위 학교의 종교교육이 위법하다면 그로써 곧 불법행위가 되는가?
- □ 판결이 학교에게 과실이 있다고 한 근거는 무엇인가?
- □ 학교의 종교교육에 순응하지 않는 학생에게 퇴학처분을 내린 것이 불법행위가 되는가 하는 점에 있어서 관건이 되는 것은 무엇인가?
- □ 판결이 위 학교의 퇴학처분이 위법하다고 한 근거는 무엇인가?
- □ 공무원이 직무상의 의무를 위반한 것이 불법행위로 되기 위해서는 어떤 점이 요구되는가?

■ 관련사례

- □ A의 아파트신축공사 중 일부의 공사를 B가 10억여원으로 도급받음에 있어서, B는 전문건설공제조합(C)에게 도급금액을 허위로 5억원으로 기재하여 계약보증서의 발급을 신청하여 C가 그러한 내용의 계약보증서를 발급하였는데, B가 임의로 계약을 파기하여 A가 B와의 도급계약을 해지하고, C에게 계약 해지로 인한 계약보증금 1억원을 청구하였다. 이에 C가 착오를 이유로 보증계약을 취소한다고 주장하였다. 만약 C의 취소가 정당하다면, C는 불법행위를 이유로 손해배상책임을 지는가? 즉 C의 취소가 인정되더라도 그의 보증행위는 여전히 위법한 것이고, 또한 보증금액을 잘못 안 것은 그의 과실로 인한 것이므로(비록 중과실은 아니어서 취소가 허용되었지만), 불법행위가 성립하는가? (대판 1997.8.22. 97다13023)
- □ 학교법인의 사립대학 교수에 대한 직위해제처분이 불법행위가 되는 것은 어떤 경우인가? (대판 2008.6.26. 2006다30730)
- □ A가 자동여과기를 제작하여 C회사 등에게 판매하였는데, 이는 B의 자동여과기와 유사하기는 하지만 이의 구성이 B의 특허발명과는 어느 정도 차이가 있어 특허권의 침해 여부가 불명확하다. 그런데 B는 A가 자신의 특허권을 침해하였다고 하여 A를 특허법 위반죄로 고소하였다. 그러나 B는 A에 대하여 그 침해물의 제조나 판매를 금지시키는 가처분신청 등 법적 구제절차는 취하지 아니한 채, 사회단체와 언론을 이용하여 불이익을 줄 수도 있음을 암시하고, 나아가 그 구매자인 C회사에 대하여도 법률적인 책임을 묻겠다는 취지의 경고와 함께 역시 사회단체와 언론을 통한 불이익을 암시하고, 형사고소에 대한 합의조건으로 A와의 계약을 해제하고 기왕 설치되어 있던 A의 자동여과기까지 철거되도록 하였다. B의 행위는 위법한 것으로서 A에 대하여 불법행위가 되는가? (대판 2001.10.12. 2000다53342)
- □ 거래관계에 있는 납품업자 A 등에 대하여 거래상 우월한 지위를 가진 대규모소매점업자 B가, A 등으로부터 협력사원을 파견받아 자신의 매장에서 A가 납품하지 않은 상품의 판매업무에 종사하게 하는 것은 불법행위가 되는가? (대판 2009.7.23. 2008다40526)
- □ 사용자가 근로자를 징계해고한 것이 정당하지 못하여 무효인 경우에, 그 해고가 무효로 되었다는 사유만에 의하여 곧바로 그 해고가 위법한 것으로서 따라서 불법행위를 구성하는가? (대판 1993.12.24. 91다36192 등 다수)
- □ 특정 교회와 소속 목사의 교리에 이단성이 있다는 내용의 광고를 게재하고 같은 내용의 보고서 등을 작성·배포한 행위는 위법한 것으로서 불법행위가 되는가? (대판 2010.9.9. 2008다84236)

■ 기타 검토사항

□ 불법행위의 요건인 위법성과 책임사유(고의 · 과실)의 관계를 살피시오.

□ 가해행위의 형태에 따라서는 위법성 존부의 판단이 극히 어려울 수 있다. 명예훼손, 환경침해 등이 그 대표적 예일 것이다. 그 이유는 무엇인가? 그리고 이런 경우에 위법성 판단의 일응의 기준은 무엇인가?

■ 참고문헌

□ 김형배, 민사법의 위법성 개념의 구조 –결과불법 · 행위불법 이원설의 검토–, 고시계 35권 10호(통권 404호) (1990.10.), 15-29.

□ 이상정, 권리침해에서 위법성으로의 변천과 민법 제750조의 효용, 정환담교수화갑기념논문집, 2000, 291-305.

□ 이은영, 명예훼손의 민사책임에서 위법성과 과실의 판단, 판례실무연구 II, 1998, 435-451.

(2) 위법성조각

대판 2003.3.14. 2002다57218

| 사안 | 甲(원고)은 집에서 동거녀인 乙(원고 1)과 다투던 중 흥분하여 옷걸이용 쇠파이프를 집어 들고 가재도구와 유리창 및 전등을 파손하고 고함을 치면서 난동을 부렸다. 신고를 받고 출동한 경찰관 A 등 수인이 甲에게 난동을 중지하고 집 밖으로 나올 것을 수차 요구하였음에도 甲은 A를 향하여 쇠파이프를 휘두르는 등 저항할 뿐 아니라, 가스렌지를 집어 던지고 가스호스에 라이터를 들이대면서 "다 죽여버린다"고 고함치고 더욱 격렬하게 난동을 부렸다. 그 때 乙이 밖으로 나와 "甲의 팔에 주사 자국이 있고 마약을 한 것 같다"고 하므로, A 등은 더욱 긴장하여 甲이 환각상태에서 가스를 폭발시킬지도 모른다고 생각하고 구경나온 주민들을 대피시키는 한편, 甲에게 경찰의 지시를 따르지 않으면 가스총을 발사하겠다고 경고하였다. 그런데도 甲이 불응하자, A는 가스탄 1발을 발사하였고, 효과가 없자 甲이 다락에서 방으로 내려 왔을 때 다시 1발을 발사한 후 집안으로 들어가 甲을 제압, 검거하였다. 그런데 2번째 발사시 탄환에서 분리된 고무마개(두께 2㎜, 지름 11㎜)가 甲의 오른쪽 눈에 명중되어 甲이 우측안구 파열상을 입게 되었다. 그리하여 甲이 국가(피고)에 대하여 손해배상을 청구하였다.

| 원심 | A가 당시 원고의 눈을 향하여 가스총을 발사하였다는 원고의 주장은 이를 인정할 증거가 없고, 위 사고 당시 탄환에서 분리된 고무마개가 원고의 눈에 명중할 것이 예상되는 특별한 사정이 있었다는 점에 관한 아무런 주장·입증이 없으므로, 방안으로 가스총을 발사한 A에게 가스총 발사시의 주의의무를 게을리한 과실이 있다고 단정할 수 없다고 하여, 원고의 주장을 배척하였다.

| 판지 | 경찰관은 범인의 체포 또는 도주의 방지, 타인 또는 경찰관의 생명·신체에 대한 방호, 공무집행에 대한 항거의 억제를 위하여 필요한 때에는 최소한의 범위 안에서 가스총을 사용할 수 있으나, 가스총은 통상의 용법대로 사용하는 경우 사람의 생명 또는 신체에 위해를 가할 수 있는 이른바 위해성 장비로서 그 탄환은 고무마개로 막혀 있어 사람에게 근접하여 발사하는 경우에는 고무마개가 가스와 함께 발사되어 인체에 위해를 가할 가능성이 있으므로, 이를 사용하는 경찰관으로서는 인체에 대한 위해를 방지하기 위하여 상대방과 근접한 거리에서 상대방의 얼굴을 향하여 이를 발사하지 않는 등 가스총 사용시 요구되는 최소한의 안전수칙을 준수함으로써 장비 사용으로 인한 사고 발생을 미리 막아야 할 주의의무가 있다.

이 사건 사고 장소는 부엌문과 방문까지의 거리가 1.5m 정도 되고, 부엌은 골목바닥보다 20㎝가 높고 방은 부엌 바닥보다 20㎝ 정도가 더 높은 사실, 원고가 다락에서 소란을 피우자 A가 다락쪽으로 가스총 1발을 발사하였고 이에 원고가 분사된 가스에 질식되어 방으로 내려와 방 출입문 쪽에 서 있었으며, 그 후 A는 원고가 어렴풋이 보이자 계속 소동을 부린다는 생각에서 원고를 제압·검거하기 위하여 약 1.5m 떨어진 부엌 출입문 밖에 기대서서 원고가 있는 쪽으로 손전등을 비추며 원고를 향하여 가스총을 발사하였고, 이때 분리된 고무마개가 원고의 눈에 박혀 이 사건 사고가 발생한 사실을 알 수 있는바, 사정이 이와 같다면 A가 가스총에서 분리된 고무마개가 원고에게 위해를 가할 수 있는 정도의 근접거리에서 원고의 얼굴을 향하여 가스총을 발사하여 고무마개가 원고의 눈에 명중하게 된 것으로 추단할 수 있고(A의 의사가 어찌하였든 원고의 눈에 고무마개가 박힌 이상 A가 원고의 얼굴을 향하여 가스총을 발사한 것으로 인정하지 않을 수 없다. 그리고 위와 같이 원고가 A가 있는 곳보다 높은 곳에 위치하였으므로 천장을 향하여 가스총을 발사하였다는 A 등의 진술도 이와 배치되는 것은 아니라고 할 것이다), 이 사건 당시 사용한 가스총의 탄환은 고무마개로 막혀 있어 사람의 안면 가까이에서 발사하는 경우 고무마개가 분리되면서 눈 부위 등 인체에 위해를 가할 가능성이 있었으므로, 1.5m 미만의 근접한 거리에서 이를 사용하는 경찰관인 A로서는 원고의 안면 부위를 향하여 가스총을 발사하지 아니함으로써 사람의 눈 부위 등 인체에 대한 위해를 방지하여야 할 주의의무가 있음에도 불구하고 이를 게을리한 채 만연히 원고를 향하여 가스총을 발사한 나머지 가스총에서 분리된 고무마개가 원고의 오른쪽 눈에 명중하여 그로 인하여 원고에게 상해를 가하여 실명에 이르게 하였다고 보아야 할 것이다.

그리고 위에서 본 사고의 경위에 비추어 볼 때 원고가 입은 상해는 위와 같은 상황에서의 가스총 발사행위시에 통상적으로 예견되는 범위 내의 손해라 할 것이고, 이를 특별한 사정에 의한 손해라고는 할 수 없다(원심은 발사시 탄환에서 분리된 고무마개는 공기저항으로 인하여 전방 1m 이내에서 낙하하도록 되어 있다는 사실을 인정하였으나, 이와 같은 사실을 인정할 수 있을는지도 의문이려니와, 설사 그렇다고 하더라도 1m를 약간 넘는 근접거리에서 안면 부위를 향하여 가스총을 발사하는 경우 상해의 결과를 초래할 수 있음은 충분히 예견가능하다고 할 것이다).

■ 쟁 점

위 판결은 경찰관 A가 난동을 부리는 甲에게 가스총을 근접 발사하여 고무마개가 甲의 눈에 맞아 실명한 경우, A의 불법행위가 성립하고 따라서 국가가 배상책임을 지는가 하는 점이 문제된 것이다.

■ 검토할 사항

- □ 일반적으로 경찰관이 난동을 부리는 자를 제압하기 위하여 필요한 경우에 가스총을 발사하는 것은 위법한가? 위법하지 않다면 그 이유는 무엇인가?
- □ 경찰관이 난동을 부리는 자를 제압하기 위하여 가스총을 사용하는 것은 적법함에도, 이 사안에서 A의 총기사용이 불법행위로 되는 이유는 무엇인가?

■ 관련사례

- □ 병원에서 난동을 부리던 A가 총기를 휴대하고 출동한 경찰에게 항거하여 경찰이 뒤로 밀리자 그 항거를 제압하기 위하여 총을 발사하였는데 총알이 A의 가슴 부위를 관통하여 A가 사망한 경우에, 경찰의 가해행위는 정당방위로서 위법하지 않는가? (대판 1991.9.10. 91다19913) A가 B를 태우고 승용차를 운전하던 중 신호를 위반하여 경찰관이 A에게 정지명령을 내렸음에도 A가 이를 무시한 채 도주하다가 도로가 정체되어 더 이상 도주하지 못하자 차에서 내려 도망쳤는데, B를 추격하던 경찰관 C가 B와의 거리가 더 멀어지자 하늘로 경고사격을 하였고, 그

럼에도 도주하자 다시 "서지 않으면 실탄을 쏘겠다"고 경고한 후, B의 좌측 대퇴부를 향하여 권총을 격발하여 C가 좌측 대퇴부에 관통상을 입고 쓰러졌고 다음날 사망한 경우에, C의 행위는 위법한가? (대판 1999.6.22. 98다61470)

- 고속도로에서 앞에 가던 수 대의 차량이 연쇄 추돌하는 사고가 나자(이미 사고차량들로 주행선과 추월선이 모두 막혀 있었음), 그 뒤에서 버스를 운전하던 A가 전방의 장애물을 피하기 위하여 핸들을 돌려 중앙분리대를 넘어 하행선에 진입하여 사고차량들을 통과하다가, 반대편에서 오던 B의 트럭과 충돌하는 사고가 발생하였다. A는 B차량과의 충돌이 긴급한 위난을 피하기 위하여 생긴 것임을 이유로 불법행위책임을 부인(긴급피난이라는 위법성조각사유)할 수 있는가? (대판 1975.8.19. 74다1487)
- 중학교 교사가 훈계의 목적으로 교칙위반 학생에게 뺨을 몇 차례 때린 행위는 위법한가? (대판 1976.4.27. 75도115) 중학교 3학년 학생 A의 담임교사 B는 A를 비롯한 3명의 학생들이 비행을 저질렀다는 이유로 이들을 교단으로 불러 내어 칠판에 손을 대고 엎드리게 한 후에 청소용 대걸레자루로 다른 학생 2명의 허벅지와 엉덩이를 때리고, 이어서 A를 때리려고 하자 A가 겁에 질려 뒤로 물러섰으며, 그리하여 B는 위 대걸레자루로 A의 배를 찌르며 앞으로 오라고 하는데도 A가 계속하여 뒤로 물러서자 그 대걸레자루로 A의 어깨 또는 팔을 때리려고 이를 높이 치켜들고 휘두르는 순간 A가 이를 맞지 않으려고 몸을 피하다가 머리에 위 대걸레자루를 맞아 상해를 입었다. B의 위 체벌행위는 위법성이 없는가? (대판 1988.1.12. 87다카2240)
- 점유에 대한 부당한 침탈을 배제하는 행위는 위법한가? 즉 A가 논을 점유 경작하고 있는데 B가 그 논의 소유권을 취득하였다는 이유로 적법한 절차에 의한 인도를 받지 아니한 채 묘판을 설치하려고 하자 A가 그 묘판을 허물어뜨린 경우에, A의 행위는 위법한가? (대판 1980.9.9. 79도249)
- A가 B의 강박에 의하여 B에게 부동산을 증여하기로 하였는데, 그 후 A가 증여계약에의 구속에서 벗어나기 위하여 증여의 의사표시를 취소하는 길을 취하지 않고, 그 부동산을 제3자에게 양도함으로써 B에 대한 증여계약상의 소유권이전등기의무를 이행불능으로 만든 경우에, A의 이중양도행위는 사회상규에 위배되지 않는 정당행위에 해당하여 위법성이 조각되고 따라서 A는 채무불이행에 빠진 것으로 되지 않는가? (대판 2002.12.27. 2000다47361)
- A가 B에게 계속 시비를 걸며 손톱으로 할퀴는 등 공격을 가하자, B가 여기에서 벗어나려고 A의 멱살을 잡아 흔들면서 밀어 넘어뜨려 A가 전치 약 2주일을 요하는 상해를 입은 경우에, B의 가해행위는 위법성이 있는가? (대판 1991.11.26. 91다17375)

- □ A가 B에게 '**까지 채무를 변제하지 않으면 자신이 설치한 시설물을 철거하여도 일체의 민 · 형사상 이의를 제기하지 않겠다'는 내용의 각서를 작성 교부하였는데, A가 위 약정기일까지 채무를 변제하지 않아 B가 A의 위 시설물을 철거한 경우에, B의 행위는 위법한가? [대판 2002.7.12. 2001다46440. 이 내용은 「고의」 부분(28면) 참조]
- □ 시민단체가 특정 후보자에 대하여 낙선운동을 하는 것은 시민불복종운동으로서 정당행위가 되는가? (대판 2004.11.12. 2003다52227)

■ 기타 검토사항

- □ 국가가 甲에게 손해배상금을 지급하면, 국가는 A에 대하여 구상권을 가지는가?
- □ 위법성조각사유의 내용과 요건을 살피시오.
- □ 정당방위 · 정당행위 등은 위법성조각사유로 파악된다. 그리고 위법성은 고의 · 과실과는 별개의 불법행위 요건으로 이해된다. 그리고 불법행위의 성립 여부를 판단함에 있어서는 일반적으로 먼저 가해행위가 객관적으로 위법한지를 살피고, 다음에 가해자에게 고의나 과실이 있는지를 살핀다. 그런데 위 판결은 A에게 과실이 있으므로 결국 위법성이 조각되는 정당행위가 되지 않는다고 한다. 그 외에도 종래에는 정당방위에서의 '오신의 상당성'을 위법성 판단의 한 요소로 보았으나(대판 1988.10.11. 85다카29; 대판 1996.5.28. 94다33828. 그리고 대판 1993.11.26. 93다18389), 근래 상당성이 있을 때에는 과실이 없는 것이라고 하여 불법행위의 성립을 부인한 것이 있는 바(대판 1998.2.27. 97다19038), 후자의 판례도 과실이 있으면 정당행위로 되지 않는다는 입장이다. 이러한 태도는 양 요건의 관계에 관한 기존 이론과는 부합하지 않는다. 양 요건의 관계에 관하여 생각해 보시오.

■ 참고문헌

- □ 김범주, 교육체벌의 판례연구, 판례월보 214호(1988.7.), 42-54.
- □ 소성규, 불법행위법에 있어서 이른바 '위법성조각사유', 비교사법 4권 1호(통권 6호), 1997, 519-544.
- □ 심희기, 법집행 경찰관의 총기 사용의 허용 범위, 고시연구 30권 10호(2003.10.), 121-136.

3. 고의 혹은 과실

(1) 고 의

대판 2002.7.12. 2001다46440

| 사안 | 甲(원고)이 乙(피고의 피상속인)로부터 토지를 임차하여 그 지상에 어류 양식장을 설치 · 경영하였으며, 甲이 은행으로부터 금원을 대출받음에 있어서 乙이 연대보증을 서고 자신의 토지를 물상담보로 제공하였다. 그런데 甲이 부도를 내어 위 대출금채무를 변제하지 못하여, 乙의 위 토지에 가압류가 행해졌다. 乙이 위 채무의 변제를 재촉하자, 甲은 '만약 **까지 채무를 변제하여 乙 소유의 토지에 대한 근저당권 및 가압류를 말소하지 못할 경우에는 위 양식장 시설과 그곳의 생물을 모두 철거하여도 일체의 민 · 형사상 이의를 제기하지 않겠다'는 내용의 각서를 작성 교부하였다. 그런데 甲이 위 약정기한까지 채무를 변제하지 아니하자, 乙은 위 약정에 기하여 양식장 시설을 철거하였다. 그런데 철거를 시작할 당시 그곳 수조관에는 우럭치어와 광어치어 등이 들어 있었는데, 乙이 수조관을 덮고 있던 지붕을 걷어내는 과정에서 수조관에 이물질이 들어가고 햇빛에 노출되어 수조관 내에 있는 치어 등이 모두 폐사하였다. 이에 甲은, 乙이 양식장을 파손함으로 인하여 손괴된 시설물 및 기계 · 기구의 가액 상당의 손해 그리고 폐사한 치어의 거래가액 상당의 손해를 배상할 책임이 있다고 하면서, 乙의 상속인(제소 전에 乙이 사망)에 대하여 그로 인한 손해배상을 청구하였다(소송 계속 중에 甲의 손해배상청구권을 丙이 승계하여 소송을 수계하였다). 소송에서는 우선 불법행위가 성립하는 범위(손해배상책임이 인정되는 범위)가 문제되었고, 다음으로 乙은 —자신이 甲의 대출금채무를 대위변제함으로써 구상금채권을 가지게 되었는 바— 甲에 대한 구상금채권을 가지고 손해배상채무와 상계한다고 주장하였는 바, 이의 가부가 문제되었다.

| 판지 | 1) 원고가 乙에게 위와 같이 각서를 작성 · 교부함으로써 乙의 자력구제에 의한 철거행위를 승낙하였으므로, 乙이 양식장을 철거한 행위 자체로 인한 직접적인 피해인 양식장 시설물의 손괴로 인한 손해는 피해자의 승낙에 따른 것으로서 위법성이 없어 불법행위에 해당하지 않는다. 다만 乙은 원고의 승낙에 따라 양

식장 시설물을 철거함에 있어서 원고에게 미리 양어장 시설 내에 있는 치어 등을 다른 곳으로 옮기도록 촉구하고 이에 응하지 않더라도 다른 수조관으로 치어 등을 옮겨 보관하는 등 원고 소유의 물건에 대한 피해를 가능한 한 줄이는 조치를 취한 다음 철거에 착수하여야 할 선량한 관리자로서의 주의의무가 있음에도, 이를 게을리한 채 약정기한이 지나자 5일 만에 수조관 내 치어 등에 대한 아무런 보존조치를 취하지 아니하고 철거를 단행함으로써 치어 등을 폐사 또는 손상시켜 원고에게 손해를 입힌 것이므로, 피고들은 乙의 위 불법행위로 인하여 원고가 입은 손해를 배상할 책임이 있다.

2) 원심은, 乙은 원고에 대한 구상금채권으로 원고의 乙에 대한 이 사건 손해배상채권과 대등액에서 상계함으로써 결국 원고의 손해배상채권은 모두 소멸하였다고 판단하고, 乙의 원고에 대한 손해배상채무는 乙의 고의의 불법행위로 인한 것이므로 그 채무를 상속한 피고들은 민법 제496조에 의하여 상계로 대항할 수 없다는 원고의 주장에 대해서는, 乙의 이 사건 불법행위는 과실에 의한 것이라는 이유로 위 주장을 배척하였다.

불법행위에 있어서 고의는 일정한 결과가 발생하리라는 것을 알면서 감히 이를 행하는 심리상태로서, 객관적으로 위법이라고 평가되는 일정한 결과의 발생이라는 사실의 인식만 있으면 되고 그 외에 그것이 위법한 것으로 평가된다는 것까지 인식하는 것을 필요로 하는 것은 아니다.

乙은 양식장의 차양막을 걷어내면 수조관에 있는 치어들이 죽는다는 것을 알고 있었으면서도 위 각서로 인하여 그 결과에 대하여 책임이 없다고 믿고서 치어들을 살리기 위한 아무런 조치도 강구하지 아니한 채 임의로 양식장의 시설을 철거함으로써 치어들을 모두 폐사시킨 사실을 인정할 수 있는바, 위 법리에 비추어 보면 乙의 위 불법행위는 고의에 의한 것이라고 할 것이다. 그러므로 乙의 상속인들인 피고들로서는 민법 제496조에 의하여 이 사건 불법행위로 인한 손해배상채무에 대하여 상계로써 대항할 수 없다.

■ 쟁 점

위 판결은 채무를 갚지 못하면 자신의 양식장 시설을 철거해도 좋다고 하는 각서에 따라 양식장을 철거함에 있어서 그 안의 치어에 대한 보존조치를 하지 않아도 된다고 생각하고 그대로 철거한 경우에, 이는 불법행위가 되는가, 그리고 이는 고의에 의한 것이므로 그로 인한 손해배상채무에 대하여 상계가 불허되는가 하는 점이 문제된 것이다.

■ 검토할 사항

□ 고의의 불법행위로 인한 손해배상청구권을 수동채권으로 하여 상계할 수 없도록 한 취지(제496조)는 무엇인가?

□ 고의의 요소에는 위법성에 대한 인식도 필요한가?

□ 甲의 각서에는 일정시기까지 채무를 변제하지 못하면 "양식장 시설"뿐만 아니라 "그곳의 생물"을 모두 철거하여도 좋다고 되어 있다. 그럼에도 시설물 철거과정에서 치어에 대한 보존조치를 취하지 않았음을 이유로 손해배상책임을 인정한 근거는 무엇인가?

■ 관련사례

□ 피용자의 고의의 불법행위로 인하여 사용자책임이 성립하는 경우에, 사용자는 자신의 고의의 불법행위가 아니라는 이유로 제496조의 적용을 배제할 수 있는가? (대판 2006.10.26. 2004다63019)

□ 자동차보험약관상 면책사유인 '피보험자의 고의에 의한 사고'에서의 '고의'에는 소위 미필적 고의도 포함되는가? 즉 차량 운전사 A가 여고생 B를 태우고 운행하던 중 A가 B를 강제추행하려 하자 B가 그러한 의도를 알아채고 하차하여 줄 것을 요구하였는데, A가 이에 불응하고 그대로 질주하자 B가 다급한 나머지 출입문을 열고 뛰어 내리다가 길바닥에 떨어져 뇌출혈 등으로 사망한 경우에, B의 사망에 관하여 A에게 고의가 있은 것이므로 보험회사는 면책되는가? (대판 1991.3.8. 90다16771) 또 A(피해자)가 오토바이를 타고 가던 중 자동차를 운전하던 B와 시비가 붙었으며, A가 그냥 가려 하자 B가 차를 운전하여 "서라"고 계속 소리치면서 오토바이를 쫓아가 A가 당황한 나머지 오토바이 운전을 제대로 하지 못하여 오토바이가 넘어져 상해를 입었다. B의 차 운행과 오토바이가 넘어짐으로 인하여 발생한 사고와는 상당인과관계가 있는가? 그리고 B는 상해를 가할 의사를 가지거나(고의) 혹은 이러한 결과를 인용하면서 위 추격을 행한 것으로서(미필적 고의), 따라서 자동차보험 면책약관에서 규정하는 상해에 관한 고의가 있으므로 보험회사는 면책되는가? (대판 1997.9.30. 97다24276)

□ 피해자의 부주의를 이용하여 고의로 불법행위를 저지른 자는 피해자의 부주의를 이유로 과실상계를 주장할 수 있는가? [대판 1995.11.14. 95다30352—이의 내용은 「과실상계」 부분(85면) 참조]

■ 참고문헌

□ 김경호, 고의에 의한 불법행위와 과실상계, 판례연구 15집, 2003, 535-570, 부산

판례연구회.
□ 김민중, 불법행위와 고의 · 과실론, 고시계 41권 8호(474호) (1996.8.), 15-25.
□ 윤명석, 민사법상의 불법행위에 있어서 고의 · 과실, 한양법학 제13집, 2002, 249-267, 한양법학회.

(2) 과 실

대판 2001.1.19. 2000다12532

| 사안 | 甲(피고)이 자동차학원 소속의 운전교습용 승용차를 운전하여 위 학원 내 연습코스의 주행을 마친 후, 위 승용차를 대기실 앞에 주차하기 위하여 진행하다가 연습코스를 횡단하는 乙(원고)을 발견하였는데, 甲은 운전미숙으로 乙을 미처 피하지 못하고 충격하여 乙이 상해를 입었다. 그리하여 乙이 甲에 대하여 불법행위로 인한 손해배상을 청구하였다. 그런데 당시 甲은 운전면허 필기시험에 합격한 다음 기능시험에 응시하고자 연습하던 중이었으며, 위 사고 이전에 위 학원의 기능강사와 동승하여 약 10여 회 정도 학원 내 주행코스를 연습주행하였고, 사고 당일은 甲의 운전교습을 맡은 기능강사의 지시에 따라 처음으로 혼자서 주행코스를 연습주행한 것이었으며, 乙이 사고지점을 횡단하는 것을 발견하자 순간적으로 당황하여 제동조치를 취하지 못한 채 乙을 향하여 고함을 질렀으나 乙이 이를 듣지 못하자 핸들을 급히 조작하였지만 미치지 못하여 이 사건 사고를 낳게 한 것이었다.

| 원심 | 위와 같은 사고 경위에 비추어 보면 피고는 자동차 운전기능을 습득하고자 운전학원에서 운전교습을 받는 운전연습자로서의 보통인을 기준으로 할 때에 주의의무를 위반하였다고 보기 어려우므로 이 사건 사고에 대하여 과실이 있다고 할 수 없고, 그 결과 불법행위자로서의 책임도 부담하지 않는다.

| 판지 | 불법행위의 성립요건으로서의 과실은 이른바 추상적 과실만이 문제되는 것이고 이러한 과실은 사회평균인으로서의 주의의무를 위반한 경우를 가리키는 것이지만, 그러나 여기서의 '사회평균인'이라고 하는 것은 추상적인 일반인을 말하는 것이 아니라, 그때 그때의 구체적인 사례에 있어서의 보통인을 말하는 것인바, 운전능력이 없거나 운전기능이 미숙하여 자동차운전학원에서 기능교육을

받고 있는 피교습자라 하더라도 사고의 발생이 예견되는 경우에 일률적으로 사고를 회피할 정도의 주의의무를 기대할 수 없다고 할 수는 없는 것이고, 그때 그때의 구체적인 사정에 비추어 사고회피에 관한 주의의무를 위반하였다고 볼 수 있는 경우에는 과실이 있다고 하여야 할 것이다.

기능강사가 동승한 상태에서 이미 약 10여 회의 주행코스 연습주행을 하였고, 기능강사의 지시에 따라 혼자서 주행코스의 연습주행까지 하였다면, 그러한 정도에 이르게 된 보통·일반의 피교습자로서는 자동차의 조향 및 제동장치 등의 조작에 관한 기본적인 기능은 습득하였다고 보아야 할 것이므로, 이 사건 사고 당시와 같은 상황 아래에서는(기록상 사고차량의 사고 당시의 속력은 알 수 없으나, 운전학원 내에서 주행연습을 하는 통상의 교습차량과 마찬가지로 즉시 제동할 수 있을 정도로 서행하고 있었다고 보아야 할 것이다) 제동조치를 취하거나 핸들을 제대로 조작하여 사고를 회피할 정도의 주의의무가 있다고 보는 것이 상당하다고 할 것이므로, 피고가 주행연습코스의 연결차로에서 횡단하는 원고를 발견하고 순간적으로 당황하여 제동조치 등의 안전조치 등을 취하지 못한 채 사고를 야기한 이상, 피고에게 과실이 없다고 할 수는 없다.

■ 쟁 점

이 판결은 자동차운전학원에서 기능시험에 응시하고자 혼자서 연습주행을 하던 甲이 학원 내에서 도로를 횡단하던 乙을 치는 사고를 낸 경우에, 甲에게 과실이 있다고 할 것이냐 하는 점이 문제된 것이다.

■ 검토할 사항

- 추상적 과실에서 주의의 정도는 어떤 사람의 주의능력을 기준으로 하는가?
- 행위자의 주의능력을 기준으로 해서 주의의 정도를 요구하는 경우로는 어떤 것이 있는가?
- 과실의 요소로는 주의의무 위반 이외에 어떤 것이 있는가?
- 과실의 종류를 살피시오.

■ 관련사례

- A가 과속으로 X승용차를 운전하던 중 선행하던 트럭을 추월하기 위하여 중앙선을 넘었는데, 마침 반대 차선에서 B가 운전하던 Y트럭을 발견하고 급히 자기 차선으로 복귀하였으나 끝내 Y트럭의 좌측 부분을 충격하여 결국 A가 사망하였다. B로서는 반대차선의 차량이 중앙선을 침범해 들어 올 경우까지 예상하여 운전하

여야 할 주의의무가 있으므로, B에게도 과실이 있다고 할 것인가? 만약 B가 과속으로 운전하였다면 어떠한가? (대판 1994.9.9. 94다18003; 대판 1999.7.23. 99다19346)

- 야간에 고속도로를 운행하던 운전자 A가 선행사고로 멈추어 있는 차에서 나와 중앙분리대 쪽으로 무단횡단하던 B를 친 경우에, A에게 과실이 있다고 할 것인가? (대판 1998.4.28. 98다5135)
- 도로변에 무단횡단 방지용 가드레일이 설치되어 있고 부근 10여 미터 거리에 지하통로가 개설되어 있는 편도 2차선의 포장도로에서 A가 야간에 도로를 뛰어 건너는데, 이곳을 운전하던 B가 A를 발견하고 A를 피하려다 도로의 중앙선을 넘어가, 반대차선에서 오던 C의 차를 들이받는 사고가 발생한 경우에, A의 과실(잘못)은 B의 C에 대한 불법행위의 성립요건으로서의 과실에 해당하고 따라서 B뿐만 아니라 A도 B와 함께 C에 대하여 공동불법행위 책임을 지는가? (대판 1993.12.10. 93다36721)
- 감정평가업자가 담보물인 토지를 감정평가함에 있어서, 외관상 그 토지에 강물이 흐르고 있지 아니하여 토지가 하천구역에 편입되어 국유로 된 것임을 알아내지 못한 채 그 시가에 대하여 감정평가를 한 경우에, 과실이 있다고 할 수 있는가? (대판 2002.9.27. 2001다19295)
- 일병 A는 경계근무시간이 지나 B가 교대해 주어야 함에도 교대하여 주지 아니하자, A는 평소 B로부터 자주 폭행당한 불만이 겹쳐 약간의 주기를 띠고 소지중이던 M16소총에 실탄을 장진하여 B에게 1발을 발사하였는데, B는 도주하고 그 옆에 서 있던 상병 C에게 명중되어 C가 즉사하였으며, A는 그 외에도 내무반 안팎에서 계속 총을 발사하여 소속 부대원 중 2인을 살해하고 2인(E, F)에게 상해를 입혔다. 그리고 영외에서 오토바이를 타고 오던 K를 향하여 다시 총탄 1발을 발사하여 K가 상해를 입었다. 이와 같이 A가 거의 제정신이 아닌 상태에서 총기를 마구 휘두르는 난동을 부리는 경우, 같은 초소에서 근무하는 B 등(그 외에도 E, F)은 어떠한 방법을 써서라도 A가 총기를 사용할 수 없도록 물리적인 조치를 강구하였어야 할 의무가 있고, 따라서 B 등에게도 공무집행 태만의 과실이 있으므로, —국가 이외에— B 등도 K에 대하여 손해배상책임을 지는가? (대판 1979.12.26. 79다1843)
- 중과실의 의미를 살피시오. 그리고 도난방지 등 경비용역업무를 맡은 업체의 직원이 이상신호를 접수하고 현장에 긴급출동하였으나, 그 당시 이미 후문의 잠금장치가 파손되어 있는 등 이상징후가 있었음에도 이를 발견하지 못하고 만연히 밖에서 출입문의 시정장치와 등화상태만을 확인한 채 이상이 없는 것으로 가볍게 판단하고 그대로 철수하여 버렸는데 얼마 후 도난사고가 발생한 경우에, 위

직원에게 중과실이 있다고 할 것인가? (대판 1997.2.25. 96다37589)

■ 기타 검토사항

□ 甲은 자동차손해배상보장법 제3조 소정의 자기를 위하여 자동차를 운행하는 자로서 이 사건 사고로 인하여 원고들이 입은 손해를 배상할 책임이 있는가?

□ 가해자가 고의나 과실(귀책사유)로 타인에게 손해를 입힌 경우에 한하여 손해배상책임을 진다는 소위 과실책임은 근대민법전의 기본원리이다. 이 원칙의 의미 내지 기능, 그리고 아울러 이의 문제점을 살피시오. 그리고 이러한 문제점을 해결하기 위하여 발달하게 된 위험책임(무과실책임)의 내용과 근거, 그리고 우리 법은 어떤 경우에 위험책임을 인정하는가 하는 점들을 살피시오. 그리고 나아가 과실책임과 위험책임 간의 관계를 살피시오.

□ 가해자에게 과실이 있다는 점에 관한 증명책임은 일반적으로 손해배상을 청구하는 피해자 측에게 있다. 그러면 예외적으로 가해자 측의 과실이 추정되는 경우가 있는지 살피시오.

■ 참고문헌

□ 김형배, 위험책임론, 민법학의 회고와 전망(민법전시행30주년기념논문집), 1993, 773-807.

□ 서광민, 불법행위 성립요건으로서의 위법성과 고의 · 과실, 민법학의 회고와 전망(민법전시행30주년기념논문집), 1993, 605-622.

□ 엄동섭, 불법행위법상의 과실의 개념: 주관적 과실설 비판, 계명대 사회과학논총 5집, 1987, 59-72.

4. 책임능력

대판 2001.4.24. 2001다10199

| 사안 | A는 서울시(피고) 산하 치료감호소에 입소하였는데, 1992.5.28. 자동차 운전 중 인명사상 사고를 냈다. 그런데 A는 1991.7.11.부터 그 해 8월 16일까지, 1992.1.26.부터 그해 5월 19일까지 망상성장애 등 정신분열증으로 입원치료를 받은 정신병력이 있으며, 위 감호소에 입소할 당시 불안정하고 부적절한 정서, 비논리적 사고, 과대망상, 피해망상, 관계망상, 판단력 결여 등의 증세를 보였다. A의 보험자인 甲(원고)과 서울시는, 일단 甲이 위 사고로 인한 손해를 보상하되 그 사고로 인한 손해가 甲의 보험약관상 보상하지 아니하는 '피보험자의 고의로 인한

손해'로 판명되는 경우에는 서울시가 보상금 상당을 甲에게 배상하기로 약정하였다. 그 후 甲은 위 사고는 A의 고의에 기한 것이라고 하면서, 서울시에 대하여 이미 지급했던 보상금 상당액의 배상을 청구하였다.

| 판지 | 1. 원심은, A는 위 사고 당시 정신분열증으로 인하여 정상적인 사물판별능력이나 행위통제 능력이 미약한 상태에 있었다고 판단한 다음, A는 고의에 의하여 사고를 일으켰다고 볼 것이나 그때에 그는 심신미약 상태로서 그의 행위의 결과에 대한 책임의식 역시 현저히 미약하였기에 스스로의 행위를 통제하여 사고에 나아가지 않을 것을 기대할 수 없었으니 고의의 범주에 해당하는 사고라고 할 수 없고 또한 보험계약의 선의성, 윤리성에도 어긋나지 않아 위의 면책조항에 해당하는 사고라 할 수 없다는 요지로 판단하였다.

2. 책임보험은 피보험자의 법적 책임 부담을 보험사고로 하는 손해보험이고 보험사고의 대상인 법적 책임은 불법행위책임이므로 어떠한 것이 보험사고인가는 기본적으로는 불법행위의 법리에 따라 정하여야 할 것인바, 책임보험계약 당사자 간의 보험약관에서 고의로 인한 손해에 대하여는 보험자가 보상하지 아니하기로 규정된 경우에 고의행위라고 구분짓기 위하여는 특별한 사정이 없는 한 구체적인 정신능력으로서의 책임능력이 전제되어 있다고 볼 것이어서 '피보험자의 고의에 의한 손해'에 해당한다고 하려면 그 피보험자가 책임능력에 장애가 없는 상태에서 고의행위를 하여 손해가 발생된 경우여야 할 터이다.

기록상 특별한 사정이 보이지 아니하는 이 사건에서, 위의 사고로 인한 손해가 심신미약의 상태에 있던 A의 행위로 인하여 일어난 것으로서 고의에 의한 손해에 해당하지 않는다고 한 원심의 판단은 정당하다.

■ 쟁 점

위 판결은 심신미약의 상태에 있던 A가 사고를 낸 경우에, 이는 보험자의 면책사유인 '고의로 인한 손해'에 해당하는가 하는 점이 문제된 것이다.

■ 검토할 사항

□ 책임능력의 의미 그리고 이를 요건으로 하는 이유를 살피시오.

□ 판결이 위 사고는 A의 고의에 의한 것이 아니라고 한 이유는 무엇인가?

■ 관련사례

□ 13년 5개월이 된 성적이 우수한 중학생 A가 길이 70㎝의 탄력이 강한 고무줄 총

을 B 뒤에서 겨누고는 B의 이름을 불러 B가 뒤를 돌아보는 순간 B의 안면을 향하여 밤알만한 돌을 발사하여 B가 상해를 입은 경우에, A는 책임능력이 있는 자로서 따라서 스스로 불법행위책임을 지는가? (대판 1977.5.24. 77다354)

□ 13세 5개월이 된 중학생 A가 전쟁놀이 중에 장난감이라고 할 수 없는 위험한 물건인 고무총으로 땅콩 크기의 돌을 발사하여 같이 놀던 아이 B의 좌안을 실명하게 한 경우, A는 책임능력을 가진 것으로 되는가? (대판 1978.7.11. 78다729) 14년 2개월 된 중학생 A가 야간에 콘크리트로 된 다리의 맨바닥에서 레슬링놀이를 하던 중, 맨바닥 위에서 얼굴을 지면으로 향하여 엎드려 있는 B를 갑자기 아무런 예고없이 발로 밀어버려 B가 상해를 입은 경우에, A는 책임능력을 가진 것으로 되는가? (대판 1978.11.28. 78다1805)

■ 기타 검토사항

□ 무과실책임에서도 가해자에게 책임능력이 요구되는가?

□ A가 책임능력이 없어서 불법행위책임을 지지 않는다면, 피해자는 누구에 대하여 손해배상을 청구할 수 있는가? A가 만약 미성년자라면 어떠한가?

■ 참고문헌

□ 안상돈, 미성년자의 가해행위와 감독의무자의 책임, 사법논집 11집, 1980, 373-407.

5. 손해의 발생

(1) 손해의 의의 · 형태

대판(전) 1992.6.23. 91다33070

| 사안 | 이 사건 제1 내지 4토지는 본래 甲(원고, 국가)의 소유였는데, 1984.10.4. 위 부동산의 관리업무를 맡은 A(소외 1)와 乙(피고)이 공모하여 관련서류를 위조한 후 이를 자신들의 소유로 이전등기하고 B, C, D 등에게 매각하였으며, D는 이 중 일부를 다시 타인에게 전매하고 나머지 토지에는 연립주택을 지어 분양하였다. 甲은 이러한 사실을 뒤늦게 알고 위 각 등기명의인을 상대로 원인무효로 인한 등기말소청구소송을 제기하여, 1987년 각 승소판결이 확정되었다(그중 일부토지에 대하여는 그 지상 건물의 철거 및 토지인도를 구하는 소송이 제기된 상태이다).

그런데 B 등 최종 매수인들이 甲을 상대로 A의 불법행위로 인한 손해배상책임을 묻는 소송을 제기하여 오자, 甲은 이들과 사이에서 그 손해를 배상하기로 하고 다만 손해배상 방법을 甲이 소유명의를 회복하고 이들에게 금전으로 배상하는 방법 대신에, 이들을 은닉 국유재산의 자진반환자(국유재산법 제53조의2, 그 시행령 57조의2)에 해당되는 것으로 보고 각 해당 토지를 매각하고 그 매각대금(감정가격)의 일부만을 지급받는 방법을 취하기로 하였다. 그 결과 甲은 위 각 토지의 감정가격에서 감액하여 준 금액 상당을 최종매수인들에게 배상해 줌으로써 공동불법행위자인 乙까지 면책시킨 셈이 되었다. 그리하여 甲은 乙에 대하여 구상권을 행사하여 그의 부담부분에 해당하는 만큼의 손해배상청구소송을 제기하였다.

원심은 A와 乙은 공동불법행위자로서 부진정연대관계에 있으며 각 부담부분은 2분의 1이라고 하여, 甲의 구상권을 인용하였다. 그런데 그 구상의 범위가 문제로 되었다.

| 판지 | 불법행위로 인한 재산상 손해는 위법한 가해행위로 인하여 발생한 재산상 불이익, 즉 그 위법행위가 없었더라면 존재하였을 재산상태와 그 위법행위가 가해진 현재의 재산상태의 차이를 말하는 것이고, 그것은 기존의 이익이 상실되는 적극적 손해의 형태와 장차 얻을 수 있을 이익을 얻지 못하는 소극적 손해의 형태로 구분된다.

이 사건의 경우에 A 등의 불법행위로 인하여 최종 매수인들이 입은 손해는 무효의 소유권이전등기를 유효한 등기로 믿고 이 사건 각 토지를 매수하기 위하여 出捐한 금액, 즉 매매대금이라고 하겠고, 이는 기존이익의 상실인 적극적 손해에 해당한다(최종 매수인들은 처음부터 이 사건 각 토지의 소유권을 취득하지 못한 것이어서 위 말소등기를 명하는 판결의 확정으로 비로소 이 사건 각 토지의 소유권을 상실한 것이 아니므로, 이 사건 각 토지의 소유권 상실이 그 손해가 될 수 없음은 두말할 나위도 없다).

그런데 원심은 피고와 A의 불법행위로 말미암아 이 사건 각 토지의 최종 매수인들이 입은 손해는 이들에 대한 말소등기를 명하는 판결이 확정되어 이 사건 각 해당 토지의 소유권을 취득할 수 없게 됨으로써 발생한 손해라고 보고, 그 손해액은 위 판결이 확정된 때의 위 각 토지의 시가상당액이라고 판단하였는바, 이는 피고와 A의 불법행위가 없었더라면 최종매수인들은 이 사건 각 토지의 소유권을 유효하게 취득할 수 있었을 것인데도 불법행위로 말미암아 그 소유권을 취득할 수 없게 된 것을 손해로 본 것이어서 소극적 손해를 인정한 취지이다.

그러나 피고와 A가 관계문서를 위조하여 불법등기를 경료한 이 사건과 같은 경우에 있어서는, 위와 같은 불법행위가 없었다면 이 사건 각 토지에 대한 최종 매수인들 앞으로의 매도행위 자체도 있을 수 없어 최종 매수인들이 그 소유권을 취득할 수가 없으므로, 위와 같은 불법행위가 없었더라면 이 사건 각 토지의 소유권을 취득할 수 있었을 것을 전제로 한 소극적 손해는 이를 인정할 여지가 없다고 할 것이다.

위와 같은 불법행위로 인한 손해의 범위에 관하여 위와 다른 견해를 표명한 바 있는 당원 1988.10.11. 선고 85다카693 판결은 이를 폐기하기로 한다.

결국 원심이 최종 매수인들은 그들 명의의 소유권이전등기말소를 명하는 판결이 확정됨으로써 이 사건 각 토지의 소유권을 취득할 수 없게 된 손해를 입은 것으로 보고 위 판결확정 당시의 위 각 토지의 시가상당액을 그 손해액으로 판단하였음은 불법행위로 인한 손해의 범위에 관한 법리오해의 위법을 저지른 것이라고 하지 않을 수 없다.

■ 쟁 점

위 판결은 甲의 토지를 A와 乙이 공모하여 허위서류에 기해서 자신의 소유로 이전등기한 후 이를 B 등에게 매각한 경우에, 불법행위로 인한 손해배상책임의 범위가 문제된 것이다.

■ 검토할 사항

□ 乙의 손해배상책임의 범위는 어떠한가? 그리고 그 근거는 무엇인가?

□ 원심은 乙의 손해배상책임의 범위를 어떻게 판단하였으며, 대법원은 그러한 판단이 잘못된 이유를 무엇이라 하였는가?

■ 관련사례

□ A가 타인으로부터 매수한 토지(진입로가 없어 주택건축허가가 불가능)를 미등기인 채로 B에게 전매함에 있어서, 주변에 직선도로가 개설될 예정이라는 등 거짓말을 하여, B가 이에 속아 당시 시가가 3억 2,000만원 정도인 위 토지를 5억 4,000만원에 매수하였다. 그런데 얼마 후 위 토지 주변에 새로운 도로가 계획되어 위 토지의 가격이 크게 상승하였다. 이 경우에는 갑의 기망은 비록 불법행위가 되더라도 을에게 아무런 손해가 없으므로, 을은 갑에 대하여 불법행위를 이유로 손해배상을 청구할 수 없는가? [대판 2010.4.29. 2009다91828. 이 판결은 손해액산정의 기준시기 부분(83면) 참조]

□ 아파트를 분양함에 있어서 아파트단지 주변에 쓰레기매립장이 건설될 예정임을

알면서 이를 알리지 않았는데, 그 후 아파트의 가격이 전반적으로 상승하여 위 아파트의 가격도 분양대금을 상회하는 경우에는, 수분양자에게 손해가 없는 것인가? (대판 2006.10.12. 2004다48515)

□ 선박에서 A가 상해를 입은 보험사고가 발생하였는데 그 경위를 사실과 다르게 신고하여(A가 선장의 총기 오발사로 상해를 입었음에도 양망작업을 하던 중의 사고로 상해를 입은 것으로 신고) 보험금을 지급받았으나, 사실대로 신고하였더라도 그 사고가 '업무상의 재해'에 해당하여 보험금을 지급받을 것인 경우에, 보험금을 지급한 보험회사는 보험계약자의 허위신고로 인하여 손해를 입었다고 할 수 있는가? (대판 2009.9.10. 2009다30762)

□ A가 세무사 B에게 증여세 부과 여부를 문의하자, 증여재산의 가액을 정함에 있어 시가에 의하는 것이 원칙임을 간과하고 이에 대한 아무런 설명도 하지 않은 채 만연히 기준시가를 적용하여 증여재산가액을 추정하고 납부할 증여세가 없다고 답변하였으며, A의 처(C)가 이를 믿고 증여받은 결과 증여세 및 가산세를 부과받았다. 이 경우 C는 B의 행위로 인하여 손해를 입은 것이고, 따라서 B는 C에 대하여 그로 인한 손해배상책임을 지는가? (대판 2010.9.9. 2010다29201)

□ A는 B를 임신하자 의사 C에게 태아가 정상아인지를 검사(기형아 검사)해 줄 것을 부탁하였는데, C는 검사결과를 토대로 태아가 정상이라고 진단하였다. 그런데 B는 다운증후군의 기형아로 태어났다. B는 태아가 기형아라면 A가 낙태할 수 있었는데 C의 그릇된 진단으로 그러한 기회를 상실하게 되었다는 이유로, 혹은 자신이 출생하지 않았어야 함에도 장애를 가지고 출생한 것이 손해라는 점을 이유로, 자신의 향후 치료비 및 양육비 상당의 손해를 배상청구하였다. 타당한가? 요컨대 장애를 갖고 출생한 것 자체가 법률적인 손해인가? [대판 1999.6.11. 98다22857. 이의 내용은 「의료과오」 부분(156면) 참조]

■ 기타 검토사항

□ 판결은 손해를 '위법행위가 없었더라면 존재하였을 재산상태와 그 위법행위가 가해진 현재의 재산상태의 차이'라고 하는 바, 이는 엄격히 손해 자체를 뜻하는가 아니면 손해액의 산정방법을 뜻하는가?

□ 토지의 최종 매수인들(B 등)이 매도인(乙 혹은 A)의 등기가 유효한 것인지의 여부를 살피지 않은 것은 과실이고, 따라서 이들의 과실을 고려해서 국가의 배상범위를 감축해야 하고, 따라서 그만큼 구상권의 범위도 감축되어야 하는가?

□ 불법행위에서의 손해와 물권적 청구권에서의 방해는 동일한 것인가? 즉 A소유의 토지가 인접토지보다 3m정도 낮아 그 일대가 상습침수지역이어서 방치되었는데, B가 이 토지에 연탄재 등 쓰레기를 매립하여 양질의 농지로 만들어 주겠다고 제의하여, A가 이에 동의하여 매립공사가 시행되어 1985.3.5. 완공되었다. 그런

데 지표의 1-2m보다 아래 부분에는 생활폐기물 · 건설폐기물 등이 혼합 매립되어 있음이 발견되었다. 그리하여 A가 1999.1. B에 대하여 ―불법행위로 인한 손해배상청구권의 소멸시효가 완성하였으므로― 소유권에 기한 방해제거(쓰레기의 수거 및 원상복구)를 구하는 소송을 제기하였다. A의 이러한 청구는 타당한가? (대판 2003.3.28. 2003다5917)

■ 참고문헌

- ▫ 김태우, 불법행위로 인하여 부동산의 소유권을 취득하지 못한 경우에 있어서 손해배상의 범위, 판례연구 3집, 1993, 332-356, 부산판례연구회.
- ▫ 서광민, 손해의 개념, 서강법학연구 6권, 2004, 123-146, 서강대.
- ▫ 성중탁, 불법행위에 기한 손해배상청구 사건에서 손해발생여부 판단시점, 판례연구 24집(1), 2010, 281-301, 서울지방변호사회.
- ▫ 이영애, 불법행위로 인한 원인무효의 등기를 믿고 부동산을 매수한 사람의 손해, 민사판례연구 15권, 1993, 181-199.

(2) 손해의 현실성

대판 1998.8.25. 97다4760

| 사안 | 甲(원고)은 1993.7.13. 이 사건 토지를 소외 A회사에 매도하기로 하는 매매가계약을 체결한 후, 가계약금 등의 명목으로 약간의 금원만을 수령한 상태에서 A회사의 대표이사 乙(피고) 앞으로 미리 소유권이전등기를 경료하였다. 그 후 甲은 1994.3. 말경 매매조건을 확정하여 위 토지를 A회사에게 금 2,200,000,000원에 매도하기로 하는 내용으로 매매계약을 체결하면서, 매수인에 대한 소유권이전등기의무는 A회사의 대표이사인 乙에게 이미 이전등기가 경료되었기 때문에 그에 의하여 이행이 완료된 것으로 보기로 하고, 매매대금 중 623,250,000원(=41,550,000원 × 15)은 A회사가 분양할 예정인 아파트 중 특정한 15세대의 아파트를 위 가액으로 평가하여 甲에게 소유권을 이전함으로써 그 지급에 갈음하기로 합의하였으며, A회사는 그 대물변제의 합의를 이행하기 위하여 아파트공급계약서 15매와 위 분양대금이 납부되었다는 취지의 입금내역서를 甲에게 교부하였다. 그런데 위 아파트가 준공되자, 乙은 甲에게 대물변제하기로 합의한 15세대의 아파트 중에서 2세대의 아파트에 관하여만 甲이 지정하는 제3자에게 소유권이전등기를 경료하고, 나머지 13세대의 아파트에 관하여는 甲의 승낙 없이 임의로 그중 1세대

는 제3자에게 소유권이전등기를 경료하고 나머지 12세대는 제3자에게 소유권이전청구권 가등기, 근저당권설정등기, 전세권설정등기 등을 경료하였다. 그리하여 甲이 乙의 불법행위를 이유로 13세대 아파트의 매매대금 상당액의 손해배상을 청구하였다.

| 판지 | 원심은 위와 같은 사실 그리고 A회사나 피고에게는 위 13세대의 아파트에 경료된 위 등기들을 말소하고 원고에게 위 아파트에 관한 소유권이전등기를 경료하여 줄 능력이 없다는 사실을 인정한 후, 피고로서는 위 아파트에 관하여 원고에게 소유권이전등기를 경료할 의무가 있음에도 불구하고 그 임무에 위배하여 제3자에게 위와 같은 처분행위를 함으로써 원고에게 손해를 입혔다고 할 것이므로, 피고는 불법행위에 의한 손해배상책임의 이행으로 원고에게 540,150,000원(= 41,550,000원 × 13)을 지급할 의무가 있다고 판단하였다.

그러나 불법행위로 인한 손해배상청구권은 현실적으로 손해가 발생한 때에 성립하는 것이고, 이때 현실적으로 손해가 발생하였는지 여부는 사회통념에 비추어 객관적이고 합리적으로 판단하여야 하는 것인바, 위 13세대 아파트의 매도인인 A회사가 매수인인 원고로부터 매매대금을 전부 지급받은 후 피고가 원고의 승낙 없이 임의로 원심 판시의 아파트에 관하여 제3자에게 근저당권설정등기나 담보목적의 가등기 또는 전세권설정등기 등을 경료하였다면, 특별한 사정이 없는 한 원고는 그 피담보채무 또는 전세금 상당의 손해를 입었다고 할 수 있을지언정 곧바로 그 매매대금 상당액의 손해를 입었다고 단정할 수 없는 노릇이고, 또한 피고가 제3자에게 가등기를 경료하였더라도 그것이 단순히 소유권이전등기청구권 보전을 위한 것이라면 그와 같은 가등기가 경료되었다는 사정만으로 곧바로 원고가 매매대금 상당의 손해를 입었다고 볼 수는 없다고 할 것이며, 한편 피고가 위 13세대의 아파트에 관하여 제3자에게 위와 같은 근저당권설정등기, 가등기 등을 각 경료하였더라도 그 후 그 피담보채무가 존재하지 않는 것으로 밝혀지거나 등기 자체가 말소된 경우에는 원고가 그 피담보채무 또는 매매대금 상당의 손해를 현실적으로 입었다고 볼 수 없다고 할 것이다.

그렇다면 원심이 가등기가 담보목적으로 경료된 것인지의 여부, 근저당권설정등기 · 가등기 · 전세권설정등기의 피담보채무 및 전세금채무의 존부 및 금액, 위 각 등기가 말소되었는지의 여부 등을 심리하지 않은 채, 단지 피고가 위와 같은 근저당권설정등기 · 전세권설정등기 · 가등기 등을 경료한 사실이 있다는 점만을 인정하여 원고가 피고의 불법행위로 인하여 그 매매대금 상당의 손해를 입은 것으로 단정한 것은 심리미진 등의 위법이 있다.

■ 쟁 점

위 판결은 부동산매수인이 매매대금의 일부의 지급에 갈음하여 이전하기로 한 신축 아파트에 가등기나 근저당권등기 등을 경료한 경우에, 매도인은 곧바로 그 아파트의 매매대금 상당액의 손해배상을 청구할 수 있는가 하는 점이 문제된 것이다.

■ 검토할 사항

□ 손해배상을 청구하기 위해서는 피해자에게 손해가 현실적으로 생겼어야 하는가?

□ 위의 경우에 매도인은 현실적인 손해를 입은 것으로 되는가?

■ 관련사례

□ 집행법원의 과실로 채권가압류 결정정본이 제3채무자에게 송달되지 않은 경우에는 그에게 가압류의 효력이 생기지 않는 바, 그러면 가압류채권자에게 가압류의 효력이 생기지 아니한 집행채권액 상당의 손해가 현실적으로 발생하였다고 할 수 있는가? (대판 2003.4.8. 2000다53038)

□ A회사의 약품과 유사한 상표의 약품을 B가 생산 판매하는 부정경쟁행위를 범하였는데, 그 기간 동안 A회사는 국내에서 위 상표를 부착한 제품의 생산 · 판매 등 영업활동을 하지 않은 경우에도, A회사는 B의 부정경쟁행위로 인한 영업상 손해를 입은 것으로서 따라서 손해배상을 청구할 수 있는가? (대판 2008.11.13. 2006다22722)

□ 재산적 이익의 침해로 인하여 재산적 손해 이외에 정신적 고통을 입은 경우, 위자료 청구가 인정되는가? 그리고 재산적 손해의 발생이 인정되나 입증곤란 등의 이유로 그 손해액의 확정이 불가능하여 배상을 받을 수 없는 경우, 법원은 이러한 사정을 위자료의 증액사유로 참작할 수 있는가? 즉 A회사가 신축하는 아파트를 B 등 다수인이 분양받거나 피분양자로부터 분양계약상 지위를 양도받았는데, A회사가 회사정리절차에 들어가 B 등이 아파트에 입주하였으나 아파트 사용승인이 늦어져 입주일로부터 2년 이상 경과한 뒤에야 비로소 소유권이전등기를 경료하였다. 그리하여 B 등은 자신들 명의로 소유권이전등기를 경료하지 못함으로써 그 소유권 확보에 대한 불안감과 재산권 행사를 제대로 못하는 등의 사정 때문에 상당한 정신적 고통을 받았으며, 그외에 일부 주민은 주택담보대출을 받지 못하여 고율의 사채이자를 감당하거나, 미등기 상태에서 급히 매도함으로써 매도가 하락 등의 재산적 손해를 보았다. B 등은 이러한 정신적 손해 및 재산적 손

해에 대한 배상으로 위자료를 청구할 수 있는가? (대판 2004.11.12. 2002다53865. 그 외에 대판 1984.11.13. 84다카722 참조)

- 재산상의 손해로 인하여 받은 정신적 고통도 그로 인하여 재산상 손해의 배상만으로는 전보될 수 없을 정도의 심대한 것이라고 볼 만한 특별한 사정이 있는 때에는 위자료청구가 인정된다. 그러면 토지를 매수한 후 오랜 기간이 지나 그 소유자에게 소유권을 추급당하였고, 그 지상에 건물을 신축하였는데 그것이 철거될 운명에 있으며, 오랜 기간 동안 등귀한 토지가격과 매수대금과의 차이가 큰 경우에, 위와 같은 특별한 사정이 있다고 볼 수 있는가? [대판 1998.7.10. 96다38971. 이의 내용은 부동산의 불법처분 관련사례 부분(184면)에서 언급함]
- 건물신축도급계약에서 수급인이 신축한 건물에 하자가 있는 경우에 일반적으로 위자료청구가 인정되는가? (대판 1993.11.9. 93다19115) 그리고 임대차계약에서 임대인의 채무불이행으로 인하여 임차인이 임차의 목적을 달할 수 없게 되어 손해가 발생한 경우는 어떠한가? (대판 1994.12.13. 93다59779)

(3) 손해의 적법성

대판 2012.1.12. 2010다79947

| 사안 | 甲(원고) 소유의 이 사건 토지는 원래 염전이었으나, 甲은 여기에 양어장을 설치하여 2005년부터 뱀장어를 양식하였다. 다만 양식장을 운영하기 위하여 어업면허를 받거나 내수면어업신고를 한 바는 없다. 그런데 위 토지가 인천대교 건설공사 부지에 편입됨에 따라, 甲은 2006.12.경 A(한국토지공사 및 인천도시개발공사)에게 위 토지를 매도하기로 매매계약을 체결하였으며, A는 2007.3.경 위 매매대금의 지급을 완료하고 甲은 위 매매대금을 지급받음과 동시에 위 토지를 인도하여 주기로 약정하였다. 乙(피고)은 2007.5.부터 위 토지 인근에서 도로공사를 시작하였는데, 공사로 인한 소음 · 진동 등으로 위 양식장의 뱀장어가 일부 폐사하였다. 그리하여 甲 · 乙 · A는 2007.10.경 위 양식장 내의 뱀장어의 실태조사를 거친 후 보상절차를 진행하려고 하였으나 구체적 내용에 다툼이 생겨 협의가 이루어지지 못하였고, 그리하여 A는 중앙토지수용위원회의 재결이 있은 후 2008.4.23. 甲에게 양식장 내에 생존하고 있는 뱀장어의 이전 비용을 변제공탁하였다. 그런데 甲이 위 공사로 인하여 위 양식장의 뱀장어가 일부 폐사하였고 생존하고 있는 뱀장어도 위 공사로 인하여 향후 모두 폐사할 것이라고 하면서, 乙에 대하여 뱀장어

의 폐사 혹은 장차의 폐사로 인한 손해의 배상을 청구하였다.

| 소송의 경과 | 1. 원 심

(1) 밤장어가 폐사됨으로 인한 손해의 배상청구 — 환경정책기본법 제31조 및 제3조에 의하면 사업장 등에서 발생되는 환경오염으로 인하여 피해가 발생한 경우에는 당해 사업자는 귀책사유가 없더라도 그 피해를 배상하여야 하므로, 피고는 원고 소유 뱀장어의 폐사에 대한 피고의 귀책사유를 불문하고 원고에게 뱀장어가 폐사함으로써 원고가 입은 손해를 배상할 책임이 있다.

(2) 뱀장어가 장차 폐사될 것을 전제로 한 손해의 배상청구 — 원고는 양식장이 인천대교 건설공사의 부지에 편입됨에 따라 2006.12.경 A에게 양식장을 포함한 소유 토지를 매도하였고, 위 매매계약 당시 원고는 매매대금을 지급받음과 동시에 위 토지를 인도하여 주기로 약정하였으며, A는 2008.4.23. 원고에게 양식장 내에 생존하고 있는 뱀장어의 이전비용을 변제공탁하였다. 이러한 사실에 의하면 원고는 매매대금을 지급받음과 동시에 위 토지를 인도하여 주기 위해서 양식장 내에 서식하고 있던 뱀장어를 다른 장소로 이전할 의무가 있었고, 더 나아가 원고가 생존하고 있는 뱀장어를 이전하는 데 소요되는 비용은 이미 변제공탁되었으므로, 원고는 최소한 위 토지 내의 소유 물건에 대한 이전비용에 관하여 수용재결이 있었던 날 이후부터는 양식장에서 뱀장어를 양식할 수 있는 권한을 보유한다고 볼 수 없는바, 원고가 위 이전보상액에 관하여 재결에 대한 불복을 통하여 다투는 것과는 별도로, 피고에게 현재 생존하고 있는 뱀장어가 계속하여 양식장 내에 서식하다가 모두 폐사할 것을 전제로 그 뱀장어들에 대한 시가 상당의 손해의 배상을 청구할 수 없다. 또한 원고는 이 사건 양식장을 운영하기 위하여 내수면어업면허를 받거나, 내수면어업신고를 한 사실이 없으므로, 그와 같은 면허의 상실로 인한 손실보상 역시 청구할 수 없다.

2. 피고는 상고이유에서, 뱀장어의 폐사로 인한 손해배상청구를 인용한 것은 부당하다고 주장하였다.

| 판지 | 법령이 특정한 사업을 영위하거나 특정한 행위를 하는 데에 면허, 허가 등을 받거나 신고 등을 하도록 요구하면서 그러한 절차를 위반하여 사업 또는 행위를 한 경우에는 위반행위와 관련된 물건의 소지와 판매 등을 금지하고 있다고 하더라도, 그러한 사정만을 들어 물건의 멸실 또는 훼손으로 인하여 입게 된 손해

의 배상을 구할 수 없는 것이라고 볼 수는 없고, 그와 같은 경우에 물건의 멸실 또는 훼손으로 인한 손해의 배상을 구할 수 있는지는 법령의 입법 취지와 행위에 대한 비난가능성의 정도 특히 그 위반행위가 가지는 위법성의 강도 등을 종합하여 구체적, 개별적으로 판단하여야 할 것이다.

원심판결 이유에는 수산업법에 규정된 허가를 받지 아니한 이 사건 양식장에서 양식한 장어는 그 소지와 판매가 금지되므로 피고의 공사로 인하여 장어가 폐사하였다고 하더라도 원고에게 손해가 발생할 여지가 없다는 취지의 피고 주장에 대하여 구체적·직접적인 판단이 표시되어 있지는 않지만, 원심은 피고가 원고에게 배상하여야 할 손해는 이 사건 공사로 인하여 폐사된 원고 소유 장어의 시가 상당액이라고 판단하는 한편 원고의 위와 같은 수산업법 위반행위를 과실상계의 사유로 삼아 피고의 책임을 일부 제한한 바 있으므로, 그와 같은 원심판결의 전반적인 취지는 수산업법에 규정된 허가를 받지 아니한 채 이 사건 양식장에서 장어를 양식하였다고 하더라도 피고의 공사로 인하여 폐사한 장어에 대한 손해배상을 구할 수 있다는 것임이 분명하다.

한편 기록에 의하면, 원고는 2004년경부터 장어양식장 경영을 모색하다가 2005.5.경부터 본격적으로 장어양식을 시작하였던 반면에, 이 사건 양식장 부지는 인천대교 연결도로 건설공사에 추가편입된 토지로서 그에 대한 사업인정고시는 2006.12.경 이루어진 것으로 보이고, 실제로 피고 측이 이 사건 양식장 부지 인근에서 공사를 시작한 것도 2007.5.경이었던 사실을 알 수 있을 뿐만 아니라 구 수산업법(2007.4.11. 법률 제8377호로 전부 개정되기 전의 것) 제75조가 법에 위반하여 양식한 수산동식물의 소지와 판매를 금지하고 있다고 하더라도 위와 같은 규정으로 인해 원고가 양식한 장어의 소유권을 상실하는 것이라고 볼 수는 없다고 할 것이다. 이와 같은 사정들을 앞서 본 법리에 비추어 살펴보면, 이 사건 공사로 인하여 폐사된 장어에 대하여 그 손해배상을 명한 원심의 조치는 정당한 것으로 수긍이 가고, 거기에 상고이유에서 주장하는 바와 같이 판결에 영향을 미친 판단누락 등의 위법이 있다고 할 수 없다.

■ 쟁 점

위 판결은 甲이 수산업법에 규정된 허가를 받지 않고 양식장에서 장어를 양식하였는데 乙의 공사로 인하여 장어가 폐사한 경우 甲은 손해배상을 청구할 수 있는가 하는 점이 문제된 것이다.

■ 검토할 사항

□ 법령에 위반하여 영위하는 사업이 불법행위로 인하여 불이익을 받은 경우에, 사업주는 그로 인한 손해배상을 청구할 수 있는가?

■ 관련사례

□ 국유지로서 토지구획정리지역 내의 토지에 A가 무허가건물을 소유하고 있는데, 서울시 직원이 적법절차를 갖추지 않은 채 이를 철거하였다. 그로 인한 A의 손해는 건물의 시가 상당액인가? 아니라면 그 범위는 어떠한가? (대판 1973.9.25. 73다725) 공원 내에 설치된 A 소유의 건물을 市가 위법하게 철거하였는데, 그 건물이 공원점용허가기간의 만료로 조만간 철거될 예정이었던 경우에는 어떠한가? (대판 1980.8.19. 80다460)

□ A소유의 가옥을 B가 불법으로 철거하였는데, 그 가옥은 빈 집 상태로 방치되어 있었으며, 또 인근 건축공사로 인하여 붕괴될 위험성이 있고 도시 미관상 혐오감을 유발한다고 하여 관할구청장으로부터 철거를 요청받은 일이 있는 경우에, A의 손해액은 가옥의 교환가치인가? (대판 1991.4.12. 90다20220)

□ 신체나 생명이 침해되었는데 피해자가 위법한 방법으로 수입을 얻고 있던 경우, 즉 예컨대 피해자가 사고 당시 오물청소법에 의한 관할시장의 허가없이 오물처리업에 종사하여 온 경우에, 그로 인한 수익을 소극적 손해 산정의 기초로 삼을 수 있는가? (대판 1980.12.9. 80다1892) 또 사립고등학교 교사가 유흥업소의 밴드원으로 전속출연하여 받은 급료를 일실수익 산정의 기초로 삼을 수 있는가? (대판 1992.10.27. 92다34582) 중기조종사 면허없이 중기를 조종 운전한 경우는? (대판 1978.2.14. 77다1650) 면허없이 단순히 전기공사에 관련한 노무를 제공한 경우는 어떠한가? (대판 1976.1.27. 75다599)

□ 어업종사자가 어업허가를 받기 전에 동력어선을 사용하여 잡어를 잡아 수산자원보호령이 정하는 판매장소 이외의 장소에서 판매하여 얻은 수입도 일실수익 산정의 기초로 삼을 수 있는가? (대판 1994.6.14. 94다9368)

■ 참고문헌

□ 박동진, 손해배상액의 산정, 민사법학 36호, 2007, 541-578.

□ 양삼승, 통상손해와 특별손해, 민사판례연구 13권, 1991, 69-106.

6. 인과관계

대판 2007.7.13. 2005다21821

| 사안 | A(성명불상자)는 2001.10.18. B(소외 1)가 분실한 주민등록증을 이용하여 B명의로 휴대전화를 개설한 후, 乙은행(피고)의 한 지점을 방문하여 담당직원 丙(소외 2)에게 마치 자신이 B인 것처럼 가장하여 B의 주민등록증을 제시하면서 B명의의 예금계좌개설을 요구하여 B명의의 예금계좌(모용계좌)를 개설하였다(당시 A는 가발을 쓰고 조금 큰 뿔테안경을 쓰고 있어 외관상 주민등록증상의 사진상 얼굴과 일치하지 않았음). 그 후 A는 2001.10.24. B 명의로 개설한 위 휴대전화를 이용하여 농협중앙회 텔레뱅킹 서비스 번호로 전화한 다음, 甲(원고) 명의의 농협중앙회 예금계좌(농협계좌)의 계좌번호, 보안카드 비밀번호, 텔레뱅킹 비밀번호, 통장 비밀번호 등을 차례로 입력하는 방법으로, 甲의 농협계좌에 입금되어 있던 돈(2,800만원)을 위와 같이 미리 개설한 B 명의의 모용계좌로 이체한 다음, 乙은행의 한 지점에서 일부(2,500만원)를 현금으로 인출했다.

甲이 2001.12.26. 乙은행에게 위 모용계좌에 입금된 돈의 지급을 요구하자, 乙은행은 A의 위와 같은 텔레뱅킹 사기행위로 입금된 사실을 확인한 후, 그중 A가 불법 인출한 금액을 제외한 나머지(300만원)를 甲에게 반환하였다. 이에 甲은 乙은행을 상대로 불법행위(丙과의 공동불법행위)로 인한 위 인출금 상당의 손해배상을 청구하였다. 그런데 甲은 위 사고가 발생하기 이전에 자신이 경영하는 회사의 직원인 K 등에게 위 농협계좌에서 돈을 인출하여 자동차 등록비 등을 납부하라고 지시하면서 위 계좌의 비밀번호를 알려 준 적이 있었고, 텔레뱅킹 비밀번호를 위 농협계좌 통장에 작게 적어 놓은 적도 있었을 뿐만 아니라, 보안카드가 들어 있는 지갑을 상의 안주머니에 넣어두고 상의를 벗어놓은 채 사무실에서 이탈한 적도 있었다.

| 소송의 경과 | 1. 원 심

A에게 주민등록증상의 인물과 동일인인지 여부를 제대로 확인하지 않은 채 모용계좌를 개설해준 피고 은행 담당직원 丙의 행위는 A가 모용계좌를 이용하여 甲의 예금을 편취하는 데 도움을 준 것으로서, A의 사기행위와는 객관적으로 그 관련 공동성이 있어 甲의 재산상 손해와 상당인과관계가 있다(다만 원고로서도 농협

계좌의 통장계좌번호 및 비밀번호, 텔레뱅킹 비밀번호, 보안카드 등의 관리를 소홀히 한 과실이 있다고 하여, 피고의 책임 범위를 원고가 입은 손해의 70%로 제한).

2. 상고이유

원고의 손해는 원고가 통장계좌번호, 비밀번호, 텔레뱅킹 번호, 보안카드 등 텔레뱅킹에 의한 계좌이체시 필요한 정보를 제대로 관리하지 못한 과실로 발생한 것이고, 피고의 이 사건 예금계좌 개설로 가해자의 예금편취가 가능했던 것은 아니다. 원고의 손해는 금융실명거래 및 비밀보장에 관한 법률의 입법목적 및 보호법익과 무관하며, 원고의 손해발생과 피고 은행 직원의 본인확인의무 해태 사이의 상당인과관계는 인정되지 아니한다.

| 판지 | 1. 금융기관에 개설된 예금계좌는 단순히 그 계좌를 개설한 자가 금원을 입출금하는 데 사용됨에 그치는 것이 아니라, 일상생활이나 영업활동에서 제3자에 대하여 가지게 되거나 지게 된 채권 · 채무 등을 추심하거나 변제하기 위한 수단 등으로도 활발히 이용되고 있는 것이 현 금융거래의 실정인바, 금융기관이 예금계좌를 개설하여 주는 과정에서 본인의 신분증을 확인하거나 위임장과 인감증명서를 제출받고 대리인의 신분증을 확인하는 등의 최소한의 확인절차마저 모두 생략한다면, 피모용자가 수령하여야 할 금원을 피모용자 명의로 임의로 개설한 은행계좌로 송금하게 하는 방법으로 금원을 편취하는 범죄행위 등이 용이하게 이루어질 수 있음은 누구나 쉽게 예견할 수 있다 할 것이고, 금융기관이 위와 같은 최소한도의 조치만 취하더라도 그와 같은 잠재적 위험의 상당 부분을 제거할 수 있으며, 또 예금계좌의 개설에 임하는 금융기관 이외에는 위와 같은 역할을 수행할 주체가 전혀 존재하지 아니하는 점 등에 비추어 볼 때, 금융기관으로서는 금융실명거래 및 비밀보장에 관한 법률에서 정한 실명확인의무와 무관하게 위와 같은 최소한의 조치를 취함으로써 그것이 피모용자를 포함한 불특정 다수의 잠재적 피해자에 대한 범죄행위에 이용될 가능성을 미연에 방지함으로써 타인의 불법행위에 도움을 주지 않아야 할 주의의무가 있다고 할 것이다.

한편 금융기관이 본인확인절차 등을 제대로 거치지 아니하여 모용계좌가 개설되었다는 사정만으로 그 모용계좌를 통하여 입출금된 금원 상당에 대하여 언제나 손해배상책임을 져야 한다고 볼 수는 없고, 그 손해배상책임을 인정하기 위해서는 금융기관의 주의의무 위반과 피모용자 또는 제3자의 손해발생 사이에 상당인과관계가 있음이 인정되어야 할 것이고, 상당인과관계의 유무를 판단함에 있어서는 일반적인 결과발생의 개연성은 물론 주의의무를 부과하는 법령 기타 행동규범의 목적과 보호법익, 가해행위의 태양 및 피침해이익의 성질 및 피해의 정도 등을 종합적으로 고려하여야 할 것이다. 금융기관이 본인확인절차 등을 제대로 거치지 아니하여 개설된 모용계좌가 불특정 다수인과의 거래에 이용되는 경위나 태양은 각양각색으로서 그중 모용자가 피해자와 정당한 거래관계를 맺을 의사와 능력이 없음에도 불구하고 피해자를 기망하여 피해자와 원인계약을 체결한 다음 피해자가 그 원인계약상의 채무의 이행을 위하여 모용계좌에 금원을 입금하는 경우라든가 모용자가 다른 방법이나 경로로 피해자의 재산권을 침해하는 수단을 확보한 후 그 수단을 사용하여 얻거나 얻어내려는 이득금을 모용계좌에 입금 · 보관하는 경우와 같이 모용계좌가 사기적 거래관계에서 이미 기망당한 피해자에 의하여 단순히 원인계약상의 채무의 이행을 위하여 입금하는 데 이용되거나 다른 방법이나 경로로 피해자의 재산권을 침해하여 얻은 이득금 등을 입금 · 보관하는 데 이용된 것에 불과한 경우 등에는, 특별한 사정이 없는 한 피해자가 모용계좌의 존재로 인하여 잘못된 신뢰를 형성하여 원인계약을 체결하기에 이르렀다거나 가해자가 그 모용계좌의 존재로 인하여 피해자의 재산권에 대한 접근 및 침해가 가능하게 되었다고 보기 어렵고, 또한 위와 같은 유형의 범죄행위로 인하여 발생한 피해에 대한 책임을 금융기관에 부담시키게 된다면 불특정 다수인이 자신의 책임하에 행하여야 할 거래상대방에 관한 신용조사 등을 잘못하여 이루어진 각양각색의 하자 있는 거래관계나 불특정다수인을 상대로 행하여진 다양한 형태의 재산권 침해행위 등으로 인하여 발생한 손해에 대해서까지 무차별적으로 금융기관에 책임을 추궁하는 결과가 되어 금융기관의 결과발생에 대한 예측가능성은 물론 금융기관에게 본인확인의무 등을 부과한 행동규범의 목적과 보호법익의 보호범위를 넘어서게 되므로, 본인확인절차 등을 제대로 거치지 아니하여 모용계좌를 개설한 금융기관의 잘못과 위와 같은 태양의 가해행위로 인한 손해발생 사이에는 상당인과관계를 부정하여야 할 것이다.

2. 위 법리에 비추어 살펴보면, B명의의 예금계좌는 A가 다른 방법이나 경로로 원고 명의의 예금계좌에서 금원을 인출할 수 있는 일체의 수단을 확보한 후 그 수단을 사용하여 인출하려는 금원을 일시 입금 · 보관하는 데 이용된 것에 불과할 뿐, 원고가 B명의의 모용계좌의 존재로 인하여 잘못된 신뢰를 형성하여 피해를 입었다거나 B명의의 예금계좌의 존재로 인하여 원고 명의의 예금계좌에 대한 접근

및 금원인출이 가능하게 되었다고 볼 수 없으므로, 설령 피고 은행의 담당직원이 B를 사칭하는 A에게 B명의의 예금계좌를 개설해 줌에 있어서 본인 여부를 정확하게 확인하지 아니한 잘못이 있다 하더라도, 그러한 잘못과 원고의 농협계좌에서 예금이 인출된 손해 사이에는 상당인과관계가 있다고 할 수 없다.

■ 쟁 점

위 판결은 B의 주민등록을 습득한 A가 마치 자신이 B인 것처럼 행동하면서 乙은행에서 B명의의 계좌(모용계좌)를 개설한 후, 다른 기회에 알게 된 甲의 예금계좌와 비밀번호 · 보안카드 비밀번호 등을 이용하여 텔레뱅킹을 통하여 그 계좌에 있던 돈을 모용계좌에 이체시키고 이를 인출해 간 경우에, 모용계좌의 개설에 관한 乙은행의 주의의무 위반과 甲의 손해 사이에 상당인과관계가 있는가 하는 점이 문제된 것이다.

■ 검토할 사항

- 금융기관이 본인확인절차 등을 제대로 거치지 아니하여 모용계좌가 개설되었다면 금융기관은 주의의무를 위반한 것으로서 과실이 있다. 그러면 금융기관은 그러한 사정만으로 모용계좌를 통하여 입 · 출금된 금원 상당에 대하여 손해배상책임을 지는가?
- 위의 경우에 금융기관의 손해배상책임이 인정되기 위해서는 그러한 과실과 피모용자의 손해 사이에 상당인과관계가 있어야 한다. 판결이 이 사안에서 상당인과관계를 부인한 이유는 무엇인가?

■ 관련사례

- A의 토지를 B가 허위서류에 기해서 무단히 처분하였고, 위 토지는 중간자를 거쳐 D에게 이전등기되었는데, C가 D의 등기가 유효한 것으로 믿고 여기에 저당권을 설정하고 D에게 금전을 대출하였는데 후에 A가 D의 이전등기말소를 청구한 경우, B의 불법행위와 C의 저당권 소멸로 인한 손해 간에는 인과관계가 있는가? C의 손해배상청구의 범위는 어떠한가? [대판 1996.9.20. 96다25807,25814. 이의 내용은 부동산의 불법처분 부분(182면) 참조]
- A법인의 직원 B가 무단으로 A소유의 X 및 Y부동산을 C에게 양도하고, 관련 서류를 위조 내지 작성하여 C에게 이전등기를 경료하였으며, 위 부동산은 다시 D에게 이전되었다. 그리고 금융기관 E는 D에게 금전을 대출하면서 그 담보로 위 부동산에 저당권을 설정하였다. 그런데 X부동산에 관하여 후순위저당권자의 저당권 실행에 의하여 경매절차가 진행되었는데, E는 전혀 배당을 받지 못하였다. 그리하여 A가 알아본 결과 위와 같은 사정을 발견하고, D 및 E를 상대로 소유권

이전등기 및 저당권등기의 말소를 청구하는 소를 제기하였다. 이에 대하여 E는 B의 불법행위에 대한 사용자책임으로서 A에 대하여 손해배상을 청구하는 반소를 제기하였다. E의 주장은 타당한가? 즉 우선 E는 경매가 완료된 X부동산과 그렇지 않은 Y부동산 모두에 관하여 저당권 침해로 인한 손해배상을 청구할 수 있는가? X부동산과 관련해서는, B와 직접 매매계약을 체결한 C의 손해뿐만 아니라 그와 직접 계약을 체결한 바 없이 단지 그 후 불실등기의 진정성을 믿고 저당권을 취득한 E의 손해도 B의 불법행위와 상당인과관계가 있고, 따라서 B의 위 행위는 E에 대한 관계에서도 불법행위가 되는가? (대판 1997.11.25. 97다35771)

□ A가 속칭 날치기 범행을 하기로 마음먹고 승용차를 운행하여 가면서, 같은 방향 왼쪽 앞을 걸어가고 있던 B의 핸드백을 잡아챘는데, B가 핸드백을 빼앗기지 않으려고 이를 아직 잡고 있는 상태에서 A가 차를 가속하여 도주하여 B가 차에 끌려오다가 핸드백을 놓치면서 넘어져 상해를 입은 경우에, A의 차 운행과 사고 사이에 상당인과관계가 있는가? (대판 2006.4.13. 2005다73280)

□ 금융기관 A는 B에게 금전을 대출하고(1차 대출) 그 담보로서 B의 부동산에 근저당권을 설정하였다. 그리고 C는 B로부터 금원 대여 요청을 받고는 B의 부동산 담보현황을 조사해 보고 담보여력이 있다고 판단되어 B의 위 부동산에 후순위 근저당권을 설정하였다. 그 후 A는 B에게 다시 금전을 대출하였는데(2차대출), 이는 법령에 위배하여 여신한도액을 초과하여 대출한 것이다. B가 위 대출금을 변제하지 않아 A의 근저당권이 실행되었는데, A가 1차 및 2차의 대출액 전부를 배당받음으로 해서 C가 대출금 전액을 배당받지 못하는 손해를 입었다. A의 초과대출과 B의 손해 사이에 상당인과관계가 있는가? (대판 1995.1.12. 94다21320)

□ 금융기관의 대표이사가 이미 불실대출을 실행한 후 이사회에서 이의 추인을 결의하여 결국 대출금을 회수하지 못하는 손해를 입은 경우에, 그러한 추인 결의에서의 이사의 선관주의의무 위반과 위 손해 간에 인과관계가 있는가? (대판 2007.5.31. 2005다56995)

□ 야간에 고속도로에서 1차 사고를 야기한 운전자 A가 사고 직후 차량을 안전한 장소로 이동시키는 등의 안전조치의무를 게을리 한 채 고속도로 1, 2차로에 걸쳐 정차해 둠으로써 후행차량과 재차 충돌하는 사고(2차 사고)가 발생하였는데, A가 실제로 위와 같은 안전조치를 취할 여유가 없었던 경우에, 불법 정차와 2차 사고 사이에 상당인과관계가 있는가? (대판 2009.12.10. 2009다64925) 또 K가 비가 내리는 야간에 트레일러 차량을 편도 2차로 도로의 오른쪽 갓길에 미등 및 차폭등을 끈 채 왼쪽 뒷바퀴가 2차로의 오른쪽 차선 위에 걸쳐진 상태로 주차해 두었는데, M이 위 도로를 운전하다가 위와 같이 주차되어 있던 K의 차량을 충격하여 상해를 입은 경우에, K의 주차시의 위와 같은 위 과실과 위 사고(M의 충돌로

인한 상해) 사이에 상당인과관계가 있고 따라서 K는 M에 대하여 불법행위책임을 지는가(M에게 보험금을 지급한 보험회사는 K측에 대하여 구상권을 가지는가)? (대판 2010.1.28. 2009다78948) 고속도로상에서 S의 차가 교통사고로 사고지점인 1차로에 그대로 둔 상태에서 동승자 T가 S의 부탁으로 후행차량들에 대한 수신호를 하던 중 T가 후행 차량에 충격당한 경우, S의 불법 정차와 T의 상해 사이에 상당인과관계가 있는가? [대판 2008.5.29. 2008다17359. 이의 내용은 자동차손해배상책임법 부분(352면) 참조]

□ K가 B회사의 이사회의사록을 변조하여 이사회결의 없이 B회사의 부동산을 A회사에 매도하였다가 그러한 점을 A회사에게 알리고 따라서 위 계약이 무효임을 통지하였는데, 그럼에도 A회사가 B회사를 상대로 이전등기청구의 소를 제기하자 B회사가 이에 응소하기 위하여 변호사 선임료 등을 지급한 경우에(이 소송에서 A는 패소), K의 이사회결의 없는 부동산 매도행위와 B회사의 변호사비용 지급 사이에 상당인과관계가 있는가? [대판 2010.6.10. 2010다15363,15370. 이의 내용은 불법행위의 효과 중 손해배상의 범위 부분(63면) 참조].

□ 구 주식회사의 외부감사에 관한 법률상의 감사인이 피감사회사의 재무제표에 대한 회계감사를 실시하면서 조회처 주소를 제대로 확인하지 않고 예금잔액조회를 하여 피감사회사 자금팀장의 횡령 등 범행을 발견하지 못한 경우에, 조회처 주소를 제대로 확인하지 않은 감사인의 잘못과 특정 회계연도에 대한 외부감사가 종료한 후에 자금팀장의 횡령 등 범행이 계속됨으로 인하여 피감사회사에게 확대된 횡령금액 상당의 손해 사이에 상당인과관계가 있는가? (대판 2011.1.13. 2008다36930)

□ A가 B에게 부동산을 매각하였는데 그 후 위 부동산에 가압류가 행해지자, 가압류를 위약금의 지급사유로 삼기로 하는 약정이 없었음에도 A가 B에게 위약금을 지급한 경우, A의 위약금 지급으로 인한 손해는 가압류와 상당인과관계가 있는가? 그 가부의 근거는 무엇인가? (대판 2008.6.26. 2006다84874)

□ 상당인과관계 유무는 특히 직무위반의 경우에 많이 문제된다. 그릇된 정보의 제공 부분에서 소개하는 대판 1998.9.22. 97다36293(217면 – 감정평가사의 직무위반), 대판 2010.5.13. 2009다78863,78870(219면 – 중개인의 직무위반) 등이 그 대표적 예이다. 그 외에 다른 부분에서 문제된 예로는, 대판 1997.9.30. 97다24276[고의 부분(30면)]; 채권침해에 관한 대판 2007.5.11. 2004다11162(199면)

■ 기타 검토사항

□ 어떤 행위가 손해와 상당인과관계를 가진다고 판단되면, 그 행위자는 손해 전부에 관하여 배상책임을 지는가? 달리 말하면 상당인과관계는 배상책임을 낳게 하는 요소일 뿐인가, 아니면 배상의 범위를 결정하는 요소이기도 한가?

- A(8세)가 갑작스럽게 달려든 K차량에 치었고, 그리하여 A는 위 사고로 인하여 전신에 걸쳐 3군데의 골절상 및 치아 파절상 등의 외상을 입었으며, 나아가 그 정신적 충격으로 인해 원래 가지고 있던 함구증, 무감동, 수면장애 등의 신경정신적 장애(스트레스장애)가 악화되었다. 그리고 이러한 사고광경을 바로 옆에서 목격한 A의 언니 B(9세)는 직접 외상을 입지 않았지만 그로 인하여 스트레스장애를 입었다. 그런데 판결은, A의 위와 같은 스트레스장애가 악화된 것은 본인의 성격적 소인과 더불어 모친의 불신과 불안정한 환경조성 등에 기인한다고 하여, 그 악화된 부분과 위 사고 간에 인과관계가 없다고 하였다. 반면에 B의 스트레스장애와 위 교통사고 간에는 인과관계가 있다고 하였다. (대판 2008.9.11. 2007다78777) 이러한 판결의 의미를 살피시오.
- 공해사건에서도 인과관계에 관하여 통상의 불법행위와 같이 취급되는가? [대판 1973.11.27. 73다919; 대판 2004.11.26. 2003다2123(이 판결은 환경침해 부분(117면)에서 소개함)]

■ 참고문헌

- 오영준, 가. 금융기관이 본인 또는 대리인을 자처하는 자에게 예금계좌를 개설하여 줌에 있어서 요구되는 주의의무, 나. 모용계좌의 개설에 관한 금융기관의 주의의무위반과 피모용자나 제3자의 손해발생 사이에 상당인과관계가 있는지 여부의 판단 기준, 대법원판례해설 71호, 2008, 319-357.
- 이학수, 불법행위체계에 있어서의 인과관계의 위상과 그 인정기준에 대한 새로운 검토, 판례연구 6집, 1996, 205-230, 부산판례연구회.
- 이홍구, 계좌 개설시 금융기관의 주의의무와 손해배상책임, 판례연구 20집, 2009, 181-216, 부산판례연구회.

제2관 불법행위의 효과

1. 침해행위의 금지 또는 예방청구의 문제

대결 2010.8.25. 2008마1541

| 사안 | 甲회사(신청인)는 장기간 동안 상당한 노력과 투자에 의하여 정보검색, 커뮤니티, 오락 등의 다양한 서비스를 제공하는 국내 최대의 인터넷 포털사이트인 '네이버'를 구축하여 인터넷 사용자들로 하여금 위 서비스 이용 등을 위하여 네이

버를 방문하도록 하고, 이와 같이 확보한 방문객에게 배너광고를 노출시키거나 우선순위 검색결과 도출서비스를 제공하는 방법 등으로 광고영업을 해 오고 있었다. 乙회사(피신청인)는 인터넷 사이트를 이용한 광고시스템 프로그램을 인터넷 사용자들에게 제공하여 이 프로그램을 설치한 인터넷 사용자들이 네이버를 방문하면 그 화면에 甲회사의 광고 대신 같은 크기의 乙회사의 배너광고가 나타나거나, 화면의 여백에 乙회사의 배너광고가 나타나거나, 검색창에 키워드를 입력하면 검색결과 화면의 최상단에 위치한 검색창과 甲회사의 키워드광고 사이에 乙회사의 키워드광고가 나타나는 등으로, 乙회사의 광고가 대체 혹은 삽입된 형태로 나타나게 하였다. 이에 甲회사는 乙회사가 자신의 영업을 방해하면서 자신이 얻어야 할 광고영업의 이익을 침해함을 이유로 프로그램을 이용한 광고행위의 금지 등을 법원에 신청하였다.

| 판지 | 乙회사의 위와 같은 광고행위는 인터넷을 이용한 광고영업 분야에서 서로 경쟁자의 관계에 있는 甲회사가 상당한 노력과 투자에 의하여 구축한 네이버를 상도덕이나 공정한 경쟁질서에 반하여 자신의 영업을 위하여 무단으로 이용함으로써, 甲회사의 노력과 투자에 편승하여 부당하게 이익을 얻는 한편, 앞서 본 바와 같이 법률상 보호할 가치가 있는 이익인 네이버를 통한 甲회사의 광고영업 이익을 침해하는 부정한 경쟁행위로서 민법상 불법행위에 해당한다고 할 것이다. 乙회사의 위와 같은 광고행위가 일회적인 것이 아니라 이 사건 프로그램을 설치한 인터넷 사용자들이 네이버에 접속할 때마다 계속적으로 반복되는 것임을 알 수 있다. 나아가 이 사건 프로그램에 의한 광고행위의 성질상 甲회사가 인터넷 사용자들의 이 사건 프로그램의 설치현황 및 그로 인한 네이버에서의 乙회사의 광고현황 등을 일일이 파악하여 대응하기가 매우 곤란할 것으로 보이는 점과 乙회사의 광고내용에 따라서는 甲회사의 신용, 명성 등 무형적인 가치까지도 손상시킬 수 있을 것으로 보이는 점 등을 고려할 때 채무자에게 금전배상을 명하는 것만으로는 甲회사 구제의 실효성을 기대하기 어렵다고 할 것이다. 나아가 乙회사의 이 사건 프로그램에 의한 네이버에서의 광고행위를 그대로 방치하는 경우 결국 네이버에서의 광고영업을 그 수익모델로 삼고 있는 甲회사의 존립 자체를 위협할 수 있다는 점에서 乙회사의 위와 같은 광고행위를 금지함으로써 보호되는 甲회사의 이익이 그로 인한 乙회사의 영업의 자유에 대한 손실보다 더 크다고 할 것이다. 따라서 甲회사는 乙회사에 대하여, 네이버에 접속한 인터넷 사용자들의 모니터에서 이 사건 프

로그램을 이용한 광고행위를 하는 것의 금지 또는 예방을 청구할 수 있다고 봄이 상당하다.

■ 쟁 점

위 결정은 인터넷 포탈사이트의 광고 대신에 프로그램을 이용하여 자신의 광고가 나타나도록 한 경우, 이 행위가 민법상 불법행위에 해당하는가 그리고 이러한 광고행위의 금지 또는 예방을 청구할 수 있는가 하는 점이 문제된 것이다.

■ 검토할 사항

□ 불법행위의 효과로 손해배상청구 이외에 방해제거 또는 예방청구가 가능한가?

□ 민사집행법 제300조 제2항의 가처분 필요성을 설명하고 이 사건 가처분신청에는 보전의 필요성이 있다고 할 것인가?

■ 관련사례

□ 甲 주식회사가 자신이 운영하는 홈페이지에서 한국방송공사와 乙 방송사가 방영한 "겨울연가", "황진이", "대장금", "주몽" 등 제호 하에 위 드라마가 연상되는 의상, 소품, 모습, 배경 등으로 꾸민 "HELLO KITTY" 제품을 제조·판매한 행위는 부정한 경쟁행위로서 민법상 불법행위에 해당하는가? (대판 2012.3.29. 2010다20044)

□ 甲이 도로에 토지관리소를 축조하고 개폐식 차단기를 설치한 다음 자동차 운전자들에게 행선지 및 방문목적 등을 확인한 후 차단기를 열어 통행할 수 있게 하면서 乙 등이 운행하는 자동차에 대하여는 통행을 금지한 경우, 乙 등으로서는 甲에게 통행방해 행위의 금지를 구할 수 있는가? (대판 2011.10.13. 2010다63720)

□ 신문기사에서 공직자가 감사원에 의한 감사를 받고 있다는 등의 사실을 전달하는 데 그치지 않고 부정한 금원을 수수하였음을 간접적·우회적으로 암시하여 그 명예를 훼손하였다고 본 경우, 피고들로 하여금 원고에게 위자료를 지급하도록 명함과 아울러, 그와 같은 금전배상만으로는 원고의 명예를 회복하는 데 충분치 않다고 보아 정정보도를 하도록 명하는 것이 가능한가? (대판 2007.12.27. 2007다29379).

■ 기타 검토사항

□ 이 사건 프로그램을 이용한 광고행위를 하는 것을 금지하는 것에서 더 나아가 이 사건 프로그램의 제조, 사용 등의 금지까지 허용되는가?

□ 乙회사의 이 사건 프로그램에 의한 광고행위로 인하여 甲회사의 컴퓨터프로그램 저작물에 대한 동일성유지권이 침해되었는가?

■ 참고문헌
□ 김관식, 인터넷 사용자에 의한 웹페이지의 변경과 지적재산권 침해, 특별법연구 9권(2011.7.), 박영사, 900-928.
□ 유영선, 팝업(Pop-up)광고 행위의 규제, 사법 15호(2011.3.)(사법연구지원재단), 341-389.

2. 손해배상의 방법

(1) 금전배상주의와 원상회복주의

대판 1994.3.22. 92다52726

| 사안 | 甲(원고)의 건물 인근에서 乙(피고)이 토지굴착공사를 하는 중에 甲의 건물이 훼손되었다. 그리하여 甲이 乙에 대하여 불법행위를 이유로 한 손해배상으로서 먼저 건물의 보수를 청구하고, 이것이 받아들여지지 않는 경우에 현재 이를 보수하는 데 드는 비용의 지급을 청구하였다.

| 판지 | 1. 불법행위로 인하여 건물이 훼손된 경우 그 손해는 금전으로 배상함이 원칙이고, 당사자가 다른 의사표시를 하는 등의 특별한 사정이 없는 이상 원상회복청구는 할 수 없다.

2. 원심은, 피고의 굴착공사로 인하여 원고가 입은 이 사건 건물의 보수 등 공사비 상당 손해액은 이 사건 무렵인 1990.6.을 기준으로 산정하여야 한다고 하면서, 피고는 그때의 보수 등 공사비 상당액이 금 23,600,000원 정도인 사실을 인정하고, 피고는 그중 피고의 기여도에 상당한 금 18,880,000원을 배상할 책임이 있다고 판단하였다.

불법행위로 인하여 건물이 훼손된 경우 그 수리가 가능하다면 그 손해는 원칙적으로 불법행위 당시의 수리비를 통상의 손해라고 보아 그때의 건설물가에 의하여 손해액을 산정하여야 할 것이므로 이에 따라 한 원심의 위 판단은 정당하고, 설사 이 사건 사고 후에 건설물가의 등귀로 이 사건 건물의 수리비가 증대되었다고 하더라도, 그 증대된 수리비는 특별사정에 의한 손해라고 할 것이어서 그 예견가능성이 있었던 경우에 한하여 배상책임이 있다. 그런데 소론 사정만으로 피고가 이를 예견하였거나 예견할 수 있었다고 단정하기 어려울 뿐더러, 원고는 이러한 특별사정과 예견가능성에 관하여 주장 입증을 한 바도 없으므로 원심판결에 소론과 같은 법리오해의 위법이 있다는 논지 역시 받아들일 수 없다.

■ 쟁 점

위 판결은 불법행위의 피해자는 손해배상의 방법으로 원상회복을 청구할 수 있는가, 불가하다면 언제를 기준으로 손해배상액을 산정하는가 하는 점이 문제된 것이다.

■ 검토할 사항

- 손해배상의 방법으로 금전배상주의와 원상회복주의 중 우리 민법은 어떠한 태도를 취하고 있는가?
- 원상회복을 청구할 수 있는 경우는 언제인가?

■ 참고문헌

- 양창수, 손해배상의 범위와 방법, 민사법학 15호, 1997, 211-223.

(2) 일시금지급과 정기금지급

대판 2002.11.26. 2001다72678

| 사안 | A는 1996.2.14. 乙회사(피고, A의 보험회사)의 피보험차량인 화물차량을 운전하여 충북 ㅇㅇ군 ㅇㅇ읍 ㅇㅇ리 오복가든 앞 편도 1차선 도로를 충주시 화면에서 금왕읍 화면으로 진행하던 중, 중앙선을 침범한 과실로 반대방향에서 진행하여 오던 甲(원고) 운전의 차량을 충격하여 甲으로 하여금 좌측 대퇴간부 분쇄 분절 골절, 우측 대퇴 원위부 내과골절, 우측 하퇴간부 개방성 골절, 우측 족관절 양과 개방성골절, 비장 파열, 간파열, 췌장 좌상 등의 상해를 입게 하였다. 이에 甲은 乙에게 손해의 배상을 소구하였다.

| 원심 | 원심은 원고의 경우 언제 신장 이식술을 받을 수 있을지, 신장 이식술을 받는다면 그 생존율은 얼마나 되는지 정확하게 예측할 수 없다고 할 것이라는 점을 인정했다. 그런데 원고의 여명에 관한 신체감정촉탁 결과 등은 원래 원고와 같은 또래 남자의 기대여명은 이 사건 사고 당시를 기준으로 할 때 34.17년인데 이 사건 사고로 인하여 원고의 여명단축은 20~30% 정도가 예상된다고 하고, 원고는

이 사건 사고로 인한 만성 신부전증 때문에 혈액투석 또는 신장이식술을 필요로 하게 되었는데 신장이식술을 하지 않은 채 혈액투석만을 하는 경우 전체 투석환자의 1년 생존율은 91.3%, 3년 생존율은 82.5%, 5년 생존율은 76.6%로 예측하는 견해 또는 10년 생존율은 62.9%이고, 50% 정도가 생존하는 기간은 약 14년 정도라는 견해 등이 있고, 신장이식을 한 경우에는 환자 및 이식신의 생존율은 각각 1년 86%/84%, 3년 85%/84%, 5년 83%/78%, 7년 81%/70%이라는 보고와 1년 91%/87%, 5년 77%/66%이라는 보고 등이 나와 있으며, 한편 신장이식술을 받을 수 있는 가능성에 대하여 매년 투석 환자 1,000명당 신장이식비율은 1990. 135명에서 1998. 57명으로 감소하여 신장이식의 증가율이 투석환자의 증가율에 미치지 못하고 있는 상태였다.

그러나 이 사건 변론종결일로부터 약 1년 정도가 경과한 2002.8.14.경에는 신장이식술을 받을 수 있을 것으로 보이고, 그 후로 적어도 약 7년간은 생존할 수 있다고 볼 수 있으며, 그 이후는 현대의학의 발달 정도 등에 의하여 그 여명에 많은 차이가 있을 것으로 예측된다고 판단하였다. 이에 피해자가 확실히 생존하고 있으리라고 인정되는 기간 동안의 일실수익은 중간이자를 공제한 일시금으로, 그 기간 이후 가동연한까지의 일실수익은 생계비를 공제한 금액에서 중간이자를 공제한 일시금으로, 그 기간 이후 가동연한까지의 일실수익 중 생계비 상당의 손해는 피해자의 생존을 조건으로 매월 정기금으로 산정함이 상당하다 하여, 원고에 관하여 신 이식술 후 7년이 되는 2009.8.13.까지의 일실수입 손해는 일시금으로, 그 기간 이후 가동연한까지는 일실수입에서 생계비를 공제한 손해는 일시금으로, 생계비 손해는 정기금으로 하여 각 손해액을 산정하였다. 이에 피고는 원고가 안전띠를 매지 않은 것과 관련한 책임제한과 손해배상범위에 관해 항변을 제기하면서 상고를 하였다.

| 판지 | 전문 감정인의 감정 결과에 의하더라도 피해자의 기대여명의 예측이 불확실한 경우에는 법원으로서는 일실수입 손해와 향후 치료비 손해 등을 산정함에 있어서 피해자가 확실히 생존하고 있으리라고 인정되는 기간 동안의 손해는 일시금의 지급을 명하고 그 이후의 기간은 피해자의 생존을 조건으로 정기금의 지급을 명할 수밖에 없으므로 그와 같은 산정방식을 두고 법원의 재량의 범위를 넘어섰다고 할 수는 없으며, 특히 여명 예측이 불확실하다고 보아 피해자가 확실히 생존하고 있으리라고 인정되는 기간을 기준으로 일시금과 정기금을 혼용하여 일실수입

손해의 지급을 명함에 있어서는 피해자가 확실히 생존하고 있으리라고 인정되는 기간 동안의 일실수입은 중간이자를 공제한 일시금으로, 그 기간 이후 가동연한까지의 일실수입은 생계비를 공제한 금액에서 중간이자를 공제한 일시금으로, 그 기간 이후 가동연한까지의 일실수입 중 생계비 상당의 손해는 피해자의 생존을 조건으로 매월 정기금으로 배상할 것을 명하여야 한다고 판시하면서 피고의 상고를 기각하였다.

■ 쟁 점

위 판결은 교통사고로 인한 상해로 기대여명이 단축되고 사고로 인한 만성 신부전증 때문에 혈액투석 또는 신장이식술이 필요한 경우, 금전에 의한 손해배상을 일시금으로 지급하여야 하는가 또는 정기금으로 지급하여야 하는가 하는 점이 문제된 것이다.

■ 검토할 사항

□ 손해배상금을 지급하는 방법으로 일시금지급과 정기금지급 중 우리 민법은 어떠한 태도를 취하고 있는가?

□ 법원은 어떠한 경우에 정기금지급을 명할 수 있는가?

□ 법원은 피해자가 일시금 지급을 청구한 경우에도 정기금지급을 명할 수 있는가?

□ 법원은 신체감정촉탁에 의한 여명감정결과에 구속되는가?

■ 관련사례

□ 사고로 인하여 甲이 사지의 강직성 마비 등의 후유장애를 입고 물리치료, 정기검진, 약물치료, 튜브 교환 및 정기 소독, 합병증에 따른 입원치료 등 시설을 갖춘 병원에 왕래하면서 치료를 받아야 하는 경우, 병원까지의 거리, 교통수단 등 여러 사정을 종합하여 상당한 금액을 교통비 손해로 인정할 수 있는가? (대판 2004.6.25. 2004다6917)

□ 피해자가 사고로 인한 상해의 후유증에도 불구하고 사실심의 변론종결시까지 종전과 같은 직장에서 계속 근무하고 있는 경우, 피해자가 신체적인 기능의 장애로 인하여 아무런 재산상 손해도 입지 않았다고 할 수 있는가? (대판 2002.9.4. 2001다80778)

□ 손해배상청구권자인 피해자가 일시금 지급을 청구한 경우에도 법원은 정기금지급을 명할 수 있는가? (대판 1996.8.23. 96다21591)

■ 참고문헌

□ 문용호, 중증 피해자에 대한 정기금 배상론의 검토, 민사재판의 제 문제 10권,

2000, 300-328.
□ 이호원, 정기금판결에 대한 변경의 소, 민사소송 vol.7-1(2003.2), 134-147.

3. 손해배상청구권자

(1) 가해 상대방 이외의 자

대판 1967.9.5. 67다1307

| 사안 | 군인(하사) A(소외 1)는 동료상사 B(소외 2)와 잘 알고 있음에도 불구하고, A는 야간 순찰 중 B를 만나 B의 명찰과 부대마크를 비추어보자, B는 자기를 희롱한다고 격분하여 A를 구타함으로써 서로 격투가 벌어졌다. B는 위와 같은 사실을 소속대대 주심사관에게 보고할 목적으로 A를 소속대대로 연행하려 하자, A가 소지중인 총을 발사하여 B를 사망케 하였다. 그리하여 B의 상속인 甲(원고)과 누이 乙(원고 2)이 국가(피고)를 상대로 손해배상을 청구하였다.

| 판지 | 1) A의 행위는 공무수행중 또는 공무수행과 관련된 행위이다.

2) 민법 제752조의 규정은 생명침해 경우에 있어서의 위자료 청구권자를 규정하고 있으나, 위와 같은 위자료 청구권자의 규정은 제한적 규정이 아니고, 다만 위와 같은 자들은 그 정신적 고통에 관한 거증책임을 경감하는 취지의 규정에 불과하다고 함이 종래 본원의 판례이다(1963.10.31. 선고 63다558 사건. 1967.6.27. 선고 66다1592 사건 판결). 그러므로 여기에 규정된 친족 이외의 친족에 있어서도 그 정신적 고통에 관한 입증을 함으로써 일반원칙인 민법 제750조, 751조의 규정에 의하여 위자료를 청구할 수 있다고 해석하여야 할 것이다.

동생이 본건과 같은 사고로 인하여 사망한 경우에 그 누님되는 원고 2에게 정신적 고통이 있으리라 함은 인정과 사회적 관념으로 보아 상례라 할 것인즉, 원심이 동생인 망 B의 사망으로 인하여 누님인 원고 2의 위자료청구를 인용하였음은 정당하다.

■ 쟁 점

위 판결은 A가 B를 사망케 한 경우에, B의 상속인 및 누이도 손해배상을 청구할 수 있는가 하는 점이 문제된 것이다.

■ 검토할 사항

□ 민법 제752조가 생명침해의 경우 망인의 근친자 등에게 위자료청구권을 인정한 취지는 무엇인가? 여기에서 규정되지 않은 자는 위자료청구권을 가지지 않는가?

□ 乙의 위자료청구권의 근거규정은 무엇인가?

□ 甲과 乙의 손해배상청구권은 각기 어떤 손해에 대한 것인가?

■ 관련사례

□ 망인의 직계비속의 배우자도 위자료청구권을 가지는가? (대판 1978.1.17. 77다1942)

□ 운전병 A의 직무수행 중의 과실로 인하여 갑이 중상을 입은 경우, 갑 이외에 갑의 처 을, 갑의 딸 병, 그리고 갑의 母 정 등도 손해배상청구권을 가지는가? 그 근거규정 및 손해의 내용은 어떠한가? (대판 1967.6.27. 66다1592)

□ 사실상 혼인관계에 있는 배우자도 다른 배우자가 제3자의 불법행위로 인하여 상해를 입은 경우 자기가 받은 정신적 고통에 대한 위자료를 청구할 수 있는가? (대판 1969.7.22. 69다684)

□ 갑이 A의 운전과실로 상해를 입고 갑의 처 B 그리고 장모, 동서 등이 입회한 자리에서 A 측의 공제조합(을)과 사이에서 위 사고로 인한 손해배상액을 합의하고 그 금액을 수령하면서, 위 사고와 관련한 일체의 손해배상채권을 포기하기로 약정하였다. 그리고 위 합의 당일 B는 갑의 부모 병 · 정에게 합의사실을 알렸다. 그 후 갑과 A는 병 등과 생계를 같이하게 되었다. 그런데 병 · 정은 위 합의사실을 연락받은 직후는 물론 갑과 생계를 같이하게 된 이후에도 위 공제조합에 대하여 위 합의에 관하여 아무런 이의도 제기하지 않았다. 그런데 그 얼마 후 병 · 정이 을에 대하여 갑의 상해로 인한 위자료를 청구하였다. 타당한가? 즉 피해자 본인이 손해배상에 관하여 합의한 경우 그 합의의 효력은 그의 부모들이 가지는 위자료청구권에까지 미치는가? (대판 1993.9.28. 92다42606)

□ 갑(친권자)이 부상을 입어 손해배상에 관하여 가해자 측(을)과 합의를 하는 경우 그 합의 내용에는 미성년자인 자녀들의 고유의 위자료도 포함되는가? (대판 1975.6.24. 74다1929)

□ 숙박업자가 숙박계약상의 고객보호의무를 다하지 못하여 투숙객이 화재로 사망한 경우, 숙박계약의 당사자가 아닌 그 투숙객의 근친자가 사고로 인한 자신의 정신적 고통을 이유로 숙박계약상의 채무불이행을 이유로 위자료를 청구할 수 있는가? (대판 2000.11.24. 2000다38718,38725).

■ 참고문헌

□ 김광년, 타인의 불법행위로 사망한 자의 자부의 위자료청구권, 사법행정 19권 11

號 (1978.11.), 73-75.
□ 정갑주, 손해배상에 관한 합의의 구속력: 주관적 범위, 판례월보 285호(1994.6.), 9-15.
□ 한봉희, 민법 제752조의 해석상의 제문제, 민법과 법학의 중요문제(장경학박사 고희기념논문집), 1987, 동국대출판부, 197-227.

(2) 태 아

대판 1993.4.27. 93다4663

| 사안 | 甲(원고)은 1990년 9월 28일 10시30분경 편도 3차선 도로를 무단 횡단하였는데 당시 해당 도로를 운전하던 乙(피고)은 甲을 충격하여 위 甲에게 좌측 주관절골절 및 탈구 등의 상해를 입혔다. 이에 甲은 乙에게 손해배상을 청구하였다. 이와 더불어 1991년 4월 23일 출생한 丙(공동원고, 甲의 아들)은 사고 당시 포태 중이었는데 자신의 아버지의 부상에 의한 정신적 고통에 따른 위자료도 아울러 청구하였다

| 원심 | 피고는 자기를 위하여 자동차를 운행하는 자로서 그 운행으로 말미암아 원고 甲을 부상하게 하였으므로 그 손해를 배상할 책임이 있다고 판시하였다. 다만 위 원고 甲에게도 편도 3차선의 도로를 무단횡단한 과실이 있으므로 피고가 배상하여야 할 손해액을 산정함에 있어서 이를 참작하기로 한다고 판시하였다. 또한 위자료청구에 대해서는 원고 甲에 대해서는 금 3백만원, 공동원고 丙에 대해서는 금 5십만원을 인정하여 결국 원고들의 청구를 인용하였다.

| 판지 | 위자료 청구 부분 특히 태아였던 공동원고 丙의 위자료청구에 대해서는 태아도 손해배상의 청구권에 관하여는 이미 출생한 것으로 보아 원고 甲이 이 사건 교통사고로 상해를 입을 당시는 공동원고 丙이 출생하지 아니하였다고 하더라도 그 뒤에 출생한 이상 아버지인 원고 甲의 부상으로 인하여 입게 될 정신적 고통에 대한 위자료를 청구할 수 있을 것이라 하여 결국 원심의 판단을 그대로 인용하였다.

■ 쟁 점

위 판결은 교통사고로 인하여 아버지가 상해를 입은 당시에는 태아가 출생하지 아니하고 그 뒤에 출생한 경우 태아에게 아버지의 부상으로 입게 될 정신적 고통에 대

한 위자료를 청구할 수 있을 것인가 하는 점이 문제된 것이다.

■ 검토할 사항

□ 태아에게도 권리능력이 인정되는가?

□ 민법은 어느 경우에 태아에게 제한적으로 권리능력을 인정하는가?

□ 민법 제752조에서는 사망의 경우 근친자들에게 위자료를 인정하는 규정을 두고 있는데, 사망 이외의 신체침해의 경우에도 근친자들에게 위자료가 인정될 수 있는가?

■ 관련사례

□ 임신 중인 갑이 을회사 소속의 차량에 치어 상해를 입었다. 그런데 위 사고로 인한 충격 때문에 당시 태아였던 A가 정상기보다 조산이 되어 미숙아로 태어났으며, 그로 인하여 A가 제대로 성장하지 못하고 사망하였다. 갑은 을에 대하여 위 교통사고로 인하여 입은 자신의 손해 이외에, A의 손해에 관해서도 배상을 청구할 수 있는가? (대판 1968.3.5. 67다2869)

■ 참고문헌

□ 김천수, 태아의 법적 지위, 비교사법 10권 2호(2003.6.), 21-64.

□ 이준현, 가해자의 불법행위로 인한 태아의 손해배상청구권, 법학연구 24집(전북대학교), 2006, 13-32.

4. 손해배상의 범위

(1) 인과관계

대판 2010.6.10. 2010다15363,15370

| 사안 | 甲(원고, 반소피고)은 乙회사(피고, 반소원고)의 대표이사로 실제 시가가 400억원 내지 500억원에 달하는 이 사건 부동산을 이사회결의 없이 이사회의사록을 변조하여 A회사(소외)에게 250억원에 매도하기로 하는 매매계약을 체결하였다. 甲은 매매계약의 계약금으로 받은 금원을 곧바로 A 회사에 반환하고 A 회사에 위 매매계약이 이사회결의 없이 체결되어 무효라고 통지까지 하였다. 그럼에도 A 회사는 위 매매계약을 근거로 乙 회사를 상대로 소유권이전등기청구소송을 제기하였으나, 패소판결이 내려지고 이 판결이 확정되었다. 그 후 甲이 乙회사에 대하여 퇴직금청구소송을 제기하자, 乙회사는 A회사가 제기한 위 소송에 응소하면서

든 변호사비용(5억 2,800만원)과 감정비용(35,142,800원) 중 일부금인 3억원은 甲의 불법행위로 인하여 지급된 것이라며 반소로서 그에 대한 손해배상을 청구하였다.

| 원심 | 감정평가비용은 위 소송에서 반드시 필요한 비용이었다는 점을 인정할 증거가 부족하여 원고의 위 불법행위와 상당인과관계 있는 손해라고 할 수 없고, 피고가 위 소송에 응소하기 위하여 지출한 변호사 비용은 원고의 위 불법행위와 상당인과관계가 있는 손해이므로 원고는 이를 배상할 책임이 있다고 할 것이나, 다만 위 소송의 난이도나 소송대리인의 선임 필요성 등을 참작하면 피고가 지급한 변호사 선임료 중 20,000,000원만을 원고로부터 손해배상 받을 수 있다고 판단하였다.

| 판지 | 무릇 불법행위로 인한 손해배상의 범위를 정함에 있어서는 불법행위와 손해와의 사이에 자연적 또는 사실적 인과관계가 존재하는 것만으로는 부족하고 이념적 또는 법률적 인과관계 즉 상당인과관계가 있어야 할 것이다. 그런데 변호사강제주의를 택하지 않고 있는 우리나라 법제 아래에서는 손해배상청구의 원인된 불법행위 자체와 변호사 비용 사이에 상당인과관계가 있음을 인정할 수 없으므로 변호사 비용을 그 불법행위 자체로 인한 손해배상채권에 포함시킬 수는 없다. 또한 법적 분쟁의 당사자가 법원에 대하여 당해 분쟁의 종국적인 해결을 구하는 것은 법치국가의 근간에 관계되는 중요한 일이므로 재판을 받을 권리는 최대한 존중되어야 하고, 제소행위나 응소행위가 불법행위가 되는지를 판단함에 있어서는 적어도 재판제도의 이용을 부당하게 제한하는 결과가 되지 아니하도록 신중하게 배려하여야 할 것이다. 따라서 법적 분쟁의 해결을 구하기 위하여 소를 제기하는 것은 원칙적으로 정당한 행위이고, 단지 제소자가 패소의 판결을 받아 확정되었다는 것만으로 바로 그 소의 제기가 불법행위였다고 단정할 수는 없으나, 반면 소를 제기당한 사람 쪽에서 보면, 응소를 강요당하고 어쩔 수 없이 그를 위하여 변호사 비용을 지출하는 등의 경제적 · 정신적 부담을 지게 되는 까닭에 응소자에게 부당한 부담을 강요하는 결과를 가져오는 소의 제기는 위법하게 되는 경우가 있을 수 있으므로, 민사소송을 제기한 사람이 패소판결을 받아 확정된 경우에 그와 같은 소의 제기가 상대방에 대하여 위법한 행위가 되는 것은 당해 소송에 있어서 제소자가 주장한 권리 또는 법률관계가 사실적 · 법률적 근거가 없고, 제소자가 그와 같은 점을 알면서, 혹은 통상인이라면 그 점을 용이하게 알 수 있음에도 불구하고

소를 제기하는 등 소의 제기가 재판제도의 취지와 목적에 비추어 현저하게 상당성을 잃었다고 인정되는 경우에 한한다.

사안을 위 법리에 비추어 살펴보면, 피고 회사가 위 소외 회사가 제기한 소송에서 변호사 비용을 지급한 것은 소외 회사의 부당한 제소로 인한 것이라고는 할 수 있어도 원고가 이사회결의 없이 이 사건 부동산을 매도한 것과 상당인과관계가 있다고 보기는 어렵다고 할 것이다.

■ 쟁 점

위 판결은 대표이사가 이사회의 결의 없이 부동산을 매도하여 매수인이 소유권이전등기청구의 소를 제기하자 회사가 이에 응소하기 위하여 변호사비용을 지출한 경우, 이사회결의 없이 부동산을 매도한 불법행위와 변호사비용 사이에 상당인과관계를 인정할 수 있느냐가 문제된 것이다.

■ 검토할 사항

- 손해배상의 범위를 정하고 있는 민법 제393조를 설명하시오.
- 손해배상 범위의 결정기준에 관한 다수설과 판례의 입장인 상당인과관계이론을 설명하시오.

■ 관련사례

- 부산 시민인 원고들 100인이 부산시 상수원인 낙동강의 수질이 법정 최저기준인 상수원수 3급수에도 미치지 않음을 이유로, 국가에 대하여는 낙동강수질유지책임자로서의 불법행위책임을, 부산시에 대하여는 수돗물 공급자로서 상수원수로 사용할 수 없는 강물을 취수하여 공급하였음에 대하여 불법행위책임 또는 채무불이행책임을 물을 수 있는가? (대판 2001.10.23. 99다36280)
- 주식회사의 대표이사가 대표이사의 업무 일체를 다른 이사 등에게 위임하고 대표이사의 직무를 전혀 집행하지 않는 경우, 그가 명의상 대표이사에 불과하더라도 상법 제401조 제1항에 의한 손해배상책임이 인정되는가? (대판 2006.9.8. 2006다21880)
- 어느 일방이 교섭단계에서 계약이 확실하게 체결되리라는 정당한 기대 내지 신뢰를 부여하여 상대방이 그 신뢰에 따라 행동하였음에도 상당한 이유 없이 계약의 체결을 거부하여 손해를 입힌 경우 그로 인하여 배상하여야 할 손해는? (대판 2003.4.11. 2001다53059)
- 주민등록사무를 담당하는 공무원이 개명으로 인한 주민등록상 성명정정을 본적지 관할관청에 통보하지 아니한 직무상 의무위배행위를 한 경우 국가는 갑과 같

은 이름으로 개명허가를 받은 듯이 호적등본을 위조하여 주민등록상 성명을 위법하게 정정한 을이 갑의 부동산에 관하여 불법적으로 근저당권설정등기를 경료함으로써 갑이 입은 손해를 배상할 책임이 인정되는가? (대판 2003.4.25. 2001다59842)

■ 참고문헌

□ 박영호, 상대방의 불법행위로 인한 결과 제거를 위하여 소송을 제기한 경우에 불법행위와 그 소송에 소요된 변호사비용 사이의 상당인과관계 여부, 대법원판례해설 83호, 2010, 301-317.

(2) 통상손해와 특별손해

▣ 판례 1

대판 2001.11.13. 2001다26774

| 사안 | 甲들(원고들)은 분양 목적으로 토지를 매수하고 그 지상에 연립주택 19세대분을 신축하여 甲들 공유의 소유권보존등기를 경료하였다. 乙(피고)은 甲들을 상대로 위 연립주택 중 8세대분에 대한 처분금지가처분을 신청하여, 가처분 결정이 내려지고 가처분등기가 경료되었다. 그 후 본안소송에서 乙이 패소 확정되었고, 甲들이 가처분이의소송에서 승소함에 따라 위 부동산에 대한 가처분등기는 모두 말소되었다. 甲들은, 乙의 부당한 처분금지가처분 집행으로 인하여 연립주택 8세대 분을 분양하지 못하여 금융기관 대출금에 대한 이자를 계속하여 지출하고 별도 투자 금액을 회수하지 못하는 손해를 입었다고 주장하면서, 주위적 청구로 가처분집행 기간 동안 금융기관에 지출한 이자와 甲들이 토지대금으로 지출한 투자금액에 대한 법정이율에 따른 이자 상당 금액의 배상을 구하고, 예비적 청구로 위 부동산의 가격에 대한 법정이율에 따른 이자 상당 금액의 배상을 구하는 소송을 제기하였다.

| 원심 | 피고의 불법행위책임의 성립을 인정하면서도, 처분금지가처분 집행으로 인하여 연립주택 8세대분의 처분이 불가능해졌다는 점을 인정할 증거가 없다고 판단하고, 부동산에 대한 처분금지가처분 집행의 경우 부동산이 처분되지 아니함으로 말미암은 부동산 가액에 대한 이자 상당의 손해는 이른바 특별사정에 의한

손해인데 피고가 이를 알았거나 알 수 있었다고 볼 증거가 없다고 판단하여 원고들의 청구를 모두 기각하였다.

| 판지 | (1) 부동산에 대하여 처분금지가처분이 집행된 경우 그 처분금지의 효력이 상대적인 효력만을 가지기 때문에 그 부동산의 처분이 법률상 불가능해진다고 할 수는 없다고 하더라도, 그 부동산을 매수하려는 자로서는 그 부동산의 소유권을 취득하지 못하게 될 수 있는 예측하기 어려운 위험을 감수하여야 하므로, 달리 특별한 사정이 없는 한 처분금지가처분의 집행으로 인하여 그 부동산의 처분은 대단히 어려워질 개연성이 있다고 할 것이므로, 만일 어떤 부동산에 관한 처분금지가처분 집행이 있었고, 그 가처분 집행이 계속된 기간 동안 당해 부동산을 처분하지 못하였으며, 나아가 주위 부동산들의 거래상황 등에 비추어 그와 같이 부동산을 처분하지 못한 것이 당해 가처분의 집행으로 인하였을 개연성이 입증된다면, 달리 당해 부동산의 처분 지연이 가처분의 집행 이외의 사정 등 가처분 신청인측에 귀책사유 없는 다른 사정으로 인한 것임을 가처분 신청인측에서 주장·입증하지 못하는 한, 그 처분금지가처분과 당해 부동산의 처분 지연사이에는 상당인과관계가 있다.

원고들이 피고의 부당한 가처분 집행으로 인하여 이 사건 부동산의 분양이 지연됨으로써 금융비용 상당의 손해를 입었다고 주장하는 이 사건에서 우선적인 쟁점은 피고의 이 사건 가처분 집행으로 인하여 이 사건 부동산의 처분이 법률적으로 불가능하게 되었는가 하는 점이 아니라 피고의 이 사건 가처분 집행이 이 사건 부동산의 처분을 현저히 어렵게 하는 장애로 작용함으로써 이 사건 부동산의 처분이 지연되었는가 하는 점이다. 그럼에도 불구하고, 원심은 피고의 가처분 집행으로 인하여 비로소 이 사건 부동산의 처분이 불가능해졌다는 점을 인정할 증거가 없다고만 판단하고, 나아가 피고의 이 사건 가처분 집행이 이 사건 부동산의 처분을 현저히 어렵게 하는 장애로 작용함으로써 이 사건 부동산의 처분이 지연되었는가의 점에 나아가 판단하지 않았으므로, 이러한 원심의 판단에는 상당인과관계에 관한 법리를 오해하여 필요한 심리를 다하지 않은 위법이 있다.

(2) 부당한 처분금지가처분의 집행으로 그 가처분 목적물의 처분이 지연되어 소유자가 손해를 입었다면 가처분 신청인은 그 손해를 배상할 책임이 있다고 할 것인데, 가처분 집행 당시 부동산의 소유자가 그 부동산을 사용·수익하는 경우에는 그 부동산의 처분이 지체되었다고 하더라도 그 부동산의 환가가 지연됨으로 인한

손해는 그 부동산을 계속 사용 · 수익함으로 인한 이익과 상쇄되어 결과적으로 부동산의 처분이 지체됨에 따른 손해가 없다고 할 수 있을 것이고, 만일 그 부동산의 환가가 지연됨으로 인한 손해가 그 부동산을 계속 사용 · 수익하는 이익을 초과한다면 이는 특별손해라고 할 것이다.

그러나 이 사건의 경우 원고들은 분양할 목적으로 토지를 매입하여 연립주택 19세대분을 신축하였으므로 이 사건 처분금지가처분으로 인하여 그중 8세대인 이 사건 부동산의 처분이 지연되었다면 특별한 사정이 없는 한 그 기간 동안 이 사건 부동산을 사용 · 수익함으로써 처분지연의 손해를 상쇄할 만한 경제적 이익을 얻을 수 있었다고 보기는 어려우므로, 이 사건 가처분 집행과 원고들의 이 사건 부동산 처분 지연과 사이에 상당인과관계가 인정되는 이상 원고들이 그 가처분 집행으로 처분이 지연된 기간 동안 입은 손해 중 적어도 이 사건 부동산의 처분대금에 대한 법정이율에 따른 이자 상당의 금액은 통상손해에 속한다고 보아야 할 것이다.

그럼에도 불구하고, 원심은 원고가 예비적으로 구하고 있는 손해마저 특별손해라고 판단하여 원고의 청구를 모두 기각하였으므로, 이에는 손해배상의 범위에 관한 법리를 오해한 위법이 있다고 할 것이다.

■ 쟁 점

위 판결은 부당한 처분금지가처분 집행으로 인하여 연립주택 8세대분의 처분이 지연된 경우 처분금지가처분 집행과 당해 부동산의 처분 지연 사이에 인과관계가 인정되는가 또한 부동산의 처분 지연과 금융손해 사이의 인과관계가 인정되는가 하는 것이 문제된 것이다.

■ 검토할 사항

- □ 통상손해로 인정되기 위한 요건을 설명하시오.
- □ 특별한 사정으로 인한 손해인 특별손해는 어느 경우에 배상책임이 인정되는가?
- □ 특별한 사정에 대한 예견가능성은 언제를 기준으로 하여 결정할 것인가?

■ 관련사례

- □ 매도인의 매매목적물에 관한 소유권이전등기의무가 이행불능이 되고 그 이후 목적물의 가격이 등귀한 경우 매수인이 입은 손해는 무엇인가? (대판 1996.6.14. 94다61359,61366)
- □ 건물이 화재로 인하여 수선 가능한 정도로 손괴되어 건물의 통상용법에 따른 사용이 불가능하게 된 경우 손괴에 대하여 사회통념상 곧바로 수선에 착수할 수 없

는 특별한 사정이 있는 경우에는 수선의 착수가 가능한 시점까지 이를 사용하지 못함으로 인한 손해를 손괴로 인한 통상의 손해로 볼 수 있는가? (대판 2000.11.24. 2000다38718,38725)

- □ 매수인이 잔금의 지급을 지체하는 동안 개별공시지가가 상승함으로써 증가된 매도인의 양도소득세 부담분은 잔금지급의 이행지체에 따른 통상손해인가? (대판 2006.4.13. 2005다75897)
- □ A가 공장지대의 도로에서 트럭을 운전하다 과실로 전신주를 들이받아 전선이 절단되어, 한전이 이를 복구하는 동안 인근 공장에 전력공급이 중단되었고, 그리하여 그 주변의 B의 공장이 그 시간 동안 작업을 하지 못하여 공장에서 가동 중이던 기계에 고장이 발생하고, 작업 중인 원자재가 굳어져 못쓰게 되는 등의 손해(적극적인 손해)를 입었을 뿐만 아니라, 그로 인하여 영업상의 손실(소극적 손해)도 입게 되었다. B는 이러한 손해 모두에 관하여 배상을 청구할 수 있는가? 청구 가부의 관건은 무엇인가? (대판 1996.1.26. 94다5472)

■ 참고문헌

- □ 박철, 부동산에 대한 처분금지가처분의 집행과 당해 부동산의 처분 지연으로 인한 손해, 대법원판례해설 38호, 2002, 155-173.
- □ 장철익, 부당한 보전처분으로 인한 손해배상책임, 민사판례연구 26권, 2004, 291-341.

▣ 판례 2

대판(전) 1989.12.26. 88다카6761

| 사안 | 甲(원고)은 1955년생의 남자로서 1984.1.1. ㅇㅇ공사에 입사하여 재직하고 있었다. 그런데 일반행정직 6급 7호봉으로 근무하고 있던 甲은 1986.2.14. 乙(피고) 운전의 차량에 치어 노동능력의 33퍼센트를 상실하는 부상을 입게 되었다. 甲은 법원에 손해배상청구소송을 제기하였는데, 위 공사의 급여체계는 기본급은 본봉과 직무급으로 구성되어 있고 본봉은 1년에 1호봉씩 매년 1.1. 또는 7.1. 승급하여 30호봉에 달할 때까지 승급이 되도록 되어 있었다. 그리하여 소송에서는 일실수익을 계산함에 있어서 장차 증가될 수익인 승급에 따른 수익이 문제되었다.

| 소송의 경과 | 1. 제1심은, 원고의 위 승급에 따른 수익의 증가를 받아들여 일실수익을 계산하였다.

2. 원심은, 위 공사의 보수규정에 의하면 매년 1호봉씩 승급하면서 호봉승급에 따라 인상된 급여를 지급받도록 되어 있는 사실은 인정할 수 있으나, 이는 이른바 특별사정으로 인한 손해라 판단하여, 이 사건 사고 당시 피고가 호봉승급에 따라 인상된 임금을 지급받음으로써 그 수입이 증가될 것이라는 사정을 알았거나 알 수 있었음을 인정할 수 없으므로 인상된 임금을 기준으로 일실수입을 계산할 수 없다고 하였다.

3. 원고는 상고이유에서, 위 공사는 과거에 체신부 전신전화국에 소속되었던 공무원이었기 때문에 공사 직원이 공무원 당시와 같은 대우를 받을 것이라는 것은 상식에 속하는 것이며 하등 특별사정으로 볼 것이 아니며 대한민국 국민이면 누구나 알 수 있는 공지의 사실이고, 원고의 수입의 증가는 증가될 개연성이 객관적으로 확실시되는 경우에 해당하므로, 위 판결은 일실수익에 관한 법리를 오해한 위법이 있다고 주장하였다.

| 판지 | 불법행위로 인하여 노동능력을 상실한 급여소득자의 일실이익은 원칙적으로 노동능력상실 당시의 임금수익을 기준으로 산정할 것이지만, 장차 그 임금수익이 증가될 것이 상당한 정도로 확실하게 예측할 수 있는 객관적인 자료가 있을 때에는 장차 증가될 임금수익도 일실이익을 산정함에 고려되어야 할 것이고, 이와 같이 장차 증가될 임금수익을 기준으로 산정된 일실이익 상당의 손해는 당해 불법행위에 의하여 사회관념상 통상 생기는 것으로 인정되는 통상손해에 해당하는 것이라고 보아야 할 것이다. 그러므로 장차 증가될 임금수익을 기준으로 산정된 일실이익 상당의 손해는 당연히 배상범위에 포함시켜야 하는 것이고, 피해자의 임금수익이 장차 증가될 것이라는 사정을 가해자가 알았거나 알 수 있었는지의 여부에 따라 그 배상범위가 달라지는 것은 아니라 할 것이다.

■ 쟁 점

위 판결은 불법행위로 인하여 노동능력을 상실한 급여소득자의 일실이익을 산정함에 있어서 장차 그 임금수익이 증가될 것이 상당한 정도로 확실하게 예측할 수 있는 객관적인 자료가 있을 경우 장차 증가될 임금수익을 기준으로 산정된 일실이익 상당의 손해가 통상손해에 해당되는지 여부가 문제된 것이다.

■ 검토할 사항

□ 일실이익을 산정함에 있어서 장차 증가될 임금수익 상실로 인한 손해는 통상손

해에 속하는가?

- □ 불법행위의 가해자는 특별한 사정으로 인한 손해에 대하여 항상 배상책임을 부담하는가?
- □ 일실이익의 소득액을 산정함에 있어서 그 산정의 기준시기는?
- □ 위 전원합의체판결에 의해 파기된 종전 대법원 판결의 입장은?

■ 기타 검토사항

- □ 일실수익의 소득액을 산정함에 있어서 사실심의 변론종결시까지 임금의 인상이 있는 경우 어느 시점의 임금을 기준으로 일실이익을 산정하여야 하는가?

■ 참고문헌

- □ 민형기, 장차 증가될 임금수익의 상실로 인한 손해의 성질, 대법원판례해설 13호, 1990, 15-23.
- □ 양삼승, 통상손해와 특별손해, 민사판례연구 13권, 1991, 69-106.
- □ 한일환, 일실수익(이익)을 계산함에 있어 장차 증가될 수익이 통상손해에 속하는지 여부, 판례연구 4집(서울지방변호사회), 1991, 109-120.

5. 손해배상액의 산정

(1) 일실수입 등

대판 2006.3.9. 2005다16904

| 사안 | A는 1999.2.24. 乙(피고, 전국택시운송사업조합연합회)의 피보험차량인 택시를 운전하여 편도 3차로 중 1차로를 따라 진행 중, 시속 약 10㎞로 2차로로 차로를 변경하다가 마침 2차로를 시속 약 50㎞로 직진 중인 甲(원고) 운전의 택시를 들이받아 甲이 상해를 입었다. 그리하여 甲은 1999.3.9.부터 2000.3.29.까지 12개월 20여 일 간 병원에 입원하여 치료를 받았다. 그동안의 치료비 17,376,990원은 乙이 지급하였으나, 그 외에 甲이 치료를 위하여 1,320,350원을 지출하였다. 甲은 1995.12.1.부터 택시회사 K(소외 1)에 취업하여 위 사고 당시까지 택시운전사로 일을 하고 있었으나, 위 입원기간 동안 일을 하지 못하였다.

甲이 乙에 대하여 자신이 지출한 치료비 및 입원기간 동안의 일실수입 등의 손해배상을 청구하였다. 그런데 甲은 일실수입과 관련해서, 자신은 1998.1.1.부터

1998.12.31.까지 K회사로부터 급여로 합계 7,717,716원을 수령(월평균 643,143원의 수입)하였으나 실제로는 이러한 임금대장상의 수입보다 많은 수익을 얻었다고 하면서, 따라서 임금대장상의 소득이 아닌 임금구조기본통계조사보고서 상의 자동차운전원의 소득을 일실수입 산정의 기초가 되는 소득으로 해야 한다고 주장하였다.

| 원심 | **1. 과실상계**

원고의 잘못도 사고 발생의 한 원인이 되었고 원고의 과실은 사고 발생에 10% 정도 기여하였다고 볼 것이므로, 피고의 책임은 그 나머지인 90%로 제한된다.

2. 손해배상의 범위

가. 일실수입

(1) 인정사실 및 평가내용

㈎ 성별: 남자 / 생년월일: 1964.5.18. / 연령: 사고발생 당시 34세 9개월 남짓 / 기대여명 : 38.61세

㈏ 직업 및 가동연한 : K회사의 단체협약상 정년은 60세이다.

㈐ 가동능력에 대한 금전적 평가 : 원고가 이 사건 사고 당시에 위 신고소득보다 많은 소득을 얻고 있었다거나 임금구조기본통계조사보고서 등의 통계소득만큼 수입을 장차 얻을 수 있으리라는 특수한 사정이 있었음을 인정하기에 부족하므로, 원고의 위 주장(임금대장상의 소득이 아닌 임금구조기본통계조사보고서 상의 소득을 일실수입 산정의 기초로 해야 한다는 주장)은 받아들이지 않는다.

한편 불법행위로 인하여 피해자가 취득할 장래의 일실수익을 산정함에 있어서 직장의 급료보다 변론종결 당시의 일반일용노임이 다액일 때에는 일반일용노임을 선택하여 그 기준으로 삼을 수 있는바, 위 수입은 도시일용노임에 의한 월소득보다 낮으므로, 원고는 만 60세가 될 때까지 도시일용노임 상당의 수입을 얻을 수 있는 것으로 보아 이를 기준으로 일실수입을 산정한다.

㈑ 입원치료기간 및 노동능력 상실률 : 원고는 12개월 20여 일 간 입원치료를 받았으나, 상해의 부위 및 정도, 입원기간, 기왕증 기여도 등을 고려할 때 사고 일부터 3개월 간 노동능력의 100% 상실을 인정함이 상당하다.

㈒ 후유장해 및 노동능력 상실률 : 원고는 이 사건 사고로 입은 경추 4-5-6번 사이 추간판 탈출증(기왕증 50%)으로 영구적으로 12%의 노동능력을 상실하였다.

(2) 계산: 위 인정사실에 의하면, 원고의 이 사건 사고로 인한 일실수입은 아래

표(생략) 기재와 같이 합계 27,363,106원이다.

나. 치료비

원고는 이 사건 사고로 입은 상해의 치료를 위하여 1,320,350원을 지출하였다.

그러나 원고는 1995.부터 수회에 걸쳐 교통사고로 인한 병력이 있었고, 경추부위에 퇴행성 변화가 있는바, 이러한 기왕증은 상해의 발현에 기여하였다고 볼 것이고, 그 정도는 변론에 나타난 제반 사정을 고려할 때 50%로 봄이 상당하다. 따라서 이 사건 사고로 인한 기왕치료비는 660,175원(= 1,320,350원 × 0.5)이다.

다. 과실상계 (과실 10%)

(1) 일실소득 : 24,626,795원(= 27,363,106원 × 0.9)

(2) 치료비 : 594,157원(= 660,175원 × 0.9)

라. 손익상계

원고가 지급한 기치료비 17,376,990원 중 위에서 본 기왕증으로 인한 8,688,495원(= 17,376,990원 × 0.5)과 원고 과실로 인한 부분인 868,849원{= (17,376,990원 − 8,688,495원) × 0.1}의 합계 9,557,344원을 위 손해배상금에서 공제한다.

마. 위자료

원고의 연령, 직업, 과실정도, 상해와 후유장해의 각 부위 및 정도, 사고발생 경위 등 제반 사정을 참작하여 600만원으로 정함이 상당하다.

3. 결 론

그렇다면, 피고는 원고에게 21,663,608원(= 24,626,795원 + 594,157원 − 9,557,344원 + 6,000,000원)과 이에 대하여 원고가 구하는 바에 따라 이 사건 사고 다음날인 1999.2.25.부터 제1심 판결선고일인 2004.5.4.까지는 민법에서 정한 연 5%의, 그 다음날부터 다 갚는 날까지는 소송촉진 등에 관한 특례법에서 정한 연 20%의 각 비율로 정한 금액을 지급할 의무가 있다.

| 판지 | 1. 불법행위 당시 일정한 수입을 얻고 있던 피해자의 일실수입 손해액은 객관적이고 합리적인 자료에 의하여 피해자가 사고 당시에 실제로 얻고 있었던 수입금액을 확정하여 이를 기초로 산정하여야 하고, 이 경우 피해자가 세무당국에 신고한 소득이 있을 때에는 신고소득액을 사고 당시의 수입금액으로 보는 것이 원칙이라 할 것이지만, 만일 신고된 소득액이 피해자의 직업, 나이, 경력 등에 비추어 현저히 저액이라고 판단되거나 신고소득 이외에 다른 소득이 있었다는 점에 대한 객관적이고 합리적인 자료가 있다면 신고소득액만을 피해자의 사고 당시 수입

금액으로 삼을 수는 없다(대판 1993.2.23. 92다37642; 대판 1994.9.30. 93다37885 등 참조).

또한 피해자가 사고 당시 직장에 근무하면서 일정한 수입을 얻고 있었던 경우에 있어서, 피해자에 대한 사고 당시의 실제수입을 확정할 수 있는 객관적인 자료가 현출되어 있어 그에 기하여 합리적이고 객관성 있는 기대수입을 산정할 수 있다면, 사고 당시의 실제수입을 기초로 일실수입을 산정하여야 하고, 임금구조기본통계조사보고서 등의 통계소득이 실제수입보다 높다고 하더라도 사고 당시에 실제로 얻고 있던 수입보다 높은 통계소득만큼 수입을 장차 얻을 수 있으리라는 특수사정이 인정되는 경우에 한하여 그러한 통계소득을 기준으로 일실수입을 산정하여야 하나(대판 1994.9.27. 94다26134; 대판 2001.7.27. 2001다29001 등 참조), 한편 불법행위로 인한 손해배상사건에서 피해자의 일실수입은 사고 당시 피해자의 실제소득을 기준으로 하여 산정할 수도 있고 통계소득을 포함한 추정소득에 의하여 평가할 수도 있는 것인바, 피해자가 일정한 수입을 얻고 있었던 경우 신빙성 있는 실제 수입에 대한 증거가 현출되지 아니하는 경우에는 피해자가 종사하였던 직종과 유사한 직종에 종사하는 자들에 대한 통계소득에 의하여 피해자의 일실수입을 산정하여야 한다(대판 1992.11.13. 92다14526; 대판 1997.4.25. 97다5367 등 참조).

이 사건에 관해서 보면, K회사의 임금체계는 1998년 중반 이후 사납급제(정액제)를 운영하였고, 2000년부터는 전액관리제를 운영하였는데, 사납금제나 전액관리제에 의하면 1일 입금기준액 또는 1달 입금기준액을 초과하는 운송수입을 올리는 이상 택시기사는 회사로부터 받는 급료 외에 추가 수입을 얻을 수 있는 것은 명백하고, 나아가 원고와 동료인 B는 사납금제나 전액관리제 하에서의 택시기사들의 실제 수입은 180만 원 정도라고 증언하고 있는 점, 신고소득인 월 평균 643,143원은 당시 도시일용노임에 의한 월 소득 742,610원(33,755원×22일)은 물론 4인가구 최저생계비 901,357원에도 미치지 못하는 저액이어서 당시 만 34세로 택시운전경력 3년 이상인 원고의 실제소득이라고 보기에는 너무 저액인 점 등을 종합하면, 위 신고소득은 원고가 회사택시를 운행하면서 원고가 번 수입금 중 일정한 액수를 사납금이라는 명목으로 위 회사에 입금한 금액을 기준으로 하여 위 회사가 원고에게 지급한 급여일 뿐, 원고의 실제 수입은 회사로부터 받은 위 급여에다가 택시운행 수입금 중 사납금을 제외한 나머지 금액을 합한 것이라고 할 것이다. 그런데 이 사건에서는 위 사납금을 기초로 하여 원고가 위 회사로부터 받은 급여에 관한 자료만이 현출되었을 뿐 위 급여를 제외한 원고의 나머지 수입에 관한 객관적인 자료는 현출된 바가 없어 사고 당시의 원고의 실제 수입을 산출할 방법이 없으므로, 결국 통계소득에 의하여 일실수입을 산정할 수밖에 없다.

그럼에도 불구하고, 원고의 일실수입을 신고소득을 기초로 산정하고 통계소득에 의하여 일실수입을 산정하여야 한다는 원고의 주장을 배척한 원심판결은 일실수입 산정에 관한 법리를 오해한 것이다.

2. 일반적으로 사고로 인하여 입원치료를 받는 경우 그 치료가 당해 사고와 관계가 없는 상해에 대한 것이거나 의학적으로 입원치료가 필요하지 않음에도 치료를 빙자하여 입원을 한 것이라거나 상해의 부위나 정도, 치료의 경과 등에 비추어 입원기간이 명백하게 장기이어서 과잉진료로 인정되는 사정이 있다는 등 그 입원치료의 전부 또는 일부가 상당하지 아니한 것이라고 볼 만한 특별한 사정이 없는 한, 사고로 인한 입원기간 동안에는 노동능력을 전부 상실하였다고 보아야 하고(대판 2003.12.12. 2003다49252 참조), 한편 타인의 불법행위로 상해를 입은 피해자의 일실이익을 산정하기 위한 방법의 하나인 피해자의 노동능력상실률을 인정·평가함에 있어서, 궁극적으로는 법관이 피해자의 연령, 교육 정도, 노동의 성질과 신체기능 장애 정도, 기타 사회적·경제적 조건 등을 모두 참작하여 경험칙에 비추어 규범적으로 결정할 수밖에 없다(대판 2001.2.9. 2000다16763 참조).

원심은 상해의 부위 및 정도, 입원기간, 기왕증 기여도 등을 고려하여 12개월 20여 일의 입원기간 중 이 사건 사고일부터 3개월 동안에 대해서만 노동능력의 100% 상실을 인정하였는바, 원심이 들고 있는 사정 외에 기록에 나타난 다음과 같은 점, 원고가 이 사건 사고 전인 1995.4.13.부터 1998.6.18.까지 매년 1차례 이상 교통사고로 부상을 입어 치료를 받았고, 이 사건 사고 후 1999.3.9. 입원하기 전까지 정상적으로 택시운전을 한 사정 등에 비추어 보면, 12개월 20여 일의 입원기간 전체에 대해 노동능력 100% 상실을 인정하는 것은 상당하지 않다고 보이는바, 원심이 위 입원기간 중 3개월에 대해서만 노동능력의 100% 상실을 인정한 것은 수긍할 수 있다.

■ 쟁 점

위 판결은 사람의 신체를 상해하는 불법행위의 경우에 그로 인한 손해배상의 범위, 특히 피해자의 일실수입을 산정함에 있어서 피해자가 주장하는 실제소득과 통계소득이 다른 경우 어떻게 피해자의 일실수입을 산정하여야 하는지가 문제된 것이다.

■ 검토할 사항

□ 법원은 손해배상청구소송에서 소송물을 적극적 손해, 소극적 손해, 정신적 손해로 분류하고, 각 손해별로 손해액을 산정한다(손해3분설). 이러한 각 손해에 관한 구체적인 산정방법을 살피시오.

□ 일실수입이 무엇이며 어떻게 일실수입을 산정하는지 설명하시오.

□ 일실수입을 산정함에 있어서는 중간이자를 공제하여 계산하는데, 중간이자의 공제방법 세가지를 설명하시오.

□ 과실상계와 손익상계의 고려순서를 살피시오.

■ 관련사례

□ 불법행위의 피해자가 기왕의 장해로 인하여 이미 노동능력의 일부를 잃고 있는 경우 당해 사고로 인한 노동능력의 상실 정도는 어떻게 산정하는가? (대판 2009.2.12. 2008다73830)

□ 근로자가 업무상 재해로 인하여 사망하여 망인의 손해배상채권을 상속한 공동상속인들과 구 산재보험법에 의한 유족급여의 수급권자가 서로 상이한 경우, 망인의 일실수입 상당 손해배상채권은 모두가 그 공동상속인들에게 각자의 상속분 비율에 따라 공동상속되고, 유족급여는 당해 수급권자가 상속한 일실수입 상당 손해배상채권을 한도로 하여 그 손해배상채권에서만 공제되는가? [대판(전) 2009.5.21. 2008다13104]

■ 기타 검토사항

□ 소위 '피해자측의 과실이론'을 설명하시오.

□ 피해자가 주장하는 실제소득과 통계소득이 다른 경우 어떻게 피해자의 일실수입을 산정하여야 하는가?

□ 손해배상책임이 인정되나 손해액의 입증이 불충분한 경우 법원이 취할 조치는 무엇인가? (대판 1981.9.8. 81다카276,277)

□ 장래 얻을 수 있었을 이익의 상실로 인한 손해의 입증책임 및 그 증명도는 어떠한가? [대판 1986.3.25. 85다카538; 대판 1992.4.28. 91다29972(이의 내용은 채권총론 94면 참조)]

□ 재판실무에서 일실이익을 산정함에 있어서 도시 또는 농촌일용노임을 향후소득으로 추정하는 이유는 무엇인가? (대판 1986.3.25. 85다카538; 대판 1987.3.10. 86다카331)

■ 참고문헌

□ 구회근, 사용이익상실에 대한 손해배상, 법조 52권 12호(2003.12.), 80-104.
□ 오영준, 업무상 재해로 사망한 근로자로부터 공동상속인들이 상속한 망인의 일실수입 상당 손해배상채권에서 구 산업재해보상보험법에 의하여 수급권자에게 지급된 유족급여를 공제하는 방법, 대법원판례해설 79호, 2009, 427-475.
□ 이진화, 가사노동 종사자의 일실수입 산정, 재판실무연구 2005(2006)(광주지방법원), 35 이하.

(2) 정신적 손해

▣ 판례 1

대판 1984.11.13. 84다카722

| 사안 | 甲들(원고들)의 아들 A가 乙(피고)의 버스에 치어 사망하였다. 이 당시 A는 의과대학 2학년생이었다. 甲들은 乙에 대하여, 주위적 청구로서 만약 A가 사망하지 않았더라면 의과대학을 졸업한 후 개업의사 또는 고용의사로서 종사할 수 있었을 것이라는 전제 아래 위 의사수입을 기초로 산정한 일실이익 369,808,000원과 A의 위자료 30,000,000원 도합 399,808,000원의 배상을 청구하고, 위 청구가 인용되지 않는 경우에 예비적 청구로서 위 일실이익 청구를 포기하고 위 청구금액 전액을 A의 위자료로서 청구하였다.

| 원심 | 먼저 주위적 청구에 대하여, A가 의과대학을 졸업한 후 의사국가고시에 합격하여 의사로서의 수입을 얻을 수 있다는 개연성 및 사정에 관한 객관적인 자료가 충분치 않다는 이유로 이를 배척하였다. 다음으로 예비적 청구에 대하여, 사고의 경위 및 결과 기타 모든 사정을 참작하면 피고는 A에게 위자료로 150,000,000원을 지급함이 상당하다고 판단하였다.

| 판지 | 1. 법원은 위자료액을 산정함에 있어서 피해자 측과 가해자 측의 제반사정을 참작하여 그 금액을 정하여야 하므로, 피해자가 가해자로부터 당해 사고로 입은 재산상 손해에 대하여 배상을 받을 수 있는지의 여부 및 그 배상액의 다과 등과 같은 사유도 위자료액 산정의 참작사유가 되는 것은 물론이며, 특히 재산상 손해의 발생이 인정되는데도 입증곤란 등의 이유로 그 손해액의 확정이 불가능하여

그 배상을 받을 수 없는 경우에 이러한 사정을 위자료의 증액사유로 참작할 수 있다고 할 것이다.

그런데 이러한 위자료의 보완적 기능은 재산상 손해의 발생이 인정되는데도 손해액의 확정이 불가능하여 그 손해전보를 받을 수 없게 됨으로써 피해회복이 충분히 이루어지지 않는 경우에 이를 참작하여 위자료액을 증액함으로써 손해전보의 불균형을 어느 정도 보완하고자 하는 것이므로, 함부로 그 보완적 기능을 확장하여 그 재산상 손해액의 확정이 가능함에도 불구하고 편의한 방법으로 위자료의 명목 아래 사실상 재산상 손해의 전보를 꾀하는 것과 같은 일은 허용되어서는 안 될 것이다.

2. 원고들은 재산상 손해로서 의사수입을 기초로 한 일실이익의 주장 외에 예비적으로 간호학원 강사 또는 의사조수로서의 수입을 기초로 산정한 110,772,000원 또는 도시일용노임을 기초로 산정한 43,249,000원을 일실이익으로 주장하고 그 입증자료를 제출하고 있음이 명백하므로, 원심으로서는 의사의 수입을 기초로 한 일실이익 주장이 이유없다고 하여도 위 예비적 주장에 의한 일실이익의 손해액 확정이 가능한지의 여부를 심리하여 가능하다면 그에 의하여 재산상 배상액을 산정하여야 할 것임에도 불구하고, 이에 이름이 없이 의사의 수입을 기초로 한 일실이익 주장이 인정되지 않는다고 하여 바로 위자료로서 위 예비적 주장에 의한 일실이익액보다 많은 금액을 인정하였음은 필경 위자료가 갖는 보완적 기능의 한계를 일탈하여 위자료라는 명목으로 사실상 재산상 손해의 전보를 허용한 잘못을 저지른 것이라고 볼 수밖에 없다.

■ 쟁 점

위 판결은 재산상 손해의 발생이 인정되나 입증곤란으로 그 손해액의 확정이 불가능하여 배상을 받을 수 없는 경우에 이러한 사정을 위자료의 증액사유로 참작할 수 있는가 하는 점이 문제된 것이다.

■ 검토할 사항

- □ 위자료의 산정에서 고려될 점으로는 무엇이 있는가?
- □ 재산적 손해임에도 정신적 손해로 취급하여 위자료로서 배상받을 수 있기 위해서는 어떤 사정이 있어야 하는가? 재산적 손해액의 확정이 가능함에도 불구하고 편의한 방법으로 위자료의 명목으로 배상받는 것이 허용되는가?

■ 관련사례

□ 갑이 신축하는 아파트를 을 등 다수인이 분양받았는데, 아파트 완공 후 수분양자들이 이에 입주하였으나 갑이 파산하여 2년여 기간 동안 소유권이전등기가 지연되어 재산권 행사를 하지 못하였고, 그리하여 을은 주택담보대출을 받지 못하여 고율의 사채이자를 감당하여야 했고, 병은 매도시기를 놓치고 미등기 상태에서 급히 매도하는 바람에 매매대금이 하락하는 손해를 보았으며, 정은 세금혜택을 받지 못하였고, 무는 다른 곳으로 이주를 하지 못하여 출·퇴근에 곤란을 겪었다. 을·병·정·무 등은 이러한 손해에 대하여 위자료의 지급을 청구할 수 있는가? (대판 2004.11.12. 2002다53865)

■ 참고문헌

□ 서광민, 위자료에 관한 몇 가지 문제점, 서강법학연구 2권(서강대학교), 2000, 113-143.

□ 황정근, 불법행위로 인한 재산권의 침해에 대한 위자료 청구, 민사판례연구 16집, 1994, 239-258.

▣ 판례 2

대판 2004.4.28. 2001다36733

| 사안 | 甲들(원고들)은 여수수산업협동조합 관내 어촌계 및 부락들로서, 각 인근해역에서 양식어업 또는 공동어업에 종사하고 있었는데, 1993.9.27. 광양시 광양제철소로부터 남동쪽으로 수 ㎞ 떨어진 해상에서 철강 화물을 실은 중국 선적 화물선 비지아샨호와 약 2,100t의 벙커씨유를 적재한 한국 선적의 유류운송용 부선(barge) 제5금동호가 충돌하여 이 사건 선박으로부터 대략 1,228t으로 추정되는 벙커씨유가 유출되는 사고가 발생하였다. 이 사건 사고 직후인 1993.9.28.부터 1993.10.3.까지 해양경찰대는 수면에 번지고 있던 유출 기름의 확산을 방지하기 위하여 오일펜스를 설치하고, 바람과 해수에 따라 이동하는 기름띠를 중심으로 묘도에서 노량수로에 이르는 지역과 여수해만 북쪽지역에 약 20만 *l* 의 유화제를 살포하였다. 이 사건 사고로 인해 甲들의 어장이 비교적 심하게 오염되어, 유취 또는 방제작업으로 수산물 채취에 영향을 받았고, 이 사건 사고 직후 대상지역에서 광범위한 종류의 해양생물들이 비슷한 시점에 자연적 폐사율을 넘어 이례적으로 폐사하였음이 확인되었다. 이에 甲들은 乙(피고, 유류오염손해보상을 위한 국제기금)

에 대하여 손해보상을 청구하였다. 乙은 '유류오염손해보상을위한국제기금의설치에관한국제협약'에 따라 설립된 기관으로서, 유류운송용 선박으로부터 유류가 유출 또는 배출되어 초래된 오염에 의하여 선박외부에 발생한 손해에 관하여 당해 오염손해의 피해자가 선박소유자 또는 보험자 등으로부터 배상을 받지 못하는 경우 유류오염손해배상보장법 제23조에 따라 그 손해를 보상해 줄 책임을 진다.

| 원심 | 재산상의 손해발생 부분을 인정하였으나, 휴업손해와 관련하여 이 사건 사고에 따른 해양생물의 폐사나 발육장애, 판매부진 등으로 甲들의 소득이 어느 정도 감소하였는지를 산출할 만한 객관적이고 구체적인 기준이 없으며, 가사 그와 같은 소득의 감소가 있었다고 하더라도 그 감소가 이 사건 유류오염사고와 상당한 인과관계가 있는지에 대한 점을 인정할 자료도 없어 휴업손해는 인정하지 않았다. 또한 유류오염손해에 정신적 고통으로 인한 손해가 포함되는지에 대하여, 유류오염으로 인한 정신적 손해의 배상에 대하여 영미법계와 대륙법계 사이에 통일된 법리가 존재하지 아니하고, 그 배상에 대한 국제적인 기준이나 범위 등이 마련되어 있지 아니한 상황에서, 각국의 입법례 및 국제법상의 의견들을 종합적으로 고려하면, 유류오염으로 인한 배상의 범위에 관한 해석은 유류오염손해에대한민사책임에관한국제협약 및 유류오염손해보상을위한국제기금의설치에관한국제협약의 체약국과 사이에 법적용에 있어서 최대한 불균형이 초래되지 않도록 하여야 하며, 여기에 유류오염손해보상을위한국제기금의 설치가 가지는 국제적인 특수성을 참작하면, 우리의 유류오염손해배상보장법상 오염손해에는 제2조 제4호의 규정이 열거하고 있는 바와 같은 경제적, 재산적 손해만이 포함되고, 위 국제기금이 보상할 유류오염손해의 개념에는 정신적 고통으로 인한 손해는 포함되지 않는 것으로 해석하는 것이 상당하다고 판시하였다.

| 판지 | 1969년 유류오염손해에대한민사책임에관한국제협약에서는 제1조 제6호에서 유류오염손해를 "유출 또는 배출의 발생 장소에 관계없이 선박으로부터의 유류의 유출 또는 배출로 인한 오염에 의하여 유류를 운송하는 선박의 외부에서 발생한 손실 및 손해를 말하며, 예방조치의 비용 및 예방조치에 의하여 야기된 그 밖의 손실 및 손해를 포함한다."고 정의하고 있으나 유류오염손해의 배상범위에 관하여는 따로 규정을 하지 않고, 1971년 유류오염손해보상을위한국제기금의설치에관한국제협약에서는 유류오염손해에 관한 정의나 그 배상범위에 관한 규정

을 두지 않고, 위 민사책임협약상의 유류오염손해를 원용하여 제4조 제1항에서 "유류오염손해를 입은 자가 다음의 사유로 인하여 손해에 대하여 충분하고 적절한 보상을 받을 수 없는 경우에는 기금은 그 오염손해의 피해자에게 보상금을 지급할 의무를 부담한다."고 규정하고 있을 뿐이므로, 위 조약상 유류오염손해와 그 배상범위에 관하여는 법정지법인 우리나라의 일반 손해배상법리에 따를 수밖에 없다 할 것인데, 우리 민법은 제751조와 제752조에서 정신적 손해를 규정하고 있으나, 위 조항에 열거된 사항에 한하지 않고 정신적 손해가 있는 경우에는민법 제750조에 의하여 위자료청구권이 발생한다고 보는 것이 일반적 법리이므로, 위 협약 및 유류오염손해배상보장법에 규정된 유류오염손해를 경제적, 재산상 손해로 제한하여 해석할 이유는 없다 할 것이다. 다만, 이 사건에 있어서 위 원고들은 자신들이 경영하는 어장이 유류로 오염됨으로써 정신적 손해를 입었다고 주장하나, 어촌계 또는 부락인 위 원고들로서는 자신이 경영하는 어장이 유류로 오염되었다는 사정만으로는 정신적 손해가 있다고 보기는 어려우므로 위 원고들의 위자료 청구는 결국 이유 없다 할 것이다.

■ 쟁 점

위 판결은 선박의 충돌로 인한 기름의 유출로 인근 해안에서 어업에 종사하던 자들이 손해를 입은 경우, 배상되어야 할 유류오염손해에 정신상 고통으로 인한 손해도 포함되는가 하는 점이 문제된 것이다.

■ 검토할 사항

□ 민법 제750조의 손해에 정신적 고통으로 인한 손해도 포함되는가?

□ 정신적 고통에 대한 손해배상을 규정하고 있는 민법 제751 · 752조와 제750조과의 관계에 대하여 설명하시오.

□ 재산권이 침해된 경우에도 위자료청구권이 발생하는가?

□ 불법행위로 입은 정신적 고통에 대한 위자료 액수 결정은 사실심 법원의 직권에 속하는 재량사항인가?

□ 손해배상책임을 규정하고 있는 특별법(유류오염손해배상보장법, 원자력손해배상법 등)상의 손해는 경제적, 재산적 손해만 포함되는가, 정신적 고통으로 인한 손해도 포함되는가?

■ 관련사례

□ 학교법인 갑이 오로지 소속 대학교수 을을 본연의 업무에서 배제하려는 의도하

에 그 의사에 반하여 전공분야와 관련 없는 과목의 강의를 배정함으로써 결국 강의할 수 없게 한 경우, 갑은 그로 인하여 을이 입은 정신적 고통을 배상해야 하는가? (대판 2008.6.26. 2006다30730)

- □ 가해자가 피해자에게 위자료의 일부로서 금원을 지급한 경우, 법원은 위자료 액수를 산정함에 있어서 이러한 사정을 참작할 것인가? (대판 2005.6.23. 2004다66001)
- □ 대통령이 담화를 발표하고 이에 따라 국방부장관이 삼청교육 관련 피해자들에게 그 피해를 보상하겠다고 공고하고 피해신고까지 받은 후에 국가가 그 약속을 어기고 후속조치를 취하지 아니함으로써 위 담화 및 피해신고 공고에 따라 피해신고를 마친 피해자의 신뢰를 깨뜨린 경우 국가는 신뢰의 상실에 따르는 정신적 손해를 포함한 손해를 배상하여야 하는가? (대판 2001.7.10. 98다38364)
- □ 갑은 을의 병원에서 임신 진단을 받은 이래 약 10회에 걸쳐 을로부터 정기적인 검사를 받았는데, 그 과정에서 갑이 기형아출생가능성을 염려하여 사전검사를 의뢰하자 트리플마커 검사를 받아 태아에게 이상이 없다는 통보를 받았는데, 기형아출생가능성을 확인하는 검사법 중 트리플마커 검사법은 통상적인 검진방법이기는 하나 그 정확성이 떨어지고, 한편 양수천자 검사법은 정확성이 담보되는데 비하여 태아나 산모에게 위험성이 따르는 검사법인바, 갑은 을로부터 위 검사법에 관한 구체적인 설명을 들은 바가 없었고 양수천자 검사를 시행하지도 않았는데, 그 후 을 병원에서 갑이 태아를 출산하였으나 태아에서 선천적 다운증후군 증세가 있었고 치료 중 다운증후군에서 비롯된 백혈병 등으로 태아가 사망한 경우, 갑은 을에게 설명의무를 다하지 않은 것을 이유로 정신적 손해의 배상을 청구할 수 있는가? (대판 2002.3.29. 2000다61947)

■ 기타의 쟁점

- □ 원고들 중에는 수산업법상의 면허를 받지 않고 어업행위를 해 오던 사람들도 포함되어 있는 바, 이러한 어업행위에 의한 수입은 위법소득으로서 따라서 이를 손해액 산정의 기초로 할 수 없는가?

■ 참고문헌

- □ 송해연, 유류오염손해와 위법소득의 보상범위, 해양한국 414호(2008.3.), 한국해사문제연구소, 112-118.
- □ 윤효영, 유류오염 사고에서의 정신적 손해 배상, 경영법률 19집 2호(2009.1.), 한국경영법률학회, 489-518.
- □ 황진호, 유류오염으로 인한 손해배상, 판례연구 18집(1)(2004.8.), 서울지방변호사회, 233-239.

(3) 손해액 산정의 기준시기

대판 2010.4.29. 2009다91828

| 사안 | 甲(원고)은 2005.5.20. 乙로부터 이 사건 부동산 7,090㎡(약 2,144평)를 5억 4,000만원에 매수하였다. 그런데 乙은 위 부동산 옆으로 4차로 직선도로가 개설될 계획이 없었음에도 불구하고 4차선의 직선도로가 확장될 것이어서 땅값이 더 올라갈 것이며, 주변시세보다 평당 7만원 이상 싼 것이라고 속여, 甲이 위 매매계약을 체결한 것이며, 甲은 매매대금을 지급하고 2006.1.6. 소유권이전등기를 마쳤다. 그런데 매매계약 당시 위 부동산 시가는 약 3억 2,000만원이다. 그런데 2006.12.경 이 사건 부동산을 경유하는 도로노선이 확정되고 2007.12.13. 그 노선이 지정 · 공고됨으로써 부동산의 시가가 크게 상승하였다. 甲은 2009.2.5.경 이 사건 부동산 중 일부에 관하여 협의매매가 이루어져 그에 대한 보상금 4억 2,000만원 상당을 지급받았으며, 협의매매된 부분을 제외한 나머지 부분(4,570㎡)은 그대로 보유하고 있다. 이 부분의 원심 변론종결일 현재 시가는 8억 3,631만원이다. 甲은 乙의 불법행위로 인한 손해배상을 소구하였다.

| 판지 | 불법행위로 인한 재산상 손해는 위법한 가해행위로 인하여 발생한 재산상 불이익, 즉 그 위법행위가 없었더라면 존재하였을 재산상태와 그 위법행위가 가해진 현재의 재산상태의 차이를 말하는 것이며, 그 손해액은 원칙적으로 불법행위시를 기준으로 산정하여야 한다.

원심은 앞서 본 법리를 원용하면서도, 피고의 기망행위로 말미암아 원고가 입게 된 손해에 관하여, 원심 변론종결일 현재 원고는 피고의 기망행위가 없었더라면 이 사건 부동산에 관한 매매계약을 체결하지 아니하고 '매매대금 5억 4,000만원 및 그에 대한 시중금리 및 도매물가상승률'을 보유하고 있었을 터인데, 기망행위로 말미암아 매매계약을 체결하고 '이 사건 부동산 중 4,570㎡ 및 나머지 부분에 대한 보상금 4억 2,000만원'을 보유하고 있으므로 결국 후자의 가액이 전자의 가액을 상회하는 이상 원고에게 재산적 손해가 발생하지 않는다고 판단하였다.

그러나 원심의 위와 같은 판단은 다음과 같은 점에서 수긍하기 어렵다.

원심은 '기망행위가 없었더라면 존재하였을 원고의 재산상태'를 원고가 이 사건 부동산을 매수하지 않고 매매대금 상당액을 그대로 보유하고 있는 상태라고 전제하였으나, 피고가 원고를 속여 얻고자 했던 것은 원고로 하여금 고가에 부동산을 매수하게끔 하려던 것이었던 데다가, 일반인의 통념 및 거래관행 등에 비추어 보더라도 피고의 기망행위가 없었더라면 원고는 이 사건 부동산을 제값을 치르고, 즉 시가 상당액으로 매수하였으리라고 봄이 상당하다.

원심은 '기망행위가 가해진 현재의 재산상태'를 원고가 원심 변론종결일 현재 이 사건 부동산 중 일부분에 대한 협의취득보상금 및 나머지 부분의 시가 상당액을 보유하고 있는 상태라고 전제하였으나, 여기에서 '현재'는 '기준으로 삼은 그 시점'이란 의미에서 '불법행위시'를 뜻하는 것이지 '지금의 시간'이란 의미로부터 '사실심 변론종결시'를 뜻하는 것은 아니다. 피고의 기망행위가 가해진 결과는 원고가 이 사건 부동산을 제값보다 비싸게 매수하게 된 것이라고 봄이 상당하다.

앞서 본 법리에 대한 올바른 해석과 위 사실관계에 비추어 보면, 원고가 피고의 기망행위로 인하여 이 사건 부동산을 고가에 매수하게 됨으로써 입게 된 손해는 이 사건 부동산의 매수 당시 시가와 매수가격과의 차액이다(대법원 1980.2.26. 선고 79다1746 판결 등 참조). 그 후 원고가 이 사건 부동산 중 일부에 대하여 보상금을 수령하였다거나 부동산 시가가 상승하여 매수가격을 상회하게 되었다고 하여 원고에게 손해가 발생하지 않았다고 할 수 없다.

따라서 원고에게 재산적 손해가 발생하지 않았다고 판단한 원심판결에는 불법행위로 인한 손해액 산정 및 그 기준시점에 관한 법리를 오해하여 판결에 영향을 미친 위법이 있다.

■ 쟁 점

위 판결은 불법행위(기망에 의한 매매계약)가 행하여진 당시보다 사실심 변론종결에 즈음하여 대상 부동산의 시가가 2배 이상 상승한 경우, 불법행위에 기한 손해액을 산정하는 기준시기가 언제인가 하는 점이 문제된 것이다.

■ 검토할 사항

- □ 불법행위로 인한 손해액 산정의 기준시기에 관한 견해를 살피시오.
- □ 원심이 불법행위의 성립을 인정하면서도 손해의 발생을 인정하지 않은 이유는 무엇인가?
- □ 대법원과 원심의 입장은 어떠한 점에서 차이가 있는가?
- □ 불법행위로 인한 손해배상채무의 이행이 지체되는 경우 어느 시점부터 이행지체가 되는 것으로 보아야 하는가?

■ 관련사례

□ 적법한 보상절차를 밟지 않고 공유수면매립사업의 시행에 의하여 관행어업권이 상실되어 손해배상을 청구하는 경우 어느 시점을 기준으로 그 손해액(손실보상금 상당액)을 산정하는가? (대판 2001.4.10. 99다38705)

□ 불법행위로 인하여 건물이 훼손되어 그 수리가 가능한 경우 통상의 손해는 어떠한가? 또한 불법행위 후에 건설경기가 등귀되어 수리비가 증대된 경우에도 증대된 수리비를 청구할 수 있는가? (대판 1994.3.22. 92다52726. 이의 내용은 전술하였음)

□ 을회사 지점장 A가 개인적 친분에 의하여 갑에게 특정주식의 매수를 권유하였다가 갑이 손해를 볼 처지에 놓이자 동지점 차장 B가 그 주식의 장외거래를 부당권유하고 중개인에 불과한 C에게 주권을 교부하여 甲이 주권상실의 손해를 입은 경우 어느 시점의 주식 시가에 의하여 손해액을 산정하는가? (대판 2003.1.10. 2000다34426)

■ 참고문헌

□ 김민기, 불법행위로 인한 재산상 손해의 산정방법 및 기준시점, 대법원판례해설 83호, 2010, 95-106.

□ 성중탁, 불법행위에 기한 손해배상청구 사건에서 손해발생여부 판단시점, 법률신문 3850호(2010.6.21.), 15.

(4) 과실상계

▣ 판례 1

대판 1995.11.14. 95다30352

| 사안 | 乙(피고)은 甲(원고) 학교법인의 설립자로서 甲 법인의 이사와 甲 법인 산하 여자상업고등학교의 교장으로 재직하면서 위 학교의 재정과 인사를 단독으로 관장하고 있던 중, 실제로는 지출된 바 없는 금원이 지출된 것처럼 처리하거나 또는 실제 지출된 금원보다 많은 금원이 지출된 것처럼 회계관계 서류를 허위로 조작하여 그 차액을 개인 용도로 사용하는 횡령행위를 하였다. 이에 甲 법인은 乙에 대하여 불법행위로 인한 손해배상청구소송을 제기하였다.

| 판지 | 피고는 원고 법인의 이사장과 피고를 제외한 다른 이사들이 전혀 원고

법인의 업무에 관여하지 아니하고 학교장인 피고에 대한 감독권도 행사하지 아니함으로 인하여, 피고가 자신의 행위가 법률에 위반된다는 사실을 알지 못한 나머지 위와 같은 횡령행위를 저지르게 되었으니, 원고 법인의 위와 같은 업무 포기행위도 과실상계의 사유로 참작되어야 한다고 주장하였다. 그러나 피해자의 부주의를 이용하여 고의로 불법행위를 저지른 자가 바로 그 피해자의 부주의를 이유로 자신의 책임을 감하여 달라고 주장하는 것은 허용될 수 없을 뿐만 아니라, 기록에 의하면, 피고는 법률에 정하여진 학교법인 설립의 요건을 갖추기 위하여 형식적으로 일정 수의 인원을 정관에 이사로 등재만 하여 놓은 후, 실제로는 그들로부터 인장을 넘겨받아 단독으로 원고 법인의 업무를 집행하여 온 사실이 인정되므로, 피고가 원고 법인 이사들의 임무해태를 이유로 책임 감경을 주장할 수는 없다 할 것이다.

■ 쟁 점

위 판결은 피해자의 부주의를 이용하여 고의로 불법행위를 저지른 자가 바로 그 피해자의 부주의를 이유로 과실상계를 주장할 수 있는지 여부가 문제된 것이다.

■ 검토할 사항

- □ 과실상계를 인정하는 이유는 무엇인가?
- □ 불법행위로 인한 손해배상을 청구하는 경우에도 과실상계의 법리가 준용되는가?
- □ 과실상계를 적용함에 있어서 과실의 의미에 대하여 설명하시오.
- □ 공동불법행위에서 과실상계를 하는 경우 피해자의 공동불법행위자 각인에 대한 과실비율이 서로 다른 경우 평가방법은?

■ 관련사례

- □ 을이 과실로써 방조행위를 하여 공동불법행위책임을 부담하게 된 사안에서 다른 공동불법행위자인 A 등이 갑의 부주의를 이용하여 고의로 불법행위를 저질렀다는 사유만으로 을의 과실상계 주장이 허용되지 않는가? (대판 2007.6.14. 2005다32999)
- □ 축산업협동조합 직원이 위 조합 상사의 감독소홀을 틈타 적극적으로 부정행위를 저지른 것이 아니라 단지 업무상 주의를 다하지 아니하였음에 불과하고 위 조합 상사들이 이를 제대로 지적해 주기만 하였으면 그로 인한 손해를 피할 수 있었던 것으로 보이는 경우, 위 조합 상사들의 이와 같은 감독소홀의 점을 과실상계의 사유로 주장할 수 있는가? (대판 1987.7.21. 87다카637)

■ 참고문헌

□ 권용우, 불법행위와 과실상계, 채권법에 있어서 자유와 책임(김형배교수 화갑기념논문집), 1994, 570-585.
□ 박동진, 과실상계에서 과실의 의미, 연세법학연구 7집 1권(통권 9호, 2000.6), 연세대학교 법과대학 법률문제연구소, 211-234.

▣ 판례 2

대판 1993.5.5. 92다54753

| 사안 | A가 운전하던 B 소유의 승용차와 乙(피고)이 운전하던 오토바이가 충돌하여 오토바이 뒷좌석에 타고 있던 乙의 처인 C가 상해를 입었다. 그리하여 C가 B를 상대로 손해배상청구소송을 제기하였는데, 소송계속중에 B의 승용차에 대한 자동차종합보험의 보험자인 甲(원고)이 C에게 금 54,841,550원을 손해배상금으로 지급하고, B를 대리하여 C와의 사이에서 C가 이후의 이 사건 교통사고로 인한 손해에 대한 일체의 권리를 포기하기로 하는 내용의 합의를 하여, C는 위 소송을 취하하였다. 그 후 甲이 乙에게 구상권 청구의 소를 제기하였다.

| 원심 | C가 이 사건 교통사고로 입은 재산상의 손해 및 위자료 등 일체의 손해액이 금 53,765,150원인 점은 당사자 사이에 다툼이 없고, A와 피고의 과실비율을 7:3이라고 판단한 다음, 甲은 상법 제682조에 의하여 그가 C에게 손해배상금으로 지급한 위 보험금 중에서 C가 입은 손해액으로서 B와 피고의 공동면책에 해당하는 금 53,765,150원을 한도로 피고의 위 과실비율에 상응한 금원에 대하여 B가 피고에 대하여 가지는 권리를 취득하였다고 보아, 피고는 보험자대위권을 행사하는 원고에게 피고의 부담부분에 해당하는 금 16,129,545(53,765,150원 × 3/10) 및 그 법정이자를 지급할 의무가 있다고 판단하고, C는 피고의 처로서 원고는 C와 합의하면서 피고의 과실을 고려하여 C의 손해액 중 A의 과실에 상응하는 B의 분담비율만큼의 금원만을 지급하였다는 피고의 주장에 대하여는 원고는 오히려 C의 손해액인 금 53,765,150원을 넘는 금 54,841,550원을 지급하였다는 이유로 배척하였다.

| 판지 | 1. 민법 제763조, 제396조에 의하여 불법행위로 인한 손해배상의 책임 및 그 금액을 정함에 있어 피해자의 과실을 참작하도록 한 취지는 불법행위로 인

하여 발생한 손해를 가해자와 피해자 사이에 공평하게 분담시키고자 함에 있다고 할 것이므로 그 피해자의 과실에는 피해자 본인의 과실뿐 아니라 그와 신분상, 사회생활상 일체를 이루고 있다고 볼 수 있는 관계가 있는 자의 과실도 피해자 측의 과실로서 참작되어야 하는 것이다.

그러므로 이 사건에 있어서와 같이 피고가 그의 처인 C를 오토바이의 뒷 좌석에 태우고 운전하다가 A가 운전하는 승용차가 충돌하여 C가 상해를 입어 C가 피고 아닌 제3자에 대하여 손해배상을 청구하는 경우 그 손해배상액을 산정함에 있어서는 다른 특별한 사정이 없는 한 남편인 피고의 과실을 피해자 측의 과실로서 참작할 수 있다고 해석함이 상당하다. 만일 그렇게 해석하지 아니한다면 가해자인 제3자는 피해자인 C에게 일단 남편인 피고의 과실을 참작하지 아니한 손해를 배상하고 다시 그의 남편인 피고에게 그의 과실비율에 해당하는 부담부분을 구상하여야 하게 되는데, 이는 부부의 신분상·생활상의 일체성을 간과한 것으로서 옳다고 할 수 없고, 손해배상이나 구상관계를 일거에 해결하거나 분쟁을 1회에 처리할 수도 없어 불합리하다.

2. C와 B를 대리한 원고간에 이 사건 손해배상의 합의가 이루어진 과정과 위에서 본 법리 그리고 원고는 교통사고로 인한 손해배상업무를 전문으로 다투는 보험회사로서 가능한 한 최소한의 금액을 지급하고 또 분쟁을 1회의 화해로서 처리하려고 하였을 것이란 점 등을 고려하면, 위의 합의에 관여한 가해자 측이나 피해자 측의 의사는 다른 특별한 의사표시가 없는 한 C의 남편으로서 사고 오토바이를 운전한 피고의 과실도 아울러 참작하여 이로써 C에 관련한 손해배상 문제를 일거에 종결하고자 함에 있었다고 보는 것이 경험법칙에 합치된다고 볼 것이지, 원고가 피고의 과실비율에 따른 금액도 변제하고 이를 피고로부터 따로 구상하겠다는 의사로서 한 것이라고 볼 것은 아니라고 할 것이다.

그렇다면 원심판결에는 불법행위로 인한 손해배상책임과 과실상계의 법리를 오해하여 원고와 C와의 합의의 성질을 잘못 이해한 잘못이 있다.

■ 쟁 점

위 판결은 남편 운전의 오토바이 뒷좌석에 타고 가다가 충돌사고로 상해를 입은 피해자가 제3자에게 손해배상을 청구하는 경우 남편의 과실을 피해자 측의 과실로서 참작할 수 있는지 여부가 문제된 것이다.

■ 검토할 사항

- □ 손해배상청구권자(채권자, 피해자)의 과실을 인정하기 위하여 손해배상청구권자에게 책임능력이 있어야 하는가?
- □ 소위 피해자 측의 과실이론에 대하여 설명하시오.
- □ 동일한 사안에서 손익상계와 과실상계를 하여야 하는 경우 어떤 순서로 하여야 하는가?

■ 관련사례

- □ 갑은 병 법인이 개설한 시장에서 좌판 형태로 수산물 소매업에 종사하는 자로서 병의 전조합장 A의 허락을 받아 자신의 점포에 90cm 높이의 냉장고를 설치하였는데, 그 후 A는 시장상인들을 소집하여 그날 이후 설치하는 냉장고의 높이를 70cm 이하로 제한하기로 의결하고 갑에게 냉장고의 높이를 70cm로 낮출 것을 요구하는 통지서를 보냈으나 갑은 이에 응하지 않았다. 병의 새로운 조합장이 된 을도 갑에게 같은 요구를 하였으나 갑이 응하지 않자 1999.6.1. 갑 점포의 전기공급을 중단하였고 갑은 1999.8.23. 단전금지 등 가처분신청을 하여 전기공급이 재개된 경우, 위법한 전기공급중단조치로 인한 갑의 손해를 산정함에 있어서 갑이 3개월이 지난 시점에 단전금지 등 가처분신청을 한 것을 이유로 을의 손해배상책임을 제한할 수 있는가? (대판 2003.7.25. 2003다22912)
- □ 형이 운전하는 오토바이에 동승하였다가 교통사고로 사망한 동생에 대한 손해배상액을 정함에 있어서 형의 과실을 참작할 수 있는가? (대판 1991.11.12. 91다30156)
- □ 남동생이 운전하는 차량에 동승하였다가 남동생의 과실과 제3자의 과실이 경합하여 발생한 교통사고로 사망한 누나의 손해배상액을 산정함에 있어서 남동생의 운전상의 과실을 피해자 측의 과실로 보아 참작할 수 있는가? (대판 1996.10.11. 96다27384)
- □ 다방 종업원이 차배달을 목적으로 다방 주인이 운전하는 차량에 동승하였다가 사고를 당한 경우 운전자인 다방 주인의 과실을 피해자 측의 과실로 보아 다방 종업원의 손해배상액 산정에 참작할 수 있는가? (대판 1998.8.21. 98다23232)
- □ A의 을 병원 내원이 이미 복부에 자상을 입은 후 약 30분이 경과하여 상당 정도의 출혈이 있었을 것으로 보이고, 을 병원의 의사인 B가 을 병원의 중환자실에 빈 병상이 없어서 A를 다른 병원으로 전원시켜야 했는데, 을 병원 주위의 응급의료지정기관에도 중환자실에 빈 병상이 없는 것으로 확인되어 병(응급개복술을 실시할 수 없는 병원임) 병원으로 전원시키지 않고 응급개복술을 실시할 수 있는 다른 병원으로 전원시켰다 하더라도 전원이 상당기간 지연되었을 것이고, 12시간 이내에 수술이 이루어진 복부둔상 환자에 대한 조사에 의하면 쇼크 후 1시간

이내 응급개복술이 실시되어도 사망률이 17.1%에 이르고 1시간이 경과한 후에 수술이 이루어진 경우에는 41.8%에 이르는 경우, 을 병원에게 사망 사고의 모든 책임을 지우는 것이 타당한가? (대판 2005.6.24. 2005다16713)

■ 참고문헌

□ 김영태, 과실상계에 있어서 피해자 측의 범위, 대법원판례해설 26호, 1996, 133-145.

□ 조무제, 과실상계의 인적범위, 판례연구 4집(부산판례연구회), 1994, 174-199.

(5) 손익상계

대판 2003.1.24. 2001다2129

| 사안 | 甲(원고)은 1994년 10월 17일경 乙회사(피고) 역삼지점에 증권거래계좌를 개설하고 지인의 조언에 따라 주식 매매거래를 하여 오다가 1996년 10월까지 금 8천만 원 정도의 손해를 본 후 더 이상 주식거래를 하지 않기로 마음먹고 예탁금을 인출하려고 하였다가, 위 역삼지점 지점장인 丙(피고)으로부터 확실히 주가가 상승할 종목만 추천하고 甲의 허락 없이 임의매매를 하지 않을 테니 자신에게 계좌의 관리를 맡겨 달라는 부탁을 받고 丙에게 계좌의 관리를 위임하였다. 그럼에도 丙은 甲의 위임이나 승낙을 받지 않고 임의로 甲의 예탁금을 이용하여 H전자 주식을 매입하였다. 한편 丙은 1996년 10월 초순 경 甲에게 "D중석의 주가가 상승하는 것은 100% 확실하다"는 등의 말을 하여 매입권유를 하고 이에 甲은 그 주식을 매입하였으나 그 며칠 후 해당주식은 지속적으로 하락하였다. 이에 甲은 주가 상승시 및 하락시에 수회에 걸쳐 매도를 요청하였으나 丙은 이를 거부하였고, 결국 주가가 계속 하락하여 1996년 11월 13일 甲의 손실액이 금 1억 6천만 원 정도에 이르게 되자, 甲은 불안감에 손실보전약정을 해줄 것을 요구하였고 丙은 그 각서를 작성해 주었다. 이에 따라 甲은 그 주식매도를 일단 보류하였으나 그럼에도 계속 주식이 오를 기미를 보이지 않자 결국 丙 및 甲은 그 주식을 모두 매도하였다. 이에 甲은 乙과 丙을 상대로 그 손실보전약정에 따른 청구와 불법행위로 인한 손해배상청구를 하였다.

| 판지 | 증권회사 직원이 과거 자신의 잘못으로 고객의 계좌에 발생한 손해를 보

전하여 주기 위한 방법으로 고객에게 향후 증권거래 계좌 운용에서 일정한 최소한의 수익을 보장할 것을 약정한 것은 공정한 증권거래질서의 확보를 위하여 구 증권거래법 제52조 제1호 및 제3호에서 금지하고 있는 것에 해당하여 무효라고 할 것이고, 손실보전약정이 유효함을 전제로 일정기간 동안 법적 조치 등을 취하지 않기로 하는 약정도 당연히 무효로 된다. 증권회사 직원이 자신만이 알고 있으나 이를 밝힐 수 없는 확실한 투자정보가 있다면서 고객으로 하여금 주식을 대량으로 매수하도록 유도하고, 그 후 거듭된 매도 요청에도 불구하고 손실을 보전해 주겠다는 각서까지 써 주면서 이를 거부한 것은, 증권회사의 직원으로서 고객에게 과대한 위험을 수반하는 거래를 적극적으로 권유하면서 그에 수반되는 위험성에 대한 인식을 방해한 행위 즉, 고객에 대한 보호의무를 위반한 행위에 해당한다고 할 것이므로 불법행위를 구성한다.

또한 피고 丙은 상고이유로써 자신이 원고의 계좌를 이용하여 임의매매를 한 N텔레콤 등의 주식에서는 이득이 발생하였으므로 그 이득을 이 사건 손해액수의 산정에서 손익상계 하여야 한다는 취지의 '손익상계'의 항변을 새로이 상고이유로서 주장하였는데, 피고 丙이 새로이 주장한 '손익상계'의 항변에 대해서는 원심에서 주장한 바 없이 상고심에 이르러 새로이 하는 주장으로 원심판결에 대한 적법한 상고이유가 될 수 없을 뿐만 아니라, 증권회사 직원이 고객의 계좌를 이용하여 고객의 위임이 없이 임의로 주식거래를 함으로써 이득이 발생하였다고 할지라도 고객이 그 거래를 추인하면 그로 인한 이득은 적법하게 고객에게 귀속되는 것이므로 그 이득을 가지고 불법행위로 인한 손해산정에 있어서 손익상계를 할 수는 없다.

■ 쟁 점

위 판결은 증권회사 직원이 고객의 계좌를 이용하여 고객의 위임이 없이 임의로 주식거래를 함으로써 이득이 발생한 경우 그 이득을 가지고 손익상계를 할 수 있는지가 문제된 것이다.

■ 검토할 사항

- ㅁ 명문의 규정이 없음에도 불구하고 손익상계제도가 인정되는 이유는 무엇인가?
- ㅁ 구체적인 경우 손익상계를 함에 있어서 어떠한 범위의 이익이 공제되는가?
- ㅁ 증권회사 직원이 고객의 계좌를 이용하여 고객의 위임이 없이 임의로 주식거래를 함에 있어서 손실이 발생한 경우에는 손해배상청구가 인정되지만 이득이 발생한 경우에는 손익상계가 인정되지 않는 이유는 무엇인가?

■ 관련사례

□ 행정기관의 위법한 행정지도로 일정기간 어업권을 행사하지 못하는 손해를 입은 자가 그 어업권을 타인에게 매도하여 매매대금 상당의 이득을 얻은 경우, 피해자가 얻은 매매대금 상당의 이득을 행정기관이 배상하여야 할 손해액에서 공제할 수 있는가? (대판 2008.9.25. 2006다18228)

□ 불법행위에 관하여 피해자의 과실이 있고 피해자가 그로 인하여 이익을 받은 경우에 손해배상액을 산정함에 있어서는 과실상계와 손익상계를 하는 순서는 어떻게 되는가? (대판 2008.5.15. 2007다37721)

□ 기획여행에 참여한 여행자가 여행지에서 놀이시설을 이용하다가 다른 여행자의 과실에 의한 행위로 인하여 상해를 입은 사안에서, 국외여행인솔자의 과실이 있다고 보아 여행업자 및 위 국외여행인솔자의 손해배상책임을 인정한 경우, 상해를 입은 여행자가 상해보험의 성격을 가지는 해외여행보험에 가입하여 수령한 보험금이 손익상계로서 공제하여야 할 이익에 해당하는가? (대판 1998.11.24. 98다25061)

■ 기타 검토사항

□ 증권회사와 고객 간에 체결된 손실보전약정의 효력은?

■ 참고문헌

□ 오종근, 손익상계, 아세아여성법학 3호(아세아여성법학연구소), 2000, 297-332.

□ 홍복기, 주식의 임의매매와 부당권유로 인한 손해배상청구, 상사판례연구 15집(한국상사판례학회), 2003, 131-152.

6. 손해배상청구권의 소멸시효

▣ 판례 1

대판 2011.9.29. 2008다16776

| 사안 | 乙(피고, 녹십자홀딩스)은 혈액제제를 생산하기 위해 1988.1.경부터 1989.12.경까지 HIV(Human Immunodeficiency Virus, AIDS를 일으키는 인체면역결핍 바이러스)에 감염된 매혈자 A로부터 80여 차례, 1990.1.3.경부터 1990.3.26.경까지 HIV에 감염된 매혈자 B로부터 20여 차례에 걸쳐 동인들의 혈액을 구입한 다음, 이를 원료로 하여 혈액제제 및 옥타비(혈우병 치료제)를 제조하였고, 혈우병 환

자인 甲들(원고들)은 1987년경 내지 1991년경부터 乙이 제조한 혈액제제 또는 옥타비를 투여받아 왔는데, 검사결과 HIV에 감염된 것으로 확인되었다. 이에 甲들은 乙의 혈액제제의 제조 및 공급상의 과실로 인하여 자신들이 HIV에 감염된 것이므로, 乙에게 손해의 배상을 소구하였다.

| 원심 | 제약회사가 제조 · 공급한 혈액제제(혈우병 치료제)에 의하여 혈우병 환자들이 AIDS에 감염된 것인지 여부는 사실적 인과관계의 존부에 관한 문제로서 이에 대한 소송상 입증은 한 점의 의혹도 남기지 않을 정도의 엄격한 자연과학적 증명을 요하는 것이 아니라, 경험칙에 비추어 모든 증거를 종합 · 검토하여 볼 때 특정의 사실로부터 특정의 결과가 발생하였음을 시인할 수 있을 정도의 고도의 개연성이 인정되면 족하고, 그 판단은 일반인이 의심을 품지 아니할 정도로 그 진실성을 확신할 수 있을 것을 필요로 한다. 이 경우 그 입증의 대상은 우선 의료과실의 존부에 관한 것이 아니라 두 사실 사이의 조건관계를 인정할 수 있는지 여부에 관한 것이므로 위 혈액제제의 제조 · 판매를 일종의 의료행위로 보아 그 입증책임을 완화할 필요는 없다. 또한, 혈우병 환자의 경우 그 치료를 위하여 계속하여 혈액제제를 투여할 수밖에 없는데다가 HIV에 감염되더라도 항체미형성기간을 거쳐 항체가 형성되는 데 2주 내지 수년이 걸리는 등 다양한 가능성이 있는 점에 비추어 볼 때, 비록 위 제약회사가 AIDS에 감염된 혈액제제를 혈우병 환자들에게 투여하도록 공급한 일이 있고 그 관련 환자들이 후에 AIDS에 감염된 결과가 발생하였다고 하여도, 제조물책임에서와 같이 인과관계의 추정에 의한 입증 정도의 완화를 허용하는 것은 적절치 않다. 분자생물학적 분석 결과와 함께 혈우병 환자들에 대한 HIV 감염 발견 경위, 감염추정시기 및 혈우병 치료제의 투여 경위 등 역학적 조사 결과를 경험칙에 비추어 종합 · 검토하여 볼 때, 제약회사가 제조 · 공급한 혈액제제(혈우병 치료제)로 인하여 혈우병 환자들에게 HIV 감염이라는 결과가 발생하였다는 점을 시인할 수 있을 정도의 고도의 개연성이 인정되지 않는다.

| 판지 | 1. 의약품의 제조물책임에서 손해배상책임이 성립하기 위해서는 의약품의 결함 또는 제약회사의 과실과 손해 사이에 인과관계가 있어야 한다. 그러나 의약품 제조과정은 대개 제약회사 내부자만이 알 수 있을 뿐이고, 의약품 제조행위는 고도의 전문적 지식을 필요로 하는 분야로서 일반인들이 의약품의 결함이나 제약회사의 과실을 완벽하게 입증하는 것은 극히 어렵다. 따라서 환자인 피해자가

제약회사를 상대로 바이러스에 오염된 혈액제제를 통하여 감염되었다는 것을 손해배상책임의 원인으로 주장하는 경우, 제약회사가 제조한 혈액제제를 투여받기 전에는 감염을 의심할 만한 증상이 없었고, 혈액제제를 투여받은 후 바이러스 감염이 확인되었으며, 혈액제제가 바이러스에 오염되었을 상당한 가능성이 있다는 점을 증명하면, 제약회사가 제조한 혈액제제 결함 또는 제약회사 과실과 피해자 감염 사이의 인과관계를 추정하여 손해배상책임을 지울 수 있도록 증명책임을 완화하는 것이 손해의 공평·타당한 부담을 지도 원리로 하는 손해배상제도의 이상에 부합한다. 여기서 바이러스에 오염되었을 상당한 가능성은, 자연과학적으로 명확한 증명이 없더라도 혈액제제의 사용과 감염의 시간적 근접성, 통계적 관련성, 혈액제제의 제조공정, 해당 바이러스 감염의 의학적 특성, 원료 혈액에 대한 바이러스 진단방법의 정확성 정도 등 여러 사정을 고려하여 판단할 수 있다. 한편 제약회사는 자신이 제조한 혈액제제에 아무런 결함이 없다는 등 피해자의 감염원인이 자신이 제조한 혈액제제에서 비롯된 것이 아니라는 것을 증명하여 추정을 번복시킬 수 있으나, 단순히 피해자가 감염추정기간 동안 다른 회사가 제조한 혈액제제를 투여받았거나 수혈을 받은 사정이 있었다는 것만으로는 추정이 번복되지 않는다.

원고 등이 피고 회사가 제조한 혈액제제를 투여받기 전에는 감염을 의심할 만한 증상이 없었고, 피고 회사가 제조한 혈액제제를 투여받은 후 바이러스 감염이 확인되었으며, 혈액제제가 HIV에 오염되었거나 오염되었을 상당한 가능성이 있으므로, 피고 회사가 제조한 혈액제제의 결함 또는 피고 회사의 과실과 원고 등의 HIV 감염 사이에 인과관계가 있다고 추정되고, 감염혈액을 제공하였을 것으로 추정되는 사람이 보유한 HIV의 유전자 정보와 원고 등이 보유한 HIV의 유전자 정보가 정확히 일치하지 않는다거나, 일부 환자들이 HIV 오염 여부를 알 수 없는 외국산 혈액제제 또는 수혈을 받은 사정만으로 위 추정이 번복된다고 할 수 없다.

2. 불법행위에 기한 손해배상채권에서 민법 제766조 제2항에 의한 소멸시효의 기산점이 되는 '불법행위를 한 날'이란 가해행위가 있었던 날이 아니라 현실적으로 손해의 결과가 발생한 날을 의미한다. 그런데 감염의 잠복기가 길거나, 감염 당시에는 장차 병이 어느 단계까지 진행될 것인지 예측하기 어려운 경우, 손해가 현실화된 시점을 일률적으로 감염일로 보게 되면, 피해자는 감염일 당시에는 장래의 손해 발생 여부가 불확실하여 청구하지 못하고 장래 손해가 발생한 시점에서는 소

멸시효가 완성되어 청구하지 못하게 되는 부당한 결과가 초래될 수 있다. 따라서 위와 같은 경우에는 감염 자체로 인한 손해 외에 증상의 발현 또는 병의 진행으로 인한 손해가 있을 수 있고, 그러한 손해는 증상이 발현되거나 병이 진행된 시점에 현실적으로 발생한다고 볼 수 있다.

기록에 의하면, AIDS의 잠복기는 약 10년 정도로 길고, HIV 감염 당시 AIDS 환자가 될 것인지 여부가 불확실하며, AIDS 환자가 되었다는 것과 HIV에 감염되었다는 것은 구별되는 개념이라는 사실을 알 수 있고, AIDS 환자가 되었다는 손해는 HIV 감염이 진행되어 실제 AIDS 환자가 되었을 때 현실적으로 그 손해의 결과가 발생하였다고 볼 여지가 있다. 따라서 사건을 환송받은 원심으로서는 이러한 점을 살펴 소멸시효가 완성되었는지 여부에 관하여 심리하여야 함을 아울러 지적해 둔다.

■ 쟁 점

위 판결은 HIV에 오염된 혈액제제의 투여를 통하여 혈우병 환자가 HIV에 감염되었는지가 문제되는 경우, HIV는 감염의 잠복기가 길거나 감염 당시에는 장차 병이 어느 단계까지 진행될 것인지가 예측하기 어려우므로 '불법행위를 한 날'을 어느 시점으로 보아야 하는지가 문제된 것이다.

■ 검토할 사항

- □ 불법행위로 인한 손해배상청구권의 소멸시효기간은?
- □ 불법행위로 인한 손해배상청구권의 소멸시효의 기산점이 되는 '손해 및 가해자를 안 날'의 의미를 설명하시오.
- □ 불법행위로 인한 손해배상청구권의 소멸시효의 기산점이 되는 '불법행위를 한 날'의 의미를 설명하시오.
- □ 후유증 등으로 인하여 불법행위 당시에는 전혀 예견할 수 없었던 새로운 손해가 발생하였거나 예상 외로 손해가 확대된 경우, 언제부터 소멸시효가 진행되는가?
- □ 불법행위가 계속적으로 행하여지는 결과 손해도 역시 계속적으로 발생하는 경우에는 언제부터 소멸시효가 진행되는가?

■ 관련사례

- □ 을이 갑을 긴급구속한 1992.4.22.부터 법원으로부터 구속영장을 발부받아 집행한 1992.4.23.까지 사이의 갑에 대한 구금은 불법구금인데, 갑이 그로부터 3년이 도과한 후 손해배상청구의 소를 제기한 경우 불법행위로 인한 손해배상청구권의 소멸시효가 완성되었는가? (대판 2002.6.28. 2000다22249)

- ㅁ A가 을과 체결한 자동차종합보험계약의 보험기간 중 승용차를 운전하다가 사고로 갑에게 중증의 뇌좌상을 입게 하였는데, 갑이 사고로부터 6년 2개월의 여명이 있는 것으로 감정결과가 나오자 이를 기반으로 손해를 산정하였는데, 여명기간이 지나서도 생존하자 다시 약 8년의 여명기간이 있는 것으로 감정결과가 나온 경우 불법행위 당시 예견할 수 없었던 손해에 대한 배상청구권은 소멸시효가 이미 완성되었다고 보아야 하는가? (대판 2001.9.4. 2001다9496)
- ㅁ 서울특별시 구청 소속 건축계장인 A와 감리자 을의 부당한 설계변경요구와 설계사인 병, 정의 잘못된 설계변경에 의하여 갑이 건축법에 위반되는 위법한 건물을 신축하게 되어 재산상 손해를 입었으며, 그리하여 갑이 이와 관련하여 1991.11. 25.경 감사원에 진정서를 제출하였다. 그런데 갑이 1995.4.20. 을 · 병 · 정에 대하여 불법행위를 이유로 손해배상청구소송을 제기하였다. 갑의 손해배상채권은 소멸시효의 완성으로 이미 소멸하였다고 볼 것인가? (대판 1999.3.23. 98다30285)

■ 기타 검토사항

- ㅁ 의약품의 제조로 인한 손해배상책임을 주장하는 경우 증명책임이 완화되는가?
- ㅁ 乙 회사가 제조한 혈액제제의 결함 또는 乙 회사의 과실과 甲 등의 HIV 감염 사이에 인과관계가 있다고 추정되는 경우, 감염혈액을 제공하였을 것으로 추정되는 사람이 보유한 HIV의 유전자 정보와 甲 등이 보유한 HIV의 유전자 정보가 정확히 일치하지 않는다거나, 일부 환자들이 HIV 오염 여부를 알 수 없는 외국산 혈액제제 또는 수혈을 받은 사정만으로 위 추정이 번복된다고 할 수 있는가?

■ 참고문헌

- ㅁ 곽종훈, 불법행위로 인한 손해배상청구권에 관한 단기소멸시효의 기산점, 대법원판례해설 31호, 1999, 36-51.
- ㅁ 이기용, 불법행위에 있어서의 소멸시효, 비교사법 12권 4호(통권 31호), 2005, 223-262.
- ㅁ 이종길, 수혈 관련 사고에 따른 책임의 주체와 범위, 재판과 판례 19집(대구판례연구회), 2010, 393-442.

▣ 판례 2

대판 2010.4.29. 2009다99105

| 사안 | A는 2002.8.26. 21:25경 X차량을 운전하다가 앞서 정차 중이던 甲(원고)

의 차량을 뒤에서 들이받는 사고를 일으켰다. 이 사고로 인하여 甲은 2002.8.30. 경추 및 요추 염좌와 추간판탈출증의 진단을 받았다. 甲은 다음날 X차량의 보험회사 乙(피고)로부터 합의금 명목으로 350만원을 받고, 위 사고로 인한 손해배상을 포기하기로 약정하였다. 그런데 그 후 甲은 요추 부분의 통증이 지속되었고, 2002.9.4. 추간판 탈출 외에도 제4요추 하부 골단판과 제5요추 상부 골단판의 결절 등의 후유장애 진단을 받았다. 甲은 자신이 근무하는 병원에서 입원치료를 받았으며, 乙은 그 치료비를 지급하였다(2003.1.25. 및 2.28.). 그런데 甲은 2004.7.20. 다시 위 사고로 인한 후유장애로 인하여 2005.8.30.경까지 병원에서 치료를 받았으며, 乙은 이에 대한 치료비를 지급하였다(2005.9.23. 및 9.26.).

甲은 2006.12.18. 乙을 상대로 이 사건 사고로 인한 보험금의 지급을 구하는 손해배상청구소송(일실수입, 위자료 등 청구)을 제기하였다. 이에 대하여 乙은 이 사건 사고 발생 후 2002.9.4. 추간판탈출증 등의 진단을 받았으므로 그때 손해를 안 이상 그로부터 3년이 경과한 후에 제기된 위 소송은 소멸시효가 완성되었다고 주장하였다(乙은 부제소합의 주장도 하였지만, 법원에서 받아들여지지 아니함).

| 판지 | 1. 소멸시효의 기산점

불법행위로 인한 손해배상청구권은 피해자나 그 법정대리인이 그 손해 및 가해자를 안 날부터 3년간 행사하지 아니하면 시효로 인하여 소멸하는 것인바, 여기에서 '손해를 안 날'이라 함은 피해자나 그 법정대리인이 손해를 현실적이고도 구체적으로 인식하는 것을 뜻하고 손해발생의 추정이나 의문만으로는 충분하지 않으며, 통상의 경우 상해의 피해자는 상해를 입었을 때 그 손해를 알았다고 볼 수가 있지만, 그 후 후유증 등으로 인하여 불법행위 당시에는 전혀 예견할 수 없었던 새로운 손해가 발생하였다거나 예상 외로 손해가 확대된 경우에는 그러한 사유가 판명된 때에 새로이 발생 또는 확대된 손해를 알았다고 보아야 하고, 이와 같이 새로이 발생 또는 확대된 손해 부분에 대하여는 그러한 사유가 판명된 때로부터 시효소멸기간이 진행된다.

원심은 원고가 2002.8.26. 이 사건 사고로 인하여 상해를 입고 2002.9.4. 요추부 추간판탈출증의 진단을 받은 사실을 인정한 후, 원고가 위와 같이 요추부 추간판탈출증의 진단을 받은 때에 손해를 알게 되었다고 할 것이므로, 이 사건 손해배상청구권의 소멸시효가 2002.9.4.부터 진행된다고 판단하였다. 원심의 이러한 판단은 정당하다.

2. 채무의 승인으로 인한 소멸시효의 중단

소멸시효 중단사유로서의 승인은 시효이익을 받을 당사자인 채무자가 소멸시효의 완성으로 권리를 상실하게 될 자 또는 그 대리인에 대하여 그 권리가 존재함을 인식하고 있다는 뜻을 표시함으로써 성립하는바, 그 표시의 방법은 아무런 형식을 요구하지 아니하고 또한 명시적이건 묵시적이건 불문하며, 묵시적인 승인의 표시는 채무자가 그 채무의 존재 및 액수에 대하여 인식하고 있음을 전제로 하여 그 표시를 대하는 상대방으로 하여금 채무자가 그 채무를 인식하고 있음을 그 표시를 통해 추단하게 할 수 있는 방법으로 행해지면 족하다.

원심은 피고가 위와 같이 이 사건 손해배상청구권의 소멸시효가 진행되는 2002. 9.4.부터 3년 이내인 2003.1.25.과 같은 해 2.28.에 치료비를 지급하였고, 다시 그로부터 3년 이내인 2005.9.23.과 같은 해 9.26.에 치료비를 지급하는 등 소멸시효 완성 전에 원고에 대한 치료비를 지급한 사실을 인정하고도, 원고가 이 사건 소송에서 구하는 손해배상금은 일실수입과 위자료로서 피고가 채무를 승인한 적극적 손해(치료비)와는 소송물을 달리한다는 이유로, 피고의 치료비 지급으로 인한 소멸시효 중단의 효력이 원고가 구하는 일실수입과 위자료에는 미치지 않는다고 판단하였다.

그러나 불법행위로 말미암아 신체의 상해를 입었음을 이유로 가해자에게 대하여 손해배상을 청구할 경우에 있어서는, 그 소송물인 손해는 통상의 치료비와 같은 적극적 재산상 손해와 일실수익 상실에 따르는 소극적 재산상 손해 및 정신적 고통에 따르는 정신적 손해(위자료)의 3가지로 나누어진다고 볼 수 있으나, 피고가 소멸시효 완성 전에 이 사건 사고로 인한 원고의 치료비를 구 자동차손해배상보장법(2006.12.28. 법률 제8127호로 일부개정되기 전의 것) 제9조 제1항 단서, 제11조 등의 규정에 따라 의료기관에 직접 지급하였다면, 특별한 사정이 없는 한 원고에 대한 손해배상책임이 있음을 전제로 그 사고로 인한 손해배상채무 전체를 승인한 것으로 봄이 상당하고, 치료비와 같은 적극적 손해에 한정하여 채무를 승인한 것으로 볼 수는 없을 것이다. 그럼에도 원심은 피고의 치료비 지급으로 인한 소멸시효 중단의 효력이 일실수입과 위자료에는 미치지 않는다고 하여 소멸시효 중단에 관한 원고의 주장을 배척하였으니, 이러한 원심의 판단에는 채무의 승인으로 인한 소멸시효의 중단에 관한 법리를 오해하여 판결에 영향을 미친 위법이 있다.

■ 쟁 점

위 판결은 불법행위에 따른 손해배상청구권의 소멸시효 완성 전에 가해자의 보험자가 피해자의 치료비를 의료기관에 직접 지급한 경우, 이는 치료비와 같은 적극적 손해에 한정하여 채무를 승인한 것으로 볼 것인가 아니면 불법행위로 인한 손해배상채무 전체를 승인한 것으로 볼 것인가 하는 점이 문제된 것이다.

■ 검토할 사항

- 불법행위 당시에는 전혀 예견할 수 없었던 새로운 손해가 발생하거나 손해가 확대된 경우, 그 부분에 대한 손해배상청구권의 소멸시효 기산점은 언제인가?
- 가해자 측에서 피해자의 병원치료비를 지급한 것은 가해자 측의 손해배상채무를 승인한 것으로 되는가?
- 치료비 지급으로 인한 손해배상채무의 승인의 효력은 치료비와 같은 적극적 손해에 한정되는가, 불법행위로 인한 손해 전체에 미치는가?

■ 기타 검토사항

- 乙의 부제소 합의의 주장은 왜 받아들여지지 않았는가?

■ 참고문헌

- 이희경, 소멸시효 중단사유로서 승인의 법리, 재판실무연구 2010(II)(서울남부지방법원), 2010, 279 이하.

제3관 불법행위의 유형

Ⅰ. 인격권의 침해

1. 명예훼손

대판 2002.12.24. 2000다14613

| 사안 | 한국방송공사(KBS)는 1993.5.부터 1994.까지 총 68회에 거쳐 "다큐멘터리극장"을 방영하였는데, 甲(원고)은 1994.1.28. 방영된 "대통령에 도전한다."와 같은 해 6.11. 방영된 "한국전쟁 누가 일으켰는가"를 포함한 위 다큐멘터리 극장의 책임 프로듀서(CP)로서 그 제작을 총괄지휘하였다.

한편 乙주식회사(피고)가 제작 · 발행하는 월간지인 「한국논단」 1998년 3월호는 표지와 차례란에 "빨갱이는 善, 경찰은 惡으로 연출하는 공영방송 KBS"라고 이 사건 기사의 제목을 기재하고, 본문 92면부터 98면에 걸쳐 "누가 움직이는가. 빨갱이는 善, 경찰은 惡으로 연출하는 공영방송 KBS"라는 제목의 기사(이하 '이 사건 기사'라고 한다)를 게재하였다.

이 사건 기사는, 우리나라에 좌익세력이 점차 확산되어 나가면서 TV에까지 침투하여 TV가 좌익세력의 선전도구가 되었다고 개탄하고, 공영방송인 KBS는 그 제작 방영한 여러 프로그램에서 대한민국의 정통성과 자유민주주의 체제를 부정하고 북한 김일성, 김정일 정권을 찬양하며 이북의 주장에 동조하였다고 주장하면서, 그 제작 방영한 '이것이 인생이다', '다큐멘터리극장', '다큐멘터리 대한민국', '삼국기', '진달래꽃 필 때까지' 등의 프로그램을 예로 들어 설명하는 가운데, 그 중 甲이 제작한 '다큐멘터리극장'(그 프로그램 내용은 이 사건 기사에서 따로 소개하지 않았다. 이하 '이 사건 프로그램'이라 한다)에 대하여는 다음과 같이 언급하였다(이하 '이 부분을 이 사건 기사부분'이라 한다):

"주사파가 주도하는 대한민국 공영방송

김일성의 정치행태로 볼 때 이 증언(여운형의 암살범은 김일성이 직접 보냈다는 내용의 증언)은 거의 사실일 가능성이 크다. 그럼에도 불구하고, KBS는 이 같은 역사적 사실을 늘 정반대로 왜곡하여 이승만을 사대주의자로 여운형을 민족주의자로 미화하는 말도 되지 않는 저질의 프로그램을 끊임없이 내보냈다. 한 때 1TV의 다큐멘터리극장을 통해 시청자들을 상대로 이 같은 역사 왜곡을 자행하는 범죄를 저질렀던 것이다. 이것이 당시 이 프로를 연출했던 甲 PD의 자의적 해석이었다면 그는 분명히 주사파이다.

또 甲 PD는 이 프로를 통해 동학란을 북한의 혁명 사관에 입각하여 분석하기도 했고, 해방 후의 대구 10 · 1폭동, 제주 4 · 3폭동 등 남로당이 주도한 폭동들을 인민항쟁으로 미화시켰다."

이어서 이 사건 기사는 공영방송인 KBS가 좌익에 대한 연대의식을 심어주고 있고 국민을 세뇌, 의식화시키고 있어 북한이 대한민국의 언론을 장악하고 있으며 언론에 수많은 주사파가 침투해 있다고 주장하고 있다.

이에 甲은 乙 주식회사와 위 「한국논단」의 발행인 겸 편집인인 丙(피고), 이 사건 기사를 작성한 丁(피고)을 상대로 명예훼손 등을 이유로 손해배상을 청구하였다.

| 원심 | 원심은, 이 사건 기사는 소위 '주사파'가 언론매체에 많이 침투해 있다는 사실, KBS가 방영한 많은 프로그램들이 '주사파'에 의하여 만들어졌다는 사실, 원고가 제작한 프로그램의 내용도 북한의 역사관에 기초하여 만들어졌다는 사실 등을 단정적으로 열거한 후 원고는 KBS에 침투한 '주사파' 중의 하나가 분명할 것이라는 강한 추측이나 단정을 우회하여 표현한 것이고, 소위 '주사파'란 북한 김일성의 주체사상을 신봉하는 자들을 의미함은 주지의 사실인데, 남북이 대치하고 있고 국가보안법이 시행되고 있는 우리나라의 현실에서 특정인이 '주사파' 또는 '친북세력'으로 지목당하는 경우 그 특정인은 수사기관의 현실적인 수사의 대상이 될 가능성이 있을 뿐만 아니라 일반인 사이에서도 반사회세력으로 낙인찍혀 그 사회활동의 폭이 현저히 위축되는 등 심각한 피해를 입을 수밖에 없는 상황이므로, '주사파'라는 발언은 단순한 모욕적 언사를 넘어 충분히 사람의 사회적 평가를 저하시킬 구체적인 사실의 적시에 해당하므로 이는 불법행위에 해당한다고 판단하였다. 나아가 원심은 피고들의 위법성조각 항변에 대하여 이 사건 기사의 내용과 목적에 공공성이 있음은 인정되나, 원고가 제작한 이 사건 프로그램의 내용을 살펴보면 이는 충분한 고증을 바탕으로 만들어진 것으로서 역사를 왜곡하였다고 볼 수 없고 주사파의 역사인식에 기초한 것으로 볼 수도 없어 결국 이 사건 기사가 진실한 사실이거나 진실하다고 믿을 만한 상당한 이유가 있다고 볼 만한 증거가 없다는 이유로 이를 배척하였다. 이에 기하여 원심은 이 사건 기사 중 허위 사실이 차지하는 비중 등을 감안하여 피고들이 배상할 위자료액수를 정하고, 이 사건 기사부분 전부가 허위 사실적시임을 밝히는 정정보도문의 게재를 명하였다.

| 판지 | 가. 기사 중의 어떤 표현이 사실의 적시인가 의견의 진술인가를 가리기 위하여는 당해표현의 문언과 함께 그 기사 전체의 취지, 배경이 된 사회적 흐름과의 연관하에서 당해 표현이 갖는 의미를 살펴 판단하여야 하고 또한, 그 표현이 진위를 결정하는 것이 가능한지의 여부도 살펴보아야 한다.

이 사건에서 이 사건 기사부분만의 구조를 보면 이는 원고의 사상적 경향을 그가 제작한 프로그램 내용의 분석을 통하여 평가한 소위 '순수의견'으로 보이는 외관을 가지고 있음은 사실이나, 한편 이 사건 기사를 전체적으로 보면 전체 7면의 이 사건 기사 중 이 사건 기사부분은 1/3면 미만에 불과하고 분석의 전제사실인 이 사건 프로그램의 내용을 이 사건 기사에서 따로이 소개하고 있지도 아니한 점에서 이 사건 기사는 특정인의 정치사상을 분석 평가하고자 한 것이 아니라, 우리나라의 언론 특히 방송에 좌익세력이 대거 침투해 있으면서 방송을 통하여 대한민국의 정통성과 자유민주주의 가치를 훼손하고 국민들을 세뇌시키고 있다는 사실을 주장하면서 이를 고발하는 데 그 취지가 있고, 그 사실 주장에 대한 하나의 근거로서 원고가 제작한 프로그램 내용을 들어 원고도 주사파(주체사상신봉자)임이 분명하다고 지적한 것으로서, 기사 전체의 취지와 연관하여 보면 이 사건 기사부분은 그 진위를 가릴 수 있는 사실의 적시로 보는 것이 타당하다. 그리고 원심이 판시하고 있는 바와 같이 남북이 대치하고 있고 국가보안법이 시행되고 있는 우리나라의 현실에서 특정인이 주사파로 지목될 경우 그는 반사회세력으로 몰리고 그에 대한 사회적 명성과 평판이 크게 손상될 것이므로 이로 인하여 명예가 훼손된다고 보아야 한다.

나. 그런데 이 사건 기사부분이 비록 사실적시에 해당한다 하더라도 이는 특정인의 정치적 이념에 관한 사실적시이고, 그 특정인의 지위가 원고와 같이 공적인 존재인 경우에는 그의 정치적 이념이 국가사회에 미치는 영향이 지대하여 이에 대한 의혹이 있으면 널리 문제제기가 허용되고 공개토론을 받아야 할 필요가 있는 반면, 특정인의 정치적 이념은 위장가능성이 있는데다가 그 성질상 이를 정확히 증명해 낸다는 것은 극히 어려우므로, 이에 대한 의혹의 제기나 주장이 진실에 부합하는지 혹은 진실하다고 믿을 만한 상당한 이유가 있는지를 따짐에 있어서는 일반의 경우에 있어서와 같이 엄격하게 입증해 낼 것을 요구해서는 안 되고 그러한 의혹의 제기나 주장을 할 수도 있는 구체적 정황의 제시로 족하다고 해야 할 것이다.

또한, 이 사건 기사와 이 사건 프로그램에서 공방의 대상으로 된 좌와 우의 이념문제, 그 연장선상에서 자유민주주의 가치를 앞세운 이념이냐 민족을 앞세운 통일이냐의 문제는 국가의 운명과 이에 따른 국민 개개인의 존재양식을 결정하는 중차대한 쟁점이고 이 논쟁에는 필연적으로 평가적인 요소가 수반되는 특성이 있다. 그러므로 이 문제에 관한 표현의 자유는 넓게 보장되어야 하고 이에 관한 일방의 타방에 대한 공격이 타방의 기본입장을 왜곡시키는 것이 아닌 한 부분적인 오류나 다소의 과장이 있다 하더라도 이를 들어 섣불리 불법행위의 책임을 인정함으로써 이 문제에 관한 언로를 봉쇄하여서는 안 된다.

다. 이러한 점에 유의하여 이 사건 기사부분이 위법성이 조각될 수 있는지에 관하여 살펴보기로 한다.

(1) 피고들이 이 사건 기사부분의 근거로서 들고 있는 원고제작의 이 사건 프로

그램(1994.1.28. KBS 1TV에서 방영된 다큐멘터리극장 '인물발굴' 2. 대통령에 도전한다—최능진 수사국장)의 내용은, 해방, 정부수립, 6 · 25전쟁으로 이어지는 혼란한 시기에 친일경찰의 척결을 주장하다가 좌익척결을 위해서는 친일경찰이라도 이용해야 한다는 주장에 밀려 경찰수사국장에서 해임되고, 이념보다는 민족을 앞세우고 좌우합작을 모색하면서 이승만에 대항하는 정치노선을 걷다가 끝내 이적죄로 처형된 최능진의 사상과 생애를 재조명하면서, 그가 죄인이 아니라 올바른 역사의 행로를 걸으려고 애쓴 민족주의자라고 긍정적 평가를 내린 프로그램으로서, 그 전개과정에 이승만, 여운형 등의 역사적 인물에 대한 언급과 대구 10 · 1폭동의 확대원인에 관한 진단이 담겨져 있음을 알 수 있다. 그런데 그 내용에 의하면, ① 이승만을 사대주의자로 평가할 만한 내용은 없으나 그가 민족보다는 이념을 앞세우고 친일파를 등에 업고 남한단독정부를 수립하여 민족분단과 6 · 25를 초래했으며 정적을 결코 용납하지 않는 인물로 묘사하여 그에 대한 부정적인 평가를 내릴 내용이 포함되어 있고, 반면 여운형의 좌우합작과 민족통일우선노선은 이를 긍정적으로 평가하였으며, ② 최능진의 친일파 척결주장과 그 당위성을 부각시키는 과정에서 대구 10 · 1폭동이 좌익의 비합법폭력투쟁으로 발단된 것은 사실이나 그것이 확대된 것은 그때까지도 숙청되지 않고 남아 있던 친일경찰의 여전한 횡포에 분노한 민중들의 불만이 그 큰 원인으로 되었다고 진단한 부분이 있음을 알 수 있으나 제주 4 · 3폭동에 관하여는 아무런 언급이 없다. ③ 한편, 동학란에 대하여는 위 프로그램에서는 언급된 바 없고 원고가 제작하여 1994.4.경 방영한 '동학농민혁명 100주년 특집 4부작 다큐드라마'에서 다루어졌음이 변론과정에서 밝혀졌으나 그 프로그램의 내용은 원심에서 심리되지 않았다.

(2) 위에서 본 이 사건 프로그램의 내용과 이 사건 기사부분 중 이 사건 프로그램 내용의 분석부분을 대비해보면, 그중 부정확하거나(이승만의 '사대주의자' 부분) 사실과 다른 부분(제주 4 · 3폭동까지 끼워넣은 부분) 및 다소 과장된 부분(대구 10 · 1폭동을 인민항쟁으로 미화했다는 부분)이 있음은 사실이나, 이 사건 프로그램의 역사해석이 종래의 전통적인 입장에서 벗어나 그 방영 당시(1994.)로 보아 진보적인 시각에서 분석하고 있는 것은 사실이고, 보수우파의 입장에서 자유민주주의 가치의 절대적 수호를 이념으로 삼고 있는 사람들로서는 혹시나 그 가치가 훼손될 것을 염려하여 앞에서 본 이 사건 기사 전체의 취지와 같은 주장을 하는 것은 이념논쟁에 있어 언론의 자유 범위 내에 있다고 볼 것인 점에 비추어 보면, 위에서 본

정도의 허물을 들어 표현의 자유의 한계를 넘어서는 불법행위의 성립을 인정할 수는 없다 할 것이다. 그리고 동학란부분에 대하여는 원고가 이에 관한 프로그램을 제작 방영하였음이 드러났음에도 원심이 원고로 하여금 그 대본을 제출케 하는 등으로 내용을 심리하지 않은 데에는 심리미진의 잘못이 있다.

(3) 그러나 이 사건 기사부분 중 위 프로그램의 내용에 나타난 원고의 역사해석을 곧 주사파의 역사해석으로 단정하여 원고를 주사파로 지목한 부분은 지나친 논리의 비약이라 할 것이고, 앞에서 본 바와 같이 그 부분이 공적 존재의 정치적 이념에 관한 것으로서 진실성에 관한 입증의 부담을 완화하여야 한다는 입장에서 보더라도 이 부분 사실적시는 진실하거나 진실하다고 믿을 만한 상당한 이유가 있다고 보기 어려우며, '주사파'가 그 당시 우리나라의 현실에서 가지는 부정적이고 치명적인 의미에 비추어 이를 단순히 수사적인 과장으로서 허용되는 범위 내에 속한다고 보기는 어렵다.

라. 그렇다면 이 사건 기사부분 중 원고를 주사파로 지목한 부분만이 명예훼손에 의한 불법행위를 구성한다 할 것이므로, 이와는 달리 이 사건 기사부분 전부를 허위 사실적시에 의한 명예훼손의 불법행위가 성립하는 것으로 보고 그러한 허위 사실적시의 범위에 기하여 피고들이 배상하여야 할 위자료액수를 정하고 나아가 이 사건 기사부분 전부가 허위내용임을 밝히는 정정보도를 명하고 있으므로 원심판결은 그대로 유지될 수 없다. 상고이유의 주장은 그 범위 안에서 이유 있다(이에 따라 원심판결을 파기 환송함).

■ 쟁 점

이 판결에서는 명예훼손의 성립요건인 사실의 적시와 의견의 표명의 구별, 그리고 위법성조각사유로서의 진실성과 상당성이 문제되었다.

■ 검토할 사항

- □ 원심판결과 대법원 판결은 어떤 점에서 차이를 보이는가?
- □ 사실의 적시와 의견의 표명은 어떻게 구별되는가?
- □ 의견의 표명만으로는 불법행위가 성립할 수 없는가?
- □ 공적인 인물에 대한 명예훼손은 일반인에 대한 명예훼손과 어떤 점에서 차이가 있는가?

■ 관련사례

□ 외환위기(이른바 IMF 사태) 당시 외환위기의 책임자로 지목되던 사람들이 항공권을 구입하고 해외도피를 의논하고 있는 장면을 담은 시사풍자만화가 일간지에 게재된 적이 있다. 이 만화는 이 만화에 등장하는 인물들에 대한 명예훼손에 해당하는가? (대판 2000.7.28. 99다6203 참조)

□ 인터넷 종합정보제공자가 제공하는 사적 인터넷 게시공간('블로그', '미니 홈페이지', '인터넷 동아리', '카페' 등)에 타인의 명예를 훼손하는 표현물이 게시된 경우, 인터넷 종합정보제공자는 어떠한 요건하에서 피해자에 대해 불법행위책임을 부담하는가? [대판(전) 2009.4.16. 2008다53812 참조. 그 밖에 대판 2003.6.27. 2002다72194; 대판 2001.9.7. 2001다36801 등도 참조]

□ 어떠한 경우에 피의자의 실명을 보도하더라도 명예훼손에 해당하지 않을 수 있는가? 또 실명보도와 피의자의 성명권은 어떠한 관계에 있는가? (대판 2009.9.10. 2007다71 참조)

■ 기타 검토사항

□ 판례에 의해 명예훼손의 위법성 조각사유로 제시되는 공익성과 진실성/상당성은 어디에 근거를 두고 있는가? (형법 제310조 참조)

□ 미국의 명예훼손 관련 판례에서 인정되는 '현실적 악의(actual malice)'의 법리란 무엇이며, 우리 판례는 이와 유사한 법리를 인정하는가? (대판 1997.9.30. 97다24207; 대판 1998.5.8. 97다34563; 대판 2004.2.27. 2001다53387 등 참조)

■ 참고문헌

□ 김재형, 인격권에 관한 판례의 동향, 민사법학 제27호(2005.3.), 349 이하.

□ 전원렬, 명예훼손에 관한 각국의 이론, 한국언론과 명예훼손소송(2002), 159 이하.

□ 정상조, 명예훼손에 대한 포털의 책임, 법학 제51권 2-1호 (155호), 229 이하, 서울대 법학연구소

□ 이인호, 익명보도의 원칙과 명예훼손의 법리. 판례실무연구 [X] (2011), 323 이하.

2. 인신공격적 표현: 모욕

대판 2003.3.25. 2001다84480

| 사안 | 乙방송사(피고)는 1999.9.19. 21:00에 방송된 뉴스 시간에 약 3분에 걸쳐

법조인들에 관한 이야기를 보도하였는데, 뉴스진행자인 丙(피고)이 "이번에는 사람답게 사는 사람과 그렇지 못한 사람의 대비된 얘기를 들어보겠습니다. 주인공들은 모두 법조인들입니다. 먼저 ○○○ 기자가 아침이슬 같은 두 시골 판사의 이야기를 전하겠습니다."라고 설명하고 ○○○ 기자가 "시골로 간 판사"라는 제목하에 시법원 판사로 임용된 두 변호사들에 관하여 그 인터뷰 내용과 함께 매우 긍정적인 내용의 보도를 한 다음, "못 믿을 변호사"라는 제목으로 甲(원고)에 대한 보도를 시작하였는데, 먼저 진행자인 丙이 "이런 순백의 법조인이 있는가 하면 곧 이어질 어느 변호사의 얘기는 한심하다 못해 분통이 터집니다. 돈을 주고 소송을 의뢰한 사람을 오히려 불리하게 만든 변호사가 있습니다."라고 설명한 뒤, 취재기자인 丁이 "증거 일부가 누락된 채 법원에 제출되거나 바꿔어 제출되고, 의뢰인에게 필요한 일부 증거는 제출되지 아니하고, 의뢰인에게 불필요하거나 불이익이 되는 증거는 제출되었으며 … 어느 변호사가 자기 의뢰인에게 써준 진술서입니다. 서울 청계천 세운상가 지하에 자그마한 점포 16개를 갖고 있는 △△△씨, △씨는 지난 93년 도로점용료 2억 원을 내라는 구청의 통보를 받았습니다. △씨는 30년 전 서울시장 김현옥씨가 도로점용료를 면제해 주기로 한 서류를 갖고 있어 자신있게 소송을 냈습니다. 그러나 재판은 갈수록 불리하게만 진행됐습니다. 알고 보니 변호사에게 맡긴 81년 판례 기사도, 서울시장의 공문서도 재판기록에 없었습니다."라고 설명하고, 이어서 변호사가 복사과정에서 증거서류를 빠뜨려서 미안하다고 하여 어떻게 무책임하게 가장 중요한 소송서류를 빠뜨릴 수 있느냐며 힐난하였다는 피해자 △△△의 인터뷰 내용을 방영한 뒤, 이에 대비하여 "왜 증거제출 전에 확인 안 했냐는 부분에 대해서는 잘못을 인정한다."는 甲의 인터뷰 내용을 방송하고 나서, 丁이 "변호사에 의한 피해는 이들 한두 명의 문제가 아닙니다. 최근 실시된 설문조사에서는 변호사에 대한 국민들의 불신이 극에 달하고 있습니다. 법률소비자연맹이 500명의 시민들을 상대로 한 설문조사에서 열에 아홉은 변호사의 법률서비스가 불만스럽다고 대답했습니다. 이 같은 불만 속에도 변호사협회나 국회는 마치 내 일이 아니라는 듯 국민들의 요구를 외면하고 있습니다."라고 말하고 사법개혁이 법조계의 집단이기주의 등으로 인하여 이루어지지 못하고 있다는 내용의 국회의원 □□□의 인터뷰 내용을 삽입한 뒤, 丁이 "법조계의 집단이기주의, 그 피해는 결국 누구에게 돌아가는지 국민들은 분명히 알고 있습니다."라고 말하는 것으로 보도를 마쳤다(이하 '이 사건 방송'이라 한다).

이에 甲은 乙 방송사를 상대로 정정보도를 청구함과 아울러 명예훼손 등에 의한 불법행위를 이유로 하여 乙 방송사와 丙 및 丁을 상대로 손해배상을 청구하였다.

| 원심의 판단 | 원심은 위 인정 사실을 토대로, 방송의 보도기사로 특정인의 명예가 훼손되었는지 여부는 기사의 객관적인 내용과 아울러 일반 시청자가 보도를 접하는 통상의 방법을 전제로 기사의 전체적인 흐름, 사용된 어휘의 통상적인 의미, 어구의 연결방법 등을 종합적으로 고려하여 그 기사가 시청자에게 주는 전체적인 인상도 그 판단 기준으로 삼아야 한다고 전제한 다음, 이 사건 방송의 전체적인 취지는 변호사인 원고가 통상의 주의의무를 현저히 결한 고의에 가까운 불성실한 소송수행으로 의뢰인에게 불이익한 판결이 선고되도록 하는 배신적인 행위를 하였다는 사실을 적시하면서 그 예시로서 중요한 증거를 누락하거나 제출하지 아니하고 오히려 불필요하거나 불이익한 증거를 제출한 것을 든 것으로서, 이 사건 방송은 이러한 사실을 적시함으로써 공공성을 지닌 법률전문가로서 의뢰인을 위하여 성실히 직무를 수행하여야 하는 변호사인 원고가 사회로부터 받는 객관적인 평가를 침해한 것으로 인정된다고 판단하였다.

나아가 원심은 피고들의 위법성조각항변에 대하여, 이 사건 방송의 내용이 공공의 이해에 관련된 것이고 그 목적이 공익을 위한 것이어서 그 공공성은 인정되지만, 그 내용의 진실성에 있어서는 ① 갑 제11호증의 1 중 3쪽이 누락된 채 증거로 제출되기는 하였지만 그보다 중요한 의미가 있는 갑 제11호증의 3이 함께 제출됨으로써 갑 제11호증의 1 중 3쪽의 누락이 판결 결과에 영향을 미쳤다고 보기 어렵고, ② 더구나 △△△이 제출을 원하는 서류나 제출과정에서 오류가 있었던 서류는 그 후 상고심이나 파기환송 후에 모두 보완 제출되어 환송 후의 서울고등법원 판결에는 반영되었으며, ③ 원고를 소송대리인에서 해임한 뒤에 선고받은 환송 후의 판결에서의 승소금액이 환송 전의 판결에 비하여 줄어들어 오히려 불리한 판결을 선고받은 사정 등을 들어, 결국 원고의 불성실한 소송수행으로 의뢰인에게 불리한 판결이 선고되도록 하였다는 사실은 진실이 아니라고 판단하고, 이어서 그 판시와 같은 이유로 피고들이 위와 같은 사실을 진실이라고 믿었음에 상당한 이유도 없다고 판단하여 피고들의 위법성조각항변을 배척한 뒤, 결국 피고들은 원고에게 명예훼손에 의한 불법행위의 성립에 따른 손해배상으로서 위자료를 지급하고 정정보도문을 방송할 의무가 있다고 판단하였다.

| 판지 | 기록에 비추어 살펴보면, ① 원고가 갑 제11호증의 1을 증거로 제출하면서 갑 제11호증의 2, 갑 제11호증의 3을 함께 제출하기는 하였지만, 갑 제11호증의 1은 내부결재문서로서 그 중 제출이 누락된 3쪽에는 점용료면제보장을 건의하는 내용이 기재되어 있고 이 문서는 서울특별시장의 결재를 받았음을 알 수 있어 △△△에게는 아주 중요한 부분이고, 과연 위 누락 부분이 보완제출된 후에 선고된 상고심판결은 그 판결 이유에서 갑 제11호증의 1 중 3쪽의 내용을 구체적으로 원용하여 환송 전 서울고등법원의 판결을 파기한 사실에 비추어 보면, 갑 제11호증의 2 또는 3의 증거가치가 갑 제11호증의 1보다 더 크다고 단정할 수 없을 뿐만 아니라, 환송 전 서울고등법원에서 갑 제11호증의 2 또는 3에 더하여 갑 제11호증의 1 중 3쪽 부분이 추가 제출되었더라면 △△△에게 더욱 유리한 심증형성에 도움이 될 수 있었을 것이고, ② 비록 갑 제11호증의 1 중 누락된 3쪽 부분이 사후에 상고심에서 제출되어 환송 전 서울고등법원의 판결이 파기됨으로써 결과적으로 판결 결과에 반영되기는 하였지만, △△△이 환송 전 원심에서 그 부분을 패소한 탓으로 하지 않았어도 될 상고를 하도록 하였다는 점에서 의뢰인을 불리하게 만들었다는 보도 내용이 진실에 반한다고 할 수도 없으며, ③ △△△이 원고를 소송대리인에서 해임한 뒤에 본인소송을 하여 선고받은 환송 후 서울고등법원의 판결에서 승소금액이 오히려 줄어들기는 하였지만 이는 상고심에서 환송 전 서울고등법원의 판결 중 돌출 부분과 관계가 없는 지하통행로 부분의 점용 여부에 관한 부분을 파기한 탓이므로, 이로써 원고의 소송수행 잘못으로 △△△이 불리하게 되었다는 이 사건 방송 내용이 진실이 아니라고 볼 만한 자료가 되지 못한다 할 것이다.

그렇다면 이 사건 방송에서 변호사인 원고의 소송수행 잘못으로 의뢰인에게 불리한 판결이 선고되도록 하였다는 기본적 사실의 보도는 진실이 아니라고 단정할 수 없다 할 것이므로, 그에 해당하는 보도 내용이 원고에 대한 허위사실을 적시한 것임을 전제로 하여 위 방송이 명예훼손에 의한 불법행위에 해당한다고 인정한 원심의 판단에는 채증법칙에 위배하여 사실을 오인하거나 언론보도에 의한 명예훼손의 위법성조각사유에 관한 법리를 오해한 잘못이 있다 할 것이고, 따라서 이 점을 주장하는 피고들의 상고이유에서의 주장은 정당하다.

다만, 이 사건 방송에서 위와 같은 기본적 사실에 기초하여 원고를 소위 '순백의 법조인'과 대비하여 '사람답게 살지 못한 사람'이라거나 '한심하다 못해 분통이 터진다.'는 등의 표현을 사용하여 의견을 표명한 것은, 그 적시된 사실에 비추어 보거나 원심 판시 인정 사실에 나타난 위 사건 재판의 전과정이나 원고의 소송수행 내용 전반에 비추어 살펴볼 때 원고의 잘못의 정도와 판결에 대한 영향을 지나치게 확대, 과장하여 평가한 결과에 따른 표현으로서 그러한 의견표명은 모멸적인 표현에 의한 인신공격에 해당하여 의견표명으로서의 한계를 일탈한 불법행위가 될 수 있을 것으로 보이므로 원심으로서는 그 범위 내에서 피고들의 책임을 인정하고 이에 상응하는 책임을 묻는 것은 별론으로 한다(이에 따라 원심판결을 파기 환송함).

■ 쟁 점

이 판결은 명예훼손의 위법성조각사유(공익성 및 진실성/상당성)가 인정되는 경우에도 사실의 적시와 함께 이루어진 의견의 표명이 인신공격적인 표현(모욕)에 해당하는 경우에는 불법행위가 성립할 수 있음을 밝히고 있다.

■ 검토할 사항

- □ 의견표명의 경우에는 언제나 명예훼손은 성립할 수 없는가? (대판 1999.2.9. 98다31356; 대판 2001.1.19. 2000다10208; 대판 2002.1.22. 2000다37524,37531 등 참조)
- □ 인신공격적 표현이 명예훼손과는 별개로 불법행위를 구성하는 근거는 무엇인가?

■ 관련사례

- □ 구의회 의장을 비롯한 구의원들이 의사당 내에서 도박성 내기 바둑 및 장기를 둔 사실을 보도하면서 '막가파 구의회', '막가파 구의원', '동네 반장보다 못한 놈' 등의 표현을 사용한 경우, 당해 언론사 및 기사작성자에게는 어떤 책임이 인정되는가? (대판 2001.7.27. 2001다28626 참조)

■ 기타 검토사항

- □ 인신공격적인 표현을 사용하지 않은 의견표명의 경우에는 이로 인해 상대방의 사회적 평가가 저하되더라도 불법행위가 성립할 수 없는가?
- □ 기사의 보도형식이 사실적시와 의견표명의 구별에 영향을 미칠 수 있는가?
- □ 사실의 적시 내용이 상대방에 대한 사회적 평가를 저하시킬 가능성이 없어서 명예훼손이 성립하지 않더라도, 그것이 상대방의 신상에 관하여 다소간의 과장을 넘어서서 고의적으로 사실을 왜곡하는 공표행위에 해당하는 경우에는 —인신공격적 표현의 경우와 마찬가지로— 불법행위의 성립이 인정될 수 있는가? (대판 2009.4.9. 2005다65494 참조)

■ 참고문헌

- ㅁ 김시철, 명예훼손 · 모욕 · 사실왜곡에 의한 인격권 침해의 성립요건 및 공통점과 차이점, 대법원판례해설 79호(2009 상반기), 214 이하.
- ㅁ 민성철, 의견면책의 한계, 인신공격적인 의견 표명에 의한 불법행위 책임의 성부, 언론중재 24권 3호(2004.9.), 48 이하; 24권 4호(2004.12.), 46 이하.

3. 초상권 침해

대판 2006.10.13. 2004다16280

| 사안 | 甲(원고)이 자신의 남편과 아들(원고)(이하 甲 등이라고 함)을 태우고 고속도로상에서 승용차를 운전하던 중 가해차량의 추돌사고에 의해 甲 등은 경추부 및 요추부에 각기 염좌상을 입었다(그 밖에 甲의 차량도 손괴되어 수리비로 100여 만원 정도가 소요되었다). 가해차량의 보험자인 乙(피고)은 甲 등에게 합의금으로 200만원을 제시하였으나 甲 등이 이에 불응 乙을 상대로 소송(이하 제1차 소송이라 함)을 제기하였다. 이 소송의 제1심에서의 신체감정 결과에 따른 甲 등의 후유장해정도가 과다하다고 판단한 乙의 직원인 丙(피고)과 丁(피고)은 이에 관한 증거자료를 수집할 목적으로 7일 간에 걸쳐 甲 등을 미행하면서 사진 54장을 몰래 촬영하였다(모두 다 공개적인 장소에서 甲 등의 신체활동에 문제가 없음을 입증하기 위해 촬영한 것임). 乙의 소송대리인은 준비서면과 함께 이 사진들을 증거로 제출하면서 甲 등에게는 후유장해가 없다고 주장하고 甲 등에 대한 신체재감정을 신청하였다. 재감정 결과 제1차 신체감정 결과와 동일한 부위의 후유장해가 인정되었으나, 장해율과 기간에 있어서는 제1차 감정결과와 조금 상이한 감정결과가 제출되었다. 그 이후 제1심의 화해권고결정에 따라 乙이 甲 등에게 금 4,600만원을 지급하기로 하는 화해가 이루어져 제1차 소송이 종결되었다.

그 뒤 甲 등은 자신들의 초상권 및 사생활의 평온을 누릴 행복추구권 등의 침해를 이유로 乙과 丙, 丁을 상대로 손해배상을 청구하는 이 사건 소송을 제기하였다.

| 원심 | 원심은 우선 이 사건에서 피고들이 원고들을 몰래 지켜보거나 차량으로 뒤따라가 촬영한 행위는 원고들이 보장받아야 할 초상권 및 사생활의 비밀을 침해한 행위에 해당한다고 판단하였다. 그러나 다음과 같은 이유에서 피고들의 행위에는 위법성이 조각된다고 판시하면서 원고들의 청구를 기각하였다:

소송이 진행 중인 상황에서 원고들이—특히 상대당사자인 피고 측이 주시 중인 사실을 의식하지 못한 상태에서—신체의 장해부위를 움직이는 모습은 그 자체 손해배상소송의 증거로서 상당한 가치를 가지는 것이어서 이는 피고들에게 정당한 관심사가 된다고 할 것이고, 또한 피고들이 원고들의 신체움직임을 지켜보고 오로지 법원에 증거로 제출할 목적으로 이를 촬영하는 것은 공정한 재판을 받기 위한 증거수집행위의 일환에 해당한다고 할 것이며, 거기에다가 원고들이 주시·촬영당한 장소는 원고들과 개인적 관계가 없는 부근의 일반인도 누구나 볼 수 있는 공개된 장소에 해당하여 사생활 보호의 핵심적인 영역이 아니라 그 보호의 필요성이 비교적 낮은 영역인 점, 피고들이 원고들을 몇 차례 차량으로 뒤따라가 촬영한 바는 있으나 이는 오로지 피고들의 신체 움직임을 포착·촬영하기 위한 목적에서일 뿐 다른 사적 생활관계를 탐지하기 위한 것은 아닌 점, 이러한 방법 이외에는 원고들의 원감정 결과를 탄핵할 객관적인 증거자료를 취득할 방법이 뚜렷이 없으며, 실제로 피고가 그 사진을 증거로 제출하여 신체재감정이 채택되었고, 재감정 결과 원고 1의 후유장해에 대한 교통사고의 기여도 및 노동능력상실률이 원감정보다 다소 낮아지기도 하였던 점 등을 종합하여 보면, 피고들의 이 사건 행위는 민사재판의 증거수집 및 그 제출을 위하여 필요하고도 부득이한 것이었다고 하겠으므로, 이로 인하여 원고들이 초상권 및 사생활의 비밀을 침해당하는 결과를 초래하였다고 하더라도, 이러한 결과는 그 행위 목적의 정당성, 수단·방법의 보충성과 상당성 등을 참작할 때 공정한 민사재판권의 실현이라는 우월한 이익을 위하여 원고들이 수인하여야 하는 범위 내에 속한다 할 것이므로, 피고들의 행위는 그 위법성을 인정할 수 없다.

| 판지 | (1) 사람은 누구나 자신의 얼굴 기타 사회통념상 특정인임을 식별할 수 있는 신체적 특징에 관하여 함부로 촬영 또는 그림묘사되거나 공표되지 아니하며 영리적으로 이용당하지 않을 권리를 가지는데, 이러한 초상권은 우리 헌법 제10조 제1문에 의하여 헌법적으로도 보장되고 있는 권리이다. 또한, 헌법 제10조는 헌법 제17조와 함께 사생활의 비밀과 자유를 보장하는데, 이에 따라 개인은 사생활 활동이 타인으로부터 침해되거나 사생활이 함부로 공개되지 아니할 소극적인 권리는 물론, 오늘날 고도로 정보화된 현대사회에서 자신에 대한 정보를 자율적으로 통제할 수 있는 적극적인 권리도 가진다(대법원 1998.7.24. 선고 96다42789 판결 참조). 그러므로 초상권 및 사생활의 비밀과 자유에 대한 부당한 침해는 불법행위

를 구성하는데, 위 침해는 그것이 공개된 장소에서 이루어졌다거나 민사소송의 증거를 수집할 목적으로 이루어졌다는 사유만으로는 정당화되지 아니한다.

(2) 초상권이나 사생활의 비밀과 자유를 침해하는 행위를 둘러싸고 서로 다른 두 방향의 이익이 충돌하는 경우에는 구체적 사안에서의 사정을 종합적으로 고려한 이익형량을 통하여 위 침해행위의 최종적인 위법성이 가려진다. 이러한 이익형량과정에서, 첫째 침해행위의 영역에 속하는 고려요소로는 침해행위로 달성하려는 이익(이하 '침해법익'이라 한다)의 내용 및 그 중대성, 침해행위의 필요성과 효과성, 침해행위의 보충성과 긴급성, 침해방법의 상당성 등이 있고, 둘째 피해이익의 영역에 속하는 고려요소로는 피해법익의 내용과 중대성 및 침해행위로 인하여 피해자가 입는 피해의 정도, 피해이익의 보호가치 등이 있다. 그리고 일단 권리의 보호영역을 침범함으로써 불법행위를 구성한다고 평가된 행위가 위법하지 않다는 점은 이를 주장하는 사람이 증명하여야 한다.

(3) 이러한 법리에 비추어 이 사건에 관하여 판단하건대, 피고들의 침해법익의 하나인 보험가입자들의 공동이익이나, 소송에서의 진실발견이라는 이익도 구체적인 사실에 관하여서 허위주장을 하지 않는 경우에까지 이러한 이익들이 원고들의 인격적 이익보다 더 우월하다고 단정할 수 없고(양 법익 내용의 비교), 원고들의 피해영역 또한 일반적으로 공개가 허용되는 가장 바깥 테두리의 영역이라고만은 할 수 없는 그 중간의 영역에 속한다고 볼 수 있으며(피해법익의 중대성), 촬영한 사진의 내용 역시 타인에게 굳이 공개하고 싶지 않은 것으로 보여지고, 사진촬영과정에서 미행·감시당함으로써 자신들의 일상생활이 타인에게 노출되는 것은 결코 피해정도가 작다고 할 수 없다(피해 정도). 뿐더러, 위 손해배상소송에서 피고들이 촬영한 위 사진이 법원에 제출된 다음 원고 1에 대하여 실시된 재감정 결과에 의하더라도 기왕증 고려 전의 후유장해는 요추부 24%, 경추부 23%로서 피고들이 잘못 감정되었다고 주장하는 1차 감정 결과와 대체적으로 일치하고 있고, 다만 요추부에 대한 기왕증의 고려 여부 및 장해기간에 다소차이가 있을 뿐인데, 이러한 차이는 사진촬영으로 밝힐 수 있는 성질의 것이 아니어서 사진촬영을 할 필요성이나 효과성은 인정하기 어렵고, 한편 원고들이 주장하는 장해 정도가 허위라거나 과장이라고 합리적으로 의심할 상당한 이유가 있다고 보기 어려워 피해이익의 보호가치는 인정된다(침해행위의 필요성과 효과성, 피해이익의 보호가치). 더 나아가 소송당사자는 먼저 자신의 법테두리 안에서 증거를 수집하여야 함은 물론, 이를

넘어서는 증거수집은 법적인 절차에 따라 하여야 하며 스스로 타인의 법영역을 무단으로 침범하여 증거를 수집하는 것은 허용되지 아니하는 바, 감정결과에 불복이 있을 경우 그 감정과정이나 장해 정도의 평가에 의학적, 논리적, 경험칙상 발견되는 객관적인 잘못이나 의문점을 지적하는 등의 방법으로 소송절차 내에서 문제를 해결하지 아니하고 무단히 타인의 법영역을 침범하는 것은 보충성에 반할 뿐만 아니라, 위 사진촬영에 특별히 긴급한 사정이 있었다고도 보이지 아니하며(침해행위의 보충성, 긴급성), 또한 피고측에서 8일이라는 상당기간에 걸쳐 미행을 하거나 차량으로 추적을 하여 몰래 숨어서 촬영함으로써 피고들이 원치 않는 사생활의 일면까지 침해함으로써 그 침해방법 역시 합리적이라고도 보여지지 아니한다(침해방법의 상당성). 이러한 여러 가지 사정을 종합하여 보면, 피고측이 원고들에 대하여 저지른 침해행위는 위법성이 조각된다고 보여지지 아니한다(이에 따라 원심판결을 파기 환송함).

■ 쟁 점

이 판결은 대법원판결의 차원에서는 최초로 초상권을 인정하였을 뿐 아니라, 초상권 침해행위의 위법성 판단시에 고려해야 할 다양한 이익들을 제시하면서 이른바 이익형량을 통해 이 문제를 판단하고 있다.

■ 검토할 사항

- 초상권의 인정근거로는 위 판결이 제시하는 헌법규정 이외에 다른 실정법상의 근거는 존재하지 않는가?
- 초상권 침해행위의 위법성 판단에 있어서는 이익형량이 요구되는 이유는 무엇인가? 그리고 그 행위가 위법하지 않다는 입증책임을 피고(가해자)가 부담하는 이유 역시 무엇인가?
- 원심 판결과 대법원 판결이 이른바 이익형량을 하면서도 결과에 있어서는 반대의 결론을 도출한 이유는 무엇인가?
- 甲 등의 신체에 대한 제1차 감정결과와 재감정결과에 큰 차이가 없다는 점이 丙·丁의 촬영행위의 위법성을 판단함에 있어 중요한 의미를 가지는가?

■ 관련사례

- 제3자가 공갈목적을 숨기고 피고인의 동의하에 나체사진을 찍은 경우, 이 사진은 피고인에 대한 간통죄형사재판에 있어 위법수집증거로서 증거능력이 배제되는가? (대판 1997.9.30. 97도1230 참조)

■ 기타 검토사항

□ 유명인의 초상이나 성명 등 이른바 고객흡인력이 있는 인격적 표지를 영리적으로 사용할 수 있는 권리는 최근 퍼블리시티권(Right of Publicity)라고 불리고 있다(서울지결 1995.6.23. 94카합9230; 서울고판 2005.6.22. 2005나9168; 서울중앙지결 2009.11.23. 2009카합2880 등 참조). 이 권리와 전통적인 초상권 및 성명권은 구별될 필요가 있는가? 구별된다면 어떤 점에서 차이가 있는가?

■ 참고문헌

□ 권영준, 초상권 및 사생활의 비밀과 자유, 그리고 이익형량을 통한 위법성판단, 민사판례연구 제31집(2009), 519 이하.
□ 엄동섭, 초상권보호의 한계, 민사법학 제38호(2007.9.), 175 이하.
□ 엄동섭, 한국에서의 퍼블리시티권 논의, 민사법학 제57호(2011.12.), 109 이하.

4. 인격권에 기한 금지청구권

대결 2005.1.17. 2003마1477

| 사안 | 乙(피고, 종교잡지사의 발행인 겸 편집인)은 甲 교회(원고)를 비판하는 내용의 출판물을 발행하여 배포·판매하였다. 이에 甲은 乙과 丙(피고, 위 출판물의 제본업자)을 상대로 하여 명예훼손을 이유로 서적발행판매반포 등 금지가처분을 법원에 신청하였다.

| 판지 | 명예는 생명, 신체와 함께 매우 중대한 보호법익이고 인격권으로서의 명예권은 물권의 경우와 마찬가지로 배타성을 가지는 권리라고 할 것이므로 사람의 품성, 덕행, 명성, 신용 등의 인격적 가치에 관하여 사회로부터 받는 객관적인 평가인 명예를 위법하게 침해당한 자는 손해배상(민법 제751조) 또는 명예회복을 위한 처분(민법 제764조)을 구할 수 있는 이외에 인격권으로서 명예권에 기초하여 가해자에 대하여 현재 이루어지고 있는 침해행위를 배제하거나 장래에 생길 침해를 예방하기 위하여 침해행위의 금지를 구할 수도 있다. 그러나 언론·출판 등의 표현행위에 의하여 명예의 침해를 초래하는 경우에는 인격권으로서의 개인의 명예 보호와 표현의 자유가 충돌하고 그 조정이 필요하므로 어떠한 경우에 인격권의 침해행위로서 이를 규제할 수 있는지에 관하여는 헌법상 신중한 고려가 필요하다(대법원 2004.2.27. 선고 2001다53387 판결 참조).

따라서 표현행위에 대한 사전억제는 표현의 자유를 보장하고 검열을 금지하는 헌법 제21조 제2항의 취지에 비추어 엄격하고 명확한 요건을 갖춘 경우에만 허용된다고 할 것인바, 출판물에 대한 발행·판매 등의 금지는 위와 같은 표현행위에 대한 사전억제에 해당하고, 그 대상이 종교단체에 관한 평가나 비판 등의 표현행위에 관한 것이라고 하더라도 그 표현행위에 대한 사전금지는 원칙적으로 허용되어서는 안 될 것이지만, 다만 그와 같은 경우에도 그 표현내용이 진실이 아니거나, 그것이 공공의 이해에 관한 사항으로서 그 목적이 오로지 공공의 이익을 위한 것이 아니며, 또한 피해자에게 중대하고 현저하게 회복하기 어려운 손해를 입힐 우려가 있는 경우에는 그와 같은 표현행위는 그 가치가 피해자의 명예에 우월하지 아니하는 것이 명백하고, 또 그에 대한 유효적절한 구제수단으로서 금지의 필요성도 인정되므로 이러한 실체적인 요건을 갖춘 때에 한하여 예외적으로 사전금지가 허용된다고 할 것이다.

원심은, 채무자 1(乙)이 이 사건 서적에서 채권자에 관하여 그 판시와 같은 비판행위를 한 사실과 채무자 2(丙)가 이 사건 서적을 제본한 사실을 인정한 다음, 채무자 1의 채권자에 대한 비판행위는 종교적 비판의 표현행위에 해당하여 위법성이 없고, 채무자 2의 제본행위도 위법성이 없으므로 피보전권리에 대한 소명이 없고, 표현의 자유에 대한 사전적 제한은 예외적으로 허용되어야 하므로 보전의 필요성도 인정하기 어렵다는 이유로 채권자(甲)의 신청을 기각한 제1심결정을 유지하였는바, 기록에 비추어 살펴보면, 원심은 그 이유 설시에 있어서 다소 미흡하거나 적절하지 아니하지만, 그 판시는 출판물의 발행 등 금지를 구하는 가처분의 실체적 요건 중에서 채무자 1이 이 사건 서적을 통하여 채권자를 비판한 그 판시와 같은 표현내용이 진실이 아니거나, 그것이 오로지 공공의 이익에 관한 것이 아니라는 소명이 부족하다는 취지로 볼 수도 있으므로, 앞서 본 법리에 비추어 그 결론에 있어서 정당한 것으로 수긍할 수 있고, 거기에 재항고이유로 주장하는 바와 같은 출판물의 발행·판매 등 금지가처분에 있어서의 피보전권리와 보전의 필요성에 관한 법리오해 등의 위법이 없다(이에 따라 甲의 재항고를 기각함).

■ 쟁 점

이 판결에서는 인격권에 기한 금지청구권, 나아가 이 권리와 헌법상 표현의 자유에 대한 사전억제금지원칙과의 관계 등이 문제되었다.

■ 검토할 사항

□ 인격권침해의 경우에 손해배상 이외에 금지청구권이 인정되는 근거는 무엇인가?

□ 인격권침해 이외의 일반불법행위의 경우에도 금지청구권이 인정될 수 있는가?

□ 가해자가 법원의 금지명령에 위반하여 명예훼손행위를 계속할 경우에 대비하여 피해자는 금지명령과 함께 어떠한 조치를 법원에 신청할 수 있는가? (민법 제389조 3항, 민사집행법 제261조, 대판 1996.4.12. 93다40614 등 참조)

■ 관련사례

□ 甲 회사가 인터넷 사이트를 이용한 광고시스템 프로그램을 인터넷 사용자들에게 제공하여 이를 설치한 인터넷 사용자들이 乙 회사가 운영하는 인터넷 포털사이트에 방문하면 그 화면에 乙 회사가 제공하는 광고 대신 甲 회사의 광고가 대체 혹은 삽입된 형태로 나타나게 한 경우, 乙 회사는 甲 회사를 상대로 어떠한 청구를 할 수 있는가? (대결 2010.8.25. 2008마1541 참조)

□ 死者의 인격권을 침해하는 내용의 서적/영화가 출판/방영되는 경우 유가족은 이에 대한 금지를 청구할 수 있는가? [서울지판 1995.6.23. 94카합9230: 서적, '무궁화 꽃이 피었습니다', '소설 이휘소' 사건; 서울중앙지판 2006.8.10. 2005가합16572: 영화, '그 때 그 사람' 사건 등 참조; 그 밖에 대판(전) 2008.11.20. 2007다27670에서의 대법관 안대희/대법관 양창수의 반대의견도 참조]

■ 기타 검토사항

□ 민법 제764조의 '명예회복에 적당한 처분'이란 어떠한 것을 말하는가? 그리고 이 처분과 금지명령은 어떠한 관계에 있는가?

■ 참고문헌

□ 엄동섭, 불법행위법의 개정, 민사법학 제60호(2012.9.), 97 이하.

□ 이균용, 인격권으로서의 명예권에 기초한 침해행위금지청구권의 법적 근거와 언론 · 출판 등의 표현행위에 대한 가처분에 의한 사전금지의 허용 요건, 대법원판례해설 2005년 상반기(통권 제54호)(2006.1.), 341 이하.

II. 환경 침해

1. 공 해

(1) 인과관계의 증명책임

대판 2004.11.26. 2003다2123

| 사안 | 甲 등(원고)은 광양만 일대에서 재첩 양식장을 운영하여 왔는데, 1988년 乙 등(피고)이 운영하는 공장들이 위치한 여천공단에서 재첩의 생육에 악영향을 줄 수 있는 페놀 등의 폐수가 배출되었고, 그 폐수 중 일부가 이 사건 양식장에 도달하여 그 폐수로 인하여 광양만의 수질이 재첩의 양식에 부적당할 정도로 오염되었고 재첩은 폐사하였다. 그리하여 甲 등이 乙 등에 대하여 손해배상을 청구하였다.

| 판지 | (1) 공해로 인한 손해배상청구소송에 있어서는 가해행위와 손해발생 사이의 인과관계의 고리를 모두 자연과학적으로 증명하는 것은 곤란 내지 불가능한 경우가 대부분이고, 가해기업은 기술적 · 경제적으로 피해자보다 원인조사가 용이할 뿐 아니라 자신이 배출하는 물질이 유해하지 않다는 것을 입증할 사회적 의무를 부담한다고 할 것이므로, 가해기업이 배출한 어떤 물질이 피해 물건에 도달하여 손해가 발생하였다면 가해자측에서 그 무해함을 입증하지 못하는 한 책임을 면할 수 없다고 봄이 사회 형평의 관념에 적합하다.

따라서 수질오염으로 인한 공해소송인 이 사건에서 (1) 피고들 공장이 위치한 여천공단에서 재첩 양식에 악영향을 줄 수 있는 폐수가 배출되고, (2) 그 폐수 중 일부가 물의 흐름에 따라 이 사건 재첩 양식장에 도달하였으며, (3) 그 후 재첩에 피해가 있었다는 사실이 각 모순 없이 증명되면 여천공단 공장들의 폐수배출과 재첩 양식이 폐사함으로 발생한 손해 사이의 인과관계가 일응 증명되었다고 할 것이므로, 피고들이 반증으로 (1) 피고들이 배출하는 폐수 중에는 재첩의 생육에 악영향을 끼칠 수 있는 원인물질이 들어 있지 않으며, (2) 원인물질이 들어 있다 하더라도 안전농도 범위 내에 속한다는 사실을 입증하거나, 간접반증으로 원고들의 재첩 양식장의 피해는 피고 공장들이 배출한 폐수가 아닌 다른 원인이 전적으로 작용하여 발생한 것임을 입증하지 못하는 이상 피고들은 그 책임을 면할 수 없다고 할 것이다.

(2) 이 사건 재첩 양식장 등 광양만 일대의 재첩 양식장에 피해가 발생한 1988. 경 피고들 공장이 위치한 여천공단의 폐수로 인하여 광양만의 수질이 재첩의 양식에 부적당할 정도로 오염되었으며, 오염된 광양만의 해수가 배수갑문을 통하여 이 사건 재첩 양식장이 위치한 대포조류지 내로 유입된 사실, 그리고 육상에서 대포조류지로 유입되는 하천으로 인한 오염원인 하천유역의 인구나 가축의 수가 종전과 비교하여 변화가 없는 사실을 인정할 수 있으므로 이 사건 재첩 양식장의 피해는 피고들 공장에서 배출되는 폐수로 오염된 광양만의 해수가 대포조류지로 유입되어 발생하였다는 상당한 개연성이 있다고 할 것이어서 피고들 공장의 폐수 배출과 이 사건 재첩 양식의 피해와의 인과관계는 일응 증명되었다고 할 것이다.

따라서 피고들이 반증으로 자신들이 배출한 폐수 중에 이 사건 재첩 양식장의 피해를 발생시킨 원인물질이 들어 있지 않거나 원인물질이 들어 있다고 하더라도 재첩 양식에 피해를 일으킬 정도의 농도가 아니라는 사실을 입증하거나, 또는 이 사건 재첩 양식장의 피해는 전적으로 다른 원인에 의한 것임을 입증하지 못하는 한 그 책임을 면할 수 없다고 할 것이다.

■ 쟁 점

이 판결은 공해소송에서의 증명책임이 문제된 것이다.

■ 검토할 사항

□ 공해소송에서 소위 "일응의 증명"이라는 논리가 있는데 이러한 논리는 타당한가?

□ "일응의 증명"이 되었다고 판단된다면 이 책임에서 벗어나기 위한 방법은 무엇인가?

■ 관련사례

□ 갑 지방자치단체는 바다에 김 양식시설을 하여 김 양식을 하여 왔다. 그런데 김에 병해가 발생하여 큰 피해를 보게 되었다. 한편 을 회사는 비료를 제조하여 판매하는 회사인데 비료를 제조하고 남은 폐수를 바다에 배출하여 왔다. 갑은 위 폐수가 조류를 타고 김 양식장에 도달하고 그것이 김의 광합성을 저해하여 피해를 입혔다는 이유로 을을 상대로 불법행위에 의한 손해배상을 청구하였다. 이 청구는 타당한가? (대판 1984.6.12. 81다558)

- □ 갑은 농어를 양식하고 있는데 을이 자동차주행시험장을 건설하면서 건설현장에서 폐수와 오수를 공유수면에 배출하여 이 농어양식장에 도달하여 농어들이 폐사하였다. 갑은 을을 상대로 하여 양식 농어의 집단폐사의 책임을 묻는 소송을 제기하였다. 이 청구는 타당한가? (대판 1997.6.27. 95다2692)

■ 기타 검토사항

- □ 공해소송에서 판단하는 인과관계는 다른 종류의 불법행위소송에서 말하는 것과는 다른 의미인가?
- □ 이러한 공해소송에서 가해자와 피해자가 손해배상에 합의를 하게 되어 장래 일체의 피해까지도 계산하여 지급한 것으로 합의서를 작성한 경우 당사자가 예상하지 못한 다른 손해가 생겼다면 이 합의에 반하여 추가적인 손해에 대하여 배상을 청구할 수 있는가? (대판 2002.10.22. 2000다65666,65673)

■ 참고문헌

- □ 김형석, 민사적 환경책임, 법학 52권 1호(158호), 2011, 205-246, 서울대학교 법학연구소.
- □ 민정석, 환경소송에서 인과관계 증명에 관한 법리 / 자유와 책임 그리고 동행, 안대희 대법관 재임기념(2012), 319-360, 사법발전재단.
- □ 조민석, 공해소송에 있어서 입증책임: 입증경감을 중심으로, 토지법학 27-2호(2011.12.), 141-162, 한국토지법학회.
- □ 조은래, 환경소송상의 입증문제에 대한 소고, 환경법연구 제28권 제3호(2006), 329-358, 한국환경법학회.
- □ 한상운, 환경침해에 대한 사법구제의 문제점 및 대책, 헌법학연구 12권 1호(2006.3.), 331-368, 한국헌법학회.

(2) 복합적 원인에 의한 경우

대판 1991.7.23. 89다카1275

| 사안 | 甲(원고)은 임야 8900여평에 1961년경부터 주목 등 고급관상수를 재배해 왔고, 乙(피고)은 1969.10.경부터 위 농장과 서북쪽으로 접한 곳에 모직류를 제조하는 공장을 설치하여 가동하여 오면서 그 연료로 방카씨유를 사용함으로써 그 연소과정에서 생성된 유해물질인 아황산가스 및 낙진을 굴뚝을 통하여 대기 중에 배출시켜 왔다. 그런데 1981.3.경을 전후하여 甲 농장의 주목 등 일부 관상수들이

갯솜조직과 표피세포의 원형질분리로 누렇게 변색되어 잎이 떨어지고 수목 자체까지 고사하기도 하였으며, 특히 乙 공장의 굴뚝에서 동남쪽으로 약 200m 떨어진 곳 부근(이하 피해극심지역)의 관상수들에게서 그 현상이 심하게 나타났다. 甲은 위 관상수의 고사는 乙공장의 굴뚝으로부터 배출된 아황산가스 및 낙진에서 연유한 것임을 이유로 乙을 상대로 손해배상청구소송을 제기하였다. 그런데 乙 공장에서 배출한 아황산가스가 대기 중에서 확산 희석되어 갑 농장에 도달했을 때를 기준으로 한 농도는 대체로 급성 또는 만성피해로 인한 고사현상을 가져올 정도에는 미달되었다. 그러나 대기 중 아황산가스의 농도가 낮다고 하더라도 그것이 잎 내에 축적되어 수목의 장해가 됨으로써 凍害에 상조작용을 하게 되고, 한편 1980.12.과 1981.1.에는 74년 만의 최고의 한파가 닥쳐서 서울근교를 중심으로 한 전국각지에서 많은 수목이 동해를 입었고, 동해의 증상도 아황산가스로 인한 피해증상과 마찬가지로 세포의 원형질분리와 파괴, 황화현상, 이상낙엽, 고사 등의 순으로 나타난다.

| 소송의 경과 | (1) 환송전 1, 2심 판결은, 이 사건 관상수가 고사된 주된 원인은 피고 공장의 굴뚝에서 배출되는 아황산가스나 검댕이에 인한 것이라기보다는 1980. 말에서 1981. 초기에 밀어닥친 74년 만의 최고의 한파에 의한 동해로 인한 것이라는 취지로 단정하여, 원고의 이 사건 손해배상청구를 기각하였다.

(2) 이에 대해 대법원의 환송판결은, 원심판결이 본건 관상수들이 고사한 직접적인 원인을 이상한파에 의한 동해에 인한 것이라고 단정한 조치를 수긍 못할 바 아니나, 피고 공장에서 배출된 유해물 질의 농도가 식물의 고사에 직접적인 원인이 되지 아니하였다 하여도 그런 유해물질의 낙하부착이 식물의 생장과정에 장애적인 작용을 한 것임을 부인할 수 없는 바이니, 위 공해물질의 분출은 위 관상수들이 한파에 의하여 쉽사리 동해를 입게 된 원인관계가 있던 것이 아닌가 하는 의심을 짙게 하는데도, 원심판결은 이 점에 관하여 심리를 제대로 하지 아니한 위법이 있다고 하여 환송전 원심판결을 파기하였다.

(3) 환송후 원심판결은, 원고 농장의 위 관상수가 고사하게 된 직접원인은 위 한파로 인한 동해이고 피고 공장에서 배출된 아황산가스로 인한 것은 아니지만, 위 아황산가스는 위 관상수들이 한파에 의하여 쉽사리 동해를 입게 된 원인이 되었음이 인정된다고 하여 피고의 손해배상책임을 인정하였다. 다만 원고에게도 동해에 충분히 대비하지 못한 과실이 있다는 점을 들어(원고과실 60퍼센트 인정) 과실상계

한 후 손해액의 40퍼센트만 배상하도록 하였다.

| 판지 | (1) 일반적으로 불법행위로 인한 손해배상청구사건에 있어서 가해행위와 손해발생 간의 인과관계의 입증책임은 청구자인 피해자가 부담하나, 대기오염에 의한 공해를 원인으로 하는 손해배상청구소송에서는 기업이 배출한 원인물질이 대기를 매개로 간접적으로 손해를 끼치는 경우가 많고, 공해문제에 관하여는 현재의 과학수준으로 해명할 수 없는 분야가 있기 때문에, 가해행위와 손해발생 간의 인과관계의 과정을 모두 자연과학적으로 증명하는 것은 극난 내지 불가능한 경우가 대부분인 점 등에 비추어, 가해기업이 배출한 어떤 유해한 원인물질이 피해물건에 도달하여 손해가 발생하였다면 가해자측에서 그 무해함을 입증하지 못하는 한 책임을 면할 수 없다고 봄이 사회형평의 관념에 적합하다. 원심이, 원고농장의 관상수들이 고사하게 된 직접원인은 한파로 인한 동해이고 피고공장에서 배출된 아황산가스로 인한 것은 아니지만, 피고공장에서 수목의 생육에 악영향을 줄 수 있는 아황산가스가 배출되고 그 아황산가스의 일부가 대기를 통하여 이 사건 원고의 농장에 도달되었으며 그로 인하여 유황이 잎 내에 축적되어 수목의 성장에 장해가 됨으로써 한파로 인한 동해에 상조작용을 하였다는 사실인정을 하고, 그러한 사실관계에 터잡아 피고공장에서 배출한 위 아황산가스와 원고농장의 관상수들의 동해와 사이에 인과관계를 인정한 조치는 위 설시와 같은 공해소송에 있어서의 인과관계에 관한 개연성이론에 입각하여 볼 때 정당하다.

(2) 피고공장에서 배출된 아황산가스의 농도가 환경보전법에 의하여 허용된 기준치 이내라 하더라도, 그 유해의 정도가 통상의 수인한도를 넘어 원고농장의 관상수를 고사케 하는 한 원인이 된 이상 그 배출행위로 인한 손해배상책임을 면치 못한다.

(3) 공해사건에서 피해자의 손해가 한파, 낙뢰와 같은 자연력과 가해자의 과실행위가 경합되어 발생된 경우 가해자의 배상의 범위는 손해의 공평한 부담이라는 견지에서 손해에 대한 자연력의 기여분을 제한 부분으로 제한하여야 할 것이고, 그 외에 피해자의 과실이 있을 때에는 당연히 이것도 참작하여야 할 것이며, 과실상계사유에 관한 사실인정이나 그 비율을 정하는 것은 그것이 형평의 원칙에 비추어 현저히 불합리하다고 인정되지 아니하는 한 사실심의 전권사항에 속한다 할 것이다. 원심은 피고의 이 사건 손해배상책임을 정함에 있어 한파라는 자연력이 손해에 기여한 부분을 제한다는 취지를 명시적으로 표시하지 아니한 채, 원고에게 동

해에 제대로 대비하지 아니한 과실이 있음을 이유로 원고의 과실비율을 60퍼센트로 인정하여 피고에게 이 사건의 인정된 손해 중 40퍼센트를 배상하도록 하였음이 인정되고, 원심이 위와 같이 한파라는 자연력에 대비하여 관상수를 제대로 관리하지 아니한 과실을 이유로 60퍼센트의 원고과실을 인정한 조치 속에는 자연력의 기여도를 제하는 취지까지 포함된 것으로 못 볼 바 아니라 할 것인바, 이와 같은 피해자의 과실비율 속에 한파로 인한 동해라는 자연력의 기여에 따른 책임감경분까지 포함되었다고 보여지는 것을 전제로 할 때, 기록에 나타난 사고 당시의 제반정황에 비추어 원심의 피해자에 대한 과실비율의 평가는 적절한 것으로 보여지고 거기에 논지와 같은 과실상계에 관한 법리오해의 위법이 없다.

■ 쟁 점

위 판결은 공해소송에 있어서 피해자의 인과관계에 대한 입증책임의 정도 그리고 손해가 공해와 자연력이 경합하여 발생한 경우 가해자의 책임 유무 및 정도 등이 문제된 것이다.

■ 검토할 사항

- □ 공해소송에서 인과관계의 입증책임은 어떻게 나누어지는가?
- □ 공해(환경오염물질)가 법에 정한 허용된 기준치 이내인 경우에 손해배상책임이 성립하는가?
- □ 공해(환경오염물질)와 자연력이 경합하여 손해가 발생한 경우에 공해를 발생시킨 자가 책임을 지는가?
- □ 공해사건에서 손해가 자연력과 가해자의 과실행위가 경합되어 발생한 경우 가해자의 손해배상의 범위는 어떻게 정하는가?

■ 관련사례

- □ 원자력발전소에서의 온배수 배출행위와 해수온도의 상승이라는 자연력이 복합적으로 작용하여 온배수배출구 인근 양식장의 어류가 집단으로 폐사하였다면 이 손해배상의 범위를 어떻게 결정하는 것이 타당한가? (대판 2003.6.27. 2001다734)
- □ 수해, 산사태 등의 자연재해를 막아주던 자연림을 벌목하고 임야의 비탈면을 깎아서 임도를 개설하는 공사를 하였고 그 직후 통상적이 아닌 집중호우로 인하여 산사태가 일어났고 이 산사태에 의하여 피해가 발생한 경우 임도를 개설 시공한 자들은 어느 정도의 손해배상책임을 지는가? (대판 2001.2.23. 99다61316)
- □ 갑은 바다에 김 양식시설을 하여 김 양식을 하여 왔다. 그런데 김에 병해가 발생

하여 큰 피해를 보게 되었다. 한편 을 회사는 비료를 제조하여 판매하는 회사인데 비료를 제조하고 남은 폐수를 바다에 배출하여 왔다. 갑은 위 폐수가 조류를 타고 김 양식장에 도달하고 그것이 김의 광합성을 저해하여 피해를 입혔다는 이유로 을을 상대로 불법행위에 의한 손해배상을 청구하였다. 이 청구는 타당한가? (대판 1984.6.12. 81다558)

■ 기타 검토사항

- ㅁ 공해(환경오염물질)가 법에 정한 허용된 기준치 이내인 경우에도 손해배상책임을 져야 한다면 기준치의 의미는 무엇인가?
- ㅁ 공해사건에서 손해가 자연력과 가해자의 과실행위가 경합되어 발생한 경우 가해자가 책임을 진다면 자연력만으로는 손해가 발생하지 않았을 경우여야 하는가? 자연력만으로도 그와 같은 손해가 발생하는데 가해자의 행위로 더 늘어난 손해가 없다면 가해자에게 책임을 부담시키는 것이 타당한가?
- ㅁ 공해사건에서 손해가 자연력과 가해자의 과실행위가 경합되어 발생한 경우 가해자가 면책될 수 있는 경우는 어떤 경우인가?
- ㅁ 공해사건에서 손해가 자연력과 가해자의 과실행위가 경합되어 발생한 경우라고 하더라도 가해자가 전적인 책임을 지는 경우는 어떤 경우인가?

■ 참고문헌

- ㅁ 김상용, 환경소송에 있어서 인과관계입증책임의 분담, 판례월보 255호(1991. 12.) 7-14.
- ㅁ 김종국, 환경오염책임의 위법성 및 자연력의 가공, 사법행정 33권 11호(1992. 11.), 98-101, 한국사법행정학회.
- ㅁ 이재철, 한파 등의 자연력이 가공한 손해발생과 그 책임의 범위, 대법원판례해설 16호 91년하반기(92.10), 91-100, 법원도서관.
- ㅁ 전경운, 복수원인자에 의한 환경침해책임, 비교사법 6권 1호(10호)(1999.6.), 629-650, 비교사법학회.

2. 소 음

(1) 유지청구

대판 2007.6.15. 2004다37904,37911

| 사안 | 甲(원고, 한국도로공사)은 서울-인천간 29.5km 구간에 4차선 경인고속도

로를 개통한 이후, 1989.9.23. 4차선 도로를 8차선으로 확장하는 공사에 착공하여 1992.7.14. 부평-신월간의 8차선 도로 확장을 완료하였다. 乙 등(피고)이 거주하는 위 도로 인접의 부천시(피고) 소재 빌라의 부지는 甲의 소유였는데, 甲이 1991.7.11. 빌라 건축주들에게 토지를 매도하여, 건축주들이 토지를 분할하여 이 사건 빌라를 신축한 것이다(1992. 2월경 착공, 1992.11.말경 준공). 그런데 위 빌라가 위치한 곳은 도시관리계획상 일반주거지역으로 부천인터체인지 동쪽 1km 지점에 위치하여, 고속도로변을 따라 144m에 걸쳐 9개동으로 구성되어 있고, 도로변과 가장 가까운 곳의 이격거리는 9m정도이며, 도로변에 흡음형(알루미늄) 방음벽(길이 144m, 높이 4.5m)이 설치되어 있고, 2001.8.5. 무인속도측정기가 설치되었으며(과속방지를 위함), 2001.10. 도로 평탄화를 위한 내유동성 포장이 시행되었다. 그런데 위 고속도로를 이용하는 차량 통행량이 늘어나 소음이 증가하면서 빌라 주민들은 1997.8.9.경부터 관계기관에 민원을 제기하며 소음피해대책을 요구하였다. 이에 따라, 2000.2.22. 및 3.3.에 甲, 빌라 주민대표, 부천시가 모여 회의를 한 결과, 기존의 방음벽 높이를 4.5m에서 7.5m로 높이기로 하는(비용은 분담) 내용의 합의를 하였다. 그리하여 2000.7.10. 甲과 부천시는 소요비용 5억원 중 부천시가 10%인 5천만원을, 주민들이 600만원을 부담하되, 주민들 부담분은 부천시가 대납하기로 하였다. 이에 따라 부천시는 2000.11.3. 甲에게 5,600만원을 송금하고, 주민대표단은 2001.4.19. 甲에게 주민들 과반수 찬성으로 7.5m 방음벽과 소음방지장치를 수용한다고 통지하였다. 그러나 빌라의 최고층인 4층 세대의 높이가 지상 12m에 이르러 7.5m의 방음벽으로는 전체 주민들에 대한 실효성 있는 소음방지대책이 될 수 없었기 때문에 일부 주민들이 주민 대표의 대표성을 다투며 방음벽 높이 조정에 반대하였고, 이에 따라 甲도 방음벽 공사를 시행하지 않았다.

이 후 빌라 주민들은 중앙환경분쟁조정위원회에 분쟁조정을 신청하여 다음과 같은 내용의 재정결정이 내려졌다.－1. 甲은 신청인 346명 중 피고 주민들(305명)에게 합계 166,450,000원을 지급한다(거주기간, 소음도에 따라, 주민 1인당 20만원에서 80만원까지 인정함). / 2. 甲은 방음벽의 높이 보강, 차량속도제한 등의 방음대책을 강구하여 乙 등 주민들 거주 주택의 소음도가 도로변 소음환경기준 65㏈을 초과하지 않도록 한다.

이에 甲은 乙 등 주민들을 상대로 위 재정의 효력을 다투기 위하여 위 재정결정 내용에 따른 채무의 부존재확인을 구하는 소송을 제기하였고, 부천시를 상대로 약정분담금의 지급을 구하는 소송을 제기하였다. 이에 대하여 乙 등 주민들은 반소로서 '위 재정결정된 금원보다 10만원씩 가산한 손해배상금'의 지급 및 '고속도로의 소음이 65㏈ 이상 유입되지 않도록 할 것'을 구하는 내용의 유지청구를 구하였다.

| 원심 | 원고의 피고 주민들에 대한 본소청구 중 소음피해가 본격적으로 문제되기 시작한 1997.8.9.을 기준으로 그 이전에 입주한 주민들(이하 '피고 주민들'은 이들만을 지칭함)에 대한 것은 기각하고, 이들의 반소청구를 인용하였으며(손해배상금은 일부 인용), 그 이후 입주한 주민들에 대한 원고의 본소청구는 인용하고, 이들의 반소청구는 기각하였다. 그리고 패소한 주민들은 항소하지 않음에 따라, 원고와 피고 주민들 간의 소송만이 대법원의 심판대상이 되었다.

| 판지 | (1) 건물의 소유자 또는 점유자가 인근의 소음으로 인하여 정온하고 쾌적한 일상생활을 영유할 수 있는 생활이익이 침해되고 그 침해가 사회통념상 수인한도를 넘어서는 경우에 건물의 소유자 또는 점유자는 그 소유권 또는 점유권에 기하여 소음피해의 제거나 예방을 위한 유지청구를 할 수 있다. 원심이 같은 취지에서 이 사건 빌라의 소유자 또는 점유자인 피고 주민들이 소유권 또는 점유권에 기한 물권적 청구권의 행사로 원고를 상대로 이 사건 고속도로로부터 발생하는 소음이 일정 한도를 초과하여 유입되지 않도록 하라는 취지의 유지청구를 할 수 있다고 판단한 것은 적법하다.

(2) 인근 고속도로에서 유입되는 소음으로 인하여 입은 환경 등 생활이익의 침해를 이유로 일정 한도를 초과하는 소음이 유입되지 않도록 하라는 내용의 유지청구 소송에서 그 침해가 사회통념상 일반적으로 수인할 정도를 넘어서는지의 여부는 피해의 성질 및 정도, 피해이익의 공공성, 가해행위의 태양, 가해행위의 공공성, 가해자의 방지조치 또는 손해회피의 가능성, 인·허가 관계 등 공법상 기준에의 적합 여부, 지역성, 토지이용의 선후관계 등 모든 사정을 종합적으로 고려하여 판단하여야 한다.

또한 민법 제758조 소정의 '공작물의 설치 또는 보존의 하자'라 함은 공작물이 그 용도에 따라 갖추어야 할 안전성을 갖추지 못한 상태에 있음을 말하고, 안전성을 갖추지 못한 상태, 즉 타인에게 위해를 끼칠 위험성이 있는 상태라 함은 당해 공작물을 구성하는 물적 시설 그 자체에 있는 물리적·외형적 흠결이나 불비로 인하여 그 이용자에게 위해를 끼칠 위험성이 있는 경우뿐만 아니라, 그 공작물이 이용됨에 있어 그 이용상태 및 정도가 일정한 한도를 초과하여 제3자에게 사회통념상 수인할 것이 기대되는 한도를 넘는 피해를 입히는 경우까지 포함된다고 보아야 하고, 이 경우 제3자의 수인한도의 기준을 결정함에 있어서는 일반적으로 침해되는 권리나 이익의 성질과 침해의 정도뿐만 아니라 침해행위가 갖는 공공성의 내용과 정도, 그 지역환경의 특수성, 공법적인 규제에 의하여 확보하려는 환경기준, 침해를 방지 또는 경감시키거나 손해를 회피할 방안의 유무 및 그 난이 정도 등 여러 사정을 종합적으로 고려하여 구체적 사건에 따라 개별적으로 결정하여야 한다.

이 사건 고속도로의 8차선 확장공사는 1992.7.14.경 완료되고, 이 사건 빌라는 1992.11. 말경 준공된 것이어서 피고 주민들이 입주하기 전에 고속도로의 확장공사가 완료된 것이기는 하나, 원고는 이 사건 고속도로의 8차선 확장 공사에 착공한 후 준공이 되기 1년 전 무렵 그 소유였던 이 사건 빌라 부지를 이 사건 빌라의 건축주에게 매도하여 그 지상에 이 사건 빌라가 신축되었고, 위 확장 공사의 준공 전에 이 사건 빌라의 건축공사가 시작되었으므로, 이 사건 부지의 매도인으로서 이 사건 빌라의 주민들에게 소음 피해가 가지 않도록 이 사건 빌라의 높이 및 구조 등을 고려한 방음벽을 설치할 수 있었던 것으로 보이는 점, 피고 주민들의 거주지는 일반주거지역으로 환경정책기본법 제10조, 같은 법 시행령 제2조에 의하면 도로변 지역에 있는 일반주거지역의 소음 환경기준은 낮에 65㏈, 밤에 55㏈을 초과하지 않도록 규정하고 있는 점, 이 사건 빌라 거주자들에 대한 이 사건 고속도로의 소음 피해가 본격적으로 문제된 것은 1997.8.경부터인데, 원고는 이 사건 고속도로의 통행차량으로 인한 소음 공해를 방지하기 위하여 확장공사 당시 높이 4.5m의 방음벽을 설치하고, 2001.8.5.경에는 통행차량의 과속 방지를 위한 무인속도측정기를 설치하고, 2001.10.경에는 도로평탄화를 위한 내유동성 포장을 하였으나, 피고 주민들 주거지의 1일 평균 소음도는 66㏈에서 78㏈까지 나타나고 있는 점, 피고 부천시는 이 사건 빌라 주민들의 민원에 따라 이 사건 지역을 소음·진동규제법 제28조 소정의 교통소음·진동규제지역으로 지정하여 같은 법 제30조, 제31조에 따라 지방경찰청장에게 요청하여 통행 차량에 대한 속도 제한, 우회 등의 조치를 하거나 방음시설에 관한 조치를 취하고자 하였으나, 원고가 차량운행 등을 규제할 경우 교통소통에 지장이 발생한다는 등의 이유로 이를 반대하여 교통소음·진동규제지역으로 지정하지 못한 점, 원고는 기존 방음벽의 옹벽을 이용하여 보강할 수 있는 최대 높이인 7.5m 높이의 방음벽의 설치를 주장하나, 이 사건 빌라의 최고층인 4층의 높이가 12m 정도됨에 따라, 소음 피해가 가장 심한 4층 주택의 소음도를 감소하기 위하여는 13m 높이로 방음벽을 보강할 것이 요청되고, 그 공사비용은 7.5m로 보강할 경우에는 5억원 정도, 13m로 보강할 경우에는 12억원 정도가 소요되는 점을 알 수 있다.

이러한 인정 사실을 위 법리에 비추어 살펴보면, 원고가 관리하는 이 사건 고속도로의 공공적 기능, 원고가 이 사건 고속도로를 설치, 관리함에 있어서 소음 피해를 줄이기 위한 노력을 경주한 면이 있다고 하더라도, 원고가 이 사건 고속도로의 확장공사 착공 후 이 사건 빌라 부지를 매도하여 이 사건 빌라가 신축되었다는 사정을 고려한다면, 이 사건 빌라의 각 주택의 소음과 관련하여 환경정책기본법상 소음환경기준인 65㏈ 이상의 소음이 발생하는 경우에는 사회생활상 통상의 수인한도를 넘는 것으로서 위법하다고 할 것이고, 이러한 사실관계 하에서는 피고 주민들이 이 사건 고속도로의 확장공사 이후 입주하였다는 사정만으로 피고 주민들의 원고에 대한 유지청구가 신의칙에 반하여 허용될 수 없는 경우라고 볼 수도 없다.

따라서 원심이 1일 평균 소음이 65㏈ 이상인 주택에 거주하는 피고 주민들의 유지청구 및 손해배상청구에 대하여 이 사건 고속도로를 설치 · 관리하는 원고는 그 설치 · 관리상의 하자로 인한 손해배상책임 및 이 사건 고속도로에서 유입되는 소음이 65㏈을 넘지 않도록 해야 할 책임이 있다고 판단한 것은 정당하다.

■ 쟁 점

이 판결은 고속도로로부터 발생하는 소음이 피해 주민들 주택을 기준으로 일정 한도를 초과하여 유입되지 않도록 하라는 취지의 유지청구가 적법한지 여부가 문제되었다.

■ 검토할 사항

□ 건물의 소유자나 점유자가 인근의 소음으로 인하여 생활이익이 침해되고 그 침해가 사회통념상 수인한도를 넘어서는 경우에 그 소유권 또는 점유권에 기하여 소음피해의 제거나 예방을 위한 유지청구를 할 수 있는가?

□ 인근 고속도로에서 유입되는 소음으로 인하여 입은 환경 등 생활이익의 침해가 사회통념상 일반적으로 수인할 정도를 넘어서는지 여부의 판단 기준은 무엇인가?

■ 관련사례

□ 갑 공사는 A에서 B까지 잇는 기존의 도로를 4차선으로 확장하였는데 이 공사과정에서 을이 운영하는 양돈장 옆으로 도로가 확장되면서 자동차의 소음과 진동이 종전보다 훨씬 심해져 정상적인 양돈업이 불가능해졌고 그래서 을은 폐업하게 되었다. 을은 갑을 상대로 불법행위로 인한 손해배상을 청구하였다. 이 청구는 타당한가? (대판 2001.2.9. 99다55434)

■ 기타 검토사항

□ 불법행위가 예상되는 경우에 장래의 피해를 막기 위하여 금지청구를 할 수 있는가?

□ 사업장 등에서 발생되는 환경오염으로 인하여 피해가 발생한 경우, 당해 사업자는 귀책사유가 없는 때에도 피해를 배상하여야 하는가?

■ 참고문헌

□ 김상중, 불법행위의 사전적 구제수단으로서 금지청구권의 소고, 비교사법 17권 4호(통권 51호), 141-172, 한국비교사법학회 2010.

□ 오현규, 위법성 판단기준으로서의 수인한도, 민사판례연구 25권(2003.2.), 277-294, 박영사.

□ 이강원, 공해배상소송에서의 수인한도론과 공용관련하자, 민사재판의 제문제 13권(2004.12.), 260-305, 한국사법행정학회.

□ 지영난, 고속도로의 소음과 관련하여 추상적 부작위명령을 구하는 유지청구의 인정 여부, 민사재판의 제 문제 16권(2007.12.), 511-540, 한국사법행정학회.

(2) 소음시설과 영조물하자책임

대판 2004.3.12. 2002다14242

| 사안 | 매향리 사격장은 미국 공군에 의하여 1951년부터 만들어지기 시작하여 1980년까지 해상과 해안지역에 설치된 해상사격장과 육상사격장으로 이루어져 있고, 미국 공군의 전투기 등이 그 사격장에서 통상 주말과 공휴일을 제외하고 한 달 평균 20일 가량 오전 9시부터 오후 10시까지 사이에 매일 10회 이상 그리고 매회 20분 이상씩 폭탄 투하와 기관총 사격 훈련 등을 실시하였다. 이러한 훈련에 따르는 항공기 소음과 폭탄 파열음 및 오폭사고 등으로 甲 등(원고들)을 포함하여 위 사격장 부근에 거주하는 주민들에게 계속하여 피해가 발생하자, 미국 공군은

1989년부터 육상사격장에서의 폭탄투하훈련을 중단하였다. 그러나 이 이후에도 각 기관에서 실시한 사격장 부근 마을에서의 소음측정 결과에 의하면 사격훈련이 실시될 때 약 90㏈ 이상 120㏈ 혹은 133.7㏈까지의 소음이 발생하는 것으로 조사되었으며, 이 사건 제1심에서 1998.8.부터 1999.3.까지 사이에 소음을 측정한 결과에 따르면 그 지역의 1일 평균소음은 70.2㏈, 최고 1시간 평균소음은 73.8㏈, 최고 1분간 평균소음은 120.9㏈ 내지 132.9㏈이며, 사격훈련이 없는 경우의 배경소음은 평균 50㏈ 정도였다. 한편 미국 공군이 육상사격장에서의 폭탄투하훈련을 중단한 뒤에도 해상사격장에서의 오폭이나 육상사격장에서의 유탄 등으로 甲 등의 거주지역 주민들이 다치거나 집이 손상되는 사고가 계속하여 발생하자, 미국 공군은 2000.8.18.부터 육상사격장에서의 기관총사격을 중지하는 한편, 해상사격장에서의 실탄 사격을 중단하고 연습탄에 의한 사격만을 하고 있으며 전투기의 선회 항로도 매향리 일대 상공에서 해상지역으로 변경하였다.

甲 등 매향리사격장 부근에 거주하는 주민 14명이 국가(피고)에 대하여 1995.2.27.부터 2000.7.26.(미국 공군이 사격훈련 방법을 변경한 2000.8.18. 이전)까지 동안의 정신적 손해에 대한 배상(위자료)을 청구하였다. 그런데 이들이 이곳에서 살기 시작한 시기는 조금씩 다르나 이곳에서 거주하기 시작한 뒤 20년 이상 지난 1988.경에 비로소 매향리 사격장의 소음 등으로 인한 주민들의 피해가 사회적으로 문제되기 시작하였다. 다만 이들의 거주지와 매향리사격장까지의 거리에는 차이가 있다.

| 판지 | 1. 국가배상법 제5조 제1항에 정하여진 '영조물의 설치 또는 관리의 하자'라 함은 공공의 목적에 공여된 영조물이 그 용도에 따라 갖추어야 할 안전성을 갖추지 못한 상태에 있음을 말하고, 여기서 안전성을 갖추지 못한 상태, 즉 타인에게 위해를 끼칠 위험성이 있는 상태라 함은 당해 영조물을 구성하는 물적 시설 그 자체에 있는 물리적 · 외형적 흠결이나 불비로 인하여 그 이용자에게 위해를 끼칠 위험성이 있는 경우뿐만 아니라 그 영조물이 공공의 목적에 이용됨에 있어 그 이용상태 및 정도가 일정한 한도를 초과하여 제3자에게 사회통념상 참을 수 없는 피해를 입히는 경우까지 포함된다고 보아야 할 것이고, 사회통념상 참을 수 있는 피해인지의 여부는 그 영조물의 공공성, 피해의 내용과 정도, 이를 방지하기 위하여 노력한 정도 등을 종합적으로 고려하여 판단하여야 할 것이다.

원심은 위와 같은 사실관계에 기초하여, 매향리 사격장이 국가안보를 위하여 고도의 공익성을 가진 시설이지만 원고들이 거주하는 농어촌지역과 충분한 완충지

대를 두지 아니하고 설치되어 주거지역 상공으로 전투기 등이 낮은 고도로 비행하면서 폭탄 투하와 기관총 사격 훈련 등을 실시함으로써 환경정책기본법상 주거지역 환경소음기준인 50㏈ 내지 65㏈을 훨씬 넘는 날카롭고 충격적인 소음이 주말이나 공휴일을 제외하고 매일 발생하여 원고들이 신체적 · 정신적으로 피해를 입었고, 텔레비전 시청이나 전화통화 및 일상대화 또는 자녀교육 등 일상생활에 커다란 방해를 받고 있는데도 불구하고, 미국 공군이 2000.8.18. 사격훈련 방법을 변경할 때까지 원고들의 피해를 줄이기 위한 노력을 충분히 하지 아니한 점 등에 비추어 볼 때, 2000.8.18. 이전까지 매향리 사격장에서 발생하는 소음 등으로 인하여 원고들이 입은 피해는 사회생활상 통상 참을 수 있는 정도를 넘는 것이므로 매향리 사격장의 설치 또는 관리에 하자가 있었다고 보아야 하고, 따라서 피고는 대한민국과 아메리카합중국 간의 상호방위조약 제4조에 의한 시설과 구역 및 대한민국에서의 합중국군대의 지위에 관한 협정의 시행에 관한 민사특별법 제2조 제2항, 국가배상법 제5조 제1항에 따라 원고들이 입은 손해를 배상할 책임이 있다고 판단하였다.

앞서 본 법리에 비추어 보면, 매향리 사격장의 이용에 따르는 피해 정도가 인근 주민들인 원고들의 수인한도를 넘어서는 것이어서 영조물의 설치 · 관리에 하자가 있다고 함이 상당하므로, 같은 취지의 원심의 판단은 정당하다.

2. 소음 등을 포함한 공해 등의 위험지역으로 이주하여 들어가서 거주하는 경우와 같이 위험의 존재를 인식하면서 그로 인한 피해를 용인하며 접근한 것으로 볼 수 있는 경우에, 그 피해가 직접 생명이나 신체에 관련된 것이 아니라 정신적 고통이나 생활방해의 정도에 그치고, 그 침해행위에 상당한 고도의 공공성이 인정되는 때에는 위험에 접근한 후 실제로 입은 피해 정도가 위험에 접근할 당시에 인식하고 있었던 위험의 정도를 초과하는 것이거나 위험에 접근한 후에 그 위험이 특별히 중대하였다는 등의 특별한 사정이 없는 한 가해자의 면책을 인정하여야 하는 경우도 있을 수 있을 것이다. 그러나 일반인이 공해 등의 위험지역으로 이주하여 거주하는 경우라고 하더라도 위험에 접근할 당시에 그러한 위험이 문제가 되고 있지 아니하였고, 그러한 위험이 존재하는 사실을 정확하게 알 수 없었으며, 그 밖에 위험에 접근하게 된 경위와 동기 등의 여러 가지 사정을 종합하여 그와 같은 위험의 존재를 인식하면서 굳이 위험으로 인한 피해를 용인하였다고 볼 수 없는 경우에는 그 책임이 감면되지 아니한다고 봄이 상당하다.

원심은 위 원고들이 매향리 사격장 부근에서 거주하게 된 시기와 그 경위 등에 비추어 볼 때 그들이 매향리 사격장의 소음 등으로 인한 피해를 스스로 용인하고 사격장 부근 마을에서 거주하게 되었다고 볼 수 없고, 달리 신의칙상 위 원고들에 대한 손해배상액을 감면할 만한 다른 사정이 있다고 볼 수도 없다고 판단하였는바, 원심의 위와 같은 판단은 앞서 본 법리에 비추어 정당하다.

3. 불법행위로 인하여 피해자가 입은 정신적 고통에 대한 위자료의 액수는 사실심 법원이 여러 가지 사정을 참작하여 재량으로 정할 수 있다. 원심은, 매향리 사격장에서 발생하는 소음 등으로 인하여 원고들이 입은 피해의 정도와 그 기간 및 원고들이 거주하는 지역의 위치 등을 참작하여 매향리 사격장에 가까운 매향 1 · 2 · 3리에 거주하는 원고들과 그 지역보다는 사격장에서 떨어져 있는 매향4 · 5리, 석천3리, 이화1 · 2 · 3리에 거주하는 원고들에게 서로 다른 기준을 적용하여 1995.2.27.부터 미국 공군이 사격훈련 방법을 변경한 2000.8.18. 이전으로서 원고들이 구하는 2000.7.26.까지 매월 일정한 금액의 비율에 따른 위자료 액수를 정하였는바, 원심의 위와 같은 판단은 수긍할 수 있다.

■ 쟁 점

이 판결은 사격장에서 발생하는 소음이 수인한도를 넘는 경우에 이는 영조물의 설치 · 관리에 하자가 있는 것으로서 국가가 배상책임을 지는가 하는 점, 그리고 피해자가 공해 등의 위험지역으로 이주하여 거주하는 경우에는 가해자의 책임이 감면되는가 하는 점이 문제된 것이다.

■ 검토할 사항

- □ 국가배상법 제5조 제1항 소정의 '영조물의 설치 · 관리상의 하자'의 의미는 무엇인가?
- □ 이 사건에서 소음 등을 발생시킨 것은 미 공군인데 국가가 배상책임을 지는 이유는 무엇인가?
- □ 소음 등을 포함한 공해 등의 위험지역으로 이주하여 거주하는 경우, 가해자의 면책 여부에 대한 판단 기준은 무엇인가?

■ 관련사례

- □ 미합중국 공군이 평택시 소재 K-55 비행장 및 K-6 비행장을 설치 · 관리함에 있어 전투기와 헬리콥터 등 항공기의 비행훈련이라는 공공의 목적에 이용하면서 여기에서 발생한 소음 등의 침해가 인근 주민들에게 통상의 수인한도를 넘는 피

해를 발생하게 하였다면 그 주민들은 손해배상청구를 할 수 있는가? (대판 2010. 12.23. 2009다10928, 10935, 10942, 10959)

- 남과 북이 대립하고 있는 현재의 안보상황에서 대북 전쟁억지를 목적으로 하는 육군의 군사전력 유지를 위한 필수불가결의 훈련장으로서 전차포 사격장이 설치되어 훈련이 이루어지는데, 전차포의 사격훈련으로 인하여 훈련장 인근에 사는 갑은 심한 노이로제 현상을 보여 국가를 상대로 소음방지대책을 요구하고 손해배상을 청구하였다. 이 청구는 타당한가? (대판 2010.12.9. 2007다42907)

■ 기타 검토사항

- 영조물의 설치 당시에는 아무런 문제가 없었는데 그 영조물을 운영하던 중, 후에 그 영조물의 주변에 다른 사람이 거주하게 되어 그 자에게 신체적 또는 정신적 피해가 생기게 된 경우에 그 영조물의 설치 · 관리상의 하자를 인정할 것인가?
- 국가 경영상 이러한 영조물이 필수적이고 그 시설 등을 다른 곳으로 이전한다든가 또는 피해방지시설을 설치하는 것이 불가능한 경우에는 어떻게 해야 하는가?

■ 참고문헌

- 나지원, 항공기소음피해소송에 관한 연구: 매향리 사건을 중심으로, 경기법조 12호(2005.12.), 399-424, 수원지방변호사회.
- 손윤하, 항공기소음에 의한 피해구제를 위한 민사소송의 문제점, 법조 제54권 제3호(582호) (2005.3.), 202-226, 법조협회.
- 이강원, 공해배상소송에서의 수인한도론과 공용관련하자, 민사재판의 제 문제 13권(2004.12.), 260-305, 한국사법행정학회.
- 조은래, 환경권과 생활방해에 대한 위법성판단의 연구, 법학연구 18집(2005.6.), 929-954, 한국법학회.

3. 일조권 침해

대판 1999.1.26. 98다23850

건설회사 甲(피고)은 1991.7.20. 일반주거지역 내에 있는 이 사건 토지 위에 288세대의 12층 아파트 3동을 신축하는 주택건설사업승인을 받아 9.11. 착공하였다가, 10.18. 사업을 변경하여 3동 430세대 16층 내지 20층 규모의 D아파트를 신축하여 1993.10.7. 사용검사필증을 교부받았다. 그리고 건설회사 乙(원심공동피고)은 1991.7.31. 이 사건 토지의 북쪽 방향으로 인접하여 10m 가량 낮은 토지 위에

4동 390세대의 15층 규모의 L아파트 신축승인을 받아, 1991.8.21.에 착공하여 1993.5.27. 사용검사필증을 교부받았다. 그리고 丙 등 12인(원고)은 L아파트의 3동 중 각 호를, 丁 등 8인(원고)은 이의 5동 중 각 호를 분양받아 입주를 하였다.

D아파트는 L아파트의 남쪽방향으로 인접하여 10m 가량 높은 언덕에 위치하고 있는데, L아파트의 103동과 D아파트 101동이, L아파트 105동과 D아파트 102동이 서로 마주하고 있으며, 그 경계지점에 D아파트의 보일러실, 전기실, 관리실, 상가 정화조, 진입로, 주차장 등의 부속시설이 설치되어 있었다. 甲이 건축한 D아파트 101동 및 102동은 그 높이가 모두 일조권 확보를 위한 건축물의 높이제한에 관한 주택건설사업승인 당시의 구 건축법과 같은 법 시행령에 위배되지는 아니하였으나, D아파트 101동과 102동의 건축으로 인하여 丙 등이 거주하고 있는 L아파트 103동 및 105동의 각 1 내지 3층, 105동의 1 내지 4층은 위치에 따라 다소간의 차이는 있지만 동지일을 기준으로 오전 9시부터 오후 3시까지 사이의 6시간 중 일조시간이 연속하여 2시간 이상 확보되지 않을 정도의 일조침해를 받게 되었고, 그 밖에도 丙 등이 입주하고 있는 L아파트는 D아파트 및 그 부속시설로 인하여 상당한 정도의 조망침해 및 압박감을 받고 있을 뿐만 아니라, 거실 및 방안이 들여다 보이고 소음, 분진, 매연 등으로 통풍 및 환기가 방해받고 있어 상당한 정도의 프라이버시가 침해되고 있었다. 그리하여 丙 등이 甲과 乙을 상대로 손해배상을 청구하였다. 원심이 丙 등의 손해배상청구를 인용한 데 대하여, 甲만이 상고하였다.

| 판지 | 1. **불법행위의 성립의 점에 대하여**

건물의 신축으로 인하여 그 이웃 토지상의 거주자가 직사광선이 차단되는 불이익을 받은 경우에 그 신축행위가 정당한 권리행사로서의 범위를 벗어나 사법상 위법한 가해행위로 평가되기 위하여는 그 일조방해의 정도가 사회통념상 일반적으로 인용하는 수인한도를 넘어야 하고, 건축법 등 관계 법령에 일조방해에 관한 직접적인 단속법규가 있다면 동 법규에 적합한지 여부가 사법상 위법성을 판단함에 있어서 중요한 판단자료가 될 것이지만, 이러한 공법적 규제에 의하여 확보하고자 하는 일조는 원래 사법상 보호되는 일조권을 공법적인 면에서도 가능한 한 보증하려는 것으로서 특별한 사정이 없는 한 일조권 보호를 위한 최소한도의 기준으로 봄이 상당하고, 구체적인 경우에 있어서는 어떠한 건물신축이 건축 당시의 공법적 규제에 형식적으로 적합하다고 하더라도 현실적인 일조방해의 정도가 현저하게 커 사회통념상 수인한도를 넘은 경우에는 위법행위로 평가될 수 있고, 사회통념상

수인한도를 넘었는지 여부는 피해의 정도, 피해이익의 성질 및 그에 대한 사회적 평가, 가해 건물의 용도, 지역성, 토지이용의 선후관계, 가해방지 및 피해회피의 가능성, 공법적 규제의 위반 여부, 교섭 경과 등 모든 사정을 종합적으로 고려하여 판단하여야 하고, 건축 후에 신설된 일조권에 관한 새로운 공법적 규제 역시 이러한 위법성의 평가에 있어서 중요한 자료가 될 수 있다.

원심은, ① 구 건축법시행령에 의하면, 아파트와 같은 공동주택에 대하여 동일 대지 안에서 2동 이상의 건축물이 서로 마주보고 있는 경우 동지(冬至)일을 기준으로 당해 대지 내의 모든 세대가 9시에서 15시 사이에 2시간 이상 연속하여 일조를 확보할 수 있다고 인정되는 높이 이하인 경우에는 높이제한의 규정을 적용받지 아니한다고 규정하고 있었고, ② 위 각 아파트 완성 무렵부터 시행되는 현행 건축법시행령에 의하면, 공동주택에 관하여 서로 마주보는 건축물의 각 부분의 높이는 각각 서로 마주보는 외벽의 각 부분으로부터 다른 쪽의 외벽의 각 부분까지의 거리의 1.25배 이하 또는 당해 대지 안의 모든 세대가 동지일을 기준으로 9시에서 15시 사이에 건축조례가 정하는 시간 이상을 연속하여 일조를 확보할 수 있는 높이 이하를 유지하도록 규정하여, 연속하여 일조를 확보하여야 하는 시간을 건축조례에 위임하고 있는 점 등에 비추어 볼 때, 이 사건 각 아파트의 경우에는 동지일을 기준으로 오전 9시부터 오후 3시까지 사이의 6시간 중 일조시간이 연속하여 2시간 이상 확보되지 아니하는 일조방해의 경우에는 수인한도를 넘는다고 봄이 상당하고, 한편 피고와 乙은 서로 비슷한 시기에 주택건설사업승인을 받고 아파트를 착공하여 주택건설사업승인을 받을 당시부터 입주자들의 일조권 등의 침해정도를 충분히 예상할 수 있었으므로 각 아파트를 설계·시공함에 있어서 이러한 사정들을 충분히 고려하여 아파트 및 그 부속건물의 배치, 건물의 높이 등의 점에 있어서 입주자들의 일조권 등의 침해 여부를 우선적으로 고려하였어야 함에도 불구하고, 피고는 그 층수를 높이는 설계변경을 하였을 뿐만 아니라 102동과 L아파트 5동 사이에 아파트 높이 4층 정도의 옹벽을 설치하고, 전기실 등 부속건물을 L아파트 쪽으로 변경함으로써 원고들이 입주하고 있는 L아파트의 경우에는 모두 수인한도를 넘어서 일조장해를 받고 있음은 물론 조망 및 압박감의 저해, 프라이버시의 침해 정도도 그 수인한도를 넘는다고 보아, 피고 및 乙의 위 각 아파트의 건축행위가 비록 건축관계 법령에 위반된 점이 없다 하더라도 그 소유자 겸 입주자들인 원고들에게 쾌적하고 건강한 주거생활을 영위할 생활권을 침해한 불법행위를 구성한다고 판단하였는바, 앞에서 본 법리에 비추어 볼 때 원심의 이러한 판단은 정당하다.

2. 손해배상책임의 범위에 대하여

일조장해, 사생활 침해, 시야차단으로 인한 압박감, 소음, 분진, 진동 등과 같은 생활이익의 침해로 인하여 발생한 재산적 손해의 항목 중 토지 · 가옥의 가격저하에 의한 손해를 산정함에 있어서는 광열비 · 건조비 등의 지출 증대와는 별도로 일조장해 등과 상당인과관계가 있는 정상가격의 감소액을 부동산감정 등의 방법으로 평가하여야 할 것이고, 분양된 아파트가 일조피해를 입고 있는 경우 그 아파트의 시세가 분양대금에 물가상승률이나 예금금리를 감안한 금액보다 높게 유지된다고 하여 그 소유자에게 당해 아파트의 가격저하로 인한 손해가 발생하지 아니하였다고 볼 수 없는 바, 원심이 일조침해와 조망 · 프라이버시 · 통풍 침해 등을 아울러 고려하여 그 침해 전후의 통상적인 아파트 가격의 차이에 관한 감정 결과에 터잡아 원고들의 각 아파트가 일조침해 등으로 말미암아 그 정상가격에 비하여 각 세대별로 금 14,260,000원 내지 금 21,700,000원의 가격하락분이 발생한 것으로 인정하는 한편, 피고나 乙의 각 아파트 건축행위에 법규 위반이 없는 점 및 원고들 측의 수분양자로서의 수인한도와 관련된 감액사유 등을 종합적으로 고려하여 피고가 배상하여야 할 손해액을 위 각 세대별 가격하락분의 50%로 봄이 상당하다고 판단하였는바, 원심의 이러한 조치는 정당하다.

■ 쟁 점

이 판결은 비슷한 시기에 지어진 D아파트와 L아파트의 일부가 마주하는 아파트로 인하여 햇빛이 상당한 정도로 차단되는 경우(일조방해)에, 그러한 일조방해는 불법행위가 되는가 그리고 된다면 그로 인한 손해는 어떻게 산정하는가 하는 점이 문제된 것이다.

■ 검토할 사항

- 일조방해가 불법행위로 되기 위해서는 어떤 요건이 갖추어져야 하는가?
- 신축 건물이 건축 당시의 공법적 규제에 적합한 경우에는 일조방해는 적법한 것이 되어 불법행위가 되지 않는가?
- 일조방해가 사회통념상 수인한도를 넘었는지 여부에 관한 판단 기준은 어떠한가?
- 일조방해나 소음 · 진동 등과 같은 생활이익의 침해로 인하여 발생한 재산상 손

해는 어떻게 산정하는가?

□ 위 판결은 수인한도를 넘는 일조방해의 정도를 동지일을 기준으로 오전 9시부터 오후 3시까지 사이의 6시간 중 일조시간이 연속하여 2시간 이상 확보되지 않는 경우라고 하여 단일의 기준을 제시한다. 그런데 그 이후 판례는 그 외에 동지를 기준으로 오전 8시부터 오후 4시까지 사이의 8시간 중 일조시간이 통틀어 4시간 이상 확보되는 경우라고 하여, 2중의 기준을 제시한다. 즉 양자 중 어느 하나를 충족하면 수인한도를 넘는 것으로 인정되는가? (대판 2004.9.13. 2003다64602).

■ 관련사례

□ 도시계획법상 일반상업지역 내에 지어진 주상복합아파트 혹은 오피스텔의 일부가 인접한 다른 주상복합아파트에 의하여 앞서 말한 수인한도를 넘는 일조방해를 받는 경우에도, 그 일조방해는 불법행위로 되는가? (대판 2002.12.10. 2000다72213; 대판 2007.6.14. 2005다72058)

□ 갑의 다세대 주택이 주변의 X건물에 의하여 일조방해를 약간 받고 있었는데, 그에 인접하여 을의 고층건물이 신축되어 양 건물에 의한 일조방해가 수인한도를 넘게 된 경우에, 을에 대해서 모든 불법행위책임을 인정하는 것은 타당한가? (대판 2004.10.28. 2002다63565) 그리고 이때 갑의 손해배상청구권의 범위는 어떠한가? (대판 2010.6.24. 2008다23729)

□ 갑 등이 재학하던 학교의 바로 옆에 을이 아파트를 신축함으로써 앞서 말한 수인한도를 넘는 일조방해가 생겼다. 갑 등은 일조방해로 인하여 학습권을 침해받음을 이유로 을에 대하여 손해배상을 청구할 수 있는가? (대판 2008.12.24. 2008다41499)

■ 기타 검토사항

□ 수인한도를 넘는 일조방해가 발생한 경우 손해배상청구권의 소멸시효 기산점은 언제인가? [대판(전) 2008.4.17. 2006다35865]

■ 참고문헌

□ 이동원, 일조권 침해에 관한 판례의 동향, 민사법학 제27호(2005.3.), 257-298, 한국민사법학회.

□ 이동진, 복합일영에 의한 일조방해의 책임: 대법원 2010.6.24. 선고 2008다23729 판결, 민사재판의 제 문제 20권(2011.12.), 334-377, 한국사법행정학회.

□ 이인규, 가. 구 도시계획법상 일반상업지역과 일조권 침해에 있어 수인한도, 나. 기존건물에 의한 일조방해가 신축건물에 의한 일조방해의 수인한도를 판단함에 있어 미치는 영향, 대법원판례해설 51호(2004 하반기)(2005.6.), 235-259, 법원도서관.

□ 조은래, 건설도급상의 생활환경침해에 대한 책임, 비교법학 20집(2009.2.), 77-102, 부산외국어대학교비교법연구소.

4. 조망권(조망이익) 침해

대판 2007.6.28. 2004다54282

| 사안 | 서울 용산구 이촌동에 1970년경에 지어진 지상 5층짜리 A아파트 18개동이 있었는데, 이 건물들의 소유자 甲(피고)은 이 아파트를 철거하고 그 자리에 19층 내지 25층짜리 B아파트 10개동을 건설하기 위하여 2000.3.25. 용산구청장으로부터 주택건설사업승인을 받고 2000.5.16. 건설회사 乙(피고)에게 건설공사를 도급하였다. 乙은 2003.4.경 B아파트 건설공사를 마쳤다. 그런데 이 아파트의 북동쪽에 10층짜리 C아파트가 있었으며, 丙·丁 등 19인(원고)은 이 아파트의 구분소유자들이다. 원래 이 지역은 고층 아파트 건설이 가능한 지역이고 B아파트를 건설함에 있어 이격거리나 높이 제한 등 건축법규에 위반한 사항은 없으며, 丙 등이 구분소유하는 C아파트의 각 호실의 일조시간(동짓날 오전 8시부터 오후 4시까지의 8시간 중 원고들 아파트 거실에 일조가 확보되는 시간), 한강조망률(丙 등의 C아파트 거실 창문에서 연직 방향으로 한강을 바라보았을 때 거실 창문 면적 중 한강 경관이 차지하는 비율), 천공률(丙 등의 C아파트 거실 창문에서 바라보았을 때 하늘이 보이는 면적 비율), 사생활침해율을 비교하여 보면, 대체적으로 C아파트의 일조시간, 한강조망률, 천공률은 감소한 반면, 사생활침해 가능성은 증가한 곳도 있고 감소한 곳도 있다. 이에 丙·丁 등은 甲·乙을 상대로 하여 일조권의 침해, 조망권의 침해, 사생활 침해 등을 이유로 하여 손해배상을 청구하였다.

| 원심 | 원고 丁 등을 제외한 나머지 원고들(丙 등)이 누리던 한강 조망의 이익은 법적인 보호의 대상이 되는 것으로서 그에 대한 피고의 침해행위의 정도가 수인한도를 초과하여 위법하므로 피고의 한강 조망침해 행위는 불법행위에 해당한다고 판단하였다(그 외에 다른 환경침해도 문제되었으나, 이하에서는 조망이익의 침해를 중심으로 서술한다).

| 판지 | (1) 어느 토지나 건물의 소유자가 종전부터 향유하고 있던 경관이나 조망이 그에게 하나의 생활이익으로서의 가치를 가지고 있다고 객관적으로 인정된다

면 법적인 보호의 대상이 될 수 있는 것인바, 이와 같은 조망이익은 원칙적으로 특정의 장소가 그 장소로부터 외부를 조망함에 있어 특별한 가치를 가지고 있고, 그와 같은 조망이익의 향유를 하나의 중요한 목적으로 하여 그 장소에 건물이 건축된 경우와 같이, 당해 건물의 소유자나 점유자가 그 건물로부터 향유하는 조망이익이 사회통념상 독자의 이익으로 승인되어야 할 정도로 중요성을 갖는다고 인정되는 경우에 비로소 법적인 보호의 대상이 되는 것이라고 할 것이고, 그와 같은 정도에 이르지 못하는 조망이익의 경우에는 특별한 사정이 없는 한 법적인 보호의 대상이 될 수 없다고 할 것이다.

그리고 조망이익이 법적인 보호의 대상이 되는 경우에 이를 침해하는 행위가 사법상 위법한 가해행위로 평가되기 위해서는 조망이익의 침해 정도가 사회통념상 일반적으로 인용하는 수인한도를 넘어야 하고, 그 수인한도를 넘었는지 여부는 조망의 대상이 되는 경관의 내용과 피해건물이 입지하고 있는 지역에 있어서 건조물의 전체적 상황 등의 사정을 포함한 넓은 의미에서의 지역성, 피해건물의 위치 및 구조와 조망상황, 특히 조망과의 관계에서의 건물의 건축 · 사용목적 등 피해건물의 상황, 주관적 성격이 강한 것인지 여부와 여관 · 식당 등의 영업과 같이 경제적 이익과 밀접하게 결부되어 있는지 여부 등 당해 조망이익의 내용, 가해건물의 위치 및 구조와 조망방해의 상황 및 건축 · 사용목적 등 가해건물의 상황, 가해건물 건축의 경위, 조망방해를 회피할 수 있는 가능성의 유무, 조망방해에 관하여 가해자 측이 해의(害意)를 가졌는지의 유무, 조망이익이 피해이익으로서 보호가 필요한 정도 등 모든 사정을 종합적으로 고려하여 판단하여야 한다.

(2) 원심이 원고 丙 등의 한강 조망이익은 법적인 보호의 대상이 된다거나 피고들의 침해행위의 정도가 수인한도를 초과하여 위법하다는 원심의 판단은 다음과 같은 이유에서 수긍하기 어렵다.

1) 우선, 위 원고들이 조망을 누리던 한강의 경관이 매우 아름다운 것으로서 법적으로 보호받는 조망의 대상이 되기에 충분하다고 할 것이지만, 위 원고들이 구분소유하는 C아파트가 그 장소로부터 한강을 조망함에 있어 특별한 가치를 가지고 있다고 할 수는 없다.

조망의 대상과 그에 대한 조망의 이익을 누리는 건물 사이에 타인 소유의 토지가 있지만 그 토지 위에 건물이 건축되어 있지 않거나 저층의 건물만이 건축되어 있어 그 결과 타인의 토지를 통한 조망의 향수가 가능하였던 경우 그 타인은 자신의 토지에 대한 소유권을 자유롭게 행사하여 그 토지 위에 건물을 건축할 수 있고 그 건물 신축이 국토의 계획 및 이용에 관한 법률에 의하여 정해진 지역의 용도에 부합하고 건물의 높이나 이격거리에 관한 건축관계법규에 어긋나지 않으며 조망향수자가 누리던 조망의 이익을 부당하게 침해하려는 해의에 의한 것으로서 권리의 남용에 이를 정도가 아닌 한 인접한 토지에서 조망의 이익을 누리던 자라도 이를 함부로 막을 수는 없으며, 따라서 조망의 이익은 주변에 있는 객관적 상황의 변화에 의하여 저절로 변용 내지 제약을 받을 수밖에 없고, 그 이익의 향수자가 이러한 변화를 당연히 제약할 수 있는 것도 아니다.

C아파트와 한강 사이에는 강북강변도로와 B아파트의 부지인 토지가 있고 B아파트가 건축되기 전에 그 토지 위에는 C아파트보다 먼저 건축된 A아파트 18개 동이 있었음에도 위 원고들이 그동안 한강 조망을 누릴 수 있었던 것은 철거된 A아파트가 5층인 반면 C아파트는 그보다 높은 10층이었기 때문인데, C아파트와 B아파트가 있는 이촌동 일대는 고층아파트의 건축이 허용되는 지역이고 B아파트 부지에 있던 A아파트는 이미 건축된 지 30년 정도 경과하여 그 자리에 재건축이 이루어지는 경우 고층아파트가 건축되리라는 점은 쉽게 예상할 수 있었다고 보아야 한다. 따라서 위 원고들이 한강 조망의 이익을 누리던 C아파트가 언제나 한강 조망에 있어 특별한 가치를 가진다고 볼 수는 없고, 나아가 5층짜리 A아파트의 뒤에 그보다 높은 10층짜리 건물을 세움으로써 C아파트의 한강 조망을 확보한 것처럼, 보통의 지역에 인공적으로 특별한 시설을 갖춤으로써 누릴 수 있게 된 조망의 이익은 법적으로 보호받을 수 없다고 하여야 한다. 만일 이러한 경우까지 법적으로 보호받는 조망의 이익이라고 인정한다면 그 건물과 조망의 대상 사이에 있는 토지에는 그 누구도 고층 건물을 건축할 수 없다는 결론이 되어 부당하기 때문이다.

결국 위 원고들이 구분소유하는 C아파트는 그 장소로부터 한강을 조망함에 있어 특별한 가치를 가지고 있어 그 조망의 이익이 사회통념상 독자의 이익으로 승인되어야 할 정도로 중요성을 갖는다고 인정하기 어렵다고 할 것이다.

2) 나아가 앞서 본 법리에 비추어 위 원고들이 누리던 한강 조망의 이익의 중요성 및 그에 대한 보호의 필요성과 피고들의 B아파트 건설의 필요성 및 상당성을 비교해 보더라도, 피고들의 고층 아파트 건축으로 인한 위 원고들의 한강 조망의 이익 침해 정도가 사회통념상 일반적으로 인용하는 수인한도를 넘는다고 보기 어렵다.

앞서 본 것처럼 C아파트와 B아파트가 있는 지역은 고층 아파트의 건설이 가능한 지역이므로 B아파트 부지의 소유자인 피고 甲이나 그로부터 아파트 건축공사를 수급한 피고 乙이 19층 내지 25층짜리 B아파트를 건축하는 것은 토지의 소유권에 기초한 것으로서 특별한 사정이 없는 한 정당한 권리행사범위 내에 있다고 보아야 하고, C아파트는 B아파트 단지의 북동쪽 모서리에 자리잡고 있으므로 그 앞에 고층아파트가 건축되는 경우 C아파트에서의 한강 조망이 제한되는 것은 당연하다고 할 것이다. 그렇기 때문에 피고들로서는 가능한 한 C아파트 거주자들의 한강 조망이 가장 적게 침해되는 방법으로 아파트를 건축함으로써 C아파트 거주자들을 배려하여야 하고, 만일 C아파트 거주자들이 종전에 누리던 한강 조망의 이익 침해를 최소화할 방법이 있다면 이를 외면하여 다른 방법을 선택하여서는 아니된다고 할 것이다. 그런데 앞서 본 B아파트의 동수 및 각 동의 층수, B아파트의 배치 상황을 고려하여 보면, 건축 당시 아파트의 방향이나 높이를 위 원고들의 조망에 유리하도록 배려할 여지가 전혀 없었다고는 할 수 없겠지만, 단지 자체의 규모, 단지 배치의 합리성, 각 동 사이에 확보되어야 할 공간 등에 비추어 보면 그 배치를 달리 하더라도 위 원고들의 조망이 그리 크게 개선될 것으로 보이지 않는다.

■ 쟁 점

이 판결은 조망이익이 법적인 보호의 대상이 되기 위한 요건과 조망이익의 침해행위가 사법상 위법한 가해행위로 평가되기 위한 요건 및 그 판단 기준을 구체적으로 다룬 사건이다.

■ 검토할 사항

□ 조망이익이 법적인 보호의 대상이 되기 위한 요건은 무엇인가?

□ 조망이익의 침해행위가 사법상 위법한 가해행위로 평가되기 위한 요건 및 그 판단 기준은 무엇인가?

■ 관련사례

□ A아파트는 원래 앞의 토지보다 낮은 지역에 건축한 것이었지만 고층의 아파트였기 때문에 상당한 조망을 갖게 되었다. 그런데 이 A아파트의 앞에 지대가 높은 지상에 새로이 B아파트를 건축하게 되자 이 조망의 이익을 상실하게 되어 A아파트의 소유자 등이 B아파트의 소유자 등에게 손해배상을 청구하였다. 이 청구는 타당한가? (대판 2007.9.7. 2005다72485)

■ 기타 검토사항

□ 조망의 대상과 그에 대한 조망의 이익을 누리는 건물 사이에 있는 타인 소유의 토지에 건물이 건축되어 있지 않거나 저층의 건물만이 건축되어 있어 그 타인의 토지를 통한 조망의 향수가 가능하였던 경우, 그 토지상의 건물 신축으로 인한 조망이익의 침해가 인정되는가?

■ 참고문헌

□ 서민석, 조망이익의 침해행위가 사법상 위법한 가해행위로 평가되기 위한 요건과 그 판단 기준 및 건물 신축으로 인한 일조방해가 불법행위를 구성하는지 여부의 판단 기준 등, 대법원판례해설 67호(2007.12.), 263-331, 법원도서관.

□ 이태철, 조망권 침해와 손해배상청구권, 동아법학40호(2007.8.), 187-215, 동아대학교법학연구소.

Ⅲ. 의료과오

1. 환자와 의사 사이의 의료관계

(1) 의료계약과 환자의 자기결정권

대판 2009.5.21. 2009다17417

| 사안 | 고령의 여성인 甲(원고)은 2008.2.18. 폐암 발병 여부를 확인하기 위하여 乙(피고) 산하 A 병원에서 기관지내시경을 이용한 폐종양 조직 검사를 받던 중 과다 출혈 등으로 인하여 심정지가 발생하였다. 이에 A 병원의 주치의 등은 심장마사지 등을 시행하여 심박동기능을 회복시키고 인공호흡기를 부착하였으나 甲은 저산소성 뇌손상을 입고 중환자실로 이송되었다. 甲은 저산소증에 의한 뇌손상을 입고 A 병원의 중환자실에서 인공호흡기를 부착하고 치료를 받고 있다. 이 때부터 甲은 지속적 식물인간상태(persistent vegetative state)에 있으며, A 병원의 중환자실에서 인공호흡기를 부착한 상태로 항생제 투여, 인공영양 공급, 수액 공급 등의 치료를 받아오고 있고 인공호흡기를 제거하면 곧 사망에 이르게 된다. 甲의 자녀인 丙은 A 병원에 인공호흡기 제거를 요청하였으나, A 병원측에서는 이를 거부하였다. 이에 甲과 그의 자녀인 丙은 乙을 상대로 인공호흡기의 제거를 구하는 민사소송을 제기하였다.

| 소송의 경과 | 1. 원심은 환자가 회생가능성이 없는 회복불가능한 사망과정에 진입한 경우에 환자의 진지하고 합리적인 치료중단 의사가 추정될 수 있다면 사망과정의 연장에 불과한 진료행위를 중단할 수 있다는 취지로 판단하여, 원고의 청구를 인용하였다.

2. 피고는 상고이유에서, 생명권은 인간 존엄성의 기초를 이루는 선험적이고 자연법적인 권리로서 헌법에 규정된 모든 기본권의 전제로서 기능하는 기본권 중의 기본권으로 어느 누구도 타인의 생명을 침해하여서는 아니 될 의무가 있으며, 따라서 치료에 관한 환자의 자기결정권의 행사는 생명권과 충돌하는 경우 생명의 보호를 위해 그 제한이 불가피하다고 하면서, ① 연명치료 중단의 허용기준에 관하여 다투고, 나아가 ② 원고는 회복불가능한 사망의 단계에 진입하지 않았으며, ③ 원고의 진료중단을 구하는 의사가 추정되지 않는다고 주장하였다.

| 판지 | 위의 상고이유 중에서, ①에 관한 상고이유에 대한 대법원의 판단만을 살핀다.

1. **연명치료 중단의 허용기준에 관한 상고이유에 대하여**

가. 의료계약에 따른 진료의무의 내용

환자가 의사 또는 의료기관('의료인')에게 진료를 의뢰하고, 의료인이 그 요청에 응하여 치료행위를 개시하는 경우에, 의료인과 환자 사이에는 의료계약이 성립된다. 의료계약에 따라 의료인은 질병의 치료 등을 위하여 모든 의료지식과 의료기술을 동원하여 환자를 진찰하고 치료할 의무를 부담하며 이에 대하여 환자 측은 보수를 지급할 의무를 부담한다.

질병의 진행과 환자 상태의 변화에 대응하여 이루어지는 가변적인 의료의 성질로 인하여, 계약 당시에는 진료의 내용 및 범위가 개괄적이고 추상적이지만, 이후 질병의 확인, 환자의 상태와 자연적 변화, 진료행위에 의한 생체반응 등('환자의 건강상태 등')에 따라 제공되는 진료의 내용이 구체화되므로, 의료인은 환자의 건강상태 등과 당시의 의료수준 그리고 자기의 지식경험에 따라 적절하다고 판단되는 진료방법을 선택할 수 있는 상당한 범위의 재량을 가진다.

그렇지만 환자의 수술과 같이 신체를 침해하는 진료행위를 하는 경우에는 질병의 증상, 치료방법의 내용 및 필요성, 발생이 예상되는 위험 등에 관하여 당시의 의료수준에 비추어 상당하다고 생각되는 사항을 설명하여 당해 환자가 그 필요성이나 위험성을 충분히 비교해 보고 그 진료행위를 받을 것인지의 여부를 선택하도록 함으로써 그 진료행위에 대한 동의를 받아야 한다. 환자의 동의는 헌법 제10조에서 규정한 개인의 인격권과 행복추구권에 의하여 보호되는 자기결정권을 보장하기 위한 것으로서, 환자가 생명과 신체의 기능을 어떻게 유지할 것인지에 대하여 스스로 결정하고 진료행위를 선택하게 되므로, 의료계약에 의하여 제공되는 진료의 내용은 의료인의 설명과 환자의 동의에 의하여 구체화된다고 할 수 있다.

나. 생명과 관련된 진료의 거부 또는 중단

자기결정권 및 신뢰관계를 기초로 하는 의료계약의 본질에 비추어 강제진료를 받아야 하는 등의 특별한 사정이 없는 한 환자는 자유로이 의료계약을 해지할 수 있다 할 것이며(민법 제689조 제1항), 의료계약을 유지하는 경우에도 환자의 자기결정권이 보장되는 범위 내에서는 제공되는 진료행위의 내용 변경을 요구할 수 있을 것이다.

따라서 환자의 신체 침해를 수반하는 구체적인 진료행위가 환자의 동의를 받아 제공될 수 있는 것과 마찬가지로, 그 진료행위를 계속할 것인지 여부에 관한 환자의 결정권 역시 존중되어야 하며, 환자가 그 진료행위의 중단을 요구할 경우에 원칙적으로 의료인은 이를 받아들이고 다른 적절한 진료방법이 있는지를 강구하여야 할 것이다.

그러나 인간의 생명은 고귀하고 생명권은 헌법에 규정된 모든 기본권의 전제로서 기능하는 기본권 중의 기본권이라 할 것이므로, 환자의 생명과 직결되는 진료행위를 중단할 것인지 여부는 극히 제한적으로 신중하게 판단하여야 한다.

다. 회복불가능한 사망 단계에 진입한 환자에 대한 진료중단의 허용 요건

(1) 의학적으로 환자가 의식의 회복가능성이 없고 생명과 관련된 중요한 생체기능의 상실을 회복할 수 없으며 환자의 신체상태에 비추어 짧은 시간 내에 사망에 이를 수 있음이 명백한 경우('회복불가능한 사망의 단계')에 이루어지는 진료행위('연명치료')는 원인이 되는 질병의 호전을 목적으로 하는 것이 아니라 질병의 호전을 사실상 포기한 상태에서 오로지 현 상태를 유지하기 위하여 이루어지는 치료에 불과하므로, 그에 이르지 아니한 경우와는 다른 기준으로 진료중단 허용 가능성을 판단하여야 한다.

환자가 회복불가능한 사망의 단계에 진입한 경우, 환자는 전적으로 기계적인 장치에 의존하여 연명하게 되고, 전혀 회복가능성이 없는 상태에서 결국 신체의 다른 기능까지 상실되어 기계적인 장치에 의하여서도 연명할 수 없는 상태에 이르기

를 기다리고 있을 뿐이므로, 의학적인 의미에서는 치료의 목적을 상실한 신체 침해 행위가 계속적으로 이루어지는 것이라 할 수 있으며, 이는 죽음의 과정이 시작되는 것을 막는 것이 아니라 자연적으로는 이미 시작된 죽음의 과정에서의 종기를 인위적으로 연장시키는 것으로 볼 수 있다.

생명권이 가장 중요한 기본권이라고 하더라도 인간의 생명 역시 인간으로서의 존엄성이라는 인간 존재의 근원적인 가치에 부합하는 방식으로 보호되어야 할 것이다. 따라서 이미 의식의 회복가능성을 상실하여 더 이상 인격체로서의 활동을 기대할 수 없고 자연적으로는 이미 죽음의 과정이 시작되었다고 볼 수 있는 회복불가능한 사망의 단계에 이른 후에는, 의학적으로 무의미한 신체 침해 행위에 해당하는 연명치료를 환자에게 강요하는 것이 오히려 인간의 존엄과 가치를 해하게 되므로, 이와 같은 예외적인 상황에서 죽음을 맞이하려는 환자의 의사결정을 존중하여 환자의 인간으로서의 존엄과 가치 및 행복추구권을 보호하는 것이 사회상규에 부합되고 헌법정신에도 어긋나지 아니한다고 할 것이다.

그러므로 회복불가능한 사망의 단계에 이른 후에 환자가 인간으로서의 존엄과 가치 및 행복추구권에 기초하여 자기결정권을 행사하는 것으로 인정되는 경우에는 특별한 사정이 없는 한 연명치료의 중단이 허용될 수 있다.

(2) 환자가 회복불가능한 사망의 단계에 이르렀을 경우에 대비하여 미리 의료인에게 자신의 연명치료 거부 내지 중단에 관한 의사를 밝힌 경우('사전의료지시')에는 비록 진료 중단 시점에서 자기결정권을 행사한 것은 아니지만, 사전의료지시를 한 후 환자의 의사가 바뀌었다고 볼 만한 특별한 사정이 없는 한 사전의료지시에 의하여 자기결정권을 행사한 것으로 인정할 수 있다.

다만 이러한 사전의료지시는 진정한 자기결정권 행사로 볼 수 있을 정도의 요건을 갖추어야 한다. 따라서 의사결정능력이 있는 환자가 의료인으로부터 직접 충분한 의학적 정보를 제공받은 후 그 의학적 정보를 바탕으로 자신의 고유한 가치관에 따라 진지하게 구체적인 진료행위에 관한 의사를 결정하여야 하며, 이와 같은 의사결정 과정이 환자 자신이 직접 의료인을 상대방으로 하여 작성한 서면이나 의료인이 환자를 진료하는 과정에서 위와 같은 의사결정 내용을 기재한 진료기록 등에 의하여 진료 중단 시점에서 명확하게 입증될 수 있어야 비로소 사전의료지시로서의 효력을 인정할 수 있다.

환자 본인의 의사에 따라 작성된 문서라는 점이 인정된다고 하더라도, 의료인을 직접 상대방으로 하여 작성하거나 의료인이 참여한 가운데 작성된 것이 아니라면, 환자의 의사결정능력, 충분한 의학적 정보의 제공, 진지한 의사에 따른 의사표시 등의 요건을 갖추어 작성된 서면이라는 점이 문서 자체에 의하여 객관적으로 확인되지 않으므로 위 사전의료지시와 같은 구속력을 인정할 수 없고, 아래에서 보는 바와 같이 환자의 의사를 추정할 수 있는 객관적인 자료의 하나로 취급할 수 있을 뿐이다.

(3) 한편 환자의 사전의료지시가 없는 상태에서 회복불가능한 사망의 단계에 진입한 경우에는 환자에게 의식의 회복가능성이 없으므로 더 이상 환자 자신이 자기결정권을 행사하여 진료행위의 내용 변경이나 중단을 요구하는 의사를 표시할 것을 기대할 수 없다. 그러나 환자의 평소 가치관이나 신념 등에 비추어 연명치료를 중단하는 것이 객관적으로 환자의 최선의 이익에 부합한다고 인정되어 환자에게 자기결정권을 행사할 수 있는 기회가 주어지더라도 연명치료의 중단을 선택하였을 것이라고 볼 수 있는 경우에는, 그 연명치료 중단에 관한 환자의 의사를 추정할 수 있다고 인정하는 것이 합리적이고 사회상규에 부합된다.

이러한 환자의 의사 추정은 객관적으로 이루어져야 한다. 따라서 환자의 의사를 확인할 수 있는 객관적인 자료가 있는 경우에는 반드시 이를 참고하여야 하고, 환자가 평소 일상생활을 통하여 가족, 친구 등에 대하여 한 의사표현, 타인에 대한 치료를 보고 환자가 보인 반응, 환자의 종교, 평소의 생활 태도 등을 환자의 나이, 치료의 부작용, 환자가 고통을 겪을 가능성, 회복불가능한 사망의 단계에 이르기까지의 치료 과정, 질병의 정도, 현재의 환자 상태 등 객관적인 사정과 종합하여 환자가 현재의 신체상태에서 의학적으로 충분한 정보를 제공받는 경우 연명치료 중단을 선택하였을 것이라고 인정되는 경우라야 그 의사를 추정할 수 있을 것이다.

(4) 환자 측이 직접 법원에 소를 제기한 경우가 아니라면, 환자가 회복불가능한 사망의 단계에 이르렀는지 여부에 관하여는 전문의사 등으로 구성된 위원회 등의 판단을 거치는 것이 바람직하다.

2. 이 사건에 대한 판단

원심은 환자가 회생가능성이 없는 회복불가능한 사망과정에 진입한 경우에 환자의 진지하고 합리적인 치료중단 의사가 추정될 수 있다면 사망과정의 연장에 불과한 진료행위를 중단할 수 있다는 취지로 판단하였는바, 원심이 연명치료 중단의 기준으로 삼은 위와 같은 사유는 위에서 살펴본 회복불가능한 사망의 단계에 이른 경우의 연명치료 중단에 관한 법리와 같은 취지이므로 정당하다.

■ 쟁 점

위 판결은 이른바 연명치료중단사건으로 식물인간 상태의 사람에 대한 인공호흡기 제거의 요건과 절차, 호흡기 제거의 주체와 권한이 문제되었다.

■ 검토할 사항

□ 甲은 스스로 위와 같은 소송을 제기할 수 있는가? 만약 스스로 위와 같은 소송을 제기할 수 없다면 후견인이나 특별대리인을 통한 소 제기는 가능한가? (대판 2010.4.29. 2009므639, 대판 2010.4.8. 2009므3652)

□ 甲의 인공호흡기를 제거할 수 있는 법리적 근거는 무엇이며, 그 권한은 누구에게 있는가?

■ 관련사례

□ 후견인이 의사무능력 상태에 있는 금치산자(피성년후견인)를 대리하여 그 배우자를 상대로 재판상 이혼을 청구할 수 있는가? (대판 2010.4.29. 2009므639)

■ 참고문헌

□ 김천수, 연명치료에 관한 계약법적 고찰, 성균관법학 21권 3호(2009.12.), 77-102.

□ 박철, 연명치료 중단의 허용기준, 민사판례연구 32권(2010.2.), 53-92.

□ 석희태, 연명의료의 중단, 의료법학 10권 1호(2009), 263-306.

□ 이석배, 연명치료중단의 기준과 절차: 대법원 2009.5.21. 선고 2009다17417 판결이 가지는 문제점을 중심으로, 형사법연구 제21권 제2호(통권 39호)(2009), 147-170.

(2) 의료관계에서의 권리 · 의무

㈎ 설명의무

대판 2002.10.25. 2002다48443

| 사안 | 甲(원고)은 1993.10.7.경 乙(피고) 운영의 병원에 찾아와 미인대회에 출전하고자 하는데 이마와 턱을 높이고 눈 쌍꺼풀 수술을 하고 싶다며 성형수술에

관하여 상담을 한 후 1993.11.17. 6,000,000원을 乙에게 지급하고 턱과 이마 부위에 실리콘 보형물을 삽입하는 수술과 눈 쌍꺼풀 수술을 받았다. 그 뒤 甲이 국제미인대회에 한국대표로 출전하는 등 별 지장 없이 활동을 하다가 乙에게 재수술을 요구하여 1994.12.13.경 쌍꺼풀의 크기를 약간 줄이고 이마와 턱에 넣었던 보형물의 크기를 보다 얇은 것으로 교체하는 추가교정수술을 받았다. 그런데 1997.12.경부터 甲의 턱 부위에 삽입된 실리콘이 대각선으로 이동하기 시작하여 1998.10.경에는 실리콘 보형물이 입안 내로 일부 돌출되었고, 실리콘을 삽입하면서 머리 부위에 생긴 5cm의 반흔에 부분적으로 머리털이 재생되지 않았다. 이에 甲은 乙을 상대로 손해배상청구를 하였다.

| 판지 | 성형수술의 경우 그 성질상 긴급을 요하지 않고 성형수술을 한다 하더라도 외관상 다소 간의 호전이 기대될 뿐이며 수술 후의 상태가 환자의 주관적인 기대치와 다른 경우가 있을 수 있으므로, 의사는 환자에게 치료의 방법 및 필요성, 치료 후의 개선 상태 및 부작용 등에 관하여 구체적인 설명을 하여 환자가 그 의료행위를 받을 것인가의 여부를 선택할 수 있도록 하여야 할 의무가 있다 할 것인데, 피고가 원고에게 위와 같은 정도의 설명을 하여 원고가 수술을 결정하였음을 인정할 만한 증거가 없고, 오히려 원심의 피고본인신문결과 등에 의하면, 피고는 위 성형수술 당시 원고에게 위 수술의 부작용으로서 출혈, 염증, 보형물의 크기가 본인이 원하는 것이 아닐 경우가 있을 수 있으며, 머리 절개 부위는 머리털이 자라서 회복이 되는데 일부 미세하게 안 자라는 부분이 있을 수 있다고 설명하였을 뿐 위 보형물이 움직일 수 있다는 점에 대하여는 충분한 설명이 없이 수술한 사실이 인정된다. 따라서 피고는 위 수술을 함에 있어서 설명의무를 위반하여 원고가 수술을 할 것인지 여부를 결정할 수 있는 권리를 침해하였다 할 것이고 이로 인하여 원고에게 가한 정신적 손해를 배상할 책임이 있다.

■ 쟁 점

위 판결에서는 성형수술이 의료행위에 해당하는지 여부, 설명의무의 범위와 내용, 설명의무위반으로 인한 손해의 범위 등이 문제되었다.

■ 검토할 사항

□ 설명의무위반을 이유로 위자료만을 청구하는 경우와 위자료 외에 재산적 손해를 청구하는 경우가 그 손해배상요건에서 어떤 차이가 있는가? (대판 2007.5.31.

2005다5867)

■ 관련사례

□ 환자가 이미 알고 있거나 상식적인 내용까지 의료진이 설명하여야 하는가? 환자가 위험성을 알면서도 스스로의 결정에 따라 진료를 거부한 경우, 설명의무 위반에 대하여 의료진의 책임을 물을 수 있는가? (대판 2011.11.24. 2009다70906)

□ 환자에게 발생한 중대한 결과가 의사의 침습행위로 인한 것이 아니거나 환자의 자기결정권이 문제되지 아니하는 사항에 관한 것은 위자료 지급대상인 설명의무 위반이 될 수 있는가? (대판 1995.4.25. 94다27151)

□ 의료행위에 따르는 후유증이나 부작용 등의 위험발생 가능성이 희소하다는 사정만으로 의사의 설명의무가 면제될 수 있는가? (대판 2007.9.7. 2005다69540)

□ 설명의무 위반으로 인하여 지급할 의무가 있는 위자료에는 어떤 것이 포함되는가? (대판 2013.4.26. 2011다29666)

■ 참고문헌

□ 김재형, 한약업사의 설명의무: 의사의 설명의무 법리의 연장선상에 있는가?, 인권과 정의 334호(2004.6.), 205-223.

□ 민유숙, 의료과오로 인한 손해배상소송에 있어서 인과관계 · 과실의 추정과 설명의무, 대법원판례해설 51호(2004 하반기)(2005.6.), 279-305.

□ 범경철, 의사의 설명의무와 환자의 자기결정권, 의료법학 4권 2호(2003.12.), 348-376.

□ 이경환, 의료과실소송에서의 설명의무에 대한 고찰: 판례를 중심으로, 대전지방변호사회지 3호(2005.3.), 269-280.

□ 이수경, 의사의 설명의무위반으로 인한 손해배상책임, 판례연구 24집(1)(2010.9.), 72-120.

㈏ 전원의무

대판 2005.6.24. 2005다16713

| 사안 | 甲(원고의 피상속인)은 복부에 자상을 입고서 약 30분이 경과된 후 乙 의료법인(피고) 운영 병원(이하 '乙 병원'이라 한다) 응급실에 도착하였다. 乙 병원의 의사 A는 甲이 내원시 복부출혈과 소장돌출을 보여 乙 병원 일반외과 과장 B가 응급수술 준비를 지시하였음에도 병원 중환자실에 빈 병상이 없다는 사실을 확인한 후 甲이 즉각적인 응급개복술을 필요로 하는 환자가 아닌 것으로 잘못 판단하고서

응급개복술의 실시가 불가능한 丙 의료법인(피고) 운영 병원(이하 '丙 병원'이라 한다)으로 전원을 요청하였다. 전원 과정에서 丙 병원 의사 C가 즉각적인 응급개복술을 실시할 능력이 없다며 甲의 상태를 묻는 질문에 대하여 乙 병원 의사 A는 甲의 혈색소 수치나 생체징후가 이상이 없고, 특별한 출혈소견은 보이지 않고, 수술도 급하지 않다는 등의 대답만을 하고서 응급실에서의 초기상황과 시행된 처치에 대한 반응 등에 관한 정보를 제공하지 않았다. 이후 丙 병원으로 이송된 甲은 丙 병원으로 전원 직후 사망하였다. 이에 甲의 유족들은 乙 의료법인과 丙 의료법인을 상대로 손해배상청구를 하였다.

| 원심 | 乙 의료법인에 대해서 甲의 전원과정에서 즉각적인 응급수술을 받아야 할 환자임에도 불구하고 환자의 상태를 잘못 판단하여 즉각적인 응급수술이 불가능한 병원으로 전원시키고, 또한 전원과정에서 환자의 초기상황과 시행된 처치에 대한 정보를 제공하지 아니한 결과 환자에 대한 즉각적인 응급수술의 실시가 지연됨으로써 환자가 사망에 이르게 된 것으로 보아 병원측의 전원상의 과실과 환자의 사망 사이의 인과관계를 인정하여 손해배상책임을 인정하고, 丙 의료법인에 대해서도 乙 병원 의사 A에게 甲의 내원하였을 당시의 상황이나 시행한 조치, 그리고 혈압 등 환자의 생체징후가 수액투여로 정상으로 유지되고 있는 것은 아닌지, 특별한 출혈소견이 보이지 않는다고 판단한 근거가 무엇인지 등에 대하여 구체적이고도 추가적인 질문을 하여 복부자상 환자인 망인에 대한 정확한 정보를 얻음으로써 즉각적인 응급개복술이 필요한 환자인지 여부를 확인하여 즉각적인 응급개복술을 실시할 수 있는 다른 병원으로 전원하도록 할 의무가 있음에도 위 A로부터 甲이 안정적이라는 이야기만을 듣고 더 이상의 정확한 상태에 대하여 확인하지 아니한 채 丙 병원으로 전원하도록 한 잘못이 있고, 이와 같은 잘못으로 甲에 대한 즉각적인 응급개복술의 실시가 지연되어 망인이 사망한 것으로 보인다는 이유로 丙 의료법인의 책임도 일부 인정하였다.

| 판지 | 丙 의료법인의 책임과 관련하여 응급수술이 불가능한 병원의 의사가 전원요청을 받은 환자의 상태에 대해 응급수술이 필요한지 여부를 전원을 요청하는 의사로부터 확인하여 전원을 허용하였다면 전원요청을 받은 의사로서는 구체적이고 추가적인 질문을 하여 환자의 상태를 더 구체적으로 정확하게 파악한 후에야 전원을 허용할 것인지의 여부를 결정하여야 할 주의의무까지 있다고 보기는 어렵

다는 이유로, 전원을 허용한 丙 병원 의사 C의 과실을 인정한 원심판결을 파기하였다.

■ 쟁 점

전원을 의뢰하는 병원과 전원을 의뢰받는 병원 사이에서 전원환자와 관련되어 구체적으로 병원 의사들 사이에서 설명과 조치 등에 있어 이행하여야 할 내용이 무엇인지 쟁점이 되었다.

■ 검토할 사항

□ 乙 병원이 전원을 의뢰할 때 甲 환자에 대해 필요한 조치와 丙 병원에 대해 필요한 조치가 구체적으로 무엇인가?

■ 관련사례

□ 의사가 환자 내지 그 가족에게 검사 내지 치료를 할 수 있는 병원으로는 종합병원밖에 없다고 설명하면서 종합병원으로 전원할 것을 권유하였는데, 그 환자나 가족들이 개인의원으로 전원하여 증세가 악화된 데 대해 의사는 전원의무 위반의 책임이 있는가? (대판 1996.6.25. 94다13046)

■ 참고문헌

□ 배현아, 응급환자의 전원과 의사의 설명의무, 의료법학 13권 1호(2012.6.), 249-294.

□ 이재열, 응급환자 전원에 관한 판례의 태도, 의료법학 10권 1호(2009), 389-420.

㈐ 진료의무

대판 1993.7.27. 92다15031

| 사안 | 甲(원고)은 척추결핵에 대한 치료를 위하여 1986.12.16. 乙 법인(피고) 산하 병원에서 주치의인 A의 집도하에 척추전방유합술을 시술받았으나 그 직후부터 제7 흉추 이하 하반신이 마비되는 증상이 나타나 그 후 2회에 걸친 재수술을 받았음에도 불구하고 결국 회복되지 못하였고, 위와 같은 하반신 마비는 수술 중의 과실로 추정되었다. 甲은 수술 상의 과실로 발생한 하반신 마비에 대해 손해배상청구소송을 제기하였고, 乙 법인은 甲에 대해 치료비채권을 가진다고 주장하며 치료비채권을 자동채권으로 하여 甲의 손해배상청구권을 수동채권으로 하여 상

계한다고 주장하였다.

| 원심 | 乙의 甲에 대한 손해배상채무를 인정하고, 乙의 치료비채권을 자동채권으로 한 상계주장을 배척하였다.

| 판지 | 의사가 환자에게 부담하는 진료채무는 질병의 치료와 같은 결과를 반드시 달성해야 할 결과채무가 아니라 환자의 치유를 위하여 선량한 관리자의 주의의무를 가지고 현재의 의학 수준에 비추어 필요하고 적절한 진료조치를 다해야 할 채무 즉 수단채무라고 보아야 할 것이므로, 위와 같은 주의의무를 다하였는데도 그 진료 결과 질병이 치료되지 아니하였다면 치료비를 청구할 수 있으나, 의사가 위와 같은 선량한 관리자의 주의의무를 다하지 아니한 탓으로 오히려 환자의 신체기능이 회복불가능하게 손상되었고, 또 위 손상 이후에는 그 후유증세의 치유 또는 더 이상의 악화를 방지하는 정도의 치료만이 계속되어 온 것뿐이라면 의사의 치료행위는 진료채무의 본지에 따른 것이 되지 못하거나 손해전보의 일환으로 행하여진 것에 불과하여 병원측으로서는 환자에 대하여 그 수술비 내지 치료비의 지급을 청구할 수 없다. 원심이 치료비채권과 甲의 손해배상채권을 대등액에서 상계한다는 乙(피고)의 주장을 배척한 것은 이러한 취지의 것으로 보여 정당하고, 거기에 치료비채무의 성질에 관한 법리를 오해한 위법이 있다고 할 수 없다.

■ 쟁 점

위 판결에서는 의사의 수술행위에 과실(주의의무위반)이 있음에도 불구하고 치료비채권이 발생하여 환자의 손해배상채권과 상계할 수 있는지 문제되었다.

■ 검토할 사항

□ 환자의 악결과가 의료진의 주의의무위반(과실)과 상관없이 발생하는 경우라면 환자는 치료비채무를 부담하는가?

■ 관련사례

□ 의사의 설명의무 위반을 인정하면서도 의사의 치료비 청구와 관련하여서는 의사가 진료채무의 본지에 따른 선량한 관리자로서의 주의의무를 다했다고 판단하는 것도 허용되는가? (대판 2001.11.9. 2001다52568)

□ 장기간 입원 치료를 받는 경우 다른 특약이 없다면 입원 치료 중에 환자에 대하여 한 진료비채권은 퇴원시부터 소멸시효가 진행되는가? 아니면 개개의 진료가 종료될 때마다 각각의 진료에 필요한 비용의 이행기가 도래하여 그때부터 소멸

시효가 진행되는가? (위 판결)

■ 참고문헌

□ 배병일, 의료계약상의 진료채무와 진료비채무와의 관계, 사법행정 제398호, 1994, 44-56.

□ 석희태, 의료계약의 법적성질과 내용, 월간고시 통권 제242호, 1994, 14-29.

□ 최재천 · 김대학, 의사의 권리와 의무, 법조 통권 제538호, 2001, 108-149.

(라) 보호 · 감독의무

대판 2003.4.11. 2002다63275

| 사안 | 甲(원고)은 2000.3.17. 급성폐렴증세로 乙(피고) 법인 산하의 A 병원 제3병동 제706호 6인실 병실에 입원하여 침대 옆의 시정장치가 없는 사물함에 예금통장, 신용카드 등이 들어 있는 핸드백 등을 넣어 두었다. 그런데 2000.3.21. 새벽에 甲이 검사를 받기 위하여 입원실을 비운 사이에 丙이 위 사물함에서 위 핸드백 등을 절취한 후, 신용카드를 이용하여 현금을 인출하거나 물품을 구입하고 예금통장을 이용하여 예금을 인출하였다. A 병원에서는 주식회사 00시스템과 경비용역계약을 체결하여 경비원으로 하여금 순찰하게 하고 있으나 개개의 병실에 대하여는 순찰활동이 미치지 못하고 있고, 면회시간은 12:00~14:00와 18:00~20:00로 정해져 있으나 면회시간 외에 면회객이 출입하는 것이 특별히 통제되지는 않고 있다. 이에 甲은 절도죄를 범한 丙과 A 병원을 운영하는 乙 법인을 상대로 손해배상청구를 하였다.

| 판지 | 환자가 병원에 입원하여 치료를 받는 경우에 있어서, 병원은 진료뿐만 아니라 환자에 대한 숙식의 제공을 비롯하여 간호, 보호 등 입원에 따른 포괄적 채무를 지는 것인 만큼, 병원은 병실에의 출입자를 통제 · 감독하든가 그것이 불가능하다면 최소한 입원환자에게 휴대품을 안전하게 보관할 수 있는 시정장치가 있는 사물함을 제공하는 등으로 입원환자의 휴대품 등의 도난을 방지함에 필요한 적절한 조치를 강구하여 줄 신의칙상의 보호의무가 있다고 할 것이고, 이를 소홀히 하여 입원환자와는 아무런 관련이 없는 자가 입원환자의 병실에 무단출입하여 입원환자의 휴대품 등을 절취하였다면 병원은 그로 인한 손해배상책임을 면하지 못한

다. 또한 입원환자에게 귀중품 등 물건보관에 관한 주의를 촉구하면서 도난시에는 병원이 책임질 수 없다는 설명을 한 것만으로는 병원의 과실에 의한 손해배상책임까지 면제되는 것이라고 할 수 없다.

■ 쟁 점

입원환자에 대하여 병원측이 제공하여야 할 보호 및 감독의무의 내용 중에 도난방지의무가 포함되는지 여부가 문제되었다.

■ 검토할 사항

□ 입원환자에 대해서 병원측이 도난방지의무를 부담해야 하는 근거는 무엇인가? 병원측의 신체적 보호(낙상방지, 욕창방지 등)의무와 비교하여 검토하고, 외래환자와도 비교하여 검토해 보시오.

■ 관련사례

□ 전환장애를 이유로 입원 후 지속적으로 자살시도를 해 오던 환자가 급기야 창문에 압박붕대를 묶어 자살을 시도하다가 저산소성 뇌손상을 입은 경우 병원의 보호 · 감독의무 위반의 책임을 물을 수 있는가? (대판 1991.5.10. 91다5396)

■ 참고문헌

□ 손홍수, 정신질환자의 자살과 의료과오책임, 의료법학 7권 2호(2006.12.), 9-74.

2. 의료과오소송

(1) 공동불법행위책임

대판 2012.1.27. 2009다82275

| 사안 | 산부인과 전문의인 乙(피고 1)은 2004.2.18. 10:50경 甲(원고의 피상속인)에게 프로포폴과 미다졸람(도미컴)으로 마취유도를 한 후 수술을 시작하였는데, 甲이 수술 중 계속 엉덩이를 움찔하자 간호조무사인 丁(피고 3)으로 하여금 적정투여량보다 과다한 양의 마취제를 투여하게 하였다. 그러자 10:57경 맥박산소계측기에서 경고음이 울리고 甲의 호흡이 정지되었다. 乙의 요청을 받은 내과 전문의인 丙(피고 2, 乙의 남편이다)는 甲에 대하여 기관내 삽관을 시도하였으나 실패하였고, 앰부(ambu)를 사용하여 인공호흡을 하면서 11:10경 甲을 구급차에 옮겨 신

고 이송하여 11:20경 A 대학교병원 응급실에 도착하였다. A 대학교병원 의료진은 甲이 응급실로 전원된 직후 별다른 의학적 근거 없이 약 1시간 동안 3~4L 정도의 수액을 투여하였고, 甲은 산소포화도가 72%로 떨어지는 등 호흡곤란이 심해지다가 14:00경 경련을 일으켰으며, 15:00경 흉부 방사선검사에서 폐부종 소견이 발견되어 그날 저녁 무렵 이뇨제 치료를 받았으나, 의식을 회복하지 못하고 저산소성 뇌손상으로 식물인간의 상태로 있다가 4년 뒤인 2008.7.31. 사망하였다. 甲의 유족들은 乙, 丙, 丁을 상대로 손해배상청구를 하였다(A 대학교병원측을 상대로는 소송을 제기하지 않았다). 이에 대해 乙, 丙, 丁은 甲의 사망은 자신들의 과실이 아니라 A 대학교병원의 수액과다 투여 등이 원인이며 자신들의 과실과 甲의 사망 사이에는 인과관계가 없다고 주장하였다. 재판과정에서 진료기록 감정결과 등에 의하면 '응급실 도착 당시 이미 비가역적인 뇌손상이 발생하였는지, 응급실 도착 당시에는 비가역적인 뇌손상이 없었으나 그 후 폐부종과 같은 새로운 상태가 초래되어 저산소성 뇌손상이 발생한 것인지 명확히 구별하기 어렵다'는 취지의 의견을 밝히고 있고, A 대학교병원 의료진의 수액 과다투여 등 과실도 甲의 뇌손상 및 사망의 원인이 되었다고 밝혀졌다.

| 판지 | 피고 1에게는 이 사건 마취수술 과정에서 마취제를 과다하게 투여하고 호흡관리를 제대로 하지 못하는 등의 과실이 있고, 위 마취수술 당시 甲에게 뇌손상을 일으킬 만한 다른 원인이 없었으므로, 특별한 사정이 없는 한 피고 1의 위 과실과 甲의 뇌손상, 나아가 사망 사이에 상당인과관계가 있다고 추정된다. 한편 A 대학교병원 의료진의 수액 과다투여 등 과실도 망인의 뇌손상 및 사망의 원인이 되었고, 甲의 사망까지 이르게 된 데에는 A 대학교병원 의료진의 과실이 기여한 바가 훨씬 더 크다고 볼 여지가 있으나, 그렇다고 하여 甲의 뇌손상으로 인한 사망이 오로지 A 대학교병원 의료진의 과실만으로 발생하였다고 볼 수는 없다. 그렇다면 피고 1의 행위와 A 대학교병원 의료진의 행위는 각기 독립하여 불법행위의 요건을 갖추고 있으면서 객관적으로 관련되고 공동하여 위법하게 피해자에게 손해를 가한 것이므로, 서로 공동불법행위의 관계에 있다.

■ **쟁 점**

병원 간 전원(轉院)이 이루어지면서 양 병원의 의료진 모두 의료과오가 있는데 그 중 하나의 병원 의료진만을 상대로 손해배상청구를 할 경우 그 손해의 전부를 소송의 피고측에서 부담하는지 문제되었다.

■ 검토할 사항

- 간호조무사 丁(피고 3)의 손해배상책임은 인정될 수 있는가?
- A 대학교병원 의료진의 과실도 인정됨에도 乙(피고 1)과 丙(피고 2)에게 손해의 전부를 부담하라는 판결을 내릴 수 있는가?

■ 관련사례

- 교통사고로 인하여 상해를 입은 피해자가 치료를 받던 중 의사의 과실 등으로 인한 의료사고로 증상이 악화되거나 새로운 증상이 생겨 손해가 확대된 경우 공동불법행위가 성립될 수 있는 요건과 효과는 무엇인가? (대판 1997.8.29. 96다46903)
- 대한적십자사가 제공한 에이즈 바이러스에 감염된 혈액을 乙 병원에서 설명도 듣지 못하고 甲 환자가 수혈받은 경우 甲은 대한적십자사와 乙 병원 모두를 공동불법행위자로 손해배상청구를 할 수 있는가? 만약에 공동불법행위가 성립하지 않는다면 그 이유는 무엇인가? (대판 1998.2.13. 96다7854)
- 산재사고로 인하여 상해를 입은 피해자가 치료를 받던 중 치료를 하던 의사의 과실(다수의 의사가 의료행위에 관여하여 그 중 누구의 과실에 의한 것인지는 분명하게 특정할 수 없음) 등으로 인한 의료사고로 증상이 악화되거나 새로운 증상이 생겨 손해가 확대된 경우에 공동불법행위가 성립될 수 있는 요건은 무엇인가? (대판 2005.9.30. 2004다52576)

■ 참고문헌

- 김천수, 사고의 경합과 진료과오책임: 의료사고와 기타사고의 경합으로 인한 손해의 귀속을 중심으로, 의료법학 5권 2호(2004.12.), 한국사법행정학회.
- 박영규, '부진정 연대채무' 이론 비판, 민사법학 48호(2010.3.), 한국사법행정학회.
- 이종길, 수혈 관련 사고에 따른 책임의 주체와 범위, 재판과 판례 19집(2010.12.), 대구판례연구회.
- 장정희, 교통사고와 의료과오의 경합, 재판실무연구 1999(2000.1.), 광주지방법원.
- 최재천, 교통과실과 의료과실의 경합: 판례를 중심으로, 보험법률 통권 19호(1998.2.), 보험신보사.

(2) 의료과오의 유형

㈎ 진 단

대판 1999.6.11. 98다22857

| 사안 | 乙(원고 2)은 33세에 둘째 딸인 甲(원고 1)을 임신하여 11주쯤 된 때부터 출산일까지 丁 지방공사(피고 1) B 의료원에서 그 소속 산부인과 의사인 丙(피고 2)으로부터 정기적으로 진찰을 받았다. 乙은 조카들이 질병으로 수술을 받거나 사망한 가족력이 있어 임신한 甲이 정상아인지에 대하여 특별한 관심을 가지게 되어 1994.5.31. 정기진찰을 받는 과정에서 丙에게 위와 같은 사정을 말하면서 기형검사를 해줄 것을 부탁하였다. 丙은 초음파검사에 의하여 태아가 정상이라고 판단하였고 서울에 있는 기형아 전문검사기관인 00임상검사센터에 기형검사를 의뢰하여 乙은 1994.6.1. 그곳에서 에이.에프.피(AFP)검사(모체혈청 단백질 검사)를 받은 결과 정상수치 범위 내인 23.43ng/ml로 나왔다. 乙은 위 검사 후에도 계속 태아의 크기가 작다느니, 태동이 없다느니 하면서 丙에게 정기적으로 진찰을 받았는데, 그때마다 丙은 乙에게 태아가 정상이라고 진단하였다. 그런데 甲이 출생예정일보다 14일 빠른 1994.10.28. 다운증후군을 가지고서 태어났다. 乙과 甲은 다운증후군이 모자보건법 제14조 제1항 제1호에 의하여 인공임신중절이 허용되는 질환에 해당하므로, 丙이 乙에게 기형 판별확률이 비교적 높은 검사법에 대하여 아무런 설명을 하지 아니하여, 乙로 하여금 확실한 검사 방법을 택하여 태아가 기형인지의 여부를 확인하고 만일 그 태아가 기형이라면 乙로 하여금 낙태할 수 있는 기회를 상실하게 함으로써, 다운증후군을 가진 甲을 태어나게 하였다고 주장하면서, 乙의 위자료(다른 재산적 손해는 청구하지 않음)와 甲의 위자료, 향후 치료비 및 양육비 상당의 손해를 丙과 丁에게 청구하였다.

乙은 1심 패소 후 항소 및 상고를 하지 않고, 甲은 1심 패소 후 항소 및 상고를 하였다.

| 판지 | 모자보건법 제14조 제1항 제1호는 인공임신중절수술을 할 수 있는 경우로 임산부 본인 또는 배우자가 대통령령이 정하는 우생학적 또는 유전학적 정신장애나 신체질환이 있는 경우를 규정하고 있고, 모자보건법 시행령 제15조 제2항은

같은 법 제14조 제1항 제1호의 규정에 의하여 인공임신중절수술을 할 수 있는 우생학적 또는 유전학적 정신장애나 신체질환으로 혈우병과 각종 유전성 질환을 규정하고 있을 뿐인데, 기록에 의하면 다운증후군은 유전성 질환이 아님이 명백하다. 따라서 다운증후군은 위 조항 소정의 인공임신중절사유에 해당하지 않음이 명백하여 원고(甲)의 부모가 원고가 다운증후군에 걸려 있음을 알았다고 하더라도 원고를 적법하게 낙태할 결정권을 가지고 있었다고 보기 어려우므로, 원고의 부모의 적법한 낙태결정권이 침해되었음을 전제로 하는 원고의 이 사건 청구는 이 점에 있어서 이미 받아들이기 어렵다고 할 것이다. 나아가서 원고는 자신이 출생하지 않았어야 함에도 장애를 가지고 출생한 것이 손해라는 점도 이 사건 청구원인 사실로 삼고 있으나, 인간 생명의 존엄성과 그 가치의 무한함(헌법 제10조)에 비추어 볼 때, 어떠한 인간 또는 인간이 되려고 하는 존재가 타인에 대하여 자신의 출생을 막아 줄 것을 요구할 권리를 가진다고 보기 어렵고, 장애를 갖고 출생한 것 자체를 인공임신중절로 출생하지 않은 것과 비교해서 법률적으로 손해라고 단정할 수도 없으며, 그로 인하여 치료비 등 여러 가지 비용이 정상인에 비하여 더 소요된다고 하더라도 그 장애 자체가 의사나 다른 누구의 과실로 말미암은 것이 아닌 이상 이를 선천적으로 장애를 지닌 채 태어난 아이 자신이 청구할 수 있는 손해라고 할 수는 없다.

■ 쟁 점

위 판결은 다운증후군을 가지고 태어난 장애아와 부모가 원고가 되어 기형검사에 대한 설명이 부족하여 낙태할 기회를 상실하였는지, 그로 인해 장애를 가지고 태어난 자녀가 받아야 할 치료 등이 손해가 되는지 여부가 문제가 되었다.

■ 검토할 사항

□ 장애를 가진 자녀가 태어나는 것이 원치 않는 출산이 되고, 장애를 가지고 태어나는 것이 원치 않는 삶이 된다고 하여 산전검사를 담당한 의료인을 상대로 손해배상청구를 하는 것이 가진 근본문제는 무엇인가?

■ 관련 사례

□ 32세에 첫 임신을 한 기혼의 산모가 임신진단 이후 병원에서 정기적인 산전 검사와 진료를 받으면서 기형아검사를 의뢰해 병원으로부터 이상이 없다는 통보를 받은 후 출산했는데, 태아에게 선천적인 다운증후군 증세가 있어 치료받던 중 출생 후 한 달 뒤 사망한 경우 위 산모는 병원 의료진을 상대로 설명의무위반을 이

유로 한 손해배상청구를 할 수 있는가? (대판 2002.3.29. 2000다61947)
- ㅁ 의사가 임산부에 대한 상담과 각종 검사 및 초음파검사를 실시하였으나 태아의 왼쪽 손목 이하 발육부전을 발견하지 못한 경우, 의사의 과실이 인정되는가? (대판 1999.6.11. 98다33062)
- ㅁ 자궁적출수술에 있어 환자로 하여금 의사의 진단상의 과오가 없었다면 당연히 설명받았을 내용을 설명받지 못한 채 수술승낙을 하게 하였다면 의사가 설명의무를 다하지 못함으로써 환자의 승낙권을 침해한 과실이 있다고 볼 수 있는가? (대판 1992.4.14. 91다36710)

■ 참고문헌

- ㅁ 김신, 원치 않은 아이의 출생과 의사의 손해배상책임, 판례연구 12집(2001.6.), 739-762.
- ㅁ 김종필, 의사의 환자에 대한 설명의무의 본질과 범위, 대법원판례해설 40호(2002 상반기) (2002.12.), 225-238.
- ㅁ 유길수, 원치 않은 아이에 대한 의사의 민사책임 : 일본판례를 중심으로, 법학논총 7집 (2001.11.), 333-362.
- ㅁ 윤진수, 임신중절이 허용되지 않는 태아의 장애를 발견하지 못한 의사의 손해배상책임: 대법원 2002.6.25. 선고 2001다66321 판결을 중심으로, 민법학의 현대적 양상: 나암 서민 교수정년기념논문집(2006.5.), 323-346.

㈏ 수 술

대판 2012.5.9. 2010다57787

| 사안 | 약 20년 전에 위장 및 공장문합술을 받은 병력이 있는 甲(원고, 1955년생 남자)는 담낭 용종이 발견되자 2007.8.8. 乙(피고) 대학병원에 담낭절제술을 받기 위하여 입원하였다. 乙 병원 일반외과 전문의인 A는 2007.8.9. 17:50경 甲에 대하여 복강경에 의한 담낭절제술을 시작하였는데, 수술 부위인 담낭 아래쪽으로 결장과 장막 등이 심하게 유착된 것을 발견하고도 개복술로 전환하지 않고 복강경을 통하여 유착된 조직을 박리하였고, 18:30경 갑자기 출혈이 발생하고 출혈의 원인과 부위를 확인할 수 없어 지혈할 수 없게 되자 개복술로 전환하였다. A는 개복 후 甲의 우측 신장 부근의 정맥 혈관이 찢어져 심한 출혈이 있는 것을 발견하였지만, 지혈이 되지 않자 우신장 절제술(nephrectomy)을 시행한 다음 담낭을 절제하고

21:10경 수술을 마쳤다. 甲은 乙을 상대로 수술 중 그 이전에는 문제가 없던 신장을 절제하게 된 것을 이유로 손해배상청구를 하였다.

| 원심 | 피고 병원이 수술 범위를 담낭용종 절제로 한정하여 원고에 대한 전신마취를 시행한 상태에서 복강경에 의한 담낭절제술을 실시하였는데, 이 사건 복강경술 이전까지 원고의 우측 신장에는 아무런 이상이 없었으며, 수술 후 절제된 우측 신장에 대한 조직검사 결과에서도 어떠한 특이점도 발견되지 아니한 사실이 인정되는바, 사실관계가 이와 같다면 이 사건 복강경술 시행 과정에서 발생한 원고의 신장 정맥 출혈 및 이로 인한 우신장 절제는 이 사건 수술 범위 내에 속하지 아니한 것으로 일반적으로 인정되는 위 수술의 합병증의 범위를 벗어난 악결과에 해당된다고 할 것이다. 그러나 개복술 등 과거 병력으로 인하여 복강 내 유착이 극심한 환자의 경우에는 시술자가 손상된 기관을 만지기도 전에 출혈이 발생하는 경우도 있고, 유착된 장기 내지 조직에 대한 박리술을 시행하는 과정에서 이에 유착된 주위 조직 등도 간접적으로 손상될 수 있는 사실 등에 비추어 보면 원고의 과거 병력인 위 공장문합술로 인하여 생긴 복강 내 빈 공간에 장기들이 들어찬 이후 오랜 시간이 경과한 탓에 이 사건 복강경 시행 당시에는 원고의 담낭 부근 장기 및 조직 등은 해부학적인 구조의 의미가 상실될 정도로 유착이 극심하였고, 해부학적으로 담낭과 상당한 거리에 있는 우신장 정맥 또한 위와 같은 유착의 영향으로 위 담낭 부근의 장기 및 조직 등과 유착된 상태였을 것으로 보이고, 따라서 이 사건 복강경술 시행 당시 발생한 우신장 정맥의 출혈은 피고 병원 의료진의 투관침 삽입 내지 수술도구 과도 조작 등과 같은 술기상의 과실로 인한 것이 아니라 피고 병원 의료진이 유착된 결장과 장막을 박리하기 위하여 복강경용 수술 도구로 유착 부위를 잡고 움직이는 정상적인 시술 과정에서 이와 유착되어 있던 우신장 정맥이 찢어지게 되면서 발생한 것이라고 봄이 상당하다.

| 판지 | 피고 병원 의료진은 복강경에 의한 수술 초기에 원고의 유착이 심하다는 것을 발견하였는바, ① 만약 원고의 장기 및 조직의 유착상태가 해부학적 구조를 알기 어려울 정도로 심하였다면, 상대적으로 더 섬세한 조작이 가능한 개복술로 전환하였어야 함에도 복강경에 의한 수술을 계속한 과실로 인하여 신정맥 손상 및 신장 절제 상태에 이르게 하였다고 볼 수 있고, ② 반대로 만약 유착상태가 해부학적 구조를 알기 어려울 정도가 아니어서 복강경에 의한 수술이 가능한 상태였다

면, 복강경에 의한 담낭절제술 과정에서 발생하는 후복막강의 중요한 혈관 손상은 수술 자체에 수반하는 객관적 요인보다는 수술의사의 숙련도 등 주관적 요인이 작용하는 측면이 크고, 복강경에 의한 담낭절제술 과정에서 신정맥 손상으로 신장이 절제된 사례에 관하여 보고된 바도 없으며, 원고가 신정맥을 손상하지 않고는 수술할 수 없는 정도였다는 자료도 없는 점 등을 고려하면, 원고의 신정맥 손상 및 신장 절제는 피고 병원 의료진이 복강경 수술기구를 과도하게 조작하는 등의 과실로 인하여 발생하였다고 추정하는 것이 타당하다. 그럼에도 원심은 피고 병원 의료진의 과실을 인정할 증거가 부족하다는 이유로 원고의 청구를 배척하였는바, 이는 의료소송에서의 과실의 증명에 관한 법리를 오해하여 판단을 그르친 것이다.

■ 쟁 점

위 판결은 수술 중 그 이전에는 문제가 없던 신정맥 손상 및 신장 절제가 이루어지자 그것이 의료과오에 해당하는지 문제가 되었다. 원심은 의료과오가 아니라고 보았으나 대법원은 의료과오라고 보았다.

■ 검토할 사항

□ 원심과 대법원이 객관적 사실 자체를 다르게 본 것인지, 아니면 주의의무위반(과실)과 인과관계와 같은 규범적 요소를 다르게 본 것인지 판단해 보시오.

■ 관련 사례

□ 담관 조영술 후 심폐정지가 발생한 사안에서, 담도 천공이 수술 직후 발생하였는지 여부가 불분명하고, 담도 천공과 심장발작 사이의 연관 관계를 인정할 자료가 없다면 의료상 과실을 인정할 수 있는가? (대판 2007.5.31. 2005다41863)

■ 참고문헌

□ 이수경, 의사의 수술상의 주의의무, 판례연구 제16집 하(2003.1.), 145-165.

(다) 투 약

대판 2005.4.29. 2004다64067

| 사안 | 甲(원고)은 1999.2.24. 00군 보건소에서 폐결핵 판정 및 결핵약 복용 처방을 받고 위 보건소 결핵실 담당 진료원 A 등으로부터 결핵환자에게 일반적으로 처방되는 아이나, 에탐부톨(EMB), 피라진아미드, 리팜피신의 4가지 약품을 한 달

단위로 교부받아 복용하기 시작하였다. 甲이 복용한 에탐부톨은 결핵환자에게 일반적으로 처방되는 약품으로서 그 복용시에 드물게 시력감퇴가 발생할 수 있다는 것은 결핵관련 의료종사자들에게 널리 알려진 사실이고, 일반적인 약품정보 등에도 설명되고 있으며, 보건복지부 발행의 1998년도 「결핵관리사업편람」에서는 에탐부톨의 부작용인 급격한 시력감퇴가 나타나는 경우 그 복용을 곧 중단하도록 지도하게 되어 있으며, 보통의 경우 그 복용을 중단하면 시력이 서서히 회복되는 것으로 알려져 있다. 甲은 1999.2.24.부터 1999.6.28.까지 위 보건소의 처방에 따라 처음 2개월은 23.5㎎/㎏, 그 후로는 15.7㎎/㎏을 복용하다가 1999.6.26. 부여읍 소재 안과에 들러 약 3, 4일 전부터 시야가 흐리다는 이유로 상담하였다가 시신경염(의증)의 진단을 받았다. A는 1999.6.28. 甲으로부터 이를 전해 듣자 즉시 에탐부톨의 투여를 중지하고 나머지 약제만으로 결핵약을 조제하도록 조치하였다. 그러나 甲은 에탐부톨의 복용 중지에도 불구하고 시력이 회복되지 않았을 뿐만 아니라 甲의 시력은 위 보건소에서의 1999.2.24.자 최초 진료 당시에는 양안 각 1.0으로 측정되던 것이 2001.9.5. 보라매병원에서 측정한 결과는 우안 0.02, 좌안 0.01로 점점 더 나빠지게 되었다. 이에 甲은 보건소를 운영하는 대한민국 등을 상대로 소송을 제기하였다.

| 원심 | 원고는 1999.2.24.자 위 보건소 진료 당시 위 A로부터 결핵약의 복용방법, 주의사항(금주, 금연, 과도한 노동중지 등)과 함께 "이상증세가 있을 경우 보건소에 나와 상담, 검진을 받도록" 고지받았음에도 1999.3.18.경 간기능 재검사를 위해 위 보건소를 방문한 것 이외에는 1999.4.24. 및 5.24.의 각 정기 검진예정일에도 보건소를 방문하지 않고 처를 시켜서 약만 수령해 가는가 하면 복용 도중에도 술을 자주 마시고 밤늦게까지 전등 불빛 아래에서 버섯재배작업을 하였던 바, 위 인정 사실에 의하면 위 보건소 결핵담당 진료원인 A 및 충청남도 내의 보건소 등록 결핵환자들에 대한 진단 및 치료 등의 의료를 담당하는 공중보건의인 B 등으로서는 결핵환자에 대한 보건소 의료진으로서의 주의의무를 다하였다고 봄이 상당하고, 한편 의사 등 의료종사자에게 요구되는 의료행위에 수반되는 부작용 등의 설명의무는 그것이 당해 의료행위로 인하여 예상되는 위험이 아니거나 당시의 의료수준에 비추어 예견할 수 없는 위험인 경우에까지 요구되는 것은 아니라 할 것인데, 위 A 등은 결핵환자에 대한 보건소 의료진으로서 당시의 의료수준과 여건하에서 요구되는 설명의무를 다하였다고 봄이 상당하다는 등의 이유를 들어 원고들

의 청구를 모두 기각하였다.

| 판지 | 의사가 진찰 · 치료 등의 의료행위를 함에 있어서는 사람의 생명 · 신체 · 건강을 관리하는 업무의 성질에 비추어 환자의 구체적인 증상이나 상황에 따라 위험을 방지하기 위하여 요구되는 최선의 조치를 취하여야 할 주의의무가 있고, 환자에 대한 수술은 물론, 치료를 위한 약품의 투여도 신체에 대한 침습을 포함하는 것인 이상 마찬가지 주의의무가 요구된다 할 것이며, 이와 같은 의료상의 주의의무는 의료행위를 할 당시 의료기관 등 임상의학 분야에서 실천되고 있는 의료행위의 수준을 기준으로 삼되, 그 의료수준은 통상의 의사에게 의료행위 당시 일반적으로 알려져 있고 또 시인되고 있는 이른바 의학상식을 뜻하므로 진료환경 및 조건, 의료행위의 특수성 등을 고려하여 규범적인 수준으로 파악되어야 할 것인바, 시각이상 등 그 복용 과정에 전형적으로 나타나는 중대한 부작용을 초래할 우려가 있는 약품을 투여함에 있어서 그러한 부작용의 발생 가능성 및 그 경우 증상의 악화를 막거나 원상으로 회복시키는 데에 필요한 조치사항에 관하여 환자에게 고지하는 것은 약품의 투여에 따른 치료상의 위험을 예방하고 치료의 성공을 보장하기 위하여 환자에게 안전을 위한 주의로서의 행동지침의 준수를 고지하는 진료상의 설명의무로서 진료행위의 본질적 구성부분에 해당한다 할 것이고, 이때 요구되는 설명의 내용 및 정도는, 비록 그 부작용의 발생가능성이 높지 않다 하더라도 일단 발생하면 그로 인한 중대한 결과를 미연에 방지하기 위하여 필요한 조치가 무엇인지를 환자 스스로 판단, 대처할 수 있도록 환자의 교육정도, 연령, 심신상태 등의 사정에 맞추어 구체적인 정보의 제공과 함께 이를 설명, 지도할 의무가 있다고 보아야 할 것이다. 위 인정 사실 및 앞서 본 사실관계를 종합하면, 이 사건 에탐부톨의 복용 이후 원고에게 발생한 시력약화 및 시신경염과 같은 증상은 에탐부톨 복용에 따른 전형적이고 대표적인 부작용으로 의료계에 널리 알려진 사실일 뿐만 아니라 보건소의 보건의료업무에 관한 지침상으로도 결핵환자에 대한 투약 및 관리에 있어 유의하여야 할 항목의 하나로 명문화되어 있고, 그 부작용의 내용 및 발생 빈도에 비추어 이를 무시할 수 있을 만큼 경미하다거나 희소하다고 보기도 어려운 이상 원고에 대한 위 투약업무를 담당한 보건진료원인 위 A 등으로서는 그 투약에 즈음하여 위와 같은 부작용의 발생 가능성 및 구체적 증상과 대처방안을 설명하여 줄 의료상의 주의의무가 존재한다고 보아야 할 것이고, 나아가 이러한 설명을 함에 있어서는 원고가 위 부작용의 증세를 자각하는 즉시 복용을

중단하고 보건소에 나와 상담하는 조치를 취할 수 있도록 구체적으로 이루어져야 지 그와 달리 원심의 인정 사실처럼 막연히 "이상증세가 있으면 보건소에 나와 상담, 검진하라."라고 이야기하거나 혹은 피고들의 항변처럼 위 약품에 첨부된 제약회사의 약품설명서에 그 부작용에 관한 일반적 주의사항이 기재되어 있다는 것만으로는 필요한 설명을 다하였다고 할 수 없고, 이는 원고가 그 시력이 1/2 정도로 약화된 시점에서 보건소가 아닌 일반 병원의 안과에 진료차 들렀다고 하는 사실이 바로 위와 같은 주의사항의 설명이 제대로 이루어지지 않았음을 반증한다고 보아야 할 것이다. 그럼에도 불구하고, 원심이 위와 같은 추상적인 주의사항의 고지 및 위 결핵약 복용과정에서 나타난 원고의 불성실한 태도와 보건소 진료업무의 특수성만을 강조하여 위 A 등이 보건소 의료진으로서 주어진 주의의무를 다하였다고 속단한 채 더 나아가 위와 같은 주의의무 위반의 점과 원고에게 나타난 시력장애의 점 사이의 구체적인 인과관계 유무 규명 등을 위하여 필요한 심리를 하지 아니한 채 이 사건 청구를 배척한 조치는 부작용의 우려 있는 약품의 투약과정에 있어서 요구되는 의료상의 주의의무에 관한 법리를 오해한 위법이 있다 할 것이고, 상고이유 중 이 점을 지적하는 취지의 주장은 이유 있다 할 것이다.

■ 쟁 점

위 판결에서는 보건소의 결핵약(에탐부톨) 투약과정에서 약물부작용인 시력감퇴를 보건소 의료진이 어느 정도 구체적으로 설명하고 지도하였는지가 문제되었다. 원심은 추상적인 형태의 주의사항 고지만으로도 설명 및 지도가 이루어진 것으로 보았으나, 대법원은 약물 부작용에 대한 구체적 설명과 지도가 이루어지지 않은 채 약물이 제공되었다고 보았다.

■ 검토할 사항

□ 통상의 의료행위 전에 의료진에 의해 이루어지는 설명의무와 본 사례에서의 설명 · 지도의무는 그 구체적 내용에서 무엇이 다른가?

■ 관련 사례

□ 甲을 수술한 의사 A(피고 1)는 甲이 퇴원할 무렵 "수술 후 몇 개월 동안 상처가 아플 수 있는데, 그 통증은 3개월 정도 지속될 수 있다. 처음에 많이 아프다가 좀 좋아지다가 또 아플 수도 있다"는 설명을 하고, 병원에서 甲에게 교부한 안내서에는 항응고제의 부작용, 위험성, 항응고제의 약효에 영향을 미치는 음식, 복용시 유의사항, 즉시 의사를 찾아야 하는 경우 등에 관한 자세한 내용이 포함되어 있

으나, 甲에게 구두로 그 내용을 설명해 준 적은 없다. 甲은 퇴원 후 며칠이 지나지 않아 호흡 곤란 등의 통증을 느꼈음에도 A가 수술 후 가슴통증이 올 수 있다고 했다면서 괜찮아질 것이라고 말하여 심각하게 생각하지 않아 즉시 피고 병원을 찾아가지 않았는데, 같은 날 21:30경 호흡 곤란이 심해지고 전기가 튀듯 두근거린다고 하며 비로소 부인에게 119 구급대를 불러 달라고 하였는데 위 구급대를 기다리던 중 의식을 잃었고, 그 후 119 구급대의 도움으로 다른 병원 응급실로 갔으나 이미 소생이 불가능한 상태가 되어 이후 사망하였다. 의사 A에게 어떤 책임이 있다고 할 수 있는가? (대판 2010.7.22. 2007다70445)

■ 참고문헌

- 김기영, 의약품의 사용설명서와 부작용에 대한 의사의 설명의무, 법조 통권 제635호(2009.8.), 242-280.
- 천대엽, 의료행위에 있어서 투약에 따른 설명의무의 정도, 대법원판례해설 2005년 상반기(통권 제54호)(2006.1.), 307-327.

(3) 의료과오의 입증책임과 입증방해

(가) 인과관계와 입증책임

대판 2006.10.27. 2004다2342

| 사안 | 乙(피고 1) 학교법인 소속 산부인과 의사 丙(피고 2)이 甲(원고)에 대한 질식분만을 시도하던 중 여의치 않자 제왕절개술을 시술하였으나 신생아는 출생 후 12시간여 만에 사망하였다. 분만과정에서 태아의 심박동 측정 결과가 다양성 심박동 감소 양상을 나타내면서 그 최저점이 정상수치의 절반에도 미치지 못하는 등 상태가 점점 악화되었음에도 불구하고 丙은 이를 태아의 안전에 별다른 영향이 없는 조기 심박동 감소로만 판단하여 집중적인 관찰과 처치를 소홀히 하고 나아가 제왕절개술을 결정하고서도 2시간이 넘어서야 시술을 함으로써 필요한 조치를 지체하였다. 이에 甲은 乙 학교법인과 산부인과 의사 丙을 상대로 손해배상청구 소송을 제기하였다. 乙과 丙은 신생아는 조기 양막파수로 인한 감염 등 다른 원인으로 말미암아 사망하였다고 주장하였다.

| 판지 | 의료행위상의 주의의무 위반으로 인한 손해배상청구에서 피해자 측에

서 일련의 의료행위 과정에 있어서 저질러진 일반인의 상식에 바탕을 둔 의료상의 과실 있는 행위를 입증하고 그 결과와 사이에 일련의 의료행위 외에 다른 원인이 개재될 수 없다는 점을 증명한 경우에는 의료상 과실과 결과 사이의 인과관계를 추정하여 손해배상책임을 지울 수 있도록 입증책임을 완화하는 것이 대법원의 확립된 판례이다. 그리고 질식분만의 시도 중 태아곤란증을 뚜렷하게 시사하는 만기심박동 감소양상이 발생한 경우는 물론, 다양성 심박동감소와 같이 그것만으로는 태아곤란증이라고 보기는 어렵더라도 이와 더불어 태아의 심박동수가 시간의 경과에 따라 정상수치보다 훨씬 낮아지고 그 빈도 및 정도가 악화되는 등 태아의 병적인 상태에 대한 의심을 배제할 수 없는 상황이 발생하였다면 분만을 담당하는 의사로서는 즉시 내진을 하여 제대탈출 여부를 확인하고 임신부의 체위 변경, 산소 및 수액공급 등의 조치를 취하여야 하고, 만약 그 후에도 태아의 심박동 측정 결과가 개선되지 않고 태아곤란증을 시사하는 양상이 나타날 때에는 제왕절개술을 통한 즉각적인 분만을 시도하는 등 산모와 태아의 안전을 위하여 필요한 조치를 신속히 취하였어야 할 것인데, 피고들은 필요한 조치를 지체한 과실이 있다.

■ 쟁 점

위 판결에서는 신생아 사망이라는 악결과에 대해 원고 측에서 제왕절개수술 결정 이후의 실제 시행까지의 지체, 태아 심박동 감소에 따른 조치의 미이행 등을 주장하였고, 피고 측에서는 조기 양막파수로 인한 감염 등 다른 원인을 주장하였다.

■ 검토할 사항

□ 만약 위 사례에서 피고(병원) 측에서 조기 양막파수로 인한 감염을 입증하였을 경우 피고측의 과실과 사망 사이의 인과관계의 추정은 번복될 수 있는가?

■ 관련 사례

□ 의료상 과실은 환자 측이 증명하여야 하는가? 아니면 병원 측이 과실 없음을 증명하여야 하는가? 그리고 증명하여야 할 내용은 무엇인가? (대판 2005.9.30. 2004다52576)

■ 참고문헌

□ 민유숙, 의료과오로 인한 손해배상소송에 있어서 인과관계 · 과실의 추정과 설명의무, 대법원판례해설 51호(2004 하반기)(2005.6.), 279-305.

□ 박영호, 의료과실소송에 있어서 과실과 인과관계의 입증과 그 방법, 저스티스 제77호(2004.2.) 90-123.

□ 범경철, 의료과오소송에 있어서의 입증책임, 의료법학 3권 1호(2002.6.), 248-269.
□ 이수경, 의료과오소송에서의 인과관계와 입증책임, 판례연구 22집(1)(2008.8.) 248-283.
□ 전병남, "의료소송에서의 입증책임의 완화", 의료법학 2권 2호(2001.12.) 338-358.

㈏ 입증방해

대판 1995.3.10. 94다39567

| 사안 | 甲(원고)은 경부동통, 우측상지의 방사통 및 저린감 등을 치료하기 위해 1985.3.15. 乙 법인(피고 1)이 운영하는 A 병원 신경외과 의사 丙(피고 2)으로부터 진찰을 받고 수술을 시행하였는데, 수술 직후 마취에서 깨어나서부터 甲에게는 하반신 완전마비 등 사지 부전마비증상이 발생하였고, 재수술을 시행하였지만 위 하반신 마비증상은 회복되지 아니하였고, 이 사건과 같은 수술 후 극심한 합병증이 발생할 확률은 1퍼센트 미만인 것으로 알려져 있다. 이에 甲은 乙 법인과 의사 丙을 상대로 소송을 제기하였다. 소송진행 과정 중에 의사진료기록(차트) 등에 대한 제1심 법원의 서증조사기일에 제출된 1987.3.16. 최종 작성된 丙 명의의 의사진료기록(차트) 및 레지던트 B 명의의 의사진료기록(차트)의 기재 중 甲에 대한 진단명의 일부가 흑색 볼펜으로 가필되어 원래의 진단명을 식별할 수 없도록 변조되어 있었다.

| 원심 | 원심은 위 각 의사진료기록차트가 가필되어 원래의 진단명을 식별할 수 없도록 변조되어 있는 점을 피고들의 과실을 추정하는 사유의 하나로 삼아 원고 승소 판결을 하였다.

| 판지 | 의료분쟁에 있어서 의사측이 가지고 있는 진료기록 등의 기재가 사실인정이나 법적 판단을 함에 있어 중요한 역할을 차지하고 있는 점을 고려하여 볼 때, 의사측이 진료기록을 변조한 행위는, 그 변조이유에 대하여 상당하고도 합리적인 이유를 제시하지 못하는 한, 당사자간의 공평의 원칙 또는 신의칙에 어긋나는 입증방해행위에 해당한다 할 것이고, 법원으로서는 이를 하나의 자료로 하여 자유로

운 심증에 따라 의사측에게 불리한 평가를 할 수 있다고 할 것이다. 원심이 인정한 바와 같이 이 사건 소제기 후 의사진료기록(차트) 등의 원고에 대한 진단명의 일부가 흑색 볼펜으로 가필되어 원래의 진단명을 식별할 수 없도록 변조되어 있다면, 피고측이 그 변조이유에 대하여 상당하고도 합리적인 이유를 제시하지 못하고 있는 이 사건에 있어서, 이는 명백한 입증방해행위라 할 것이므로, 원심이 이를 丙의 수술과정상의 과오를 추정하는 하나의 자료로 삼았음은 옳고, 거기에 소론과 같은 입증방해행위에 관한 법리오해의 위법이 있다고 할 수 없다.

■ 쟁 점

위 판결에서는 환자가 병원측의 과실을 입증하는 과정에서 병원측의 진료기록이 가필 등으로 변조되어 입증을 할 수 없게 만들어 이러한 입증방해행위에 대해 어떠한 법적 효과를 부여할지 문제가 되었다.

■ 검토할 사항

□ 위 사례에서 입증방해행위가 있었다는 이유로 당사자간의 입증책임이 전환되거나 곧바로 상대방의 주장 사실이 증명된 것으로 간주되는가? (대판 1999.4.13. 98다9915)

■ 관련 사례

□ 의료과오소송을 진행 중이던 환자 甲이, 병원 의사 乙(피고)이 진료기록부 중 甲의 시력과 甲에 대한 스테로이드 성분이 포함된 안약의 처방 및 그 처방용량에 관한 부분을 변조하였으므로 乙의 과실로 甲의 녹내장이 발병하였다는 것을 인정하여야 한다고 주장하였다. 심리결과 진료기록부의 변조는 인정되었으나, 처방한 안약이 녹내장을 유발할 수 있다는 부분에 대해서는 증명되지 않았다. 이와 같은 내용을 바탕으로 법원은 乙의 변조행위에 대해 어떤 효과를 부여하여 판단해야 하는가? (대판 2010.7.8. 2007다55866의 원심)

■ 참고문헌

□ 김명엽, 의료과오소송에 있어서 입증방해에 관한 소고, 저스티스 75호(2003. 10.), 40-57.

□ 박영호, 의료소송과 입증방해, 판례월보 364호(2001.1.), 12-23.

□ 최재천, 의료과실소송에 있어서의 입증방해, 판례월보 351호(1999.4.), 16-25.

(4) 손해관련 문제

㈎ 책임제한(과실상계법리의 유추)

대판 1998.7.24. 98다12270

| 사안 | 甲(원고)은 1995.3.28. 약 3m 높이의 자신의 집 세탁실 창문에서 떨어져 손목과 요추부위를 골절당하여 乙(피고)이 운영하는 병원에 입원해 정형외과 과장인 A의 집도하에 수술을 받았다. 수술 후 甲은 변비 및 소화불량 증세로 병원으로부터 소화제 및 관장약을 조제받아 복용해 왔으나 그 후에도 고열, 구토, 항문 부위 통증이 지속되었다. 乙 병원 의료진은 甲에게 패혈증 등의 의심이 있어 신장투석기 및 직장내시경이 구비된 큰 병원으로 전원시켰다. 甲은 전원된 병원의 중환자실에서 치료를 받았으나 패혈증이 장기에 이미 퍼져서 전원 5일 후 사망하였다. 甲의 사망원인은 항문 주위 창상으로 침투한 녹농균이 패혈증을 일으켜 쇼크사한 것으로 추정되었다. 이에 甲의 유족은 乙을 상대로 손해배상청구 소송을 제기하였다.

| 원심 | 원고에게 패혈증을 의심할 만한 심한 고열, 항문 주위의 동통 및 피부의 괴사가 나타났으므로, 이러한 경우 망인의 치료를 전담하고 있던 의사인 A로서는, 직장염이나 녹농균 등의 병원균 감염에 의한 패혈증 발병을 의심하고 위와 같은 증세의 정확한 원인을 밝히기 위하여 혈액검사 · 항문 부위 염증 및 피부괴사의 원인균 배양을 실시하여 평소 사용하던 항생제감수성 측정 결과에 따른 항생제 교체 내지 투여량 증가 등의 조치를 취하여야 할 업무상 주의의무가 있음에도 불구하고 이를 게을리한 채 원고의 패혈증에 대한 조속한 진단 및 그에 대한 응급치료시기를 놓친 의료상의 과실로 인하여 원고로 하여금 패혈증 쇼크로 인하여 사망하게 한 것이므로 피고는 A의 사용자로서 그의 위와 같은 의료상 과실로 인하여 원고들이 입은 손해를 배상할 책임이 있고, 다른 한편, 원고에게 패혈증을 일으킨 녹농균은 정상인의 장내에도 존재하는 흔한 균으로서 저항력이 있는 정상인에게는 아무런 질병을 일으키지 아니하는데도 원고의 신체저항력이 낮았던 관계로 원고가 당초 수술받은 부위가 아닌 항문 부위로 침투한 녹농균을 이기지 못하여 패혈증을 앓게 되고 이를 극복하지 못한 점 및 녹농균에 의한 그람음성장관성 패혈증은 치

사율이 40% 내지 60%의 치명적인 병인 점 등에 비추어 원고의 사망으로 인한 손해를 치료를 담당하였던 의사측에게 전부 부담하게 하는 것은 공평의 원칙상 부당하다고 할 것이므로, 원고의 이 사건 패혈증 발병 경위와 그 치료 경위, 패혈증의 치사율 등 모든 사정을 참작하면 피고의 이 사건 손해배상책임을 40%로 제한함이 적정하다.

| **판지** | 가해행위와 피해자 측의 요인이 경합하여 손해가 발생하거나 확대된 경우에는 그 피해자측의 요인이 체질적인 소인 또는 질병의 위험도와 같이 피해자 측의 귀책사유와 무관한 것이라고 할지라도 당해 질환의 태양·정도 등에 비추어 가해자에게 손해의 전부를 배상시키는 것이 공평의 이념에 반하는 경우에는, 법원은 그 손해배상액을 정함에 있어서 과실상계의 법리를 유추적용하여 그 손해의 발생 또는 확대에 기여한 피해자 측의 요인을 참작할 수 있다고 봄이 상당하다고 할 것이다. 원심이, 甲의 사망원인이 된 녹농균에 의한 패혈증의 치사율과 신체저항력이 낮았던 甲의 신체적 소인을 참작하여 피고의 손해배상책임을 40%로 제한한 조치는 수긍이 가고, 거기에 소론과 같은 과실상계에 관한 법리오인의 위법이 있다고 할 수 없다.

■ 쟁 점

위 판결에서는 병원 측의 과실을 인정하면서도 손해의 범위와 관련해 환자의 신체적 소인이나 질병의 위험도와 같은 피해자 측의 과실이라 볼 수 없는 사정에 관해서도 과실상계 법리를 유추적용할 수 있는지 여부가 문제되었다.

■ 검토할 사항

- 의료과오소송에 있어 과실상계의 법리가 아닌 책임제한의 법리가 적용되는 이유를 생각해 보시오.

■ 관련 사례

- 드물게 발생하는 수술 후 폐전색증으로 인한 사망이 의료진의 책임을 제한하는 요소가 될 수 있는가? (대판 2000.1.12. 98다50586)

■ 참고문헌

- 김영규, 의료과오에 있어서 책임제한사유와 과실상계, 판례월보 327호(1997.6.), 17-27.

㈏ 기왕증과 후유증의 관계

대판 2002.4.26. 2000다16237

| 사안 | 甲(원고)은 1991.5.7. 丙(피고)이 경영하는 신경외과에서 당시 정형외과 과장으로 근무하는 乙(피고)로부터 진찰을 받았는데, 당시 甲은 좌측 고관절의 대퇴골두와 비구가 모두 심하게 변형되어 있고, 골반의 좌측반과 대퇴골이 성장되지 않고 비대칭적으로 작아 운동기능이 거의 없는 상태여서 그 치료를 위하여 1991. 5.16. 乙로부터 인공고관절을 삽입하는 고관절 전치환술(이하 '이 사건 수술'이라 한다)을 시술받게 되었다. 甲은 수술 다음날부터 수술부위 통증, 발열 등을 호소하여 다른 C병원에서 진찰받은 결과 인공고관절 부위에 화농성 골관절염(만성)이 발생해 1992.4.21. 인공고관절 제거수술까지 받게 되었다. 이에 甲은 후유장애가 남았음을 이유로 하여 이 사건 수술을 시행한 의사 乙과 병원 운영자 丙을 상대로 손해배상청구소송을 제기하였다.

| 원심 | 원고에게 현재 남아 있는 장애는 피고 乙이 위 원고의 골발육이 불충분하여 대퇴골의 굵기가 가는데도 불구하고, 대퇴골 골수강 확장을 지나치게 시행하였거나 고관절 주위의 연부조직 구축을 충분히 풀어주지 아니한 상태에서 인공관절을 정복하려고 하여 위 원고의 좌측 대퇴골간부 골절을 일으키게 하고, 수술 준비 및 시행 과정 또는 수술 후 환부처치 과정에서 세균감염을 예방하기 위한 조치를 소홀히 함으로써 수술부위에 세균이 침투하게 하였을 뿐 아니라 나아가 위 원고가 수술 뒤에 통증을 호소하고 발열상태가 지속되었음에도 불구하고, 그 원인확인 및 치료를 소홀히 한 잘못으로 인하여 초래된 것이라고 할 것이므로, 피고 乙 및 그의 사용자인 피고 丙은 위와 같은 피고 乙의 불법행위로 인하여 원고가 입은 모든 손해를 배상할 책임이 있다고 판단하였다. 다만 위 장애로 인한 위 원고의 노동능력상실률은 49.6%에 달하므로, 피고들은 피고 乙의 과실로 말미암은 이 사건 수술로 인하여 위 원고가 입은 위 노동능력상실에 따른 손해를 배상하여야 할 것이나, 손해의 공평부담이나 형평의 원칙상 수술 전 위 원고의 신체적인 소인과 기왕증, 수술의 난이도 및 위험성 등을 의료과실로 인한 담당의사의 책임을 제한하는 사유로 인정하는 것이 타당하다고 할 것이라는 이유로, 이를 참작하여 이 사건 손해배상액을 산정함에 있어서 피고들의 책임을 30%로 제한한다고 판단하였다.

| 판지 | 원심의 위와 같은 손해배상책임의 범위에 관한 판단은 다음과 같은 점에서 수긍하기 어렵다. 우선 사고로 인한 피해자의 후유증이 사고와 피해자의 기왕증이 경합하여 나타난 것이라면 사고가 후유증이라는 결과 발생에 대하여 기여하였다고 인정되는 정도에 따라 상응한 배상액을 부담케 하는 것이 손해의 공평한 부담이라는 견지에서 타당하다 할 것인바, 원심이 인정한 사실관계에 의하여도 이 사건 사고 이후 원고에게 발생한 위 후유증은 이 사건 사고와 위 원고의 기왕증이 경합하여 나타난 것이라고 보아야 할 것이 분명해 보이고, 비록 위 원고의 신체감정을 실시한 C병원장의 신체감정 결과 및 사실조회회보 결과에서 위 원고의 수술 전 상태를 알 수 없어 위 원고의 기왕증의 정확한 기여율을 알 수 없다고 하고 있다 할지라도, 위 원고가 이 사건 수술을 받기 전에 촬영한 엑스선 촬영사진 등이 존재함이 기록상 분명한 이 사건에 있어서는 원심으로서는 위 사진 등을 위 신체감정병원에 송부하는 등의 방법으로 위 원고의 기왕증이 후유증에 기여한 정도를 심리할 수 있었다고 보아야 할 것이므로, 원심으로서는 피고들의 책임제한 사유로만 위 원고의 기왕증을 참작할 것이 아니라, 위와 같은 방법으로 위 원고의 기왕증이 후유증에 기여한 정도를 좀 더 심리하여 확정한 후 그에 근거하여 손해배상 책임의 범위를 정하였어야 할 것이다. 그리고 원심이 인정한 사실관계에 의하여도 위 원고의 후유증은 이 사건 수술을 통하여 삽입한 인공관절을 제거하는 바람에 좌측 고관절이 가관절 상태가 된 것이 주된 원인임을 알 수 있는바, 그렇다면 골수염을 완전히 치료한 후 다시 인공관절을 삽입하는 수술을 시행하면 위 원고의 주된 후유증은 개선이 될 가능성이 있다고 볼 여지도 충분히 있으므로, 원심으로서는 위 신체감정병원 등에 인공관절을 다시 삽입하는 수술을 시행할 수 있는 가능성 여부 및 그 수술을 하게 된다면 위 원고의 후유증이 개선될 수 있는지 여부 등에 관하여 좀 더 심리하여 확정한 후 그에 근거하여 손해배상 책임의 범위를 정하였어야 할 것이다. 그런데 원심이, 피고들이 위와 같은 주장을 하고 있음에도 불구하고, 기왕증이 후유증에 기여한 정도 및 위 원고의 후유증이 개선가능한 것인지 여부에 관하여 전혀 심리 · 확정하지 아니한 채 만연히 위 신체감정병원의 신체감정 결과에만 의존하여 위 원고의 노동능력상실률이 49.6%에 달한다고 인정한 것은, 기왕증이 있는 경우의 손해분담의 법리 및 노동능력상실률 산정에 관한 법리를 오해하여 심리를 미진함으로써 판결 결과에 영향을 미친 위법을 저지른 것이라고 보아야 할 것이다.

■ 쟁 점

위 판결에서는 의료과오소송에 있어 손해의 범위를 산정함에 있어 의료과오와 무관한 수술 이전의 기왕증이 손해액에 미치는 기여도를 산정하지 않은 채 책임제한의 방식으로 손해를 제한한 원심에 대해 대법원은 기왕증의 기여도를 판단하고, 후유증의 개선가능성을 판단하여 손해액을 산정하여야 한다고 보았다.

■ 검토할 사항

□ 의료과오로 인해 후유장애를 입은 사람의 노동능력상실률이 산정되었을 경우, 그 이전에 기왕증도 있어 의료사고 전에도 노동능력상실률이 이미 있었던 경우 그 손해배상액과 관련된 쟁점은 어떤 것이 있는가?

■ 관련 사례

□ 교통사고로 인한 피해자의 후유증이 사고와 피해자의 기왕증이 경합하여 나타난 것이라면 법원이 기왕증의 후유증 전체에 대한 기여도를 정할 때에는 반드시 의학적으로 기여도를 판정하여야 하는 것인가? (대판 2011.5.13. 2009다100920)

■ 참고문헌

□ 김천수, 기왕증을 포함한 피해자의 신체적 소인 및 진단과오가 불법행위책임에 미치는 영향, 성균관법학 16권 3호, 2004, 31-50.

□ 이동연, 손해배상에서의 기왕증에 따른 책임제한, 실무자료연구 제4권, 2000, 83-90.

□ 황병일, 기왕증의 기여도: 기왕증이 있는 경우 그 기여도를 어떻게 인정할 것인가, 보험법률 제4호, 1995, 27-31.

Ⅳ. 기타 개별적 유형

1. 재물의 침해

대판 1990.8.14. 90다카7569

| 사안 | 乙(피고) 소유 트럭의 운전사가 1988.1.14. 05:30경 운전 중에 중앙선을 넘어 운행하는 바람에 마주오던 甲(원고) 소유의 시내버스 앞 부분을 들이받았다. 甲이 乙에게 버스의 수리를 요구하자, 乙은 자신과 손해보험계약을 맺고 있던 보험회사 H1에게 위 버스의 수리를 의뢰하여 H1이 같은 계열회사인 자동차서비스업체 H2에 그 수리를 맡겼는데, H2가 15,795,938원의 수리비를 들여 위 버스를

수리하였다. 그리하여 甲은 乙을 상대로, ① 트럭 수리비로 15,795,983원, ② 수리기간 중(사고일인 1988.1.14.부터 수리 후 버스를 인도받은 3.31까지 77일간)의 운휴보상금 7,658,266원을 청구하였다. 이에 대하여 乙은 사고 당시의 버스 시가가 6,000,000원에 불과하므로 그 범위 내에서만 배상책임이 있다고 주장하였다.

| 원심 | (1) 불법행위로 인하여 물건이 훼손된 경우에, 그 손해는 수리가 가능한 때에는 그 수리비, 수리가 불가능한 때에는 그 교환가치의 감소가 통상의 손해이고, 수리가 가능한 때라도 그 수리비가 교환가치의 감소보다 많은 때에는 그 교환가치의 감소를 그 통상의 손해로 보아야 하나, 이 사건에서 원고가 수리비를 부담하게 된 경위가 위와 같다면 위 버스의 사고 당시의 교환가치가 그 수리비보다 적다 하더라도 그 교환가치를 초과하는 부분 상당의 수리비 손해는 수리비가 교환가치감소를 초과하는지 여부를 따져보지 아니한 채 그 수리를 의뢰한 피고에게 그 잘못이 있다 할 것이므로 피고는 위 교환가치 감소를 초과하는 부분을 포함한 위 수리비 전액을 원고에게 배상할 책임이 있다.

(2) 운휴손해액은 H2에서 위 버스를 견인해간 1988.2.8부터 수리후 원고에게 버스가 인도된 3.31까지의 50일간에 대해 4,972,900원을 배상할 책임이 있다.

| 판지 | (1) 사고로 인하여 자동차가 파손된 경우에 그 수리가 가능한 경우에 인정되는 수리비용은 특별한 사정이 없는 한 그 수리비용의 전액이 되어야 하나, 그 수리는 필요하고도 상당한 것이어야 하는 것이지 이른바 편승수리나 과잉수리 등의 비용이 여기에 포함될 수 없음은 당연하다.

그리고 사고 당시의 피해차량의 교환가격을 현저하게 웃도는 수리비용을 지출했다 하더라도 사고 당시의 교환가격으로부터 고물(고철)대금을 뺀 나머지만을 손해배상으로 청구할 수 있을 뿐이어야 하는 것임은, 당해 피해차량이 기술적으로는 수리가 가능하다 하더라도 피해 직전 상태의 차량을 구입 사용하는 것이 경제적으로 합리적이기 때문에 경제적인 면에서 수리불능으로 보아야 하고, 이렇게 보아야만 손해배상제도의 이상인 공평의 관념에 합치되는 것이다. 그러기 때문에 교환가격보다 높은 수리비를 요하는 경우에 굳이 수리를 고집하는 피해자가 있는 경우에는, 그 소망을 들어 주어야 하는 것이 사회통념에 비추어 시인되어야 할 특별한 사정이 없는 한, 그 수리비 가운데 교환가격을 넘는 부분은 그에게 부담시켜야만 한다.

그러나 피고가 그와 보험계약을 맺고 있는 보험자에게 그 계약자 또는 피보험자의 입장에서 피해자의 요구에 따라 수리를 의뢰했다는 사정만으로 교환가격을 초과하는 차량수리비 손해를 감수해야 할 이유는 있다고 볼 수 없다.

(2) 영업용 차량이 사고로 인하여 파손되어 그 유상교체나 수리를 위하여 필요한 기간 동안 그 차량에 의한 영업을 할 수 없었던 경우에는 영업을 계속 했더라면 얻을 수 있었던 수익상실은 통상의 손해로 인정되어야 한다. 같은 취지에서 내린 원심 판단은 옳다.

■ 쟁 점

위 판결은 교통사고로 영업용 버스가 파손되자 이의 교환가격을 초과하는 비용으로 버스를 수리한 경우에 손해배상의 범위가 문제된 것이다.

■ 검토할 사항

- □ 불법행위로 인하여 물건이 훼손된 경우에, 통상적으로 손해배상의 범위는 어떠한가?
- □ 사고 당시의 피해차량의 교환가격을 현저히 초과하는 수리비용을 지출한 경우 손해배상의 범위는 그 비용 전부에 미치는가?
- □ 영업용 차량이 파손된 경우 유상교체나 수리를 위하여 필요한 기간 동안 영업을 못함으로 인한 수익 상실은 통상손해인가?

■ 관련사례

- □ 불법행위로 인하여 건물이 훼손되었는데, 훼손 당시 그 건물이 이미 내용연수가 다 된 노후한 건물이어서 원상으로 회복시키는 데 소요되는 수리비가 건물의 교환가치를 초과하는 경우에, 손해액은 어떠한가? (대판 1987.11.24. 87다카1926)
- □ 피해차량이 택시인데, 택시는 액화석유가스를 연료로 사용하므로 휘발유를 사용하는 일반의 중고차량으로 대차할 수 없으며, 법령에 의하면 대차할 수 있는 차량이 차령 6월 이내의 자동차이어야 하므로, 피해자(택시소유자)로서는 수리비가 교환가격을 초과하더라도 신차를 구입하지 않는 이상 그 수리비를 지불하고 피해 택시를 수리하여 운행할 수밖에 없는 경우라면, 피해자는 교환가격보다 높은 수리비의 배상을 청구할 수 있는가? (대판 1998.5.29. 98다7735)
- □ 불법행위로 영업용 물건이 멸실된 경우, 휴업손해 즉 이를 대체할 다른 물건을 마련하기 위하여 필요한 기간 동안 그 물건을 이용하여 영업을 계속하였더라면 얻을 수 있었던 이익의 상실로 인한 손해는 통상의 손해로서, 그 교환가치와는 별도로 배상하여야 하는가? [대판(전) 2004.3.18. 2001다82507(이 판결의 내용은

채권총론 91면 참조); 대판(전) 2004.3.25. 2003다20909,20916]

- □ 불법행위로 인하여 임야의 소나무가 절단되고 산림이 훼손되어 비가 오면 흙이 무너져 내리고 심할 경우 산사태가 날 가능성까지 있는 경우, 대체교환이 가능한 소나무에 대한 대체비용과 산사태 등을 방지하기 위한 사방공사 비용이 모두 원상회복에 필요한 비용으로서 통상의 손해에 해당하는가? (대판 1996.1.23. 95다38233)
- □ 타인의 토지를 불법으로 점유한 경우에 그 토지소유자가 입은 통상의 손해는 어떠한가? (대판 1994.6.28. 93다51539) 만약 불법점유자가 이를 점유하면서 토지에 나무를 식재하고 이를 처분한 때에는, 그 처분대금도 배상범위에 속하는가? (대판 2006.12.22. 2006다56367)

■ 참고문헌

- □ 김제완, 물건의 멸실·훼손으로 인한 손해의 산정, 고시계 50권 5호(591호, 2006.5.), 21-30.
- □ 윤영오, 불법행위로 인하여 물건이 멸실 또는 훼손된 경우에 있어서의 손해배상의 범위, 사법논집 1집, 1970, 53-74.
- □ 최문기, 불법행위로 멸실된 경우에 휴업손해의 배상에 관한 판례의 동향, 경성법학 18집 2호, 2009, 79-103, 경성대학교

2. 인신의 침해

(1) 중첩적 원인에 의한 상해 혹은 사망

대판 1979.4.24. 79다156

| 사안 | 甲(원고)의 피상속인 A가 1977.11.25. 乙(피고)이 경영하는 도계광업소 막장에서 乙의 보안계원의 작업지시에 따라 채탄작업을 하다가 낙반사고(제1사고)로 상처를 입어 치료를 받던 중, 1978.7.15. 교통사고(제2사고)로 인하여 사망하였다. 甲이 乙에 대하여 A의 제2사고로 인한 사망을 고려치 않고 그 이후의 손해까지 배상청구하였다. 이에 대하여 乙은, A가 교통사고로 인하여 사망하였으므로 사망 이후의 손해는 교통사고의 가해자가 배상하여야 하고, 자신은 사망시까지의 손해만을 배상하면 된다고 항변하였다.

| 원심 | 피해자가 자연사로서 평균여명과 다른 생존여명이 밝혀진 경우라면 몰

라도, 제3자의 다른 가해행위로 인하여 사망하게 된 경우에는 이로써 먼저 가해자의 손해배상책임이 경감될 수 없는 것이라고 하여, 원고의 청구를 인용하였다.

| 판지 | 제1사고(낙반사고로 인한 부상)와 제2사고(교통사고로 인한 사망)와의 사이에 조건적 관계가 존재할 경우, 즉 제1사고가 없었더라면 제2사고도 발생하지 않았을 것이라고 인정되는 경우와 같이 양자 사이에 조건관계가 존재할 경우에는, 후발적 사정(제2사고로 인한 사망)을 참작할 것이 아니니 제1사고의 가해자는 제1사고로 인한 손해 전액 즉 제2사고로 인한 사망을 고려하지 아니하고 제1사고만에 입각하여 산정되는 손해액 전액을 배상하여야 할 것이나, 제1사고와 제2사고 사이에 조건적 관계가 존재하지 않는 경우에는 제1사고의 가해자는 제2사고로 인하여 피해자가 사망한 때까지의 손해만을 배상하면 되는 것이다.

그런데 원심판결 설시만으로서는 본건 사고와 위 교통사고 사이에 위에 설시한 바와 같은 조건적 관계가 존재하는 여부를 단정할 수 없는 바, 양자 사이에 조건적 관계가 존재하지 않는다면 원심이 A의 사망 후의 손해액을 인용한 부분은 위법한 것이 된다.

■ 쟁 점

이 판결은 A가 광산낙반사고(1차 사고)로 부상당했는데 얼마 후 교통사고(2차 사고)로 사망한 경우 광산경영자의 손해배상 범위가 문제된 것이다.

■ 검토할 사항

- 1차 사고의 책임자 乙은 어떤 경우에 2차 사고를 고려치 않고 그 사고로 인한 손해 전부를 배상하는가? 또 어떤 경우에 2차 사고를 고려하여 A가 사망한 때까지의 손해를 배상하는가?

■ 관련사례

- A가 1992.12.26. B의 자동차에 치어 상해를 입은 후 1993.8.25. 다시 교통사고를 당하여 사망한 경우에, A의 일실수익을 2차 사고로 인하여 사망한 때까지만 산정한 것은 정당한가? (대판 1995.2.10. 94다51895)
- A가 B의 운전과실로 상해를 입었는데(1차 사고), A는 이미 소아마비 후유증으로 우측 다리에 장애를 가졌었으며, 그리하여 A는 위 사고로 다리 전부를 못쓰게 되자 이를 비관하여 매일 술을 마시는 등으로 체력이 떨어지고 거동이 불편하게 되었고 이러한 상태에서 집안에 있는 목욕탕에서 넘어져 사망(2차 사고)하였다. 1차 사고와 2차 사고 간에 인과관계가 있고, 따라서 B는 A의 사망으로 인한 일실

수입을 배상할 의무가 있는가? (대판 1998.9.18. 97다47507)

- A가 건물 신축공사 중 고압선에 감전되어 병원에서 치료를 받던 중 사고 이틀 뒤 발작적으로 투신 자살한 경우에, A의 사망과 공사장 사고(안전시설을 태만히 한 공사도급인 및 고압선 안전조치를 태만히 한 한전) 간에 상당인과관계가 있는가? (대판 1992.2.11. 91다34233) 고교 1학년생 A가 오토바이 운전 중 B(고등학교 1학년 여학생)를 상해하였는데 B가 우울증에 시달리다 자살한 경우는 어떠한가? (대판 1999.7.13. 99다19957)
- 피해자의 신체부상을 치료하는 과정에서 의사의 오진으로 과도한 치료비가 지출된 경우에, 그러한 치료비는 신체상해행위와 인과관계가 있는가? (대판 1967.4.25. 67다240)
- A회사 소속의 트럭과 버스가 충돌하고 이로 인하여 그 버스가 고압선 전신주를 들이받아 넘어뜨리는 사고가 발생하였는데, 그 직후 사고장소를 지나가던 B가 부서져 찌그러진 버스 안에서 구호요청을 하는 승객들을 구조하려고 버스에 접근하다 넘어진 전신주의 고압선 전류에 감전되어 사망한 경우에, A의 교통사고와 B의 사망 사이에 상당인과관계가 있는가? (대판 1994.10.25. 92다20655, 20662)
- A의 과실로 인한 교통사고로 상해를 입은 피해자 B가 C의 병원에서 치료를 받던 중 C의 과실(의료사고)로 증상이 악화되거나 새로운 증상이 생겨 손해가 확대된 경우에, 그 확대된 손해와 교통사고 사이에 상당인과관계가 있는가? (대판 1998.11.24. 98다32045)

■ 참고문헌

- 강창옥, 불법행위로 인한 상해로 말미암아 후유장애를 입은 피해자가 그 후 다른 사정으로 사망한 경우 일실수입의 산정기간, 판례연구 10집, 1999, 113-140, 부산판례연구회.
- 양삼승, 손해배상과 후발적 사정, 민사판례연구 2집, 1980, 69-87.
- 이기중, 교통사고와 의료과오경합의 경우 공동불법행위의 성부, 판례연구 4집, 1994, 200-220, 부산판례연구회.
- 전하은, 불법행위 후의 제2차 사고에 의한 사망과 신체장해 손해의 산정, 재판과 판례 7집, 1998, 403-422, 대구판례연구회.

(2) 손해배상의 범위

대판 1986.3.25. 85다카538

| 사안 | 甲(원고)은 제1종 보통운전면허를 가지고 소외 회사의 운전사로 종사하

면서 월 267,410원의 급여와 1년에 288,000원의 상여금을 지급받고 있었다. 그런데 乙(피고)의 과실로 인한 사고로 말미암아 좌안의 각막단층열창과 안면부 다발성열창 등의 상해를 입었다. 그리하여 甲이 이의 치료를 받았으나, 아직도 좌안의 각막 중심부에 유리파편이 매몰되어 있고 선상백색각막 혼탁이 있으며 좌안시력이 0.1로서 교정불능의 신체장애가 남게 되어, 甲은 더 이상 위 직종에 종사할 수 없게 되어 퇴직하였다. 甲이 乙에 대하여 손해배상을 청구하였다.

| 원심 | 원고는 위 신체장애로 인하여 일반도시일용노동에 종사하는 경우에도 그 노동능력의 27%를 상실한 사실, 위 사고 당시에 가까운 시기의 일반도시일용노동에 종사하는 성인 남자의 임금은 1일 5,900원인 사실을 인정한 후, 원고는 위 사고로 말미암아 위 퇴직일 이후로서 원고가 구하는 1984.1.1.부터 정년인 55세가 될 때까지 23년 1개월간 사고 당시 얻고 있었던 월 수입금 291,410원 중에서 잔존하는 노동능력으로서 일반도시일용노동에 종사하여 얻게 되는 월수입금 107,675원을 공제한 183,735원씩의 각 가득수입을 상실하는 손해를 입었다고 판단하였다.

| 판지 | 1. 타인의 불법행위로 인하여 상해를 입은 피해자가 부상이 없었더라면 장차 얻을 수 있을 이익 즉 일실이익을 소극적 손해로서 주장하는 경우에 그 일실이익의 산정방법으로는, 첫째로 사고가 없었더라면 피해자가 얻을 수 있는 개개소득의 상실을 일실이익으로 보고 사고 당시 소득과 사고 후 향후소득과의 차액을 산출하는 방법과, 둘째로 일실이익의 본질을 소득창출의 근거가 되는 노동능력의 상실 자체로 보고 상실된 노동능력의 가치를 사고 당시의 소득이나 추정소득에 의하여 평가하는 방법을 생각할 수 있다.

그런데 일실이익과 같은 장래의 기대수익의 인정은 불확정한 미래사실의 예측이므로 당해사건에서 현출된 구체적 사정을 기초로 하여 합리적이고 객관성있는 기대수익액을 산정할 수 있으면 그로서 족한 것이고, 위에 말한 두 가지 방법 중 어느 한쪽만이 유일한 산정방법이라고 단정할 수 없다.

그러므로 사고 당시 일정한 직업에 종사하여 수입을 얻고 있던 자가 사고로 인한 부상으로 신체기능 장애가 생겨 그 직업에는 더 이상 종사할 수 없게 된 경우에, 그 일실이익은 종전 직업의 소득으로부터 잔존한 신체기능을 가지고 장차 다른 직업에 종사하여 얻을 수 있을 것이 예상되는 향후소득을 공제하는 방법으로 산정할 수 있음은 물론, 종전 직업의 소득에 피해자의 노동능력 상실률을 곱하는 방법으로 일실이익을 산정할 수도 있다고 할 것인 바, 다만 예상되는 향후소득을 공제하는 방법에 의할 경우에는 그 향후소득의 예측이 합리적이고 객관성있는 근거에 터잡은 것임을 요하며, 또 노동능력 상실률을 적용하는 방법에 의할 경우에도 그 노동능력 상실률은 단순한 의학적 신체기능 장애율이 아니라 피해자의 연령, 교육정도, 종전 직업의 성질과 직업경력 및 기능숙련정도, 신체기능 장애정도 및 유사 직종이나 타 직종에의 전업가능성과 그 확률 기타 사회적 · 경제적 조건을 모두 참작하여 경험칙에 따라 정한 수익상실률로서 법관의 자의가 배제된 합리적이고 객관성있는 것임을 요한다고 할 것이므로, 당해 사건에서 어느 방법을 채택할 것인가는 구체적으로 현출된 증거와 사실을 기초로 하여 어느 방법이 보다 합리적이고 객관성있는 장래 가득수익을 반영하는 것인가에 따라 결정되어야 한다.

2. 일실이익을 종전직업의 소득에서 향후소득을 공제하는 방법으로 산정할 경우에 그 향후소득에 대한 입증책임은, 손해배상소송에 있어서의 손해의 주요사실을 생명 · 신체의 침해와 같은 손해원인 사실 외에 그로 인해 지급될 치료비 또는 일실이익 등 손해액까지 포함한 사실이라고 보는 이상 일실이익 손해를 주장하는 피해자에게 있고, 만일 피해자가 이를 입증하지 못하면 그 불이익은 피해자에게 돌아갈 수밖에 없을 것이다.

그런데 손해원인 사실이 인정되고 따라서 가해자에게 손해배상책임이 있음이 분명한데도 그 손해액에 관한 입증이 미흡하다 하여 입증책임의 형식논리에 구애되어 피해자의 배상청구를 배척해 버리는 것은 아무래도 공평과 정의의 관념에 어긋나는 처사라고 하지 않을 수 없으므로, 일찍부터 당원은 손해원인이 인정되는 이상 손해액에 관한 당사자의 주장과 입증이 미흡하더라도 법원은 적극적으로 석명권을 행사하고 입증을 촉구하여야 하며, 경우에 따라서는 직권으로 손해액을 심리판단할 필요가 있음을 천명해 온 바 있다.

종래의 재판실무가 일실이익을 산정함에 있어서 그 향후소득을 도시 또는 농촌 일용노임을 가지고 인정해 온 것은 이러한 최저 일반노임의 입증으로서 일단 피해자는 그 입증책임을 다한 것으로 보고 그보다 높은 예상소득에 대한 입증의 필요를 가해자 측에 돌림으로써 향후소득에 관한 피해자의 입증곤란을 완화해 주고자 하는 데 그 본래의 뜻이 있었다고 생각된다.

그러나 피해자의 연령, 교육정도, 종전 직업의 성질, 직업경력 및 기능숙련정도, 신체기능 장애정도 및 유사 직종이나 타 직종에의 전업가능성과 확률 기타 사회적 · 경제적 조건과 경험칙에 비추어 피해자가 장차 도시 또는 농촌일용노동에 종사할 것으로 예상되는 경우에만 위 일용노임을 가지고 향후소득으로 인정할 수 있는 것이며, 그렇지 않는 경우에까지 일률적으로 위 일용노임을 가지고 향후소득으로 인정하는 것은 합리성과 객관성을 결여하여 부당하다.

이러한 경우에 법원으로서는 당사자가 도시 또는 농촌 일용노임 외에 별다른 향후소득의 입증을 하지 않고 있다고 하더라도 적극적으로 석명권을 행사하고 입증을 촉구하여 위에서 설시한 피해자의 연령, 교육정도 등 여러 사정에 비추어 장차 피해자가 종사 가능하다고 보여지는 직업과 그 소득을 조사 심리하여야 할 것이며, 이러한 향후의 예상소득에 관한 입증에 있어서 그 증명도는 과거 사실에 대한 입증에 있어서의 증명도보다 이를 경감하여 피해자가 현실적으로 얻을 수 있을 구체적이고 확실한 소득의 증명이 아니라 합리성과 객관성을 잃지 않는 범위 내에서의 상당한 개연성이 있는 소득의 증명으로서 족하다고 보아야 한다.

위와 같은 석명권 행사와 입증 촉구의 노력에도 불구하고 향후소득의 예측이 불가능한 경우에는 법원은 합리적이고 객관성 있는 노동능력 상실률(수익상실률)을 가려낼 수 있는 한 직권으로 이를 적용하여서라도 일실이익을 산정하여야 할 것이며, 향후소득의 예측이 불가능하다고 하여 바로 원고의 청구를 배척하여서는 안될 것이다.

3. 그런데 원심이 채용한 서울특별시 경찰국장 회시에 보면, 한쪽 눈의 시력이 0.3 이하이거나 실명된 자라도 다른 쪽 눈의 시력이 0.7 이상이고 시야가 150 이상인 때에는 제2종 보통운전면허를 교부받을 수 있는 사실이 인정되는 바, 원심증인 L의 증언에 보면 원고의 눈의 장애정도로 보아 운전업무에 종사하지 못할 것으로 안다는 취지의 진술이 있고 또 서울대학교병원 의사 R의 사실조회 회신에도 운전기사로 종사할 수 없을 것으로 생각된다는 취지의 기재가 있기는 하나, 위 진술 및 회신의 취지가 원고는 장차 자동차운전사로서의 종사가능성이 전혀 없다고 본 취지라면 이는 위 경찰국장 회시 내용에 비추어 선뜻 믿기 어려운 것이라고 할 수밖에 없다.

그 밖에 기록을 살펴보아도 원고가 사고 당시 종사하던 제1종 보통운전면허에 의한 운전업무 외에 제2종 보통운전면허에 의한 운전업무나 기타 자동차운전 관련 업무에까지도 종사할 수 없고 단지 일용노동에 종사할 수밖에 없다고 인정할 만한 뚜렷한 자료가 없음에도 불구하고, 원심이 당사자에게 석명권을 행사하거나 입증을 촉구하여 이 점을 좀 더 심리해 봄이 없이 만연히 도시일용노임을 가지고 향후소득을 인정하였음은 일실이익에 관한 법리를 오해한 것이다.

■ 쟁 점

이 판결은 불법행위로 인한 부상으로 종전 직업에 종사할 수 없게 된 자에 대한 일실이익 산정방법이 문제된 것이다.

■ 검토할 사항

□ 불법행위로 인한 부상으로 종전 직업에 종사할 수 없게 된 자에 대한 일실이익 산정방법은 어떠한가?

□ 판결이 피해자의 향후소득을 도시일용노임으로 인정한 원심을 부당하다고 한 이유는 무엇인가?

□ 향후의 예상소득에 관한 입증에서의 증명도는 과거 사실에 대한 입증에서와 동일한가? 피해자는 이러한 소득에 대해서 어느 정도로 증명하여야 하는가?

■ 관련사례

□ 불법행위로 상해를 입은 피해자의 가동능력 상실률이 인정됨에도 피해자가 종전과 같은 직장에서 종전과 다름없는 수입을 얻고 있는 때에는, 피해자는 신체훼손에 불구하고 재산상 아무런 손해를 입지 않은 것이 되는가? (대판 1989.7.11. 88다카16874; 대판 2002.9.4. 2001다80778)

□ 근친자가 피해자의 개호를 위하여 휴업한 경우에, 근친자는 휴업으로 인한 상실이익을 배상청구할 수 있는가? 그 외에 피해자가 실제 개호비를 지출하지 않았음에도 개호비 상당액을 배상청구할 수 있는가? (대판 1982.4.13. 81다카737; 대판 1988.1.19. 86다카2626)

□ 피해자가 사고 당시 수익이 없은 경우에는 무엇을 기준으로 일실이익을 산정하는가? 특히 피해자가 대학생인 경우에, 판례 중에는 일반노동임금을 기준으로 이를 산정한 것도 있고(대판 1991.7.23. 91다16129; 대판 1992.2.11. 91다12073 등), 대학졸업 후 취업할 직종을 고려하여 산정한 것도 있다(예: 대판 1981.8.11. 80다2713,2714; 대판 1989.5.23. 88다카15970 등) 이와 같이 유사한 경우임에도 달리 판단한 이유는 무엇인가?

■ 참고문헌

□ 김황식, 후유장해로 인한 손해액의 산정방법, 법과 정의(이회창선생 화갑기념논문집), 1995, 632-646.

□ 박우동, 인신사고의 손해배상, 민법학의 회고와 전망(민법전시행 30주년기념논

문집), 1993, 623-634.
□ 이보환, 후유장해로 인한 일실이익의 산정, 사법논집 17집, 1986, 69-121.
□ 한삼인, 일실이익 산정의 판례분석, 민사법학 18호, 2000, 761-793.

3. 부동산의 불법처분

대판 1996.9.20. 96다25807,25814

| 사안 | 농지개량조합 甲(원고)의 직원 K1(소외 1)과 K2(소외 2)는 甲 소유인 이 사건 토지를 부정한 방법으로 타에 처분하기로 공모하고, 위 토지를 A에게 매도하였으며, A는 미등기인 채로 B(제1심 공동피고)에게 매도하였다. K는 甲의 직인을 이용하여 甲이 위 토지를 B가 명의수탁자로 지정하는 C(제1심 공동피고)에게 직접 매도하는 것처럼 甲 명의의 매매계약서를 위조하고, 그 이전등기에 필요한 서류를 변조하여 이를 B에게 교부하여 주었고, B는 이러한 서류를 이용하여 위 토지에 관하여 C 앞으로 소유권이전등기를 마쳤으며, 그 후 다시 B, D 등에게 이전등기가 경료되었다. 신용협동조합 乙(피고)은 위 이전등기가 진정한 것으로 믿고 위 토지를 담보로 B, D 등에게 금전을 대여하고, 위 토지에 근저당권설정등기를 경료하였다. 그 후 甲이 B · D 및 乙 등에 대하여 각기 소유권이전등기 및 저당권등기의 말소를 청구하였다. 이에 대하여 乙은 반소로서, "K가 甲조합의 직인을 이용하여 관계서류를 위조하는 방법으로 이 사건 토지들을 처분하는 불법행위를 저지른 탓으로 C와 B, D 앞으로 원인무효의 이전등기가 순차 경료되었고, 자신이 위 이전등기를 유효한 것으로 믿고 근저당권설정등기를 경료받았으나 그 근저당권설정등기들도 모두 원인무효의 등기로서 말소될 처지에 있어서 대출금 상당의 손해를 입게 되었으므로, 甲은 K의 사용자로서 위 손해를 배상할 책임이 있다"고 하면서, 甲에 대하여 사용자책임의 손해배상을 청구하였다. 이하에서는 乙의 반소에 대한 판단을 살핀다.

| 원심 | 원고 조합의 직인을 관리하고 조합 소유의 토지를 관리하고 처분하는 일을 담당하고 있던 K가 그 직인을 이용하여 원고 조합 소유의 이 사건 토지들을 처분하였다면 이는 외형상 원고 조합의 직무범위에 속한다고 전제한 다음, 나아가 다음과 같이 피고의 손해와 K의 불법행위 사이에 인과관계가 없다고 하여 피고의

반소청구를 배척하였다. — K와 토지에 대한 매매계약을 체결하고 그 대금까지 지급하였으나 그에 따른 소유권을 취득하지 못한 직접의 매수인들이 입은 매매대금 상당의 손해는 K의 위와 같은 불법행위로 인한 손해라고 하겠으나, K와 직접 거래를 한 바가 없고 단지 K로부터 토지들을 전전매수한 자의 등기가 유효한 것으로 믿고서 그들로부터 토지를 담보로 취득하였으나 유효한 담보권을 취득하지 못하게 된 피고의 손해는 K의 불법행위와 사이에 직접적인 관련성을 인정할 수 없으므로 상당인과관계가 있는 손해라고는 할 수 없고, 가사 어떠한 인과관계를 인정할 수 있다고 하더라도 피고가 금원을 대출하고 그 담보로 취득한 근저당권설정등기가 원인무효임이 밝혀졌다 하여 곧바로 대출금 상당의 손해를 입은 것이라고는 할 수 없고, 금원을 대출받은 사람에게 근저당권설정등기를 경료한 부동산 이외에는 다른 재산이 없어서 더 이상 회수할 수 없게 된 대출금 상당액이 비로소 그 손해라고 하여야 할 뿐만 아니라, 그와 같은 피대출자의 무자력으로 인한 회수 불능의 사실에 대하여는 피고에게 그 입증책임이 있다고 할 것인데, 피고로부터 대출을 받은 B, D 등이 모두 무자력이라는 점에 부합하는 증거들은 피고가 그들의 일반재산에 대하여 어떠한 채권보전 조치를 취한 바도 없었던 점을 자인하고 있는 점에 비추어 선뜻 믿기 어렵고, 달리 그들이 모두 무자력이어서 위 대출금이 회수 불능이라는 점을 인정할 아무런 증거가 없다(고 하여, 피고의 반소청구를 배척하였다).

| 판지 | 원심의 위와 같은 판단은 다음과 같은 이유로 수긍하기 어렵다고 할 것이다.

(1) 원고 조합 직원인 K의 불법처분으로 인하여 이 사건 토지들이 전전 양도되고 그에 따른 원인무효의 이전등기가 경료될 경우 제3자가 최종 등기명의자의 등기를 신뢰하여 위 토지들을 담보로 금원을 대출하게 됨으로써 재산상 손해를 입게 되리라는 것은 쉽사리 예견할 수 있었다 할 것이므로, 다른 특별한 사정이 없는 한 원고 조합 직원들의 위법행위와 피고의 손해 사이에는 상당인과관계가 있다고 보아야 할 것이고, 피고가 원고 조합의 직원들과 직접 담보설정 등 거래를 한 바가 없다는 사정만으로 인과관계가 단절된다고 할 수 없다.

(2) 불법행위로 인한 재산상 손해는 위법한 가해행위로 인하여 발생한 재산상 불이익, 즉 그 위법행위가 없었더라면 존재하였을 재산상태와 그 위법행위가 가해진 현재의 재산상태의 차이를 말하는 것이다. 이 사안의 경우 K의 불법행위로 인하여 피고가 입은 통상의 손해는 B 등 명의의 이전등기가 유효하여 담보권을 취득할

수 있는 것으로 믿고 출연한 금액, 즉 근저당목적물인 이 사건 토지들의 가액 범위 내에서 채권최고액을 한도로 하여 채무자들에게 대출한 금원 상당이라 할 것이고, 피고는 처음부터 이 사건 토지들에 대한 담보권을 취득하지 못하였고 위 말소등기를 명하는 판결의 확정으로 비로소 이 사건 토지들에 대한 담보권을 상실하는 것이 아니므로 대출금 채무자들에게 변제자력이 있다는 사정은 위 손해발생에 아무런 장해가 되지 않는다고 할 것이다.

■ 쟁 점

위 판결은 甲의 토지를 K가 무단히 타인에게 매각하고 그것이 다시 전매되어 D의 명의로 이전등기되었는데, 乙이 그 등기를 신뢰하여 위 토지에 근저당권을 설정하고 D에게 금원을 대출하였는데 후에 근저당권설정등기가 말소된 경우에, K의 불법행위와 乙의 손해 간에 상당인과관계가 있는가, 그리고 乙이 입은 손해의 범위는 어떠한가 하는 점이 문제된 것이다.

■ 검토할 사항

- □ 위 사안에서 상당인과관계의 기능을 살피시오.
- □ 원심과 대법원의 상당인과관계 유무에 관한 판단의 차이를 살피시오.
- □ 乙의 손해배상액의 범위를 살피시오.

■ 관련사례

- □ 갑의 토지를 을이 허위서류에 기해서 자신의 소유로 이전등기한 후 이를 A에게 매각하고 그 뒤 위 토지가 전매되어 현재 병 명의로 등기되어 있는데 갑의 반환청구(이전등기말소청구)에 의하여 병이 이를 추탈당하였고, 그리하여 병이 을에 대하여 손해배상을 청구한 경우에, 을의 손해배상책임의 범위는 어떠한가? [대판(전) 1992.6.23. 91다33070(이의 내용은 손해 부분(36면)에서 소개하였음)]
- □ 서울시가 K(잔디마을 취락구조개선사업 추진위원회)를 도시계획법상의 도시계획사업자로 허가하여 K에게 이 사건 토지에 관한 권리 · 의무를 귀속시켰다. 그리하여 K가 A소유의 토지를 수용하고 토지수용보상금을 공탁함에 있어서, 토지소유권 이전에 필요한 일체의 서류를 반대급부로 제공할 것을 조건으로 함으로써 그 공탁이 보상금지급으로서의 효력을 발생하지 못하였고, 그리하여 K 명의로 소유권이전등기를 한 것이 무효로 되었다. 그런데 K가 위 토지를 B 등에게 매각하였다. 그 후 A가 제기한 이전등기말소청구소송에서 B 등이 패소하였다. B 등은 국가배상법에 기하여 서울시에 대하여 손해배상을 청구할 수 있는가? 그 손해배상의 범위는 어떠한가? B 등은 위자료도 청구할 수 있는가? (대판 1998.7.10. 96다38971)

- ㅁ 갑이 A와 공유인 토지 전부를 A의 동의없이 을에게 매도하여 을이 그 지상에 건물을 신축하였는데 A의 을에 대한 건물철거청구소송에서 승소한 경우, 갑의 손해배상책임은 을의 건물철거비용에도 미치는가? 을의 손해배상청구 당시에는 아직 건물을 철거하지 않은 경우에는, 을의 손해는 현실적으로 발생한 것은 아니므로 철거로 인한 손해배상청구는 할 수 없는가? (대판 1992.8.14. 92다2028)
- ㅁ 토지매수인이 매매계약 체결 후 건물신축을 위하여 설계비와 공사계약금을 지출하였으나 매도인의 채무불이행으로 계약을 해제한 경우, 매도인은 그 비용에 대해서도 손해배상책임을 지는가? (대판 1996.2.13. 95다47619)
- ㅁ 갑과 을이 공모하여 A 소유의 토지에 관하여 을에게 처분권한이 있는 것처럼 등기부상의 외관을 만들었다. 그 후 2년이 지나 갑이 을과의 상의 없이 단독으로 병에게 위 토지를 매각하고 이전등기를 마쳤다. 그런데 A의 제소로 병의 위 등기가 말소되었다. 병에게의 처분에 관여하지 않은 을도 갑과 함께 손해배상책임을 지는가? 병이 위 토지를 C에게 전매하였다가 C에게 위약금을 배상하였다면, 손해배상범위는 어떠한가? (대판 1993.4.27. 92다44312)
- ㅁ A가 경기도 소속의 직원 K에게 속아 1987.5.경 경기도 소유의 토지를 매수하고 이전등기를 마쳤으며, 이를 B에게 매도(2,504,903,729원)하고 이전등기를 마쳐 주었는데, 경기도가 제기한 이전등기말소청구소송에서 A가 패소하였고 그리하여 A가 B에게 담보책임으로 손해배상(위 이전등기말소청구소송에서의 판결확정시의 토지 시가인 4,938,666,000원)을 지급하였다. 경기도는 A에 대하여 사용자책임을 지는가? 진다면 손해배상의 범위는 어떠한가? (대판 2007.11.16. 2005다55312)

■ 참고문헌

- ㅁ 김연하, 등기관계 서류를 위조하여 타인의 부동산을 불법매도한 자로부터 부동산을 매수하여 다른 사람에게 매도한 중간 매도인이, 진정한 소유자가 제기한 말소등기청구소송에서 패소하여 최종매수인에게 손해배상금을 지급한 경우, 불법행위로 인하여 중간 매도인이 입은 통상의 손해의 산정 방법, 대법원판례해설 71호, 2008, 175-194.
- ㅁ 문정일, 근저당권 공동 담보물 중 일부를 멸실 · 훼손한 경우의 손해배상책임, 대법원판례해설 79호, 2009, 184-213.
- ㅁ 이종오, 부동산 불법처분행위와 그 부동산의 전전양도에 따른 최종 매수인의 등기를 믿고 금원을 대여한 근저당권자가 입게 된 손해와의 상당인과관계 유무 및 손해의 범위, 대법원판례해설 27호, 1997, 196-205.
- ㅁ 정만조, 불법행위로 인하여 부동산소유권을 취득할 수 없게 된 경우에 있어서의 손해배상액의 산정, 민사판례연구 2권, 1992, 89-113.

4. 저당권의 침해

대판 1997.11.25. 97다35771

| 사안 | 甲(원고, 농협)이 1991.12.28. A소유의 이 사건 부동산에 근저당권설정등기를 경료하였는데, A는 甲의 상무인 K의 도장을 임의로 조각하여 K명의의 위임장을 위조한 뒤 동년 12.30. 乙(피고)이 운영하는 법무사 사무실을 찾아가 그 사무장인 M(소외 1)에게 甲의 근저당권의 말소등기 신청을 위임하여 甲 명의의 위 근저당권설정등기가 해지를 원인으로 말소되었다. 그 이후에 甲보다 후순위 근저당권자인 S의 경매신청에 의하여 경매절차가 진행되어 경락허가결정이 확정되고 경락인이 경락대금을 완납하였으나, 甲은 자신 명의의 근저당권설정등기가 말소되어 아직 회복등기를 경료하지 못한 연유로 위 부동산에 대한 경매절차에서 피담보채권액에 해당하는 금액을 전혀 배당받지 못하였다. 그리하여 甲이 乙에 대하여 M의 불법행위에 대한 사용자책임으로서 손해배상을 청구하였다.

참고로 A의 근저당권말소 당시의 사정을 보면, A가 위 말소등기신청 위임시 제시한 근저당권설정계약서상의 K의 인영과 A가 위조한 위임장상의 K의 인영은 육안으로 보기에도 서로 현저하게 상이하였으며, 甲은 등기업무를 그동안 乙이 아닌 다른 법무사에게 위임하여 처리하여 왔었다. 그리고 M은 이미 여러 차례 A로부터 등기신청 사건을 수임하여 처리한 바 있었다.

| 판지 | **1. 피고의 피용자인 M의 과실 존부에 관하여**

구 법무사법 제23조에 의하면, 법무사가 사건의 위촉을 받은 경우에는 위촉인에게 법령에 의하여 작성된 인감증명서나 주민등록증 등을 제출 또는 제시하게 하거나 기타 이에 준하는 확실한 방법으로 위촉인이 본인 또는 그 대리인임이 相違없음을 확인하여야 하고, 그 확인 방법 및 내용 등을 사건부에 기재하여야 한다고 규정하고 있는바, 그 취지는 법무사가 위촉인이 본인 또는 대리인임을 확인하기 위하여 주민등록증이나 인감증명서를 제출 또는 제시받도록 하여 특별히 의심할 만한 사정이 발견되지 아니하는 경우에는 그 증명서만으로 본인임을 확인할 수 있을 것이나, 그와 같은 확인과정에서 달리 의심할 만한 정황이 있는 경우에는 가능한 여러 방법을 통하여 본인 여부를 한층 자세히 확인할 의무가 있다고 할 것이다.

원심은 위와 같은 사실, 그리고 위 근저당권설정등기의 말소등기신청이 그 근저당권설정등기가 경료된 지 불과 3일 뒤에 이루어진 사실에 의하면, A가 위임장을 위조하는 등의 방법에 의하여 근저당권자인 원고의 의사에 반하여 위 근저당권설정등기의 말소등기신청을 할 수 있다고 의심할 만한 정황을 충분히 엿볼 수 있으므로, 이러한 경우 M으로서는 A가 원고로부터 위 말소등기신청에 대한 정당한 위임을 받았는지의 여부를 전화 등 여러 가지 방법으로 확인하였어야 하였고, 또 그러할 경우 쉽사리 확인할 수 있었음에도 불구하고 이를 게을리한 채 이미 여러 차례 A로부터 등기신청 사건을 수임하여 처리한 사실이 있어 얼굴을 잘 알고 있었던 A가 위 근저당권설정계약서를 갖고 오자 동인이 원고로부터 위 근저당권설정등기의 말소등기신청에 관하여 정당한 위임을 받은 것으로 속단한 나머지 함부로 위 근저당권설정등기의 말소등기신청을 대행하였다고 할 것이므로, 피고의 피용자인 M에게는 구 법무사법 제23조에서 규정한 주의의무를 다하지 아니한 과실이 있다고 판단하였다. 원심의 이러한 판단은 정당하다.

2. 손해배상책임의 발생에 관하여

부동산에 관하여 근저당권설정등기가 경료되었다가 그 등기가 위조된 관계서류에 기하여 아무런 원인 없이 말소되었다는 사정만으로는 곧바로 근저당권이 소멸하는 것은 아니라고 할 것이지만, 부동산이 경매절차에서 경락되면 그 부동산에 존재하였던 저당권은 당연히 소멸하는 것이므로[민사소송법(구) 제608조 제2항, 제728조 참조], 근저당권설정등기가 원인 없이 말소된 이후에 그 근저당 목적물인 부동산에 관하여 다른 근저당권자 등 권리자의 신청에 따라 경매절차가 진행되어 경락허가결정이 확정되고 경락인이 경락대금을 완납하였다면, 원인 없이 말소된 근저당권은 비로소 소멸하였다고 할 것이다.

피고의 피용자인 M의 과실로 말미암아 부동산에 관한 근저당권설정등기가 위법하게 말소되었고 나아가 그 이후에 원고보다 후순위 근저당권자인 S의 경매신청에 의하여 경매절차가 진행되어 경락허가결정이 확정되고 그 경락인이 경락대금을 완납하였으나, 원고가 그 명의의 근저당권설정등기가 말소되어 아직 회복등기를 경료하지 못한 연유로 위 부동산에 대한 경매절차에서 피담보채권액에 해당하는 금액을 전혀 배당받지 못한 채 그 근저당권이 소멸하였다면, M의 사용자인 피고로서는 그 근저당권의 소멸로 인하여 원고가 입은 손해를 배상할 책임이 있다고 할 것이다.

한편 원고로서는 이 사건 부동산에 관한 위 경매절차에서 실제로 배당받은 자에 대하여 부당이득 반환청구로서 그 배당금의 한도 내에서 위 근저당권설정등기가 위법하게 말소되지 아니하였더라면 원고가 배당받았을 금액의 지급을 구할 수 있다고 할 것이지만, 이러한 사정은 원고의 손해 발생에 아무런 장애가 되지 아니한다고 할 것이다.

3. 손해배상책임의 범위에 관하여

타인의 불법행위로 인하여 근저당권이 소멸되는 경우에 있어 근저당권자로서는 근저당권이 소멸하지 아니하였더라면 그 실행으로 피담보채무의 변제를 받았을 것임에도 불구하고 근저당권의 소멸로 말미암아 이러한 변제를 받게 되는 권능을 상실하게 되는 것이므로, 그 근저당권의 소멸로 인하여 근저당권자가 입게 되는 손해는 근저당 목적물인 부동산의 가액 범위 내에서 채권최고액을 한도로 하는 피담보채권액이라고 할 것이다.

따라서 원고가 피고의 피용자의 불법행위에 기하여 부동산에 관한 근저당권이 소멸함으로써 입은 손해는 특별한 사정이 없는 한 그 근저당권에 의하여 담보되는 대출금 및 이에 대한 약정이자라고 할 것이므로, 원심이 같은 취지에서 이 사건 대출금에 대한 약정이자 상당액도 손해액에 포함된다고 보아 원고가 수령한 일부 변제금을 대출금에 대한 약정이자에 먼저 충당한 것은 정당하다.

그리고 불법행위로 인한 손해배상 청구사건에서 과실상계 사유에 관한 사실인정이나 그 비율을 정하는 것은 그것이 형평의 원칙에 비추어 현저히 불합리하다고 인정되지 않는 한 사실심의 전권사항에 속한다고 할 것인데, 원심이 이 사건 손해의 발생 및 그 확대에 기여한 원고의 과실을 50%로 정한 것은 수긍이 간다.

■ 쟁 점

위 판결은 甲의 저당권등기를 乙의 직원이 불법 말소하여 후순위저당권의 실행으로 개시된 경매절차에서 甲이 아무런 배당도 받지 못한 경우에, 乙은 손해배상책임을 지는가, 그리고 그 범위는 어떠한가 하는 점이 문제된 것이다.

■ 검토할 사항

- □ 저당권이 불법 말소되면 곧바로 저당권자에게 손해가 발생하는가? 즉 그로 인하여 저당권이 소멸하지 않음에도 손해가 발생하는가?
- □ 저당권이 불법 말소된 경우에 저당권이 소멸하는 시기는 언제인가?
- □ 이 사안에서 저당권의 불법 말소로 甲에게 손해가 발생하였다고 한 근거는 무엇인가? 저당권의 불법 말소로 저당권자에게 손해가 발생하기 위해서는 어떠한 요

건이 갖추어져야 하는가?

□ 부동산의 경매절차가 종료되었고 그런데 甲이 등기말소로 인하여 전혀 배당을 받지 못한 경우에, 그 경매는 유효한가? 甲은 이 사안과 같이 불법행위자에게 손해배상을 청구하는 외에, 어떠한 구제책이 있는가? 구제책이 있다면, 불법행위를 이유로 한 손해배상청구는 허용되지 않는가?

■ 관련사례

□ A가 무효인 소유권이전등기를 신뢰하여 그 등기명의자에게 금원을 대출하고 부동산에 근저당권을 설정하였는데 후에 근저당권설정등기가 말소된 경우에, A가 입은 통상 손해액의 산정기준시점은 언제인가? (대판 1999.4.9. 98다27623,27630)

□ 무효인 이전등기를 신뢰해서 근저당권을 설정하였으나 이전등기의 무효로 근저당권이 소멸하였는데, 그 근저당권에 우선하는 담보권이 존재하는 경우에, 근저당권자의 손해의 범위는 어떠한가? 즉 A와 B가 교환계약에 기해서 각기 X 및 Y 부동산을 이전하였으며, 그리하여 B는 채권자 C에게 X부동산에 근저당권을 설정해 주었는데 위 교환계약이 무효가 되어 근저당권이 소멸된 경우, 그런데 그 근저당권보다 우선하는 담보권이 존재하는 경우에, 근저당권자의 손해액은 어떠한가? (대판 2010.7.29. 2008다18284,18291)

□ 저당목적물인 건물을 철거한 경우, 이로써 곧 불법행위가 되는가? 즉 A에 대하여 대출금채무를 지는 B가 채무의 담보로서 자신의 토지(2필) 및 그 지상의 Y1, Y2 건물에 근저당권을 설정하였는데, 그 후 B가 Y1건물을 철거하고 그 자리에 Y3건물을 신축하였다. 그런데 위 근저당물 전부의 경매대금이 대출원리금에 미치지 못하여 A가 채권의 완전한 만족을 얻을 수 없게 되었다(근저당권 설정 당시의 위 담보물의 감정가액은 대출원리금을 상회). B는 불법행위책임을 지는가? 그리고 A의 손해의 산정방법과 그 기준시기는 어떠한가? (대판 2009.5.28. 2006다42818)

■ 기타 검토사항

□ 원래의 불법행위자는 A이고, 乙과 M은 단지 A의 불법행위를 가능하게 해 준 자에 불과하다. 그러면 A와 乙 · M 간의 관계는 어떠한가? 乙 · M의 손해배상책임도 각기 손해 전부에 미치는가?

5. 채권의 침해

(1) 채무변제의 방해

대판 1953.2.21. 4285민상129

| 사안 | 甲(원고)이 A에 대하여 채무의 이행을 청구하였다. 그런데 乙(피고, 국가)이 A에게 위 채무의 채권자는 자신이라고 하면서, 甲에게 채무의 이행을 하지 말 것을 통지하였다. 그리하여 甲이 乙을 상대로, 자신이 A에 대하여 채권을 가지고 있음에도 乙이 A에게 채무이행을 유보토록 한 것은 자신의 채권을 침해하는 불법행위라고 하면서 그로 인한 손해배상을 청구(아울러 방해행위의 배제를 청구)하였다.

| 원심 | 피고의 지불보류 요청이 자신이 위 채무의 채권자임을 주장한 것인지 여부를 살피지 않은 채, 그 요청이 원고의 채권행사를 방해하는 행위라고 인정하여 위 청구를 인용하였다.

| 판지 | 채권은 특정인에 대하여 특정행위를 청구하는 권리이므로, 채권자는 채무자에 대해서만 그 권리의 목적인 행위를 청구할 수 있고 제3자에 대하여 이를 청구하지 못하는 것은 물론, 제3자도 이에 응할 의무가 없다. 그리고 채권은 소위 상대권으로, 동일 채무자에 대하여 동일 행위를 목적하는 수개의 채권이 동시에 성립할 수 있고, 또 양자는 채권평등원칙에 따라 각별히 그 권리를 행사할 수 있는 것이다. 그러나 채권도 법률이 보호하는 권리인 이상 일반인은 이를 존중하여야 하고 정당한 이유없이는 이를 침해치 못할 법률상 의무가 있다 할 것이며, 만일 정당한 이유없이 이를 침해한 때에는 채권자에 대한 불법행위가 성립되어 채권자는 그 제3자에 대하여 이로 인한 손해의 배상을 청구할 수 있고, 또 정당한 이유없는 제3자의 행위로 인하여 채무의 이행이 방해될 우려가 있을 때에는 그 제3자에 대하여 방해행위의 배제를 청구할 수 있을 것이다. 그리고 채무자의 채무이행을 방해하는 행위는 불법히 이행 목적물의 억류 또는 채무자의 자유구속 등 유형 무형을 불문할 것이나, 단순히 제3자가 채무자에 대하여 지불의 일시보류를 요청함과 같은 행위는, 채무자가 당해 제3자의 요청을 거절할 수 없는 지위에 있거나 또 이를 거절하기 심히 곤란한 특별한 사정이 없는 한 채무자의 제3자에 대한 응락 여부는 전혀 그 임의에 속하는 것이며, 만일 채무자가 이를 구실로 채권자에 대한 채

무의 이행을 거절한다면 채무불이행 책임을 면치 못할 것이다. 그리고 제3자의 지불보류 요청이 자기가 그 채권의 채권자라는 것을 이유로 하는 때에는 동일한 채권에 대하여 권리를 주장하는 자가 수인인 경우에 해당하므로 채무자는 채권자가 확정될 때까지 누구에게든지 그 지불을 거절할 수 있고(공탁하여 면책할 수 있음은 물론), 채권자가 채무자에 대하여 그 이행을 청구하려면 제3자 또는 채무자 및 제3자를 상대로 하여 자기가 그 채권의 채권자라는 권리관계의 확정을 소구하여 그 확정을 기다려 채무자에 대한 권리를 행사할 것이요, 제3자에 대한 방해배제의 청구는 이를 용허할 수 없는 것이다.

피고의 채무자 A에 대한 지불보류 요청이 자신이 그 채권의 채권자임을 주장한 것임을 알 수 있는 본건에서는, 피고의 지불보류 요청이 제3자의 권리주장인지 여부 또 이것이 단순한 지불보류 요청이라면 피고와 A간에 A가 피고의 요청을 거절치 못할 특별사정의 유무 등을 심사한 후가 아니면 원고의 청구의 적부를 결정할 수 없다. 그럼에도 불구하고 원심이 이러한 사실을 언급함이 없이 피고의 위 지불보류 요청을 곧 방해행위로 인정하고 원고의 청구를 인용한 것은 부당하다.

■ 쟁 점

위 판결은 甲이 A에 대하여 채무의 이행을 청구하였는데 乙이 A에게 위 채무는 자신이 채권자라고 주장하면서 따라서 甲에게 변제하지 말 것(지불보류 요청)을 통지한 경우에, 乙의 행위는 甲의 채권을 침해하는 불법행위가 되는가 하는 점이 문제된 것이다.

■ 검토할 사항

- □ 乙은 자신이 A에 대하여 당해 채권을 가지고 있다고 생각하여 A에게 그러한 요청을 한 것이라면, 乙의 불법행위가 성립하는가? 이 경우에 甲은 어떤 조치를 취할 수 있는가? 만약 乙이 자신이 채권자라고 믿고 A에게 단지 지불보류 요청을 하지 않고 A를 감금하여 이행을 못하게 하였다면 어떠한가?
- □ 乙이 甲의 권리행사를 방해하기 위하여 마치 자신이 당해 채권을 가진다고 주장하면서 A에게 위와 같은 요청을 한 경우라면 어떠한가?
- □ A가 乙의 위 요청에 따라 甲에게 변제기에 채무를 이행하지 않은 경우에, A는 채무불이행책임을 지는가? 이는 乙의 의도가 무엇인가 하는 점에 의하여 달라지는가?

(2) 재산은닉

대판 2007.9.6. 2005다25021

| 사안 | 甲(원고)은 A(소외 1)에 대하여 채권을 가지고 있으며, A는 이 사건 부동산을 B(소외 2)에게 명의신탁하였었다. 그런데 A가 운영하던 C회사(소외 3)가 부도위기에 처하자, A는 자신에 대한 강제집행을 면탈할 목적으로 위 부동산을 처인 D(소외 4) 명의로 이전등기하였으며, 위 회사가 부도처리되자 다시 강제집행을 면탈하기 위하여 E(소외 5)가 주선해 준 乙(피고)과 공모하여 乙 명의로 이전등기를 마쳤다(다만 乙은 E의 숙부로서 E가 D로부터 부동산을 양수할 당시 E의 부탁, 주선으로 그 등기명의만을 빌려주었다는 정황이 엿보인다고 함). 그 후 위 부동산이 경매되었는데, 이의 소유명의가 乙로 되어 있었기 때문에 甲은 배당에 참가하지 못하였으며, 오히려 乙이 남은 배당금을 배당받았다. 그리하여 甲이 乙에 대하여 불법행위를 이유로 한 손해배상을 청구하였다.

| 원심 | 이 사건 부동산이 실제 소유자인 A명의로 그대로 있었다면 원고는 A에 대한 채권에 기하여 부동산에 대한 경매절차에 참가하여 소유자 몫으로 지급된 금액을 배당받을 수 있었을 것인데, 그 소유명의자가 실제와 다른 피고로 되어 있음으로 말미암아 배당에 참가할 수 없게 되어 위 금원을 배당받지 못하는 손해를 입게 되었고, 이러한 원고의 손해는 피고가 A의 재산은닉행위를 도와주기 위하여 A, D, E와 공모하여 부동산의 명의수탁자가 됨으로 인하여 발생한 손해이며, 이와 같이 재산은닉행위에 공모하여 명의수탁자가 됨으로써 결과적으로 채권자가 배당절차에 참여할 수 없게 되었고, 이로 인하여 남은 배당금을 채권자가 아닌 명의수탁자(피고)가 배당받기까지 하였다면, 위와 같은 재산은닉을 위한 명의대여행위와 자신을 소유자로 한 경매절차가 그대로 진행되도록 방임하였다가 배당금을 수령하기까지 한 행위는 위법하여 원고에 대한 관계에서 불법행위를 구성하므로, 피고는 이로 인하여 원고가 입은 손해를 배상할 의무가 있다.

| 판지 | 1. 일반적으로 제3자에 의한 채권의 침해가 불법행위를 구성할 수는 있으나, 제3자의 채권침해가 반드시 언제나 불법행위로 되는 것은 아니고 채권침해의 태양에 따라 그 성립 여부를 구체적으로 검토하여 정하여야 하는바, 제3자가 채무자의 책임재산을 감소시키는 행위를 함으로써 채권자로 하여금 채권의 실행

과 만족을 불가능 내지 곤란하게 한 경우 채권의 침해에 해당한다고 할 수는 있겠지만, 그 제3자의 행위가 채권자에 대하여 불법행위를 구성한다고 하기 위하여는 단순히 채무자 재산의 감소행위에 관여하였다는 것만으로는 부족하고 제3자가 채무자에 대한 채권자의 존재 및 그 채권의 침해사실을 알면서 채무자와 적극 공모하였다거나 채권행사를 방해할 의도로 사회상규에 반하는 부정한 수단을 사용하였다는 등 채권침해의 고의·과실 및 위법성이 인정되는 경우라야만 할 것이며, 여기에서 채권침해의 위법성은 침해되는 채권의 내용, 침해행위의 태양, 침해자의 고의 내지 해의의 유무 등을 참작하여 구체적·개별적으로 판단하되, 거래의 자유 보장의 필요성, 경제·사회정책적 요인을 포함한 공공의 이익, 당사자 사이의 이익균형 등을 종합적으로 고려하여 신중히 판단하여야 할 것이다.

그리고 이는, 강제집행면탈 목적을 가진 채무자가 제3자와 명의신탁 약정을 맺고 채무자 소유의 부동산에 관하여 제3자 앞으로 소유권이전등기를 경료하였다가 그것이 「부동산 실권리자명의 등기에 관한 법률」에 위반하여 무효라는 이유로 말소등기를 명하는 확정판결이 있은 경우에도 마찬가지라 할 것이므로, 위 명의신탁의 무효 혹은 민법상 채권자대위권·채권자취소권 등의 법리에 의하여 제3자가 기존에 취득한 재산을 반환하거나 원상회복할 책임을 지게 되는 것은 별론으로 하고, 제3자가 채권자에 대한 관계에서 직접 불법행위책임을 지기 위해서는 단지 그가 채무자와의 약정으로 당해 명의수탁등기를 마쳤다는 것만으로는 부족하며, 나아가 그 명의신탁으로써 채권자의 채권의 실현을 곤란하게 한다는 점을 알면서 채무자의 강제집행 면탈행위에 공모 가담하였다는 등의 사정이 입증되어 그 채권침해에 대한 고의·과실 및 위법성이 인정되는 경우라야만 할 것이다.

2. 앞서 본 법리에 비추어 살펴보면, 원심의 판단은 수긍하기 어렵다. 피고의 명의수탁에 의하여 甲의 채권이 침해되었음을 이유로 불법행위책임을 지우려면, 피고가 A와 공모하여 명의수탁을 하였다는 사정만으로는 부족하고, 그 명의수탁으로써 A에 대한 채권자의 채권 실현을 곤란하게 한다는 점을 알면서 채무자 A의 강제집행 면탈 목적의 명의신탁행위에 공모 가담하였다는 등의 사정이 별도로 입증되어야만 한다. 그런데 甲이 제출한 증거들 중에는 이에 관한 직접적인 증거는 없다.

그렇다면 원심으로서는 A, D, E, 피고 등 이 사건 거래당사자들의 지위와 관계, 피고가 이 사건 부동산 명의신탁약정 및 그에 따른 소유권이전등기를 마치게 된 구체적 경위 및 그 동기 내지 목적 등에 대하여 더 심리하여 피고가 위 명의수탁으로써 A에 대한 채권자의 채권 실현을 곤란하게 한다는 점을 알면서 채무자 A의 강제집행 면탈 목적의 명의신탁행위에 공모 가담하였다고 입증된 연후에야 피고에게 甲에 대한 채권침해의 고의 · 과실 및 위법성이 있다고 판단함이 마땅하다고 할 것이다. 그러므로 원심의 판단에는 제3자의 채권침해로 인한 불법행위 성립요건에 대하여 법리를 오해하여 판결 결과에 영향을 미친 위법이 있다.

■ 쟁 점

위 판결은 甲에 대하여 채무를 지는 A가 자신이 경영하는 회사가 부도에 빠지자 D 등과 상의하여 소유 부동산을 乙 명의로 이전한 경우에, 乙은 단지 A의 명의신탁 사실을 안 것만으로 甲에 대한 관계에서 그의 채권을 침해한 불법행위가 되는가 하는 점이 문제된 것이다.

■ 검토할 사항

□ 채무자가 강제집행을 면하기 위하여 소유 부동산을 제3자 명의로 한 것이 채권자에 대한 관계에서 불법행위가 되기 위해서는, 단지 제3자(명의수탁자)가 명의신탁 사실을 안 것만으로 족한가, 아니면 그 외에 어떤 요건이 갖추어져야 하는가?

□ 위 판결이 乙의 불법행위를 부인한 이유는 무엇인가?

■ 관련사례

□ A회사가 B회사에게 전기제품 제작을 하청주면서 그에 필요한 금형을 대여하였는데, B회사에 대하여 물품대금채권을 가지고 있던 C의 피용인 D가 그러한 사정을 알면서 그리고 금형을 자신이 가져가 보관하게 되면 B회사가 제품을 생산하지 못하여 A회사가 손해를 입게 될 것을 알면서, A회사가 B회사에 대한 물품대금채권을 대신 자신에게 변제하지 않을까 하는 기대하에 B회사의 이사로부터 위 금형을 담보로 제공받아 보관, 은닉하였다. 그 후 A회사가 C에 대하여 위 금형의 반환을 요구하였음에도 C가 이의 반환을 거절하였다. C 및 D는 A에 대하여 불법행위책임을 지는가? (대판 1993.6.8. 93다14998,15007)

□ A는 B로부터 특정물품의 제작을 주문받아 그 특정물품을 B에게만 공급하기로 약정하였으며, B는 그 공급받은 물품에 대하여 C에게 독점판매권을 부여하였는데, A가 C의 위 물품에 대한 독점판매자의 지위를 알면서도 위 약정에 위반하여 그 물품을 다른 곳에 유출하여 C의 독점판매권을 침해한 경우에, A의 행위는 B에 대하여 채무불이행 또는 불법행위가 됨과는 별도로 C에 대한 관계에서 불법행위로 되는가? (대판 2003.3.14. 2000다32437)

□ A(집행채권자)가 B(집행채무자) 발행의 어음이 부도나자 B의 C(제3채무자)에 대한 채권에 관하여 압류 및 추심명령을 받았는데, C가 B의 부도(즉 B에 대한 회사정리절차의 개시)가 임박하였음을 인식하면서도 A의 추심금청구에 불응하여 추심금을 지급하지 아니하고 있던 중에, B가 부도나서 회사정리절차가 개시되고 그리하여 위 추심명령이 취소되고 A의 집행채권이 정리계획에 따라 감액된 경우에, C의 A에게의 추심금 지급거절은 위법하고 따라서 불법행위로 되는가? (대판 2007.9.21. 2006다9446)

□ 갑이 마이클 잭슨의 내한공연을 기획하고 A은행 등과 위 공연의 입장권을 판매하기로 하는 계약(입장권판매대행계약)을 체결하였는데, 시민단체의 간부들(을 등)이 청소년에 대한 도덕적 해악 등 공익상의 이유로 위 공연을 저지하기 위하여 A에게 A의 상품에 대한 불매운동을 하겠다고 하여 A 등이 결국 갑과의 위 계약을 파기하기에 이른 경우에, 을 등은 갑에 대하여 불법행위책임을 지는가? [대판 2001.7.13. 98다51091. 이의 내용은 뒤의 집단행동 부분(233면)에서 소개함]

□ A가 B에 대하여 채권을 가지고 있는데, B가 소를 팔고 받은 돈을 C가 빼앗아 그 돈을 착복한 경우에, C는 A에 대하여 불법행위책임을 지는가? (대판 1975.5.13. 73다1244)

□ 신발도매상 A는 B에게 신발을 공급하여 다액의 채권을 가지고 있으며, C는 B의 형으로 B와 같은 건물의 다른 점포를 임차하여 음식점을 운영하고 있다. B가 채무를 변제하기 어려워지자 C 및 D(B의 사돈) 등과 공모하여 채권자들의 강제집행을 피하기 위하여 고의로 부도내기로 하고, 먼저 자신의 부동산을 C에게로 이전등기하는 한편 합동법률사무소에서 "B는 영업소 내의 물품(신발류)과 시설물 일체를 C 및 D에게 양도한다"는 내용의 허위 양도양수약정서를 작성·공증하였다. 그리고 B는 다음 날 약속어음을 결제하지 않고 잠적하였으며, C는 B의 점포 내의 물품을 양수하였음을 내세워 재고 신발을 모두 덤핑 판매하였다. 그리하여 A는 C에게 외상으로 공급한 신발대금채권액 상당을 손해배상으로서 청구하였다. A의 청구는 타당한가? 즉 A가 C의 위와 같은 허위양수 및 처분행위로 인하여 손해를 입었다고 하기 위해서는, 위 허위양수로 인하여 B의 책임재산이 감소되고 나아가 B와 사이에서 신발공급계약을 해제하여 B가 공급받은 신발 중 일부를 반환받을 기회를 박탈당하였으면 족한가, 아니면 더 나아가 C의 행위가 없었더라면 A가 허위 양도된 물품으로부터 다른 채권자들보다 우선하여 채권액을 회수할 수 있었다는 점이 인정되어야 하는가? 요컨대 C가 채무자 B와 공모하여 채권자 A의 강제집행을 피할 목적으로 B의 점포 내에 있던 물품 일체를 허위로 양수하여 이를 모두 덤핑 판매한 경우에, 이로써 A는 C에 대하여 손해배상을 청구할 수 있는가? (대판 2009.11.26. 2008다24494)

■ 참고문헌
- ㅁ 김상중, 간접피해자의 보호: 제3자 보호효를 가진 계약과 제3자손해청산제도의 필요 여부, 민사법학 36호, 2007, 461-490.
- ㅁ 김재형, 제3자에 의한 채권침해: 판례의 전개를 중심으로, 서민교수 정년기념논문집, 2006, 171-198.
- ㅁ 윤근수, 제3자에 의한 채권침해, 판례연구 20집, 2009, 423-468, 부산판례연구회.

(3) 계약교섭의 파기

대판 2004.5.28. 2002다32301

| 사안 | 건설회사 甲(원고)은 정부출연기관인 연구소 乙(피고)이 발주한 공사에 입찰하여, 1995.12.28. 乙과 이 사건 공사계약을 체결하였다(공사 완공일 1998.12. 12.). 위 공사가 진행되던 중 1997.11.경 이른바 IMF 외환위기로 인하여 공사에 필요한 수입 원자재 가격이 급등하자, 甲은 乙에게 계약금액의 증액을 요청하였다. 이에 대하여 乙은 계약금액 증액과 관련한 예산이 반영되도록 최선의 노력을 경주하고 있으니 계약기간 내에 공사가 완료될 수 있도록 해 주기 바란다는 입장을 甲측에 전달하면서, 내부적으로 계약금액의 증액을 검토한 결과 45억 8,500여 만원의 증액 요인을 인정할 수 있다는 결론을 내리고, 甲에게 위 결과를 통보하고 계약금액 증액을 위한 수정계약 체결절차를 밟기 시작하였다. 그리하여 甲의 담당 직원 A는 乙의 재무책임원 B 및 甲 대표이사의 공동 명의로 된 수정계약서를 작성하고 甲의 대표이사 직인을 날인하여 乙측에 교부하였고, 1998.12.28. 乙로부터 B의 직인이 날인된 수정계약서를 교부받았다. 그 후 甲이 위 공사를 완성하였다. 그런데 乙은 위 수정계약은 적법하게 성립되지 않았고, 달리 甲의 공사비용 조정요구에 응할 근거가 없다고 하면서, 당초의 공사계약에 따른 잔금만을 수령해갈 것을 요구하였다. 이에 甲은 — 주위적 청구로서 이 사건 공사계약금액을 45억 8,500만원 증액하는 수정계약이 체결되었음을 전제로 증액된 공사대금을 청구하는 외에 예비적 청구로서 — 신의칙 위반에 따른 불법행위를 이유로 위 금액 상당의 손해배상을 청구하였다.

| 판지 | (1) 불법행위로 인한 손해배상책임의 성립 여부에 대하여

어느 일방이 교섭단계에서 계약이 확실하게 체결되리라는 정당한 기대 내지 신

뢰를 부여하여 상대방이 그 신뢰에 따라 행동하였음에도 상당한 이유 없이 계약의 체결을 거부하여 손해를 입혔다면, 이는 신의성실의 원칙에 비추어 볼 때 계약자유원칙의 한계를 넘는 위법한 행위로서 불법행위를 구성한다고 할 것이다. 피고는 원고에 대하여 이른바 IMF 외환위기 이후 급격한 환율상승에 따른 수입 원자재 가격 상승으로 인하여 원고가 계약교섭 이후 잔여 공사의 완성 시점까지 최초 공사도급계약을 체결할 당시의 예상과 달리 추가로 지출할 수밖에 없게 된 공사비용을 지급할 것이라는 신뢰 내지 기대를 확실하게 부여하였다고 할 것이다. 한편 국회는 위 추가 공사비용 항목이 포함된 피고의 1999년도 예산안에 대하여 총액을 감액한 채 승인하기는 하였으나 위 추가 공사비용 항목 자체를 특정하여 불승인한 것이 아니므로, 피고가 예산확보에 실패하였다고 볼 수 없고, 오히려 피고는 추가예산을 확보하였다고 보아야 할 것임에도 불구하고, 피고는 정당한 이유 없이 단지 구체적인 예산집행계획이 수립되지 않았다는 등의 주장을 내세워 위 추가 공사비용을 확정하여 지급하기 위한 협상 내지 조정에 전혀 응하지 아니하였는바, 이는 신의성실의 원칙에 비추어 볼 때 계약자유원칙의 한계를 넘은 위법한 행위로서 불법행위를 구성한다고 할 것이다.

(2) 손해배상책임의 범위에 대하여

계약교섭의 부당한 중도파기가 불법행위를 구성하는 경우, 상대방에게 배상책임을 지는 것은 계약체결을 신뢰한 상대방이 입게 된 상당인과관계 있는 손해이고, 한편 계약교섭 단계에서는 아직 계약이 성립된 것이 아니므로 당사자 중 일방이 계약의 이행행위를 준비하거나 이를 착수하는 것은 이례적이라고 할 것이므로 설령 이행에 착수하였다고 하더라도 이는 자기의 위험 판단과 책임에 의한 것이라고 평가할 수 있지만, 만일 이행의 착수가 상대방의 적극적인 요구에 따른 것이고, 바로 위와 같은 이행에 들인 비용의 지급에 관하여 이미 계약교섭이 진행되고 있었다는 등의 특별한 사정이 있는 경우에는 당사자 중 일방이 계약의 성립을 기대하고 이행을 위하여 지출한 비용 상당의 손해가 상당인과관계 있는 손해에 해당한다고 할 것이다.

이 사건에서 피고는 원고에게 잔여 공사의 완성을 적극적으로 요구하는 한편, 잔여 공사의 완성을 위하여 원고가 추가로 지출할 수밖에 없게 된 공사비용을 지급해 줄 것이라는 정당한 기대 내지 신뢰를 부여하여 원고로 하여금 추가 공사비용의 지출 부담하에 잔여 공사를 완성하게 하였음에도 불구하고 상당한 이유 없이 추가비용 지급을 위한 계약교섭을 파기하였으므로, 피고가 원고에게 배상하여야 할 손해는 바로 원고가 잔여 공사를 완성하는 과정에서 추가로 지출하게 된 공사비용이라고 할 것이고, 그 수액은 적어도 계약교섭 과정의 마지막 단계에서 피고가 내부적으로 공사비 증액 금액으로 인정하였던 45억 8,500만원을 초과하는 것으로 보아야 할 것이다.

■ 쟁 점

위 판결은 甲회사가 乙과 수년에 걸친 공사계약을 체결하고 공사를 수행하던 중 IMF로 인하여 공사비용이 증가하여 공사비의 증액을 요구하였는데, 乙이 그 증액에 노력하겠다고 약속하고 나아가 증액될 액수까지 통지하였는데, 후에 이르러 乙이 추가비용의 지급을 거절하는 경우에, 불법행위가 되는가, 된다면 그로 인한 손해는 어떠한가 하는 점이 문제된 것이다.

■ 검토할 사항

- 계약체결을 위한 교섭을 벌이다 결국 계약을 체결하지 않은 경우에, 그러한 계약체결의 파기는 언제나 불법행위가 되는가? 불법행위가 되기 위해서는 어떤 요소가 있어야 하는가?
- 계약체결의 파기가 불법행위가 되는 경우에 그로 인한 손해배상 범위는 어떠한가?

■ 관련사례

- A가 도로건설공사 도급계약에 입찰함에 있어서 B가 제출한 일부의 하도급공사에 관한 견적서(B는 그러한 공사를 한 경험이 없음에도 A의 요구에 따라 견적서를 제출한 것임)를 토대로 공사대금을 산정하여 낙찰받았는데, B가 여러 차례 공사대금의 증액을 요구하여 결국 A와 B가 합의에 이르지 못하여 A는 B와의 위 하도급계약을 해제하였다. 그리고 A는 B에 대하여 ―B와의 계약성립을 주장하여 채무불이행책임을 묻는 외에― 불법행위를 이유로 손해배상을 청구하였다. 타당한가? [대판 2001.6.15. 99다40418. 이의 내용은 계약법 제1절 계약의 성립 중 계약교섭의 부당파기 부분(14면)에서 소개함]
- A(무역협회)는 무역센터 부지 내에 수출 1,000억달러 달성을 기념하는 조형물을 건립하기로 하고, 5인의 작가에게 조형물의 試案 제작을 의뢰하였으며, 그중에서 최종적으로 B의 시안을 당선작으로 선정하고 B에게 장차 조형물의 제작·납품 및 설치계약을 체결할 것이라는 사실을 알렸다. 다만 조형물의 제작비·제작시기·설치장소 등을 구체적으로 통보하지는 않았다. 그런데 A는 협회의 내부적

사정과 외부의 경제여건 등으로 B와 구체적 사항을 갖춘 설치계약을 체결하지 않았다. 이런 상태로 당선사실 통지로부터 약 3년이 경과한 시점에서, A는 B에게 위 조형물의 설치를 취소하기로 하였다는 통보를 하고, 다른 작가에게 의뢰하여 조형물을 건립하였다. B는 채무의 이행 혹은 불법행위로 인한 손해배상을 청구할 수 있는가? 불법행위책임에서는 소위 이행이익(계약체결시의 추정 총제작비 중 20% 상당의 창작비 상당액)의 손해까지 배상청구할 수 있는가? [대판 2003.4. 11. 2001다53059. 이의 내용은 계약법 제1절 계약의 성립 중 계약교섭의 부당파기 부분(18면)에서 소개함]

- ㅁ 종합유선방송사업의 허가를 받은 A가 K아파트 입주자대표와 유선방송위탁계약을 체결하고 아파트에 유선방송을 공급하여 왔는데, 위 계약이 종료될 즈음에 그러한 허가를 받지 않은 B가 A보다 저렴하게 유선방송을 공급하겠다고 하여 A의 재계약을 방해한 경우(그리하여 B는 방송법 위반으로 벌금형의 처벌을 받음), B의 위 행위는 A의 권리를 침해하는 것으로서 불법행위가 되는가? 불법행위가 되기 위해서는 상대방의 영업상의 이익을 침해하는 것으로 족한가, 아니면 그 이익이 권리로서 보호되는 것이어야 하는가? (대판 2007.5.11. 2004다11162)

■ 참고문헌

- ㅁ 김대정, 계약교섭의 부당파기로 인한 손해배상책임, 중앙법학 11집 3호, 2009, 107-148, 중앙대.
- ㅁ 김동훈, 계약교섭의 중도파기와 손해배상책임, 고시연구 30권 8호(2003.8.), 207-217.
- ㅁ 배성호, 자유경쟁과 채권침해: 계약체결 교섭과정에서의 계약침해 여부, 인권과 정의 371호(2007.7.), 117-131.
- ㅁ 윤태영, 영업이익의 침해와 위법성, 민사법학 30호, 2005, 75-120.

6. 법적 절차의 부당이용

(1) 부당한 보전처분 · 제소

대판 1999.4.13. 98다52513

| 사안 | 1. 가압류

(1) 甲(피고)은, K가 발행하여 여러 사람을 거쳐 乙(피고)에게 순차 배서양도된 약속어음을 취득하여(1988.9.23.) 乙에게 지급기일에 위 약속어음을 지급제시하였

으나 지급거절당하였다고 하여, 1991.6.17. 乙 소유의 X부동산(이 사건 대지와 주택)에 가압류기입등기가 마쳐졌다(제1 가압류). (2) 甲의 아들 A는, L이 발행한 제1 가계수표 및 P가 발행한 제2 가계수표를 乙이 자신에게 제시하고 금원을 차용하였는데 위 수표가 지급거절당하였다고 하여, 6.21. 역시 乙의 위 X부동산에 가압류기입등기가 마쳐졌다(제2 가압류). (3) 甲은 乙 소유의 유체동산에 대한 가압류결정을 받고(제3 가압류결정), 1991.7.19. 乙이 운영하던 공장에서 일정 물품에 대하여 가압류집행을 하고(제3-1 가압류집행). 7.23. 乙의 집에서 가재도구 등 물품에 대하여 가압류 집행을 하였다(제3-2 가압류집행).

2. 본안소송

(1) 甲은 제1가압류 결정에 대한 본안소송으로서 1992.4.9. 乙에 대하여 대여금 청구의 소를 제기하였다(제1-1소송). 이 소송의 제1심 진행 중 甲은 乙에 대하여 이 사건 약속어음에 대한 소구권을 행사하는 것으로 청구원인을 변경하였으나, 법원은 1993.1.28. 甲이 이 사건 약속어음을 지급제시할 때까지 백지로 되어 있었던 수취인란과 발행일자란을 보충하지 아니한 채 그대로 제시하였다가, 그 지급이 거절된 후 이 사건 제1-1 소송을 제기하면서 비로소 그 부분을 보충하였음을 자인하고 있으므로 甲은 이 사건 약속어음의 배서인에 대한 소구권을 보전하지 못하였다는 이유로 甲의 청구를 기각하였다. 이에 대하여 甲이 항소하여 대여금청구의 소로 교환적 변경을 하였으나, 甲이 乙에게 금원을 대여하였다는 입증이 없다는 이유로 甲의 항소가 기각되었으며, 대법원은 같은 해 11.26. 甲의 상고를 기각하였다.

(2) 甲은 다시 1993.12.2. 위 약속어음의 지급을 받지 못한 채 소구권 행사기간 3년을 넘기게 되었다는 이유로 이득상환청구의 소를 제기하였으나(제1-2소송), 패소판결이 확정되었다.

(3) A는 1992.4.9. 乙에 대하여 위 가계수표에 의한 대여금의 지급을 청구하는 소를 제기하였으며(제2-1소송), 甲이 A의 소송대리인으로서 소송을 진행하였는데, 제1심에서는 A의 일부승소 판결이 선고되었으나, 제2심에서 위 가계수표들은 乙이 A에게 직접 발행한 것이 아닐 뿐 아니라, 乙이 그 이면에 배서한 바도 없어 그것만으로는 A가 주장하는 대여사실을 인정하기에 부족하다고 하여 A의 청구를 기각하였으며, 위 판결이 그대로 확정되었다.

(4) 그러자 甲은 1993.9.14. 다시 乙에 대하여, 자신이 乙에게 금전을 대여하면서 그 담보로 위 가계수표를 받아두었다고 하면서 대여금청구의 소를 제기하였다

(제2-2소송). 제1심은 甲의 가집행선고부 승소판결을 선고하였으나(그리하여 항소심 계속중인 1994.6.2. X부동산에 대하여 강제경매개시결정이 내려졌으나, 乙의 집행정지신청에 기해서 강제경매절차가 중단되었음), 제2심은 甲이 위 가계수표들을 소지하고 있는 사실은 인정되나, 甲이 乙에게 직접 위 각 가계수표를 담보로 금원을 대여하였음을 인정하기에 부족하다고 하면서 제1심 판결을 취소하고 甲의 청구를 기각하였으며, 이에 대한 甲의 상고는 기각되었다.

3. 乙은, 甲이 시장의 운영위원장 선거에서 낙선하자 이러한 결과가 자신의 작용에 의하여 이루어진 것으로 오해하고, 전에 자신이 甲의 요청에 의하여 甲의 돈을 제3자에게 대여하는 것을 중개한 사실이 있었던 점을 악용하여 자신을 괴롭힐 목적으로, 마치 자신이 甲으로부터 직접 돈을 차용한 것처럼 甲이 직접으로 혹은 그의 아들인 A를 내세워 수차례에 걸쳐 자신의 재산에 부당하게 가압류를 하고 나아가 부당하게 소송을 제기하였으며, 그리하여 자신은 이를 방어하기 위하여 응소 등을 함으로써 상당한 금원을 지출하여 동액 상당의 손해를 입었고 또한 수년간에 걸쳐 계속된 소송에 따라 정신적 피해를 입게 되었다고 하면서, 甲에 대하여 손해배상(재산상 손해 7,422,711원, 위자료 5,000,000원)의 지급을 청구하였다.

| 원심 | 부당제소 또는 부당가압류로 인한 불법행위가 성립하려면 소송 등의 제기 당시 아무런 상당한 이유 없이 오로지 상대방에게 소송상의 고통을 주어 손해를 입히고자 하는 의도에서 소송이 제기되었거나 당시 제소자가 그러한 사실을 알 수 있었던 과실이 있는 경우에 한하는데, 피고가 이 사건 소송을 제기하거나 가압류 신청을 하는 데 있어서 오로지 원고에게 소송상의 고통을 주기 위하여 위와 같이 부당제소 또는 부당가압류를 하였다는 점은 원고의 모든 입증에 의하여도 인정하기에 부족하고 달리 이를 인정할 증거가 없다. 오히려 피고는 4회에 걸쳐 청구원인을 달리하여 원고를 상대로 소송을 제기하여 결국 모두 패소하였으나, 피고가 제3자에게 금원을 대여함에 있어 원고는 그 중개역할을 하였거나 그 지급을 위하여 받은 어음 · 수표에 배서 내지 서명 등을 하였으므로 그에 따른 법적 책임을 물을 여지가 상당히 있었고, 피고가 소구권 행사를 위한 요건을 갖추고 어음금청구를 하였다거나 제3자에 대한 대여금채무에 대하여 원고에게 보증의 책임을 물었다면 소송의 결과가 달라질 수도 있었으므로, 법률전문가가 아닌 피고가 위와 같은 소송을 제기하여 패소하였다고 하더라도 오로지 원고에게 소송상의 고통을 주어 손해를 입히고자 하는 의도에서 소송 등을 제기하였다거나, 피고에게 그러한

사실을 알 수 있었던 과실이 있다고 할 수는 없다.

|판지| 1. **부당한 가압류를 원인으로 하는 손해배상청구에 대하여**

가압류나 가처분 등 보전처분은 법원의 재판에 의하여 집행되는 것이기는 하나 그 실체상 청구권이 있는지 여부는 본안소송에 맡기고 단지 소명에 의하여 채권자의 책임 아래 하는 것이므로, 그 집행 후에 집행채권자가 본안소송에서 패소 확정되었다면 그 보전처분의 집행으로 인하여 채무자가 입은 손해에 대하여는 특별한 반증이 없는 한 집행채권자에게 고의 또는 과실이 있다고 추정되고, 따라서 그 부당한 집행으로 인한 손해에 대하여 이를 배상할 책임이 있고, 부당한 보전처분으로 인한 손해배상책임이 성립하기 위해서는 일반적인 불법행위의 성립에서 필요한 고의 또는 과실 이외에, 원심이 판시한 바와 같이 오로지 채무자에게 고통을 주기 위하여 보전처분을 하였다는 점까지 필요한 것은 아니다.

이의 사실관계를 보면, 원심이 부가적으로 피고가 제3자에게 금원을 대여함에 있어 원고는 그 중개역할을 하였거나 그 지급을 위하여 받은 어음·수표에 배서 내지 서명 등을 하였으므로 그에 따른 법적 책임을 물을 여지가 상당히 있었고, 피고가 소구권 행사를 위한 요건을 갖추고 어음금청구를 하였다거나 제3자에 대한 대여금채무에 대하여 甲에게 보증의 책임을 물었다면 소송의 결과가 달라질 수도 있었다고 판시한 것은 그 자체로 수긍하기 어려운 점이 있을 뿐만 아니라, 피고가 원고에 대한 직접적인 금원의 대여를 주장한 것은 당사자라면 착오를 일으킬 수 없는 사실에 대하여 허위의 주장을 한 것이라고 생각되고, 피고가 어음상의 권리가 존재하지 아니한다는 것을 몰랐던 것은 이 사건 제1, 제2 가압류 신청을 함에 있어서 필요한 최소한의 법률적 조사도 제대로 하지 아니하였던 것으로 볼 수밖에 없다. 또한 피고가 법률전문가가 아니라고 하는 주관적인 사정만으로 위와 같은 과실의 추정을 깨뜨릴 정도의 반증이 되었다고 볼 수도 없다.

결국 가압류에 대한 원심의 위와 같은 판단은 부당 보전처분에 관한 과실추정의 법리를 오해한 위법이 있다.

2. **부당제소를 원인으로 하는 손해배상청구에 대하여**

법적 분쟁의 당사자가 법원에 대하여 당해 분쟁의 종국적인 해결을 구하는 것은 법치국가의 근간에 관계되는 중요한 일이므로 재판을 받을 권리는 최대한 존중되어야 하고, 제소행위나 응소행위가 불법행위가 되는가를 판단함에 있어서는 적어도 재판제도의 이용을 부당하게 제한하는 결과가 되지 아니하도록 신중하게 배려하여야 할 것이다. 따라서 법적 분쟁의 해결을 구하기 위하여 소를 제기하는 것은 원칙적으로 정당한 행위이고, 단지 제소자가 패소의 판결을 받아 확정되었다는 것만으로 바로 그 소의 제기가 불법행위였다고 단정할 수는 없다. 반면 소를 제기당한 사람 쪽에서 보면, 응소를 강요당하고 어쩔 수 없이 그를 위하여 변호사 비용을 지출하는 등의 경제적 · 정신적 부담을 지게 되는 까닭에, 응소자에게 부당한 부담을 강요하는 결과를 가져오는 소의 제기는 위법하게 되는 경우가 있을 수 있다. 따라서 민사소송을 제기한 사람이 패소판결을 받아 확정된 경우에, 그와 같은 소의 제기가 상대방에 대하여 위법한 행위가 되는 것은 당해 소송에 있어서 제소자가 주장한 권리 또는 법률관계가 사실적 · 법률적 근거가 없고, 제소자가 그와 같은 점을 알면서 혹은 통상인이라면 그 점을 용이하게 알 수 있음에도 불구하고 소를 제기하는 등 소의 제기가 재판제도의 취지와 목적에 비추어 현저하게 상당성을 잃었다고 인정되는 경우에 한한다고 봄이 상당하다.

이 사건에 돌아와 살피건대, 제1-1 소송과 제2-1 소송에 있어서 피고가 원고에 대한 직접적인 금원의 대여를 주장한 것은 당사자라면 착오를 일으킬 수 없는 사실에 대하여 허위의 주장을 한 것이라고 생각되고, 그 점은 제2-2 소송에서도 마찬가지이다. 그리고 제1-2 소송에서는 그 제소 당시 이미 제1-1 소송의 제1심에서 소구권 보전이 되어 있지 않다는 점을 판시한 바 있었기 때문에 피고가 약속어음과 관련하여 이득상환청구권을 주장하면서 제2-2 소송을 제기한 것 역시 자신에게 그와 같은 권리가 존재하는가에 대하여 필요한 최소한의 법률적 조사도 제대로 하지 아니한 채 경솔하게 제소하였던 것으로 볼 수밖에 없다고 생각된다. 여기에서 대법원이 피고에 대하여 위와 같은 조사의무를 요구하고 있는 것은 재판제도의 자유로운 이용을 현저하게 저해하는 결과를 초래할 정도의 고도의 조사 · 검토의무를 요구하는 것은 아니다. 이 사건 네 건의 제소에서도 피고가 법률전문가가 아니라고 하는 주관적인 사정은 위와 같이 피고의 고의 또는 과실을 인정하는 데에 방해가 되는 사정이라고 할 수 없다.

결국 이 사건 네 건의 제소에 대한 원심의 위와 같은 판단도 부당제소로 인한 불법행위의 성립에 대한 법리를 오해하였거나, 필요한 심리를 다하지 아니한 위법이 있다.

■ 쟁 점

위 판결은 채권자라고 칭하는 자가 채무자의 재산에 가압류(보전처분)하고 나아가 본안소송을 제기하였는데 패소한 경우에, 부당한 보전처분 혹은 제소는 불법행위로 되는가 하는 점이 문제된 것이다.

■ 검토할 사항

□ 부당 보전처분이 불법행위가 되기 위해서는 일반 불법행위에서의 요건(고의 · 과실) 이외에 '채무자에게 고통을 주기 위하여'라는 목적도 필요한가?

□ 부당 보전처분에서 과실이 추정되는 이유는 무엇인가?

□ 부당제소가 불법행위가 되는 경우는 언제인가?

■ 관련사례

□ 〈소송에서의 허위주장〉 A가 을로부터 금전을 대출받음에 있어서 갑을 보증인으로 하였는데, A가 대출금채무를 지체하자 을이 갑에 대하여 보증채무의 이행을 구하는 소를 제기하였다. 갑은 소송에서, 제3자가 자신의 서명을 대필하고 그 옆에 A가 자신의 도장을 날인한 것이었다고 주장하였으며, 그리하여 갑이 A에게 보증을 위임하였다고 볼 증거가 없다는 이유로 패소판결이 확정되었다. 그런데 후에 형사소송에서 甲이 A에게 보증을 승낙하였음에도 갑이 허위의 탄원서를 제출하였다고 하여 무고죄의 유죄판결이 확정되었다. 갑이 을의 위 보증채무 소송에서 실체적 권리관계에 반하는 허위주장(보증을 승낙한 자가 그러한 사실이 없다고 주장)을 하여 위법하게 확정판결을 편취한 경우에, 불법행위가 성립하는가? (대판 2010.2.11. 2009다82046,82053)

□ 〈제3채무자의 불응소〉 갑이 A에 대하여 구상금채권을 가지며, A는 을로부터 아파트 한 채를 분양받아 이에 대한 소유권이전등기청구권을 가진다. 그리하여 갑이 A의 을에 대한 위 청구권에 가압류결정을 받았다. 그런데 B가 A로부터 위 아파트를 매수하였다고 주장하면서, 을을 제3채무자로 하여 위 아파트에 관한 소유권이전등기청구권 처분금지 가처분결정을 받았다. 그 후 위 아파트에 관하여 을 명의의 소유권보존등기가 경료되자, B는 A와 을을 공동피고로 하여 순차 소유권이전등기를 청구하는 소를 제기하였다. 그런데 A나 을이 응소하지 아니함에 따라 1995.5.12. 의제자백으로 전부 승소판결을 받고, 그것이 확정되어 B에게 소유권이전등기가 경료되었다. 갑이 이런 사실을 알고는 을에 대하여 손해배상을 청구하였다. 타당한가? 즉 을은 B가 A(채무자)의 건설회사 을(제3채무자)에 대한 부동산소유권이전등기청구권이 가압류된 경우에는, A로부터 위 부동산을 매수하였다는 제3자(B)는 A 및 을에 대하여 제기한 소유권이전등기청구소송에 응소하여 그 청구권이 갑에 의하여 가압류되었다는 사실을 주장 · 입증할 의무를 지

고, 만약 응소하지 아니하여 의제자백에 의하여 B에게로 이전등기가 경료되면, 을은 갑에 대하여 불법행위책임을 지는가? [대판 1999.6.11. 98다22963 – 이의 내용은 불법행위의 요건 중 행위 부분(5면)에서 소개하였음]

■ 참고문헌

□ 김상일, 확정판결의 편취와 부정이용에 대한 청구이의에 의한 구제론 비판, 민사소송(한국민사소송법학회지) 5권, 2002, 352-405.

□ 구남수, 부당한 보전처분 및 제소로 인한 손해배상책임, 판례연구 11집, 2000, 381-452, 부산판례연구회.

(2) 부당압류의 계속

대판 1999.4.9. 98다59767

| 사안 | A회사는 1994.9.경 회사 甲(피고)으로부터 투포원 연사기 30대 등 금 1,007,512,000원 상당의 섬유직기를 매수하였으며, 그 대금 중 금 233,000,000원을 지급하고 나머지 대금을 지급하지 못하였다. 그리하여 A회사와 甲은 1995.1.26.에, A회사가 甲에 대하여 774,512,000원의 직기대금채무를 부담하고 있음을 확인하고, 그 대금을 6회 분할하여 지급하는 방법으로 이를 변제하되 그 분할지급을 1회라도 지체할 경우에는 기한의 이익을 상실하여 즉시 나머지 대금 전액을 甲에게 지급하여야 함은 물론, 甲으로부터 나머지 대금 전액에 대한 강제집행을 받을 것을 승낙하고 아울러 A회사의 공장에 설치된 위의 연사기 등 기계기구(다만 양도담보의 목적물인 기계기구 목록 중에는 뒤에서 말하는 X기계가 포함되어 있지 않았음)를 위 직기대금채무에 대한 양도담보로 제공하는 내용의 공정증서를 작성하였다.

다른 한편으로 회사 乙(원고)은 1994.10.31. A회사에 이 사건 X기계를 967,200,000원에 매도하는 내용의 매매계약을 체결하면서, 같은 날 계약금 96,700,000원을 지급받고 나머지 잔대금은 인도일로부터 2개월 내에 지급받되 A회사가 잔대금을 완납할 때까지 소유권을 乙에게 유보하기로 약정한 후, 1995.1.25. 위 기계를 A회사에 인도하였다.

그런데 A회사가 1995.4.3. 부도를 내고, 그날까지 甲에게 지급하기로 한 직기분할대금 120,000,000원을 지급하지 아니하자, 甲은 1995.4.10. 위 공증증서에 기하여 A회사가 점유하는 X기계를 압류하였다. 이에 乙은 X기계의 대금이 완납되지 아니하여 그 소유권이 자신에게 있다고 주장하면서 A회사를 상대로 X기계에 대한 처분금지가처분을 신청하여 1995.4.13. 그 신청이 받아들여졌고, 나아가 乙은 5.15. 甲에 대하여 X기계에 대한 소유권이 자신에게 있으니 甲이 한 압류집행을 해제하여 달라는 내용의 내용증명우편을 발송하여 그 무렵 甲에게 도달되었다. 또 그 무렵 甲을 상대로 X기계에 대한 강제집행의 배제를 구하는 제3자이의의 소를 제기하였고, 위 소송에서 X기계가 乙의 소유임이 인정되어 X기계에 대한 강제집행의 불허를 명하는 승소판결이 선고되고, 1996.5.9. 그 판결이 확정되었다. 乙은 甲이 X기계가 자신의 소유임을 알면서 이를 강제집행한 것은 불법행위라고 하면서, 甲에 대하여 손해배상을 청구하였다. 그런데 乙회사는 甲회사의 본점 소재지에 지점을 두고 있으며, 양자는 기계의 제작 및 판매업 등을 영위하는 회사로서 서로 잘 알고 있는 관계이다.

| 판지 | 1. 원심은, 피고의 위임을 받아 집행관이 압류한 X기계가 A회사 아닌 원고의 소유물임이 밝혀져 불법집행으로 된 이 사건에 있어서, 피고는 적어도 원고가 발송한 내용증명우편이 피고에게 도달하였을 때에는 X기계가 누구의 소유물인지를 조사하였어야만 하고, 만약 피고가 성실히 조사하였더라면 늦어도 같은 달 말까지는 그 소유자가 원고임을 알 수 있었으며, 또 원고의 소유임을 알았다면 즉시 집행을 해제하여 주어야만 할 것인데, 피고가 위와 같이 성실히 조사하지 아니한 과실로 X기계가 원고의 소유임을 알지 못하고 위 불법집행을 유지한 잘못이 있다 할 것이므로, 피고는 그로 인하여 원고가 X기계에 대한 소유권을 행사하지 못함으로써 입은 손해를 배상할 책임이 있다고 판단하였다.

집행관이 채무자 아닌 제3자의 재산을 압류함으로써 받은 제3자의 손해를 채권자가 불법행위자로서 배상책임을 지기 위하여서는, 압류한 사실 이외에 채권자가 압류 당시 그 압류목적물이 제3자의 재산임을 알았거나 알지 못한 데 과실이 있어야 할 것이고, 위와 같은 고의 · 과실은 압류목적물이 채무자 아닌 제3자의 소유였다는 사실 자체에서 곧바로 추정된다고 할 수 없음은 상고이유의 주장에서 지적하는 바와 같다.

그러나 채권자가 압류 당시에는 고의 · 과실이 없었다 하더라도 그 후 압류목적물이 제3자의 소유임을 알았거나 용이하게 알 수 있었음에도 불구하고 그 압류상태를 계속 유지한 때에는 압류목적물이 제3자의 소유임을 알았거나 용이하게 알 수 있었던 때로부터 불법집행으로 인한 손해배상책임을 면할 수 없다고 보아야 할 것이다.

원고 회사와 피고 회사는 같은 도시에 사업소를 두고 있고 같은 업종에 종사하며 서로 잘 알고 있었다는 점뿐만 아니라, X기계와 같은 직기류의 매매에 있어서는 매수인의 대금 완납시까지 매도인이 소유권을 유보하는 경우가 흔히 있고, X기계를 압류한 피고의 집행채권 역시 피고가 A회사에게 같은 방식으로 제조판매한 직기의 매매대금채권이며, 나아가 피고와 A회사 사이에 설정된 양도담보의 목적물 중에는 X기계가 포함되어 있지 아니한 사실을 알 수 있는바, 이러한 점에 비추어 볼 때 적어도 피고로서는 원고가 X기계에 대한 소유권을 주장하면서 압류집행을 해제하여 달라는 내용의 1995.5.15.자 원고의 내용증명우편을 받아 본 때로부터 상당한 기간 내에 A회사의 공장 내에 설치되어 있는 X기계의 설치일시 및 X기계에 관한 매매계약조항 등을 확인해 봄으로써 X기계가 원고의 소유임을 용이하게 알 수 있었으리라고 추단되고, 따라서 피고는 그때로부터 X기계의 소유자인 원고에 대하여 불법집행으로 인한 손해배상책임을 면할 수 없다고 할 것이므로, 같은 취지의 원심 판단은 정당하고 거기에 불법행위책임에 관한 법리오해의 위법은 없다.

2. 원심은, 피고가 배상하여야 할 손해액에 관하여, X기계가 원고의 소유임을 피고가 알 수 있었던 1995.5.31. 당시의 X기계의 시가는 금 884,352,000원이고, 원고의 위 제3자이의의 소에 대한 판결이 확정된 1996.5.9. 무렵의 그것은 금 640,656,000원인 사실을 인정한 다음, 위 시가의 차액 상당액을 원고의 손해액으로 산정하였다.

피고의 불법행위로 인하여 기계제조 판매회사인 원고가 입은 손해는, X기계에 대한 압류집행에 의하여 그 처분권이 제한됨으로 인한 손해라 할 것이므로, 원심이 위와 같이 그 손해액을 산정한 것은 정당하고 거기에 손해배상의 범위에 관한 법리오해 등의 위법은 없다.

그리고 원고가 A회사에게 X기계를 소유권유보부로 매도하면서 X기계에 원고의 소유라는 사실을 표시하지 아니하였다고 하여 이 점을 들어서 위에서 본 바와 같은 피고의 불법집행으로 인한 손해배상액을 제한하는 과실참작사유로 삼을 수는 없다.

또한 피고의 불법집행으로 인한 원고의 손해액을 X기계의 시가 차액으로 보는 이상, 설사 1995.12.30. 원 · 피고 사이에 X기계들을 원고 회사에 보관시키기로 합의한 바 있었다 하더라도 실제로 그를 사용 · 이득할 수 있는 상황이 아니었음이 인정된 이 사건에서 그로 인한 이득가능액을 이 사건 손해액에서 공제할 것은 아니다.

■ 쟁 점

위 판결은 A에 대한 채권자 甲이 X기계를 포함하여 A의 공장에 있던 기계 기구들을 압류하자 A에게 소유권 유보하에 X기계를 매각하였던 乙이 이에 대한 압류를 해제해 달라는 통지를 하였음에도 甲이 압류를 계속한 경우에, 甲은 불법행위책임을 지는가, 그 손해배상의 범위는 어떠한가 하는 점이 문제된 것이다.

■ 검토할 사항

- 채권자가 채무자 아닌 제3자의 재산을 압류한 경우에 채권자의 불법행위가 성립하기 위해서는 압류 당시에 고의 · 과실(압류물이 채무자의 소유가 아니라는 점에 대한)이 있어야 하는가?
- 채권자가 제3자의 재산을 압류함으로써 불법행위가 성립하는 경우에, 손해배상의 범위는 어떠한가?

■ 참고문헌

- 김희태, 보전처분과 손해배상책임, 재판자료 45집: 보전소송에 관한 제 문제, 1989, 319-351.
- 장철익, 부당한 보전처분으로 인한 손해배상책임, 민사판례연구 26권, 2004, 291-341.

7. 위법한 직무집행

(1) 직무상 의무의 위반

대판 1993.2.12. 91다43466 (충무여객선사건)

| 사안 | 1987.6.16. 11:00경 정원 87명의 유람선(X호)에 관광객 88명과 승무원 2명 도합 90명이 타고 충무항을 출발하여 거제도 해금강 주변을 선회관광한 후 귀항하던 중 14:50경 해상에서 화재가 발생하여 관광객 甲 등 36명이 소사 또는 익사하였다. 그런데 사고 당시 위 유람선은 4시간 동안 무리하게 과속으로 운항하여

노후된 기관이 과열되는 한편, 기관으로부터 약 1.3미터 떨어진 배기관에 파공이 3개소 생겼고 그 파공을 통해 발화성 배기가스와 불씨 등이 튀어 나와 인근의 기름이 묻은 선체 벽에 불이 붙어 화재가 발생한 것이다.

그런데 국가(피고) 산하 지방해운항만청 직원들은 1987.3.13. X호에 대하여 선박안전법 제5조 제1항에 의한 제1종 중간검사를 시행함에 있어서, X호에는 선박용 엔진이 설치되지 아니하고 폐차된 자동차에 부착되었던 260마력짜리의 아주 노후된 자동차 엔진이 설치되어 있었으므로 배기열의 과중한 발생으로 기관이 과열될 염려가 있었고, 나무로 된 기관실 바닥과 측면에는 경유와 엔진오일 등의 유류가 흠뻑 젖어 유류냄새가 심하게 날 정도였으며, 발전기 및 시동모터의 성능이 좋지 아니하여 운항시 과열현상을 발생케 할 우려가 있는 등의 결함이 있고 노후상태였음에도 이를 제대로 검사하지 아니한 채 중간검사에 합격하였다 하여 선박검사증서를 교부하였다.

한편 충무시(피고) 시장은 1986.12.30. X호의 선주 乙(원심 공동피고)에게 유선업경영신고필증을 교부함에 있어서, 1985.4.19.자 지방해운항만청장 발행의 선박검사증서상에 안전운행요건으로서의 항해예정시간이 1.5시간 미만으로 되어 있음에도, 총소요시간이 3 내지 4시간 정도되는 X호의 위 항해구간 경영신고서를 수리하여 신고필증을 교부하였다.

甲 등 사망자들의 상속인(원고)은 乙 및 국가와 충무시장을 상대로 손해배상을 청구하였다. 대법원에서는 후2자의 책임 유무가 문제되었다.

| 판지 | 공무원에게 부과된 직무상 의무의 내용이 단순히 공공 일반의 이익을 위한 것이거나 행정기관 내부의 질서를 규율하기 위한 것이 아니고, 전적으로 또는 부수적으로 사회구성원 개인의 안전과 이익을 보호하기 위하여 설정된 것이라면, 공무원이 그와 같은 직무상 의무를 위반함으로 인하여 피해자가 입은 손해에 대하여는 상당인과관계가 인정되는 범위 내에서 국가가 배상책임을 지는 것이고, 이때 상당인과관계의 유무를 판단함에 있어서는 일반적인 결과발생의 개연성은 물론 직무상 의무를 부과하는 법령 기타 행동규범의 목적이나 가해행위의 태양 및 피해의 정도 등을 종합적으로 고려하여야 할 것이다.

피고 대한민국 산하 지방해운항만청 소속 선박검사관의 이 사건 유람선에 대한 위 중간검사 당시는 물론 이 사건 화재사고 당시에도 위에서 본 바와 같은 불량한 시설상태였고, 이를 그대로 방치할 경우 화재의 위험성이 있다고 인정될 정도였다고 하면, 피고 대한민국의 위 선박검사관들로서는 선박안전법 제5조에 의한 선박검사를 함에 있어서, 위와 같은 점에 관한 검사를 하여 이를 시정하도록 할 직무상 의무가 있음에도 불구하고 이를 간과한 채 선박중간검사에 합격하였다 하여 선박검사증서를 발급하여 계속 운항하게 함으로써 위 직무상 의무를 위반하였다고 할 것이다.

그리고 피고 충무시는 위 선박검사증서에 기재된 항행상의 조건인 1.5시간 미만의 항해예정시간을 무시한 채 위 유람선에 대한 경영신고필증을 교부하였으며, 위 유람선의 사고 당시 상태로 보아 그대로 방치할 경우 화재의 위험성이 있다고 인정될 정도였고, 당시 임검업무 등에 종사하는 위 피고 소속 공무원들의 처지에서도 이를 쉽게 알아볼 수 있는 상태에 있었으므로, 위와 같이 선박의 운항에 위해가 있다는 사실이 발견되는 경우에는 관할 충무시장은 유선및도선업법 제5조 제3호의 규정에 의하여 유선의 수선, 사용 및 운항의 제한 또는 금지를 명하여야 할 직무상 의무가 있음에도 불구하고 이를 이행하지 아니하여 위 직무상 의무를 위반하였다고 할 것이다.

위의 선박안전법이나 유선및도선업법의 각 규정은 공공의 안전 외에 일반인의 인명과 재화의 안전보장도 그 목적으로 하는 것이라고 할 것이므로, 피고 대한민국의 선박검사관이나 피고 충무시 소속 공무원들이 위와 같은 직무상 의무를 위반하여 시설이 불량한 이 사건 유람선에 대하여 선박중간검사에 합격하였다 하여 선박검사증서를 발급하고, 해당법규에 규정된 조치를 취함이 없이 계속 운항하게 함으로써 이 사건 화재사고가 발생한 것이라고 볼 수 있는 것이라면, 위 유람선 화재사고와 피고들 소속 공무원들의 직무상 의무위반행위와의 사이에는 상당인과관계가 있고, 따라서 피고들은 그로 인한 손해배상책임을 부담하여야 한다.

■ 쟁 점

위 판결은 공무원의 법률상의 직무의무 위반이 피해자의 손해발생에 한 원인이 된 경우에, 국가 혹은 지방자치단체가 불법행위책임을 지는가 하는 점이 문제된 것이다.

■ 검토할 사항

□ 위의 경우에 국가 등이 불법행위책임을 지기 위해서는 어떤 요건이 갖추어져야 하는가?

□ 이 사안에서 공무원들이 위반한 선박안전법 및 유선및도선업법의 규정은 공공의 안전 외에 일반인의 인명과 재화의 안전보장도 그 목적으로 하는가?
□ 위 판결은 공무원이 위반한 의무가 무엇을 목적으로 하느냐 하는 점을 상당인과관계 유무를 판단하는 자료의 하나로 들고 있다. 그와 같은 법규의 목적은 상당인과관계의 한 판단자료에 불과한가, 아니면 상당인과관계 이외에 불법행위의 성립 여부를 판단함에 있어서 고려되는 또 하나의 요소라고 할 것인가?
□ 위 판결은 불법행위의 성립 여부의 판단에서 공무원이 위반한 법률의 목적도 고려한 것이다. 불법행위의 성립 여부를 판단함에 있어서 상당인과관계 이외의 점도 고려하게 된 배경은 무엇인가?

■ 관련사례

□ 지방자치단체에서 제적부의 보관 · 관리를 담당하는 공무원이 야간에 그 보관을 소홀히 한 직무상 과실로 인하여 타인이 이를 절취하여 위조된 제적부와 교체한 후 허위의 제적등본을 발급받아 불실의 상속등기를 경료하고 이에 터잡아 근저당권을 설정하여 주고 금원을 편취한 경우에, 지방자치단체는 불법행위책임을 지는가? (대판 1994.12.27. 94다36285)
□ 동사무소의 주민등록 전출입 담당 직원의 잘못으로 허위의 전입신고가 행해지고 그에 따라 허위의 인감증명원이 발급되어 부동산에 관한 불실의 소유권이전등기가 경유되었고, A는 위 등기를 정당한 것으로 믿고 저당권설정등기를 경료하였으나 결국 저당권 불성립으로 인하여 손해를 입은 경우에, 국가는 배상책임을 지는가? (대판 1976.1.27. 75다322)
□ 소유권이전등기말소청구의 소를 수리하는 법원의 담당공무원이 예고등기의 촉탁을 하지 아니한 탓으로 A가 등기명의인으로부터 권리를 취득할 수 있다고 믿고 그 부동산에 관한 거래를 하였다가 권리를 취득할 수 없게 되어 손해를 입게 된 경우, 국가는 손해배상책임을 지는가? (대판 1998.9.22. 98다2631)
□ A가 공무원에 의해 잘못 산정된 토지의 개별공시지가를 신뢰하여 사건 토지의 담보가치가 충분하다고 믿고 그 토지에 관하여 근저당권설정등기를 경료한 후 B에게 물품을 추가로 공급하였는데 위 토지의 실제 거래가액 또는 담보가치가 개별공시지가에 미치지 못함으로 인해 손해를 본 경우에, 국가는 배상책임을 지는가? 이때 배상범위는 토지의 실제 거래가액이 개별공시지가에 미치지 못함으로 인해 발생하는 손해 전부에 미치는가? (대판 2010.7.22. 2010다13527)
□ 특별송달우편물의 배달업무에 종사하는 우편집배원이 압류 및 전부명령 결정 정본을 부적법하게 송달하여 압류 및 전부의 효력이 발생하지 않아 집행채권자가 피압류채권을 전부받지 못한 경우, 국가는 손해배상책임을 지는가? 위 집배원은 집행채권자가 그로 인해 손해를 입게 될 것에 대하여 예견가능성이 있다고 할 수

있는가? (대판 2009.7.23. 2006다87798; 대판 2009.7.23. 2006다81325)

- A의 선박이 정박중인 다른 배를 발견하고 이를 피하기 위하여 항로를 이탈하여 인근에 있는 섬 사이를 통과하던 중 수중암초에 걸리는 사고가 발생하였는데 해도에는 그 암초가 표시되지 않은 경우에, 이는 국가 산하 수로국이 해도를 작성함에 있어 준수하여야 할 법규를 위반한 것으로서 따라서 국가는 불법행위책임을 지는가? (대판 1997.8.26. 96다33143)
- 〈젤리 사건〉 어린이 A가 미니컵 젤리를 먹다가 질식하는 사고가 발생하였는데, 이의 제조회사는 미니컵 젤리의 성분에 대하여 허위신고를 한 바 있다. 그런데 세계 각국은 미니컵 젤리로 인한 질식의 위험성을 인식하고 그 규제를 시도하고 있었으나, 그 내용은 주로 미니컵 젤리의 성분 및 용기의 규격에 대한 규제에 머물러 있었고, 우리나라도 그러한 국제적 규제수준에 맞추어 미니컵 젤리의 기준과 규격 · 표시 등을 규제하고, 수입신고시 관능검사 및 수출국 제조회사의 증명서 원본을 제출하도록 하는 등의 규제를 할 뿐이었다. 국가(신약청)가 유해물질의 안전성 기준을 강화하지 않은 것은 직무상의 의무를 다하지 않은 것으로서 손해배상책임을 지는가? (대판 2010.9.9. 2008다77795; 대판 2010.11.25. 2008다67828)

■ 기타 검토사항

- 국가의 불법행위책임이 성립하는 경우에, 국가는 피해자가 입은 모든 손해에 대하여 배상책임을 지는가? 즉 위의 사안에서 乙과 국가 및 충무시장의 관계 및 배상책임범위는 어떠한가?
- 위 판결은 불법행위의 성립 여부를 판단함에 있어서 고려할 요소로 법규의 목적을 든다. 그 이외에 고려될 요소로는 무엇이 있는가?

■ 참고문헌

- 김상철, 공무원의 규제권한 불행사와 국가배상책임, 민사판례연구 20권, 1998, 327-350.
- 손지열, 국가배상에 있어서의 위법성과 인과관계, 민사판례연구 16권, 1994, 202-219.
- 최윤성, 공무원의 직무상 의무위반으로 국가가 배상책임을 부담하게 되는 경우의 직무상 의무의 내용과 상당인과관계의 판단기준, 판례연구 16집, 2005, 321-356, 부산판례연구회.

(2) 법적용의 오류

대판 2003.7.11. 99다24218

| 사안 | 甲(원고)은 관련 부서의 공무원을 허위공문서작성 등으로 서울지검에 고소하였는데, 검사는 1993.11.29. 불기소처분을 하였다. 甲은 항고와 재항고를 하였으나 모두 기각되었고, 1994.9.17. 재항고 기각결정 통지를 받자 1994.11.4. 헌법재판소에 이 사건 헌법소원 심판청구를 하여 불기소처분의 취소를 구하였다. 그런데 헌법재판소 전원재판부는 위 심판청구가 심판청구기간이 지난 1994.11.14.에 행해진 것으로 오인하여 1995.6.29. 각하결정을 선고하였다. 이에 甲은 국가(乙, 피고)를 상대로 위 헌법소원사건에서 지출한 변호사보수 6,000,000원과 위자료 4,000,000원을 청구하였다.

| 소송의 경과 | 1. 제1심 및 원심

제1심은 위자료 2,000,000원을 인정(변호사보수 상당액 청구는 배척)하였으며, 원심은 이를 認容하여, "헌법재판소가 착오로 청구일을 잘못 인식한 잘못이 있고, 그로 인하여 원고가 판단을 받고자 주장하였던 점에 관하여 당부를 알 수 없는 결과가 되어 원고의 재판받을 권리 및 행복추구권을 침해하였으므로 손해배상책임이 있다. 피고는 원고의 청구가 각하되지 않았다고 하더라도 기각되었을 것이 명백하므로 권리가 침해되지 않았다고 주장하나, 그렇다고 하더라도 원고가 청구한 본안에 대하여 판단받을 권리가 침해되지 않았다고 할 수 없다"고 판단하였다(쌍방 항소기각).

2. 피고의 상고이유

(1) 법관에게 재판절차에 있어서 직무상 과실이 있는 경우라도 악의나 해의에 의한 경우가 아닌 한 위법성이 인정되지 않고(위법성한정설), 이 사건은 청구일자에 관하여 착오를 일으킨 잘못이 있기는 하나 재판관에게 악의나 해의가 있었던 것은 아니므로 국가배상책임이 없다.

(2) 헌법재판소가 원고의 청구에 대하여 재판을 한 이상 재판받을 권리가 침해되었다고 할 수 없고, 헌법재판소로서는 본안에 대하여도 심리를 하였으나 단지 주문이나 이유에 나타나지 않았을 뿐으로 원고의 청구는 어차피 기각되었을 것이므로 이 사건 결정으로 인하여 원고가 정신적 고통을 받았다고 할 수 없다.

| 판지 | 1. 배상책임에 대하여

(1) 법관의 재판에 법령의 규정을 따르지 아니한 잘못이 있다 하더라도 이로써 바로 그 재판상 직무행위가 국가배상법 제2조 제1항에서 말하는 위법한 행위로 되어 국가의 손해배상책임이 발생하는 것은 아니고, 그 국가배상책임이 인정되려면 당해 법관이 위법 또는 부당한 목적을 가지고 재판을 하였다거나 법이 법관의 직무수행상 준수할 것을 요구하고 있는 기준을 현저하게 위반하는 등 법관이 그에게 부여된 권한의 취지에 명백히 어긋나게 이를 행사하였다고 인정할 만한 특별한 사정이 있어야 한다고 해석함이 상당하다.

그런데 재판에 대하여 따로 불복절차 또는 시정절차가 마련되어 있는 경우에는 재판의 결과로 불이익 내지 손해를 입었다고 여기는 사람은 그 절차에 따라 자신의 권리 내지 이익을 회복하도록 함이 법이 예정하는 바이므로, 이 경우에는 불복에 의한 시정을 구할 수 없었던 것 자체가 법관이나 다른 공무원의 귀책사유로 인한 것이라거나 그와 같은 시정을 구할 수 없었던 부득이한 사정이 있었다는 등의 특별한 사정이 없는 한, 스스로 그와 같은 시정을 구하지 아니한 결과 권리 내지 이익을 회복하지 못한 사람은 원칙적으로 국가배상에 의한 권리구제를 받을 수 없다고 봄이 상당하나, 재판에 대하여 불복절차 내지 시정절차 자체가 없는 경우에는 부당한 재판으로 인하여 불이익 내지 손해를 입은 사람은 국가배상 이외의 방법으로는 자신의 권리 내지 이익을 회복할 방법이 없으므로, 이와 같은 경우에는 위에서 본 배상책임의 요건이 충족되는 한 국가배상책임을 인정하지 않을 수 없다.

그리고 재판에 대한 국가배상책임의 관점에서 볼 때 헌법재판소 재판관의 재판사무는 법관의 재판사무와 동질이거나 유사한 것으로 볼 것이므로, 위에서 본 이 법원의 판례 및 견해는 헌법재판소 재판관의 재판사무에 대하여도 적용되어야 할 것이다.

(2) 원고는 이 사건 헌법소원 심판청구를 적법한 청구기간 내인 1994.11.4. 제기하였는데 헌법재판소 재판관이 그 청구서 접수일을 같은 달 14.로 오인하여 청구기간이 도과하였음을 이유로 이를 각하하는 결정을 하여 법률의 규정을 따르지 아니한 잘못을 하였음을 알 수 있는바, ① 위의 잘못은 전적으로 재판관의 판단 재량에 맡겨져 있는 헌법의 해석이나 법령·사실 등의 인식과 평가의 영역에 속한 것이 아니고 헌법소원 심판제기일의 확인이라는 비재량적 절차상의 과오라는 점, ② 통상의 주의만으로도 착오를 일으킬 여지가 없음에도 원고의 헌법소원 제기일자

를 엉뚱한 날짜로 인정한 점, ③ 헌법재판소의 결정에 대하여는 불복의 방법이 없는 점 등에 비추어 보면, 위와 같은 잘못은 법이 헌법재판소 재판관의 직무수행상 준수할 것을 요구하고 있는 기준을 현저하게 위반한 경우에 해당하여 국가배상책임을 인정하는 것이 상당하다. 같은 취지에서 원심이 피고의 국가배상책임을 인정한 조치는 정당하다.

2. 정신적 손해에 대하여

헌법소원 심판을 청구한 원고로서는 헌법재판소 재판관이 일자 계산을 정확하게 하여 본안판단을 할 것으로 기대하는 것이 당연하고, 따라서 헌법재판소 재판관의 위법한 직무집행의 결과 잘못된 각하결정을 함으로써 원고로 하여금 본안판단을 받을 기회를 상실하게 한 이상, 설령 본안판단을 하였더라도 어차피 청구가 기각되었을 것이라는 사정이 있다고 하더라도, 잘못된 판단으로 인하여 헌법소원 심판 청구인의 위와 같은 합리적인 기대를 침해한 것이고 이러한 기대는 인격적 이익으로서 보호할 가치가 있다고 할 것이므로, 그 침해로 인한 정신상 고통에 대하여는 위자료를 지급할 의무가 있다고 할 것이다.

이 사건 각하결정으로 인하여 원고의 재판을 받을 권리 및 행복추구권이 침해되었다고 본 원심의 판단에는 다소 부적절한 점이 있으나, 원심이 원고에게 정신적 고통이 있다고 인정하여 위자료 지급을 명한 조치는 결론적으로 정당하다.

■ 쟁 점

위 판결은 헌법재판소가 헌법소원 심판청구가 그 청구기간이 지나 행해진 것으로 오인하고 각하결정을 내린 경우에, 불법행위가 되고 그 심판청구인은 정신적 손해를 입었다고 할 수 있는가 하는 점이 문제된 것이다.

■ 검토할 사항

- □ 법관의 잘못된 재판에 대하여 국가배상책임이 인정되기 위해서는 일반적으로 어떤 요건이 갖추어져야 하는가?
- □ 재판에 대하여 불복절차가 마련되어 있는 경우와 그렇지 않은 경우에, 국가배상책임이 인정되기 위한 요건에 어떤 차이가 있는가?
- □ 심판청구가 부당하게 각하되지 아니하였다고 하여도 본안판단에서 기각되었을 사건인 경우에, 위자료는 인정되지 않는가?
- □ 사안에서 甲의 청구가 각하되지 않았다고 하더라도 기각되었을 것이 명백하므로 권리가 침해되지 않았다고 할 수 있는가?

■ 관련사례

□ 임의경매절차에서 경매담당 법관의 오인에 의해 배당표 원안이 잘못 작성되고 그에 대해 불복절차가 제기되지 않아 실체적 권리관계와 다른 배당표가 확정된 경우에, 이는 위법한 것으로서 국가배상책임이 인정되는가? (대판 2001.4.24. 2000다16114)

□ 세관 직원이 압수수색 대상물의 기재가 없는 압수수색영장에 기하여 피해자의 물건을 압수한 행위는 위법한 것으로서 불법행위가 되는가? 그리고 법관이 압수수색할 물건의 기재가 누락된 압수수색영장을 발부한 것도 불법행위가 되는가? (대판 2001.10.12. 2001다47290)

□ 검사 등의 수사기관이 피의자를 구속하여 수사한 후 공소를 제기하였으나 법원에서 무죄판결이 선고되어 확정된 경우에, 국가는 국가배상법에 의하여 손해배상책임을 지는가? 강도강간의 피해자가 제출한 팬티에 대한 국립과학수사연구소의 유전자검사 결과 그 팬티에서 범인으로 지목되어 기소된 자나 피해자의 남편과 다른 남자의 유전자형이 검출되었다는 감정 결과를 검사가 공판과정에서 입수하였음에도 검사가 그 감정서를 법원에 제출하지 아니하고 은폐하였다면 어떠한가? (대판 2002.2.22. 2001다23447)

□ 국군보안사령부가 군과 관련된 첩보 수집, 특정한 군사법원 관할 범죄의 수사 등 법령에 규정된 직무범위를 벗어나 민간인들을 대상으로 평소의 동향을 감시·파악할 목적으로 지속적으로 개인의 집회·결사에 관한 활동이나 사생활에 관한 정보를 미행, 망원활용, 탐문채집 등의 방법으로 비밀리에 수집·관리한 경우에, 이는 헌법에 의하여 보장된 기본권을 침해한 것으로서 위법하고 따라서 불법행위가 되는가? (대판 1998.7.24. 96다42789)

□ 공인회계사 1차시험 출제위원의 출제 및 정답결정의 오류로 인하여 수험생에 대한 불합격처분이 취소된 경우, 국가는 불법행위책임을 지는가? (대판 2003.12.11. 2001다65236)

□ 윤락녀들이 윤락업소에 감금된 채로 윤락을 강요받으면서 생활하고 있음을 쉽게 알 수 있는 상황이었음에도, 경찰관이 이러한 감금 및 윤락 강요행위를 제지하거나 윤락업주들을 체포·수사하는 등 필요한 조치를 취하지 아니하고 오히려 업주들로부터 뇌물을 수수하며 그와 같은 행위를 방치한 경우에, 국가는 불법행위책임으로서 정신적 손해에 대한 배상의무를 지는가? (대판 2004.9.23. 2003다49009)

■ 참고문헌

□ 박준용, 법관의 재판에 대한 국가배상책임이 인정되기 위한 요건, 판례연구 16집, 2005, 357-404, 부산판례연구회.

□ 하명호, 재판행위에 대한 국가배상책임, 재판실무연구 3권, 2006, 149-188, 수원지방법원.
□ 황정근, 법관의 직무행위와 국가배상책임, 대법원판례해설 46호, 2004, 351-385.

(3) 그릇된 정보의 제공

대판 1998.9.22. 97다36293 (감정평가사의 그릇된 감정)

| 사안 | A 소유의 이 사건 대지 —B는 1980.9.경 위 대지를 임차하여 그 위에 주택 1동을 건축하여 소유권보존등기를 마치고 살고 있음— 에 K가 근저당권설정등기를 하였으며, 이 근저당권의 실행으로 법원은 1994.3.15. 경매개시결정을 하고 甲(피고)에게 대지에 대한 감정평가를 명하였다. 그런데 甲은 위 대지의 분할 전 토지에 대한 건축물관리대장이나 건물등기부등본 등을 열람하여 보지도 않고, 대지의 위치를 잘못 파악하여 그곳으로부터 약 200m 정도 떨어진 곳에 위치한 대지를 이 사건 대지로 착각하여, 이 사건 대지는 나지 상태의 택지예정지로 노폭 8m 정도의 지방도로변에 위치하고, 임야를 절단하여 대지가 조성되었으며, 형태나 면적으로 보아 주유소 부지 등으로 활용될 개연성이 짙다는 점 등을 이유로 대지의 1994.3.25. 기준 감정가격을 80,640,000원으로 감정하였다. 법원은 이를 근거로 위 감정가격을 대지의 최저입찰가격으로 하여 경매절차를 진행하였고, 乙(원고)은 법원에 비치된 감정서를 열람하여 위 대지가 나대지이고 감정가격이 위와 같은 것으로 믿고 이를 45,300,000원으로 낙찰받고 1994.10.5. 낙찰대금을 모두 납부하였다. 그 후 乙이 위 대지에 대한 감정평가가 위와 같이 잘못된 것임을 발견하고 甲에 대하여 불법행위로 인한 손해배상을 청구하였다.

| 소송의 경과 | 1. 제1심

피고의 불법행위 성립은 인정하면서, 피고에게 손해가 발생하였다고 볼 수 없다고 하여, 원고의 청구를 기각하였다.

2. 원 심

(1) 감정인인 피고로서는 감정을 위한 현장조사를 함에 있어서 목적물의 실제 위치를 경계측량 기타 방법으로 확인하고, 공부상의 지목 지적과 대조하여 동일성을 확인한 다음에 적정시가를 산출하여야 함에도 불구하고, 이 사건 대지에 대한 경

계측량을 하지 않았음은 물론, 이에 대한 건축물대장이나 건물등기부등본 등을 열람하여 보더라도 그것이 건물이 건축 · 등기되어 있는 대지임을 알 수 있었음에도 불구하고 이를 게을리한 과실로 위 감정평가서에 대지의 실제 현황과 다른 허위의 사실을 기재하고, 그를 기초로 한 감정평가액까지 잘못 산정한 것이고, 원고는 이를 믿고 위 경매절차에 참가한 것이므로, 피고의 위와 같은 착오 감정은 원고에 대하여 불법행위를 구성한다.

(2) 피고가 원고에게 배상하여야 할 손해액은 이 사건 대지에 대하여 피고가 경매절차에서 한 평가액 금 80,640,000원과 이 사건 대지의 가격 금 51,072,000원의 차액 금 29,568,000원이다.

3. 상고이유

(1) 감정평가서는 경매법원이 최저입찰가격을 결정하는 참고자료에 불과하므로 원고의 손해와 피고의 감정 사이에 인과관계가 없다.

(2) 원고가 이 사건 대지를 경락받음으로써 인하여 입은 손해는 대지의 실제 가치와 이를 경락받기 위하여 지급한 경락대금과의 차액 상당이다.

| 판지 | (1) 민사소송법 제615조가 법원은 감정인이 한 평가액을 참작하여 최저경매가격을 정하여야 한다고 하고 있지만, 특별한 사정이 없는 한 감정인의 평가액이 최저경매가격이 되는 것이므로, 감정평가의 잘못과 낙찰자의 손해 사이에는 상당인과관계가 있는 것으로 보아야 한다. 따라서 원심이 피고의 위와 같은 감정평가상의 잘못은 원고에 대한 불법행위가 된다고 판단한 것은 정당하다.

(2) 불법행위로 인한 재산상 손해는 위법한 가해행위로 인하여 발생한 재산상 불이익, 즉 위법행위가 없었더라면 존재하였을 재산상태와 위법행위가 가해진 현재의 재산상태와의 차이이므로, 원고가 피고의 불법행위로 인하여 입은 손해도 피고의 위법한 감정이 없었더라면 존재하였을 재산상태와 위법한 감정으로 인한 재산상태와의 차이가 되고, 이는 결국 위법한 감정이 없었다면 원고가 낙찰받을 수 있었던 낙찰대금과 실제 지급한 낙찰대금과의 차액이 된다(다만 위법한 감정에도 불구하고 시가보다 더 낮은 가격으로 낙찰받은 경우, 위법한 감정이 없었다면 실제 지급한 낙찰대금보다 더 낮은 가격으로 낙찰받을 수 있었다는 사정은 이를 주장하는 자가 입증하여야 한다). 그러므로 원심이 피고가 한 평가액과 적정한 평가액과의 차액이 원고의 손해라고 판단한 것은 잘못이다.

■ 쟁 점

위 판결은 감정평가사가 경매목적물을 다른 것과 혼동하여 잘못 평가한 경우에 불법행위의 성립 여부 및 손해의 범위가 문제된 것이다.

■ 검토할 사항

□ 불법행위의 성립 여부에서 쟁점이 된 것은 무엇인가?

□ 원심과 같이 정당한 감정가와 부당 감정가의 차액을 손해라고 하게 되면, 甲이 경매목적물을 얼마에 취득하였는가와 관계없이 그 손해액은 일정하게 되는 결과가 되어 부당하다. 이런 점에서 원심의 판단은 문제가 있다. 그러면 대법원이 판시하는 바와 같이 乙이 위법감정이 없었다면 낙찰받을 수 있었을 낙찰대금을 입증하는 것이 과연 실제로 가능한가? 손해의 범위를 정하는 보다 합리적인 방법은 없는지 생각해 보시오.

■ 관련사례

□ 담보목적물에 대하여 감정평가업자가 부당한 감정을 함으로써 감정 의뢰인이 그 감정을 믿고 정당한 감정가격을 초과한 대출을 한 경우에 손해배상의 범위는? (대판 1999.5.25. 98다56416; 대판 2007.4.12. 2006다82625)

□ 감정평가업자 A가 현장조사 당시 감정대상 주택 소유자의 처로부터 임대차가 없다는 확인을 받고 감정평가서에 "임대차 없음"이라고 기재하였으나 이후에 임차인의 존재가 밝혀진 경우, A는 감정평가서를 근거로 부실 대출을 한 금융기관의 손해를 배상할 책임이 있는가? 그 손해액의 산출방법은 어떠한가? (대판 2004. 5.27. 2003다24840: 임대차가 있음에도 없다고 한 경우) A가 임차보증금의 액수를 틀리게 감정한 경우에는 어떠한가? (대판 2007.4.12. 2006다82625)

□ 중개인 갑이 자신이 중개한 바가 없음에도 A에게 허위의 전세계약서를 작성해주었고 A가 이를 이용해 전세보증금반환채권을 담보로 을로부터 금전을 차용하고 이를 변제하지 않은 경우에, 갑으로서는 제3자가 위 계약서상의 권리의무관계를 진실한 것으로 믿고 이를 기초로 하여 일정한 거래를 하게 될 가능성이 있음을 능히 짐작할 수 있으므로 그의 중개사로서의 주의의무 위반과 乙의 손해 간에는 인과관계가 있다고 할 수 있나? (대판 2010.5.13. 2009다78863,78870)

□ A가 한국토지공사(B)가 분양하는 건물 중 일부 층을 분양받아 안마시술소 영업을 하고자 하였는데, A는 그 건물이 있는 구역에서는 그러한 업소를 운영할 수 없다는 말을 안마사협회로부터 들었음에도, 건축물의 용도변경에 관한 사항을 관할하는 행정청이 아니고 단지 택지개발사업 시행자에 불과한 B의 사무소 직원으로부터 위 건물을 안마시술소로 용도변경할 수 있다는 답변을 듣고 한 층을 분양받아 용도변경공사를 하였으나 결국 위 행정청으로부터 용도변경 허가를 받지

못한 경우에, B는 불법행위책임을 지는가? (대판 2012.2.9. 2011다14671)

- □ 증권투자신탁의 위탁회사가 기업어음 투자 등급에 관하여 약관과 달리 기재된 투자신탁 운용계획서를 고객에게 교부하여 잘못된 정보를 제공하여 그로 인하여 고객에게 손해를 입은 경우에, 위탁회사는 불법행위책임을 지는가? (대판 2007.9.6. 2004다53197. 자산운용회사에 관한 것으로는 대판 2011.7.28. 2010다76368)
- □ 장외시장에서 증권투자 경험이 있는 매도인이 그러한 경험이 없는 매수인에게 투자 손실의 위험성이 높은 증권의 매수를 적극적으로 권유하였고 그 결과 매수인이 손실을 본 경우, 매도인의 불법행위가 성립하는가? (대판 2006.11.23. 2004다62955)
- □ 〈투자수익보장약정〉 증권회사 직원이 고객에게 일정한 수익을 보장한다고 하면서 투자를 권유하여 고객이 일임매매계약을 맺고 투자를 개시하였으나 손해를 입은 경우에, 불법행위가 성립하는가? 그리고 불법행위의 성립 여부에 있어서는 투자자가 주식투자 경험이 많은 자인가 여부, 직원의 권유의 정도나 과당거래 여부 등과 같은 사정이 고려되는가? (대판 1994.1.11. 93다26205; 대판 1996.8.23. 94다38199; 대판 1999.6.11. 97다58477; 대판 1999.12.24. 99다44588; 대판 2001.4.27. 2000다30943 등)
- □ 〈분식회계사건〉 A회사는 결산시에 실제로는 손실을 입었음에도 이익을 본 것처럼 粉飾한 재무제표 등의 사업보고서를 작성하였고, 회계법인 B는 이를 적정한 것으로 감사보고서를 작성하였으며, C 등 많은 투자자는 이를 믿고 A회사의 주식을 매입하였는데, 그 후 A회사가 부도나 C 등이 손실을 입은 경우에, A회사의 이사 및 B는 위와 같은 사업보고서 혹은 감사보고서의 작성에 관하여 과실이 있고 또한 투자자들의 투자손실은 이들의 분식회계 및 부실감사와 인과관계가 있으므로, 투자자들은 이사 및 B에 대하여 불법행위로 인한 손해배상을 청구할 수 있는가? (대판 2007.10.25. 2006다16758,16765〈대우전자분식회계사건〉; 대판 2008.6.26. 2007다90647. 그리고 대판 2007.1.11. 2005다28082; 대판 2007.7.26. 2006다20405 등 다수)
- □ 〈상대방이 안 경우〉 증권회사가 고객의 선물계좌에서 위탁증거금을 추가로 납부할 사유가 발생한 때에는 이를 고객에게 통보해야 함에도 이를 통보하지 않았으나, 고객이 어떠한 경위로 이미 위탁증거금의 부족 사유를 알게 된 경우에, 그 고객은 통지의무 위반을 이유로 증권회사에 대하여 손해배상책임을 물을 수 있는가? (대판 2003.1.10. 2000다50312. 그 외에 대판 2009.7.9. 2007다90395)

■ 기타 검토사항

- □ 지가공시 및 토지 등의 평가에 관한 법률(지가공시법) 제26조 제1항은 감정평가업자가 고의 또는 과실로 감정평가 당시의 적정가격과 현저한 차이가 있게 감정

평가하거나 감정평가서류에 허위의 기재를 함으로써 감정평가 의뢰인이나 선의의 제3자에게 손해를 발생하게 한 때에는 감정평가업자는 그 손해를 배상할 책임이 있다고 규정한다. 이 규정에 의한 손해배상책임과 민법상의 불법행위로 인한 손해배상책임과의 관계는 어떠한가? 특히 전자는 감정평가가 '적정가격과 현저한 차이'가 있을 것을 책임의 요건으로 규정하는데, 이러한 요건이 갖추어지지 않으면 후자의 책임을 물을 수 없는가?

□ 경매에 참여하는 자는 통상 감정평가사의 감정평가서와 집달관의 부동산현황조사서를 참고로 할 뿐만 아니라, 현장에 가서 경매목적물의 현황 등을 확인한다. 그런데 甲은 그러한 조치를 한 바 없음에도 손해 전부를 배상받을 수 있다고 할 수 있는가?

■ 참고문헌

□ 김문석, 부동산의 경매절차에서 감정평가업자가 불실감정을 하여 낙찰자가 손해를 입은 경우 그 손해배상책임, 대법원판례해설 31호, 1999, 61-71.

□ 정성태, 금융기관의 위탁으로 주택의 임대차관계 조사업무를 맡은 감정평가업자가 부담하는 의무의 내용 및 그 의무위반으로 발생한 부실대출과 관련하여 금융기관에 대하여 부담하는 손해배상책임의 범위, 대법원판례해설 68호, 2008, 74-86.

(4) 과대광고

대판 2007.6.1. 2005다5812,5829,5836

| 사안 | 1. A회사(소외 회사)는 이 사건 아파트를 신축 분양함에 있어서 분양안내책자 및 광고전단지를 배포하거나 신문에 분양광고를 게재하였는데, 이의 광고에는 ① 아파트단지 내 게르마늄 성분을 포함한 온천이 있다는 점, ② 거실 바닥재로 고급 단풍나무 원목을 사용한다는 점, ③ 아파트 내에 풍성한 유실수단지가 설치된다는 점, ④ 아파트 내 테마공원이 설치된다는 점, ⑤ 일산-금촌 간 4차선 도로가 2001.까지 8차선으로 확장되고, 서울대가 근처로 이전될 예정이라는 점, ⑥ B신탁회사가 전국 유명 콘도 및 휴양시설과 제휴하여 입주자들이 전국 유명 콘도의 회원으로서 혜택을 누릴 수 있다는 점, ⑦ 문산-용산 간 경의선 전철이 복선화가 되어 편리한 교통환경이 조성된다는 점 등이 담겨져 있었다. 반면에 아파트단지 북서쪽에 신설될 초등학교의 바로 뒤편 야산에는 분묘 기수가 4,300여 기에 이르는 대규모의 공동묘지가 있었는데, 광고전단이나 분양안내책자 등에는 신설될 위 초

등학교 부지만 표시되어 있고 위 공동묘지 지역은 수목이 식재된 야산으로만 나타나 있을 뿐이고 공동묘지는 표시되어 있지 않았다.

2. 甲 등 다수인(원고들)은 A회사와 사이에 1998.2.경부터 2000.6.경에 걸쳐 위 아파트 중 특정 호수에 관하여 분양계약을 체결하였는데, 분양계약서에는 ① 분양의 목적물은 건물과 대지의 면적 및 그 동과 호수를 표시한 아파트 1동과 이에 따른 전기 · 도로 · 상수도시설 기타 부대시설(공용)로 되어 있고, ② 기타 사항으로 견본주택 내에 시공된 제품은 특별한 사정없이 타사 제품으로 변경될 수 없고 견본주택 및 각종 인쇄물과 모형도상의 구획선 및 시설물의 위치, 설계도면 등의 표시가 계약체결일 이후 사업계획 변경승인 및 신고 등에 따라 일부 변경된 경우에는 A회사가 수분양자들에게 이를 통보한다는 규정(분양계약서 제17조)이 있었다.

3. A회사가 사실상 부도상태에 빠질 정도로 경영이 악화되어, 乙회사가 A회사의 위 사업상의 권리의무를 양수하였다. 乙이 아파트를 완공하여 甲 등이 입주하였으나, 위 광고에 담겨있던 것이 대부분 실현되지 않았다. 이에 甲 등은, 자신들로서는 A회사의 위와 같은 광고 내용을 신뢰하고 위와 같은 조건을 구비한 아파트를 공급받기로 하는 분양계약을 체결한 것이며, A회사의 광고행위는 그 내용의 구체성 · 반복성 및 규모에 비추어볼 때 아파트분양계약에 있어 청약에 해당되며, 위 광고 내용과 같은 온천 · 유실수단지 등의 존재는 아파트분양계약의 내용에 포함된다고 할 것이므로, 乙회사로서는 온천 · 유실수단지 등 A회사가 광고한 내용과 같은 조건을 구비한 아파트를 제공할 분양계약상의 의무를 부담한다고 하면서, 이러한 의무의 이행 혹은 만약 불능이라면 채무불이행으로 인한 손해배상을 청구하고, 아울러 공동묘지에 대한 불고지는 부작위에 의한 불법행위가 된다고 하면서 불법행위로 인한 손해배상을 청구하였다.

| 판지 | **1. 분양계약의 내용에 관하여**

상가나 아파트의 분양광고의 내용은 청약의 유인으로서의 성질을 갖는 데 불과한 것이 일반적이다. 그런데 선분양 · 후시공의 방식으로 분양되는 대규모 아파트단지의 거래 사례에 있어서 분양계약서에는 동 · 호수 · 평형 · 입주예정일 · 대금지급방법과 시기 정도만이 기재되어 있고 분양계약의 목적물인 아파트 및 그 부대시설의 외형 · 재질 · 구조 및 실내장식 등에 대하여 구체적인 내용이 기재되어 있지 아니한 경우가 있으나, 분양계약의 목적물인 아파트에 관한 외형 · 재질 등이 제대로 특정되지 아니한 상태에서 체결된 분양계약은 그 자체로서 완결된 것이라고 보기 어렵다. 그러므로 비록 분양광고의 내용, 모델하우스의 조건 또는 그 무렵 분양회사가 수분양자에게 행한 설명 등이 비록 청약의 유인에 불과하다 할지라도, 그러한 광고 내용이나 조건 또는 설명 중 구체적 거래조건, 즉 아파트의 외형 · 재질 등에 관한 것으로서 사회통념에 비추어 수분양자가 분양자에게 계약 내용으로서 이행을 청구할 수 있다고 보여지는 사항에 관한 한 수분양자들은 이를 신뢰하고 분양계약을 체결하는 것이고 분양자들도 이를 알고 있었다고 보아야 한다. 그러므로 분양계약시에 달리 이의를 유보하였다는 등의 특단의 사정이 없는 한, 분양자와 수분양자 사이에 이를 분양계약의 내용으로 하기로 하는 묵시적 합의가 있었다고 봄이 상당하다.

이 사건 분양계약서에는 앞서 말한 내용 이외에는 아파트의 외형 · 재질에 대하여 별다른 내용이 없어 위 분양계약서는 그 자체로서 완결된 것으로 보기 어려우므로, 이 사건 분양계약은 목적물의 외형 · 재질 등이 견본주택(모델하우스) 및 각종 인쇄물에 의하여 구체화될 것을 전제로 하는 것으로 보아야 할 것이다. 나아가 구체적으로 살펴보면, 이 사건 광고 내용 중 도로확장 및 서울대 이전 광고, 전철복선화에 관한 광고는 아파트의 외형 · 재질과 관계가 없을 뿐만 아니라 사회통념에 비추어 보더라도 수분양자들 입장에서 분양자인 A회사가 그 광고 내용을 이행한다고 기대할 수 없는 것들이므로, 허위 · 과장 광고라는 점에서 그 광고로 인하여 불법행위가 성립됨은 별론으로 하고 그 광고 내용이 그대로 분양계약의 내용을 이룬다고 보기는 어렵겠지만, 이와 달리 온천 광고, 바닥재(원목마루) 광고, 유실수단지 광고 및 테마공원 광고는 아파트의 외형 · 재질 등에 관한 것으로서, 그리고 콘도회원권 광고는 아파트에 관한 것은 아니지만 부대시설에 준하는 것이고 또한 이행 가능하다는 점에서, 각 분양계약의 내용이 된다고 할 수 있을 것이다.

그럼에도 불구하고, 분양광고의 내용을 구분하여 살피지 아니한 채 그 전부에 관하여 그와 같은 아파트만을 공급하기로 하는 합의가 존재하지 않는다고 판단한 원심판결에는, 분양계약에 있어서 당사자의 의사해석에 관한 법리를 오해한 위법이 있다.

2. 기망행위의 존재 여부에 관하여

(1) 공동묘지 존재사실에 대한 고지의무 위반 여부에 대하여

부동산 거래에 있어 거래 상대방이 일정한 사정에 관한 고지를 받았더라면 그 거래를 하지 않았을 것임이 경험칙상 명백한 경우에는 신의성실의 원칙상 사전에

상대방에게 그와 같은 사정을 고지할 의무가 있으며, 그와 같은 고지의무의 대상이 되는 것은 직접적인 법령의 규정뿐 아니라 널리 계약상, 관습상 또는 조리상의 일반원칙에 의하여도 인정될 수 있고, 일단 고지의무의 대상이 되는 사실이라고 판단되는 경우 이미 알고 있는 자에 대하여는 고지할 의무가 별도로 인정될 여지가 없지만, 상대방에게 스스로 확인할 의무가 인정되거나 거래관행상 상대방이 당연히 알고 있을 것으로 예상되는 예외적인 경우가 아닌 한, 실제 그 대상이 되는 사실을 알지 못하였던 상대방에 대하여는, 비록 알 수 있었음에도 알지 못한 과실이 있다 하더라도 그 점을 들어 추후 책임을 일부 제한할 여지가 있음은 별론으로 하고, 고지할 의무 자체를 면하게 된다고 할 수는 없다.

아파트단지 바로 옆의 초등학교 바로 뒤편 야산에 대규모의 공동묘지가 있음에도 A회사가 제작·배포한 분양안내책자나 조감도 등에는 신설될 위 초등학교 부지만 표시되어 있고 위 공동묘지는 표시되어 있지 않는 바, 이처럼 일차적으로 수분양자들의 오해를 유발한 사정과 함께 아직까지의 우리 사회의 통념상으로는 공동묘지가 주거환경과 친한 시설이 아니어서 분양계약의 체결 여부 및 가격에 상당한 영향을 미치는 요인일 뿐만 아니라, 대규모 공동묘지를 가까이에서 조망할 수 있는 곳에 아파트단지가 들어선다는 것은 통상 예상하기 어렵다는 점까지를 감안할 때, 위 공동묘지의 존재사실을 잘 알고 있었던 A회사로서는 이미 그 사실을 알고 있었던 수분양자들을 제외한 나머지 수분양자들에게 위와 같은 공동묘지의 존재사실을 고지할 신의칙상의 의무가 있다고 할 것이다.

원심은 원고들 중 공동묘지의 존재사실을 알고 있었던 자와 알지 못하였던 자를 구분하지 아니한 채 위 공동묘지는 그 규모와 위치에 비추어 현장을 방문하여 확인하거나 인근 주민들에게 탐문하는 방법으로 쉽게 그 존재를 알 수 있는 것으로 보여지고 또 실제 현장을 방문한 원고들 중 상당수는 공동묘지의 존재를 알았을 것으로 추측된다는 점 및 위 공동묘지의 존재는 이로 인하여 장차 분양계약의 효력이나 이에 따른 채무의 이행에 장애를 가져와 수분양자가 분양목적물에 대한 권리를 확보하지 못할 위험이 생길 사정에 해당하지도 아니한다는 점을 들어, 원고들 모두에 대한 관계에서 고지의무의 존재를 부정함으로써 부작위에 의한 기망행위에 해당하지 아니한다고 판단하였는 바, 이는 고지의무의 위반으로 인한 기망행위에 관한 법리 오해 등의 위법이 있다.

(2) 바닥재(원목마루), 유실수단지, 서울대 이전 광고 및 온천 광고와 관련된 피고

의 주장에 관하여

원심이 서울대학교가 이전 예정이라고 할 근거가 없음에도 그러한 광고를 한 것은 일반적인 상거래 관행과 신의칙에 비추어 시인되기 어려운 기망행위에 해당한다고 판단한 것은 정당하다. 다만 바닥재(원목마루) 광고, 유실수단지 광고 및 온천 광고 등의 내용들은 모두 분양계약의 내용이 되는 것이어서 계약책임이 인정된다고 보는 이상, 그 광고 내용들이 분양계약의 내용이 되지 아니함을 전제로 기망행위로 인한 불법행위책임이 인정될 여지는 없다. 따라서 이러한 광고에 관해서도 불법행위책임을 인정한 원심은 잘못이다.

3. 손해액 산정방식에 관하여

법원은 위자료액을 산정함에 있어서 피해자 측과 가해자 측의 제반 사정을 참작하여 그 금액을 정해야 하므로, 피해자가 가해자로부터 당해 사고로 입은 재산상 손해에 대하여 배상을 받을 수 있는지 여부 및 그 배상액의 다과 등과 같은 사유도 위자료액 산정의 참작사유가 되는 것은 물론이며, 특히 재산상 손해의 발생이 인정되는데도 입증곤란 등의 이유로 그 손해액의 확정이 불가능하여 그 배상을 받을 수 없는 경우에는 이러한 사정을 위자료의 증액사유로 참작할 수 있다.

이 사건 광고 중 기망행위로 인한 불법행위책임이 성립하는 부분과 관련하여 위 법리 및 기록에 비추어 살펴보면, 원고들이 A회사의 위법한 기망행위로 인하여 입은 재산상 손해액을 ① 원고들이 실제 지급한 분양대금액에서 ② 기망행위에 의하여 분양계약을 체결하던 당시를 기준으로 한 이 사건 아파트의 시가(즉 원고들이 주장하는 적정 분양대금의 가액)를 차감한 액수로 산정하는 입장에서 볼 때, 차감항목인 ②의 가액을 객관적으로 산정할 만한 방법이 없다고 한 원심의 판단은 정당한 것으로 수긍이 가고, 또한 이처럼 재산상 손해액의 산정이 불가능하다고 보는 입장에서라면, 원심이 판시하는 바와 같이 그러한 사정을 정신적 손해의 산정에 참작하여 배상할 손해액을 산정하는 방법도 가능하다. 따라서 이 부분 원심의 판단은 정당하다.

■ 쟁 점

위 판결은 아파트의 분양안내책자 등에서 과장광고를 하고 인근의 공동묘지를 알리지 않은 경우에, 그 광고상의 내용이 계약내용으로 되는가, 광고내용대로 이행되지 않은 것 및 위의 불고지 등은 불법행위가 되는가 하는 점이 문제된 것이다.

■ 검토할 사항

□ 상가나 아파트의 분양광고의 성질은 통상 무엇인가?

□ 분양계약서에 아파트 및 그 부대시설의 외형 · 재질 · 구조 및 실내장식 등에 관한 내용이 기재되어 있지 않는 경우에, 분양광고의 내용이 분양계약의 내용으로 되는가?

□ 위 분양광고 중에서 분양계약의 내용이 되어 이행책임(그런데 이를 이행치 않았으므로 결과적으로 채무불이행책임)을 지는 것은 어떤 것인가?

□ 이행책임을 지는 광고내용을 이행치 않은 데 대해서도 불법행위책임이 성립하는가?

□ 어떤 사항을 고지하지 않은 것이 부작위에 의한 기망으로 불법행위가 되기 위해서는 어떤 요건이 갖추어져야 하는가? 그러한 사항을 알고 있는 사람들에게도 고지의무를 지는가?

□ 공동묘지에 관한 기망으로 인하여 아파트의 가격이 하락하였을 개연성은 있지만 그 액수(손해)를 산정하기는 매우 어렵다. 이런 경우에 해결방법은 무엇인가?

■ 관련사례

□ 아파트 분양에서 분양회사가 아파트단지 주변에 쓰레기매립장이 건설될 예정임을 알면서 분양시에 이를 알리지 않은 경우에, 부작위에 의한 불법행위로 되는가? 그 외에 아파트의 분양 이후에 부동산 경기의 전반적인 상승에 따라 아파트의 시가도 상승하여 분양가격을 상회하게 되었다면, 수분양자에게 손해가 발생하지 않은 것이므로 손해배상청구가 부인되는가? 그리고 건설회사와 수분양자 간에는 분양계약(매매계약)이 체결되었으므로, 전자의 고지의무 위반은 불법행위를 구성함과 동시에 불완전이행(부수적 의무위반)이라는 채무불이행을 구성한다. 양자 간의 관계는 어떠한가? 후자의 효과로서 乙은 계약을 해제할 수 있는가? (대판 2006.10.12. 2004다48515)

□ A가 인천국제공항공사(B)로부터 국제업무지역의 한 대지를 임차하여 그곳에 상업시설을 신축 · 운영함에 있어서, 그 시설 내에 모노레일이 설치되고 체험관 · 전망대 등이 들어설 것이라고 광고하여 C 등 다수인이 A로부터 위 시설의 일부씩을 임차하였는데, 실제로는 그러한 시설이 들어서지 않은 경우에, C는 A와 B에 대하여 불법행위를 이유로 손해배상을 청구할 수 있는가? 그 외에 C는 사기나 착오를 이유로 임대차계약을 취소할 수 있는가, 더 나아가 이행불능을 이유로 해제하거나 혹은 하자담보책임으로서 해제할 수 있는가? 그 외에 A와 B는 공동불법행위자로 되는가? (대판 2009.8.20. 2008다51120,51137,51144,51151)

■ 기타 검토사항

□ A회사의 경영이 악화되어 乙회사가 A회사의 사업상의 권리의무를 양수하였는바, 乙회사는 A회사의 위 채무불이행책임 혹은 불법행위책임을 승계하는가? 위 양수가 상법상의 영업양도(일정한 영업목적에 의하여 결합된 인적 · 물적 조직이 동일성을 유지하면서 일체로서 이전하는 것)이냐 여부에 따라 달라지는가? 영업양도인가 여부는 회사의 영업재산과 영업시설 대부분을 양도하였는가 하는 점에 의하여 결정되는가?

■ 참고문헌

□ 김진홍, 아파트분양광고의 계약상 책임과 위자료 배상, 판례연구 21집(2), 2007, 156-172, 서울지방변호사회.

□ 왕정옥, 허위 · 과장광고와 그로 인한 계약의 취소 또는 불법행위 책임의 성립 여부, 대법원판례해설 81호, 2010, 282-318.

8. 사용자의 부당행위

(1) 부당징계

대판 1993.12.21. 93다11463

| 사안 | 甲(원고)은 乙회사(피고)에 입사하여 공장의 공무부 계전과 전기공으로 근무하면서, 노사간에 지급이 합의된 배당상여금을 즉시 지불하라는 내용의 유인물을 배포하였다. 乙은 甲을 유인물 무단배포 등을 이유로 징계위원회에 회부하여, 甲에 대하여 본사 총무부(부천시 소재)로 대기발령을 하였으며, 그 후 위 대기발령을 해지하고 甲을 계전과로 인사발령을 하였으나, 甲이 계속 무단결근하였다는 이유로 甲을 징계해고하였다.

甲은 부당노동행위 구제신청을 하여, 중앙노동위원회로부터 위 대기발령 및 해고처분이 모두 부당노동행위라는 판정을 받았다. 이에 乙은 중앙노동위원회 위원장을 상대로 위 판정에 대한 취소소송을 제기하였으나, 위 대기발령이나 해고처분은 모두 정당한 노조활동을 이유로 한 불이익처분으로서 노동조합법 제39조 제1호 소정의 부당노동행위에 해당한다는 이유로 청구기각의 판결을 선고받았으며, 그 판결이 확정되었다. 이에 따라 乙은 甲을 복직시키고 그동안의 기본임금 등을 지급하였다. 甲은 위 대기발령 및 해고기간 동안 甲이 계속 근무하였더라면 받을 수 있었던 임금 상당액에서 이미 지급받은 기본임금 등을 공제한 금액의 지급 그리고 위 대기발령 및 해고처분으로 인한 정신적 손해배상을 구하는 소송을 제기하였다.

| 판지 | 1) 노동조합법 제39조의 부당노동행위 금지규정은 효력규정인 강행법규이므로 이에 위반된 법률행위는 사법상으로도 효력이 없다 할 것이고, 근로자에 대한 불이익취급행위로서의 법률행위가 부당노동행위로서 무효인 이상 그것이 근로기준법 제27조 소정의 정당한 이유가 있는지 여부는 더 나아가 판단할 필요가 없다.

2) 근로자에 대한 해고처분이 무효가 된 경우 그동안 고용관계는 유효하게 계속되어 있었던 것이 되고 근로자가 해고기간 동안 근로를 제공하지 못한 것은 부당한 해고를 한 사용자의 귀책사유로 말미암은 것이므로, 근로자는 민법 제538조 제1항에 따라서 계속 근로하였을 경우에 그 반대급부로 받을 수 있는 임금 전부(기본급, 상여금, 지역수당, 생산수당, 휴일근로수당, 야간근로수당, 주간연장근로수당, 야간연장근로수당 포함)의 지급을 구할 수 있다.

3) 일반적으로 사용자의 근로자에 대한 해고 등의 불이익처분이 무효로 판단되는 경우에, 그러한 사유만에 의하여 곧바로 그 해고 등 불이익처분이 불법행위를 구성하게 된다고 할 수는 없다. 그러나 근로계약에 따라 계속적으로 근로를 제공하는 근로자는 인간으로서의 존엄과 가치를 지닌 인격체이고 근로자의 근로제공은 단순히 임금획득을 위하여 근로계약을 이행하는 것에만 의미가 있는 것이 아니고 근로를 통하여 이러한 인격을 실현한다는 측면도 아울러 갖고 있으므로, 사용자가 강행규정인 노동조합법 제39조 소정의 불이익취급 금지규정을 위반하여 근로자를 부당하게 해고하거나 불이익처분을 함으로써 당해 해고 등이 무효인 경우에, 사용자가 그러한 불이익처분을 함에 있어서 내세우는 사유가 표면상의 사유에 불과하고 실질적으로는 근로자가 행한 정당한 노동조합 활동을 이유로 근로자를 사업장에서 배제하려는 의도하에 그러한 표면상의 해고사유를 내세워 징계라는 수단을 동원하여 해고 등의 불이익처분을 행한 경우처럼, 그러한 징계권의 남용이 우리의 건전한 사회통념이나 사회상규상 도저히 용인될 수 없음이 분명한 경우에는, 그 해고 등 불이익처분의 효력이 부정되는 데 그치는 것이 아니라 위법하게 상대방에게 정신적 고통을 가하는 것이 되어 근로자에 대한 관계에서 불법행위를 구

성할 수 있다. 그리고 이와 같은 경우 이는 단순히 임금지급채무를 이행하지 아니한 것에 불과하다고 할 수 없어, 근로자가 임금채무나 그에 대한 지연손해금을 지급받는다고 하여 이로써 사용자의 이러한 부당한 해고행위 등으로 말미암아 근로자가 입게 된 정신적 고통의 손해가 완전히 치유된다고는 할 수 없는 것이고, 사용자의 귀책사유는 부당노동행위로 인정되는 이상 사실상 추정된다 할 것이다.

원심이 적법하게 채택한 증거에 의하면 피고가 원고에 대하여 한 위 대기발령 및 해고처분은 모두 실질적으로는 원고의 정당한 노조활동을 혐오하여 원고를 피고의 사업장에서 배제하려는 의도로 징계라는 수단을 동원하여 이루어진 불이익처분임을 인정할 수 있는바, 이는 우리의 건전한 사회통념이나 사회상규상 용인될 수 없음이 분명하고, 위 불이익처분이 부당노동행위로 인정되는 이상 피고의 귀책사유는 추정된다 할 것이어서, 원심이 피고의 원고에 대한 위 대기발령 및 해고처분이 불법행위를 구성함을 전제로 원고에게 위자료를 지급할 것을 명한 것은 정당하다.

■ 쟁 점

위 판결은 회사가 근로자를 부당하게 해고한 것은 불법행위가 되고 이로써 정신적 손해에 대한 배상책임을 지는가 하는 점이 문제된 것이다.

■ 검토할 사항

□ 근로자에 대한 해고처분이 무효인 경우에, 그동안 받지 못한 임금을 받을 수 있는 근거는 무엇인가?

□ 근로자에 대한 해고처분이 무효인 경우에, 그러한 사유만으로 그 처분이 불법행위를 구성하는가? 그것이 불법행위로 되기 위한 요건 및 근거를 살피시오.

■ 관련사례

□ 근로자에 대한 해고처분이 사후에 법원에 의하여 무효라고 판단되었으나, 그 처분 당시의 객관적인 사정이나 근로자의 비위행위 등의 정도, 해고처분을 하게 된 경위 등에 비추어 볼 때 사용자가 근로자의 비위행위가 해고사유에 해당한다고 판단한 것이 무리가 아니었다고 인정되고, 아울러 그 처분이 적법한 절차를 거쳐 행해진 것이라면, 이러한 경우에도 그 처분이 불법행위로 되는가? 만약 부인된다면 그 이유는 무엇인가? (대판 1996.2.27. 95다11696) 근로자에게 징계해고를 할 만한 사유(불법파업)가 있었고 그 절차도 단체협약의 규정 등에 따라 적법하게 이루어진 것이나, 징계위원들이 근로자들에 대한 징계의 양정을 함에 있어서 최대한 관용을 베풀기로 한 약속(근로자들에 대하여 위 파업과 관련하여 징계문제

를 비롯한 일체의 민 · 형사상 책임을 묻지 않기로 하는 이른바 면책합의가 있은 경우)의 의미를 잘못 해석하여 결과적으로 징계의 양정이 잘못되어 법원에서 그 징계해고를 무효라고 판단한 것에 불과한 경우에는 어떠한가? (대판 1996.4.23. 95다6823)

- 사업자가 동일한 사업 내에서 근무하는 남녀 근로자가 제공하는 노동이 동일한 가치인데도 합리적 이유 없이 여성 근로자에게 남성 근로자보다 적은 임금을 지급하는 것은 불법행위가 되는가? (대판 2013.3.14. 2010다101011)
- 〈불이익한 인사조치〉 시청 소속 공무원 A가 시장을 부패방지위원회에 부패혐의자로 신고하자 시가 그를 동사무소로 하향 전보시킨 행위는 일반적으로 불법행위가 되는가? (대판 2009.5.28. 2006다16215).
- 학교법인이 학교의 업적평가규정에 따라 A교원의 업적을 평가하여 그의 재임용을 거부하자, A의 신청에 기하여 교원소청심사위원회가 재임용거부처분을 취소한 경우에, 위 거부처분은 불법행위로서 학교법인은 그 기간 동안의 임금 상당의 손해배상책임을 지는가? 만약 재임용거부의 근거가 된 심사기준이 적법하고 그 심사기준에 의하면 재임용심사를 하더라도 A가 재임용될 수 없다고 판단되는 경우라면 어떠한가? (대판 2010.9.9. 2008다6953)

■ 참고문헌

- 김형진, 부당노동행위와 불법행위의 성립, 대법원판례해설 20호, 1994, 402-413.
- 정진경, 부당해고와 불법행위: 위자료청구를 중심으로, 김유성교수 화갑기념논문집, 2000, 237-263.

(2) 보호의무 위반

대판 1997.4.25. 96다53086

| 사안 | 乙(피고)은 1994.6.24. 丙(원심 공동피고)으로부터 상가 건물의 신축공사 중 천장석고보드공사를 하도급받았으며, 乙은 위 공사에 필요한 자재는 자신이 공급하되 그 현장에서의 시공은 전문기술자인 甲(원고의 피상속인)에게 재하도급하였다. 乙이 사전에 합의한 위 공사의 시공일자는 원래 1994.8.13.이었는데, 乙은 丙의 양해도 받지 아니한 채 임의로 그 일정을 앞당겨 8.12. 甲 등으로 하여금 공사를 시작하도록 지시하고 자신은 공사현장에 나가보지 않았다. 甲은 1994.8.12. 15:30경 그의 인부 2명을 데리고 위 신축공사 현장에 임하여 고장난 전기드릴을 점검한 후 이를 위 공사장 입구에 임시로 가설된 콘센트에 연결시켜 시험가동을

하다가, 전기누전에 의한 감전으로 그 자리에서 사망하였다. 그런데 사고 당시 甲이 작업하던 위 상가 건물 1층 바닥은 그 전날 바닥갈기작업을 실시한 탓으로 물기가 많이 남아 있었고, 철구조물 등이 공사장 바닥 곳곳에 널려 있어 전기를 이용한 공사를 할 경우 전기누전으로 인한 감전사고가 발생할 위험이 있었으며, 위 공사현장에 임시로 가설된 전선은 원래 계량기에서 누전차단기를 통하여 콘센트에 연결되도록 설치되었음에도 사고 당시 그 전기선이 계량기로부터 누전차단기를 통하지 않고 곧바로 콘센트에 연결된 상태로 이용되었다. 甲의 상속인 甲'(원고)은 乙에 대하여 보호의무 위반으로 인한 불법행위를 이유로 손해배상을 청구하였다.

| 판지 | 건축공사의 일부분을 하도급받은 자가 구체적인 지휘 · 감독권을 유보한 채 재료와 설비는 자신이 공급하면서 시공 부분만을 시공기술자에게 재하도급하는 경우와 같은 노무도급의 경우에, 그 도급인과 수급인의 관계는 실질적으로 사용자와 피용자의 관계와 다를 바가 없으므로, 그 도급인은 수급인이 노무를 제공하는 과정에서 생명 · 신체 · 건강을 해치는 일이 없도록 물적 환경을 정비하고 필요한 조치를 강구할 보호의무를 부담한다. 이러한 보호의무는 실질적인 고용계약의 특수성을 고려하여 신의칙상 인정되는 부수적 의무로서, 구 산업안전보건법 시행령(1995.10.19. 대통령령 제14787호로 개정되기 전의 것) 제3조 제1항에 의하여 사업주의 안전상 조치의무를 규정한 산업안전보건법 제23조가 적용되지 아니하는 사용자일지라도 마찬가지로 인정되고, 만일 실질적인 사용관계에 있는 노무도급인이 고의 또는 과실로 이러한 보호의무를 위반함으로써 그 노무수급인의 생명 · 신체 · 건강을 침해하여 손해를 입힌 경우 그 노무도급인은 노무도급계약상의 채무불이행책임과 경합하여 불법행위로 인한 손해배상책임을 부담한다.

천장석고보드공사를 하도급받은 피고로서는 위 공사를 시작하기 전에 마땅히 이 사건 공사현장에 나가 전체적인 공정의 진척 정도, 작업현장 및 그 주변 상황 등을 고려하여 자신에게 지시 · 감독권이 유보되어 있는 甲으로 하여금 당초에 약정된 시공일정과 달리 석고보드공사를 당장 시작하게 하여도 그 작업 도중 甲의 생명이나 신체에 위험이 발생할 우려가 있는지 여부를 확인한 다음 그 공사를 시작하게 할 의무가 있고, 때마침 위 작업현장에는 전날 실시된 작업으로 인하여 바닥에 물기가 많이 남아 있어 감전의 우려가 있었으므로 먼저 바닥의 물기를 제거하는 등 주변을 정리하게 하여야 할 뿐만 아니라, 피고가 재하도급받은 석고보드 부착작업은 전기드릴을 사용하여 천장에 구멍을 뚫는 작업으로서 전기를 많이 사용하게 되므로 이용하여야 할 전기시설에 이상이 있는지 여부를 확인한 다음 작업을 시작하게 할 주의의무가 있음에도 불구하고, 이를 게을리한 채 甲으로 하여금 감전의 위험이 있는 공사현장에서 임시로 가설된 전기시설을 점검하지 아니한 채 곧바로 공사를 시작하도록 방치한 과실로 인하여 이 사건 사고가 발생하였다고 할 것이다.

■ 쟁 점

위 판결은 노무도급의 도급인(乙)이 과실로 수급인(甲)에 대한 보호의무를 위반한 경우에, 乙은 불법행위책임을 지는가 하는 점이 문제된 것이다.

■ 검토할 사항

- 사용자가 피용자에 대하여 지는 보호의무(안전배려의무)의 성질 내지 근거는 무엇인가?
- 위의 보호의무를 위반한 경우에 사용자는 어떤 책임을 지는가?

■ 관련사례

- A가 B회사에서 타이어 100여 개가 실려 있는 무게 약 300kg 가량의 앨범카를 작업대로 밀고 와 철사를 감싸는 작업을 담당하던 중에 허리통증이 생긴 경우에, 이러한 장애는 사용자의 근로자에 대한 보호의무 위반으로 인한 것으로서 따라서 B는 그에 대하여 불법행위책임을 지는가? (대판 2000.3.10. 99다60115)
- 관광호텔 B의 종업원인 A가 B의 상무 C의 지시에 따라 야간에 운전하던 중 과실로 교통사고를 일으켜 상해를 입었는데, C는 A로 하여금 주 · 야간으로 일을 하게 하여 과로와 수면부족 상태를 초래케 하였고 그러한 상태에서 운전 중 위와 같은 사고가 발생한 경우에, B는 A에 대하여 보호의무 위반으로 인한 불법행위책임을 지는가? 즉 사용자의 보호의무 위반과 피용자 귀책사유가 경합하여 손해가 발생한 경우에도 사용자는 불법행위책임을 지는가? (대판 2000.5.16. 99다47129)
- 회사는 야간에 회사 기숙사 내에서 발생한 입사자들 사이의 구타행위에 대하여 보호의무 위반을 이유로 불법행위책임을 지는가? (대판 2001.7.27. 99다56734)
- 회사 차량으로 배달업무를 담당하던 피용자 A가 직원들과의 회식을 마친 후 음주상태에서 차량을 운전하여 귀가하다가 전복사고를 일으켜 차량에 적재되어 있던 인화물질로 발생한 화재로 사망한 경우에, 그 전복 · 화재사고와 피용자의 업무 사이에 관련성이 있고 따라서 회사(사용자)는 보호의무 위반으로 인한 손해배상책임을 지는가? (대판 2006.9.28. 2004다44506)

■ 기타 검토사항

□ 도급인이 수급인에 대하여 특정한 행위를 지휘하거나 특정한 사업을 도급시키는 노무도급의 경우에, 도급인은 수급인에 대하여 사용자의 지위에 있는가?

□ 원도급인 丙도 乙과 마찬가지로 불법행위책임을 지는가?

■ 참고문헌

□ 권영문, 민법상 사용자의 안전배려의무, 판례연구 19집, 2008, 571-616, 부산판례연구회.

□ 김대원, 산업재해로 근로자가 사망한 경우에 사용자에게 불법행위로 인한 손해배상책임을 지우기 위한 요건, 대법원판례해설 51호, 2005, 260-278.

□ 김종기, 사용자의 보호의무 위반과 손해배상책임, 판례연구 13집, 2002, 371-412, 부산판례연구회.

9. 집단행동

대판 2001.7.13. 98다51091 (마이클 잭슨 내한공연 사건)

| 사안 | 甲(원고)은 미국인 팝 가수 마이클 잭슨 내한공연을 개최하기로 계획하고, 관할관청인 문화체육부 장관에게 공연개최 허가신청을 하였다. 그런데 수많은 시민·사회·종교단체들이 위 공연개최에 대하여 외화의 낭비, 입장료의 과다로 청소년의 과소비 조장, 위 가수가 아동 성추행을 한 비행이 있기 때문에 청소년들에게 도덕적으로 나쁜 영향을 미칠 수 있다는 등의 이유로 공연반대운동을 펼치기로 하여 1996.7.12. 乙(피고) 등 6인을 공동대표로 한 '마이클 잭슨 내한공연반대 공동대책위원회'[간사 丙(피고)]를 결성하였다.

乙과 위 시민단체들은 공동대책위원회의 명의로 위 공연에 대한 반대성명을 발표하고, 관련 부서에 항의전화를 거는 한편, 甲과 위 공연에 공동주관사로 참여하는 계약을 체결한 A회사에게 회사제품 불매운동을 전개할 것이라는 내용의 서한을 보냈다. 이에 문화체육부 장관은 위 공동대책위원회의 반대운동을 비롯한 사회의 반대여론 등을 감안하여, 자극적·퇴폐적인 언행이나 동작을 하지 말 것, 청소년 대상 입장료는 가급적 하향 조정할 것 등 11가지의 조건을 붙여 甲의 위 공연개최를 허가하였다.

乙 등은 위 공연허가에도 불구하고 반대운동을 계속하여, 공연허가에 대한 비난

성명을 발표하고, 위 공연을 중계하기로 한 방송국의 프로그램시청 거부운동을 전개하겠다는 서한을 보내고, 甲과 경호용역계약을 체결하려던 H 등에게 만약 계약을 체결하면 불매운동을 전개하겠다는 서한을 보냈다(그리하여 H 등은 甲과의 계약을 체결하지 않았음).

甲은 위 공연의 입장권을 판매하기 위하여 1996.8.21.경 M은행과 입장권판매대행계약을 체결하였는데, 乙 등은 위 은행에 대하여도 '입장권 판매를 즉각 취하'할 것을 요청하고, 만약 입장권을 계속 예매할 경우에는 위 은행의 전 상품 불매운동에 들어가겠다는 뜻의 서한을 위 공동대책위원회의 명의로 보냈다. 이에 M은행은 불매운동으로 인한 불이익을 감수하면서까지 입장권 예매를 대행할 수 없어, 甲과 체결한 입장권판매대행계약을 취소하였다. 그리하여 甲은 부득이 임시 직원을 고용하여 직접 입장권을 판매하는 등 다른 방법으로 입장권을 판매하여 예정대로 위 공연을 개최하였다. 그러고 나서 甲은, 乙 등은 甲과 위 입장권판매대행계약을 체결한 M은행에 대하여 불매운동을 경고하여 위법하게 위 은행으로 하여금 입장권판매대행계약을 이행하지 못하게 함으로써, 甲에게 입장권 판매를 위하여 추가로 비용을 지출케 하는 재산적 손해 및 이에 따른 정신적 고통을 입게 하는 불법행위를 행하였다고 하면서, 손해배상을 청구하였다.

| 원심 | 피고들의 위와 같은 행위는 통상 시민단체가 취할 수 있는 전형적인 운동방법의 하나로서 특별한 사정이 없는 한 불법성이 있다고 보기 어렵고, 그러한 행위로 인하여 위 은행의 의사결정의 자유가 본질적으로 침해당한 정도에 이르렀다고 보기도 어려우므로 일반적으로 허용될 수 있는 시민단체의 행위 범위 안에 속하거나 적어도 상대방의 수인 범위 안에 속하여 위법하다고 볼 수 없고, 또한 위 은행이 원고와의 위 계약을 취소하기로 한 것은 피고들이 보낸 위 서한으로 인하여 불가피하게 내린 결정이었다기보다는 스스로 입장권판매대행에 의한 이익과 시민단체의 불매운동으로 인한 영업손실을 비교 교량하여 독자적인 영업판단에 따라 선택한 결과로 봄이 상당하므로, 피고들의 공연반대행위와 위 각 은행의 입장권판매대행 중단으로 인하여 원고가 입은 손해 사이에 직접적 인과관계가 있다고 할 수도 없다고 하여 원고의 청구를 모두 배척하였다.

| 판지 | 시민단체 등의 공익목적 수행을 위한 정당한 활동은 바람직하고 장려되어야 할 것이나, 그러한 목적수행을 위한 활동이라 하더라도 법령에 의한 제한이

나 그러한 활동의 자유에 내재하는 제한을 벗어나서는 안될 것이고, 그러한 활동의 자유의 한계는 그들이 반대의 대상으로 삼은 공연 등의 내용 및 성격과 반대활동의 방법 및 정도 사이의 상관관계에서 결정되어야 할 것이다.

이 사건에서 원고가 기획한 공연에 피고들의 주장과 같은 부정적인 요소가 없는 것은 아니나, 그렇다고 하여 그것이 법에 저촉된다거나 반사회적인 것이라고 할 수는 없고, 오히려 관계당국인 문화체육부가 공연윤리위원회의 심의를 거쳐 일부 부정적 요소를 제거하기 위한 조건을 붙여 합법적으로 허가해 준 것이다. 그리고 원고가 위 은행과 체결한 입장권판매대행계약 또한 적법한 것으로서 그 계약에 기한 원고의 권리도 보호받아야 하는 것이다.

이러한 점들에 비추어 볼 때 피고들이 그들의 공익목적을 관철하기 위하여 일반 시민들을 상대로 공연관람을 하지 말도록 하거나 위 은행 등 공연협력업체에게 공연협력을 하지 말도록 하기 위하여 그들의 주장을 홍보하고 각종 방법에 의한 호소로 설득활동을 벌이는 것은, 관람이나 협력 여부의 결정을 상대방의 자유로운 판단에 맡기는 한 허용된다. 그러므로 그로 인하여 원고의 일반적 영업권 등에 대한 제한을 가져온다고 하더라도, 이는 시민단체 등의 정당한 목적수행을 위한 활동으로부터 불가피하게 발생하는 현상으로서 그 자체에 내재하는 위험이라 할 것이므로, 피고들의 그와 같은 활동이 위법하다고 할 수는 없을 것이다.

그러나 여기서 더 나아가 피고들이 은행에게 공연협력의 즉각 중지, 즉 원고와 이미 체결한 입장권판매대행계약의 즉각적인 불이행을 요구하고 이에 응하지 아니할 경우에는 은행의 전 상품에 대한 불매운동을 벌이겠다는 경제적 압박수단을 고지하여 이로 말미암아 은행으로 하여금 불매운동으로 인한 경제적 손실을 우려하여 부득이 본의 아니게 원고와 체결한 입장권판매대행계약을 파기케 하는 결과를 가져왔다면, 이는 원고가 은행과 체결한 입장권판매대행계약에 기한 원고의 채권 등을 침해하는 것으로서 위법하다고 하여야 할 것이고, 그 목적에 공익성이 있다 하여 이러한 행위까지 정당화될 수는 없는 것이다.

그럼에도 불구하고 원심이 피고들의 행위의 위법성을 부인하고 인과관계를 부정한 것은 잘못이다.

■ 쟁 점

위 판결은 시민단체가 마이클 잭슨의 내한공연은 청소년에 대한 악영향 등 공익상의 이유로 공연반대운동을 전개함에 있어서 일반시민에게 공연관람을 하지 말 것을 호소하는 외에 특히 공연기획사(甲)와 입장권판매대행계약을 체결한 은행에게 불매운동을 하겠다고 하여 은행이 결국 위 계약을 파기한 경우에, 그러한 행위가 불법행위가 되는가 하는 점이 문제된 것이다.

■ 검토할 사항

□ 불법행위가 되는가 하는 점에 있어서 쟁점이 된 사항은 무엇인가?
□ 시민들에게 공연관람을 하지 말도록 홍보 또는 호소하거나 공연협력업체에게 공연협력을 하지 말도록 호소하고 설득하는 것은 위법한가?
□ 위 판결이 乙 등의 행위를 위법하다고 판단한 근거는 무엇인가?

■ 관련사례

□ 입주자대표들이 기존의 아파트관리업체 A의 피용자의 부정사실을 이유로 A가 관리업체로 재선정하지 않을 것을 결의하였음에도, 아파트입주자대표회의의 임원들이 A를 관리업체로 재선정하자, 주민들 일부가 재선정의 철회를 요구하면서 아파트 외벽과 유리창 안에 "부정업체 A", "A를 몰아내자"는 등의 현수막과 붉은색의 대형글자를 부착하고 A를 비방하는 방송을 하였다. 위 주민들의 행동은 위법한가? (대판 1995.6.16. 94다35718)
□ A회사가 B회사에 대한 공사대금채무를 체납하자, B회사의 대표이사 등이 "악덕건축주 A회사 대표 및 감사는 미불노임을 즉각 청산하라"라는 현수막을 게시하고 사람의 왕래가 많은 주말에 수차례에 걸쳐 시위를 한 경우에, 그 시위가 경찰에 미리 신고를 하고 그 신고내용에 따라 한 것이며 실제로 A가 채무를 지체하고 있었다면, 그 시위는 정당행위로서 위법성이 없는가? 만약 위법성이 있다면, A가 불법시위로 인한 영업손실의 재산적 손해를 구체적으로 입증해야 하는가? 모욕 및 업무방해행위로 인한 정신적 고통으로 인한 손해는 어떠한가? (대판 2011.5.13. 2011다2517)
□ 환경개발회사 A가 일정 지역의 소각장건립공사를 맡게 되었는데 일부 주민들이 소각장 설치에 반대하여 장기간에 걸쳐 공사장을 점거하고 자재 야적장에 불을 지르는 등으로 농성을 계속하여 소각장 건립공사를 중단시키고, 법원의 공사방해금지 가처분결정이 내려졌음에도 불구하고 폐기물 반입을 저지하기 위하여 쇠사슬·차량 등을 이용하여 A회사 정문을 봉쇄하여 차량의 출입을 막고 직원들의 출입을 저지하였다. 위 주민들의 집단행동은 위법한가? (대판 2001.5.8. 2000다35955)

■ 참고문헌

□ 박홍대, 제3자의 계약침해와 불법행위, 판례연구 15집, 2003, 447-492, 부산판례연구회.

제3절 특수불법행위

제1관 민법에 기한 책임

제1항 무능력자 감독자의 책임

1. 법정감독의무자의 책임

대판(전) 1994.2.8. 93다13605

| 사안 | A(17년 9개월 된 남자고등학교 3학년 재학 중인 학생)는 1991.6.18. 수원시 권선구 인계동에 있는 다방 앞길에서 친구 소유인 오토바이를 운전하다가 횡단보도상에서 전방주시의무를 태만히 하여 일단정지 또는 서행의무위반으로 甲을 충격하였다. 甲은 위 교통사고로 인해 약 11개월의 치료를 요하는 상해를 입었다. 위 A는 사고 발생 전인 1990.10.8. 오토바이 운전면허를 취득한 바 있다. 甲과 그의 부모(원고들)는 A의 부모인 乙(피고)을 상대로 A가 오토바이를 운전하다가 사고를 야기할 가능성이 있는데 그에 관하여 친권자로서 감독할 주의의무를 게을리한 과실로 이 사건 사고가 발생하였으므로, 우선 민법 제755조의 법정감독의무자로서, 그렇지 아니하면 민법 제750조의 일반불법행위자로서 이 사건 사고로 인하여 甲과 부모들이 입은 손해를 배상할 책임이 있다고 주장하였다.

| 원심 | 민법 제755조의 책임무능력자의 법정감독의무자의 배상책임규정은 불법행위자에게 그 행위 당시에 책임능력이 없는 경우에 그 법정감독의무자가 그 배상책임을 지는 것인데, 이 사건에서 A는 고등학교 3학년에 재학 중인 학생으로서 미성년자이기는 하지만 책임변식능력을 갖추고 있고, 따라서 피고는 A의 불법행위에 대해 위 규정을 근거로 해서는 배상책임을 지지 않는다. 나아가 책임능력 있는 미성년자의 불법행위로 인하여 손해가 발생한 경우에, 그 발생된 손해가 당해 미성년자의 감독의무자의 감독의무위반과 상당인과관계가 있으면, 그 감독의무자는 일반불법행위자로서 손해배상의무가 있다 할 것인데, 원고들이 주장하는 내

용만으로는, 피고가 A에 대한 감독의무를 게을리한 과실이 있고, 그것이 사고의 원인이 되었다고 인정하기에는 부족하다. 따라서 원고의 청구를 기각한다.

| 판지 | 민법 제750조에 대한 특별규정인 민법 제755조 제1항에 의하여 책임능력 없는 미성년자를 감독할 법정의 의무 있는 자가 지는 손해배상책임은 그 미성년자에게 책임이 없음을 전제로 하여 이를 보충하는 책임이고, 그 경우에 감독의무자 자신이 감독의무를 해태하지 아니하였음을 입증하지 아니하는 한 책임을 면할 수 없는 것이나, 반면에 미성년자가 책임능력이 있어 그 스스로 불법행위책임을 지는 경우에도 그 손해가 당해 미성년자의 감독의무자의 의무위반과 상당인과관계가 있으면 감독의무자는 일반불법행위자로서 손해배상책임이 있다 할 것이므로 이 경우에 그러한 감독의무위반사실 및 손해발생과의 상당인과관계의 존재는 이를 주장하는 자가 입증하여야 할 것이다. 소론이 인용하는 당원 1984.7.10. 선고 84다카474 판결의 해석은 위와 같은 견해와 저촉되는 것이므로 이를 변경하기로 한다. (일부 중략) 기록에 나타난 증거관계에 비추어 보면 이러한 원심의 인정 및 판단은 정당하고, 거기에 소론이 지적하는 바와 같은 미성년자의 감독의무자의 손해배상책임이나, 입증책임에 관한 법리오해 또는 채증법칙위반의 위법이 없다. 논지는 이유 없다.

■ 쟁 점

위 판결은 고등학교 3학년인 학생 A가 불법행위를 범한 경우에, 그의 친권자인 부모 乙이 A의 감독의무자로서 배상책임을 지는가 하는 점이 문제된 것이다.

■ 검토할 사항

- 책임무능력자의 감독의무자에게 배상책임을 지운 근거는 무엇인가? 그리고 책임의 성질은 무엇인가?
- 감독의무자는 과실이 없어도 책임을 지는가?
- 불법행위를 범한 당사자가 책임능력자인 경우에도 그의 감독의무자도 배상책임을 지는가? 진다면 양 책임의 관계는 어떠한가?

■ 관련사례

- 14년 2개월 된 중학생 갑이 야간에 콘크리트로 된 다리의 맨바닥에서 을과 레스링을 하다가 맨바닥 위에서 얼굴을 지면으로 향하여 엎드려 있는 을을 갑자기 아무런 예고없이 발로 밀어버려 을이 상해를 입은 경우에, 갑에게 책임능력이 있다

고 할 수 있는가? 없다면 누가 책임을 지는가? (대판 1978.11.28. 78다1805)

- □ 13세 5개월이 된 중학생 갑이 전쟁놀이 중 장난감이라고 할 수 없는 위험한 물건인 고무총으로 땅콩 크기의 돌을 발사하여 같이 놀던 을의 좌안을 실명하게 한 경우, 갑에게 책임능력이 인정되는가? (대판 1978.7.11. 78다729)

■ 기타 검토사항

- □ 책임무능력자인가 하는 점에 관하여 고정적인 기준이 있는가? (대판 1977.5.24. 77다354 참조)
- □ 통상적으로 책임능력이 없다고 판단되는 연령은 어느 정도인가?
- □ 위 사례의 판결은 불법행위자에게 책임능력이 없는 경우에만 민법 제755조 제1항의 법정감독의무자의 배상책임을 인정한다. 이러한 점은 정당한가? 이에 관한 변화된 판례의 흐름을 살피시오. (폐기된 대판 1984.7.10. 84다카474 참조)

■ 참고문헌

- □ 김성수, 책임능력 있는 미성년자의 불법행위에 대한 친권자의 책임, 재판과 판례 제7집, 1998, 380 이하, 대구판례연구회.
- □ 박우동, 책임무능력자를 감독하는 자의 손해배상책임, 김증한박사 화갑기념논문집, 1981, 552 이하.
- □ 최문기, 민법상의 감독자책임에 관한 고찰, 경성법학 8호, 1999, 125 이하, 경성대 법학연구소.

2. 대리감독의무자의 책임

대판 1996.8.23. 96다19833

| 사안 | 甲(원고)의 아들 A(4세 3개월)는 乙(피고 1, 광역시)이 운영하는 유치원에 입학하여 그 유아반에서 담임교사 丙(피고 2)의 지도하에 교육을 받아 왔는데, 12시경 유치원 수업을 마치고서 곧장 귀가하지 않고 12:50경 위 유치원 앞의 편도 1차선 도로를 뛰어 건너다가, K가 운전하던 승합차에 치어 그 자리에서 사망하였다. 이 사고의 경위를 보면, 위 유치원은 공립이어서 사립유치원과는 달리 원생들에게 등하교 차량을 제공해 오지 않아 A는 일반노선버스를 타고 등하교하였는데, 하굣길에는 버스정류장이 유치원에서 떨어져 있어서(116m 정도) 대부분 부모나 같은 동리에 거주하는 학부모가 유치원까지 원생을 데리러 오면 그들 편에 하교하였으며, 때로는 유치원과 같은 곳에 있는 초등학교에 재학 중인 형 등 같은 동네

재학생들이 데리고 하교하였으며, 학부형이 아무도 오지 않는 때(6, 7일 정도)에는 유치원 교사가 정류장까지 인솔하고 나서 유치원에서 평소 수차례 교육하여 왔던 정류장이탈금지 등의 교통안전교육을 시킨 후 스스로 귀가하도록 하였으며, 이런 경우에도 그동안은 유치원생들이 사고 없이 귀가하여 왔다. 그런데 위 사고 당일에는 학부형이나 초등학교 학생들이 아무도 오지 않아, 丙은 학부모 등 보호자가 온 원생들을 먼저 그 보호자들에게 인계하고 나서, A를 비롯한 같은 동리 거주 원생들을 위 정류장까지 인솔하여 가 위 노선버스를 기다렸는데, 위 노선버스가 12:25 무렵이 되어도 오지 않았다. 丙은 그 당시 임신 10개월이 다 되어 출산일을 일주일 정도 앞두고 있었는데, 마침 양수의 조기파수로 인한 배의 통증 때문에 A 등에게 위 정류장에서 이탈하지 말라는 등 매일 실시하던 교통안전교육을 다시 실시하고 나서 위 유치원으로 돌아왔다. 그리하여 혼자서 버스를 기다리던 A는 그로부터 약 20분 후 위 유치원 앞까지 다시 돌아와 도로를 무단횡단하다가 사고를 당한 것이었다. A의 부모 甲은 丙 및 乙을 상대로 각기 책임무능력자의 법정대리감독의무자로서의 책임 및 국가배상법상의 책임을 근거로 손해배상을 청구하였다.(소송에서는 丙의 책임 유무가 주로 다투어졌으므로, 이에 관한 판단만을 적는다)

| 원심 | 사고 당일 피고 丙이 A를 수업 종료 후 버스정류장까지 인솔하여 간 것은 그에 대한 보호감독의무에서 나온 것이라기보다 은혜적 · 호의적으로 한 것이고, 가사 그렇지 않더라도 A가 정류장을 벗어나 전혀 다른 곳에서 도로를 무단횡단하다가 사고를 당하리라고 위 피고가 예측하였거나 예측할 수 있었다고 볼 수 없다 하여, 피고 丙이 A에 대한 보호감독의무를 위반하였다는 원고의 주장을 배척하였다. 그리고 따라서 피고 乙의 책임도 배척하였다.

| 판지 | 1) 지방자치단체가 설치 · 경영하는 학교의 교장이나 교사는 학생을 보호 · 감독할 의무를 지는바, 이러한 보호감독의무는 교육법에 따라 학생들을 친권자 등 법정감독의무자에 대신하여 보호 · 감독하여야 하는 의무로서 학교의 교육활동 중에 있거나 그것과 밀접불가분의 관계에 있는 생활관계에 있는 학생들에 대하여 인정되며, 보호감독의무를 소홀히 하여 학생이 사고를 당한 경우에도 그 사고가 통상 발생할 수 있다고 예상할 수 있는 것에 한하여 교사 등의 책임을 인정할 것인바, 그 예견가능성은 학생의 연령, 사회적 경험, 판단능력 등을 고려하여 판단하여야 할 것이다. A는 이 사건 사고 당시 생후 4년 3개월 남짓 되어 책임능력은

물론 의사능력도 없었다고 볼 것이고, 위 유치원에 입학한 지 45일밖에 안 되어 유치원 생활에 채 적응하지도 못한 상태이었는바, 이러한 연령층에 있고 유치원 생활 경험도 거의 없는 유치원생들에서는 다른 각급 학교 학생들의 경우와 달리 유치원 수업활동 외에 수업을 마치고 그들이 안전하게 귀가할 수 있는 상태에 이르기까지가 유치원 수업과 밀접불가분의 관계에 있는 생활관계에 있는 것으로 보아야 한다. 따라서 A의 유치원 담임교사인 피고 丙은 A 등 원생들이 유치원에 도착한 순간부터 유치원으로부터 안전하게 귀가할 수 있는 상태에 이르기까지 법정감독의무자인 친권자에 준하는 보호감독의무가 있다. 이 사건에서 위 유치원 정문에서 위 버스정류장에 이르는 도로는 인도와 차도가 구분되고 차도의 폭이 12m에 이르며 차량의 통행이 빈번한 사실을 알 수 있으므로, 피고 丙으로서는 수업 종료 후 부모 등 A를 책임지고 집으로 데려갈 자가 유치원에 오지 않았으면 그를 유치원 내에 그대로 머물게 하면서 그의 부모 등이 도착할 때까지 기다리게 하는 한편 전화 통화 등의 방법으로 부모 등에게 그를 데려 가도록 조치를 취하여야 하고, 그로 하여금 부모 등의 인도 없이 버스를 이용하여 귀가하게 하려면 버스 정류장까지 그를 인도하는 것만으로는 부족하고 그가 타야 할 버스가 도착할 때까지 정류장에서 그와 함께 기다렸다가 그를 버스에 태워 주어 그로 하여금 안전하게 귀가할 수 있도록 하여 줄 의무가 있다. 비록 A가 사고일까지 6, 7일 정도는 유치원 교사가 정류장까지 인솔하고 나서 교통안전교육을 시킨 후 스스로 귀가하도록 하였으나 사고 없이 귀가하여 왔고, 그동안 학부모들에게 원생들의 등하교는 학부모들의 책임이니 학부모들이 직접 유치원까지 와서 원생들을 데려 갈 것을 주지시키고 원생들에게도 수시로 교통안전교육을 실시하였다 하여, 그것만으로 위와 같은 유치원 교사로서의 원생 보호감독의무를 다하였다고 볼 수는 없다. 원심은 피고 丙이 출산일을 일주일 정도 앞두고 있었는데 양수의 조기파수로 인한 배의 통증 때문에 버스가 올 때까지 A 등과 함께 정류장에서 기다리지 못하고 유치원으로 돌아온 사실을 인정하여 이 점에서도 위 피고에게 과실이 없다는 취지로 판단한 것으로 보이나, 그러한 경우 주변 사람들에게 부탁하거나 유치원으로 A 등과 같이 돌아가는 등 적절한 보호조치를 취하였어야 함에도 아무런 보호조치도 없이 만연히 원생들만 남겨 두고 떠난 점에서 과실이 있을 뿐만 아니라, 위 피고는 이 사건 사고가 발생한 후 원고들을 위로하고 같은 날 17:00경 관할 경찰서에 출두하여 조사를 받기까지 한 사실을 알 수 있으므로, 이에 비추어 보면 위 피고에게 위와 같은 통증이 있었다 하여 A를 버스정류장까지 인도한 점만으로 유치원 교사로서의 원생 보호감독의무를 다한 것으로 볼 수는 없다.

한편 이 사건 사고 지점 부근의 교통이 복잡하고 A가 타야 할 버스가 1시간 간격으로 운행되는 점, A가 자율능력·판단능력이 없고 사회경험도 거의 없는 점 등에 비추어 보면, 피고 丙으로서는 A를 위 버스정류장 부근 도로가에 방치할 경우 그가 위 피고의 지시와는 달리 그 부근 도로가나 위 유치원 부근 도로가에서 놀다가 차도를 무단횡단하는 등 교통법규를 지키지 않아 교통사고를 당할 가능성이 있음을 통상 예상할 수 있었다 할 것이므로, 위 피고는 이 사건 사고에 대한 보호감독의무 위반 책임이 있다. 원심에는 유치원 교사의 원생들에 대한 보호감독의무의 범위 등에 관한 법리를 오해한 위법이 있어 파기를 면할 수 없다.

2) 다만 교사의 교육업무상 발생한 불법행위로 인한 손해배상책임은 국가배상법 제1조, 제2조 소정의 배상책임이고, 공무원이 직무수행에 당하여 고의 또는 과실로 타인에게 손해를 가한 것으로 주장하는 이 사건과 같은 경우는 특별법인 국가배상법이 적용되어 민법상의 사용자책임에 관한 규정은 그 적용이 배제되는바, 공무원이 직무상 불법행위를 한 경우에 국가 또는 지방자치단체가 배상책임을 부담하는 외에 공무원 개인도 고의 또는 중과실이 있는 경우에는 불법행위로 인한 손해배상책임을 진다고 할 것이지만, 공무원에게 경과실뿐인 경우에는 공무원 개인은 손해배상책임을 부담하지 않는 것으로 보아야 할 것인데, 이 경우 공무원의 중과실이라 함은 공무원에게 통상 요구되는 정도의 상당한 주의를 하지 않더라도 약간의 주의를 한다면 손쉽게 위법, 유해한 결과를 예견할 수 있는 경우임에도 만연히 이를 간과함과 같은 거의 고의에 가까운 현저한 주의를 결여한 상태를 의미한다. 위 사고일까지 6, 7일 정도는 유치원 교사가 A 등을 정류장까지 인솔하고 나서 교통안전교육을 시킨 후 스스로 귀가하도록 하였으나 사고 없이 귀가하여 왔고, 원생들의 등하교는 학부모들의 책임임을 주지시키고 원생들에게도 수시로 교통안전교육을 실시하였으며, 이 사건 사고 당일에도 피고 丙은 A 등을 버스 정류장까지 인솔하여 가서 약 25분 동안 시내버스를 기다리다가 버스가 도착하지 않자 매일 실시하던 교통안전교육을 다시 실시하고 나서 위 유치원으로 돌아온 것이므로, 위 피고는 유치원 교사로서 통상 요구되는 주의를 현저히 게을리한 것으로는 볼 수 없다. 그렇다면 위 피고는 공무원으로서 직무를 수행함에 있어 고의 또는 중과실은 없었다 할 것이므로, 그 직무상의 불법행위로 발생한 이 사건 사고에 대

하여 피고 乙이 국가배상법 제2조 제1항에 의하여 손해배상책임을 부담할 뿐 피고 丙 개인은 손해배상책임을 지지 않는다.

3) 그러므로 원심판결 중 피고 乙에 대한 부분을 파기하고 원심법원에 환송하며, 원고들의 피고 丙에 대한 상고를 기각한다.

■ 쟁 점

위 판결은 유치원 교사 丙이 원생 A의 하교시에 A를 버스정류장에 데려다 주고 유치원으로 돌아갔는데 A가 차에 치어 사망한 경우에, 丙은 무능력자의 법정대리감독의무자로서의 책임(제755조 제2항)을 지는가 하는 점이 문제된 것이다.

■ 검토할 사항

- 책임무능력자의 법정대리감독의무가 인정되는 범위 및 이의 위반으로 인한 사고에 대하여 본조의 책임이 인정되기 위한 요건을 살피시오.
- 丙에게 무능력자에 대한 법정대리감독의무를 위반하였다고 판단한 이유를 살피시오.
- 국가배상법상의 국가의 배상책임과 민법상의 사용자책임과의 관계를 살피시오.
- 공무원이 직무상 불법행위를 한 경우에, 국가가 배상책임을 부담하는 외에 공무원 개인도 배상책임을 지는가?
- 丙이 법정대리감독의무를 위반하였다고 하면서 그의 불법행위책임(손해배상의무)을 부인한 이유는 무엇인가?
- 원심에서와 같이 丙의 제755조의 책임이 부인되는 경우에는 乙의 국가배상책임도 성립하지 않는 이유는 무엇인가?

■ 관련사례

- 중학교 1학년생 갑이 휴식시간에 먹고 있던 도시락에 급우 을이 오물을 떨어뜨려 갑이 을을 구타하여 상해를 입혔는데, 갑은 학급의 반장으로서 학업성적이 우수하고 을과 친구로서 지내던 사이였던 경우에, 담임선생님인 병은 제755조 제2항의 책임을 지는가? (대판 1997.6.13. 96다44433)
- 초등학교 6학년인 갑이 정규 학습 시작시간 전에 교실에서 아크릴판을 던져 중간에 앉아있던 급우 을의 눈을 다치게 한 경우, 담임교사 병은 제755조 제2항의 책임을 지는가? (대판 1997.6.27. 97다15258)
- 유치원 원아 갑을 유치원 운영자 을이 1회 성추행한 경우에 갑의 담임선생인 병은 제755조 제2항의 책임을 지는가? (대판 2002.5.10. 2002다10585,10592)
- 초등학교 1학년의 학원 수강생이 쉬는 시간에 학원 밖으로 나갔다가 교통사고로 사망한 경우, 학원 운영자는 제755조 제2항의 책임을 지는가? (대판 2008.1.17.

2007다40437)

■ 기타 검토사항

- 무능력자의 법정감독의무자의 책임(제755조 1항)과 그에 갈음하는 대리감독의무자의 책임(동조 2항)과의 관계, 즉 후자는 전자가 성립하지 않는 경우에 한하여 성립하는 것으로서 따라서 양자는 선택적 관계인지 여부를 살피시오. (대판 2007.4.26. 2005다24318 참조)

■ 참고문헌

- 박기동, 중학교 수업시간 사이의 휴식시간에 동료학생을 폭행하여 상해를 입힌 경우에 부모와 담임교사의 보호감독의무위반책임의 유무, 대법원판례해설 28호, 1997, 133-152.
- 윤인태, 학교사고의 손해배상책임, 재판실무, 1999, 161 이하, 창원지방법원.
- 이대경, 유치원 교사의 유치원생들에 대한 보호감독의무의 범위, 대법원판례해설 27호, 1997, 184 이하, 법원도서관.

3. 학생의 불법행위와 교사 등의 책임

대판 2007.11.15. 2005다16034

| 사안 | 甲(공립여중 3학년생)은 2001.3.경 A, B, C와 작은 그룹을 형성하며 친구로 지내왔으나 A가 위 집단을 주도하면서 甲을 집단에서 배척하였다가 다시 집단에 끼워주는 것을 되풀이하였고, 이로 인하여 甲은 2001. 여름 무렵부터 말수가 적어지고 우울한 모습을 보이기 시작하였는데, A는 甲의 물건을 감추기도 하고, 다른 교우들 앞에서 놀리기도 하며, 점심시간에 甲이 오면 다른 친구들과 함께 식탁자리를 옮기는 등 甲을 따돌리는 행동을 하였다. 甲은 A, B, C로부터 면박을 당하거나 따돌림을 당하던 중 2001.9.27. 점심시간에 A와 B가 다른 학생들에게 "甲의 성격이 이상하다. 같이 놀지 말라"며 학교 급식소로 몰려가 혼자 교실에 남게 되자, 어머니에게 울면서 전화하여 "엄마, 나 사실은 왕따야. 전학시켜줘, 죽을 것 같아"라고 말하였다. 같은 날 오후 임원회의에 참석하러 온 甲의 어머니는 담임교사 乙(제1심 공동피고)에게 甲과의 통화내용을 이야기하며 상담을 하였고, 乙은 봄부터 A 등이 甲을 집단에 끼워주었다 빼놨다 하는 것을 알고 있는데, 그러면서도 잘 지낼테니 걱정하지 말라고 하였다. 같은 날 오후 하굣길에도 A와 B가 甲의 약

을 올리며 몰아세우는 행동을 하였고, 甲은 같은 날 17시경 유서를 남기고 자신의 집 아파트 16층에서 투신하여 자살하였다. 甲의 유족(원고)은 공립중학교의 설립자인 지방자치단체 丙(피고)과 담임교사 乙을 상대로 손해배상청구를 하였다. 원심에서는 丙에 대한 청구가 다투어졌다.

| 원심 | 지방자치단체가 설치 · 경영하는 학교의 교장이나 교사는 학생을 보호 · 감독할 의무를 지는 것이지만, 이러한 보호 · 감독의무는 교육법에 따라 학생들을 친권자 등 법정감독의무자에 대신하여 감독을 하여야 하는 의무로서 학교 내에서의 학생의 전 생활관계에 미치는 것은 아니고, 학교에서의 교육활동 및 이와 밀접 불가분의 관계에 있는 생활관계에 한하며, 그 의무범위 내의 생활관계라고 하더라도 교육활동의 때와 장소, 가해자의 분별능력, 가해자의 성행, 가해자와 피해자의 관계 기타 여러 사정을 고려하여 사고가 학교생활에서 통상 발생할 수 있다고 하는 것이 예측되거나 또는 예측가능성(사고발생의 구체적 위험성)이 있는 경우에 한하여 교장이나 교사는 보호 · 감독의무 위반에 대한 책임을 진다(대판 2000.4.11. 99다44205 참조). 우선, 앞서 본 바와 같이 이 사건 사고의 원인이 된 위와 같은 집단적 따돌림에 가담한 학생들이나 피해자 모두 한 학급의 학생들로서 위 가해행위도 수업시간을 전후한 쉬는 시간 또는 점심시간 등에 발생하였는바, 위와 같은 시간은 수업을 정리, 준비하거나 이를 위하여 휴식을 취하는 시간으로서 교육활동과 질적, 시간적으로 밀접, 불가분의 관계에 있다 할 것이어서, 이 사건 가해행위는 교사의 일반적인 보호 · 감독의무가 미치는 범위 내의 생활관계에서 발생하였다고 볼 것이고, 위 가해행위로 인한 결과로서 甲의 자살이 학교 밖 집에서 일어났다고 하더라도 그것이 이 사건 가해행위를 직접적인 원인으로 하여 발생한 이상, 이 사건 사고가 교사의 보호 · 감독의무가 미치지 않는 범위에서 발생하였다고 볼 수는 없다. 다음으로 교사인 乙이 이 사건 가해행위로 인한 구체적인 위험의 발생을 예측하거나 예측할 수 있었는지 여부에 관하여 보건대, ① 위 집단적 따돌림이 여름방학 전에는 주로 A, B, C의 집단 내에서 이루어지다가 여름방학 이후에는 거의 모든 급우들이 이에 동조하는 양상을 나타냈고, 위 집단적 따돌림이 행하여진 기간도 반년 가까이 되었던 점, ② 甲은 학기 초에는 밝고 명랑한 모습을 보였으나 A 등과의 관계에서 고통을 겪기 시작하면서부터 우울하고 불안한 모습을 띠기 시작하였고 시간이 흐름에 따라 그 정도도 더해 갔던 점, ③ 乙은 甲이 A와 친하게 지내려 하였으나 이것이 A에 의하여 받아들여지지 않아 힘들어하

고 있었다는 정도는 알고 있었고 때로는 A와 다른 친구들로 인하여 괴롭힘을 당하기도 한다는 사정을 알았던 것으로 보이는 점, ④ 乙은 다른 학교에서 문제를 일으켜 전학 온 A가 학교생활에서 문제를 일으킬 가능성에 대비하여 A를 전담하는 상담교사로 교우관계 등 학교생활 전반에 대하여 상담지도를 하여 왔고, 甲과도 공부문제 등에 관하여 자주 상담을 하여 온 점, ⑤ 본 중학교에서도 이 사건 사고 당시 집단 따돌림 등 학교폭력의 심각성을 인식하고 그 방지를 위하여 다양한 프로그램을 시행하여 왔으며, 집단적 따돌림으로 인한 피해사례들도 보고된 바 있었던 점 등을 종합하면, 乙은 집단적 따돌림이 행하여진 학급의 담임을 맡은 교사로서 이 사건 가해행위가 학교생활에서 통상 발생할 수 있다고 하는 것을 예측하거나 예측할 수 있었다고 봄이 상당하다.

따라서 이 사건 사고는 乙이 위 집단적 따돌림에 가담한 A 등과 그 피해학생인 甲 모두의 담임교사로서 앞서 본 바와 같이 보호 · 감독의무를 다하지 않음으로 말미암아 발생한 것이라고 봄이 상당하므로, 피고는 중학교 교사인 乙의 사용자로서 이 사건 사고로 인하여 甲 및 원고가 입은 모든 손해를 배상할 의무가 있다.

| 판지 | 집단따돌림으로 인하여 피해 학생이 자살한 경우, 자살의 결과에 대하여 학교의 교장이나 교사의 보호 · 감독의무 위반의 책임을 묻기 위하여는 피해 학생이 자살에 이른 상황을 객관적으로 보아 교사 등이 예견하였거나 예견할 수 있었음이 인정되어야 한다. 다만 사회통념상 허용될 수 없는 악질, 중대한 집단따돌림이 계속되고 그 결과 피해 학생이 육체적 또는 정신적으로 궁지에 몰린 상황에 있었음을 예견하였거나 예견할 수 있었던 경우에는 피해 학생이 자살에 이른 상황에 대한 예견가능성도 있는 것으로 볼 수 있을 것이나, 집단따돌림의 내용이 이와 같은 정도에까지 이르지 않은 경우에는 교사 등이 집단따돌림을 예견하였거나 예견할 수 있었다고 하더라도 이것만으로 피해 학생의 자살에 대한 예견이 가능하였던 것으로 볼 수는 없으므로, 교사 등이 집단따돌림 자체에 대한 보호감독의무 위반의 책임을 부담하는 것은 별론으로 하고, 자살의 결과에 대한 보호감독의무 위반의 책임을 부담한다고 할 수는 없다.

이 사건 사고 발생 당시 담임교사가 甲의 자살에 대한 예견가능성이 있었다고 인정하기는 어렵다고 할 것이다. 다만, 앞서 본 사실에 의하면, 담임교사로서는 甲이 A 등과 친밀한 관계를 맺고 싶어함에도 이러한 관계를 맺지 못하고 집단에서 배척되었다가 끼워졌다 하는 등의 갈등이 있음을 알고 있었음에도, 이러한 일들이 학창 시절 교우관계에서 발생할 수 있는 일상적인 문제로 생각하고 이에 대한 대처를 소홀히 한 과실을 인정할 수 있으므로, 그의 직무상 불법행위로 발생한 집단따돌림의 피해에 대하여는 그가 소속한 지방자치단체인 피고가 손해배상책임을 부담한다고 할 것이다. 그럼에도 불구하고, 원심은 위와 같은 집단따돌림으로 인한 피해를 넘어서서 자살의 결과에 대하여까지도 피고에게 손해배상책임을 인정하였으니, 원심판결에는 교사의 보호감독의무 위반 책임에 관한 법리를 오해한 위법이 있고, 이는 판결에 영향을 미쳤음이 분명하다.

■ 쟁 점

책임능력 있는 미성년의 학생들이 집단따돌림의 형태로 피해학생에게 불법행위를 하였을 경우 학교의 교사가 그 보호·감독의무 위반을 이유로 책임을 져야 하는지 문제된 것이다.

■ 검토할 사항

□ 사안에서 A, B C의 책임, 그 부모들의 책임, 교사 및 학교 설립·운영자인 지방자치단체의 책임의 각 근거와 각 책임간의 관계는 어떠한가?

□ 사안에서 대법원은 왜 담임교사 乙의 보호감독의무 위반의 과실은 수긍하면서 자살에 대한 예견가능성은 부인하였는가?

■ 관련 사례

□ 민법 제755조에 의하여 책임능력 없는 미성년자를 감독할 친권자 등 법정감독의무자의 보호·감독책임은 법정감독의무자에 대신하여 보호·감독의무를 부담하는 교사 등의 보호·감독책임이 인정될 경우에는 별도로 성립되지 않는가? (대판 2007.4.26. 2005다24318)

□ 만 12살의 초등(공립)학교 6학년 학생인 A가 같은 반 학생 B·C 등으로부터 지속적으로 폭행과 괴롭힘을 당하고 나아가 다른 친구들로부터도 왕따를 당하였는데, A가 귀가 후 부모에게 꾸중을 듣고 밤에 창문으로 투신하여 사망한 경우, B·C의 폭행과 A의 자살 사이에 상당인과관계가 있는가? 그리고 B·C의 부모 이외에 담임교사와 학교장 그리고 지방자치단체장 등도 제755조의 책임을 지는가? (대판 2007.4.26. 2005다24318)

■ 참고문헌

□ 김상배, 초등학교 내에서 발생한 폭행 등 집단 괴롭힘과 피해학생의 자살 사이에 상당인과관계를 인정할 수 있는지 여부, 대법원판례해설 67호, 2008, 332-355, 법원도서관.

□ 남준희, 집단따돌림으로 인한 학생의 자살과 교사 등의 책임, 법학연구 제28집, 2009, 125-146, 전북대학교 출판부.
□ 배성호, 학생 사이에 발생한 학교사고와 책임의 귀속: 집단 괴롭힘에 의한 자살사고와 관련하여, 법조 56권 8호, 2007, 43-71.
□ 지영란, 집단따돌림으로 인하여 피해 학생이 자살한 경우, 자살의 결과에 대하여 교장이나 교사에게 보호감독의무 위반 책임을 묻기 위한 요건 및 그 판단 기준, 대법원판례해설 71호, 2008, 749-781, 법원도서관.

4. 미성년자의 불법행위와 친권자의 책임

대판 2003.3.28. 2003다5061

| 사안 | 재수생인 A(18세 8개월)는 2000.11.1. 저녁 학원강의를 듣고서 친구들과 함께 학원버스를 기다리며 얘기를 나누고 있었는데, 평소 학원생들이 집 근처에 담배꽁초를 버리고 가래침을 뱉는 것에 불만이 있던 甲(원고, 49세)은 술에 취한 상태에서 귀가하다가 자신의 집 인근에 학생들이 모여 있는 것을 발견하고 욕설을 하며 학생들을 쫓아버리던 중 A의 허리를 발로 차고 뺨을 때렸다. 이에 대항하여 A도 주먹으로 甲의 얼굴을 1회 때려 넘어뜨려 甲에게 전두부 출혈성 뇌좌상 등의 상해를 입게 하였다. A는 주거지에서 父인 乙(피고)과 함께 살면서 경제적으로 의존하였고, 乙의 전면적인 보호와 감독 아래 있었다. 甲은 乙을 상대로 제750조에 의한 일반불법행위를 이유로 한 손해배상청구를 하였다.

| 원심 | A는 위 폭행 당시 재수생으로 나이가 만 18세 8개월 남짓 정도 된 사실은 위에서 본 바와 같은데, 위 나이와 수학 정도 등에 비추어 보면 불법행위에 대한 책임을 변식할 능력은 있었다고 할 것이고, 한편 책임능력 있는 미성년자의 불법행위로 인하여 손해가 발생한 경우 그 손해와 미성년자에 대한 감독의무자의 의무위반 사이에 상당인과관계가 있으면 감독의무자도 일반불법행위자로서 민법 제750조에 의한 손해배상책임이 있다고 할 것인데, A는 위 폭행 당시 父인 피고와 동거를 하면서 경제적인 면에서 피고에게 전적으로 의존하는 등 피고의 보호·감독 아래 생활하고 있었으므로, 피고는 父로서 A에게 타인을 폭행하는 등의 불법행위를 저지르지 않도록 일상적인 지도 및 조언을 계속하여야 할 보호·감독의무가 있음에도 이를 게을리하여 A가 연장자인 원고를 폭행하게 함으로써 원고에게 손

해를 입혔으므로, 피고는 불법행위자로서 이 사건 사고로 원고가 입은 손해를 배상할 책임이 있다.

| 판지 | 미성년자가 책임능력이 있어 그 스스로 불법행위책임을 지는 경우에도 그 손해가 당해 미성년자의 감독의무자의 의무위반과 상당인과관계가 있으면 감독의무자는 일반불법행위자로서 손해배상책임이 있다 할 것이지만, 이 경우에 그러한 감독의무위반사실 및 손해발생과의 상당인과관계의 존재는 이를 주장하는 자가 입증하여야 한다 할 것인바[대판(전) 1994.2.8. 93다13605; 대판 2003.2.11. 2002다64544 등 참조], A는 재수생으로서 학원에 다니면서 수학능력평가시험을 준비하고 있던 중 이 사건 사고를 일으켰다는 것일 뿐, 타인을 폭행하거나 비행을 저지르는 등 평소 행실에 문제가 있었다는 것도 아니고, 기록에 의하더라도 이러한 점을 인정할 아무런 자료가 없으므로, A가 피고와 동거를 하면서 경제적인 면에서 피고에게 전적으로 의존하고 있다거나 이 사건 사고를 일으켰다는 사정만으로 피고에게 A에 대한 감독을 게을리한 과실이 있다고 보기 어렵고, 달리 피고가 보호·감독의무를 게을리한 과실로 인하여 이 사건 사고가 발생하였음을 인정할 아무런 자료도 기록상 발견로 피고없다. 그럼에도 불구하고, 원심이 이 사건 사고가 피고의 A에 대한 보호·감독의무 위반으로 인하여 발생하였다고 판단하여 피고의 손해배상책임을 인정한 것은 미성년자에 대한 감독의무자의 책임에 관한 법리를 오해하여 판결 결과에 영향을 미친 위법을 저지른 경우에 해당한다.

■ 쟁 점

책임능력 있는 미성년자인 A의 불법행위와 관련해 친권자(父) 乙의 법정감독의무자로서의 책임이 문제된 것이다.

■ 검토할 사항

- □ 책임능력 있는 미성년자의 불법행위에 대해서 친권자인 부모에게 책임을 물을 경우 제755조의 감독자책임을 묻는 것 외에 제750조의 불법행위책임을 묻는 것도 가능한가? 만약 가능하다면 그 요건과 입증책임은 어떻게 다른가?
- □ 사안에서 법정감독의무자인 친권자 乙에게 민법 제755조의 책임을 물을 수 있는가?
- □ 사안에서 A가 평소 폭력행위 등을 저지르고, 범죄전력 등도 있다면 乙의 감독의무위반과 이 사건 사고 사이에 과실 및 상당인과관계를 인정하여 乙의 불법행위책임을 인정할 수 있는가? (대판 1991.4.9. 90다18500)

■ 관련 사례

□ 친권자인 부모가 미성년자녀의 불법행위에 대해 제750조에 의해 책임을 지는 경우 그 과실 및 인과관계에 대해 감독의무위반이 있으면 바로 그 책임이 있다고 할 것인가? 아니면 그 감독의무위반이 손해와의 사이에 상당인과관계가 있어야 한다고 할 것인가? (대판 1998.6.9. 97다49404)

■ 참고문헌

□ 강봉석, 미성년자와 그 부모의 책임-책임능력 있는 미성년자의 불법행위에 대한 부모의 책임을 중심으로, 홍익법학 제13권 제1호, 2012, 349-370.

□ 정상현, 책임능력 있는 미성년자의 불법행위에 대한 감독자책임의 근거 재해석, 법조 제539호, 2001, 84-118, 한국법조협회.

□ 한영표, 책임능력 있는 미성년자의 불법행위에 대한 부모의 책임, 판례연구 제15집, 2003, 493-531, 부산판례연구회.

제2항 사용자책임

Ⅰ. 사용자책임의 요건

1. 사용관계

(1) 유효한 고용관계 여부

대판 2003.12.26. 2003다49542

| 사안 | 甲(원고)증권회사는 A로 하여금 강남센타지점에서 甲의 직원인 투자상담사 B를 보조하여 주식 위탁거래업무를 수행하도록 하였는데, A가 위 증권회사에 계좌를 개설한 고객인 乙(피고)의 계좌를 이용하여 임의로 선물옵션거래 및 주식거래를 계속하여 乙에게 손해가 발생하였다.

甲이 乙에 대하여 A의 불법행위로 인한 손해에 대해 책임이 없음을 주장하며 채무부존재확인의 소를 제기하였다.

| 원심 | 甲에게 사실상의 피용자인 A의 불법행위로 인한 丙의 손해를 배상할 책임이 있다고 판단하였다.

| 판지 | 1) 민법 제756조의 사용자와 피용자의 관계는 반드시 유효한 고용관계가 있는 경우에 한하는 것이 아니고, 사실상 어떤 사람이 다른 사람을 위하여 그 지휘 · 감독 아래 그 의사에 따라 사업을 집행하는 관계에 있을 때에도 그 두 사람 사이에 사용자, 피용자의 관계가 있다고 할 수 있으며, 피용자의 불법행위가 외형상 객관적으로 사용자의 사업활동 내지 사무집행행위 또는 그와 관련된 것이라고 보일 때에는 행위자의 주관적 사정을 고려함이 없이 이를 사무집행에 관하여 한 행위로 볼 것이고, 외형상 객관적으로 사용자의 사무집행에 관련된 것인지의 여부는 피용자의 본래 직무와 불법행위와의 관련 정도 및 사용자에게 손해발생에 대한 위험창출과 방지조치 결여의 책임이 어느 정도 있는지를 고려하여 판단하여야 한다.

2) 원심판결 이유에 의하면, 원심은 원고 회사는 A로 하여금 강남센타지점에서 원고 회사의 직원인 투자상담사를 보조하여 주식 위탁거래업무를 수행하도록 함으로써 사실상 A의 업무를 지휘 · 감독하는 관계에 있고, A가 피고의 계좌를 이용하여 주식거래를 하거나 피고로부터 주식거래를 위한 금원을 송금받는 행위는 외형상 객관적으로 원고 회사의 사무집행행위 또는 그와 관련된 것이라고 할 것이므로, 원고 회사는 사실상의 피용자인 A의 불법행위로 인한 피고의 손해를 배상할 책임이 있다고 판단하였는바, 위에서 본 법리와 기록에 비추어 살펴보면, 원심의 위와 같은 사실인정과 판단은 정당한 것으로 수긍이 가고, 거기에 상고이유로 주장하는 바와 같이 채증법칙을 위반하여 사실을 잘못 인정하였거나 사용자책임에 관한 법리를 오해한 위법이 있다고 할 수 없다.

■ 쟁 점

위 판결에서는 유효한 고용관계가 아닌 경우에도 사용관계가 인정될 수 있는지가 문제된 것이다.

■ 검토사항

□ 유효한 고용관계가 아닌 경우에도 민법 제756조의 사용관계가 인정될 수 있는가?

■ 관련사례

□ 국립대학교 소속 체조코치인 甲이 시체육회로부터 전국체전에 출전할 체조대표선수들에 대한 코치로 선발 · 위촉되어 합동강화훈련을 지도하다가, 대표선수로 선발된 같은 대학교 학생 乙이 훈련 중 사고를 당한 사안에서, 국립대학교가 위 체조코

치에 대한 지휘 · 감독권이 있음을 전제로 국가에 대하여 甲의 사용자임을 주장하여 민법 제756조의 사용자책임을 물을 수 있는가? (대판 1999.10.12. 98다62671)

(2) 건설도급인

대판 1988.6.14. 88다카102

| 사안 | 甲(피고, 한국전력공사)은 乙(원심공동피고)에게 경지정리지구 내의 지장전주 이설공사를 도급줌에 있어서, 甲의 현장감독직원 A는 위 공사의 수행을 지휘감독하며, 乙의 현장대리인 B는 甲의 현장감독직원의 지시감독에 따라 공사현장의 공사에 관한 사항을 처리하기로 하였다. 위 공사를 하는 중에 우천관계로 일시 공사를 중지하였다가, 다시 전기를 휴전하고 공사를 하였으며, 甲은 電氣員 C를 현장보조감독으로 임명하여 휴전이 단행되는 기간 동안 乙의 시공관리 및 공사 관련 휴전조작관리에 관한 사항을 지시감독하게 하였다. 그런데 乙의 電工 丙(원고)이 공사현장에 세워진 전주의 이설을 위한 준비작업으로 D와 함께 위 전주에 올라가 변압기를 철거하고 전선을 절단하는 순간 위 전주가 땅으로 넘어지는 바람에 위 전주에 왼쪽 발목이 깔려 상해를 입었다. 그런데 위 사고 전주는 소외 성명미상인들이 부근 경지 정리작업을 하면서 위 전주 옆으로 폭 약 6미터의 수로를 개설하였기 때문에 그 근가(전주를 지탱하는 밑받침대)가 파헤쳐져 노출되어 있어서 변압기제거 및 전선절단 등의 작업을 하는 경우 도괴될 위험이 있었다. 그럼에도 B는 위 사고 약 1주일 전에 사고 전주를 현장답사하여 위 전주가 위와 같은 도괴의 위험성이 있음을 알았음에도 불구하고 별다른 안전조치를 취하지 않고 예비군훈련을 이유로 위 공사현장에 가지 않은 채 그가 지휘감독하던 丙 등 전공들만으로 하여금 위 공사현장에 가 위 전주에 대한 이설공사를 하도록 방임하였다. 丙이 甲과 乙을 상대로 손해배상청구소송을 제기하였다.

| 소송의 경과 | 1. 원심은, 이 사건 사고는 B가 乙의 전주이설공사 현장대리인으로서 제반의 안전조치를 취하여 사고 발생을 방지하였어야 할 것임에도 불구하고 이러한 조치를 취하지 아니하고 원고에게만 이설작업을 맡긴 과실로 인하여 발생하였다 할 것이므로, 乙은 B의 사용자로서, 甲은 乙의 위 공사에 대한 구체적 지시감독자로서 乙 및 그 피용자인 B의 사용자라 할 것이므로, 甲과 乙은 각자 위 사고

로 말미암아 원고가 입은 손해를 배상할 책임이 있다고 하였다.

2. 이에 대하여 甲이 상고하여, 자신의 현장감독직원이 공사현장에 입회하여 乙의 전주이설공사 자체에 관하여 구체적으로 지시감독을 해야 하는 것이 아니므로 사용자가 아니라고 주장하였다. 그리하여 甲의 사용자책임 여부가 쟁점이 되었다.

| 판지 | 1. 도급인은 도급 또는 지시에 관하여 중대한 과실이 없는 한 수급인이 그 일에 관하여 제3자에게 가한 손해를 배상할 책임이 없으나, 다만 도급인이 수급인의 일의 진행 및 방법에 관하여 구체적인 지휘감독권을 유보한 경우에는 도급인과 수급인의 관계는 실질적으로 사용자 및 피용자의 관계와 다를 바 없으므로, 수급인이 고용한 제3자의 불법행위로 인한 손해에 대하여 도급인도 민법 제756조에 의한 사용자책임을 면할 수 없으며, 위와 같은 사용자 및 피용자 관계 인정의 기초가 되는 도급인의 수급인에 대한 지휘감독은 건설공사에서와 같은 경우에는 현장에서 구체적인 공사의 운영 및 시행을 직접 지시 · 지도하고 감시 · 독려함으로써 시공 자체를 관리함을 말하는 것이지 단순히 공사의 운영 및 시공의 정도가 설계도 또는 시방서대로 시행되고 있는가를 확인하여 공정을 감독하는 데에 불과한 이른바 감리는 여기에 해당하지 않는다고 할 것이므로, 도급인이 수급인의 공사에 대하여 감리적인 감독을 함에 지나지 않을 때에는 양자의 관계를 사용자 및 피용자의 관계와 같이 볼 수 없다.

2. 피고공사의 현장감독직원이 이 사건 도급공사의 수행을 지휘감독하고, 乙의 현장대리인은 피고공사 현장감독직원의 지시감독에 따라 공사현장의 공사에 관한 사항을 처리하기로 하였다는 것만으로는 피고공사의 현장감독직원이 乙이 도급받은 전주이설공사 현장에서 구체적인 공사의 운영 및 시행방법 등에 관하여 직접 지도하고 감시독려함으로써 그 시공 자체를 직접 관리하기로 한 것이라고는 볼 수 없고, 오히려 이 사건 공사가 경지정리지구 지장전주의 이설공사이었던 점을 감안하여 보면, 피고공사 현장감독의 지휘감독이란 乙에 대하여 작업을 개시하게 하거나 중지하게 하는 등의 시공관리와 공사 관련 휴전조작관리에 관한 사항을 지시감독할 수 있는 정도의 것에 불과하여 이른바 앞에서 본 감리에 지나지 아니한다 할 것이다. 그리고 증인들의 증언들도, 이 사건 전주이설공사는 반드시 피고공사의 할선작업자격증 소지자 4인 이상으로 편성되는 작업조에 의하여 시공하여야 하는 할선작업(전선연결접촉선 분리작업)에 의한 공사가 아니고, 휴전작업에 의한 전주이설공사이므로, 乙이 그 휴전공사만은 피고공사의 감독하에 하여야 하지만

휴전공사에 대비하기 위하여 전주를 뽑는 공사는 입회하지 않아도 된다는 취지이어서, 피고공사의 현장감독직원이 공사현장에 입회하여 전주이설공사 자체의 운영 및 시공에 관하여 구체적으로 어떠한 내용의 지시감독을 하여야 하는 것인지를 명백히 하지 못하고 있을 뿐만 아니라, 그 밖에 기록을 자세히 살펴보아도 피고공사가 위 乙의 전주이설공사 자체에 대하여 어떠한 구체적 지시감독권을 가지고 있었다고 인정할 만한 다른 자료를 찾아볼 수 없다.

그렇다면 원심이 피고공사가 乙 및 그 피용자인 B의 사용자에 해당한다고 판단하기 위해서는 피고공사가 그의 현장감독을 통하여 乙의 작업개시와 중지 등의 시공관리나 공사에 관련된 휴전조작관리에 관한 사항에 대한 감리적 성질을 가진 지휘감독을 넘어서 전주의 이설공사 자체의 진행 및 시공방법 등에 관하여 구체적으로 어떠한 지휘감독권이 있는지를 좀더 세밀히 심리하여 보았어야 할 것이다. 이 점을 지적하는 상고논지는 이유 있다.

■ 쟁 점

이 판결은 수급인 乙의 피용인 B가 안전조치를 다하지 않은 과실로 丙이 상해를 입은 경우에, 乙뿐만 아니라 도급인 甲도 사용자책임을 지는가 하는 점이 문제된 것이다.

■ 검토사항

□ 도급인은 수급인의 행위에 대하여 일반적으로 사용자책임을 지는가? 그렇지 않다면 이유는 무엇인가?

□ 도급인이 예외적으로 수급인 및 수급인이 고용한 제3자에 대하여 사용자책임을 질 수 있는가? 그렇다면 어떤 경우인가?

□ 이 판결이 도급인 甲의 사용자책임을 부인한 이유를 살피시오.

■ 관련사례

□ 甲은 9층 건물 중 2층의 소유자이고 乙은 그 건물 중 3층 일부의 인테리어 공사를 하는 자이며, 丙은 乙에게 위 인테리어 공사를 맡긴 자이다. 乙은 위 3층의 인테리어 공사를 하던 중 팬 코일과 냉 · 온 밸브에 연결된 배관을 분리한 다음 이를 다시 연결하지 않고 그대로 방치하였는데, 위 건물의 관리를 담당하는 소외 회사가 건물의 난방시설을 시험가동하면서 배관에 물을 통하자, 위 분리된 배관에서 많은 물이 흘러나와 甲은 건물 2층의 천장, 벽, 전기배선 등이 침수되는 피해를 입었다. 甲은 丙에게 위 3층 배관시설의 점유자로서 민법 제758조 제1항에 따른 책임을

물었는데, 丙은 도급인의 면책을 규정한 민법 제757조 본문을 들어 책임이 없다고 주장하였다. 丙은 민법 제758조의 책임을 지는가? (대판 2006.4.27. 2006다4564)

■ 참고문헌

□ 이병삼, 도급인의 제3자에 대한 손해배상책임, 건축관련판례 50선: 대구판례연구회 300회 발표 기념 건축관련 판례 50선(2012).

□ 이상태, 도급계약에 관한 판례의 동향, 민사법학 15호(1997.4.), 305-352.

□ 조성민, 도급계약법의 문제점과 그 개정방향, 민사법학 15호(1997.4.), 96-113.

(3) 명의대여자

대판 2001.8.21. 2001다3658

| 사안 | 甲(피고)은 乙(제1심 공동피고)에게 민간보육시설 설치신고자 명의를 대여하여 乙이 甲을 시설장 명의로 하여 어린이집을 운영하게 하였는데, 위 어린이집 보육교사 A의 과실로 3세밖에 안 된 위탁아가 어린이집을 빠져나가 부근 철로 위에 올라가 있다가 열차에 치어 사망하였다. 위 위탁아의 유족인 丙(원고)은 甲에 대하여 乙 및 乙의 피용자인 보육교사 A의 불법행위에 대한 사용자책임을 묻는 소송을 제기하였다.

| 소송의 경과 | 원심은 甲이 乙로 하여금 이 사건 민간보육시설 사업에 관하여 자기의 명의를 사용할 것을 허용한 사실을 인정하면서도, 명의대여자인 甲이 실제에 있어서 그 명의차용자인 乙 등 보육교사를 지휘·감독하는 관계에 있었다고 보기 어렵다는 이유로 甲에게 아무런 책임이 없다고 보고 丙의 청구를 기각하였다.

| 판지 | 1) 타인에게 어떤 사업에 관하여 자기의 명의를 사용할 것을 허용한 경우에 그 사업이 내부관계에 있어서는 타인의 사업이고 명의자의 고용인이 아니라 하더라도 외부에 대한 관계에 있어서는 그 사업이 명의자의 사업이고 또 그 타인은 명의자의 종업원임을 표명한 것과 다름이 없으므로, 명의사용을 허용받은 사람이 업무수행을 함에 있어 고의 또는 과실로 다른 사람에게 손해를 끼쳤다면 명의사용을 허용한 사람은 민법 제756조에 의하여 그 손해를 배상할 책임이 있다.

2) 명의대여관계의 경우 민법 제756조가 규정하고 있는 사용자책임의 요건으로서의 사용관계가 있느냐 여부는 실제적으로 지휘·감독을 하였느냐의 여부에 관

계없이 객관적 · 규범적으로 보아 사용자가 그 불법행위자를 지휘 · 감독해야 할 지위에 있었느냐의 여부를 기준으로 결정하여야 한다.

3) 이 사건에서와 같이 일정한 자격과 경력을 구비하지 않고는 설치 · 경영할 수 없는 민간보육시설 사업의 경우 피고가 자신의 명의를 그러한 사업의 대표자 명의로 사용하도록 제1심 공동피고 乙에게 대여하였을 때에는, 명의를 대여한 피고는 객관적 · 규범적으로 보아 명의차용자인 乙 또는 그녀의 피용자가 불법행위로 인해 타인에게 손해를 입게 하지 않도록 지휘 · 감독해야 할 의무와 책임을 부담하고 있다고 보는 것이 옳다.

그럼에도 불구하고 원심이, 피고가 乙로 하여금 이 사건 민간보육시설 사업에 관하여 자기의 명의를 사용할 것을 허용한 사실을 인정하면서도, 위와 같은 법리에 착안하지 아니하고 명의대여자인 피고가 실제에 있어서 그 명의차용자인 乙 등 보육교사를 지휘 · 감독하는 관계에 있었다고 보기 어렵다는 이유로 피고에게 아무런 책임이 없다고 단정한 데에는 명의대여관계에 있어서 사용자책임에 관한 법리오해가 있거나 사용자가 그 불법행위자를 지휘 · 감독해야 할 지위에 있었는지 여부에 관한 심리를 다하지 아니한 위법이 있다고 할 것이므로, 이 점을 지적하는 상고이유 주장은 이유 있다.

■ 쟁 점

이 판결은 명의대여자가 실제적으로 명의차용자를 지휘 · 감독할 지위에 있었다고 보기 어려운 경우에도 사용자책임을 인정할 수 있는지가 문제된 것이다.

■ 검토사항

□ 명의대여자에 대해 사용자책임을 인정하는가? 인정한다면 그 이유는 무엇인가?

□ 명의대여자는 명의차용자의 피용자가 행한 불법행위에 대해서도 사용자책임을 지는가?

□ 이 사안에서 원심이 인정한 사실관계에 따르면 명의대여자인 甲이 명의차용자인 乙이나 그 피용자를 실제적으로 지휘 · 감독하였다고 볼 수 없음에도 대법원이 사용자책임의 요건인 사용관계를 인정한 근거는 무엇인가?

■ 관련사례

□ 甲회사(피고)의 대표이사 乙은 공공기관 관사 도색공사(이 사건 공사)를 자신의 처남의 친구로서 평소 잘 알고 지내던 丙에게 소개하여 주면서, 사업자등록이 되어 있지 아니한 丙의 부탁을 받고 丙이 그 공사를 도급받을 수 있도록 甲명의의

사업자등록증 및 견적서를 발행하여 줌으로써 丙은 甲명의로 이 사건 공사를 도급받았다. 丙이 甲의 관여 없이 丁(원고)을 고용하여 독자적으로 공사를 시행하던 중 丙의 과실로 丁이 상해를 입는 사고가 발생한 경우, 丁은 甲에 대하여 甲이 丙의 사용자임을 이유로 사용자책임을 물을 수 있는가? (대판 1994.10.25. 94다24176 참조)

□ 甲회사(피고 회사)의 대표이사인 乙은 丙으로 하여금 甲회사의 사장이란 직함을 사용하면서 甲회사의 명의로 고철을 수입 · 판매하는 사업을 전담하되, 그 사업의 경비는 甲회사가 부담하고 그로부터 발생하는 이익금은 서로 분배하며, 丙에게 급여는 따로 지급하지 아니하기로 하여 그 사무를 집행하도록 하는 한편, 乙은 丙으로부터 업무에 관하여 보고를 받고 이를 지휘한 경우, 丙이 마치 항구에 선적할 화물이 확보되어 있는 것처럼 해운회사인 원고를 기망하여 용선계약을 체결하고 이에 따라 원고가 선박을 계약된 항구로 운항하게 한 불법행위에 대하여 甲회사는 민법 제756조 제1항에 의한 사용자책임을 지는가? 또한 乙은 민법 제756조 제1항의 사용자책임을 지는가? (대판 1998.5.15. 97다58538)

■ 기타 검토사항

□ 이 사안에서 甲에게 상법 제24조의 명의대여자의 책임은 인정되지 않는가? 인정되지 않는다면 그 이유는 무엇인가?

■ 참고문헌

□ 김택주, 명의대여자의 사용자책임, 상사판례연구 12집(2001.12.) 338-340.
□ 엄동섭, 명의대여자의 손해배상책임과 구상권, 민사판례연구 33-1권(2011.2.) 541-578.
□ 이혁우, 타인이 공사를 도급받을 수 있도록 명의만을 대여하여 준 자도 그 공사로 인한 사고의 발생시 손해배상책임을 부담하는지 여부, 대법원판례해설 22호(94년 하반기)(1995.5.) 215-225.

(4) 동업자

대판 2006.3.10. 2005다65562

| 사안 | 1) 甲(피고)은 공인중개사 자격증을 가지고 있었는데, 乙은 (A)공인중개사사무소와 (B) 공인중개사사무소 두 개의 공인중개사사무소를 실질적으로 운영하면서 위 각 중개사무소에 공인중개사자격증이 있는 자를 채용하여 그 명의로 영업등록을 하고 영업을 하고 있었다.

2) 乙은 2001.5.경 자신이 실질적으로 운영하는 (A)공인중개사사무소의 직원으로 甲을 채용하였고, 2001.8.20.경 위 공인중개사사무소에 관하여 甲명의로 영업자등록을 하는 한편, 그 무렵 甲이 乙을 중개보조원으로 채용하는 고용계약서를 작성함으로써 乙이 형식상 피고의 중개보조원으로 되었으나, 乙은 대외적으로는 명함에 '소장'이라는 직함을 기재하고 사장으로 행세하였다. 甲은 2001.8.15.경 위 공인중개사사무소의 임대인인 C와의 사이에 그 명의로 위 중개사무소를 임차하는 내용의 계약을 체결하였고 2002.6.12.경부터 (A)공인중개사사무소를 폐업할 때까지 임대인에게 매월 임대료를 송금하여 지급하였다.

3) 甲은 2003.3.경에는 그 이전에 乙에게 대여한 4,000만원을 위 공인중개사사무소에 투자한 것으로 하고 이익금은 乙과 반으로 나누기로 약정한 후, 그 무렵부터 2003.7.23. 위 공인중개사사무소를 폐업할 때까지 乙과 동업으로 위 중개사무소를 운영하였다.

4) 丙(원고)은 직접 또는 丙의 언니인 丁을 대리인으로 하여 乙의 중개로 아파트를 임차하는 등 乙의 중개하에 10여 차례에 걸쳐 (A)공인중개사사무소에서 부동산 거래를 하여 왔다.

5) 丁은 丙을 대리하여 乙의 중개로 X아파트의 분양권을 매수하기로 하였는데, 2002.7.28.경 丙에게 분양권을 매도할 사람이 나타났다는 乙의 전화를 받고 위 공인중개사사무소에 가서는 乙로부터 위 분양권 매도인인 D가 丁을 기다리다가 계약서만 써 놓고 먼저 갔으니 돈만 지급하면 된다는 말을 듣고, 이전의 수차례에 걸친 부동산거래를 통하여 신뢰가 쌓인 乙에게 丙의 도장 및 매매대금을 교부하였다.

6) 乙은 丁에게 X아파트 분양권 매매계약서와 D명의의 영수증들을 교부하였는데, D는 위 분양권을 실제로 丙에게 매도한 바 없었다.

7) 한편 丁은 丙을 대리하여 2003.4.3. 乙의 중개로 E로부터 Y아파트를 4억 6천만원에 매수하기로 하였는데, 이번에도 乙을 신뢰하여 도장 및 매매대금 일체를 乙에게 교부한 채 전적으로 乙을 통하여 거래하고, 乙로 하여금 E를 만나 계약서를 작성하도록 하였다.

8) 乙은 甲과 함께 E의 집을 방문하여 매매대금 4억 5천만원, 잔금지급기일 2003.5.30.로 하는 매매계약서를 작성하였다.

9) 그런데 乙은 다음날 丁에게 E와 사이에 체결된 매매계약서라고 하면서, 위 E

와 사이에 작성된 매매계약서와는 달리, 매매대금 4억 6천만원, 중개업자란에 위 중개사사무소와 전화가 각 수기로 기재되어 있고 乙의 도장이 날인되어 있는 아파트 매매계약서를 교부하였다.

10) 乙은 위 중개의뢰과정에서나 매매계약서를 통하여 Y아파트 매매대금이 4억 6천만원인 줄 알고 있던 丙이나 丁을 기망하여 위 돈을 모두 수령한 다음 E에게 4억 5천만원만 지급하고 나머지 1천만원을 편취하였다. 또한 乙은 丙으로부터 수령한 X아파트 분양권 매매대금을 반환하지 아니한 채 잠적하였다.

11) 한편 丙이나 丁은 乙이 두 개의 공인중개사사무소를 운영하고 있다는 것을 알고 있었고, 乙과 처음 거래를 할 당시에는 甲을 보지 못하였는데, 그 후 乙과의 사이에 (A)공인중개사사무소에서 계속하여 거래를 하면서 甲을 보게 되었으나, 단순히 甲이 乙의 직원인 줄로만 알고 있었다.

12) 그러다가 丙이나 丁은 乙이 잠적한 후에야 乙이 그 때까지 공인중개사 자격증이 없음에도 불구하고 甲 명의로 (A)공인중개사사무소의 영업자등록을 한 후 甲 명의로 중개행위를 하여 온 사실을 알게 되었다.

13) 丙은 甲에게 X부동산 분양권 매매대금과 Y부동산 매매대금 차액의 지급을 구하는 소송을 제기하였다.

| 원심 | 1) 丙이 선택적으로 주장한 다음과 같은 甲의 책임, 즉 ① 부동산중개업법 제6조 제5항의 중개보조원에 대한 중개계약에 의한 책임에 대하여는 乙이 甲의 직원이나 중개보조인이라 할 수 없다는 이유로, ② 상법 제24조 소정의 명의대여자 책임에 대하여는 丙이나 丁이 甲을 영업주로 오인하여 거래하였다고 볼 수 없고 丙, 丁의 중대한 과실이 있다는 이유로, ③ 민법상 동업자 책임에 대하여는 X아파트 분양권 매수 중개 당시에는 甲은 乙에게 사실상 고용되어 있었고 동업관계가 아니었으며, Y아파트 매수 중개 당시에는 동업관계였지만 乙의 기망에 따른 불법행위책임은 동업을 위한 법률행위로 부담하는 채무가 아니고, 乙이 대외적으로 한 불법행위의 법률효과가 바로 다른 조합원인 甲에게 귀속한다고 보기는 어렵다는 이유로, ④ 기망에 의한 공동불법행위책임에 대해서는 甲이 乙과 공모하여 丙에게 손해를 가하였다는 점에 관해 인정할 증거가 없다는 이유로 丙의 주장을 배척하였다.

2) 그러나 ⑤ 사용자책임과 관련하여, X아파트 분양권 매수 중개에 관한 甲의 사용자책임은 부정하였으나, Y아파트 매수 중개에 관하여는 甲은 (A)공인중개사

사무소 영업에 관한 乙의 동업자로서 乙의 업무집행 과정에서 丙에게 입힌 1천만원의 손해에 대하여 사용자로서 손해배상책임이 있고 다만 丙의 과실을 참작하여 甲의 책임을 50%로 제한한다고 판단하였다. 그리고 ⑥ X아파트 분양권 매수 중개에 관하여 甲은 공인중개사로서 자신이 영업등록을 한 (A)공인중개사사무소를 甲과는 실질적으로 독립된 乙의 중개행위의 장소로 제공함으로 인하여 부동산 중개의 거래당사자인 丙에게 재산상의 손해를 발생하게 하였으므로, 甲은 부동산중개업법 제19조 제2항에 따라 丙에게 그 손해를 배상할 책임이 있고 다만 丙의 과실을 참작하여 甲의 책임을 50%로 제한한다고 판단하였다.

3) 이에 대하여 甲이 상고하였다.

| 판지 | 1) 동업관계에 있는 자들이 공동으로 처리하여야 할 업무를 동업자 중 1인에게 맡겨 그로 하여금 처리하도록 한 경우 다른 동업자는 그 업무집행자의 동업자인 동시에 사용자의 지위에 있다 할 것이므로, 업무집행과정에서 발생한 사고에 대하여 사용자로서 손해배상책임이 있다.

같은 취지에서, 이 사건 Y아파트 매수 중개와 관련하여 당시 피고와 동업관계에 있던 乙이 원고에게 입힌 손해에 대하여 피고가 乙의 사용자로서 배상책임이 있다고 본 원심의 증거취사와 사실인정 및 판단은 정당한 것으로 수긍할 수 있고, 거기에 상고이유로 주장하는 바와 같은 채증법칙 위배나 사용자책임에 관한 법리오해 등의 위법이 없다.

2) 구 부동산중개업법(2005.7.29. 법률 7638호 「공인중개사의 업무 및 부동산 거래신고에 관한 법률」로 전문 개정되기 전의 것, 이하 같다) 제19조 제2항은 중개업자는 자기의 중개사무소를 다른 사람의 중개행위의 장소로 제공함으로써 거래당사자에게 재산상의 손해를 발생하게 한 때에는 그 손해를 배상할 책임이 있다고 규정하고 있는바, 여기서 어떠한 행위가 중개행위에 해당하는지는 거래당사자의 보호에 목적을 둔 법규정의 취지에 비추어 중개한 자의 행위를 객관적으로 보아 사회통념상 거래의 알선 · 중개를 위한 행위라고 인정되는지 여부에 의하여 결정하여야 할 것이다.

3) 원심은, 그 채용 증거들을 종합하여 그 판시와 같은 사실을 인정한 다음, 이 사건 X아파트 분양권 매수의 중개는 피고 명의로 영업등록이 되어 있던 (A)공인중개사사무소에서 이루어진 것으로 봄이 상당하고, 피고가 乙에게 위 사무소를 중개행위의 장소로 제공함으로 인하여 거래당사자인 원고에게 재산상 손해가 발생

한 이상, 피고는 부동산중개업법 제19조 제2항에 따라 원고에게 그 손해를 배상할 책임이 있다고 판단하였는바, 위 법리 및 기록에 비추어 살펴보면, 원심에서의 증거취사와 사실인정 및 판단은 정당한 것으로 수긍할 수 있고, 거기에 상고이유로 주장하는 바와 같은 채증법칙 위배나 부동산중개업법 제19조 제2항의 해석적용에 관한 법리오해 등의 위법이 있다고 할 수 없다.

■ 쟁 점

이 판결에서는 조합원이 업무집행조합원의 불법행위에 대해 사용자책임을 질 수 있는지가 문제된 것이다.

■ 검토사항

□ 조합원은 업무집행조합원의 불법행위에 대해 어떤 경우에 사용자책임을 지는가?

■ 관련사례

□ 甲과 乙이 동업으로 도급받은 연립주택의 건축공사를 완성한 뒤 하자보증기간 내로 동업관계가 끝나지 않은 상태에서 하자보수 문제가 생겨 조합원인 甲이 그 공사를 맡아서 하기로 합의하고, 이에 따라 甲이 丙(원고)을 고용하여 공사를 하다가 그의 잘못으로 병이 다치는 사고가 발생한 경우, 丙은 다른 조합원인 乙에게 사용자책임을 물을 수 있는가? (대판 1998.4.28. 97다55164 참조)

■ 기타 검토사항

□ 민법 제35조는 법인의 불법행위능력에 관하여 규정하고 있는데, 법인이 아닌 조합의 경우 민법 제35조를 준용하여 업무집행조합원의 불법행위에 의한 채무를 조합채무로 볼 수 있는가?

■ 참고문헌

□ 김창보, "업무집행을 위임받은 동업자 중 1인이 업무집행과정에서 불법행위로 타인에게 손해를 가한 경우, 다른 동업자의 사용자책임 유무," 대법원판례해설(제30호), 181-188.

□ 변동열, 업무집행조합원의 불법행위에 대한 다른 조합원들의 책임, 민사판례연구 29권(2007.3.) 973-992.

(5) 파견사업주

대판 2003.10.9. 2001다24655

| 사안 | 1) 甲보험회사(원고)는 A은행과의 사이에 피보험자를 A은행 김해지점, 피보험자동차를 A은행 소유의 경남 ㅇㅇ가ㅇㅇㅇㅇ호 자가용 승용차(이 사건 자동차), 보험기간을 1년으로 하여 자동차 종합보험계약을 체결하였다.

2) A은행은 근로자 파견 용역사업 등을 하고 있던 乙회사(피고)와의 사이에 업무내용은 운전, 계약기간 및 파견근로기간은 약 8개월, 파견근로의 대가는 A은행이 乙에게 매월 일정액의 파견료를 지불하기로 하되 파견근로자들에 대한 지휘감독 및 관리는 A은행과 乙이 업무지휘 · 명령자와 관리책임자를 각 1명씩 선임하여 그들로 하여금 파견근로자들에 대한 지휘 · 명령업무와 파견근로자의 고충처리 등의 관리업무를 분담하게 하는 내용의 근로자 파견계약을 체결하였다.

3) A은행은 그 계약에 따라 乙소속의 근로자인 丙 등 11명을 파견받아 그중 丙으로 하여금 A은행 김해지점에 상주하면서 업무용 차량인 이 사건 자동차를 운전하게 하였다. 丙은 A은행 김해지점에서 업무시간 중 이 사건 자동차를 운전하여 현금 수송이나 거래처 방문 등의 일을 하고 있었는데, 토요일인 사건 당일 A은행 김해지점장의 지시에 따라 이 사건 자동차를 운전하여 김해지점장을 진주시까지 태워준 후 A은행 김해지점으로 돌아가 이 사건 자동차를 주차시킨 후 퇴근하라는 지시를 받았다. 그런데 丙은 A은행 김해지점으로 돌아가지 않고 임의로 이 사건 자동차를 개인적인 용도로 운행하다 그 다음날 새벽 3시경 도로를 진행하던 중 그 곳에 설치된 횡단보도를 따라 도로를 건너던 丁을 발견하지 못하고 이 사건 자동차로 들이받아 丁으로 하여금 그 무렵 사망하게 하였다.

4) 그 후 甲은 이 사건 자동차의 보험자로서 보험약관에 따라 피보험자인 A은행 김해지점을 대위하여 丁의 치료비와 丁의 유족들에게 손해배상금 등의 보험금을 지출하였다.

5) 甲이 乙에 대하여 甲이 지급한 위 보험금의 지급을 청구하는 소를 제기하였다.

| 원심 | 丙의 이 사건 자동차 운전업무에 관한 실질적인 지휘 · 감독권자는 피고가 아닌 A은행이고, 또한 이 사건 자동차의 운전업무는 외형상 객관적으로 A은행

의 사업 활동 내지 사무집행 행위와 관련된 것이지 근로자 파견 용역사업 등을 영위하는 피고의 사업 활동 내지 사무집행 행위와 관련된 것이라고는 할 수 없으므로 위의 사고에 관하여 乙이 丙의 사용자라고 볼 수 없다고 보아 원고의 청구를 받아들이지 아니하였다.

| 판지 | 1) 파견근로자보호 등에 관한 법률에 의한 근로자 파견은 파견사업주가 근로자를 고용한 후 그 고용관계를 유지하면서 사용사업주와 사이에 체결한 근로자 파견계약에 따라 사용사업주에게 근로자를 파견하여 근로를 제공하게 하는 것으로서, 파견근로자는 사용사업주의 사업장에서 그의 지시 · 감독을 받아 근로를 제공하기는 하지만 사용사업주와의 사이에는 고용관계가 존재하지 아니하는 반면, 파견사업주는 파견근로자의 근로계약상의 사용자로서 파견근로자에게 임금지급의무를 부담할 뿐만 아니라, 파견근로자가 사용사업자에게 근로를 제공함에 있어서 사용사업자가 행사하는 구체적인 업무상의 지휘 · 명령권을 제외한 파견근로자에 대한 파견명령권과 징계권 등 근로계약에 기한 모든 권한을 행사할 수 있으므로 파견근로자를 일반적으로 지휘 · 감독해야 할 지위에 있게 되고, 따라서 파견사업주와 파견근로자 사이에는 민법 제756조의 사용관계가 인정되어 파견사업주는 파견근로자의 파견업무에 관련한 불법행위에 대하여 파견근로자의 사용자로서의 책임을 져야 하지만, 파견근로자가 사용사업주의 구체적인 지시 · 감독을 받아 사용사업주의 업무를 행하던 중에 불법행위를 한 경우에 파견사업주가 파견근로자의 선발 및 일반적 지휘 · 감독권의 행사에 있어서 주의를 다하였다고 인정되는 때에는 면책된다고 할 것이다.

2) 원심이 인정한 바에 따르더라도, 피고는 A은행과의 근로자 파견계약에 따라 丙을 고용한 후 그를 A은행에 파견하여 파견업무를 하도록 한 파견사업주이고, 또 A은행과 근로자 파견계약을 체결함에 있어 피고측의 업무지휘 · 명령 및 관리책임자를 선임하여 파견근로자를 관리하기로 약정하였다는 것이니, 피고는 丙을 일반적으로 지휘 · 감독하여야 할 사용자의 지위에 있다고 볼 수 있어서 외형상 丙의 파견업무인 자동차의 운전업무와 관련하여 발생한 이 사건 사고에 대하여는 丙에 대한 일반적 지휘 · 감독권을 갖는 피고로서도 그 사고의 위험이 생길 원인을 제공한 데 또는 그 위험 방지조치를 다하지 못한 데에 책임이 있다고 할 것이다.

3) 그럼에도 견해를 달리하여, 피고와 丙 사이에는 사용자 관계가 인정되지 아니하여 피고가 丙의 사용자가 아니고, 丙의 이 사건 자동차의 운전은 A은행의 사

업활동 내지 사무집행에 관련될 것일 뿐, 피고의 그것에 관련된 것이 아니라는 이유로 피고의 사용자책임을 인정하지 아니한 원심판결에는 파견근로관계에서의 사용자책임에 관한 법리를 오해하여 판결의 결과에 영향을 끼친 잘못이 있으며, 이를 지적하는 상고이유의 주장은 정당하기에 이 법원은 그 주장을 받아들인다.

■ 쟁 점

파견근로자가 파견근로기간 중 파견업무와 관련하여 불법행위를 한 경우 사용사업주가 아닌 파견사업주에게 사용자책임을 물을 수 있는지가 문제된 것이다.

■ 검토사항

□ 파견근로자와 고용관계가 없는 사용사업주가 파견근로자의 파견업무와 관련된 불법행위에 대한 사용자책임을 지는가?

□ 파견근로자의 파견업무와 관련된 불법행위에 관하여 파견근로자와 파견사업주 사이에 민법 제756조의 사용관계가 인정되는가?

□ 파견근로자의 불법행위에 대하여 파견사업주의 사용자책임이 면책되는 경우는 어떤 경우인가?

■ 참고문헌

□ 문영화, 파견근로자보호 등에 관한 법률에 의한 근로자 파견에 있어서 파견사업주가 파견근로자의 파견업무에 관련한 불법행위에 대하여 사용자책임을 부담하는지 여부, 대법원판례해설 47호(2003 하반기)(2004.7.) 230-261.

2. 사무집행관련성

▣ 판례 1

대판 2000.2.11. 99다47297

| 사안 | 1) 甲(피고)이 경영하는 호텔에서 甲에게 고용되어 종업원으로 근무하던 A는 1996.11.11. 04:30경 호텔 프론트에서 근무하던 중, 위 호텔에 목욕을 하기 위하여 찾아온 乙(원고)로부터 사우나의 영업시간에 관한 질문을 받고 05:00부터 시작하니 조금 기다리라는 대답을 하였으나, 이에 乙이 심하고 상스러운 욕을 하면서 때리려고 하니 이를 피하였다가 다음 근무자인 B를 불러 교대근무를 하였다.

2) 그 후에도 乙이 호텔 지하의 종업원 숙소까지 따라오면서 계속 상스러운 욕을 하기도 하고, 근무교대 후 프론트에서 근무하던 B에게도 A를 불러오라면서 소란을 피우자, A는 05:00경 분을 참지 못하고 숙소에서 등산용 칼을 꺼내어 이를 소지한 채 乙을 따라 현관 앞 주차장으로 가서 乙이 다시 때리려고 하자, 갖고 있던 칼로 乙의 얼굴과 등부위를 찔러 乙에게 흉부좌상 등의 상해를 가하였다. 乙은 甲에 대하여 A의 불법행위에 대한 사용자책임을 묻는 소를 제기하였다.

| 판지 | 1) 민법 제756조에 규정된 사용자책임의 요건인 '사무집행에 관하여'라는 뜻은 피용자의 불법행위가 외형상 객관적으로 사용자의 사업활동 내지 사무집행행위 또는 그와 관련된 것이라고 보여질 때에는 행위자의 주관적 사정을 고려함이 없이 이를 사무집행에 관하여 한 행위로 본다는 것으로, 피용자가 고의에 기하여 다른 사람에게 가해행위를 한 경우 그 행위가 피용자의 사무집행 그 자체는 아니라 하더라도 사용자의 사업과 시간적, 장소적으로 근접하고, 피용자의 사무의 전부 또는 일부를 수행하는 과정에서 이루어지거나 가해행위의 동기가 업무처리와 관련된 것일 경우에는 외형적, 객관적으로 사용자의 사무집행행위와 관련된 것이라고 보아 사용자책임이 성립한다고 할 것이고, 이 경우 사용자가 위험발생 및 방지조치를 결여하였는지 여부도 손해의 공평한 부담을 위하여 부가적으로 고려할 수 있다 할 것이다.

2) A의 원고에 대한 상해행위는 피고의 업무처리를 하던 중 원고가 그 업무처리와 관련하여 A의 감정을 해하는 언동을 하자 이에 대항하여 자신의 감정을 회복하기 위하여 저지른 것으로서, 그 가해행위는 근무교대 직후에 피고의 사업장소 내에서 이루어진 것이어서 시간적으로나 장소적으로 피고의 사무와 밀접하게 관련되어 있을 뿐만 아니라 그 행위의 동기가 A의 업무처리와 관련된 것이라고 보여지며, 더욱이 접객업소 경영자인 피고로서는 불특정 다수의 고객을 대하는 피용자들에 대한 교육, 감독을 철저히 함으로써 그의 사업범위 내에서 발생할 수 있는 위와 같은 위험을 방지하여야 한다는 점도 아울러 고려하여 보면, A의 상해행위로 인하여 원고가 입은 손해는 A가 피고의 사무집행에 관하여 원고에게 가한 손해에 해당한다고 보아야 할 것이다.

■ 쟁 점

이 판결에서는 피용자가 고의의 가해행위에 의한 불법행위를 한 경우 사무집행관련성을 인정할 수 있는지가 문제되었다.

■ 검토사항

□ 피용자가 타인에게 상해를 입히는 등 고의로 가해행위를 한 경우 그 행위에 사무집행관련성을 인정할 수 있는가?

■ 관련사례

□ 甲은 乙사회복지법인이 운영하는 아동복지시설의 원장으로서 아동복지시설 소속 직원들을 채용하거나 해고할 수 있는 권한을 가지고 있었는데, 丙(원고)은 대학교 2학년 재학 중에 위 아동복지시설의 정식 직원으로 채용되어 위 시설에서 근무하였다. 丙은 甲으로부터 여러 가지 지적과 질책을 받아 심리적으로 위축되어 있었고, 甲의 원장으로서의 지위나 지역 사회복지분야에 미치는 영향력으로 인하여 그의 지시를 거부하는 경우 해고될 수 있을 뿐 아니라 사회복지분야에서 일을 하지 못하게 될 수 있다는 두려움을 가지고 있었다. 甲은 丙 등 직원들과의 회식을 마친 후 다른 직원들이 귀가한 다음 丙만 남은 상태에서 丙에게 성추행행위를 개시하였고, 그 후 甲은 근무시간에 丙을 원장실로 부르거나, 업무상 출장을 가는 도중 또는 회식을 마친 직후에 乙이 제공한 丙의 숙소에 들러서 아동복지시설의 원장으로서의 지위를 이용하여 丙을 여러 차례에 걸쳐 성추행하거나 간음하였다. 乙은 甲의 성추행행위에 대하여 사용자책임을 부담하는가? (대판 2009.2.26. 2008다89712)

□ 사적인 전화를 받던 레스토랑 종업원이 지배인으로부터 욕설과 구타를 당한 후 레스토랑을 나가 약 8시간 동안 배회하다가 과도를 사 가지고 레스토랑에 들어왔는데 다시 지배인으로부터 욕설과 구타를 당하자 이에 대항하여 지배인을 과도로 찔러 사망에 이르게 한 경우, 레스토랑의 경영자는 종업원의 살해행위에 대하여 사용자책임을 부담하는가? (대판 1994.11.18. 94다34272)

■ 참고문헌

□ 김재형, 사용자책임에서의 사무집행관련성, 민법론 II, 284-351.

□ 김형석, 사용자책임에서 사무집행관련성의 판단: 비교법적 연구로부터의 시사, 법학 53권 2호, 351-418, 서울대학교 법학연구소.

■ 판례 2

대판 1992.7.28. 92다10531

| 사안 | 1) 소외 A건설회사는 도급받은 공사의 일부를 甲(피고)에게 하도급 주었는데, 甲은 그 작업을 위해 B회사(1심 공동피고)로부터 기중기 1대를 그 운전기사인 M, N과 함께 1개월간 임차하여 사용하기로 하였다.

2) B회사는 甲과의 계약에 따라 그 피용인이자 기중기의 운전기사인 M, N을 기중기와 함께 甲의 공사현장에 파견하여 그날부터 甲의 작업지시에 따라 위 현장에서 근무하게 하였다.

3) 그런데 A건설회사 소속 현장소장 H는 위 공사현장에 이웃한 C회사의 신축공사 현장대리 K로부터 그 공사현장의 2층건물 슬레브공사용 철근 약 1.3t을 그곳 야적장으로부터 공사중인 건물 2층위까지 용이하게 들어올릴 수 있도록 위 기중기를 그 운전기사와 함께 빌려달라는 요청을 받고, 평소의 친분관계로 인하여 아무런 조건 없이 이를 응낙하고 M, N으로 하여금 위 기중기를 옮겨 가서 C회사의 위 철근운반작업을 도와 주도록 지시하였다.

4) 이에 따라 M은 위 기중기를 甲의 작업현장으로부터 C회사의 철근야적장까지 운전하여 간 후 N에게 위 기중기를 넘겨주어 N이 그때부터 위 기중기를 조종하게 되었는데, N의 과실로 C회사의 피용인인 P가 고압전류에 감전되게 하여 상해를 입게 되었다. 국가(원고)는 P에 대하여 산업재해보험금을 지급한 뒤 甲을 상대로 N의 불법행위에 대한 사용자책임을 물어 구상금을 청구하는 소를 제기하였다.

| 원심 | 이 사건 사고의 원인이 된 기중기 조정작업이 비록 甲의 지시나 위임에 의한 것이 아니고 A건설회사 현장소장의 무단 전대에 의한 것이라고 하더라도 외형적으로 볼 때 사무집행 관련성이 인정된다고 보아, 피고에 대하여 민법 제756조 제2항에 의한 책임을 인정하였다.

| 판지 | 1) 민법 제756조 소정의 "사무집행에 관하여"라는 규정의 뜻은, 원칙적으로는 그것이 피용자의 직무범위에 속하는 행위이어야 할 것이나, 피용자의 직무집행행위 그 자체는 아니더라도 그 행위의 외형으로 관찰하여 마치 직무의 범위 내에 속하는 것과 같이 보이는 행위도 포함하는 것으로 새겨야 할 것이고, 피용자가 사용자나 사용자에 갈음하여 그 사무를 감독하는 자의 구체적 명령 또는 위임에 따

르지 아니하고 그 지위를 남용하여 자기 또는 제3자의 이익을 도모하는 경우 사용자 또는 사용자에 갈음하여 그 사무를 감독하는 자나 피용자의 주관적 사정에 따라 사용자 책임을 부정하는 것은 사용자 책임을 규정한 위 민법의 목적이나 입법취지에 어긋나는 것이라고 할 것이다. 그러므로 원심이 이러한 취지에서 이 사건 사고의 원인이 된 N의 기중기 조정작업이 비록 피고의 지시나 위임에 의한 것이 아니고 A건설회사 현장소장의 무단전대에 의한 것이라 하더라도, 외형적으로 볼 때 본래의 사무집행행위와 유사한 행위라고 판단한 것은 잘못이라고 할 수 없다.

2) 그러나 피용자의 불법행위가 외관상 사용자의 사무집행의 범위 내에 속하는 것으로 보여지는 경우에 있어서도, 피용자의 행위가 사용자나 사용자에 갈음하여 그 사무를 감독하는 자의 사무집행행위에 해당하지 않음을 피해자 자신이 알았거나 또는 중대한 과실로 알지 못한 경우에는 사용자(혹은 사용자에 갈음하여 그 사무를 감독하는 자)에 대하여 사용자책임을 물을 수 없는 것이다. 그런데 (원심이 취신한 증거에 따르면) C회사의 현장대리인인 K가 이 사건 기중기를 빌리게 된 것은 C회사의 철근부 작업반장인 L이 그의 밑에서 일하는 피해자 P를 데리고 철근운반작업을 하다가 작업을 쉽게 할 수 있는 방법을 연구하던 중 인근 작업현장에서 놀고 있던 이 사건 기중기를 잠시 빌려서 작업을 하기로 마음먹고 K에게 위 기중기를 빌려줄 것을 부탁하여 그가 A회사의 현장소장으로부터 이를 무보수로 빌려 오게 되었던 것이고, 피해자인 P도 위와 같은 경위로 위 기중기가 인근의 공사현장에서 자신의 작업현장으로 옮겨져 온 사실을 알았다고 보여진다.

3) 그러함에도 불구하고 원심이 위와 같은 증거들을 가볍게 보고, 피고가 B회사에 갈음하여 N를 감독하는 지위에 있었던 점만을 중시하여 이 사건 사고의 원인이 된 작업이 구체적으로 피고와 무관한 것인지 여부, 피해자 P가 이를 알았는지 여부를 살피지 아니한 채 피고의 사용자책임을 인정한 것은, 사용자책임에 있어 사무집행의 범위에 관한 법리를 오해하여 심리를 다하지 않은 위법이 있다고 아니할 수 없다.

■ 검토사항

- □ 이 사건 사고의 원인이 된 N의 기중기 조정작업이 甲의 "사무집행에 관하여" 행해진 것이라고 볼 수 있는가?
- □ 丙의 기중기 조정작업이 甲의 지시나 위임에 의한 것이 아니라 제3자인 C회사의

현장소장 H의 부탁을 받은 A건설회사 현장소장의 무단전대에 의한 것이라고 할지라도 "사무집행 관련성"은 부정되지 않는가? 부정되지 않는다면 그 이유는 무엇인가?

- 이 사안에서 甲의 사용자책임을 인정한 원심이 파기환송된 이유는 무엇인가?

■ 참고문헌

- 배병일, 사용자책임에 있어서 외형이론과 피해자의 중과실, 판례와 이론 1호(1995.2.) 137-157, 영남대학교
- 정희영, 사용자책임에 있어서 '사무집행에 관하여'의 판단기준, 재판실무연구 2001(2002.1.), 137-160.

▣ 판례 3

대판 1999.10.8. 99다30367

| 사안 | 1) K회사(대표이사 A)는 금액 1억 3천만원, 지급지 서울특별시, 지급장소 ㅇㅇ은행 지점, 지급기일 1996.2.15, 발행일 및 수취인 등이 백지로 된 약속어음 1장(이 사건 약속어음)을 발행한 다음, 자금조달을 위하여 甲(원고)에게 이 사건 약속어음의 할인을 의뢰하였고, 甲은 이 사건 약속어음의 지급을 확실히 담보할 수 있는 보증인의 배서를 받아 올 것을 요구하였다.

2) 이에 A는 평소 K회사와의 거래를 담당하여 왔던 乙은행(피고) 지점 차장인 B를 찾아가, 그에게 K회사가 지금 자금난에 빠져 있으므로 이 사건 약속어음에 乙 명의의 배서를 하여 줌으로써 K회사가 돈을 차용하는 데 신용을 높여 달라고 부탁하였고, B는 乙의 거래처인 K회사의 부도를 막아 주기 위하여 임의로 위 지점의 창구직원이 보관·사용하는 고무인과 약인을 이 사건 약속어음의 이면에 압날하여 A에게 교부하였다.

3) 甲은 A로부터 이 사건 약속어음을 건네받은 다음 B와의 전화통화를 통하여 위 배서의 진정함을 확인한 후, A에게 이 사건 약속어음의 할인금으로 금 1억 1천9백6십만원을 지급하였다. 그 후 K회사는 부도가 났고, 甲은 이 사건 약속어음의 만기 전에 지급장소에 지급제시하였으나 지급거절되었다. 그리하여 甲은 乙에 대하여 어음금의 지급을 청구하였다.

4) B는 1993. 7.경부터 乙의 지점에서 여신대상 기업의 재무상태나 사업성 여부

를 검토하는 등 여신심사 및 품의 · 사후관리 업무를 담당하는 '심사역'으로 근무하여 왔다. 그런데 乙에게 있어서 위 '심사역'은 일반적으로 당해 지점의 '차장'으로 불리우는 직책으로서 그 지점의 내부적인 업무만을 처리할 뿐 대외적으로 乙을 대리하여 대출 실행이나 수신업무를 할 수 있는 권한은 없고, '영업통할 책임자'라는 직책을 따로 두어 위 영업통할 책임자에게 심사역의 업무를 제외한 제반 업무를 통할하고 소속 직원을 지휘 · 감독하도록 하며, 당해 지점의 대출 실행이나 수신업무를 담당하도록 하고 있었다.

| **소송의 경과** | 1) 원심은 B가 은행 지점장을 대리하여 어음행위를 할 권한이 없으므로 乙은 배서인으로서 책임을 지지는 않으나, 乙은 B의 배서위조행위에 대하여 사용자책임이 있다고 판단하였다.

2) 이에 대하여 乙이 상고하였는데, B의 이 사건 어음에 대한 배서가 대리인의 기명이 누락되어 그 요건을 갖추지 못한 무효의 배서인데도 이와 같은 무효의 어음행위에 대해 乙의 사용자책임을 인정할 수 있는지가 문제되었다.

| **판지** | 1) 민법 제756조에 규정된 사용자책임의 요건인 '사무집행에 관하여'라는 뜻은 피용자의 불법행위가 외형상 객관적으로 사용자의 사업활동 내지 사무집행행위 또는 그와 관련된 것이라고 보여질 때에는 행위자의 주관적 사정을 고려함이 없이 이를 사무집행에 관하여 한 행위로 본다는 것이고, 외형상 객관적으로 사용자의 사무집행에 관련된 것인지의 여부는 피용자의 본래 직무와 불법행위와의 관련 정도 및 사용자에게 손해발생에 대한 위험 창출과 방지조치 결여의 책임이 어느 정도 있는지를 고려하여 판단하여야 하는 것이며, 피용자의 불법행위가 외관상 사무집행의 범위 내에 속하는 것으로 보이는 경우에 있어서도 피용자의 행위가 사용자나 사용자에 갈음하여 그 사무를 감독하는 자의 사무집행행위에 해당하지 아니함을 피해자 자신이 알았거나 중대한 과실로 인하여 알지 못한 경우에는 사용자책임을 물을 수 없다고 할 것인데, 이 경우 중대한 과실이라 함은 거래의 상대방이 조금만 주의를 기울였더라면 피용자의 행위가 그 직무권한 내에서 적법하게 행하여진 것이 아니라는 사정을 알 수 있었음에도 만연히 이를 직무권한 내의 행위라고 믿음으로써 일반인에게 요구되는 주의의무에 현저히 위반하는 것으로 거의 고의에 가까운 정도의 주의를 결여하고, 공평의 관점에서 상대방을 구태여 보호할 필요가 없다고 봄이 상당하다고 인정되는 상태를 말한다.

2) 법인의 어음행위는 어음행위의 서면성 · 문언성에 비추어 법인의 대표자 또는 대리인이 그 법인의 대표자 또는 대리권자임을 어음면상에 표시하고 기명날인하는 대리방식에 의하든가, 법인의 대표자로부터 대리권을 수여받고 직접 법인의 대표자 명의로 서명할 수 있는 권한이 주어져 있는 자의 대행방식에 의하여 이루어져야 할 것이므로, 법인의 대리인이 법인 명의의 배서를 함에 있어 행위자인 대리인의 기명이 누락된 경우에는 그 요건을 갖추지 못한 무효의 배서라고 할 것이지만, 어음상 사용자 명의의 배서가 피용자에 의하여 위조된 경우에 피용자의 배서위조행위로 인하여 손해를 입은 자가 사용자를 상대로 민법 제756조에 의한 손해배상을 청구하는 경우에, 사용자가 부담하게 되는 책임은 어음상의 책임이 아니라 민법상의 불법행위책임으로서 그 책임의 요건과 범위가 어음상의 그것과 일치하는 것이 아니므로, 피용자의 불법행위로 인한 사용자책임을 물음에 있어 피용자에 의하여 위조된 배서가 행위자인 대리인의 기명이 누락되어 어음행위로서의 효력이 없다는 사정만으로 피용자의 불법행위가 외형상 객관적으로 사용자의 사업활동 내지 사무집행행위 또는 그와 관련된 것이 아니라고 할 수는 없다고 할 것이다. 위와 같이 배서에 대리인의 기명이 누락되었다고 하여 그것이 외형상 명의자의 배서가 아니고 권한 없는 자에 의하여 이루어졌음이 명백한 경우에 해당하여 피용자의 행위가 사용자나 사용자에 갈음하여 그 사무를 감독하는 자의 사무집행행위에 해당하지 아니함을 피해자 자신이 알았거나 중대한 과실로 알지 못한 경우에 해당한다고 할 수 없다고 할 것이다.

3) 이 사건의 경우 B의 이 사건 어음에 대한 배서는 행위자인 대리인의 기명이 누락되어 그 요건을 갖추지 못한 무효의 배서라고 할 것이지만, 그러한 사정만으로 B의 이 사건 어음에 대한 배서위조행위가 외형상 객관적으로 사용자인 피고의 사무집행에 관련된 것이 아니라거나 원고가 이 사건 약속어음을 취득함에 있어 악의 또는 중대한 과실이 있었다고 볼 수 없다고 할 것이고, 여기에다가 피고가 주장하는 사정들, 즉 원고의 직업이 이른바 사채업이라는 점 및 A의 개인 배서를 받아두지 아니하였다는 점 등을 보태어 보더라도 마찬가지라고 할 것이다.

그러므로 원심판결에 상고이유 주장과 같은 사용자책임에 관한 법리오해의 위법이 있다고 할 수 없다.

■ 쟁 점

이 판결에서는 어음의 배서를 위조한 피용자가 배서의 요건을 흠결한 경우로 어음행위가 무효라고 하더라도 그 사용자에게 사용자책임을 부담시킬 수 있는가가 문제되었다.

■ 검토사항

□ 피용자인 B가 사용자인 乙 명의의 배서를 위조한 행위가 대리인의 기명이 누락되어 배서의 요건을 흠결하여 무효의 배서임에도 사용자책임의 요건으로서 사무집행관련성이 인정되는가? 인정된다면 그 이유는 무엇인가?

□ 피용자의 행위가 사용자나 사용자에 갈음하여 그 사무를 감독하는 자의 사무집행행위에 해당하지 아니함을 피해자 자신이 알았거나 중대한 과실로 인하여 알지 못한 경우에는 사용자책임을 물을 수 없는데, 이 경우 중대한 과실의 의미는 무엇인가?

□ B의 배서위조행위가 행위자인 대리인의 기명이 누락되어 그 요건을 갖추지 못한 무효의 배서인 경우, 원고가 이 사건 약속어음을 취득함에 있어 B의 행위가 사용자(또는 사용자에 갈음하여 그 사무를 감독하는 자)의 사무집행행위에 해당하지 아니함을 알았거나 중대한 과실로 알지 못하였다고 볼 수 있는가?

■ 관련사례

□ 甲과 乙회사의 총무이사 丙이 공모하여 乙회사의 배서를 위조하였고 위 위조된 어음을 丁이 할인해 준 사안에서, 丁이 지급제시 기간 내 지급제시를 하지 않아 소구권보전의 절차를 취하지 않았어도 乙에게 사용자책임을 물을 수 있는가? (대판 1994.11.8. 93다21514)

■ 기타 검토사항

□ 위조된 어음을 취득함으로써 입은 손해는 어음 취득을 위해 현실적으로 출연한 할인금 상당액인가? 아니면 위 어음들이 진정한 것이었다면 피해자가 지급받았을 것이라고 인정되는 그 어음액면 상당액인가?

□ 이 사안에서 B가 배서의 요건을 갖추어 배서위조행위를 한 경우 B와 乙은 어음상 책임을 지는가?

■ 참고문헌

□ 박진태, 배서위조어음에 대한 사용자책임의 요건, 상사판례연구 10집(1999.12.) 384-387.

□ 정진세, 무효인 어음배서위조에 대한 피위조자의 사용자책임, 상사법연구: 정진세 교수 정년기념(2001.9.) 609-612.

3. 피해자의 악의 또는 중과실

(1) 일 반

대판 2003.2.11. 2002다62029

| 사안 | 1) A는 甲회사(피고)의 경리업무 부서장으로서 경리이사의 직함으로 甲회사의 결산, 세무회계, 결제 등의 경리업무를 담당하여 왔는데, 甲회사의 어음할인용 약속어음 발행권한은 대표이사가 가지고 있었고 A에게는 독자적인 어음할인을 통한 자금차용의 대리권이 위임되어 있지 않았다.

2) 한편 A는 甲회사와는 무관하게 설립한 B회사를 운영하고 있었는데, 乙(원고)은 B회사의 이사로 행세하면서 A를 도와 융통어음의 할인을 통하여 B회사의 운영자금을 조달하여 오면서 A가 운영하는 B회사의 자금사정 등을 잘 알고 있었고, B회사의 자금 마련을 위하여 A의 부탁에 따라 허위의 대출서류를 작성하는 위법한 방법까지 사용한 바 있었다.

3) 乙은 A가 甲회사 명의를 위조하여 발행한 어음(이 사건 어음)을 할인하여 주었는데, 이 사건 어음 할인뿐만 아니라 그 이전 20차례에 가깝게 어음할인을 하는 동안에도 A가 甲회사 명의의 어음발행이나 배서의 정당한 권한을 가지고 있는지를 전혀 확인하지 아니하였다.

4) 乙은 이 사건 어음을 지급제시기간 내에 지급제시하였으나 지급거절되었다.

5) 乙은 甲회사를 상대로 A가 상법 제395조의 표현대표이사임을 이유로 한 대여금지급을 청구하고, A의 불법행위에 대한 甲의 사용자책임도 주장하였다.

| 판지 | 1) 상법 제395조에 정한 표현대표이사의 행위로 인한 회사의 책임이 성립하기 위하여는 회사의 대표이사가 아닌 이사가 외관상 회사의 대표권이 있는 것으로 인정될 만한 명칭을 사용하여 거래행위를 하여야 하고, 그와 같은 명칭이 표현대표이사의 명칭에 해당하는지 여부는 사회 일반의 거래통념에 따라 결정하여야 한다.

원고 주장에 의하더라도 '경리담당이사'는 회사를 대표할 권한이 있는 것으로 인정될 만한 명칭에 해당한다고 볼 수 없다고 하여 피고 회사가 상법 제395조에 따라 A의 행위에 대하여 책임이 있다는 원고의 주장을 배척하였는바, 관계법리와 기록에 비추어 살펴보면 원심의 위와 같은 판단은 정당한 것으로 수긍이 가고, 거기에 채증법칙을 위배하여 사실을 잘못 인정하거나 표현대표이사에 관한 법리를 오해한 위법이 있다고 할 수 없으므로, 이 점을 지적하는 취지의 상고이유의 주장은 이유 없다.

2) 피용자의 불법행위가 외관상 사무집행의 범위 내에 속하는 것으로 보이는 경우에 있어서도, 피용자의 행위가 사용자나 사용자에 갈음하여 그 사무를 감독하는 자의 사무집행 행위에 해당하지 않음을 피해자 자신이 알았거나 또는 중대한 과실로 인하여 알지 못한 경우에는 사용자책임을 물을 수 없고, 사용자책임이 면책되는 피해자의 중대한 과실이라 함은 거래의 상대방이 조금만 주의를 기울였더라면 피용자의 행위가 그 직무권한 내에서 적법하게 행하여진 것이 아니라는 사정을 알 수 있었음에도 만연히 이를 직무권한 내의 행위라고 믿음으로써 일반인에게 요구되는 주의의무에 현저히 위반하는 것으로 거의 고의에 가까운 정도의 주의를 결여하고, 공평의 관점에서 상대방을 구태여 보호할 필요가 없다고 봄이 상당하다고 인정되는 상태를 말한다.

원심은 제1심판결을 인용하여, 원고는 A가 피고 회사의 경리업무 부서장이면서도 피고 회사와는 무관하게 설립한 B회사를 운영하고 있음을 알고도 B회사의 이사로 행세하면서 A을 도와 융통어음의 할인을 통하여 B회사의 운영자금을 조달하여 오면서 A가 운영하는 B회사의 자금사정 등을 잘 알고 있었을 터이고, 자금마련을 위하여 A의 부탁에 따라 허위의 대출서류를 작성하는 위법한 방법까지 사용한 바 있는 원고로서는 피고 회사 명의가 위조되었음을 알지 못하였다 하더라도, 위와 같이 피고 회사의 어음발행이나 배서가 정당한 권한이 있는 자에 의하여 이루어진 것이 아니라고 볼 만한 현저한 사정이 있었으므로, 피고 회사에게 확인하는 등 조금만 주의를 기울였더라면 A의 행위가 그 직무권한 내에서 적법하게 행하여진 것이 아니라는 사정을 알 수 있었음에도, 이 사건 어음 할인뿐만 아니라 그 이전 20차례에 가깝게 어음할인을 하는 동안에도 전혀 이를 확인하지 아니하고 만연히 직무권한 내의 행위라고 믿은 데에는 비록 외형상으로는 A의 위조 행위가 그 직무와 밀접하게 관련된 행위라 하더라도 원고로서는 A의 행위가 정당한 사무집행의 범위에 속하지 아니함을 중대한 과실로 알지 못하였다고 봄이 상당하다고 판단하여 원고는 피고 회사에 대하여 사용자책임을 물을 수 없다는 피고의 주장을 받아들였다.

위에서 본 법리와 기록에 비추어 보면, 원심의 위와 같은 판단은 정당한 것으로 수긍이 가고, 거기에 상고이유로 주장하는 바와 같이 채증법칙을 위배하여 사실을 잘못 인정하거나 사용자책임에 관한 법리를 오해한 위법이 있다고 할 수 없다.

■ 쟁 점

이 판결에서는 사용자책임의 면책사유인 "피용자의 행위가 사용자의 사무집행 행위에 해당하지 않음을 피해자 자신이 알았거나 중대한 과실로 알지 못한 경우"에서 "중대한 과실"의 의미와 이 사안이 그에 해당하는지가 문제되었다.

■ 검토사항

□ 피용자의 불법행위가 외관상 사무집행의 범위 내에 속하는 것으로 보이는 경우에 있어서도, 피용자의 행위가 사용자의 사무집행 행위에 해당하지 않음을 피해자 자신이 알았거나 또는 중대한 과실로 인하여 알지 못한 경우 사용자책임을 물을 수 있는가?

□ 사용자책임의 면책사유인 '피해자의 중대한 과실'의 의미는 무엇인가?

□ 이 사안에서 '피해자의 중대한 과실'이 인정된 이유는 무엇인가?

■ 관련사례

□ 은행의 대출업무 담당직원이 대출자를 속여 대출금에 대한 선이자 및 이면담보 명목으로 대출금의 일부를 받아 편취하였는데 피해자인 대출자가 그 편취금에 관하여 영수증이나 예금통장을 받지 않은 경우, 은행에 대하여 사용자책임을 물음에 있어 은행의 면책을 인정할 만한 피해자의 중과실이 있다고 볼 수 있는가? (대판 2006.10.26. 2004다63019)

□ 甲은 乙회사로부터 수수료를 받고 乙회사의 리조트 회원권 분양을 중개, 알선업무를 하였으나 乙회사로부터 골프회원권의 매매계약을 대리하거나 중개, 알선을 하도록 위임받지 않았다. 丙은 甲과 골프장 회원권 매매계약을 맺으면서, 일반적 거래관행과 상이하다는 점을 잘 알고 있었음에도 불구하고 甲이 乙회사의 비자금 조성을 위해 값싸게 회원권을 판매한다는 말을 믿고 甲의 불법적 행위에 편승하여 회원권의 시세차익을 노리려는 욕심에서 별다른 주의를 기울이지 않은 채 甲과 계약을 체결하고 甲 개인 통장에 돈을 입금하였으나 골프 회원권을 취득하지 못하였다. 이러한 경우 乙회사의 사용자책임의 면책을 인정할 만한 피해자 丙의 중과실을 인정할 수 있는가? (대판 2005.2.25. 2003다36133)

■ 기타 검토사항

□ 위 사안에서 甲의 행위에 대하여 乙회사의 상법 제395조(표현대표이사의 행위로

인한 회사의 책임)의 책임이 인정되지 않은 이유는 무엇인가?

- 사용자책임이 성립하는 경우, 사용자가 자신의 고의의 불법행위가 아니므로 민법 제496조의 적용을 받지않는다고 주장하여 피해자의 불법행위채권을 수동채권으로 하여 상계할 수 있는가?

■ 참고문헌

- 김형배, 사용자책임과 판례: 비교법적 시각에서, 고려법학 48호(2007.4.), 1-36.

(2) 법인이 피해자인 경우

대판 2005.12.23. 2003다30159

| 사안 | 1) A는 甲학원법인(원고)의 정상화를 위해 120억원을 출연하고 甲학원법인의 이사로 선임되었고, A 등 이사들은 B를 이사장으로 선임하였다. A가 출연한 위 금원은 서울특별시 교육청 명의의 농협 통장에 예치되어 있었는데, 乙은행(피고) 평택지점장인 M(참가인)은 위 120억원을 위 지점으로 유치하기 위해 A와 함께 위 금원을 보관중인 감독청인 서울특별시 교육청을 방문하여 위 금원의 이관을 신청하였다. 이에 담당공무원 K는 A와 M에게 위 금원은 교육감의 승인 없이는 처분할 수 없는 재산으로서 출금전표에 甲학원의 법인인감과 서울특별시 교육감의 관인이 함께 날인되어 있을 때에만 이를 인출할 수 있음을 강조하였고, 위 금원을 乙은행 평택지점에 송금한 후에도 그러한 취지의 공문을 발송하였다.

2) 그런데 M은 甲학원의 위 예금을 담보로 20억원을 대출하여 달라는 A의 부탁을 받고 이를 승낙하고는, 甲학원 명의의 예금계좌를 개설하는 대신 대출의 편의를 위해 甲학원의 이사장인 B 개인 명의의 은행거래신청서 3장을 위조하여 B 명의의 각 예금계좌를 개설한 다음 위 예금을 20억원, 55억원 및 4,560,493,150원으로 분산하여 예치하였고, A의 부탁에 따라 그중 위 20억원의 예금을 담보로 채무자를 L회사로 하여 A에게 20억원을 대출하였으며, A가 위 20억원의 대출이자 상환을 미루자 B가 55억원 및 4,560,493,150원의 예금채권을 甲학원에게 양도하는 형식을 취하여 위 각 예금의 예금주를 학원으로 전환하였다.

3) M은 A로부터 만기가 도래한 55억원의 예금을 타 금융기관으로 이관하기로 하였으니 위 금원을 인출하여 달라는 부탁을 받고 2, 3일 이내에 서울특별시 교육감의 관인을 보완하는 것을 조건으로 甲학원의 법인인감만이 날인되어 있는 출금

전표를 이용하여 금 55억원을 인출한 후 甲학원의 직원인 C과장에게 수표를 발행하여 주었다.

4) 그 뒤 M은 A의 부탁으로 서울특별시 교육감의 관인이 날인되어 있는 은행거래신청서 사본 1장을 A의 부하직원인 D에게 건네주었고, D는 이를 이용하여 서울특별시 교육감의 관인을 위조한 후 위조한 관인이 날인된 출금전표를 작성하여 그 전표 및 위조한 관인을 M에게 전달하였으며, 그 다음날에는 M의 부탁을 받고 甲학원의 법인인감이 날인된 백지의 출금전표 2장을 건네주었다.

5) A는 D에게 4,560,493,150원의 예금도 인출하라는 지시를 하였고, M은 위와 같이 D로부터 건네받은 甲학원의 법인인감이 날인된 백지의 출금전표 1장에 위조된 서울특별시 교육감의 관인을 날인한 후 이를 이용하여 금 4,499,582,454원을 인출하여 D가 지정한 은행의 예금계좌로 송금하였으며, 그날 위 인출금액에서 자신의 A에 대한 채권 4억원을 채무변제 명목으로 교부받기까지 하였고, B 명의의 출금전표를 위조한 후 금 2,036,513,698원을 인출하여 A에 대한 대출금에 변제충당하였다.

6) 甲학원법인(원고)은 乙은행을 상대로 예금반환을 청구하는 소를 제기하였다.

| 원심 | 1) 이 사건 예금주는 甲학원법인이고, M의 각 예금 인출행위는 甲에 대한 예금반환으로서의 효력이 없다고 보아 乙은행은 甲에게 예금을 반환할 의무가 있다고 하였다.

2) 乙은행은 A의 乙은행을 기망한 불법행위에 대해 甲의 사용자책임을 주장하였으나, M이 A의 행위가 甲학원의 사무집행과는 무관하다는 점을 알았거나, 이를 알지 못한 데 대하여 중대한 과실이 있고, M이 乙은행의 지점장인 점에 비추어 乙이 이를 알았거나 알지 못한 데 대하여 중대한 과실이 있다고 하여 乙의 주장을 배척하였다.

3) 乙은행은 A가 甲학원의 이사로서 乙은행을 기망하여 인출행위를 하게 하였으므로 甲학원은 민법 제35조에 기한 손해배상책임을 진다고 주장하였으나, A에게 甲학원의 대표권이 있다고 인정할 증거가 없다고 하여 乙은행의 주장을 받아들이지 아니하였다.

| 판지 | 1) 피용자의 불법행위가 외관상 사무집행의 범위 내에 속하는 것으로 보이는 경우에도 피용자의 행위가 사용자나 사용자에 갈음하여 그 사무를 감독하는

자의 사무집행행위에 해당하지 않음을 피해자 자신이 알았거나 또는 중대한 과실로 알지 못한 경우에는 사용자 또는 사용자에 갈음하여 그 사무를 감독하는 자에 대하여 사용자책임을 물을 수 없다.

법인이 피해자인 경우 법인의 업무에 관하여 일체의 재판상 또는 재판 외의 행위를 할 권한이 있는 법률상 대리인이 가해자인 피용자의 행위가 사용자의 사무집행행위에 해당하지 않음을 안 때에는 피해자인 법인이 이를 알았다고 보아야 하고, 이러한 법리는 그 법률상 대리인이 본인인 법인에 대한 관계에서 이른바 배임적 대리행위를 하는 경우에도 마찬가지라고 할 것이다.

기록에 의하면, 피고의 평택지점장이자 법률상 대리인으로서 재판상 또는 재판 외의 일체의 행위를 할 수 있는 권한이 있는 참가인(M)이, A가 원고로부터 위임을 받은 바 없이 피고 은행으로부터 B주식회사의 명의로 대출을 받고 또 원고 명의의 예금을 인출한다는 사실, 즉 A의 금원차용행위 및 예금인출행위가 원고의 사무집행이 아니라는 사실을 알고 있었던 것으로 보이는바, 그렇다면 앞서 본 법리에 비추어 피고 은행이 위와 같은 사실을 알고 있었다고 보아야 하고, 그러한 경우에 피고는 A의 사용자인 원고에 대하여 사용자책임을 물을 수 없다고 할 것이다.

원심이 원고가 A의 사용자로서 손해배상책임을 부담하여야 한다는 피고의 주장을 그 판시와 같은 이유로 배척한 것은 앞서 본 법리와 기록에 비추어 정당하다.

2) 민법 제35조에서 말하는 '이사 기타 대표자'는 법인의 대표기관을 의미하는 것이고 대표권이 없는 이사는 법인의 기관이기는 하지만 대표기관은 아니기 때문에 그들의 행위로 인하여 법인의 불법행위가 성립하지 않는다. 원심이 같은 취지로 원고 법인의 불법행위책임을 인정하지 아니한 것은 정당하다.

■ 쟁 점

이 판결에서는 법인이 피해자인 사안에서 법인의 대리인이 가해자인 피용자의 행위가 사용자의 사무집행행위에 해당하지 않음을 안 경우, 이를 법인의 악의로 보아 법인이 가해자의 사용자에게 사용자책임을 추궁할 수 없는지가 문제되었다.

■ 검토사항

□ 법인이 불법행위의 피해자인 사안에서 법인의 대리인이 가해자의 행위가 가해자의 사용자의 사무집행행위에 해당하지 않음을 알았다면, 법인의 악의 또는 중과실을 이유로 가해자의 사용자가 부담하는 사용자책임이 면책될 수 있는가?

□ 위에서 법인의 대리인이 가해자와 공모하는 등 법인에 배임적 대리행위를 하였더라도 사용자책임이 면책된다는 결론은 달라지지 않는가?

■ 관련사례

□ 甲증권회사 직원 乙이 피해자 회사 丙의 경리이사 丁과 공모하여 환매조건부채권 예금계좌에 입금한 피해자 丙의 자금으로 임의로 주식거래를 한 사안에서, 乙의 행위가 甲증권회사의 사무집행행위에 속하지 않는다는 것을 丙의 경리이사 정이 알고 있었으므로 甲은 丙에 대하여 乙의 불법행위에 대한 사용자책임의 면책을 주장할 수 있는가? (대판 2007.9.20. 2004다43886)

■ 기타 검토사항

□ 이 사안에서 甲의 행위에 대해 민법 제35조에 의한 乙법인의 책임이 인정되지 않은 이유는 무엇인가?

■ 참고문헌

□ 이진만, 불법행위의 피해자인 법인의 법률상 대리인이 법인에 대한 관계에서 배임적 대리행위를 하는 경우, 그 법률상 대리인의 인식(악의)을 법인에게 귀속시킬수 있는지 여부, 대법원판례해설 57호(2005 하반기)(2006.7.), 331-349.

II. 사용자책임의 효과

1. 배상책임

대판 1998.7.24. 97다55706

| 사안 | A는 甲조합(피고) 죽도분소의 책임자인 분소장으로 근무하면서 예탁금 수취, 인출 등 甲조합 죽도분소의 업무 전반을 담당하였다. 乙(원고)은 위 죽도분소에 금 3천만원을 정기예금하러 갔다가 A로부터 甲조합에게 금원을 대여하는 형식을 취하면 정기예금을 하는 것보다 훨씬 높은 이자를 받을 수 있다는 말을 듣고, 甲조합이 위 금원을 차용하는 것으로 생각하여 이를 예금하지 아니하고 甲조합에게 대여하기로 하고 A와의 사이에 그 이자를 월 금 540,000원, 변제기를 3년 후로 약정한 후 위 금 3천만원을 A에게 교부하였다. A는 乙에게 위 죽도분소에 보관되어 있던 甲조합 이사장의 인감을 이용하여 甲조합 명의의 차용증을 작성, 교부한 후 위 금원을 甲조합에게 입금시키지 아니하고 개인 용도로 소비하여 버렸다. 한

편 그동안 乙은 위 대여금에 대한 이자로 12,960,000원을 甲조합이 지급하는 것으로 알고 지급받아 왔으나, 실제로는 A가 개인적으로 乙에게 지급한 것이었다. 乙은 甲조합을 상대로 A의 불법행위에 대한 사용자책임을 묻는 소송을 제기하였다.

| 원심 | 피고 조합의 사용자책임을 인정하면서, 그 손해배상액을 산정함에 있어 원고가 A로부터 차용금에 대한 이자 명목으로 수령한 이자 상당액을 원고의 손해액에서 공제하여야 한다는 피고 조합의 주장을 배척하였다.

| 판지 | 1) 피용자 본인이 불법행위의 성립 이후에 피해자에게 손해액의 일부를 변제하였다면, 피용자 본인의 피해자에 대한 변제금 중 사용자의 과실비율에 상응하는 부분만큼은 손해액의 일부로 변제된 것으로 보아 사용자의 손해배상책임이 그 범위 내에서는 소멸하게 되고, 따라서 사용자가 배상할 손해배상의 범위를 산정함에 있어 피해자의 과실을 참작하여 산정된 손해액에서 과실상계를 한 다음 피용자 본인의 변제금 중 사용자의 과실비율에 상응하는 부분을 공제하여야 하며, 이러한 법리는 피용자 본인이 불법행위의 성립 이후에 피해자에 대하여 일부 금원을 지급함에 있어서 명시적으로 손해배상의 일부 변제조로 지급한 것은 아니지만 불법행위를 은폐하거나 기망의 수단으로 지급한 경우에도 마찬가지로 적용되어야 한다.

2) 기록에 의하면, A가 원고에게 차용금에 대한 이자 명목으로 지급한 금원은 자신의 불법행위를 은폐하기 위하여 지급된 것으로 보여지므로 사용자책임에 따른 피고의 손해배상책임의 범위를 산정함에 있어 원고가 편취당한 차용금 상당의 금원에서 과실상계를 한 다음, 다시 위 A가 원고에게 차용금에 대한 이자 명목으로 지급한 금원 중 사용자인 피고의 과실비율에 상응하는 부분을 계산하여 이 금액에 해당하는 부분을 변제충당의 법리에 따라 채무소멸의 효과가 있는 것으로 보아야 함에도 불구하고, A가 원고와의 사이에 약정한 금원차용계약에 따라 개인적으로 매월 지급하여 온 이자를 A의 불법행위로 인하여 피고가 원고에게 배상하여야 할 손해액에서 공제할 것은 아니라는 이유로 이 점에 관한 피고의 주장을 배척하여 버린 원심은 부진정연대채무의 채무소멸 효과에 관한 법리를 오해한 위법을 저질렀고, 이러한 위법은 판결 결과에 영향을 미쳤음이 명백하므로 이 점에 관한 상고이유 주장은 이유 있다.

■ 쟁 점

이 판결에서는 피용자 본인이 불법행위 후 피해자에게 불법행위를 은폐하거나 기망의 수단으로 손해액의 일부를 변제한 경우에도 사용자의 손해배상액 산정시 위 변제금 중 사용자의 과실비율에 상응하는 부분을 공제해야 하는지가 문제되었다.

■ 검토사항

- □ 불법행위에 기한 손해배상책임에서 피용자의 손해배상의무와 사용자책임을 지는 사용자의 손해배상의무의 범위가 과실상계의 결과 각기 달라질 수 있는가?
- □ 불법행위를 저지른 피용자 본인은 내세울 수 없는 사정을 참작하여 사용자가 배상하여야 할 손해의 금액을 감할 수 있도록 과실상계를 허용하는 취지는 무엇인가?
- □ 피용자가 손해액의 일부를 변제한 경우, 사용자가 배상하여야 할 손해액은 어떻게 결정되는가?
- □ 피용자 본인이 불법행위 후 피해자에게 불법행위를 은폐하거나 기망의 수단으로 손해액의 일부를 변제한 경우에도 사용자가 배상하여야 할 손해액은 피용자가 손해액의 일부를 변제한 경우와 동일하게 결정되는가?

■ 관련사례

- □ 甲회사의 자금 입출금 등의 업무를 담당하는 재무과장 乙이 제3자인 丙을 위한 甲회사 명의의 근보증서와 이사회입보결의서 및 약속어음 배서를 위조하여 금융기관인 丁에게 제출하고 이를 믿은 丁이 丙에게 금원을 대출함으로써 입은 손해와 관련하여, 丙이 위 대출금채무의 일부 이자 및 원금을 丁에게 지급한 경우, 丁이 乙의 불법행위에 관하여 甲회사를 상대로 사용자책임을 물음에 있어 丙이 대출금의 일부 이자 및 원금조로 지급한 위 금원 중 乙의 사용자인 甲회사의 과실비율에 상응하는 부분을 공제하여야 하는가? (대판 2000.3.14. 99다67376)

■ 기타 검토사항

- □ 부진정연대채무자 중 다액의 채무를 부담하는 자가 자기채무를 변제한 경우 다른 부진정연대채무자의 채무가 감축되는 범위에 관하여, 위 대판 1998.7.24. 97다55706의 사안과 대판 2000.3.14. 99다67376 사안(관련 사례)은 각기 다른 입장을 취하고 있는가?

■ 참고문헌

- □ 김동옥, 피용자 본인이 손해액의 일부를 변제한 경우 사용자의 손해배상채무의 소멸범위, 판례연구 11집(2000.1.), 351-380.
- □ 손철우, 다액의 채무를 부담하는 불진정연대채무자가 일부 변제한 경우 그 변제의 효력, 민사판례연구 25권(2003.2.), 86-110.

2. 피용자에 대한 구상권

대판 2009.11.26. 2009다59350

| 사안 | 甲(원고)은 공인중개사사무소를 운영하면서 乙(피고)을 고용하여 부동산 매매계약을 중개하였는데, 乙이 매수인 A로부터 지급받은 돈 중 2천만원을 횡령한 불법행위로 인하여 피해자인 A로부터 소송을 제기당하였고, 그 소송에서 乙의 사용자로서 손해배상책임을 지게 되었다. 이후 甲은 이와 같이 부담한 손해에 대하여 乙을 상대로 구상권을 행사하였다.

| 소송의 경과 | 1) 원심은 甲의 乙에 대한 구상권 행사를 인정하고, 구상권의 범위에 대하여는 ① 甲이 '○○공인중개사사무소'의 상호로 사업자등록을 한 사업장 소재지는 제3자 소유인 부동산이고, 위 부동산을 임차하여 월 차임을 납부하거나 이를 제3자에 전대한 당사자는 모두 乙인 점, ② 乙은 공인중개사 자격증이 없고, 甲만이 이를 소지하였기에 乙은 甲에게 일정한 이득을 제공하면서 甲의 명의를 빌려 위 부동산에서 ○○공인중개사사무소의 영업을 했는데, 甲은 원심에 이르러 乙에게 공인중개사 자격증을 대여한 것이 아니라 乙과 동업관계였다고 주장하고 있는 점, ③ 甲은 위와 같이 부동산중개업법의 규정을 사실상 잠탈하면서도 乙을 제대로 관리 · 감독하려는 노력은 거의 하지 않아 이 사건 불법행위가 발생한 점, ④ 기타 공제절차를 이용하지 아니하여 손해의 범위가 확대된 점 등을 종합하여 甲의 乙에 대한 구상권의 범위를 전체 손해액의 40%로 제한하였다.

2) 이에 甲이 위와 같이 구상권을 제한하는 것은 부당하다며 상고하였다.

| 판지 | 1) 일반적으로 사용자가 피용자의 업무수행과 관련하여 행하여진 불법행위로 인하여 직접 손해를 입었거나 그 피해자인 제3자에게 사용자로서의 손해배상책임을 부담한 결과로 손해를 입게 된 경우에 있어서, 사용자는 그 사업의 성격과 규모, 시설의 현황, 피용자의 업무내용과 근로조건 및 근무태도, 가해행위의 발생원인과 성격, 가해행위의 예방이나 손실의 분산에 관한 사용자의 배려의 정도, 기타 제반 사정에 비추어 손해의 공평한 분담이라는 견지에서 신의칙상 상당하다고 인정되는 한도 내에서만 피용자에 대하여 손해분담을 청구하거나 그 구상권을 행사할 수 있다고 할 것이나, 사용자의 감독이 소홀한 틈을 이용하여 고의로 불법행위를 저지른 피용자가 바로 그 사용자의 부주의를 이유로 자신의 책임의 감

액을 주장하는 것은 신의칙상 허용될 수 없고 사용자와 피용자가 명의대여자와 명의차용자의 관계에 있다고 하더라도 마찬가지이다.

2) 원심이 들고 있는 원고의 구상권의 범위를 제한하는 사유를 앞서 본 법리에 비추어 보면, 원고가 피고를 제대로 관리 · 감독하려는 노력을 하지 않았다고 하더라도 사용자인 원고의 감독이 소홀한 틈을 이용하여 고의로 횡령행위를 저지른 피용자인 피고에게 바로 그 사용자인 원고의 부주의를 이유로 책임의 감액을 인정하는 것은 신의칙상 허용될 수 없다 할 것이고, 원고가 피고에게 원고의 공인중개사 자격을 빌려 주었다고 하더라도 마찬가지라 할 것이므로, 위 ① 내지 ③의 사유를 구상권의 범위를 제한하는 사유로 삼는 것은 타당하다고 할 수 없으며, 또한 원고가 위와 같이 공인중개사협회의 공제에 가입하였고 공제금 청구는 중개업자가 아닌 피해자인 중개의뢰인만이 할 수 있다고 하더라도 중개업자가 중개의뢰인에게 공제금 청구에 대한 설명의무가 있다고 볼 수 없고, 중개계약자가 중개행위를 함에 있어서 거래당사자에게 재산상의 손해를 발생하게 하여 협회가 공제금을 지급하였을 때에는 당해 공제계약자에게 구상권을 가지므로(약관 제13조), A가 원고의 설명으로 공제금의 지급을 청구하였다고 하더라도 원고의 손해액이 현저히 감소되었을 것으로도 보이지 않으므로 원고가 공제금 청구절차를 거치려는 노력을 하지 않았다는 점과 관련된 위 ④ 등의 사유를 구상권 범위의 제한사유로 삼는 것 역시 손해의 공평한 분담이라는 견지에서 신의칙상 상당하다고 인정되는 제한사유라고 볼 수 없다.

그럼에도 불구하고 이와 달리 원심이 판시사정에 따른 피고의 감액주장을 받아들여 원고의 구상범위를 전체 손해액의 40%로 제한한 것은 사용자와 피용자 사이에서의 구상의 범위에 관한 법리 등을 오해하고 필요한 심리를 다하지 아니하여 판결결과에 영향을 미친 위법이 있다.

■ 쟁 점

이 판결에서는 사용자의 감독이 소홀한 틈을 이용하여 고의로 불법행위를 한 피용자가 바로 그 사용자의 부주의를 이유로 책임의 감액을 주장하는 것이 허용되는지가 문제되었다.

■ 검토사항

□ 사용자가 피용자의 업무수행과 관련한 불법행위로 인하여 손해를 입은 경우, 피

용자에게 행사할 수 있는 손해배상청구권이나 그 구상권의 범위를 제한할 수 있는가? 그렇다면 이유는 무엇인가?

□ 사용자의 감독이 소홀한 틈을 이용하여 고의로 불법행위를 저지른 피용자가 사용자의 구상권 행사에 대하여 배상의 감액을 주장할 수 있는가?

■ 관련사례

□ 피용자가 업무수행과 관련한 불법행위로 사용자가 입은 손해 전부를 변제하기로 하는 각서를 작성하여 사용자에게 제출한 사실이 있는 경우에도 사용자는 신의칙상의 한도 내에서만 손해배상을 청구할 수 있는가? (대판 1996.4.9. 95다52611)

■ 참고문헌

□ 엄동섭, 명의대여자의 손해배상책임과 구상권, 민사판례연구 33-1권(2011.2.), 541-578.

제3항 공동불법행위

Ⅰ. 공동불법행위의 성립요건

1. 협의의 공동불법행위

▣ 판례 1

대판 1982.6.8. 81다카1130

| 사안 | A(소외 1)는 증권회사 甲(원고)의 영업부 증권출납 대리로서 증권출납 사원인 B(소외 2) 등의 보조를 받아 증권입출고 전표의 작성 및 이에 관련한 기장 등의 업무를 담당하였는데, 1979.12. 초순경 甲의 영업부장이 정직으로 부재중임을 틈타, 甲의 증권관리부 대리 C(소외 3) 등과 함께 甲이 고객들로부터 위탁받아 보관중이던 주식 중 시세가 계속 떨어질 것으로 예상되는 종목의 주식을 매도하였다가 다시 매입하는 방법으로 그 차익을 분배하기로 공모하고, C가 근무하는 증권관리부에서 주식을 인출하여 이를 처분하고 영업부장 명의의 증권출고전표를 위조하여 이를 증권관리부에 보내는 방법으로 주식을 횡령하고, 그 밖에도 증권수입

전표를 허위 작성하여 그 대금 상당액을 인출 횡령하는 등, 甲에게 손해를 입혔다. 그런데 A는 B에게 자신의 주식 무단인출 사실을 말하고 B가 매일 매일 작성하여 증권관리부에 송부하게 되어 있는 증권이동현황표의 작성을 하지 말도록 하여, B는 이에 따라 증권이동현황표를 작성하지 않고 나아가 위 주식 무단인출 사실을 상급자에게 보고하는 등의 조치를 취하지 않았다. 甲이 B의 신원보증인인 乙(피고)에게 손해배상을 청구하였다.

| 원심 | B가 A의 불법행위에 가담하였음을 인정할 증거가 없으며, B가 상사인 A의 지시에 따라 원래 이전하여야 할 업무의 일부를 이전하지 아니하고 그 밖에 상사의 비위사실을 더 상급자에게 보고하는 등의 조치를 취하지 아니한 것만으로 바로 B에게 A의 불법행위에 대한 책임을 지울 수는 없는 것으로서, B의 위와 같은 직무상 의무위반의 잘못과 A의 불법행위로 인한 원고의 손해 사이에 상당인과관계가 있다고 보기 어렵다고 하여, 원고의 청구를 배척하였다.

| 판지 | 수인이 공동하여 타인에게 손해를 가하는 민법 제760조의 공동불법행위에 있어서 행위자 상호간의 공모는 물론 공동의 인식을 필요로 하지 아니하고, 다만 객관적으로 그 공동행위가 관련 공동되어 있으면 족하고, 그 관련 공동성 있는 행위에 의하여 손해가 발생함으로써 이의 배상책임을 지는 공동불법행위가 성립하는 것이라고 할 것이다.

B는 A의 주식횡령 사실을 A로부터 직접 들어서 알았고, 그 비위사실을 은폐하기 위하여 그의 맡은바 직무인 증권이동현황표의 일일 작성송부를 약 3개월에 걸쳐 이천하지 아니하였고, 또 A의 비위사실을 상급자에게 보고하지도 아니하였다는 것이니, 비록 B가 A의 주식횡령 행위에 직접 가담하는 등의 일은 없었다고 하더라도 약 3개월에 걸쳐 B가 주식이동현황표를 작성 송부치 않음으로써 원고 회사는 그동안 이와 같은 비위사실을 알 수가 없었으므로, B의 위와 같은 행위가 원고 회사의 손해발생 및 그 확대의 한 원인을 이루었다는 것은 당연한 일로 그 상당인과관계를 부인할 수 없을 것이다.

그렇다면 원심은 공동불법행위의 법리를 오해한 것이다.

■ 판례 2

대판 2006.1.26. 2005다47014,47021,47038

| 사안 | 회사 甲(피고)은 X빌라 남서쪽 인접 토지에서 1996.6.7. 지상 25층, 7개동 규모의 Y아파트 신축공사에 착수하여 2002.12.31.경 골조공사를 마치고 2003. 4.24.경 그 사용승인을 받았다. 회사 乙(피고)은 X빌라 동남쪽 인접 토지에서 2000.12.15.경 지상 20층, 1개동 규모의 Z아파트 신축공사에 착수하여 2002.11. 22.경 위 아파트를 완공하고 사용승인을 받았다.

X빌라는 원래 동짓날 기준 8시부터 16시까지의 8시간 중 총 일조시간이 최소 4시간 30분에서 최대 8시간에 이르고 9시부터 15시까지의 연속 일조시간이 2시간 이상에 이르는 등 일조환경이 양호하였는데, 신축된 위 아파트들에 의해 일조를 방해받게 되었다. Z아파트는 주로 10시 30분 이전에 보통 50분에서 70분 정도 일조를 방해하였고 Y아파트는 주로 10시 30분 이후에 일조를 방해하였다. Z아파트의 일조 방해만으로는 총 일조시간이 여전히 4시간을 넘고 연속 일조시간도 2시간 이상 되었으나, Y아파트의 일조방해까지 합한 전체 일조방해의 결과 X빌라 각 세대 중 일부 세대의 경우에는 총 일조시간이 4시간 이상 확보되지 않게 되었을 뿐 아니라 연속 일조시간 역시 2시간 이상 확보되지 않게 되었다. 이에 해당 세대의 소유자 내지 거주자인 丙 등(원고)은 甲 및 乙을 상대로 손해배상청구 소송을 제기하였다.

| 판지 | 동시에 또는 거의 같은 시기에 건축된 가해 건물들이 피해 건물에 대하여 전체적으로 수인한도를 초과하는 일조 침해의 결과를 야기한 경우, 각 가해 건물들이 함께 피해 건물의 소유자 등이 종래 향유하던 일조를 침해하게 된다는 점을 예견할 수 있었다면 특별한 사정이 없는 한 각 가해 건물의 건축자 등은 일조 침해로 피해 건물의 소유자 등이 입은 손해 전부에 대하여 공동불법행위자로서의 책임을 부담한다고 봄이 상당하다.

원심은, 피고들이 거의 같은 시기에 신축한 Y아파트 및 Z아파트로 인하여 위와 같은 일조 침해가 초래될 수 있음을 충분히 예견할 수 있었다고 할 것이므로, 피고들의 일조 침해행위는 원고들에 대하여 공동불법행위를 구성한다고 판단하였는바, 위 법리에 비추어 보면 이러한 원심의 판단은 옳다.

■ 쟁 점

위 판결들은 공동불법행위의 성립요건으로 주관적 공동(공모 또는 공동의 인식)이 있어야 하는가 아니면 객관적으로 행위가 관련 공동되면 족한가 하는 점이 문제된 것이다.

■ 검토사항

□ 공동불법행위의 형태를 살피시오,

□ 협의의 공동불법행위의 요건에 관한 판례와 학설을 살피고, 각 입장에 따라 어떠한 차이가 생기는가를 검토하시오.

□ 판례가 위에서 보는 바와 같이 소위 객관설을 취하는 근거는 무엇인가?

□ 협의의 공동불법행위의 성립요건으로 객관적 공동 이외에 어떤 점이 요구되는가?

■ 관련사례

□ A가 집 마당에서 갑이 자기 밭에 들어가 낙화생을 훔쳤다는 이유로 갑을 나무라자, 갑이 A에게 욕설을 하였다. 이에 A의 친척 을이 갑에게 젊은 사람이 나이 많은 사람에게 욕설을 해서 되느냐고 나무라고 있는데, 이때 병이 뛰어나와 갑의 빰을 치고 발로 차는 등 폭행을 하였다. 다만 을이 병과 합세하여 갑에게 상해를 가하였다는 증거는 없다. 갑은 을과 병을 공동불법행위자라고 하여 이들에 대하여 손해 전부의 배상을 청구할 수 있는가? (대판 1963.10.31. 63다573)

□ 교통사고로 인하여 상해를 입은 피해자가 치료를 받던 중 치료를 하던 의사의 과실로 인한 의료사고로 증상이 악화되거나 새로운 증상이 생겨 손해가 확대된 경우 교통사고 운전자와 의사에게 공동불법행위책임을 인정할 수 있는가? (대판 1998.11.24. 98다32045)

또한 산재사고로 인하여 상해를 입은 피해자가 치료를 받던 중 의사의 과실로 사망한 경우 교통사고 운전자와 의사에게 공동불법행위책임을 인정할 수 있는가? (대판 2005.9.30. 2004다52576; 대판 2000.9.8. 99다48245)

□ 1, 2차 추돌사고가 시간적으로나 장소적으로 매우 근접한 하나의 연쇄추돌사고인 경우에 가해자들은 공동불법행위자로서 그 사고로 인한 피해자의 전체 손해에 대해 손해배상책임을 부담하는가? (대판 2008.6.26. 2008다22481)

□ 혈액원의 업무를 수행하는 대한적십자사가 주의의무를 위반하여 에이즈에 감염된 혈액을 공급하였고 수혈 당시 의사들은 환자에게 수혈로 인한 에이즈 바이러스 감염 위험 등의 설명의무를 다하지 아니한 경우에, 에이즈 바이러스에 감염된 혈액을 수혈받아 에이즈 바이러스에 감염된 환자는 대한적십자사와 의사들을 상대로 공동불법행위책임을 물을 수 있는가? (대판 1998.2.13. 96다7854)

■ 참고문헌

□ 김학동, 공동불법행위에 관한 연구: "공동"의 의미에 관한 판례를 중심으로, 비교사법 10권 2호, 2003, 193-238.

□ 류승훈, 공동불법행위에 관한 소고, 외법논집 14집, 2003, 137-162, 한국외국어대학교 법학연구소.

2. 가해자 불명의 공동불법행위

대판 2005.9.30. 2004다52576

| 사안 | A는 B회사 작업장에서 프레스 기계로 작업 중 양손이 기계에 압착되어 각 엄지와 검지가 모두 절단되는 산재사고를 당하였다. A는 甲(피고 1)이 운영하는 C병원으로 후송되어 병원 소속 의사들인 주치의 乙(피고 2)과 집도의 丙(피고 3)으로부터 2차에 걸쳐 수지절단 및 접합수술을 받았다. 그러나 A는 2차 수술 종료 후 18시간 30여 분 만에 사망하였는데, 사인은 심장을 둘러싼 심낭 내에 400cc 가량의 삼출물이 고여 심장을 압박함으로써 심폐기능에 갑작스런 장애를 일으킨 것(심장 탐포나데)으로 추정되었다. 그런데 乙과 丙을 포함한 C병원의 의료진은 ① 1차 수술 전후의 금식기간 동안 전신기능이 저하된 A에게 적정수액 투여량을 3.5배 초과한 1시간당 약 367cc의 수액을 투여하였고, ② 1차 수술 이후 15시간 30분이 경과하기 전까지도 A의 소변 배출 체크를 제대로 하지 않았을 뿐 아니라 흉부 X-ray를 촬영하고도 2시간 10분이 지나서야 이를 확인하였으며, ③ 2차 수술 30분 전에 A의 소변이 붉어지는 등 소변 배출에 이상이 생겼음에도 이를 간과한 바 있었다. 이에 A의 유족인 丁 등(원고)은, A의 사망은 乙 및 丙의 과실로 인한 것이라고 하면서, 乙과 丙 그리고 이들의 사용자인 甲을 상대로 손해배상청구소송을 제기하였다. 이에 대하여 甲·乙·丙은, A는 자신들의 의료상 과실 때문이 아니라 오로지 A가 기존에 앓아오던 만성 심낭염 증세로 인하여 사망한 것이라고 주장하였다. 그런데 A는 C병원에 내원하기 전부터 경미하나마 만성 심낭염 증세가 있었으나 심장질환 등으로 치료받은 적은 없고, 내원할 무렵에도 호흡곤란이나 흉통 등의 증상이 없었으며, 수술 전 C병원에서 행한 각종 검사에서도 별다른 이상이 발견되지 아니하였다.

| 원심 | 乙과 丙으로서는 전신기능이 저하된 A에게 수액을 투여함에 있어 그 용량을 철저히 지키고 투여 후에도 A의 소변배출 여부와 배출량 등을 제대로 관찰하며 신체상태를 세심하게 살펴보아 수액 투여로 인한 부작용의 기미가 보이면 이를 즉시 중단하거나 조절하여야 할 주의의무가 있음에도 이러한 조치를 제대로 취하지 않은 채 수액을 계속 투여하고 A의 소변배출 여부나 X-ray 결과 등 신체상태를 제대로 살펴보지 아니한 잘못으로 인하여 A로 하여금 심장 탐포나데로 사망에 이르게 하였다고 봄이 상당하다고 하여, 피고들의 위 주장을 배척하고 손해배상책임을 긍정하였다. 다만 A의 만성 심낭염 병력이 손해의 발생 및 확대에 어느 정도 기여하였으므로 피고들의 책임을 60%로 제한한다고 판시하였다.

| 판지 | 1. 의료행위에 있어서 주의의무 위반으로 인한 불법행위 또는 채무불이행으로 인한 책임이 있다고 하기 위하여는 의료행위상 주의의무의 위반, 손해의 발생 및 주의의무의 위반과 손해발생과의 사이에 인과관계가 존재하여야 함은 물론이나, 의료행위가 고도의 전문적 지식을 필요로 하는 분야이고 그 의료의 과정은 대개의 경우 환자 본인이 그 일부를 알 수 있는 외에 의사만이 알 수 있을 뿐이며, 치료의 결과를 달성하기 위한 의료기법은 의사의 재량에 달려 있기 때문에, 손해발생의 직접적인 원인이 의료상의 과실로 말미암은 것인지 여부는 전문가인 의사가 아닌 보통인으로서는 도저히 밝혀낼 수 없는 특수성이 있어서 환자측이 의사의 의료행위상의 주의의무 위반과 손해발생과 사이의 인과관계를 의학적으로 완벽하게 입증한다는 것은 극히 어려운 일이므로, 의료사고가 발생한 경우 피해자측에서 일련의 의료행위 과정에서 저질러진 일반인의 상식에 바탕을 둔 의료상의 과실이 있는 행위를 입증하고 그 결과와 사이에 일련의 의료행위 외에 다른 원인이 개재될 수 없다는 점, 이를테면 환자에게 의료행위 이전에 그러한 결과의 원인이 될 만한 건강상의 결함이 없었다는 사정을 증명한 경우에는, 의료행위를 한 측이 그 결과가 의료상의 과실로 인한 것이 아니라 전혀 다른 원인에 의한 것이라는 입증을 하지 아니하는 이상, 의료상 과실과 결과 사이의 인과관계를 추정하여 손해배상책임을 지울 수 있도록 입증책임을 완화하는 것이 손해의 공평 · 타당한 부담을 그 지도원리로 하는 손해배상제도의 이상에 맞는다.

또한 다수의 의사가 의료행위에 관여한 경우 그중 누구의 과실에 의하여 의료사고가 발생한 것인지 분명하게 특정할 수 없는 때에는, 일련의 의료행위에 관여한 의사들 모두에 대하여 민법 제760조 제2항에 따라 공동불법행위책임을 물을 수 있다고 봄이 상당하다 .

같은 취지에서 원심이 이 사건 2차 의료사고는 피고 乙, 丙의 잘못으로 인하여 발생한 것으로 판단한 후, 망인은 오로지 기존에 앓아오던 만성 심낭염 증세로 인하여 사망한 것이라는 피고들의 주장을 배척한 것은 정당하다.

2. 원심이 이 사건 각 사고로 인한 피고들의 책임을 전체 손해의 60%로 제한한 조치도 수긍할 수 있다.

■ 쟁 점

이 판결은 복수의 의사가 치료에 관여하였으나 의료과실로 환자가 사망한 사건에서 어느 의사에게 과실이 있었는지 불분명한 경우에 복수의 의사에게 가해자불명의 공동불법행위책임을 물을 수 있는지 여부가 문제된 것이다.

■ 검토사항

- 의사의 치료를 받던 중 환자가 사망한 경우에, 그것이 의사의 의료과실로 인한 것이라는 점(즉 의사의 주의의무 위반 및 이러한 주의의무 위반과 사망 사이의 인과관계 존재)에 대한 입증책임은 누가 지는가?
- 가해자 불명의 공동불법행위의 경우에 수인에게 모두 손해 전부에 대한 배상책임을 부과하는 이유는 무엇인가?

■ 관련사례

- 차량 등의 3중 추돌사고로 사망한 피해자가 그중 어느 충돌사고로 사망하였는지 정확히 알 수 없는 경우에 가해자들은 모두 공동불법행위책임을 지는가? (대판 2008.4.10. 2007다76306)
- 가해자 불명의 공동불법행위에서 개별행위자 1인이 공동불법행위책임을 면하려면 무엇을 입증해야 하는가? (대판 2008.4.10. 2007다76306)

■ 기타 검토사항

- A는 B의 산재사고로 인하여 상해를 입었는데 이를 치료하던 의사의 과실로 A가 사망하였다면 산재사고와 의료사고로 인한 사망 사이에 상당인과관계가 인정되는가? 인정된다면 B의 불법행위와 의사들의 불법행위는 어떤 관계에 있는가? (위 판결 이외에 대판 1994.11.25. 94다35671; 대판 1997.8.29. 96다46903; 대판 1998.11.24. 98다32045 등 참조).

■ 참고문헌

- 강승준, 민법 제760조 제2항에 있어서 개별행위와 손해발생 사이의 인과관계에 관한 증명책임—대판 2008.4.10. 2007다76306, 대법원판례해설 75호, 2008, 201-216.

3. 교사 또는 방조

▣ 판례 1

대판 2007.6.14. 2005다32999

| 사안 | A 자산관리회사의 영업부장이던 甲(피고)은 乙(원고)에게 회사의 경영진으로부터 교육받은 내용을 그대로 들려주며 부실채권 매입 등을 위해 자금을 투자할 것을 권유하고 A회사의 투자설명회에 참가하도록 적극 유도하였다. 그리하여 乙은 자금을 투자하였는데, A회사 경영진은 乙이 투자한 금원을 불법적으로 수신하여 편취하였고 그 후 A회사는 폐업하게 되었다. 이에 乙은 甲에 대하여 방조의 공동불법행위책임을 물어 손해배상을 청구하였다. 그런데 甲도 A회사가 폐업할 때까지 위와 같은 투자를 계속하였으며, 이러한 투자로 인하여 상당한 손해를 입고 A회사를 상대로 소송을 진행한 바 있다.

| 판지 | **1. 고의의 방조행위의 성립 여부에 대하여**

원심은 피고가 비록 경영진의 투자금 편취행위에 직접 가담하거나 이에 관하여 구체적으로 공모를 하지는 않았다고 하더라도, 원고가 A회사에 부실채권 매입 등을 위해 투자하더라도 사업상의 문제점들로 말미암아 투자약정의 궁극적 실현이 어렵다는 사정을 미필적으로나마 인식하면서도 원고에게 투자를 권유하고 유도함으로써 A회사 경영진으로 하여금 원고가 투자한 금원을 불법적으로 수신하여 편취할 수 있도록 방조하였다고 봄이 상당하다고 판단하였다.

그러나 피고도 위와 같이 투자를 하여 손해를 입고 소송을 진행한 사정에 비추어 보면, 피고가 A회사의 사업상의 문제점들로 말미암아 투자약정의 궁극적 실현이 어렵다는 사정을 미필적으로나마 인식하였다고 추단한 것은 경험칙에 반한다고 판단된다.

2. 과실의 방조행위의 성립 여부 등에 대하여

민법 제760조 제3항은 교사자나 방조자는 공동행위자로 본다고 규정하여 교사자나 방조자에게 공동불법행위자로서 책임을 부담시키고 있는바, 방조라 함은 불법행위를 용이하게 하는 직접·간접의 모든 행위를 가리키는 것으로서, 작위에 의한 경우뿐만 아니라 작위의무 있는 자가 그것을 방지하여야 할 여러 조치를 취하지 아니하는 부작위로 인하여 불법행위자의 실행행위를 용이하게 하는 경우도 포함하는 것이고, 이러한 불법행위의 방조는 형법과 달리 손해의 전보를 목적으로 하여 과실을 원칙적으로 고의와 동일시하는 민법의 해석으로서는 과실에 의한 방조도 가능하다고 할 것이며, 이 경우의 과실의 내용은 불법행위에 도움을 주지 않아야 할 주의의무가 있음을 전제로 하여 이 의무에 위반하는 것을 말하고, 방조자에게 공동불법행위자로서의 책임을 지우기 위해서는 방조행위와 피방조자의 불법행위 사이에 상당인과관계가 있어야 한다.

원심은 피고가 투자매개자로서의 주의의무를 위반하여 위와 같은 투자에 따른 문제점을 간과한 채 원고에게 투자를 적극 권유한 과실로 투자의 위험성을 올바르게 인식하지 못한 원고로 하여금 투자금 상당의 손해를 입게 하였다고 하더라도 그와 같은 투자유치행위가 A회사 경영진의 유사수신행위를 통한 투자금 편취행위와 객관적으로 관련공동성이 있는 방조행위로서 공동불법행위를 구성하는 데 장애가 없다고 할 것이라고 판단하였다.

앞서 본 법리에 비추어 살펴보면, 원심의 위와 같은 판단은 정당한 것으로 수긍할 수 있다.

■ 쟁 점

이 판결은 甲이 A회사의 횡령사실을 알면서 이에 도움을 준 경우에 甲은 방조의 공동불법행위자가 되는가, 특히 과실에 의한 방조도 가능한가 하는 점이 문제된 것이다.

■ 검토사항

- 판례가 과실에 의한 방조에 의해서도 공동불법행위가 성립한다고 하는 근거는 무엇인가?
- 과실에 의한 방조로 인하여 공동불법행위책임을 지게 되는 경우 방조자는 어떤 주의의무를 위반한 것인가?

■ 판례 2

대판 1998.12.23. 98다31264

| 사안 | 이 사건 임야(학교실습림)는 교육용 행정재산으로서 甲(피고, 경기도—원

래는 김포군)의 소유이고, 乙(제1심 공동피고)은 甲 산하 김포군 교육청의 교육용 행정재산의 임대·관리 및 매각 등을 담당하는 재산관리관을 보조하는 일을 하여 왔다. 그런데 乙은 甲으로부터 위 임야를 실제 매수하지 않았음에도 마치 이를 매수한 것처럼 매매계약서를 작성하고, 직인을 몰래 날인하여 이전등기를 마쳤다. 그리고 이를 丙(원고)에게 매각하고 이전등기를 마쳐 주었다. 그런데 丙 명의의 위 소유권이전등기는 乙의 위와 같은 불법행위에 의한 것임이 판명되어 확정판결에 기하여 말소되었다. 그리고 乙은 이 사건 임야의 불법매각 이외에도 장기간에 걸쳐 20여 회나 甲의 여러 부동산을 불법으로 매각하여 매득금을 횡령한 사실이 드러나 형사처벌을 받았다. 그런데 甲은 직인이 도용되지 않도록 관리하여야 함에도 불구하고, 서무계장 책상 위에 이를 함부로 방치하여 乙은 이를 손쉽게 도용할 수 있었다. 丙은 乙에 대해서 불법행위책임을 묻는 외에, 甲에 대해서 주위적 청구로서 사용자책임, 예비적 청구로서 방조에 의한 공동불법행위책임을 각 원인으로 하여 손해배상청구를 하였다.

| 원심 | 1. 주위적 청구: 乙의 매각행위는 그가 담당하던 교육용 행정재산 매각 등의 보조업무에 해당하거나 그것과 외관상 관련이 있다고 볼 수 있는지 여부에 대하여 살피건대, 丙과 乙 간의 위 매매계약은 乙 개인 명의로 이미 소유권이전등기가 마쳐진 이후에 이루어진 사적인 계약으로서, 이는 乙이 그 개인 명의로 재산을 丙에게 매각한 것일 뿐 이것이 乙의 위와 같은 공적인 업무에 해당하거나 그 업무와 외관상 관련이 있다고 볼 수 없으므로, 이를 전제로 하는 丙의 위 주장은 이유 없다.

2. 예비적 청구: 이 사건 임야의 불법매각 전에도 乙은 장기간에 걸쳐 위와 같이 수많은 부동산을 불법매각하여 왔는 바, 甲이 그 소유재산 관리업무를 철저히 하고, 직원인 乙에 대한 감독업무를 철저히 수행하여 직인 관리를 철저히 하였다면 이 사건 임야의 불법매각 행위를 막을 수 있었을 것임에도 이에 이르지 못한 과실로 乙의 위 불법매각 행위를 방조한 결과가 발생하였다 할 것이고, 이러한 甲의 과실과 丙이 입은 위 손해 사이에는 상당인과관계가 있으므로, 甲은 민법 제760조 제3항에 따라 乙과 연대하여 丙에게 손해를 배상할 의무가 있다.

다만 丙의 과실을 이유로 손해배상 범위와 관련해서 과실상계 25%가 행해졌다.

3. 甲이 상고하여 예비적 청구를 배척할 것을 주장하였다.

| 판지 | 이 사건의 경우를 보건대 관계 법령에 의하면, 피고 소유의 행정재산인 이 사건 임야와 같은 공유재산에 관하여는 관리청이나 그로부터 재산관리를 위임받은 공무원은 매년 그 재산의 실태를 조사하여 재산관리 및 변동상황을 기록 · 유지하고, 공유재산의 구분에 따라 등기 · 등록 기타 권리보전에 필요한 조치를 취하고 관계대장을 관리하는 등 공유재산의 보전 · 관리의무를 부담하고 있으나, 이 사건 임야에 대한 보존 · 관리 책임을 지고 있는 피고나 피고 소속공무원이 과실로 乙의 이 사건 임야 불법매각 행위를 가능하게 하거나 용이하게 하는 직접 · 간접의 방조행위를 하였거나, 乙의 불법행위를 알거나 예견하면서도 이를 방치하였다는 등의 특별한 사정을 인정할 만한 자료가 없다. 그렇다면 원심이 인정한 바와 같이 이 사건 임야의 불법매각 전에도 乙이 장기간에 걸쳐 피고 소유의 부동산을 불법매각한 비리를 저지른 적이 있었고, 이 사건 공유재산을 관리하는 피고나 재산관리를 담당하는 공무원들이 피고 소유의 이 사건 임야의 관리나 재산관리를 보조하는 부하직원인 乙에 대한 감독을 철저히 하지 아니하고 직인관리를 소홀히 하였다는 것만으로 이들이 乙의 이 사건 임야의 불법매각 행위를 방조하였다고 할 수는 없다고 할 것이다. 그럼에도 불구하고 원심이 피고가 乙의 불법행위를 과실에 의하여 방조함으로써 공동불법행위자로서 책임이 있다고 판단한 것은 심리를 다하지 않았거나 법리를 오해한 것이다.

■ 쟁 점

이 판결은 甲 소유의 행정재산의 관리를 맡은 공무원 乙이 이에 관한 의무를 위반하고 나아가 행정재산인 임야를 무단히 자신의 소유로 이전등기한 후 처분한 경우에, 甲은 乙에 대한 감독을 철저히 하지 않고 직인관리를 소홀히 한 점에서 과실의 방조에 의한 공동불법행위책임을 지는가 하는 점이 문제된 것이다.

■ 관련사례

- 신용협동조합 실무책임자 甲이 조합 이사장 A의 지시에 따라 업무운용규칙을 위반하여 당좌수표 및 약속어음을 발행하였는데 A가 수표 등을 이용하여 조합재산을 횡령한 경우에, 甲은 A의 횡령행위를 방조한 것이 되는가? (대판 2000.4.11. 99다41749)
- 증권회사 甲의 지점장이 고객에 불과한 乙에게 지점 내에 사무실을 제공하고 직원들이 乙을 '실장' 직함으로 호칭하는 것을 방치하였는데, 乙이 위 사무실에서 丙에게 자신이 위 지점의 '실장'이라고 기망하여 丙으로부터 투자금을 편취한 경

우에, 甲은 과실에 의한 불법행위의 방조로 인한 사용자책임을 지는가? (대판 2007.5.10. 2005다55299)

- 분양자(시행사)가 아파트 최상층을 분양하면서 중요 사항인 다락의 형상에 관하여 신의성실의 의무에 비추어 비난받을 정도로 허위의 과장된 분양광고를 한 경우에 분양자(시행사)뿐만 아니라 시공사도 공모 또는 방조를 이유로 공동불법행위로 인한 손해배상책임을 부담하는가? (대판 2009.4.23. 2009다1313)

■ 참고문헌

- 박성호, 방조에 의한 공동불법행위, 인권과 정의 296호(2001.4.), 104-120.

II. 공동불법행위의 효과

1. 대외적 관계

(1) 각 가해자의 손해배상범위

대판 1998.10.20. 98다31691

| 사안 | 甲(피고 1)이 승합차 X를 운전하던 중 타이어에 바람이 빠지면서 중심을 잃고 중앙선을 넘어 반대차로로 진행하다가, 마침 반대편으로 진행해 오던 乙(원고 1) 소유로서 丙(원고 2)이 운전하는 트럭 Y의 앞부분을 들이받았다(1차 충돌사고). 그런데 X차의 바로 뒤에서 승용차 Z를 운전하던 丁(피고 2)은 앞차와의 안전거리를 유지하지 아니한 잘못으로 위와 같이 1차 충돌로 인하여 중앙선을 가로질러 비스듬하게 정지한 X차의 뒷부분을 들이받았고(2차 충돌사고), 이로 인하여 X차가 회전하면서 Y차의 앞부분을 충격하였다. 위 1, 2차 충돌사고로 인하여 丙은 여러 부위에 상해를 입었는데, 그 상해 중 어느 부분이 1차 충돌사고로 인한 것이고 어느 부분이 2차 충돌사고로 인한 것인지는 밝혀지지 않았다. 乙과 丙(및 그의 가족 戊)이 甲 및 丁 모두에 대하여 손해 전부의 배상을 청구하였다. 이에 대하여 丁은 1차 충돌사고로 인하여 X차 및 Y차가 크게 파손된 반면에, 2차 충돌사고로 인한 Z차 및 X차의 손상 정도는 비교적 가볍고, Z차가 X차를 들이받는 바람에 X차의 앞부분이 뒤틀리면서 Y차 쪽으로 밀려 다시 충돌하게 되었으므로 2차 충돌사고로 인하여 丙에게 가하여진 충격력은 비교적 가볍다고 하면서 면책을 주장하였다.

| 원심 | 피고들은 민법상 공동불법행위자로서 또는 자동차손해배상보장법의 자기를 위하여 자동차를 운행하는 자로서 각자 이 사건 사고로 원고들이 입은 손해를 배상할 책임이 있다고 한 다음, 피고 丁의 면책 항변에 대하여, 2차 충돌사고로 인하여 원고 丙에게 가하여진 충격력은 1차 충돌사고에 비하여 비교적 가볍다고 볼 수밖에 없으나, 그 충격력이 원고 丙에게 전혀 미치지 않았다고는 볼 수 없으므로 피고 丁의 면책주장은 받아들일 수 없지만, 손해의 공평부담이라는 관점에서 보아 피고 丁의 손해배상책임은 제한함이 상당하다고 하였다. 그리하여 피고 甲에 대하여는 원고들의 손해액 전액에 대한 손해배상책임을 인정하는 반면, 피고 丁에 대하여는 재산적 손해액은 원고들의 손해액 중 30%로, 원고들에 대한 위자료도 그 일부만으로 각 손해배상책임의 범위를 제한하였다.

| 판지 | 공동불법행위책임은 가해자 각 개인의 행위에 대하여 개별적으로 그로 인한 손해를 구하는 것이 아니라 그 가해자들이 공동으로 가한 불법행위에 대하여 그 책임을 추궁하는 것이므로, 공동불법행위로 인한 손해배상책임의 범위는 피해자에 대한 관계에서 가해자들 전원의 행위를 전체적으로 함께 평가하여 정하여야 하고, 그 손해배상액에 대하여는 가해자 각자가 그 금액의 전부에 대한 책임을 부담하는 것이며, 가해자의 1인이 다른 가해자에 비하여 불법행위에 가공한 정도가 경미하다고 하더라도 피해자에 대한 관계에서 그 가해자의 책임범위를 위와 같이 정하여진 손해배상액의 일부로 제한하여 인정할 수 없는 것이다.

따라서 원심이 피고들은 원고들에 대하여 공동불법행위자로서 손해배상책임을 부담한다고 하고서도, 피고 丁이 피고 甲에 비하여 불법행위에 가공한 정도가 가볍다는 이유로 피고 丁의 원고들에 대한 책임범위를 그 손해배상액의 일부로 제한한 것은 공동불법행위자의 손해배상책임에 관한 법리를 오해한 것이다.

■ 쟁 점

이 판결은 피해자는 공동불법행위자 전원에 대하여 손해 전부의 배상을 청구할 수 있는가, 특히 다른 가해자에 비하여 공동불법행위에 가담한 정도가 경미한 가해자에게도 그러한가 하는 점이 문제된 것이다.

■ 검토사항

□ 공동불법행위자가 피해자(채권자)에 대하여 지는 손해배상채무는 어떠한 형태인가?

- □ 연대채무와 부진정연대채무의 구별표지, 구체적인 법률관계의 차이점 등을 살피시오.
- □ 공동불법행위자는 각자의 불법행위에의 관여 정도를 불문하고 피해자에게 손해 전부에 대하여 배상책임을 지는 이유는 무엇인가? 그리고 이들 간의 관계는 무엇인가?

■ 관련사례

- □ 갑의 아파트 건설공사에서 을이 감리를 맡았는데, 건설중인 아파트의 옹벽에 위험이 예상되어 전문토목건설업체로 하여금 토목공사를 시공하도록 갑에게 권유하였는데, 을이 이에 기해서 토목공사를 맡은 병이 적합한 토목업자인지 여부를 확인하는 등 공사의 감리자로서 필요한 조치를 취하지 않은 경우에, 을은 완공된 아파트의 옹벽에 균열이 생김으로 인한 손해에 대하여 건설공사 및 토목공사의 시공자 갑 및 병과 공동불법행위책임을 지는가? 을이 위 공동불법행위에 관여한 정도가 갑 및 병에 비하여 경미하더라도, 피해자의 손해 전부에 대하여 배상책임을 지는가? (대판 2001.9.7. 99다70365)

■ 참고문헌

- □ 허홍만, 공동불법행위의 성립과 효과: 자동차사고로 인한 손해배상책임을 중심으로, 재판실무, 1999, 207-224, 창원지방법원
- □ 이광범, 공동불법행위자의 기여율에 따른 감책이 가능한지 여부, 판례실무연구 Ⅲ, 1999, 121-146.

(2) 피해자의 과실과 손해배상액의 산정

▣ 판례 1

대판 2000.9.8. 99다48245

| 사안 | A회사의 과장 B는 소속 부서의 외부 단합대회에 참가하였는데, 이 단합대회는 甲(피고 1)이 각종 운동시설과 숙박시설을 갖추고 경영하는 관광농원에서 개최되었다. 단합대회 중 B는 족구장에서 축구장으로 이동하다 축구골대를 향해 점프하여 골대의 전면 상단 가로대 부분을 잡다가 그 충격으로 넘어지는 골대와 함께 지면으로 떨어졌는데, 이때 골대의 가로대 부분이 B의 상복부를 충격하여 B가 복강 내출혈상을 입었다. 그런데 사고 당시 축구골대는 지면에 고착시키는 장

치가 없어 성인남자가 손으로만 밀어도 흔들려 넘어질 우려가 있는 불안정한 상태였다.

사고 직후 동료 직원 C 등은 B를 乙(피고 2)이 운영하는 D병원으로 후송하였고, D병원의 외과의사 丙(피고 3)은 엑스선 촬영결과 장파열을 의심하고 수술준비를 시키는 한편(장파열의 경우 적절한 수술준비를 하여 가능한 한 즉시 수술을 하여야 한다) 컴퓨터 단층촬영을 실시하였는데, 촬영결과 비장손상 등이 의심되었다(비장파열이 의심될 때에는 대개 응급 개복술을 실시해야 한다). 한편 장파열이 의심된다는 연락을 받은 B의 아내 丁(원고)은 집과 가까운 병원으로의 轉院이 가능함을 丙으로부터 확인받은 후 집 근처 E병원에서 수술을 받기로 한 뒤 이송을 요청하였고, 丙은 만연히 차로 1시간 거리의 E병원에 이송하는 도중 B의 상태가 크게 악화되지 않으리라 생각해 전원을 허락하였다. 그러나 丙은 B나 丁에게 B가 시급히 수술을 받아야 하는 응급상태에 있었음을 설명한 바 없었다.

B는 구급차로 이송되었는데, 구급차에는 운전기사와 C만이 승차하고 있었고, 출발 후 1시간 경과시에도 불편을 호소하는 등 B의 의식이 있었으나, 그로부터 10분 뒤 E병원에 도착해 확인한 때에는 이미 사망한 상태였다. B의 사인은 장파열 및 복강내출혈 등으로 인한 허혈성 쇼크로 추정되었다(장파열 또는 비장손상의 의심이 있어 응급환자로 분류되는 환자의 경우 전원 도중 허혈성 쇼크 및 심폐기능 장애 등이 예상되므로, 수액공급과 심폐기능을 유지받으면서 전원하는 것이 바람직하다). 이에 丁 등(B의 직계존비속 포함)은 甲, 乙, 丙을 상대로 손해배상청구 소송을 제기하였다.

| 원심 | 축구골대에 대해 고착장치나 안전조치를 하지 않고 사용자들에게 주의도 주지 않은 甲의 과실을 인정하였고, 장파열과 비장손상의 의심이 있었는데도 즉시 수술을 실시하지 않은 채 만연히 B를 E병원으로 이송하도록 한 丙의 과실도 인정하고, 각각의 과실과 B의 사망 간의 인과관계도 인정하였다. 그리하여 甲과 丙은 각 불법행위자로서, 乙은 丙의 사용자로서 B의 사망사고에 대해 책임이 있다고 판단하고, 丁이 치료와 간호의 편의만을 우선적으로 고려하고 이송으로 인한 수술지연의 위험성을 과소 평가해 전원하여 줄 것을 요구한 과실을 참작해 피고들의 손해배상책임비율을 40%로 제한하였다.

| 판지 | 1. 사고로 인하여 상해를 입은 피해자가 치료를 받던 중 치료를 하던 의사의 과실 등으로 인한 의료사고로 증상이 악화되거나 새로운 증상이 생겨 손해가

확대된 경우에는, 의사에게 중대한 과실이 있다는 등의 특별한 사정이 없는 한 확대된 손해와 최초의 사고 사이에도 상당인과관계가 있다고 할 것이고, 위와 같은 특별한 사정의 존재에 관한 입증책임은 최초의 사고를 야기한 자에게 있다고 할 것이다. 丙(피고 3)의 과실은 인정되지만, 그에게 중대한 과실이 있음을 인정할 증거는 없는 이 사건에서, 원심이 최초의 사고와 망인의 사망 사이의 인과관계를 인정한 것은 정당하다.

2. 원심은, 망인이 장파열, 비장 손상의 가능성이 있는 위급한 상황이었으므로, 丙(피고 3)은 동료인 C나 전화통화로 丁(원고)에게 이를 설명하여 즉시 응급개복술을 시행하여 생명에 위험을 초래하는 일이 없도록 하여야 함에도, 위와 같은 상황을 충분히 설명하지 아니하고 원고에게 멀리 있는 병원으로 전원하도록 한 것은 과실이라고 한 것은 정당하다.

3. 의료사고에서 의료행위를 한 측이 그 결과가 의료상의 과실로 말미암은 것이 아니라 전혀 다른 원인으로 말미암은 것이라는 입증을 하지 아니하는 이상 의료상 과실과 결과 사이의 인과관계를 추정하여 입증책임을 완화하는 것이 손해의 공평 · 타당한 부담을 그 지도원리로 하는 손해배상제도의 이상에 맞다.

원심이 장파열 및 복강내출혈로 인한 허혈성 쇼크로 사망한 것으로 추정되는 이 사건에서 다른 사망원인이나 위 피고가 즉시 개복수술을 시행하였어도 사망하였을 것이라는 점에 대한 입증이 없는 이상, 丙(피고 3)이 즉시 수술을 실시하지 아니한 채 만연히 망인을 다른 병원으로 이송하도록 한 과실로 수술이 지연되어 망인이 사망하였다고 추정함이 상당하다고 판단한 것은, 위와 같은 의료소송에서의 인과관계에 관한 법리에 부합하는 것으로서 정당하다.

4. 공동불법행위 책임은 가해자 각 개인의 행위에 대하여 개별적으로 그로 인한 손해를 구하는 것이 아니라 그 가해자들이 공동으로 가한 불법행위에 대하여 그 책임을 추궁하는 것으로, 법원이 피해자의 과실을 들어 과실상계를 함에 있어서는 피해자의 공동불법행위자 각인에 대한 과실비율이 서로 다르더라도 피해자의 과실을 공동불법행위자 각인에 대한 과실로 개별적으로 평가할 것이 아니고 그들 전원에 대한 과실로 전체적으로 평가하여야 한다. 비록 망인의 사망에 대한 甲(피고 1)의 과실과 丙(피고 3)의 과실이 동일하지 않더라도, 원심이 위와 같은 법리에 따라 원고측의 과실을 피고들 전원의 과실과 전체적으로 평가한 것은 정당하다.

5. 불법행위로 인한 손해배상 청구사건에서 과실상계 사유에 관한 사실인정이

나 그 비율을 정하는 것은 그것이 형평의 원칙에 비추어 현저히 불합리하다고 인정되지 않는 한 사실심의 전권에 속하는 사항이다. 원심은 여러 사정을 참작하여 피고들의 손해배상책임을 40%로 제한하였는바, 기록에 비추어 살펴보면[원심이 설시한 쌍방의 잘못 이외에도, 망인은 축구골대를 손으로 잡고 발로 허공을 차며 자신의 배 부분을 골대 상단부로 향하여 구르기까지 하여 적극적으로 위험을 초래한 잘못이 있는 반면에, 丙(피고 3)은 망인에게 의식이 있는데도 망인의 의향은 물어보지도 않고 이송한 잘못과 이송중의 망인에 대한 배려를 소홀히 한 잘못이 있는 것으로 보여진다] 원심의 위와 같은 판단은 정당하다.

▣ 판례 2

대판 2005.11.10. 2003다66066

| 사안 | 甲(제1심 공동피고, A조합의 조합장), 乙(제1심 공동피고 2, 3)은 주택조합 A를 설립하여 실제로 조합 업무를 총괄해 왔다. 甲 · 乙은 정리회사이던 丙(피고 1)으로부터 이 사건 토지를 조합의 아파트 건축부지로 매수함에 있어서, 서로 공모하여 95억 1,200만원인 매매대금을 111억 5,200만원으로 매매계약서를 작성하여 차액을 횡령하였다. 그리고 이 매매과정에서 丙(피고 1)의 관리인이던 丁(피고 2)과 대표이사이던 戊(피고 3)는 乙에게 매매대금 95억 1,200만원 이외에 7억원을 추가로 요구하여 이를 지급받아 丙회사의 운영자금 등으로 사용하였으며, 나아가 乙의 요구에 따라 이미 수령한 매매대금에 대한 영수증 이외에 9억 5,000만원짜리 허위 영수증과 6억 9,000만원짜리 허위 영수증을 공동으로 작성하여 줌으로써, 甲 등의 위 횡령을 도와주었다. 또한 戊는 甲 등의 횡령이 문제된 이후에도 A조합에게, "이 사건 매매계약과 관련하여 매매대금과는 별도로 매매보상금 명목으로 16억 4,000만원을 지급받았다"는 허위 내용의 확인서를 작성하여 주었다.

위 매매계약은 정리회사 丙의 채권은행이 위 토지에 대하여 임의경매를 신청하는 바람에 무산되었다. 己(원고)는 A조합의 권리의무를 승계한 후 甲 · 乙 · 丙 · 丁 · 戊 등을 형사고발하는 한편, 이들로부터 횡령금 일부를 반환받고 나서, 이들을 상대로 아직 반환받지 못한 금액(13억 4,000만원)에 대하여 손해배상청구소송을 제기하였다.

| 소송의 경과 | 1. 원심은, 우선 丁 및 戊는 乙로부터 대가를 받고 허위 영수증을 발행하여 주는 등의 행위를 함으로써 甲·乙의 횡령행위에 가담하였으므로 이들과의 공동불법행위가 성립하고, 이러한 행위는 회사 丙에서의 丁의 직무수행과 관련한 것이므로 丙은 사용자책임을 진다고 하였다. 따라서 피고 丙·丁·戊는 연대하여 손해배상책임을 진다. 그러나 원고의 전신인 A조합의 조합장 甲이 위 횡령행위에 가담한 점 등을 고려하여, 신의칙에 입각한 손해의 공평한 부담의 견지에서 피고들의 책임비율을 70%로 제한하였다[그리하여 丙·丁·戊는 연대하여 원고 조합에게 7억 8,570만원{(횡령금액 16억 4,000만원 × 책임비율 70%)—반환액 3억 6,230 만원}과 이에 대한 지연손해금을 배상할 책임이 있다고 판시].

2. 상고이유에서, 위 피고들은 공동불법행위책임의 불성립 혹은 책임의 과다 등을 주장하였고, 원고는 피해자(A조합)의 부주의를 이용하여 고의의 불법행위를 저지른 자가 그 피해자의 부주의를 이유로 자신의 책임을 감하여 달라는 것은 허용될 수 없다고 하여, 피고들의 책임비율을 70%로 제한한 것은 위법하다고 주장하였다.

| 판지 | 1. 피고들의 공동불법행위책임의 성립에 관한 판단은 생략하고, 이들의 손해배상의 범위에 관한 판단만을 다룬다.

2. 손해배상 범위에서의 책임제한과 관련하여

(1) 원심은 손해배상의 범위에 관하여, A조합의 대표자인 조합장 甲이 이 사건 횡령범행에 가담한 점 등 제반 사정에 비추어 볼 때, 신의칙에 입각한 손해의 공평한 분담이라는 견지에서 원고의 손해에 대한 피고들의 책임비율을 70%로 봄이 상당하다고 판단하였다.

(2) 피고 丁, 戊에 대한 원심 판단에 관하여—피해자의 부주의를 이용하여 고의로 불법행위를 저지른 자가 바로 그 피해자의 부주의를 이유로 자신의 책임을 감하여 달라고 주장하는 것은 허용될 수 없다고 할 것이고, 또 공동불법행위책임은 가해자 각 개인의 행위에 대하여 개별적으로 그로 인한 손해를 구하는 것이 아니라 그 가해자들이 공동으로 가한 불법행위에 대하여 그 책임을 추궁하는 것이므로, 공동불법행위로 인한 손해배상책임의 범위는 피해자에 대한 관계에서 가해자들 전원의 행위를 전체적으로 함께 평가하여 정하여야 하고, 그 손해배상액에 대하여는 가해자 각자가 그 금액의 전부에 대한 책임을 부담하는 것이며, 가해자 1인이 다른 가해자에 비하여 불법행위에 가공한 정도가 경미하다고 하더라도 피해

자에 대한 관계에서 그 가해자의 책임범위를 위와 같이 정하여진 손해배상액의 일부로 제한하여 인정할 수는 없다.

그런데 원심이 인정한 사실관계에 의하더라도, 甲·乙은 A조합의 부주의를 이용하여 고의로 횡령행위를 저질렀고, 위 피고들은 그러한 사정을 알면서도 대가를 받고 횡령행위에 가담하였음이 분명하므로, 고의의 불법행위자이거나 그와 공동불법행위자인 위 피고들과 甲·乙이 원고에게 A조합의 부주의를 이유로 자신의 책임을 감하여 달라고 주장하는 것은 허용될 수 없다고 할 것이고, 또 위 피고들이 甲·乙에 비하여 횡령행위에 가공한 정도가 경미하다고 하더라도 원고에 대한 관계에서 위 피고들의 책임범위를 손해배상액의 일부로 제한하여 인정할 수도 없다고 할 것이다.

그렇다면 원심이 원고의 손해에 대한 위 피고들의 책임비율을 70%로 제한하여 인정한 것은 손해배상책임의 제한에 관한 법리를 오해한 것이므로, 이를 지적한 원고의 상고이유의 주장은 이유 있고, 반면 위 피고들의 책임비율이 너무 과다하다는 취지의 위 피고들의 상고이유의 주장은 이유 없다.

(3) 피고 丙에 대한 원심 판단에 관하여—법인(A조합)의 대표자(甲)가 그 직무에 관하여 정리회사(丙)의 관리인과 공모하여 고의의 불법행위를 저지른 결과 법인에게 손해가 발생하고 정리회사가 이를 배상하여야 할 책임을 부담하는 경우, 관리인이 고의에 의한 공동불법행위자로서 피해법인에 대하여 부담하는 손해배상액 전액에 대하여 정리회사로 하여금 손해배상책임을 부담하게 한다면, 정리회사로서는 피해법인의 대표자가 한 직무상 행위로 인하여 손해를 입게 되고 피해법인으로서는 민법 제35조에 의하여 정리회사에 대하여 손해배상책임을 부담하게 되어, 피해법인과 정리회사 사이에서 손해배상청구소송이 순환·반복될 수밖에 없게 된다. 이런 점을 고려할 때, 위와 같은 경우에 정리회사가 피해법인에게 하여야 할 손해배상의 범위를 정함에 있어서는 피해법인의 대표자와 정리회사의 관리인이 불법행위에 가담한 정도, 불법행위로 인한 이득의 귀속 여부 등을 고려하여 손해분담의 공평이라는 손해배상제도의 이념에 비추어 그 배상액을 제한할 수 있다 할 것이다.

그렇다면 원심이 A조합의 대표자인 조합장 甲이 횡령범행에 가담한 점 등 제반 사정을 참작하여 원고의 손해에 대한 피고 丙의 책임비율을 제한함이 상당하다고 판단한 것은 위 법리에 따른 것으로서 정당하다.

■ 쟁 점

위 판결들은 공동불법행위로 인한 손해배상의 범위를 산정함에 있어서 피해자의 과실을 공동불법행위자 전원에 대한 과실로 전체적으로 평가할 것인지 또는 공동불법행위자 각인에 대한 과실로 개별적으로 평가할 것인지가 문제된 것이다.

■ 검토사항

□ 피해자의 과실을 공동불법행위자 전원에 대한 과실로 전체적으로 평가하는 이유는 무엇인가?

□ 丁 · 戊가 A조합의 부주의를 이유로 책임을 제한할 것을 주장하는 것은 타당한가? 그 이유는?

□ 丙이 그와 같은 주장을 하는 것은 타당한가? 그 이유는?

■ 관련사례

□ 피해자가 공동불법행위자 중의 일부만을 상대로 손해배상을 청구하는 경우에도 과실상계를 함에 있어서 피해자에 대한 공동불법행위자 전원의 과실과 피해자의 공동불법행위자 전원에 대한 과실을 전체적으로 평가하여야 하는가? (대판 1991.5.10. 90다14423)

□ 공동불법행위자 중에 고의로 불법행위를 행한 자가 있는 경우에 손해배상의 범위를 산정함에 있어서 피해자에게는 과실이 없는 것으로 보아야 하는가? 이때 모든 공동불법행위자는 과실상계를 주장할 수 없게 되는가? (대판 2010.2.11. 2009다68408)

■ 기타 검토사항

□ 丁은 정리회사 丙의 관리인으로서 정리회사의 기관이거나 대표자가 아니고 오히려 소위 이해관계인 단체의 관리자이므로 일종의 공적 수탁자이다. 그럼에도 丁의 불법행위에 대하여 丙이 사용자로서 손해배상책임을 지는가?

■ 참고문헌

□ 권순익, 정리회사 관리인의 업무에 관한 불법행위와 정리회사의 손해배상책임, 대법원판례해설 57호, 2006, 34-48.

□ 권순일, 공동불법행위와 과실상계, 법조 47권 11호(통권 506호)(1998.11.), 140-163.

□ 위계찬, 고의에 의한 불법행위와 과실상계, 법학논총(한양대) 25집 1호, 2008, 115-134.

□ 정태윤, 공동불법행위에서의 과실상계, 민사판례연구 22권, 2000, 306-362.

□ 최성길, 고의의 불법행위로 인한 손해배상책임과 과실상계, 경남법조 7호, 2006, 68-82, 창원지방변호사회.

2. 내부적 관계

(1) 구상권의 요건

■ **판례 1**

대판 1997.12.12. 96다50896

| 사안 | A가 1992.2.18. 소유 차량을 운전하여 시속 40~50km로 진행하다가, 교차로 중심부분에서 반대방향에서 시속 100km로 도로의 중앙부분을 조금 넘어 운전하여 오던 B의 오토바이와 충돌하여, B는 사망하고, 오토바이 뒷좌석에 타고 있던 C(B의 친구임)는 중상을 입었으며, A의 차량은 크게 파손되었다. A와의 자동차종합보험계약에 따른 보험자 甲(원고)은 1992.5.19.까지 위 차량의 수리비로 889,850원을 지급하였으며, C 측과는 손해배상금을 18,035,200원으로 합의하여 1995.2.3. 이를 지급하면서 향후 일체의 권리를 포기하며 어떠한 사유로도 민·형사상의 소송이나 이의를 제기하지 않기로 하였다. B의 부모 乙(피고)은 甲을 상대로 손해배상청구소송을 제기하여, 항소심에서 일부 승소하였고 이 판결은 그대로 확정되었다. 그런데 이 소송에서 A과 B의 과실비율을 25:75로 판정하였다. 이에 甲은 1995.12.19. 乙을 상대로, 甲과 C 사이의 위 합의에 따라 C의 손해배상금이 확정되었음을 전제로 하여 자신이 A를 대신해서 위 사고로 인한 A 및 C의 손해(A의 차량 수리비 및 C의 손해배상금) 전부를 변제함으로써 보험자 대위에 의하여 B에 대하여 구상권을 취득하였는데, B의 사망으로 그의 과실비율 만큼의 손해배상채무를 乙이 상속하였으므로, 위 손해배상채무액 합계 18,925,050원 중 B의 과실비율인 75%에 해당하는 14,193,787원을 지급하라고 청구하였다. 이에 대하여 乙은, 甲은 C에 대한 손해배상금으로 18백만여 원을 지급하였는데 이는 C가 입은 손해액에 대한 A의 부담부분을 초과하는 것이 아니므로, C에 대하여 지급한 합의금과 관련해서는 구상권이 발생하지 않았다고 주장하였다.

| 판지 | 1. 공동불법행위자는 채권자에 대한 관계에서는 연대책임(부진정연대채무)을 지되, 공동불법행위자들 내부관계에서는 일정한 부담부분이 있고, 이 부담부분은 공동불법행위자의 과실의 정도에 따라 정하여지는 것으로서, 공동불법행위자 중 1인이 자기의 부담부분 이상을 변제하여 공동의 면책을 얻게 하였을 때에는 다른 공동불법행위자에게 그 부담부분의 비율에 따라 구상권을 행사할 수 있다. 그리고 공동불법행위자 중 1인이 다른 공동불법행위자에 대하여 구상권을 행사하기 위하여는 자기의 부담부분 이상을 변제하여 공동의 면책을 얻었음을 주장 · 입증하여야 하며, 위와 같은 법리는 피해자의 다른 공동불법행위자에 대한 손해배상청구권이 시효소멸한 후에 구상권을 행사하는 경우라고 하여 달리 볼 것이 아니다.

원심은 그 판시와 같은 이유로 원고가 공동불법행위자 중 1인인 A의 보험자로서 피해자 C에게 대위지급한 금액이 A가 부담하여야 할 내부적 부담부분을 초과한다고 인정할 증거가 없다고 하여 그 대위지급에 기한 원고의 구상권을 부인하였는바, 이러한 판단은 정당하다.

2. 피해자가 부진정연대채무자 중 1인에 대하여 손해배상에 관한 권리를 포기하거나 채무를 면제하는 의사표시를 하였다 하더라도 다른 채무자에 대하여 그 효력이 미친다고 볼 수는 없고, 또한 구상권의 발생 시점은 구상권자가 현실로 피해자에게 지급한 때라 할 것이다.

원심은, C의 대리인이 A를 대위한 원고로부터 C의 손해배상금 일체 명목으로 합계 금 18,035,200원을 지급받으면서 원고와 사이에 향후 일체의 법률상 이의를 제기하지 않기로 합의한 것만으로는 C가 다른 공동불법행위자인 B의 부모로서 그 합의의 당사자가 아닌 피고와 사이에서도 손해배상액을 그 금액으로 확정하고 나머지 손해배상채무를 면제하였다고 볼 수 없고, 달리 이를 인정할 증거가 없으며, 나아가 그 합의 이후에 피해자의 피고에 대한 손해배상채권이 시효로 소멸하였다 하더라도 이를 근거로 원고의 출재 당시에 피해자 C의 손해액이 원고의 대위지급액의 한도에서 확정된 것으로 볼 수도 없다고 판단하였다. 원심의 이러한 판단은 정당하다.

■ 쟁 점

이 판결은 공동불법행위자 중 1인이 피해자와 손해배상금의 액수 및 향후 일체의 법률상 이의를 제기하지 않는다는 합의를 하고 합의된 손해배상금의 전부를 지급한 경우에 그 공동불법행위자는 위 합의로 피해자의 손해배상액이 확정된 것으로 보아 다른 공동불법행위자에게 구상권을 가지는가 하는 점이 문제된 것이다.

■ 검토사항

- 공동불법행위자 상호간에 구상권을 인정하는 근거는 무엇인가?
- 가해자 중 1인이 다른 가해자에게 구상권을 행사하기 위해서는 피해자에게 어느 정도의 손해배상을 하였어야 하는가?
- C는 甲으로부터 손해배상금을 받으면서 더 이상 배상청구 등을 하지 않기로 합의하였는 바, 이로써 B의 배상책임도 그 범위로 한정되는가? 즉 이 합의로 B의 추가적인 배상책임도 면제되는가?

■ 관련사례

- 공동불법행위자 중 1인이 동시에 피해자이기도 한 경우에 공동불법행위로 인한 손해배상액을 산정할 때 참작한 피해자의 과실내용 및 그 비율을 그대로 공동불법행위자로서의 과실내용 및 비율로 삼아 공동불법행위자 상호간의 구상금채권을 결정할 수 있는가? (대판 2005.7.8. 2005다8125)
- 자동차운전학원의 피교습자가 교습용 차량을 운전하다가 과실로 사고를 일으켜 학원 운영자와 피교습자가 공동으로 손해배상책임을 지는 경우에 특별한 사정이 없는 한 학원 운영자만이 전적으로 그 손해배상책임을 지고 교습자의 책임은 면제되는가? (대판 2001.1.19. 2000다33607)
- 공동불법행위자 중 1인에 대한 면제는 다른 공동 불법행위자에 대하여 효력이 미치는가? 예컨대 갑(한전)의 고압선가설공사에 관하여 을이 도급을 받았고, 을의 직원 병이 고압선에 올라가 작업하다 부주의로 감전사고가 나서 사망하였다. 그런데 위 작업현장에는 갑의 직원인 K가 감독자로 있었다. 병의 유족들이 을로부터 약간의 보상금을 받고는 을에 대해서는 더 이상 손해배상을 청구하지 않기로 합의한 경우에, 그러한 면제의 합의는 갑에게도 미치는가? (대판 1982.4.27. 80다2555)
- 피해자에게 손해배상을 한 어느 공동불법행위자의 보증인이 그 공동불법행위자 또는 다른 공동불법행위자에 대하여 가지는 구상권의 소멸시효 기간 및 그 기산점은 어떠한가? (대판 1994.1.11. 93다32958; 대판 1999.6.11. 99다3143; 대판 2008.7.24. 2007다37530 등 참조).
- 공동불법행위자 중 1인의 손해배상채무가 시효로 소멸한 후 다른 공동불법행위자가 피해자에게 자기 부담부분을 넘는 손해를 배상한 경우에, 그 공동불법행위자는 손해배상채무가 시효소멸한 다른 공동불법행위자에게 구상권을 행사할 수 있는가? (대판 1997.12.23. 97다42830 참조)

- ㅁ 민간인과 직무집행중인 군인의 공동불법행위로 인하여 직무집행중인 다른 군인이 피해를 입었는데, 민간인이 피해군인에게 자신의 귀책부분을 넘어서 배상한 경우에 그 민간인은 국가에게 구상권을 행사할 수 있는가? [대판(전) 2001.2.15. 96다42420]
- ㅁ 공사의 수급인 A가 B에게 공사 일부를 하도급주었는데, A의 피용인 K가 과실로 상해를 입었다. 그런데 A와 B간의 하도급계약에서 B가 하도급공사과정에 있어서 안전관리규칙을 철저히 준수하여야 하며 고의 또는 과실을 막론하고 발생한 인명 및 재산피해에 대하여 배상책임을 진다고 약정한 바 있다. 이러한 약정에 기해서, A가 K에게 손해배상을 한 후 B에 대하여 구상권을 행사하였다. A의 주장은 타당한가? 즉 A · B 간의 위 약정의 취지가 A의 공동불법행위자로서의 배상책임을 배제하고 하도급계약상의 공사로 인하여 발생하는 모든 사고의 책임을 B가 지기로 한 것으로 볼 수 있는가? (대판 1983.5.24. 83다카208)
- ㅁ 부진정연대채무에서도 사전통지를 태만히 하면 구상권의 제한을 받는가? 예컨대 갑(전신전화국)이 도로상에 시설한 맨홀의 관리를 소홀히 한 과실과 운수회사 을 소속 운전사 병의 운전상의 과실이 경합하여 교통사고가 발생하여 정이 상해를 입었으며, 그리하여 갑이 정에게 손해배상을 하고, 을 및 병에 대하여 구상권을 행사하여 그 지급했던 손해배상금의 1/2의 지급을 소구하였다. 이에 대하여 을은 정에게 이미 손해금으로 530,000원을 지급하였으므로 갑의 구상에 응할 수 없다고 항변하였다. 그러자 갑은 을이 위의 손해금 지급으로 공동면책되었음을 자신에게 통지하지 않았으므로 자신의 구상권이 배제되지 않는다고 주장하였다. 타당한가? (대판 1976.7.13. 74다746)

■ 참고문헌

- ㅁ 김용균, 부진정연대채무자의 1인에 대한 면제의 효력, 대법원판례해설 19-1호, 1993, 94-106.
- ㅁ 허홍만, 공동불법행위의 성립과 효과: 자동차사고로 인한 손해배상책임을 중심으로, 재판실무, 1999, 207-224, 창원지방법원—구상권 부분.

▣ 판례 2

대판 2006.2.9. 2005다28426

| 사안 | A회사 근로자 甲(피고)은 1993.3.24. 업무를 위해 A회사 소유인 승합차에 같은 회사 근로자인 B와 C를 태우고 운전하다 교차로에서 D가 운전하던 E회사

소유 화물차를 들이받는 사고를 냈다. 이 사고로 B는 사망하였고 甲과 C는 상해를 입었다. 근로복지공단 乙(피고 보조참가인)은 A회사의 보험자로서 산업재해보상보험법에 따라 B에게 약 3,800만원, C에게 약 8,600만원, 甲에게 약 108만원의 합계 1억 2,508만원 상당을 지급한 다음, 위 화물차의 소유자인 E회사를 상대로 구상금 청구소송을 제기하였다.

이 소송에서 법원은 1996.10.24. 선고한 판결에서 위 교통사고에 대해 甲과 D의 과실비율을 7 대 3으로 봄이 상당하다고 판단한 다음, E회사로 하여금 乙에게 1) 70%의 과실책임이 있는 甲에게 지급한 금액에 대하여는 D의 과실비율인 30%에 해당하는 약 32만원과 이에 대한 지연손해금을 지급하도록 하였으나, 2) 아무 과실이 없는 B, C에 대한 보험급여에 대하여는 그 전액과 이에 대한 지연손해금을 지급하도록 하는 내용의 판결을 선고하였고, 이 판결은 그 무렵 확정되었다.

그 후 E회사와 위 화물차에 대해 보험계약을 체결한 보험회사 丙(원고)은 乙에게 위 판결에 따른 원리금을 지급한 후 甲을 상대로 구상금청구소송을 제기하였다.

한편 B의 유족들은 乙로부터 받은 금원 외에 A회사로부터 손해배상금 등으로 1억 원을 지급받았다.

| 원심 | 甲과 E회사는 B와 그 유족들 및 C가 입은 손해를 배상할 부진정연대책임이 있으므로 어느 일방이 자신의 출재로 공동면책시킨 때에는 타방에 대하여 공동면책액 중 타방의 분담비율에 해당하는 만큼 상환을 구할 수 있고 그 분담비율은 70%(甲):30%(E회사)으로 정함이 상당한데, B와 C의 업무상 재해와 관련해 먼저 보험급여를 지급한 다음 산업재해보상보험법에 따라 구상권을 행사한 乙에게 丙이 피보험자 E회사를 대위하여 위 판결 원리금을 지급함으로써 E회사와 부진정연대책임관계에 있는 甲까지 공동면책이 되었으므로, 丙은 상법 제682조에 의한 보험자대위의 법리에 따라 공동면책된 금액 중 甲이 부담하여야 할 부분에 대하여 乙이 甲에 대하여 가지는 구상권을 취득하였다고 판단하고, 위 판결원리금 중 甲의 책임비율(70%)에 따른 금액과 그에 대한 각 지연손해금을 甲이 丙에게 지급해야 한다고 판시하였다.

| 판지 | 1. 산업재해가 산재보험가입자의 피용자와 제3자의 공동불법행위로 인하여 발생한 경우에 있어서, 대법원 2002.3.21. 선고 2000다62322 전원합의체 판결에 의하여 변경되기 전의 종전 판례에 따라 선고된 확정판결에 기하여 근로복지

공단으로부터 보험급여액 전액을 이미 구상당한 제3자는, 공동불법행위에 따른 손해배상책임의 공동면책을 주장하여 산재보험가입자 등 다른 공동불법행위자를 상대로 그 부담부분 중 면책받은 금액을 재구상할 수 있다.

위 전원합의체 판결은 산업재해가 보험가입자와 제3자의 공동불법행위로 인하여 발생한 경우에 있어서, 근로복지공단이 제3자에 대하여 산업재해보상보험법 제54조 제1항에 의하여 보험급여액 전액을 구상할 수 있다면, 그 급여액 전액을 구상당한 제3자는 다시 공동불법행위자인 보험가입자를 상대로 그 과실비율에 따라 그 부담부분의 재구상을 할 수 있고, 그 재구상에 응한 보험가입자는 산업재해보상보험법 제55조의2의 유추적용에 의하여 근로복지공단에게 재구상당한 금액의 재재구상을 할 수 있게 되어 순환소송이 되어 소송경제에도 반할 뿐만 아니라, 근로복지공단이 결국은 보험가입자에게 반환할 것을 청구하는 것이 되어 이를 허용함은 신의칙에 비추어 보더라도 상당하지 아니하므로, 근로복지공단은 제3자에 대하여 보험가입자의 과실비율 상당액은 구상할 수 없다는 취지인바, 이는 종전 판례에 따라 선고된 판결에 기하여 근로복지공단으로부터 보험급여액 전액을 이미 구상당한 제3자가 보험가입자 등을 상대로 청구하는 재구상을 부정하는 취지는 아니라고 할 것이다.

같은 취지에서, 피고가 원고의 이 사건 재구상 청구에 응하게 될 경우, 위 전원합의체 판결이 판시한 바와 같이 소송경제나 신의칙에 반하는 결과에 이르게 됨을 이유로 원고의 이 사건 청구에 응할 수 없다고 한 피고의 주장을 배척한 원심의 판단은 정당하다.

2. 공동불법행위자는 채권자에 대한 관계에서는 부진정연대채무를 지되, 공동불법행위자들 내부관계에서는 일정한 부담부분이 있고, 공동불법행위자 중 1인이 자기의 부담부분 이상을 변제하여 공동의 면책을 얻게 하였을 때에는 다른 공동불법행위자에게 그 부담부분의 비율에 따라 구상권을 행사할 수 있으므로, 공동불법행위자가 구상권을 갖기 위하여는 반드시 피해자의 손해 전부를 배상하여야 할 필요는 없으나, 자기의 부담부분을 초과하여 배상을 하여야 할 것이다. 그리고 피용자와 제3자가 공동불법행위로 피해자에게 손해를 가하여 그 손해배상채무를 부담하는 경우에 피용자와 제3자는 공동불법행위자로서 서로 부진정연대관계에 있고, 한편 사용자의 손해배상책임은 피용자의 배상책임에 대한 대체적 책임이어서 사용자도 제3자와 부진정연대관계에 있다고 보아야 할 것이므로, 사용자가 피용자

와 제3자의 책임비율에 의하여 정해진 피용자의 부담 부분을 초과하여 피해자에게 손해를 배상한 경우에는 사용자는 제3자에 대하여도 구상권을 행사할 수 있다고 할 것이다.

■ 쟁 점

이 판결은 산업재해가 제3자와 보험가입자의 공동불법행위로 인하여 발생한 경우에 근로복지공단이 제3자에 대하여 행사할 수 있는 구상권의 범위, 그리고 피용자가 제3자와 공동불법행위를 행한 경우에 사용자는 그 제3자에 대하여 구상권을 행사할 수 있는지 및 구상의 범위 등이 문제된 것이다.

■ 검토사항

- 산업재해가 산재보험가입자의 피용자와 제3자의 공동불법행위로 인하여 발생한 경우에, 근로복지공단으로부터 보험급여액 전액을 이미 구상당한 제3자는 공동불법행위에 따른 손해배상책임의 공동면책을 주장하여 산재보험가입자 등 다른 공동불법행위자를 상대로 그 부담 부분 중 면책받은 금액을 재구상할 수 있는가?
- 공동불법행위자 중 1인이 피해자에게 손해배상을 하고 다른 공동불법행위자에게 구상권을 행사하기 위해서는 피해자의 손해 전부를 배상하였어야 하는가? 그렇지 않다면, 자기의 부담부분을 초과하여 손해를 배상하였어야 하는가?
- 피용자와 제3자가 공동불법행위를 행한 경우에 사용자도 제3자와 부진정연대관계에 있는가? 사용자는 피용자의 부담부분을 초과하여 피해자에게 손해를 배상하였어야 구상권을 행사할 수 있는가?

■ 참고문헌

- 오종근, 재해보험급여를 한 근로복지공단의 제3자에 대한 구상권의 범위, 민사판례연구 25권, 2003, 250-276.

(2) 수인의 구상의무의 형태

대판 2002.9.27. 2002다15917

| 사안 | A는 1994.5.7. X차량(탱크로리차량, 수반차량)을 견인하여 편도 1차선 도로에 위 차량을 차폭등과 미등을 켜지 않은 채 주차시켜 놓고 견인차량만 운전하여 갔다. B는 1994.5.12. 03:35경 혈중알콜농도 0.09%의 주취상태로 승용차에 C를 태우고 주행하던 중 위 도로에 주차되어 있던 X차량을 미처 발견하지 못하고

위 차량을 들이받아, 그 충격으로 C가 상해를 입었다. 그런데 사고가 난 위 도로는 주차금지구역으로서 그 차선의 폭이 3.3m에 불과한 반면, X차량은 그 폭이 약 2.48m에 이르러, 사고 당시 X차량은 사고 도로의 약 75% 이상을 차지한 채 불법주차되어 있었다. 위 사고 후 B의 승용차가 가입한 자동차보험회사 甲(원고)은 C에게 법률상 인정되는 손해범위 내의 금액인 합계 금 92,467,210원을 지급하였다. 그리고 위 사고발생에 책임이 있는 A는 甲에게 20,000,000원을 변제하였다. 그런데 위 사고에 관한 B의 과실비율은 70%이다. 그리하여 甲은 위 사고 도로를 점유·관리하는 乙(피고, 구미시)에 대하여 구상금으로서 위 손해배상금의 30%(27,740,163원 및 이에 대한 지연이자 등)의 지급을 청구하였다. 그런데 위 사고에 관하여 A와 乙의 총 과실비율은 30%이나, 각자의 구체적 비율은 판단되지 않았다.

| 소송의 경과 | 1. 제1심은, 사고지점인 도로는 주차금지 비고시지역으로 편도 1차선의 이면도로이고, 통행량이 적은 도로인 점, 사고시각이 03:35경인 점 등을 이유로 피고에게 도로 관리를 게을리한 과실이 있다고 보기 어려우며, 가사 피고에게 X차량의 견인을 지체한 과실이 인정된다 하더라도 위 과실과 이 사건 사고 사이에 상당한 인과관계가 있다고 보기 어렵다고 하여, 원고의 피고에 대한 구상금청구를 배척하였다.

2. 원심은, 피고에게 도로관리상의 하자가 있다고 하여, 이 사건 사고는 X차량을 불법주차한 A의 과실과 주취상태에서 전방주시의무를 태만히 한 B의 과실 및 피고의 도로 관리상의 하자가 경합하여 발생하였다고 하였다. 다음으로 구상금청구에 관하여, 이 사건 사고 발생에 대한 A의 책임과 피고의 책임은 X차량의 주차라는 하나의 사실에 기한 것으로 사고 발생에 대한 인과관계를 같이 하고 있다는 점과, 피고의 책임은 국가배상법 제5조 제1항에 의한 책임으로서 피고는 같은 조 제2항에 의하여 손해의 원인에 대하여 책임을 질 자인 A에 대하여 전액을 구상할 수 있는 반면, A는 피고에 대하여 구상할 수 없다는 점 등에 비추어 보면, 피고의 책임과 A의 책임은 상호 대체적 관계에 있다고 보여져, 피고와 A는 부진정연대채무자로서 각자 그들 전체의 부담 부분(전체 손해액 중 구상권자인 원고가 부담할 부분을 제외한 전액)에 관하여 원고의 구상에 응하여야 하는 것이지 그들 각자의 과실비율에 따라 분할채무를 지는 것은 아니라고 판시하였다.

3. 상고이유에서, 피고는 자신의 도로관리상의 하자를 부인하였다. 원고는 A의 과실과 피고의 과실내용에 따른 비율을 정하여 구상채무의 범위를 정하여야 함에

도, 단순히 원심이 원고가 A로부터 받은 구상금의 범위 내에서 피고의 구상금 지급의무가 소멸한다고 한 것은 잘못이라고 주장하였다.

| 판지 | 1. 피고의 도로관리상의 하자에 대한 책임을 긍정하였는데, 그 내용은 생략한다.

2. 공동불법행위자는 채권자에 대한 관계에서는 부진정연대책임을 지되, 공동불법행위자들 내부관계에서는 일정한 부담부분이 있고, 이 부담부분은 공동불법행위자의 과실의 정도에 따라 정하여지는 것으로서 공동불법행위자 중 1인이 자기의 부담부분 이상을 변제하여 공동의 면책을 얻게 하였을 때에는 다른 공동불법행위자에게 그 부담부분의 비율에 따라 구상권을 행사할 수 있고, 공동불법행위자 중 1인에 대하여 구상의무를 부담하는 다른 공동불법행위자가 수인인 경우에는 특별한 사정이 없는 이상 그들의 구상권자에 대한 채무는 이를 부진정연대채무로 보아야 할 근거는 없으며, 오히려 다수 당사자 사이의 분할채무의 원칙이 적용되어 각자의 부담 부분에 따른 분할채무로 봄이 상당하다.

원심이 피고와 A의 구상금채무의 성질을 부진정연대채무로 보면서 인용한 대법원 1998.9.22. 선고 97다42502, 42519 판결은 국가배상법 제6조 제1항에 의하여 사무의 귀속주체와 비용부담자가 다른 경우 양자는 구상권자에 대하여 부진정연대채무를 부담한다는 것이지 위와 같은 관계에 있지도 아니한 공동불법행위자들도 구상권자에 대하여 부진정연대채무를 부담한다고 한 취지는 아니다.

돌이켜 이 사건에서 보면, A의 불법주차로 인한 불법행위책임과 피고의 도로 관리상의 하자로 인한 국가배상책임은 그 책임의 발생근거가 다르고, 피고가 A에 대하여 국가배상법 제5조 제2항에 의하여 구상할 수 있다고 하여도 이를 가지고 구상권자인 원고에게 대항할 수는 없는 것이므로, 원고에 대한 관계에서 A와 피고는 각자의 고유한 책임을 지는 공동불법행위자들로서 구상권자인 원고에 대하여 각자의 부담부분에 따른 분할채무를 부담한다고 보아야 한다.

■ 쟁 점

이 판결은 A · B · 乙 3인의 과실이 경합하여 사고가 발생하여 B(과실비율이 70%)의 보험자 甲이 피해자에게 손해 전부를 배상한 경우에, 甲은 乙에게 나머지 과실비율 전부에 관하여 구상할 수 있는가 하는 점이 문제된 것이다.

■ 검토사항

□ B 측의 과실비율이 70%인데 손해 전부를 배상한 경우, 그는 다른 공동불법행위자 각자에게 나머지 부분(30%)을 전부 구상할 수 있는가? 즉 공동불법행위자들 중 1인이 채무를 전부 변제한 경우, 나머지 공동불법행위자들이 부담하는 구상채무의 법적 성질은 어떠한가?

□ 공동불법행위책임으로서 손해배상책임을 부담하는 경우에 공동불법행위자들 내부에서는 과책의 정도에 따른 각자의 부담부분을 인정할 수 있는가?

□ 공동불법행위자 사이의 부담부분은 어떤 기준에 의하여 결정되어야 하는가?

■ 참고문헌

□ 한삼인, 공동불법행위자간의 구상관계, 고시계 48권 12호(562호)(2003.12.), 102-115.

□ 홍성주, 부진정연대채무에서의 구상관계의 성질, 판례연구 19집, 2008, 1-50, 부산판례연구회.

(3) 구상권과 변제자대위

대판 2005.10.13. 2003다24147

| 사안 | A는 A'(제1심 피고) 소유의 승용차 X를 운전하던 중 빗길에 미끄러지면서 중앙선을 침범하여, 반대방향에서 B가 운전하던 甲회사(원고 1) 소유의 택시인 Y차와 충돌하였으며(1차 사고), Y차를 뒤따르던 C의 Z차가 안전거리 미확보로 Y차 뒷부분을 추돌하였다(2차 사고). 그리하여 B는 즉사하고 승객 B2, B3은 중상을 입었으며, 차는 크게 부스러져 폐차처리되었다. 甲회사(원고 1)와 Y차에 관하여 공제계약을 체결한 운송조합연합회 乙(원고 2)은 B2, B3에게 손해배상금을 지급하고, Z차의 보험자 丙(피고)에 대하여 구상권을 행사하여 지급했던 배상금 전액의 상환을 청구하였다.

| 판지 | 1. 甲회사, A'와 C의 피해자들(B2, B3)에 대한 손해배상책임은 모두 부진정연대채무의 관계에 있는데, 甲 회사의 보험자인 원고 乙이 피해자들에게 손해배상금을 보험금으로 모두 지급함으로써 A'와 C도 공동면책되었다면, 甲 회사는 변제자대위에 의하여 피해자들의 A'와 C 및 그의 보험자인 피고 丙에 대한 손해배상청구권을 구상권의 범위 내에서 대위하는 것이고, 원고 乙은 상법 제682조에 의하

여 이를 대위한다 할 것이다.

변제자대위는 주채무를 변제함으로써 주채무자 및 다른 연대보증인에 대하여 갖게 된 구상권의 효력을 확보하기 위한 제도여서 대위에 의한 원채권 및 담보권의 행사 범위는 구상권의 범위로 한정된다 할 것이다. 구상권의 범위를 보면, 공동불법행위자 중 1인에 대하여 구상의무를 부담하는 다른 공동불법행위자가 수인인 경우에는 특별한 사정이 없는 이상 그들의 구상권자에 대한 채무는 각자의 부담부분에 따른 분할채무로 봄이 상당하지만(대법원 2002.9.27. 선고 2002다15917 판결 등 참조), 구상권자인 공동불법행위자 측에 과실이 없는 경우, 즉 내부적인 부담부분이 전혀 없는 경우에는 이와 달리 그에 대한 수인의 구상의무 사이의 관계를 부진정연대관계로 봄이 상당하다 할 것이다.

원심이, 甲회사의 운전자인 B에게 과실이 없다고 보고, 피고 丙으로 하여금 A'와 연대하여 지급의무의 이행을 명한 것은 위 법리에 따른 것으로서 정당하다.

2. A 및 C의 행위와, 피해자들(B2, B3)에 대한 손해발생 사이에 인과관계의 존재를 인정한 원심의 판단은 정당하고, 나아가 공동불법행위책임은 가해자 각 개인의 행위에 대하여 개별적으로 그로 인한 손해를 구하는 것이 아니라 그 가해자들이 공동으로 가한 불법행위에 대하여 그 책임을 추궁하는 것이므로, 공동불법행위로 인한 손해배상책임의 범위는 피해자에 대한 관계에서 가해자들 전원의 행위를 전체적으로 함께 평가하여 정하여야 하고, 그 손해배상액에 대하여는 가해자 각자가 그 금액의 전부에 대한 책임을 부담하는 것이며, 가해자의 1인이 다른 가해자에 비하여 불법행위에 가공한 정도가 경미하다고 하더라도 피해자에 대한 관계에서 그 가해자의 책임범위를 위와 같이 정하여진 손해배상액의 일부로 제한하여 인정할 수 없다.

▪ 쟁 점

이 판결은 A와 C의 과실이 경합하여 B가 운전하던 택시를 충돌함으로써 B의 승객이 손해를 입었고, 甲의 보험자 乙이 피해자들에게 손해를 전보해 준 후 다른 공동불법행위자에게 구상함에 있어서 B에게 과실이 없는 경우에, 다른 공동불법행위자들 사이의 구상의무의 법적 성질은 무엇인지 및 乙은 다른 가해자, 특히 불법행위에 가공한 정도가 경미한 C(의 보험자 丙)에게 배상금 전부에 관하여 구상할 수 있는가 하는 점이 문제된 것이다.

■ 검토사항

□ 이 사건에서의 구상권과 공동불법행위자 상호간에서의 구상권의 차이는 무엇인가? 달리 말하면, 이 사안에서 乙이 丙에 대하여 행사한 구상권은 공동불법행위자 상호간의 내부관계에서 인정되는 구상권과 그 법적 성질이 동일한가?

□ 이 사건과 앞의 사건(대판 2002.9.27. 2002다15917)과의 차이를 살피시오.

□ 이 사건과 대외적 관계에서의 대판 1998.10.20. 98다31691과의 공통점을 살피시오.

■ 기타 검토사항

□ 甲의 택시가 사고로 손상되어 폐차된 경우에, 새 차를 구입하여 영업을 개시할 수 있을 때까지 영업을 하지 못한 휴업손해는 통상손해에 해당하는가?

■ 참고문헌

□ 강봉석, 부진정연대채무자들이 부담하는 구상채무의 법적 성질, 민사판례연구 26권, 2004, 125-150, 박영사.

□ 최은배, 공동불법행위자 사이의 구상관계에 관하여: 호의동승자에 대한 손해배상책임의 구상관계, 실무논단, 1997/1998, 1998, 215-241, 서울지방법원.

제4항 공작물책임

Ⅰ. 책임의 요건

1. 공작물의 하자

(1) 하 자

■ 판례 1

대판 2000.4.25. 99다54998

| 사안 | A는 승용차를 운전하여 강원 영월읍 부근 38번 국도(영월과 정선을 잇는 폭 9.6m의 왕복 2차선 도로)에서 앞서 가던 덤프트럭을 추월하여 사고 지점을 진행하다가 속도를 줄이려고 제동을 가하는 순간 차량의 후미가 앞쪽으로 돌면서 그대

로 반대 차로로 들어가 시멘트 방호벽을 충격한 후 미끄러지면서 때마침 반대 차로에서 진행하여 오던 덤프트럭과 충돌하는 바람에, 위 승용차에 타고 있던 A등 수인이 사망하였다. 그런데 위 사고지점은 직선 구간이 끝나면서 우측으로 굽어지는 부분으로서 지형상 응달이 져 노면이 100m 정도의 빙판으로 덮여 있었다. A등 망인의 상속인 甲은, 위 교통사고는 위 도로의 관리자인 乙(국가)이 도로상의 빙판을 그대로 방치한 관리 소홀로 인하여 발생된 것이라고 하면서 乙에 대하여 손해배상을 청구하였다.

| 소송의 경과 | 1. 원 심

사고 지점의 도로는 사고 차량의 진행방향을 기준으로 볼 때 사고 장소에 이르기 전에는 직선 구간이 계속되면서 노면도 정상이다가 사고 지점 부근에 이르러 갑자기 상당한 정도의 커브길이 시작되면서 노면에 심한 빙판이 100m 이상 덮여 있었던 사실, 사고 지점은 지형상의 이유로 응달이 져 겨울철에는 한낮에도 빙판이 덮여 있는 때가 많았는데, 이러한 사정이 위와 같이 우로 굽은 도로가 시작되는 곳이라는 상황과 맞물려 통행차량이 감속을 시도하는 경우 갑자기 나타나는 빙판에 미끄러지는 사고가 충분히 예상되는 장소였던 사실, 사정이 그러하여 사고 지점은 그곳 지리나 도로상황에 익숙하지 않은 사람에게는 상당히 위험한 지점임에도 당시 빙판제거작업도 제 때에 이루어지지 아니한 채 그대로 방치되어 있었고, 그러한 도로상황에 대한 경고나 위험표지판 등도 설치되어 있지 않았던 사실을 인정한 다음, 사고 당시의 위 국도 지점은 도로로서 통상 갖추어야 할 안전성을 갖추지 못하였으므로 위 국도 관리자인 피고는 위 국도의 관리상의 하자 때문에 발생한 이 사건 교통사고로 인한 손해를 배상할 책임이 있다고 판단하였다.

다만 망인들이 안전띠를 매지 아니하고 A에게 안전운전을 촉구하지 아니한 과실을 참작하여 40%의 과실상계를 하였다.

2. 피고의 상고이유

1) 이 사건 사고 당시 위 사고지점의 국도는 겨울철에는 자연현상에 의하여 결빙이 발생하는 곳이고, 피고는 겨울철에 눈이 올 때 고갯길을 우선으로 제설 및 빙판 제거작업을 한 후 순차적으로 평지 도로에서 작업을 하므로 모든 국도 구간에 걸쳐 빙판이 전혀 형성되지 않을 정도로 관리하는 것은 불가능하여, 피고가 국도의 유지관리의무를 다하지 못하였다고 할 수는 없다.

2) 위 사고 전후에 걸쳐 이 사건 사고지점 부근에서 다른 교통사고가 발생한 바

가 없었던 것으로서 이 사건 사고는 오로지 위 승용차 운전사인 망 A가 감속운행 지점에서 오히려 과속으로 운전하다가 급제동을 한 운전미숙에 의하여 발생한 것이므로, 피고는 위 교통사고로 인한 손해에 대하여 배상책임이 없다.

| 판지 | 원심의 판단은 다음에서 보는 바와 같이 수긍하기 어렵다.

1. 국가배상법 제5조 제1항 소정의 '영조물 설치 관리상의 하자'라 함은 공공의 목적에 공여된 영조물이 그 용도에 따라 통상 갖추어야 할 안전성을 갖추지 못한 상태에 있음을 말하고, 영조물의 설치 및 관리에 있어서 항상 완전무결한 상태를 유지할 정도의 고도의 안전성을 갖추지 아니하였다고 하여 영조물의 설치 또는 관리에 하자가 있는 것으로는 할 수 없는 것으로서, 영조물의 설치자 또는 관리자에게 부과되는 방호조치의무의 정도는 영조물의 위험성에 비례하여 사회통념상 일반적으로 요구되는 정도의 것을 말하므로, 영조물인 도로의 경우도 다른 생활필수시설과의 관계나 그것을 설치하고 관리하는 주체의 재정적 · 인적 · 물적 제약 등을 고려하여, 그것을 이용하는 자의 상식적이고 질서 있는 이용 방법을 기대한 상대적인 안전성을 갖추는 것으로 족하다고 보아야 할 것이다.

2. 특히 강설은 기본적 환경의 하나인 자연현상으로서 그것이 도로교통의 안전을 해치는 위험성의 정도나 그 시기를 예측하기 어렵고 통상 광범위한 지역에 걸쳐 일시에 나타나고 일정한 시간을 경과하면 소멸되는 일과성을 띠는 경우가 많은 점에 비하여, 이로 인하여 발생되는 도로상의 위험에 대처하기 위한 완벽한 방법으로서 도로 자체에 융설 설비를 갖추는 것은 현대의 과학기술의 수준이나 재정사정에 비추어 사실상 불가능하고, 가능한 방법으로 인위적으로 제설작업을 하거나 제설제를 살포하는 등의 방법을 택할 수밖에 없는바, 그러한 경우에도 적설지대에 속하는 지역의 도로라든가 최저속도의 제한이 있는 고속도로 등 특수 목적을 갖고 있는 도로가 아닌 일반 보통의 도로까지도 도로관리자에게 완전한 인적 · 물적 설비를 갖추고 제설작업을 하여 도로통행상의 위험을 즉시 배제하여 그 안전성을 확보하도록 하는 관리의무를 부과하는 것은 앞에서 본 도로의 안전성의 성질에 비추어 적당하지 않고, 오히려 그러한 경우의 도로통행의 안전성은 그와 같은 위험에 대면하여 도로를 이용하는 통행자 개개인의 책임으로 확보하여야 할 것이다.

3. 그리고 도로의 설치 · 관리상의 하자는 도로의 위치 등 장소적인 조건, 도로의 구조 · 교통량 · 사고시에 있어서의 교통 사정 등 도로의 이용 상황과 본래의 이용 목적 등 제반 사정과 물적 결함의 위치 · 형상 등을 종합적으로 고려하여 사회

통념에 따라 구체적으로 판단하여야 한다

(1) 그런데 기록에 의하면 다음과 같은 사실을 인정할 수 있다.

(가) 도로 상황 및 지리적 상황

이 사건 사고 지점의 도로는 영월과 정선을 잇는 폭 9.6m의 왕복 2차로 38번 국도로서 중앙선이 설치된 아스팔트 포장도로이고, 산간 내륙지대에 위치하여 있으며, 이 사건 사고 승용차의 진행방향에서 보았을 때 직선 구간이 끝나면서 이어지는 우로 굽은 수평의 곡선 구간으로서 좌측에는 방호벽이 설치되어 있고 그 위에 철로가 지나가고 있으며 우측에는 가드레일이 설치되어 있고 그 너머에는 하천이 흐르고 있다. 그리고 위 사고 지점은 지형상 응달진 곳으로 당시 중앙선 부근을 포함하여 눈으로 덮여 있어 중앙선이 잘 보이지 않을 정도였고 승용차가 진행하는 차로 쪽은 약 100m가 결빙되어 미끄러운 상태였다.

(나) 기상 상황

이 사건 사고일은 겨울철(1월 18일)로서 노면에 눈이 없는 구간의 길 가장자리가 눈으로 덮여 있을 뿐만 아니라, 이 사건 사고일 전에 위 국도 부근 지역에 눈이 내린 것으로 보이나 정확히 언제 얼마나 많은 눈이 내렸는지는 기록상 전혀 알 수가 없다. 다만 이 사건 사고 당시의 날씨는 맑은 상태였다.

(다) 피고의 도로 관리 태양, 예견가능성 및 회피가능성

피고는, 피고 산하 정선국도유지건설사무소가 이 사건 사고 지점의 도로를 포함하여 일반 국도 연장 351㎞를 관리하는데, 그 관할 도로는 큰 고갯길이 16개소나 위치하고 있어 겨울철에 눈이 올 때 위험성이 많은 고갯길을 우선으로 제설작업 및 빙판제거 작업을 실시한 후 일반 평지 도로로 순차적으로 제설작업 등을 시행할 수밖에 없다. 다만 피고가 이 사건 사고 지점에 빙판길을 알리는 경고나 위험표지판 등을 설치하지 아니하고, 빙판제거 작업도 실시하지 않았다.

(라) 통행자의 행위 태양

이 사건 사고 승용차의 운전사 A는 사고 지점 약 300m 전에서 시속 55㎞로 진행하던 덤프트럭을 추월하여 사고 지점을 진행하다가 속도를 줄이려고 제동을 가하는 순간 차량의 후미가 앞쪽으로 돌면서 그대로 반대 차로로 들어가 시멘트 방호벽을 충격한 후 미끄러지면서 때마침 반대 차로에서 진행하여 오던 다른 덤프트럭과 충돌한 것이므로, A는 당시의 도로 상황 등에 대한 주의를 게을리한 채 안전운전을 하지 않고 무모하게 과속하다가 사고를 야기한 것으로 보인다.

(2) 피고의 이 사건 도로 관리상의 하자 여부에 대한 판단

앞서 본 강설의 특성, 기상적 요인과 지리적 요인, 이에 따른 도로의 상대적 안전성을 고려할 때, 눈이 내린 경우에 도로관리자로 하여금 도로에 형성된 모든 빙판을 일시에 제거하도록 요구하는 것은 사실상 불가능하고, 도로관리자가 도로 상황 등에 맞춰 특히 위험성이 높은 지점부터 순차적으로 동결방지조치를 강구하여 왔다면, 아직 그러한 제설작업 내지 빙판제거작업이 실시되지 아니한 도로 구간에서는 운전자가 스스로 그와 같은 도로상황에 알맞은 방식과 태도로 운전함으로써 사고발생의 위험을 방지하여야 할 주의의무가 있다고 보는 것이 타당하고, 그와 같은 주의의무를 다하지 못하여 발생된 사고에 대한 책임을 도로관리자의 관리상의 하자로 돌릴 수는 없을 것이며, 겨울철에 눈이 내린 직후에 산간 지역의 도로를 통행하는 운전자로서는 지형에 따라 노면이 결빙되어 미끄러운 곳이 있으리라는 것을 충분히 예상하거나 인식할 수 있는 것이므로 도로관리자가 그러한 도로상황에 대한 경고나 위험표지판 등을 설치하지 않았다고 하여 도로 관리에 하자가 있다고 할 수는 없을 것이다.

이 사건의 경우를 보면, 사고 지점의 도로는 산간지역에 위치하고 있는 도로이고, 사고 당시는 겨울철로서 눈이 내리면 노면이 결빙되기 쉬운 때이며, 기록에 첨부된 사진에 의하면 당시 눈이 내린 지 얼마 되지 않은 것처럼 보이므로, 원심으로서는 과연 이 사건 사고 지역에 언제 어느 정도의 눈이 내렸으며 그로 인한 노면 결빙의 정도는 어떠하였는지, 그와 같은 눈이 내린 후 피고가 보유한 인적 · 물적 설비를 동원하여 위험이 높은 도로 구간부터 순차적으로 제설 및 빙판제거작업을 실시하여 온 것인지, 그리고 이와 같이 눈이 내린 시기와 양, 그로 인한 도로 교통상의 위험의 정도, 피고의 빙판제거 및 제설작업 능력 등에 비추어 이 사건 사고 발생 이전에 위 사고 지점의 빙판을 제거할 수 있는데도 이를 방치한 것은 아닌지, 이 사건 사고를 전후하여 다른 많은 차량은 별다른 어려움을 겪지 않고 이 사건 사고 지점을 무사히 통행하였는지, 이 사건 사고 운전자 A의 사고 당시 운전행위의 태양과 그 과실은 무엇인지 등에 관하여 개별적 · 구체적으로 심리하여 본 후에 비로소 피고의 이 사건 사고 지점의 도로 관리상에 하자가 있는지 여부를 판단하였어야 할 것이다.

그럼에도 불구하고, 원심이 이와 같은 점에 대하여 심리를 다하지도 아니한 채 피고에게 도로관리상의 하자가 있다고 판단한 것은 도로 관리의 하자에 관한 법리

를 오해한 것이다.

■ 쟁 점

위 판결은 일반 국도에 강설로 인하여 생긴 빙판을 제거하지 않은 것이 공작물의 보존상의 하자에 해당하는가 하는 점이 문제된 것이다.

■ 검토할 사항

□ 도로의 설치 · 관리상의 하자인지 여부를 판단함에 있어서 고려할 사항은 무엇인가?

■ 관련사례

□ 100년 만의 최대 적설량을 보인 폭설로 인하여 고속도로가 정체되어 다수의 차량 운전자들이 고속도로에서 장시간 고립된 경우에, 이는 공작물의 관리상의 하자로서 고속도로의 관리책임자인 한국도로공사는 공작물책임을 지는가? (대판 2008.3.13. 2007다29287,29294)

□ 장마철 집중호우로 종단면상 유(U)자형 도로의 가운데 부분에 차량 통행에 장애가 될 정도로 빗물이 고여 있어 그곳을 진행하는 차량이 고인 빗물을 피하려고 중앙선을 침범하여 교통사고를 일으킨 경우에, 도로의 관리 · 보존상의 하자가 있는 것인가? (대판 1998.2.13. 97다49800)

□ 50년 빈도의 최대강우량에 해당하는 집중호우로 제방도로가 유실되면서 그곳을 걸어가던 보행자가 강물에 휩쓸려 익사한 경우, 제방도로의 설치 · 관리상의 하자인가? (대판 2000.5.26. 99다53247)

□ 갑이 편도 1차선으로서 도로교통법상 주차금지구역인 도로의 75% 정도를 차지하게 불법 주차하였는데, 그 도로를 관리하는 市가 이 차량을 5일간이나 방치하였고, 병이 위 도로의 그러한 불법주차 사실을 모르고 음주상태에서 위 도로를 지나다 위 차량을 충돌하여 상해를 입은 경우, 도로의 관리상에 하자가 있고 따라서 市도 배상책임을 지는가? 이들간의 배상범위는 어떠한가? [대판 2002.9.27. 2002다15917. 이의 내용은 공동불법행위의 효과 부분(310면) 참조]

□ 고속도로상에 들어온 개를 피하려다 사고가 난 경우 고속도로의 보존상 하자가 있는가? (대판 1992.10.27. 92다27164)

■ 참고문헌

□ 김득환, 겨울철 강설에 의한 노면 결빙으로 인한 교통사고와 도로관리의 하자 여부, 대법원판례해설 34호, 2000, 139-148.

□ 김한용, 도로의 설치 · 보존의 하자로 인한 손해배상책임, 대법원판례해설 35호, 2001, 134-144.

▫ 전극수, 폭설로 인한 고속도로의 정체와 손해배상책임에 관한 연구, 민사법학 43-1호, 2008, 369-398.

▣ 판례 2

대판 2007.6.28. 2007다10139

| 사안 | A(소외 1)는 2003.8.20. H아파트 앞 노상에서 고가사다리가 달린 자기 소유의 화물차(사다리차)를 이용하여 이사작업을 하고 사다리를 접는 과정에서, 위 아파트 바로 앞 지상 10m 상공에 설치되어 있던 22,900 볼트 상당의 전류가 흐르는 고압전선에 위 사다리 끝부분이 닿아 사다리차에 고압전류가 흐르게 되자 A가 사다리차의 시동을 끄기 위하여 운전석 문을 여는 바람에, 바로 옆에 주차된 화물트럭 옆에서 이삿짐을 밧줄로 묶는 작업을 하던 B(소외 2)가 곧바로 위 전류에 감전되어 사망하였다. 그리하여 A의 보험회사 甲(원고)이 B의 유족에게 손해배상금을 지급하고, 乙(피고, 한국전력공사)에 대하여 공작물책임을 근거로 구상권을 행사하였다.

그런데 위 고압전선은 H아파트에 전력을 공급할 목적으로 설치되어 1991.9.6. 사용승인을 받은 것으로 '특별고압 절연전선'에 해당하고, 위 아파트 외벽으로부터 수평으로 최소 약 2.2m, 이사작업 세대의 베란다로부터 약 3.3m 가량 떨어져 있으며, 지상으로부터의 수직 높이는 10m로서 위 아파트 전체 높이보다는 낮게 설치되어 있는데, 이는 전기사업법 제67조에 근거한 '전기설비기술기준'에서 정한 이격거리 범위 내에 해당한다. 또한 위 전선 주변에는 감전사고의 위험성을 알리는 위험표시판이 전혀 설치되어 있지는 않으나, 위 고압전선에 관하여는 기술기준에서 정한 위험표지판 설치대상에 해당하지 않는다. 다른 한편으로 乙은 이 사건 사고 발생 약 2개월 전에 A의 영업소 앞으로 '이사철 전기안전사고 예방협조'라는 제목으로, 고가사다리 취급시 전력선에 접촉되는 감전사고의 위험성을 알리고 "고가사다리와 전력선과는 1.5m이상 거리를 유지하며, 이삿짐 작업현장 주변에 전력선이 지나가면 乙에게 연락하여 안전점검을 받은 후 작업하여 줄 것"을 당부하는 내용의 공문을 발송하였고, 그 밖의 다른 이삿짐 운반업체들에 대하여도 같은 내용의 공문을 발송하는 등 전기안전사고 예방을 위한 홍보활동을 수시로 하여 왔다. 그리고 乙은 이 사건 전선이 설치된 구역을 매월 2회 정도 점검하였는데, 이 사건 사고일로부터 6일 전에 점검한 결과에도 별다른 이상이 없었다. 그러나 A는 이 사건 전선에 고압의 전류가 흐른다는 사실을 잘 알면서도 乙에게 연락하여 안전점검을 받는 등의 조치를 취하지 않은 채 부주의하게 작업을 실시하였으며, A는 전선으로부터 큰 영향을 받지 않고 전선과 접촉하지 않으면서 고가사다리를 접어 화물차 적재함에 탑재할 수 있었다.

| 원심 | 공작물의 설치 · 보존자에게 공작물의 통상의 용법에 따르지 아니한 이례적인 행동의 결과 발생한 사고에까지 대비하여야 할 방호조치의무가 있다고는 할 수 없는데, 위 인정사실에 의하면 이 사건 전선 인근의 주민들의 통상적인 일상생활에서 안전사고가 발생할 위험성은 극히 희박하다고 보이고, 이 사건 전선의 설치 이후 주위에 특별한 환경변화가 있어 피고가 이 사건 전선에 관계법령의 기술수준을 넘어서는 시설 또는 조치를 취하여야 할 필요가 있는 특별한 사정이 있다고 보기도 어렵다. 그 밖에도 이 사건 사고는 A가 사다리차에 전류가 흐름을 감지하고서도 주변 사람들에게 감전사실을 알리는 등의 적절한 조치를 취하지 아니하고 무리하게 운전석 문을 열다가 인접 주차된 망 B의 트럭에까지 감전되게 하는 극히 우발적인 사정으로 발생한 것으로서, 이러한 사고에서 전선에 통상 갖추어야 할 객관적인 안전성을 갖추지 못한 하자가 있다거나, 피고에게 전선을 설치함에 있어 위 아파트와의 이격거리를 더 멀리하여 설치하거나 위험표지를 하는 등의 안전조치를 이행할 주의의무를 게을리한 잘못이 있다고 보기 어렵다. 그러므로 피고에게 공작물의 설치 · 보존에 관한 하자 책임이 있음을 전제로 하는 원고의 청구는 이유 없다.

| 판지 | 민법 제758조 제1항에서 말하는 공작물의 설치 · 보존상의 하자라 함은 공작물이 그 용도에 따라 통상 갖추어야 할 안전성을 갖추지 못한 상태에 있음을 말하는 것으로서, 이와 같은 안전성의 구비 여부를 판단함에 있어서는 당해 공작물의 설치 · 보존자가 그 공작물의 위험성에 비례하여 사회통념상 일반적으로 요구되는 정도의 방호조치의무를 다하였는지의 여부를 기준으로 판단하여야 하고, 특히 국내 일원에 걸쳐 전기공작물을 독점적으로 소유 내지 점유하면서 그 이익을 독점하는 한편 그 공작물의 보존 및 관리의무를 부담하고 있는 피고에게 있어서는, 전기사업법이나 전기설비기술기준은 공작물의 설치 · 보존상의 하자 유무를

판단하는 일응의 참작기준이 될 수 있을 뿐이고 그것이 절대적인 것은 아니라고 할 것이니, 피고가 위 법령의 기준에 따라 전기공작물을 설치하였다고 하여도 이로써 그 설치 이후에 생긴 주위의 자연적 · 인위적 환경변화 등의 상황에 합당한 사고예방 조처를 강구할 의무까지 면제되는 것은 아니다.

원심이 인정한 사실관계를 위와 같은 법리에 비추어 보면, 지극히 위험한 22,900볼트의 특별고압전선인 이 사건 전선을 인구가 밀집한 아파트단지를 통과하도록 연결한 피고는 이 사건 전선과 아파트 외벽 또는 베란다와의 이격거리가 법정 이격거리를 초과한다 하더라도, 이 사건 사고발생 전 A를 비롯한 이삿짐 운반업체에게 고가사다리 취급시 전력선에 접촉되는 감전사고의 위험성을 알리는 공문을 수시로 보낼 정도로, 아파트나 주택가 등 주거밀집지역에서 통상 행하여지는 이사작업을 위하여 금속제 고가사다리를 베란다에 붙인 후 그 사다리차의 적재함을 이용하여 인부와 함께 금속성 화물을 오르내리는 작업을 하고 마무리로써 다시 그 사다리를 접어내리는 일련의 과정 도중 감전사고가 발생할 위험성이 높다는 것을 능히 예견할 수 있었으므로, 이러한 경우 피고로서는 일반 주민은 물론 이사작업을 담당하는 사람들로 하여금 이 사건 전선의 존재와 위험성에 대하여 쉽게 알고 경각심을 가질 수 있도록 이 사건 전선이나 그 지주물에 위험표지를 설치하였어야 할 터인데, 피고가 이러한 사고방지를 위한 조치 또는 시설을 전혀 하지 아니한 상황에서 망 B가 이 사건 전선을 의식하지 못한 채 이 사건 사다리차와 어느 정도 떨어져 작업을 한다든지 하는 특별한 대비 없이 작업을 하다가 이 사건 사고를 당하였으니, 피고가 이 사건 전선의 설치 당시 법정 이격거리 등을 준수하였다거나 이삿짐업체에 대하여 감전사고의 위험성을 알리는 공문을 발송하였다는 것만으로써는, 피고의 소유 내지 점유관리 하에 있는 이 사건 전선에 관하여 사람에게 위해를 입히지 않도록 통상 갖추어야 할 안전성을 갖추도록 설치 · 보존상의 책임을 다하였다고 볼 수 없다.

그리고 공작물의 설치 또는 보존상의 하자로 인한 사고라 함은 공작물의 설치 또는 보존상의 하자만이 손해발생의 원인이 되는 경우만을 말하는 것이 아니고, 다른 제3자의 행위 또는 피해자의 행위와 경합하여 손해가 발생하더라도 공작물의 설치 · 보존상의 하자가 공동원인의 하나가 되는 이상 그 손해는 공작물의 설치 · 보존상의 하자에 의하여 발생한 것이라고 보아야 하므로, 이 사건 사고를 유발한 A의 행위에서의 과실이 피고의 책임을 면제할 정도에까지 이르렀다고는 보이지 아니하는 이상, 망 B가 사망에 이르게 된 데에 위와 같은 A의 이 사건 사다리차 조작과정에서의 실수가 개입되어 있다거나 A가 사고 당시 전선이 고압전선인 점을 알고 있었고 피고에게 문의 및 안전조치요구를 하지 아니하였다는 등의 사정은, 피고의 위와 같은 설치 · 보존상의 하자와 망 B의 사망 사이의 상당인과관계를 인정하는 데에 아무런 장애가 되지 아니한다.

따라서 전기공작물인 전선의 설치 · 보존상의 하자로 말미암은 망 B의 사망에 대하여 그 공작물의 설치 · 관리자인 피고는 손해배상책임을 면할 수 없다.

■ 쟁 점

위 판결은 A가 이삿짐 사다리차를 조작하는 중에 사다리가 고압전선에 접촉되어 B가 감전되어 사망한 경우에, 위 고압전선의 설치 · 보존상에 하자가 있는가, 그리고 위 사고가 이러한 하자와 A의 과실이 경합하여 발생한 것이라면 고압전선의 점유자(한국전력)가 여전히 책임을 지는가 하는 점이 문제된 것이다.

■ 검토할 사항

- 한국전력은 법령상의 기준에 맞게 고압전선을 설치하고 관리하였음에도 이의 설치 · 보존상에 하자가 있는 것으로 인정되는가? 인정된다면 그 이유는 무엇인가?
- B의 사망사고는 A의 과실도 경합하여 발생하였는데, 고압전선의 설치 · 보존에 하자가 있다고 하여 한국전력이 손해배상책임을 지는가?

■ 관련사례

- A대학의 5층 건물 옥상에서 이 대학 학생이 후배들에게 얼굴을 하늘로 향하게 하여 바닥에 눕게 한 다음, 구령에 맞추어 몸통을 좌우로 뒹굴게 하는 방법으로 기합을 주던 중, 그중 1인이 몸을 구르다가 건물 아래로 떨어져 사망하였다. A대학이 위와 같은 사고가 있을 것을 예상하여 옥상에 관리인을 두어 출입을 통제한다거나 추락을 방지하기 위하여 난간을 설치하는 등의 조치를 취하지 않은 점에서, 건물의 설치보존상의 하자가 있다고 할 것인가? (대판 1992.4.24. 91다37652)
- 갑이 정신질환으로 을 병원에 입원하여 진료를 받던 중 병원 옥상에 올라가 떨어져 자살(실족하여 추락하여 사망하였을 개연성도 있음)하였는데, 갑의 병실은 8층 건물의 6층에 위치하여 입원환자가 옥상에 출입하기에 비교적 용이했고, 위 옥상은 입원환자를 포함하여 병동을 출입하는 다수인이 휴식 장소로 활용하는 곳이며, 옥상의 난간이 쉽게 올라갈 수 있는 상태였다면, 공작물의 설치 · 관리에 하자가 있는 것으로서 을은 손해배상책임을 지는가? (대판 2010.4.29. 2009다101343)

- □ 고등학교 3학년 학생이 교사의 단속을 피해 담배를 피우기 위하여 3층 건물 화장실 밖의 난간을 지나다가 실족하여 사망한 경우에, 복도나 화장실 창문에 난간으로의 출입을 막기 위하여 출입금지장치나 추락위험을 알리는 경고표지판을 설치하지 않은 점에서 학교시설의 설치 · 관리상의 하자가 있다고 할 수 있는가? (대판 1997.5.16. 96다54102)
- □ 가변차로에 설치된 두 개의 신호등에서 서로 모순되는 신호가 들어오는 오작동이 발생한 경우에, 그 고장이 현재의 기술수준상 부득이한 것이라면 이의 점유자에게 손해발생의 예견가능성이나 회피가능성이 없으므로 이를 공작물의 하자라고 할 수 없는가? (대판 2001.7.27. 2000다56822)
- □ 스키장 내 슬로프에서 스키를 타고 내려오던 중 넘어지면서 안전망에 부딪쳐 사망하였는데, 안전망이 지면과 떨어진 정도나 안전망 간의 간격은 적절한 경우, 안전망의 설치 · 관리에 하자가 있다고 인정되는가? (대판 2006.1.26. 2004다21053)
- □ 행인이 여관 건물의 배수관 보호벽 위에 올라가 여관 내부를 엿보려다 보호벽이 무너져 사망한 경우, 보호벽에 설치 · 보존상의 하자가 인정되는가? (대판 1998.1.23. 97다25118)

■ 참고문헌

- □ 윤용석, 공작물하자로 인한 손해배상책임, 판례연구 10집, 1999, 395-428, 부산판례연구회.
- □ 이인재, 공작물책임에 있어서의 하자, 민사재판의 제문제 7권, 1993, 159-171.
- □ 최성배, 전기공작물인 고압전선의 설치 · 보존상의 하자 및 감전사고와의 인과관계, 대법원판례해설 67호, 2008, 504-515.

(2) 하자가 제3자의 행위로 야기된 경우

대판 1992.9.14. 92다3243

| 사안 | A가 1990.9.29. 03:25경 경부고속도로 상행선에서 1톤 트럭을 운전하여 추월선을 따라 위 지점을 운행하던 중 트럭 앞바퀴가 추월선상에 떨어져 있던 자동차 타이어에 걸려, 그로 인하여 위 트럭이 중앙선을 넘어 맞은 편에서 오던 8톤 트럭과 정면 충돌함으로써 A가 그 자리에서 사망하였다. 그리하여 A의 상속인 甲(원고)이 乙(피고, 한국도로공사)에 대하여 손해배상을 청구하였다.

| 원심 | 피고는 고속도로 유지관리자로서 고속도로상에 장애물이 있으면 이를

가능한 한 빨리 제거하여 차량통행에 지장이 없도록 하여야 함에도 자동차 타이어가 떨어져 있는 것을 방치한 결과 위와 같은 사고로 A가 사망하였다고 하여 이로 인한 피고의 손해배상책임을 인정하고, 피고의 면책항변에 대하여서는 다음과 같이 판시하여 이를 배척하였다. 즉 피고의 안전관리규정에 의하면, 도로순찰자는 도로상의 교통장애물 등을 점검하기 위하여 주간 1회, 야간 3회 이상의 정기순찰을 실시하도록 되어 있고, 이 사건 사고지점의 도로순찰과 안전관리를 담당하고 있는 피고 공사의 보안원 중 1인인 A는 1990.9.28. 09:10부터 다음 날 08:50까지 순찰차를 운행하여 영동에서 옥천 사이를 순찰하였는데, 이 사건 사고가 일어나기 전인 1990.9.29. 02:00부터 02:50까지 상행선을 순찰하면서 사고지점을 통과한 바 있고, 02:50부터 03:20까지 하행선을 순찰하였는 바, A가 위 사고지점을 직접 순찰한 때로부터 사고시간까지는 약 1시간 정도의 간격이 있었는 바(그 사이에 타이어가 도로에 떨어졌을 가능성이 크다), 위와 같은 사실만으로는 피고가 위 도로를 유지관리함에 있어서 사고 발생을 방지하기 위해 필요한 주의를 다 하였다고 보기 어렵고, 오히려 위 사실에 의하면 그 주의의무를 해태하였다고 보아야 한다는 것이다.

| 판지 | 공작물인 도로의 설치보존상의 하자는 도로의 위치 등 장소적인 조건, 도로의 구조, 교통량, 사고시에 있어서의 교통사정 등 도로의 이용상황과 그 본래의 이용목적 등 제반사정과 물적결함의 위치, 형상 등을 종합적으로 고려하여 사회통념에 따라 구체적으로 판단하여야 할 것인 바, 도로의 설치 후 제3자의 행위에 의하여 그 본래의 목적인 통행상의 안전에 결함이 발생된 경우에는 도로에 그와 같은 결함이 있다는 것만으로 성급하게 도로의 보존상 하자를 인정하여서는 안 되고, 당해 도로의 구조 · 장소적 환경과 이용상황 등 제반의 사정을 종합하여 그와 같은 결함을 제거하여 원상으로 복구할 수 있는데도 이를 방치한 것인지 여부를 개별적 · 구체적으로 심리하여 하자의 유무를 판단하여야 할 것이다.

이 사건에서 피고에게 도로의 보존상 하자로 인한 손해배상책임을 인정하기 위하여는 도로에 타이어가 떨어져 있어 고속으로 주행하는 차량의 통행에 안전상의 결함이 있다는 것만으로 족하지 아니하고, 관리자인 피고가 사고 발생 전 다른 차량 등 제3자의 행위에 의하여 야기된 도로의 안전상의 결함을 미리 발견하고 이를 제거하여 차량의 안전한 통행상태로 회복하도록 하는 방호조치를 취할 수 있음에도 이를 취하지 아니하고 방치한 경우에 한하여 책임이 인정된다고 할 것이다. 다시 말하자면 도로의 안전상의 결함이 객관적으로 보아 시간적 · 장소적으로 피고의 관리행위가 미칠 수 없는 상황 아래에 있는 경우에는 관리상의 하자를 인정할 수 없는 것이다.

A가 야간정기순찰계획의 일환으로 사고 당일 02:30경 영동인터체인지를 출발, 상행하여 03:25경 옥천인터체인지를 돌아 03:35에 동어정류장에 도착하였는데, 이 사건 사고지점의 통과시간은 03:10 내지 03:15경으로 당시는 고속도로상에 타이어와 같은 장애물이 발견되지 아니한 사실을 알 수 있고, 사고 당일 사고지점을 통과한 차량의 수는 시간당 약 710대이고 위 영동지부가 관리하는 고속도로 상하행선에는 사고발생신고 등을 위하여 긴급전화기 48대가 설치되어 있고, 사고지점으로부터 1.9킬로미터 떨어진 지점에도 1대가 설치되어 있었으나 사고 당시 타이어 방치 사실에 관한 신고를 받지 못하였으며, 위 영동지부에서 장애물 신고를 받은 경우 가장 먼거리일지라도 그 장소에 도착하여 이를 제거하는 데 20분 정도밖에 소요되지 아니하고, 사고 당시는 그 순찰차가 사고지점으로부터 5분 내지 6분 거리의 약 4킬로미터 거리에 있었으므로, 사고발생의 원인이 된 타이어가 사고지점 고속도로상에 떨어진 것은 A가 사고지점을 통과한 후로서 사고시로부터 10분 내지 15분밖에 경과되지 아니한 것으로 인정된다.

위와 같은 사실관계에서는 피고가 이 사건 사고지점의 도로에 떨어진 타이어를 발견하고 이를 제거하여 사고방지 조치를 취한다는 것은 시간적으로 거의 불가능한 일이 아닌가 생각된다. 따라서 피고의 손해배상책임을 인정한 원심의 조치는 수긍하기 어렵다. 결국 원심으로서는 피고의 고속도로 안전성에 대한 순찰 등 감시체제, 타이어의 낙하시점, 피고가 타이어의 낙하사실을 신고받거나 직접 이를 발견하여 그로 인한 고속도로상의 안전성 결함을 알았음에도 사고방지 조치를 취하지 아니하고 방치하였는지 여부, 혹은 이를 발견할 수 있었음에도 발견하지 못하였는지 여부 등 제반사정을 심리하여 고속도로의 하자 유무를 판단하였어야 할 것이다.

■ 쟁 점

위 판결은 A가 고속도로 추월선에 누군가가 떨어뜨린 폐타이어에 걸려 맞은 편에서 오던 차량과 충돌하여 사망한 경우에, 도로의 보존상에 하자가 있는 것인가 하는 점이 문제된 것이다.

■ 검토할 사항

□ 고속도로의 관리자가 도로의 통행에 장애가 되는 물건을 치우지 않았음에도 판결이 도로의 관리상의 하자가 없다고 판단한 이유는 무엇인가?

□ 고속도로상에 제3자의 행위에 의하여 장애물이 생긴 경우에 그것이 도로관리상의 하자인가 여부를 판단함에 있어서 고려할 점은 무엇인가?

■ 관련사례

□ 편도 2차선 국도에 떨어져 있던 쇠파이프가 X차 뒷바퀴에 튕겨져 반대방향을 달리던 Y차의 유리창에 떨어져 Y차의 운전자 갑이 상해를 입었는데, 도로관리자가 위 사고의 발생 33분 내지 22분 전에 사고 장소를 통과하였으나 위 쇠파이프를 발견하지 못한 경우, 도로의 관리상에 하자가 있다고 할 것인가? (대판 1997.4.22. 97다3194)

□ 갑이 22:40경 고속도로를 추월선을 따라 진행하다가 주행선과 추월선의 경계선으로부터 추월선의 약 절반 정도에 걸쳐 가로놓여 있는 길이 2m(세로 길이 약 20㎝)의 각목에 걸려 교통사고가 발생했다. 그런데 도로관리자는 안전관리규정에 따라 순찰대원 2명이 승차한 순찰차 1대가 주간 및 야간에 각기 편도 3회씩 순찰하는데, 중앙분리대가 있어 반대차선상의 장애물을 발견하는 것은 불가능하며, 위 고속도로의 교통량은 위 안전관리규정이 만들어졌던 때(1988.7.26.)에 비하여 사고 당시 약 2.7배 이상 증가하였으며, 위 사고지점으로부터 약 4㎞ 떨어진 곳에 요금소가 있고 약 8㎞ 떨어진 곳에 도로공사 지부가 있는 외에 긴급전화기는 설치되어 있지 않았다. 이런 경우 도로의 관리상에 하자가 있다고 할 것인가? (대판 1996.10.11. 95다56552)

□ A가 차량출입이 금지된 여의도광장 안에 자동차를 몰고 들어가, 광장 안에서 산책하던 갑 등을 치었다. 그런데 이 사고 당시 여의도광장과 차도 사이에는 차도와의 경계선 일부에만 이동식 쇠기둥이 설치되어 있고 나머지 부분에는 별다른 차단시설물이 없었으며 경비원도 없었다. 여의도광장의 관리상에 하자가 있는 것인가? (대판 1995.2.24. 94다57671: 여의도광장 사건)

□ 갑이 건설사 A에게 건물신축공사를 도급주었는데, 공사현장과 을의 학교 테니스장 사이에는 을이 설치한 높이 2m의 브로크 담장이 있었다. 그런데 A가 터파기 공사를 하면서 담장 바로 밑 부분을 파내는 바람에 담장이 공사현장 쪽을 향하여 비스듬히 기울고, 담장의 일부에 균열이 발생하여, A는 담장이 무너질 것에 대비하여 담장에 버팀대를 설치하였는데, 을 측은 담장의 흠을 발견하고는 갑 및 A측에게 수차례 담장의 보수를 요구하였음에도 보수를 하지 않다가, 집중호우가 내리자 갑의 아들이 물길을 내기 위해 삽을 공사현장과 담장 사이를 지나가다가 담장 일부가 갑자기 무너지는 바람에 여기에 깔려 사망한 경우, 위 사고는 을이 설

치한 담장의 보존상의 하자로 인한 것으로서 따라서 을이 손해배상책임을 지는가? (대판 2005.1.14. 2003다24499)

■ 참고문헌

- □ 서현무, 고속도로의 보존의 하자 —대법원 판례를 통해 본 제3자의 행위로 발생한 고속도로상의 교통사고에 대한 도로관리자의 책임여부—, 재판실무연구 1999, 2000, 113-133, 광주지방법원.
- □ 정길용, 도로 보존의 하자: 제3자의 행위에 의하여 발생한 도로의 결함으로 인한 사고를 중심으로, 재판과 판례 6집, 1997, 275-301, 대구판례연구회.
- □ 최세모, 공작물의 설치, 보존상의 하자, 대법원판례해설 18호, 1993, 319-326.

2. 입증책임

대판 1982.8.24. 82다카348

| 사안 | A의 트럭이 광양군(피고)이 관리하는 지방도로를 통과하다가 때마침 내린 폭우로 도로의 좌측 벽면 지주역할을 하던 산이 무너져 빠져나오지 못하고 파손되었다. A의 보험사 甲(원고)이 A에게 손해액을 지급한 후, 광양군이 위 도로를 점유 관리하는 자로서 그 설치 또는 보존의 하자로 인하여 발생한 위 사고에 대하여 손해배상의 책임이 있다고 하면서 구상금의 지급을 청구하였다.

| 판지 | 1. 원심은, 원고는 위 사고가 산사태의 발생 예방에 필요한 조치를 취하지 아니한 피고의 과실로 인하여 발생한 것이라고 주장하나 이를 인정할 증거가 없고, 오히려 이 사건 사고 당일 위 사고지점 부근에 97.8밀리미터 이상의 집중폭우가 내린 결과 불가항력적으로 위와 같은 산사태가 난 것이라고 하여, 원고의 피고에 대한 이 사건 구상금 청구를 기각하였다.

2. 민법 제758조 제1항에 규정된 공작물의 설치 또는 보존의 하자라 함은 그 공작물 자체가 통상 갖추어야 할 안전성을 결여한 상태를 의미하는 것으로서 그 하자의 존재에 관한 입증책임은 피해자에게 있으나, 일단 그 하자 있음이 인정되는 이상 손해배상이 천재지변의 불가항력에 의한 것으로서 위와 같은 하자가 없었다고 하여도 불가피한 것이었다는 점에 대한 입증책임은 이를 주장하는 공작물의 점유자에게 있는 것이다.

이 사건에서 위 사고지점은 산을 절개하여 도로를 낸 곳으로 배수시설이나 석축 또는 축대시설이 전혀 되어 있지 않은 사실이 인정되고, 또 피해상황 보고에 의하면 위 절개지가 호우로 붕괴됨으로써 이 사건 사고가 야기된 사실이 인정되므로, 위와 같은 정도의 증거가 있으면 그 신빙성을 배척하지 않는 한 일응 위 도로는 통상 갖추어야 할 안전성을 결여한 것으로 인정할 수 있다고 할 것이다.

그런데 원심은 위 사고지점 일대에 97.8밀리미터 이상의 집중폭우가 내린 결과 불가항력으로 산사태가 난 것이라고 설시하고 있으나, 97.8밀리미터의 집중폭우가 그 지역에서 통상 예상할 수 없을 정도의 이변에 속하는 자연현상으로서 위 도로의 안전성을 위하여 필요한 시설을 갖추었다고 하여도 위 절개지의 붕괴를 방지할 수 없었다고 하는 사정이 인정되지 않는 한 97.8밀리미터의 집중폭우가 있었다는 사실만으로 불가항력이라고 단정할 수 없는 것이다.

■ 쟁 점

위 판결은 공작물 하자에 의한 손해가 천재지변 등 불가항력에 기한 것이라는 점에 관한 입증책임을 누가 지는가 하는 점이 문제된 것이다.

■ 검토할 사항

- □ 공작물책임에서 피해자와 가해자(공작물점유자)는 각기 어떤 점을 입증해야 하는가?
- □ 공작물 하자에 의한 손해가 천재지변 등 불가항력에 기한 것이라는 점에 관한 입증책임은 누가 지는가?

■ 관련사례

- □ 박인호, 공작물의 설치 보존자에게 부과되는 방호조치의무의 정도, 대법원판례해설 7호, 1988, 25-37.
- □ 홍기문, 증명책임에 관한 판례, 민사소송법의 제문제(김홍규박사 화갑기념논문집 I), 1992, 73-96.

II. 배상책임자

대판 1975.3.25. 73다1077

| 사안 | 甲 등 수인(원고)은 고령군과 달성군 하동 간의 낙동강을 건너는 도선을 타고 가던 중에 도선의 노후로 인한 침수와 선원 A의 과실로 상해를 입었다. 그런

데 이 도선에는 도선운항의 안전을 위하여 비치하였어야 할 구명대 또는 구명환이 비치되어 있지 않았다. 그런데 위 도선은 고령군(피고, 乙)이 군 내에 도선장을 개설하고 고령군 **동과 달성군 하동 간의 낙동강 유역 주민에 대한 도강 편의를 도모하기 위하여 제작한 것이며, 丙(원심 공동피고)이 乙과 도선사용징수 청부계약을 맺고 위 도선을 운행하여 왔던 것이다. 이에 甲은 乙 및 丙을 상대로 하여 제758조의 공작물 보존의 하자에 대한 책임을 이유로(그 외에 丙에 대해서는 제756조의 사용자책임을 이유로) 손해배상을 청구하였다.

| 소송의 경과 | 1. 원심은, 본건 사고는 본건 도선의 노후로 인한 침수와 도선운항의 안전을 위하여 구명대 또는 구명환을 비치하여야 함에도 불구하고 이러한 구명장구를 설치하지 아니한 위 도선 보전의 하자와, 선부인 A의 과실이 경합하여 발생된 것이고, 피고 乙이 위 도선을 제작하여 피고 丙과 사이에서 도선사용징수 청부계약을 맺어 丙이 위 도선을 운행하여 왔으므로, 피고 丙이 위 도선을 사실상 점유 지배하고 있다 하더라도 피고 乙은 위 도선장의 경영자로서 위 도선을 간접 점유하고 있다는 사실을 확정한 후, 피고 乙은 위 도선의 소유자 겸 점유자로서 본건 도선의 관리보전에 관한 하자에 대하여 책임이 있고, 피고 丙은 A의 사용자로서 동인의 불법행위로 인하여 생긴 손해를 연대하여 배상할 책임이 있다고 하였다.

2. 이에 대해서 피고 乙은, 자신은 간접점유자이므로 공작물의 보존의 하자에 대하여 책임을 지지 않는다는 이유로 상고하였다.

| 판지 | 공작물의 설치 또는 보존의 하자로 인하여 타인에게 손해를 가한 때에는 공작물점유자가 제1차적으로 책임을 지고, 그 점유자가 손해의 방지에 필요한 주의를 해태하지 아니한 때에 비로소 그 소유자가 책임을 진다 할 것이며, 공작물의 점유가 대리점유인 경우에는 직접점유자가 1차적인 책임을 지고 직접점유자에게 책임을 지울 수 없는 경우에 비로소 간접점유자가 책임을 지는 법리라 할 것이다. 그럼에도 불구하고 원판결은 본건 도선의 직접점유자인 원심 공동피고 丙이 그 도선 보존의 하자로 인한 손해발생의 방지에 필요한 주의를 해태하지 아니하였다는 심리판단을 하지 아니한 채(원판결은 丙이 선부인 A의 사용자로서의 책임을 인정하는 판단만을 하고 있다) 피고 乙은 본건 도선의 소유자 겸 간접점유자로서 본건 사고에 대한 책임을 져야 한다고 판단하였는 바, 이러한 원판결에는 공작물 보존의 하자로 인한 손해배상의 책임에 관한 법리를 오해한 위법이 있다.

■ 쟁 점

위 판결은 공작물의 간접점유자도 이의 직접점유자와 공동으로 공작물의 설치 · 보존상의 하자로 인한 손해에 대하여 배상책임을 지는가 하는 점이 문제된 것이다.

■ 검토할 사항

□ 공작물의 설치 · 보존상의 하자에 대한 책임에서 직접점유자와 간접점유자 간의 관계를 살피시오.

■ 관련사례

□ 갑 등 수인이 을 소유의 가옥을 임차하여 점유하던 중에 부엌 안방 쪽 벽면 하단에 설치된 온수보일러 연탄아궁이에 연탄불을 피워 놓고 잠을 자다가 일산화탄소가스가 위 방의 갈라진 틈과 부엌과 방 사이의 문틈으로 스며드는 바람에 가스에 중독되어 사망하거나 상해를 입었다. 갑 등은 을에 대하여 공작물의 하자에 대한 책임을 물어 손해배상을 청구할 수 있는가? 즉 하자 있는 공작물의 하자로 이의 직접점유자(임차인 등)가 피해를 입은 경우에, 소유자가 공작물 하자에 대하여 책임을 지는가? (대판 1989.3.14. 88다카11121. 그 외에 대판 1993.2.9. 92다31668)

□ 건물 일부의 임차인이 건물소유자의 동의를 얻고 건물 외벽에 간판을 설치하였는데 간판이 추락하여 행인이 부상한 경우, 건물소유자는 건물 외벽의 직접점유자로서 공작물책임을 지는가? (대판 2003.2.28. 2002다65516)

□ 공장의 근저당권자가 공장의 부도로 대표이사 등이 도피한 상태에서 담보물의 가치를 보전하기 위하여 경비용역업체를 통하여 공장을 경비한 경우에, 위 근저당권자는 공작물점유자에 해당하는가? (대판 2000.4.21. 2000다386)

□ 고속도로, 국도, 지방도, 마을주민이 개설한 도로 등의 점유자를 살피시오. (대판 1996.10.11. 95다56552; 대판 1996.11.22. 96다25265, 그리고 전술의 대판 1982.8.24. 82다카348 등 참조)

□ 한국토지공사(사업자)가 신도시를 건설하면서 도로를 완성하였으나 하자 문제로 市에 인계되지 아니한 상태에서 시가 도로사용 개시공고를 하고 도로를 일반공중의 교통에 제공한 경우, 위 사업자를 도로의 점유자로 볼 수 있는가? (대판 1997.10.10. 97다27022)

□ 가스공급업자 갑이 간이음식점을 운영하는 을에게 도시가스를 공급하기로 하는 계약을 맺고 갑이 가스계량기 및 가스사용시설을 시공하였는데, 내관(옥내외 내관) 및 가스계량기는 가스사용자 을이 그 비용을 부담하여 그의 소유로 하되, 그 관리는 갑이 하기로 하였다. 그런데 도시가스 계량기의 부식으로 가스가 누출되어 폭발사고가 발생하였다. 위 가스계량기의 직접점유자는 누구인가? (대판

1994.6.28. 94다2787; 대판 1994.8.23. 94다16403)

- 차량출입이 금지된 여의도광장 안에 자동차를 몰고 들어가 산책하던 다수의 시민을 친 여의도광장 사건(328면)에서, 여의도광장의 관리청은 원래는 서울시이나 서울시가 영등포구청에게 이의 관리사무를 권한위임한 경우 공작물책임자는 누구인가? (대판 1995.2.24. 94다57671)
- 갑 소유의 건물을 을이 임차하여 식당을 경영하던 중 식당 홀 2개 사이에 있는 브로크 칸막이와 기둥을 제거하여 1개 홀로 만들면서 중간 서까래 받침대에 지붕무게가 지나치게 쏠리게끔 시공하였다. 그 후 병이 갑의 동의를 얻어 을로부터 위 건물의 임차권을 양수하여 식당을 경영하던 중 위 서까래 받침대가 지붕의 무게를 지탱하지 못하고 부러져 천정이 무너짐으로써 그 아래에서 술을 마시고 있던 정이 부상을 입었다. 그런데 병은 위와 같은 시공사실을 몰랐고 또 천정이 베니아판으로 덮여 있어 그러한 사실이나 하자를 알아 볼 수 없었다. 병은 하자있는 공작물의 점유자로서 배상책임을 지는가? (대판 1984.3.13. 83다카2266)

■ 참고문헌

- 이재열, 공작물책임의 배상책임자에 관한 소고, 연세법학연구 10집 1권(통권 15호), 2003, 241-272.

Ⅲ. 다른 법률과의 관계

1. 국가배상법과의 관계

대판 1994.11.22. 94다32924

| 사안 | 정주市(피고, 甲)의 도로 지하에 매설되어 있는 상수도관에 균열이 생겨 그 틈으로 새어 나온 물이 도로 위까지 유출되어, 노면이 낮은 기온으로 인하여 결빙되었다. 乙(원고의 피상속인)이 택시를 운행하던 중 노면이 결빙되어 있는 사실을 모른 채 위 도로 지점을 지나가다가 미끄러지면서, 중앙선을 넘어가 마침 반대차선에서 오던 화물차와 충돌하여 사망하였다. 그런데 위 상수도는 甲이 설치·관리하고 위 도로도 甲이 관리하고 있었다. 그리하여 乙의 상속인 乙'(원고)가 국가배상법 제5조 소정의 영조물의 설치·관리상의 하자에 대한 책임으로서 甲에게 손해배상을 청구하였다. 이에 대하여 甲은 상수도관에 대한 설치·관리상의 과실이 없다고 항변하였다.

| 원심 | 피고는 위 도로 및 상수도를 설치 · 관리하는 자로서 위 도로의 관리 및 위 상수도관의 설치 및 관리상의 하자로 인하여 이 사건 사고를 발생하게 하였다 하여 손해배상책임을 인정한 후, 위 상수도관은 내구연한이 20년 이상인 PVC관으로 1986.7.23. 설치된 것이고, 피고는 상하수도 관리를 위하여 복구차량 등 충분한 장비를 보유하고 비상연락망체계를 확립하여 운영하여 왔으며, 이 사건 사고 직전인 1992.11.28.에도 이 사건 상수도관에 대하여 점검한 사실은 인정되나, 그러한 사실만으로는 피고가 이 사건 사고 무렵까지 위 상수도관의 관리상에 필요한 주의의무를 다하였다고 인정하기 어렵다고 하여, 상수도관에 대한 설치 · 관리상의 과실이 없다는 피고의 항변을 배척하였다.

| 판지 | 국가배상법 제5조 소정의 영조물의 설치 · 관리상의 하자라 함은 영조물의 설치 및 관리에 불완전한 점이 있어 이 때문에 영조물 자체가 통상 갖추어야 할 안전성을 갖추지 못한 상태에 있는 것을 말하는 것이고, 도로 지하에 매설되어 있는 상수도관에 균열이 생겨 그 틈으로 새어 나온 물이 도로 위까지 유출되어 노면이 결빙되었다면 도로로서의 안전성에 결함이 있는 상태로서 설치 · 관리상의 하자가 있다고 할 것이다.

또한 위 사실관계에 비추어 이 사건 사고를 불가항력으로 인한 것이라고 할 수도 없으며, 또 국가배상법 제5조 소정의 영조물의 설치 · 관리상의 하자로 인한 책임은 무과실책임이고, 나아가 민법 제758조 소정의 공작물의 점유자의 책임과는 달리 면책사유도 규정되어 있지 않으므로 국가 또는 지방자치단체는 영조물의 설치 · 관리상의 하자로 인하여 타인에게 손해를 가한 경우에 그 손해의 방지에 필요한 주의를 해태하지 아니하였다 하여 면책을 주장할 수도 없다 할 것이다.

따라서 원심이 피고의 이 사건 상수도관에 대한 설치 · 관리상의 과실이 없다는 주장을 손해의 방지에 필요한 주의를 해태하지 아니하였다는 면책사유에 관한 항변으로 취급하여 나아가 판단한 것은 오히려 적절하지 아니하나, 이 사건 사고가 불가항력으로 인한 것이 아니라는 판단 결과에는 영향이 없으며, 따라서 피고에게 과실이 없으므로 면책사유가 인정되어야 한다는 상고논지는 이유 없다.

■ 쟁 점

위 판결은 市가 관리하는 도로 지하의 상수도관에서 새어 나온 물로 노면이 결빙된 경우에 도로의 설치 · 관리상에 하자가 있는가, 그리고 市는 주의를 다하였다고 하여 면책을 주장할 수 있는가 하는 점이 문제된 것이다.

■ 검토할 사항

□ 공작물의 설치·보존상의 하자에 대한 책임을 규율하는 민법 제758조와 영조물의 설치·관리상의 하자에 대한 책임을 규율하는 국가배상법 제5조와의 차이를 살피시오.

■ 참고문헌

□ 박균성, 영조물의 설치·관리의 하자로 인한 배상책임의 재검토, 헌법규범과 헌법현실(권영성교수 정년기념논문집), 2000, 623-646.

□ 이광윤, 행정판례의 최근 동향, 비교법학 20집, 2009, 105-120, 부산외국어대학교.

□ 홍준형, 국가배상법 제5조에 의한 배상책임의 성질과 영조물 설치·관리상의 하자, 판례월보 323호(1997.8.), 21-31.

2. 실화책임법과의 관계

대판 2012.6.28. 2010다58056

| 사안 | 甲(피고)의 건물에 설치된 배전반 내부의 배선이 합선되어 화재가 발생하였으며, 이 불이 이와 인접한 A회사의 건물에 옮겨 붙어 이 건물 내에 있던 A소유의 기계가 모두 불타 소실되었다. 그리하여 A회사의 보험회사 乙(원고)이 A에게 손해를 전보해 주고, 위 화재는 공작물의 하자로 인하여 발생한 것이라고 주장하면서, 따라서 甲은 민법 제758조 제1항에 의한 공작물책임을 진다고 하여 甲에 대하여 구상권을 행사하였다. 이에 대하여 甲은, 위 규정은 공작물의 하자로 인하여 직접 발생한 화재로 인하여 생긴 손해에 관해서만 적용되는 것인데, A의 손해는 자신의 건물에서 발생한 화재에서 직접 기인한 것이 아니라 그 화재가 연소·확대되어 A회사의 건물로 불길이 옮겨 붙은 바람에 발생한 것이어서 실화책임법의 적용을 받는 것이며, 그런데 이 법은 중과실이 있는 경우에 한하여 배상책임을 인정하는 바, 자신에게 중과실은 없으므로 배상책임을 지지 않는다고 주장하였다.

| 원심 | 개정 실화책임법 하에서도 구 실화책임법 하에서와 마찬가지로 공작물의 설치·보존상의 하자에 의하여 직접 발생한 화재로 인한 손해배상책임에 관하여는 민법 제758조 제1항이 적용되고, 그 화재로부터 연소한 부분에 대한 손해배

상책임에 관하여는 민법 제750조가 적용된다고 전제한 다음, 이 사건 화재로 인한 A회사의 손해는 피고 건물에서 발생한 화재에서 직접 기인한 것이 아니라 그 화재가 연소·확대되어 인접한 A회사의 건물로 불길이 옮겨 붙은 바람에 발생한 것이어서 민법 제758조 제1항이 적용될 수 없으므로, 피고가 이 사건 화재로 인하여 손해를 입은 A회사에 대하여 민법 제758조 제1항에 의한 손해배상책임이 있다는 원고의 주장은 더 나아가 살펴볼 필요 없이 받아들일 수 없다는 이유로 배척하였다.

그리고 화재로 연소된 부분에 대한 손해배상책임의 발생근거규정은 민법 제750조인데, 이 사건 화재의 발생원인이 불명확하여 이에 관하여 피고에게 과실이 있다고 단정하기는 부족하고, 피고는 피고 건물에 설치된 전기시설에 대한 관리에 관하여 통상적인 주의의무를 다하였다고 하여, 피고의 제750조에 기한 손해배상책임을 부인하였다.

| 판지 | 구 실화책임에 관한 법률은 "민법 제750조의 규정은 실화의 경우에는 중대한 과실이 있을 때에 한하여 이를 적용한다"고 규정하고 있었으나, 2009.5.8. 법률 제9648호로 전부 개정된 실화책임에 관한 법률은 제1조에서 "이 법은 실화의 특수성을 고려하여 실화자에게 중대한 과실이 없는 경우 그 손해배상액의 경감에 관한 민법 제765조의 특례를 정함을 목적으로 한다"고 규정하고, 제2조에서 "이 법은 실화로 인하여 화재가 발생한 경우 연소로 인한 부분에 대한 손해배상청구에 한하여 적용한다"고 규정하고 있다.

위와 같이 개정 실화책임법은 구 실화책임법과 달리 손해배상액의 경감에 관한 특례 규정만을 두었을 뿐 손해배상의무의 성립을 제한하는 규정을 두고 있지 아니하므로, 공작물의 점유자 또는 소유자가 공작물의 설치·보존상의 하자로 인하여 생긴 화재에 대하여 손해배상책임을 지는지 여부는 다른 법률에 달리 정함이 없는 한 일반 민법의 규정에 의하여 판단하여야 한다. 따라서 공작물의 설치·보존상의 하자에 의하여 직접 발생한 화재로 인한 손해배상책임뿐만 아니라 그 화재로부터 연소한 부분에 대한 손해배상책임에 관하여도 공작물의 설치·보존상의 하자와 그 손해 사이에 상당인과관계가 있는 경우에는 민법 제758조 제1항이 적용되고, 실화가 중대한 과실로 인한 것이 아닌 한 그 화재로부터 연소한 부분에 대한 손해의 배상의무자는 개정 실화책임법 제3조에 의하여 손해배상액의 경감을 받을 수 있다.

원심이 설시한 바와 같이 피고 건물에서 발생한 화재가 연소·확대되어 인접한

A회사의 건물로 불길이 옮겨 붙은 바람에 A회사가 손해를 입은 것이라고 하더라도, 만약 피고 건물에 설치 · 보존상의 하자가 있었고 그 설치 · 보존상의 하자와 A회사가 입은 손해 사이에 상당인과관계가 인정된다고 한다면, 피고는 민법 제758조 제1항에 따라 그에 대한 손해배상책임을 진다고 할 것이다.

그렇다면 원심으로서는 피고 건물에 설치 · 보존상의 하자가 있는지 여부, 그 설치 · 보존상의 하자와 A회사가 입은 손해 사이에 상당인과관계가 인정되는지 여부 등을 심리 · 판단하여, 피고가 A회사에 대하여 민법 제758조 제1항에 의한 손해배상책임을 지는지 여부를 가렸어야 할 것이다. 이와 달리 한 원심의 조치에는 민법 제758조 제1항, 개정 실화책임법 제1조, 제2조의 해석 · 적용에 관한 법리를 오해한 위법이 있다.

■ 쟁 점

위 판결은 甲의 건물의 하자로 인하여 발생한 화재가 인접한 A의 건물에 옮겨 붙은 경우에, 그로 인한 A의 손해에 관해서는 실화책임법에 의하여 甲에게 중과실이 없으면 배상책임을 지지 않는가 하는 점이 문제된 것이다.

■ 검토할 사항

- □ 개정 전의 실화책임법의 내용과 그 취지를 살피시오(대판 2000.5.26. 99다32431; 대판 2002.12.10. 2001다9298 참조).
- □ 실화책임법이 개정되게 된 과정과 이유를 살피시오[헌재결(전) 2007.8.30. 2004헌가25].

■ 참고문헌

- □ 조정래, 공작물책임과 실화책임, 판례연구 12집, 2001, 857-884, 부산판례연구회.
- □ 한삼인, 실화책임에 관한 법률을 둘러싼 판례의 동향과 입법론적 고찰, 인권과 정의 381호(2008.5.), 149-171.

제2관 특별법에 기한 책임

제1항 자동차손해배상책임

Ⅰ. 자동차손해배상보장법의 의의

1. 민법의 특별규정

대판 1997.11.28. 95다29390

| 사안 | 乙 회사(피고)는 도시가스 제조 · 공급 및 시공업 등을 사업 목적으로 하여 설립된 회사인데, 乙 회사 현장소장인 A는 1991.10.18. B와 사이에 공사 현장의 자재의 운반과 잔토 및 쓰레기 등을 처리하기 위하여 B 소유의 화물차를 B의 운전 용역을 제공받아 사용하되, 그 사용료 및 급료 명목으로 B에게 실제의 작업 일수에 관계없이 매월 1,600,000원을 지급하기로 하는 이른바 월대 형식의 차량 임대차 및 운전용역공급계약을 맺고, 그 무렵부터 A는 B를 작업인부인 甲 등과 함께 자신이 지휘하는 팀에 배치하여 자신의 작업 일정에 따라 작업지시를 하였고, B는 위의 계약에 따라 乙 회사로부터 그 사용료 등을 지급받는 한편, 위 화물차를 사실상 乙 회사의 공사 현장에만 전속적으로 사용하고, 연료비 등도 乙 회사로부터 받아 왔다. 이후 현장소장인 A의 지시에 따라 B와 甲은 1992.10.23. 21:00경부터 같은 달 24. 07:00까지 공사 현장에서 가스관을 매설하는 철야 작업에 참여하여 자신의 작업을 끝내고 위 현장소장의 권유에 따라 다른 작업 인부들과 함께 1시간 가량 회식을 마친 뒤 B는 발전기 등 1톤 가량의 乙 회사의 화물을 위 화물차의 적재함에 싣고 작업 인부인 위 甲을 운전석 옆 좌석에 동승시킨 채 위 화물차를 운전하여 집으로 귀가하던 중 깜박 졸음운전을 하다가 교통사고를 일으켜 위 甲을 사망에 이르게 하였다. 甲의 상속인들(원고)은 乙 회사를 상대로 민법상의 사용자 책임과 자동차손해배상보장법상의 운행자 책임을 물어 손해배상청구를 하였다.

| 원심 | B의 업무는 비록 피고 회사와 대등한 지위에서 맺은 위의 차량 및 운전 용역제공계약에 따라 이루어지는 듯한 외관을 띠고 있기는 하나 그 실질에 있어서는 사실상 공사 현장에 출 · 퇴근하면서 현장소장(A)을 통한 피고 회사의 작업 조

정이나 작업 지시에 따라 이루어지고 있는 점 등에 비추어 보면, 피고 회사는 위 업무에 관하여 B를 사실상 지휘 · 감독하는 사용자의 지위에 있다고 봄이 상당하고, 또한 이 사건 사고는 B가 철야 작업을 마치고 그에 이은 회식이 끝나자마자 바로 집으로 퇴근하는 과정에서 발생된 사고로서 그 퇴근은 B의 위의 업무 제공과 밀접한 관련을 가지는 행위인 만큼 적어도 B의 사무 집행과 관련하여 발생한 사고라고 봄이 상당하므로, 결국 피고 회사는 B의 사용자로서 피용자인 B가 그 사무집행에 관하여 저지른 위의 운전상의 잘못으로 발생한 이 사건 사고로 말미암아 위 망 甲 및 상속인인 원고들이 입은 손해를 배상할 책임이 있다.

| 판지 | 기록에 의하면, 원고들 소송대리인은 피고 회사가 B의 사용자로서 또는 자기를 위하여 자동차를 운행하는 자로서 원고들이 입은 손해를 배상할 책임이 있다고 선택적으로 주장하고 있음을 알 수 있다. 그런데, 자동차손해배상보장법 제3조는 불법행위에 관한 민법 규정의 특별 규정이라고 할 것이므로 자동차 사고로 인하여 손해를 입은 자가 자동차손해배상보장법에 의하여 손해배상을 주장하지 않았다고 하더라도 법원은 민법에 우선하여 자동차손해배상보장법을 적용하여야 할 것이고, 자동차손해배상보장법 제3조 소정의 자기를 위하여 자동차를 운행하는 자라 함은 자동차에 대한 운행을 지배하여 그 이익을 향수하는 책임주체로서의 지위에 있는 자를 의미한다고 할 것이다. 피고 회사는 이 사건 사고 당시에도 이 사건 화물차의 운행이익을 향수하고 그 운행을 지배하는 자의 지위에 있었다고 할 것이고, 달리 기록상 피고 회사의 면책을 인정할 만한 사정을 찾아볼 수 없다. 이와 같이 이 사건 사고 당시 피고 회사가 위 화물차에 대한 운행자로서의 지위에 있었던 것이라면, 원심으로서는 우선 자동차손해배상보장법을 적용하여 피고 회사의 손해배상책임을 인정하였어야 함에도 불구하고, 민법의 사용자책임을 들어 피고 회사에 손해배상책임을 인정한 것은 잘못이라 할 것인바, 그러나, 원심의 이러한 잘못은 피고 회사의 원고들에 대한 이 사건 손해배상책임을 인정하는 판결 결과에는 영향을 미쳤다고 할 수 없으므로, 원심판결은 결국 정당하다.

■ 쟁 점

乙 회사의 지시를 받는 운전사 B가 자신의 차량을 운전하여 퇴근하는 과정에서 교통사고를 내어 조수석에 동석한 甲이 사망한 사건에서 乙 회사가 민법상의 사용자책임을 지는지, 자동차손해배상보장법상(이하 '자배법'이라 한다)의 운행자책임을

지는지 여부가 문제되었다.

■ 검토할 사항

□ 민법상의 사용자책임과 자배법상의 운행자책임의 요건은 어떻게 다른가?

□ 자배법이 민법의 특별법으로 먼저 적용되어야 한다면 원고는 주위적으로 자배법상의 청구를, 예비적으로 민법상의 청구를 하는 것이 가능한가?

■ 관련 사례

□ 자동차사고로 인한 손해배상청구사건에서 자배법이 민법에 우선하여 적용되어야 하는 것인데, 그렇다면 피해자가 민법상의 손해배상청구를 하지 못한다고 하여야 하는가? 아니면 자배법상의 손해배상책임이 인정되지 않는 경우에는 민법상의 불법행위책임을 인정할 수도 있는가? (대판 2001.6.29. 2001다23201, 23218)

□ 자동차의 운행으로 발생한 물적 손해에 대하여 그 운행자가 자배법상의 손해배상책임을 지는가? 자동차의 운행으로 인한 물적 손해에 대해서 민법상의 불법행위책임이 인정되는 경우는 어떠한가? (대판 2006.7.27. 2005다56728)

■ 참고문헌

□ 박종권, "자동차사고책임", JURIST plus 412호, 로스쿨(채권법), 2007, 71-83면.

□ 장덕조, 자동차보험에 관한 새로운 법적 고찰: 판례를 중심으로, 기업법 · 지식재산법의 새로운 지평, 김문환선생 정년기념논문집 제2권, 2011, 307-346.

2. 보험자의 배상책임 범위와 내용

대판 2013.10.11. 2013다42755

| 사안 | A는 2010.5.22. 21:30경 택시를 운전하여 가던 중 술에 취하여 도로 중앙에 누워 있던 B(사고 당시 51세 가량)를 미처 발견하지 못하고 역과(이하 '이 사건 사고'라 한다)하여 개방성 머리뼈 골절 등의 상해를 입게 하였다. B는 이 사건 사고로 인하여 약 2년 간 치료를 해 오다가 2012.7.12. 사망에 이르게 되었다. 사망 이전에 치료 과정에서 B는 A가 가입한 택시공제조합인 乙조합(피고)으로부터 손해배상 가불금으로 2010.8.12. 1,000만원, 2011.5.9. 5,000만원을 각 지급받았다. B 사망 이후 B의 유족인 자녀 甲 등(원고들)은 乙조합을 상대로 손해배상청구를 하였다.

| 원심 | 원고들은 망 B가 도시일용노임으로 가동연한이 62세까지임을 주장하며

일실수입을 산정해 줄 것을 주장하였으나 원심은 가동연한을 60세까지로 보았고, 망 B의 과실(술에 취해 도로중앙에 누워 있었던 점)을 60%로 보아 망 B의 일실수입 · 기왕치료비 · 개호비 · 장례비 등을 합한 재산상 손해액에 피고의 책임비율 40%를 곱한 금액인 79,854,929원으로 산정하였다. 이에 따라 기존에 乙 조합에서 지급한 치료비 91,287,810원 중 망 B의 과실비율에 상당하는 60%인 54,772,686원과 기지급받은 손해배상 가불금 60,000,000원을 공제한 후의 재산적 손해가 -34,917,757원이 되었다. 위자료는 자녀인 원고 2인에게 각 1,600만원씩 인정(망 B의 위자료 2,000만원의 각 상속분 1,000만원 및 자녀 본인 위자료 600만원)되었다. 원심은 위 손해배상 가불금을 정신적 손해인 위자료에서 공제하지는 않았다.

| 판지 | 원심은 그 판시와 같이 이 사건 교통사고로 인하여 망 B가 상해를 입고 치료를 받다가 사망한 사실 등을 인정한 다음, 망 B의 일실수입 · 기왕치료비 · 개호비 · 장례비 등을 합한 재산상 손해액에 피고의 책임비율 40%를 곱한 금액인 79,854,929원에서 피고가 기지급한 치료비 중 망인의 과실비율 해당액인 54,772,686원 및 피고가 망인의 생존 당시 자동차손해배상보장법(이하 '법'이라고 한다) 제11조에 의하여 지급한 가불금 6,000만원을 공제하면 -34,917,757원이 되므로 재산상 손해는 모두 배상된 셈이라고 하고 나서, 그와 별도로 망인의 위자료로 2,000만원 및 원고들의 위자료로 각 600만원을 인정하여 원고별로 각 1,600만원(망인의 위자료 상속금액 각 1,000만원 + 원고들의 위자료 각 600만원)의 손해배상청구를 인용하였다.

그러나 원심의 위와 같은 판단은 이를 수긍할 수 없다. 법 제3조에 기한 보험자의 배상책임은 그 사고와 상당인과관계 있는 법률상 손해 일체를 그 내용으로 하는 것으로서, 사망사고의 경우 그 배상의 대상이 되는 손해에는 치료비 등 적극적 손해, 일실 수입 등 소극적 손해 및 정신적 손해 모두를 포함하는 것이다(대법원 2004.4.16. 선고 2003다67755 판결 등 참조). 한편 법 제11조 제1항은 "보험가입자 등이 자동차의 운행으로 다른 사람을 사망하게 하거나 부상하게 한 경우에는 피해자는 대통령령으로 정하는 바에 따라 보험회사 등에게 자동차보험진료수가에 대하여는 그 전액을, 그 외의 보험금 등에 대하여는 대통령령으로 정한 금액을 제10조에 따른 보험금 등을 지급하기 위한 가불금으로 지급할 것을 청구할 수 있다"고 정하고, 같은 조 제3항은 "보험회사 등은 제2항에 따라 지급한 가불금이 지급하여야 할 보험금 등을 초과하면 가불금을 지급받은 자에게 그 초과액의 반환을 청구할 수 있다"고 정하고 있다. 그리고 법 시행령 제10조 제1항은 "법 제11조 제1항에서 '대통령령으로 정하는 금액'이란 피해자 1명당 다음 각 호의 구분에 따른 금액의 범위에서 피해자에게 발생한 손해액의 100분의 50에 해당하는 금액을 말한다"고 정하면서 제2호에서 부상의 경우 상해급수별 책임보험 한도금액을 가불금 지급의 한도로 정하고 있다. 이와 같이 법 및 시행령은 보험회사 등이 피해자에게 지급하는 가불금이 피해자에게 발생한 '손해액'으로서 지급되는 것이고, 후에 손해배상액이 확정되면 보험회사 등이 '지급하여야 할 보험금'에서 기지급한 가불금을 공제하여 정산할 것을 전제로 하여 가불금이 초과 지급되었을 경우 그 반환을 청구할 수 있도록 정하고 있을 뿐, 가불금이 사고로 인하여 발생한 손해 중 피해자의 재산상 손해에만 한정하여 지급되는 것이라고 볼 만한 근거는 찾아볼 수 없다. 또한 이 사건에서 피고가 망인에게 가불금을 지급할 당시에 작성된 '합의서'에도 '법률상 손해배상금의 일부'로서 수령한다는 기재만이 있을 뿐이고, 달리 피고와 망인이 재산상 손해에 한정하여 가불금을 지급하고 수령하였다고 볼 만한 자료는 찾아볼 수 없다.

위와 같은 법령의 규정 등을 종합하여 앞서 본 법리에 비추어 보면, 보험회사 등이 피해자에게 지급하는 가불금은 특별한 사정이 없는 한 사고로 인한 손해배상채무 전체에 대하여 그 지급의 효력이 미치는 것으로 봄이 상당하다. 그럼에도 원심은 피고의 가불금 지급이 재산상 손해에만 효력이 미침을 전제로 하여 망인의 재산상 손해에서 공제한 후의 잔여 가불금을 망인과 원고들의 위자료에서 공제하지 아니하였다. 이러한 원심의 판단에는 법 소정의 가불금에 관한 법리를 오해하여 판결에 영향을 미친 위법이 있다.

■ 쟁 점

교통사고로 인해 보험자가 자동차손해배상 보장법에 따라 지급하는 가불금의 효력이 미치는 범위가 문제되었다. 원심은 가불금을 재산적 손해에 대한 배상금으로서만 그 지급의 효력을 한정하였지만, 대법원은 재산적 손해 외에도 정신적 손해를 포함하여 손해배상채무 전체에 대해 지급의 효력이 미치는 것으로 판단하였다.

■ 검토할 사항

- 위 사례에서 망 B의 재산적 손해가 기왕에 지급된 치료비나 기지급받은 가불금으로 인해 마이너스의 손해가 된 이유는 무엇인가?
- 위 사례에서 대법원의 판시대로 乙 조합이 지급한 가불금이 재산적 손해 외에 정

신적 손해(위자료)에 대해서도 지급의 효력이 미친다면 乙 조합은 가불금 중 초과액의 반환을 구하는 소송을 자동차손해배상 보장법 제11조 제3항에 따라 청구할 수 있는가?

■ 참고문헌

□ 이백수, 보험사업자에게 배상금의 지급을 가불금으로서 청구할 수 있다: 교통사고 피해자의 피해구제 문제, 보험법률 통권 5호, 1995, 30-35, 보험신보사.

II. 자동차 운행자

1. 운행지배와 운행이익을 인정한 사례(예외적 · 호의적 주차대행)

대판 2009.10.15. 2009다42703,42710

| 사안 | 乙은 X 한우전문점을 운영하는 경영주이고, 丙은 乙의 동생으로 X 한우전문점에서 점원으로 근무하고 있는데, 2006.6.26. 위 한우전문점에 고기를 납품하는 丁이 스포티지 차량(이하 '사고차량'이라 한다)을 운전해 와 위 점포 앞 인도에 주차한 후 고기를 납품하고서 乙 부부와 함께 식사하러 갔다. 평소 위 점포를 찾는 손님들의 주차를 대행해 주던 丙은 丁으로부터 차량열쇠를 넘겨받아 丁의 차량을 주차선 내에 이동시키기 위해 운전을 하다가 당시 인도를 보행하던 A를 충격하여 다치게 하여 2006.6.29. 치료 중 사망에 이르게 하였다.

이에 A의 상속인 甲 등(원고들)은 乙(경영주), 丙(직원), 丁(차량 소유자)을 상대로 이 사건 사고로 인한 손해배상청구를 하였다. 이에 대하여 丁은 자신이 자배법상의 운행지배나 운행이익을 상실한 상태였으므로 자신에게 운행자책임을 물을 수 없다고 항변하였다.

| 판지 | 자배법 제3조에서 자동차 사고에 대한 손해배상 책임을 지는 자로 규정하고 있는 '자기를 위하여 자동차를 운행하는 자'란 사회통념상 당해 자동차에 대한 운행을 지배하여 그 이익을 향수하는 책임주체로서의 지위에 있다고 할 수 있는 자를 말하고, 이 경우 운행의 지배는 현실적인 지배에 한하지 아니하고 사회통념상 간접지배 내지는 지배가능성이 있다고 볼 수 있는 경우도 포함한다. 한편, 여관이나 음식점 등의 공중접객업소에서 주차 대행 및 관리를 위한 주차요원을 일상

적으로 배치하여 이용객으로 하여금 주차요원에게 자동차와 시동열쇠를 맡기도록 한 경우에 위 자동차는 공중접객업자가 보관하는 것으로 보아야 하고 위 자동차에 대한 자동차 보유자의 운행지배는 떠난 것으로 볼 수 있으나, 자동차 보유자가 공중접객업소의 일반적 이용객이 아니라 공중접객업자와의 사업·친교 등 다른 목적으로 공중접객업소를 방문하였음에도 호의적으로 주차의 대행 및 관리가 이루어진 경우, 일상적으로는 주차대행이 행하여지지 않는 공중접객업소에서 자동차 보유자의 요구에 의하여 우발적으로 주차의 대행 및 관리가 이루어진 경우 등 자동차 보유자가 자동차의 운행에 대한 운행지배와 운행이익을 완전히 상실하지 아니하였다고 볼 만한 특별한 사정이 있는 경우에는 달리 보아야 한다.

원심이 적법하게 인정한 사실관계에 의하면, 丁(피고 1)은 乙(피고 2) 경영의 한우전문점에 고기를 납품하기 위하여 방문하였는데 주차 공간이 부족하자 자신 소유 사고차량을 위 음식점 앞의 인도에 주차한 다음 그 시동열쇠를 평소 위 음식점의 주차관리를 해 오던 丙에게 넘겨준 사실, 丁이 사고차량을 그대로 남겨둔 채 乙과 함께 외출한 사이에 丙은 사고차량을 주차선 내로 이동하려고 운전하다가 인도를 보행하던 피해자를 충격하여 사망에 이르게 한 사실을 알 수 있다. 이러한 사실관계를 위 법리에 비추어 살펴보면, 丁은 위 음식점에 고기를 납품하기 위한 사업상 목적으로 방문하였을 뿐 위 음식점의 고객이 아님에도 불구하고, 위 음식점의 주차관리를 해 오던 丙이 위 丁의 편의를 위하여 시동열쇠를 건네받아 주차를 관리하게 된 경우에 해당한다고 볼 수 있으므로, 위 丁이 사고차량의 운행에 대한 운행지배와 운행이익을 완전히 상실하였다고 보기 어렵다.

■ 쟁 점

공중접객업소의 주차요원에게 자동차와 시동열쇠를 맡긴 경우, 자동차 보유자의 운행지배 여부와 그에 따른 자배법상의 손해배상책임이 인정되는지 여부가 문제된 것이다.

■ 검토할 사항

□ 공중접객업소의 주차요원에게 자동차와 시동열쇠를 맡긴 경우, 자배법상의 운행자 책임이 인정되는 경우와 부정되는 경우를 위 판결을 참조하여 구분해 보시오.

■ 관련사례

□ 건물 관리인 甲이 퇴근하기에 앞서 다른 차량들이 건물 내 주차장을 이용하지 못

하도록 乙 소유 차량을 주차장 밖 도로에 주차한 후 주차장 출입구를 쇠사슬로 걸어두기 위하여 건물 1층에서 약국을 운영하는 乙의 처 丙에게서 乙 소유 차량 열쇠를 넘겨받아 운전하던 중 교통사고를 일으킨 사안에서, 乙이 차량에 대한 운행지배와 운행이익을 상실하지 않았다고 볼 수 있는가? (대판 2012.3.29. 2010다4608)

□ (일반적 주차대행의 경우) 乙 회사(피고, 운수회사)의 업무과장인 A가 1985.9.15.경에 乙 회사 소유 로얄승용차를 운전하고 00호텔나이트클럽에 들어가려고 그 나이트클럽에서 주차안내를 맡고 있는 B에게 자동차와 시동열쇠를 맡기고 나이트클럽에 들어가 있는 사이에 B가 위 A의 승낙 없이 그 나이트클럽에서 자기 숙소로 돌아가려는 손님 2명을 그 차에 태우고 00호텔까지 갔다가 돌아오는 도중 ㅁㅁ호텔근방 좁은 골목길에서 우회전하다가 잘못하여 택시를 잡으려고 길가에서 있는 甲을 치어 사망하게 하였다. 甲의 유족들은 원고가 되어 乙 회사를 상대로 손해배상청구를 할 경우 乙 회사의 운행지배와 이익을 인정할 수 있는가? (대판 1988.10.25. 86다카2516)

■ 참고문헌

□ 김교창, 공중접객업소의 주차장에 맡긴 차량의 운행지배, 대한변호사협회지 149호(1989.1.), 113 이하, 대한변호사협회.

□ 유재선, 주차를 의뢰받은 호텔 나이트클럽종업원이 운전을 하다가 일으킨 사고에 대한 차량소유자의 손해배상책임의 성부, 대법원판례해설 10호(1989.12.), 31-38, 법원도서관.

2. 운행지배와 운행이익을 부정한 사례(절취운전)

대판 1998.6.23. 98다10380

| 사안 | A는 1995.7.14. 10:15경 00고등학교 구내 체육관 옆에 시동열쇠가 꽂힌 채 주차되어 있던 B 소유의 승용차를 시동을 걸어 타고 가 이를 절취한 후, 같은 날 16:45경 위 차를 운전하여 00대학교 앞길에서 C 운전의 택시와 충돌하는 사고를 내고도 아무런 조치 없이 도주하고, 같은 날 16:50경 위 교통사고 신고를 받고 출동한 의무경찰인 甲(원고)의 정지 지시를 무시한 채 그대로 진행하여 위 차의 앞 범퍼 부분으로 甲을 충격하여 땅에 넘어뜨림으로써 甲에게 제1요추 압박분쇄골절 등의 상해를 가하였다. 00고등학교에는 출입문이나 주차장에 관리원이 따로 배치

되어 있지 아니하고, 학부모 등 일반인들이 학교 구내에 자유롭게 출입할 수 있는 상태였고, B는 차량 내부를 건조시키기 위하여 차의 문을 열고 시동열쇠까지 꽂아 놓은 채 위 차량을 주차하여 두었던 상황이었다. 乙(피고 보험회사)은 B와 사이에 위 승용차를 피보험차량으로 하여 위 차량의 운행으로 인하여 타인을 죽게 하거나 다치게 하여 자배법에 의한 손해배상책임을 짐으로써 입게 될 손해를 보상하기로 하는 대인배상 자동차종합보험계약을 체결한 보험회사이다.

甲은 乙을 상대로 이 사건 사고로 인한 손해배상청구소송을 제기하였고, 乙은 이에 대해 이 사건 사고는 절취운전에 의한 것이어서 B가 자배법상의 운행자책임을 부담할 수 없다고 주장하였다.

| 원심 | 원심은 이 사건 사고가 B가 위 승용차의 관리를 소홀히 한 과실로 발생한 것일 뿐만 아니라 피해자인 甲으로서는 위 승용차가 소유자의 의사에 반하여 운행되고 있었다는 점을 알 수 없었던 점 등에 비추어 B가 위 승용차에 대한 운행자의 지위를 계속 보유하고 있었다고 판단하고, 피고에 대하여 위 자동차종합보험계약에 따라 원고에게 보험금을 지급할 것을 명하였다.

| 판지 | 자배법 제3조가 규정하는 '자기를 위하여 자동차를 운행하는 자'는 자동차에 대한 운행을 지배하여 그 이익을 향수하는 책임주체로서의 지위에 있는 자를 의미하므로, 자동차 보유자와 고용관계 또는 가족관계가 있다거나 지인관계가 있는 등 일정한 인적 관계가 있는 사람이 자동차를 사용한 후 이를 자동차 보유자에게 되돌려 줄 생각으로 자동차 보유자의 승낙을 받지 않고 무단으로 운전을 하는 협의의 무단운전의 경우와 달리 자동차 보유자와 아무런 인적 관계도 없는 사람이 자동차를 보유자에게 되돌려 줄 생각 없이 자동차를 절취하여 운전하는 이른바 절취운전의 경우에는 자동차 보유자는 원칙적으로 자동차를 절취당하였을 때에 운행지배와 운행이익을 잃어버렸다고 보아야 할 것이고, 다만 예외적으로 자동차 보유자의 차량이나 시동열쇠 관리상의 과실이 중대하여 객관적으로 볼 때에 자동차 보유자가 절취운전을 용인하였다고 평가할 수 있을 정도가 되고, 또한 절취운전 중 사고가 일어난 시간과 장소 등에 비추어 볼 때에 자동차 보유자의 운행지배와 운행이익이 잔존하고 있다고 평가할 수 있는 경우에 한하여 자동차를 절취당한 자동차 보유자에게 운행자성을 인정할 수 있을 것이다.

이 사건에 돌아와 보면 원심이 인정한 바와 같이 B가 시동열쇠를 꽂고 자동차

문을 열어 둔 채로 출입문이나 주차장에 관리원이 따로 배치되어 있지 아니하고, 학부모 등 일반인들이 자유롭게 출입할 수 있는 00고등학교 구내에 승용차를 주차시켜 두었고, 또한 기록에 의하면 B는 그날 09:00경에 위와 같이 승용차를 주차시켜 놓고 같은 날 14:00경 00파출소로부터 연락을 받기까지 승용차를 절취당한 사실을 몰랐던 것으로 보이기 때문에 B가 승용차와 그 시동열쇠의 관리를 상당히 소홀히 하였다고 볼 수 있는 면이 있기는 하지만, 반면에 원심이 인정한 사실과 기록에 의하면 B가 승용차를 주차시킨 곳은 00고등학교 교문으로부터 200m 가량 떨어진 곳이고, 학교는 철책으로 둘러싸여 있는 것으로 보이고, 우리의 경험에 의하면 일반인들이 학교에 출입하는 것이 통제되지는 않는다고 하더라도 특별한 사정이 없으면 A가 승용차를 절취한 같은 날 10:15경에는 다수의 일반인들이 학교에 출입하지 않으리라고 볼 수 있고, 또한 A가 자동차를 절취한 장소에서 사고 장소까지는 상당한 거리이고, A가 승용차를 절취한 때로부터 이 사건 사고를 일으키기까지는 약 6시간 30분 가량의 시간이 경과하였으며, B는 00파출소에서 같은 날 14:00경 빼소니운전자로 자신을 찾아오자 도난신고를 하였다고 진술하고 있는바, 이와 같은 사실관계하에서는 B의 차량이나 시동열쇠 관리상의 과실이 중대하여 객관적으로 볼 때에 절취운전을 용인하였다고 평가할 수 있을 정도라고 보기 어려울 뿐 아니라, 또한 이 사건 사고 당시 승용차에 대한 B의 운행지배와 운행이익이 잔존하고 있다고 평가할 수 있는 경우라고 보기도 어렵다. 결국 원심의 위와 같은 판단은 절취운전과 자동차 보유자의 운행자성 인정에 대한 법리를 오해한 위법이 있다.

■ 쟁 점

차량을 절취당하여 자동차 보유자가 운행지배와 운행이익을 상실하는 경우라도 차량이나 열쇠관리에 중대한 과실이 있을 경우라면 운행지배와 운행이익이 잔존할 수 있음을 일반적 기준으로 제시한 사례로 원심은 자동차 보유자의 운행자성을 인정하였으나 대법원은 운행자성을 인정하지 않았다.

■ 검토할 사항

□ 본 사안에서 자동차 보유자의 운행자성이 인정되지 않는다면 甲은 누구를 상대로 어떤 청구권원을 근거로 손해배상청구를 할 수 있는가?

■ 관련사례

□ 차량의 소유자인 을은 절도범 등에게 차량을 절취당하였다. 절도범 등은 절취한 차량을 운행하다가 갑에게 교통사고를 일으켰다. 갑은 을을 상대로 교통사고로 인한 손해배상청구소송을 제기하였다. 소송과정에서 다음과 같은 내용이 확인되었다. 1) 차량을 주차하여 둔 장소가 평소 아파트 경비가 관리하는 아파트 주차장이고, 차량의 문이 실제로 시정되었는지 여부를 을이 확인하지 못한 채 자동잠금장치는 작동하였다. 2) 절도범 등이 이 사건 차량을 절취할 수 있었던 것은 대쉬보드에 보조키를 넣어두었기 때문이다. 3) 절취시간은 02:40경이며, 절도범 등은 위 아파트에 입주하여 사는 주민이 아니다. 위 차량 소유자인 을은 갑에 대하여 자배법 제3조 소정의 운행자라 할 수 있는가? 아울러 을은 이 사건 사고에 대해 민법상 불법행위책임을 부담하는가? (대판 2001.4.24. 2001다3788)

■ 참고문헌

□ 문수생, 위법주차차량의 자동차손해배상보장법상의 책임, 재판실무 2집(2005. 9.), 181-210, 창원지방법원.

□ 오재창, 절취운전에 대한 운행자의 책임, 경영법무 제65호, 1999, 31 이하.

3. 공동의 운행지배와 운행이익을 인정한 사례

대판 2002.12.10. 2002다53193

| 사안 | A는 2000.10.7.경 그 소유의 화물차의 타임벨트 수리를 의뢰하도록 매형인 B에게 부탁하였고, B는 같은 날 12:00경 위 화물차를 A로부터 넘겨받아 직접 이 사건 화물차를 운전하여 평소 친분이 있던 乙(피고) 경영의 카센터에 수리를 맡겼다. B는 수리가 끝날 때까지 위 카센터 사무실에 머무르다가 수리가 마쳐진 것으로 보이자 乙에게 화물차를 가져가겠다고 얘기하였으나, 乙은 아직 점검이 끝나지 않았으니 시운전을 해보자고 하며 B를 조수석에 타라고 하였다. 乙은 같은 날 17:00경 B를 조수석에 태운 채 위 화물차를 운전하여 카센터로부터 2km 정도 떨어진 마을 앞길을 운전하던 중 D 운전의 오토바이를 뒤늦게 발견하고 충격하여 D로 하여금 사망에 이르게 하였다. 그런데 乙은 수리완료 여부를 확인하고자 이 사건 화물차를 시운전하였던 것 이외에도, B가 자기 또는 A가 거주할 방을 얻는다고 말하여 위 사고 장소 인근에 있는 방을 알아보고자 공사중의 이면도로인 사고 장소로 무리하게 진입하였다가 이 사건 사고를 야기하였던 것이다.

A와 사이에 위 화물차에 관하여 자동차종합보험계약을 체결하였던 보험회사 甲(원고)은 망 D의 유족에게 보험금을 지급하여 합의하였다. 이후 甲 보험회사는 乙을 상대로 구상금청구를 하였고, 乙은 위 화물차의 운행자성을 상실하여 자배법상의 운행자책임이 없다고 다투었다.

| 원심 | 피고가 위 화물차의 수리의뢰를 받고 이 사건 화물차를 인도받음으로써 그 운행이익 및 운행지배가 A 내지 B로부터 피고에게로 옮겨졌고, 이 사건 화물차를 시운전한 목적도 수리가 완료되었는지 여부를 판단하기 위한 것이어서 시운전 당시에도 그 운행이익 및 운행지배는 여전히 피고에게만 있었으며, 시운전 당시 B가 조수석에 동승하였다고 하여 달리 볼 것도 아니라는 이유로, 이 사건 화물차의 소유자인 A가 이 사건 사고 당시 그 운행지배와 운행이익을 완전히 상실하였다고 판단하여, A의 망 D의 유족에 대한 책임을 전제로 하는 원고의 이 사건 구상금 청구를 배척하였다.

| 판지 | 통상의 경우 자동차의 수리를 의뢰하는 것은 자동차수리업자에게 자동차의 수리와 관계되는 일체의 작업을 맡기는 것으로서, 여기에는 수리나 시운전에 필요한 범위 안에서의 운전행위도 포함되고, 자동차의 소유자는 수리를 의뢰하여 자동차를 수리업자에게 인도한 이상 수리완료 후 다시 인도받을 때까지는 자동차에 대하여 관리지배권을 갖지 않으므로, 그 운행지배권은 수리업자에게만 있는 것이지만, 자동차를 수리하거나 시운전하는 동안에 발생한 사고 당시 그 소유자가 자동차의 운행에 대한 운행지배와 운행이익을 완전히 상실하지 아니하였다고 볼 만한 특별한 사정이 있는 경우에는 달리 보아야 한다. 그런데 기록에 의하면, 이 사건 사고 당시 수리업자인 피고는 수리완료 여부를 확인하고자 이 사건 화물차를 시운전하였던 것 이외에도, 조수석에 탑승한 수리의뢰자 B가 피고에게 자기 또는 A가 거주할 방을 얻는다고 말하여 위 사고장소 인근에 있는 방을 알아보고자 공사 중의 이면도로인 사고장소로 무리하게 진입하였다가 이 사건 사고를 야기하였던 사실을 알 수 있는바, 사정이 이러하다면, 이 사건 사고 당시 소유자인 A는 매형인 B를 통하여 간접적으로 이 사건 화물차의 운행을 지배하면서 그 운행이익도 누리고 있었다고 봄이 상당하므로, 수리업자인 피고와 공동으로 이 사건 화물차의 운행지배와 운행이익을 가지고 있었다고 보아야 할 것이다. 그럼에도 불구하고, 원심은 앞서 본 이유만으로 이 사건 사고 당시 소유자 A의 운행지배와 운행이익이

완전히 상실되었다고 단정한 나머지 그 보험자인 원고의 이 사건 구상금 청구를 배척하였으니, 거기에는 채증법칙을 위배하고 자동차 수리의뢰에 있어서 운행지배 및 운행이익의 변동에 관한 법리를 오해함으로써 판결에 영향을 미친 위법이 있다.

■ 쟁 점

위 판결은 수리업자가 자동차 수리를 마칠 때까지 자동차에 대한 운행지배와 운행이익을 누려서 자동차 보유자는 자배법상의 운행자 책임을 부담하지 않게 되는지 여부가 문제되었다. 원심은 수리기간 동안 자동차 보유자의 운행지배와 운행이익은 상실된다고 보아 원고 청구를 배척하였으나, 대법원은 특별한 사정이 있다고 보아 수리업자와 자동차 보유자 사이에 공동으로 운행자성을 가지는 것으로 인정하여 원고의 청구를 받아들여야 한다고 판단하였다.

■ 검토할 사항

□ 자배법상의 운행자성을 공동으로 가질 수도 있다면 그 실익은 무엇인가?

■ 관련 사례

□ 자동차의 소유자로부터 수리를 의뢰받은 수리업자가 그 자동차 소유자의 동의 없이 다시 다른 수리업자에게 수리를 의뢰하여, 다른 수리업자가 자동차를 운전하여 자신의 작업장으로 돌아가던 중 교통사고를 일으킨 사안에서, 원래의 수리업자와 다른 수리업자가 공동으로 위 자동차의 운행지배와 운행이익을 가지는가? (대판 2005.4.14. 2004다68175)

■ 참고문헌

□ 오지용, 운행자성의 판단기준, 법학연구 17권 1호(2006.6.), 229-254, 충북대학교.

Ⅲ. 자동차의 운행과 사고

1. 운 행

대판 2009.4.9. 2008다93629

| 사안 | Y 차량 운전자 A는 도로 위에 Y 차량을 주차하고 그 적재함에 실려 있던 그레이더를 하차하기 위하여, Y 차량의 엔진을 켠 상태에서 장착된 리프트로 Y 차

량 앞부분을 지상으로부터 약 3m 정도 들어 올려 적재함을 비스듬하게 하고, 적재함 뒷부분에 있는 발판을 내려 지면에 고정시킨 후, 그레이더의 뒷부분에 설치된 고리에 연결되어 있는 Y 차량의 와이어 인지를 풀기 위하여 甲(원고)이 그레이더 뒤쪽에서 와이어 인지를 잡고 있는 상태에서 와이어 인지를 푸는 작업을 용이하게 하기 위하여 A가 그레이더를 약간 이동시키려고 이를 운전하다가 조작 실수로 甲을 건드려 Y 차량에서 추락하게 하여 상해를 입히는 사고가 발생하였다. Y 차량은 乙 회사(피고)와 사이에 자동차종합보험계약을 체결하고 있어, 甲은 乙을 상대로 이 사건 사고로 인한 손해배상청구소송을 제기하였다. 이에 乙 회사는 Y 차량의 운행으로 인해 발생한 사고가 아니므로 자배법상의 책임을 질 수 없다고 주장하였다.

| 원심 | 이 사건 사고는 甲이 와이어 인지를 풀기 위하여 그레이더 뒤쪽에서 와이어 인지를 잡고 있다가 A의 운전 미숙으로 갑자기 후진한 그레이더에 충격되어 발생한 것이므로, 乙과 자동차종합보험계약을 체결한 Y 차량의 고정장치인 적재함에서의 하차작업에 즈음하여 발생한 사고라고는 말할 수 있어도 이 사건 사고를 Y 차량의 운행으로 말미암아 일어난 것이라고 볼 수 없어 乙이 이 사건 사고에 대하여 자배법상의 배상책임을 지지 아니한다

| 판지 | 이 사건 사고는 A의 Y차량 운전 · 사용과 시간적 · 공간적으로 밀접한 관계에 있을 뿐만 아니라 실제로 Y차량의 엔진을 켠 상태에서 리프트를 사용하여 적재함을 들어 올리고 뒷 발판을 내려 고정시킨 후 Y 차량에 부착된 기계적 장치인 와이어 인지를 푸는 작업 중이었으므로 Y 차량을 그 용법에 따라 사용한 것으로 볼 수 있고, 결국 이는 자배법 제2조 제2호 소정의 운행에 해당한다고 할 것이며, 와이어 인지를 푸는 데 도움이 되도록 그레이더를 이동하던 중 일어난 사고로서 이 사건 사고는 Y 차량의 운행으로 말미암아 발생한 사고에 해당한다고 할 것이다. 사정이 이와 같음에도 불구하고, 원심은 Y 차량의 고정장치인 적재함에서의 하차작업에 즈음하여 발생한 사고라고는 말할 수 있어도 이 사건 사고를 Y 차량의 운행으로 말미암아 일어난 것이라고 볼 수 없다는 이유로 이 사건 사고가 자동차의 운행으로 인하여 발생한 사고가 아니라고 판단하였으니 이러한 원심판결에는 자배법 제2조 제2호, 제3조 본문 소정의 '자동차의 운행으로 인하여'의 해석에 관한 법리오해의 위법이 있다.

■ 쟁 점

자배법 제2조 제2호 및 제3조 본문의 자동차의 운행으로 인한 사고 여부와 관련해 하차작업 중 사고도 이에 포함시킬지 여부가 문제된 것이다. 원심은 이를 포함시키지 않았으나, 대법원은 엔진을 켠 상태에서 차량의 장치를 이용하던 중 발생한 사고임을 감안해 자동차의 운행으로 인한 사고로 보았다.

■ 검토할 사항

□ 자배법상의 운행과 도로교통법상의 운전 개념은 어떻게 정의될 수 있는가?

■ 관련사례

□ 인부가 통나무를 화물차량에 내려놓는 충격으로 지면과 적재함 후미 사이에 걸쳐 설치된 발판이 떨어지는 바람에 발판을 딛고 적재함으로 올라가던 다른 인부가 땅에 떨어져 입은 상해가 자동차의 운행으로 말미암아 일어난 사고로 볼 수 있는가? (대판 1993.4.27. 92다8101)

■ 참고문헌

□ 조규성, 자동차손해배상보장법 제3조상의 운행기인성에 관한 판례연구, 법학연구 50권 1호(통권 61호)(2009), 81-101, 부산대학교.

2. 운행과 사고 사이의 인과관계

대판 2008.5.29. 2008다17359

| 사안 | A는 2002.12.23. 21:40경 그 아버지인 B 소유의 쏘나타II 승용차(이하 '피보험차'라고 한다)를 운전하던 중 앞서 가던 C 운전의 EF쏘나타 승용차가 눈길에 미끄러지면서 피보험차 쪽으로 다가오자 이를 피하기 위하여 급제동하다가 미끄러지면서 중앙분리대를 들이받고 1차로에 그대로 정차(이하 '선행사고'라고 한다)하게 되었다. A는 피보험차를 사고지점에 그대로 둔 채 동승자인 甲에게 1차로에 서서 후행차량에게 수신호를 해 줄 것을 요구하고서 자신은 피보험차의 상태를 확인한 후 C에게 항의하러 가는 순간, 때마침 1차로에서 뒤따라오던 D 운전의 체어맨 승용차가 피보험차가 정차되어 있는 것을 뒤늦게 발견하고 이를 피하기 위하여 2차로로 차선을 변경하면서 제동장치를 조작하다가 미끄러져 그 우측 앞 범퍼 부분으로 2차로를 서행하고 있던 E 운전의 렉스턴 승합차를 충격하고 계속하여 피보험차의 오른쪽 뒷 휀다 부분을 충격하면서 피보험차의 오른쪽 앞부분 도로에 서

있던 A와 甲을 들이받아 甲으로 하여금 중증뇌좌상 등의 상해(이하 '이 사건 사고'라고 한다)를 일으켰다. 甲은 피보험차의 보험자인 乙(피고)을 상대로 손해배상청구를 하였다. 이에 乙은 이 사건 사고는 피보험차의 운행으로 인해 발생한 사고가 아니기 때문에 자배법상의 손해배상책임을 부담하지 않는다고 주장하였다.

| 원심 | 이 사건 사고는 선행사고 발생 후 일단 피보험차에서 내린 甲이 운전자인 A의 부탁으로 후행차량들에 대한 수신호를 하던 중 D가 운전하던 차량에 충격당하여 발생한 것이어서 피보험차의 운행으로 인하여 발생한 사고라고 보기 어렵다. 따라서 원고의 청구는 이유 없다.

| 판지 | A는 영동고속도로를 강릉 방면에서 서울 방면으로 운행하다 이 사건 사고지점에 이르러 앞서 2차로를 주행하던 C 운전의 EF소나타 승용차가 눈길에 미끄러져 자신의 주행차로인 1차로로 다가오는 것을 보고 이를 피하기 위하여 급제동을 하다가 역시 눈길에 미끄러져 중앙분리대를 들이받고 1차로에 정차하게 되었다 하더라도, 구 도로교통법 제59조, 제61조의 규정에 의하여 고속도로에는 자동차를 정차할 수 없으므로 다른 차량의 진행에 방해를 주지 않도록 즉시 피보험차를 안전한 장소로 이동시켰어야 함에도 그대로 방치하여 두었을 뿐만 아니라, 단순히 甲으로 하여금 후행차량에 대하여 수신호를 하도록 요구만 한 채 구 도로교통법 제61조 및 구 도로교통법 시행규칙 제23조에 규정한 '고장 등 경우의 표지'를 해태하였으므로, A의 이러한 형태의 정차는 불법 정차에 해당한다 할 것이고, 따라서 A로서는 영동고속도로를 운행하는 후행차량들이 1차로에 정차한 피보험차를 충돌하고, 나아가 그 주변의 다른 차량이나 사람들을 충돌할 수도 있다는 것을 충분히 예상할 수 있었다고 할 것이므로, 결국 A의 불법 정차와 이 사건 사고 사이에는 상당인과관계가 있다고 할 것이다. 그런데도, 원심이 이 사건 사고가 피보험차의 운행으로 인하여 발생한 사고라고 보기 어렵다고 판단한 것은 자배법 제3조 소정의 '운행으로 인하여'의 해석에 관한 법리를 오해한 잘못을 범하였다.

■ 쟁 점

위 판결은 선행사고 후 차량의 이동이나 고장표지 등의 사고 후 조치를 이행할 수 있음에도 불구하고 미이행하였을 경우 후행사고와 사이에 인과관계가 단절되는지 여부가 문제되었다. 원심은 피보험차의 운행이 정지된 이후 발생한 사고임을 이유로 자배법상의 책임을 인정하지 않았으나, 대법원은 피보험차의 선행사고 후 불법정차가 사고 발생의 원인이 된 점을 감안해 자배법상의 책임을 인정하였다.

■ 검토할 사항

□ 선행사고가 후행사고에 영향을 미치는 경우 그 책임은 어떻게 분담되는가?

■ 관련사례

□ 지게차로 화물차에 각재를 적재한 후 다시 각재를 싣고 오는 사이에 적재된 각재 다발이 떨어지면서 밑에 있던 사람을 사망하게 한 사고가 지게차의 운행으로 말미암아 일어난 것으로 볼 수 있는가? 아니면 화물차의 운행으로 말미암은 것으로 볼 수 있는가? 운행과 사고 사이에 인과관계가 없다고 보아야 하는가? (대판 1997.4.8. 95다26995)

■ 참고문헌

□ 이동훈, 자동차손해배상보장법상 자동차의 운행으로 말미암은 사고의 범위, 실무연구자료 2권(1998.5.), 43-55, 대전지방법원.

□ 정갑주, 자동차손해배상보장법 제3조의 '운행'과 '운행으로 말미암아'의 개념, 재판실무연구 1999(2000.1.), 217-236, 광주지방법원.

□ 조규성, 대법원판례를 중심으로 본 자동차손해배상보장법상의 '운행으로 인하여'의 판단기준에 관한 소고, 상사판례연구 22집 2권(2009.6.), 151-188, 한국상사판례학회.

IV. 면책사유

1. 자배법상 면책사유: 고의 또는 자살행위

대판 1989.10.27. 89다카432

| 사안 | A 소유의 화물자동차 운전수인 B는 위 차를 운전하던 중, 등교하던 고등학생인 甲이 손을 흔들어 승차를 요구하자 그녀를 조수석에 태웠다. 위 차가 학교 정문 부근에 이르러 甲이 하차하려고 정차를 요구하였으나, B가 이에 아랑곳 없이 시속 60킬로미터의 속도로 그대로 지나쳐 140여 미터를 진행하자 甲은 위급함을 직감하고 정차하지 않으면 뛰어 내리겠다고 소리쳤다. 그럼에도 차가 그대로 진행하자, 甲이 다급한 나머지 우측 출입문을 열고 뛰어 내리다가 길바닥에 머리를 부딪쳐 두강내 출혈로 사망하였다. 이에 甲의 유족들(원고)은 위 차량의 보험자인

乙(피고)을 상대로 손해배상청구를 하였다. 이에 乙은 위 사망사고는 B의 고의행위로 인하여 발생한 것이어서 자배법상의 손해배상책임이 없다고 주장하였다.

| 판지 | B가 甲을 승차시키고 운행하던 중 강간할 마음이 생겨 위 甲의 내려달라는 요구에 불응하고 계속 진행함으로써 이 사건 추락사고가 발생하였다고 하더라도 이를 자동차의 통상용법에 따른 운행중의 사고가 아니라고 할 수 없다. 또 B가 강간할 의사는 있었으나 甲을 추락시켜 사망케 하려는 의사도 있었다고 볼 증거는 없다.

■ 쟁 점

위 판결은 범죄행위를 피하기 위한 행동이 자배법 제3조 제2호의 면책사유인 '승객의 고의나 자살행위로 사망하거나 부상한 경우'에 해당되는지 문제되었다.

■ 검토할 사항

- 위 사례에서 승객이 자살의도나 고의적인 부상의도가 있다고 볼 수 있는가? (대판 1997.11.11. 95다22115)
- 자동차의 운행과 사고 사이에 인과관계는 있는가?
- 승객의 고의 및 자살행위로 인하여 사상하게 된 경우에 손해배상 면책사유로 하는 취지는 무엇인가? (대판 1970.1.27. 69다1606)
- 승객의 고의 및 자살행위에 대한 입증책임은 누구에게 있는가? (대판 2005.12.8. 2005다46479, 46486)

■ 참고문헌

- 윤상홍, 자동차손해배상보장법 제3조 단서 제2호의 위헌성과 그 해석, 재판과 판례 7집(1998.12.), 7-36, 대구판례연구회.
- 최영헌, 자동차손해배상 보장법 제3조의 면책사유에 대한 입증책임의 소재 및 자동차의 구조상의 결함이나 기능상의 장해와 손해의 확대 사이에 상당인과관계가 있는 것으로 인정되는 경우, 대법원판례해설 57호, 2006, 641-658.

2. 신뢰의 원칙

대판 1990.6.26. 90다카2441

| 사안 | 乙(피고) 소유의 8톤 화물트럭의 운전사인 A가 1987.12.5. 01:10경 위 트

럭을 운전하고 편도 3차선의 좌로 구부러진 내리막길의 1차로를 진행하던 중, 반대편에서 중앙선을 넘어 진행하던 甲 운전의 승용차를 들이받아 甲이 두개내출혈로 사망하였다. 위 사고 장소는 A의 진행방향에서 보아 좌로 구부러진 제한시속 50킬러미터의 내리막길로서 편도 3차선의 도로이고 위 사고 당시 3차선에는 다른 차량들이 주차되어 있었는데, A는 화물트럭의 지정차선인 2차선으로 진행하지 아니하고 제한시속을 초과하여 시속 80킬로미터 가까운 속도로 1차선으로 진행하다가, 마주오던 甲의 승용차가 위 사고지점에 이르러 커브길을 제대로 따라 돌지 못한 채 중앙선을 침범해 오는 것을 피하지 못하고 충돌하게 되었다. 甲의 유족들(원고)은 乙을 상대로 손해배상청구를 하였다.

| 원심 | 이 사건 사고의 발생에는 甲이 승용차를 운전하면서 중앙선을 침범한 과실과 아울러 위 트럭의 운전사인 A가 위 사고장소를 2차선으로 진행하지 아니하고 1차선으로 진행하면서 시속 80킬로미터 가까운 과속으로 운행한 과실도 경합하였다고 볼 것이므로, 피고에게 위 사고로 甲과 그 가족인 원고들이 입은 손해를 배상할 책임이 있다고 판단하였다.

| 판지 | 교행하는 차선을 구분하는 중앙선이 설치된 차도에서 자기 차선을 따라 운행하는 자동차의 운전수로서는 반대방향에서 오는 상대방 차량과 교행할 경우 상대방 차량이 정상적으로 자기 차선을 따라 운행하리라고 신뢰하는 것이 보통이므로, 상대방 차량이 비정상적으로 운행함을 예견할 수 있는 특별한 사정이 없는 한 상대방 차량의 중앙선을 침범하여 이쪽 차선에 돌입할 경우까지 예상하여 운전할 주의의무는 없는 것이다. 그런데 원심이 확정한 사실에 의하면, 이 사건 충돌사고는 피해자 운전차량이 중앙선을 침범하여 乙 소유차량이 진행하는 차선에 넘어들어옴으로써 발생한 사고라는 것이므로, 당시 乙 소유차량의 운전수가 위와 같은 피해자운전차량의 비정상적인 운행을 예견할 수 있는 특별한 사정이 있었다면 모르되, 그렇지 않다면 단순히 乙 소유차량이 화물차량 지정차선인 2차선에서 운행하지 않고 1차선을 따라 운행하였다든가 또는 제한시속을 초과하여 운행하였다는 것만으로 곧 위 충돌사고 발생에 과실책임이 있다고 단정할 수는 없을 것이다.

■ 쟁 점

위 판결에서는 중앙선을 침범해 오는 차량과의 충돌에서 중앙선을 침범하지 않은 차량에 대해 과실을 인정할 것인지 여부가 문제되었다. 원심은 과실을 인정하였으나, 대법원은 중앙선을 침범해 오는 차량의 상대차량에 대해서는 특별한 사정이 없는 한 그 충돌에 있어 과실을 인정하기 어렵다고 하였다.

■ 검토할 사항

□ 중앙선을 침범해 오는 차량과 충돌한 경우 중앙선 침범차량의 운전자와 충돌차량의 운전자가 서로 가해자가 되면서 동시에 피해자가 될 수 있는가? 쌍방의 차량이 모두 중앙선을 침범한 경우라면 동시에 양 차량의 운전자가 가해자이면서 피해자가 될 수 있다. 한편 위 판결에서 원심은 중앙선을 침범하지 않은 트럭 소유자 乙의 과실을 이유로 한 불법행위책임(자배법상의 운행자책임)을 인정하였으나, 대법원은 신뢰의 원칙을 적용해 불법행위책임을 부정하였다. 다만, 대법원도 트럭 운전자가 과속운행을 하지 않았더라면 중앙선침범 발견 즉시 감속하거나 피행함으로써 충돌을 피할 수 있는 상황이었는데, 과속운행을 한 탓에 미처 피할 수 없었던 것이라면 과실로 인한 불법행위책임을 인정할 수 있다고 보았다.

■ 관련 사례

□ 중앙선이 설치되어 있는 도로상을 운행하는 자동차 운전자가 반대방향에서 진행하여 오는 자동차와 서로 교행하는 경우 상대방 자동차가 중앙선을 넘어 자기 차선 안으로 들어올 것까지도 예견하고 운전하여야 할 주의의무는 있는가? (대판 1987.3.24. 86다카1073)

□ 중앙분리대가 설치된 고속도로를 진행중인 운전사에게 대향차선의 차량이 중앙분리대를 갑자기 넘어오리라는 것을 예상하여 대향차선 차량의 동태까지 살피도록 기대할 수 없지만 대향차선 차량이 중앙분리대를 넘어오기 시작하는 것을 본 경우 어떤 의무를 부담하는가? (대판 1983.9.27. 85다2184)

Ⅴ. 특수한 문제

1. 손해의 범위와 제한(호의동승)

대판 1987.9.22. 86다카2580

| 사안 | 건축공사장의 목공인 甲(원고)이 사고 당일 비가 와서 쉬고 있던 중 乙의 트럭운전사인 A가 물건을 팔러 김제 등지에 가니 함께 가서 놀고 오자는 제의를 하여 무상으로 동승하여 사고장소 노상을 운행하던 중에 위 운전사 A가 담배를 빼려다가 차량바닥에 떨어진 담배갑을 줍는 순간 핸들을 놓쳐 사고차가 차선을 이탈

하여 그 진행방향 우측에 있던 가로수를 충격케 하여 함께 타고 있던 甲으로 하여금 상해를 입게 하였다. 이에 甲이 위 트럭의 소유자인 乙을 상대로 손해배상청구를 하였다. 乙은 소송 중에 甲이 차량 운전자 A에게 안전운전을 하도록 주의를 환기시키지 않은 과실이 있고, A가 호의로 乙을 동승시킨 점을 감안하여 손해배상액을 감액해야 한다고 주장하였다.

| 원심 | 甲과 같은 단순한 동승자에게 운전자의 운전행위에 관심을 기울여 안전운전을 하도록 주의의무를 환기시켜야 할 의무가 있다고 볼 수 없어 乙의 과실상계의 항변은 이유 없다 할 것이나 甲은 사고운전자의 제의를 받고 그와 함께 놀다올 목적으로 사고차량에 무상으로 동승하였던 것이므로 차량의 운행으로 인한 이익은 甲에게도 귀속된다 할 것이고 이러한 경우 甲은 운행이익의 향유자로서 운행공용자의 지위를 乙과 나누어 가진다 할 것이며, 따라서 그 운행으로 인하여 자신에게 발생할 수 있는 위험도 역시 분담하는 것이 타당하다 할 것이므로 乙이 배상할 손해액을 정함에 있어 이를 참작 감액해야 한다(재산상 손해 중 15퍼센트를 감액).

| 판지 | 자배법 제3조에서 말하는 자기를 위하여 자동차를 운행하는 자라 함은 객관적으로 자동차의 운행을 지배관리할 수 있는 지위에 있는 사람을 의미한다 할 것인바, 비록 甲이 이른바 무상동승자라 하더라도 원심이 설시한 바와 같은 경위로 이 사건 사고차량에 타게 된 甲에게 그 자동차의 보유자인 乙에 대한 관계에 있어서 15퍼센트 정도의 자동차보유자성을 인정한 원심의 판단은 그대로 수긍이 되지 아니하여 자동차사고에 관한 손해배상의 법리를 오해한 위법이 있는 것이라고 하지 않을 수 없다.

■ 쟁 점

위 판결은 호의동승자가 교통사고로 인하여 손해를 입었을 경우 호의동승으로 인한 손해의 감액을 인정할지 여부가 문제되었다. 원심에서는 호의동승 감액을 인정하였으나 대법원은 이를 부정하였다.

■ 검토할 사항

□ 자배법상의 운행자책임을 부담하는 차량보유자가 운전자와 함께 탄 호의동승자에 대한 책임감경의 법리는 무엇인가?

■ 관련 사례

□ 을 소유 차량의 운전사가 사고일시에 을의 지시에 따라 위 차량을 운행하던 중

목적지가 같은 방향인 그의 처남인 갑을 위 차량에 동승시킨 경우에는 갑에게 위 차량의 보유자성을 인정할 수 있는가? (대판 1988.9.13. 86다카774)

□ 지역 내 금융기관 책임자들로 구성된 금요회라는 모임에 속한 을 은행 00지점장인 A와 00중앙회 안동군 지부장인 갑을 포함한 회원들이 온천에 가기로 결의해 A가 을 은행 소유 차량에 갑 등을 태우고 온천을 한 후 돌아오다가 교통사고를 발생시켰을 경우 갑에 대해 호의동승으로 인한 손해액 감경이 가능한가? (대판 1989.1.31. 87다카1090)

■ 참고문헌

□ 박성철, 공동불법행위와 호의동승감액, 판례연구 8집, 1998, 353-379, 부산판례연구회.

□ 송덕수, 호의동승, 민사법학 18호, 2000, 578-628.

□ 이보환, 무상동승론, 사법논집 20집, 1989, 221-248.

2. 상속 관련 문제(채권 · 채무의 혼동)

대판 2005.1.14. 2003다38573,38580

| 사안 | A는 2002.2.12. 15:05경 그 소유의 승용차를 운전하여 도로를 진행하다가 전방주시를 소홀히 하여 가로등을 충격한 사고를 일으켰고 이로 인하여 위 승용차에 동승하고 있던 A의 아들 B가 그 무렵 사망하였다. 한편 A는 甲 회사(원고)와 사이에 그 이전에 위 승용차를 피보험차량으로 하여 자배법상의 책임보험계약을 체결하였다. A는 아들인 B로부터의 상속에 대하여 상속개시 후 3개월 이내인 2002.3.29. 상속포기신고를 하여 2002.4.1. 위 신고를 수리한다는 심판이 이루어졌다. 그 후 B의 아버지이자 A의 남편인 乙은 자신이 B의 손해배상청구권 전부를 상속하였다고 하면서, 당시 자배법 시행령에 따른 책임보험금 한도액 8,000만 원 전부의 지급을 甲 회사에 요구하였다. 甲 회사는 A가 이 사건 사고의 가해자로서 손해배상채무가 있는 이상 B의 손해배상청구권을 상속지분에 따라 상속하면서 상속개시 시점에 혼동으로 소멸되었으므로 그 지분비율에 의한 금액을 제외한 나머지 4,000만원을 乙에게 지급할 의무만 있다고 하면서, 乙을 상대로 보험금채무부존재확인 소송을 제기하였고, 乙은 甲을 상대로 8,000만원의 보험금 지급청구를 구하는 반소를 제기하였다.

| 원심 | 자배법 제9조 제1항에 의한 피해자의 보험자에 대한 직접청구권이 수반되는 경우에는 그 직접청구권의 전제가 되는 자배법 제3조에 의한 피해자의 운행자에 대한 손해배상청구권은 비록 위 손해배상청구권과 손해배상의무가 상속에 의하여 동일인에게 귀속되더라도 혼동에 의하여 소멸되지 않지만 가해자가 피해자의 상속인이 되는 등 특별한 경우에는 혼동으로 소멸한다고 할 것이므로 이 사건에서 乙에 대한 직접청구권의 전제가 되는 B의 A에 대한 손해배상청구권 중 가해자인 A가 상속받은 부분은 상속개시 당시 A가 B에 대하여 이 사건 사고로 인하여 부담하게 된 손해배상의무와 혼동으로 이미 소멸하였다고 할 것이어서 그 이후에 이루어진 A의 상속포기는 그 목적물이 없는 것으로서 효력이 없고 그렇지 않더라도 위 상속포기는 가해자인 A가 甲 회사에 대한 직접청구권 중 자신의 상속분이 혼동에 의하여 소멸하는 것을 회피하기 위하여 한 것이므로 신의칙에도 반하여 역시 효력이 없다고 판단하여, 乙의 반소청구 중 위 A의 상속포기로 인하여 그녀의 상속지분이 귀속된 1/2 지분에 관한 부분을 배척하였다.

| 판지 | 자배법 제9조 제1항에 의한 피해자의 보험자에 대한 직접청구권이 수반되는 경우에는 그 직접청구권의 전제가 되는 자배법 제3조에 의한 피해자의 운행자에 대한 손해배상청구권은 비록 위 손해배상청구권과 손해배상의무가 상속에 의하여 동일인에게 귀속되더라도 혼동에 의하여 소멸되지 않고 이러한 법리는 자배법 제3조에 의한 손해배상의무자가 피해자를 상속한 경우에도 동일하지만, 예외적으로 가해자가 피해자의 상속인이 되는 등 특별한 경우에 한하여 손해배상청구권과 손해배상의무가 혼동으로 소멸하고 그 결과 피해자의 보험자에 대한 직접청구권도 소멸한다고 할 것이다. 그런데 상속포기는 자기를 위하여 개시된 상속의 효력을 상속개시시로 소급하여 확정적으로 소멸시키는 제도로서(민법 제1019조 제1항, 제1042조 등) 피해자의 사망으로 상속이 개시되어 가해자가 피해자의 자신에 대한 손해배상청구권을 상속함으로써 위의 법리에 따라 그 손해배상청구권과 이를 전제로 하는 직접청구권이 소멸하였다고 할지라도 가해자가 적법하게 상속을 포기하면 그 소급효로 인하여 위 손해배상청구권과 직접청구권은 소급하여 소멸하지 않았던 것으로 되어 다른 상속인에게 귀속되고, 그 결과 위에서 본 '가해자가 피해자의 상속인이 되는 등 특별한 경우'에 해당하지 않게 되므로 가해손해배상청구권과 이를 전제로 하는 직접청구권은 소멸하지 않는다고 할 것이다. 그리고 상속포기는 상속의 효과로서 당연승계제도를 채택한 우리 민법하에서 상속

인을 보호하기 위하여 마련된 제도로서 상속포기로 인하여 당해 상속인에게 발생하였던 포괄적인 권리의무의 승계의 효력을 소멸시키는 결과 만약 상속포기를 하지 아니하였더라면 혼동으로 소멸하였을 개별적인 권리가 소멸하지 않는 효과가 발생하였더라도 이는 상속포기로 인한 부수적 결과에 불과한 것이어서 이를 이유로 신의칙 등 일반조항을 들어 전체적인 상속포기의 효력을 부정하는 것은 상당하지 아니하다는 점, 나아가 이 사건에서 A의 상속포기로 인하여 그녀의 상속지분은 乙에게 귀속되었는데 乙은 원래의 공동상속인 중 하나로서 피해자의 아버지이기 때문에 乙에게 책임보험에 의한 혜택을 부여하여 보호할 사회적 필요성을 부정하기 어렵다는 점 등에 비추어 볼 때, 이 사건에서 상속포기가 신의칙에 반하여 무효라고 할 수도 없다고 할 것이다. 그럼에도 불구하고, 원심은 앞서 본 이유를 들어 상속포기의 효력을 부정하였으니, 이러한 원심의 판단에는 상속포기의 효과, 혼동에 의한 권리소멸과의 관계 등에 관한 법리오해의 위법이 있다.

■ 쟁 점

위 판결은 교통사고로 인한 피해자 사망시 가해자가 피해자의 상속인일 경우 손해배상청구권과 손해배상채무의 혼동으로 인해 가해자가 상속포기를 하더라도 그 효력이 없는지 여부가 문제되었다. 원심은 상속포기가 적법하지 않다고 보았으나 대법원은 상속포기가 유효하다고 보아 다른 상속인에게 그 포기한 상속지분이 이전된다고 보았다.

■ 검토할 사항

□ A가 상속을 포기하지 않았을 경우 A가 보험회사를 상대로 자신의 상속지분만큼의 보험금의 지급을 구할 수 없는 이유는 무엇인가?

■ 관련 사례

□ 정 보험회사에 책임보험이 가입된 자동차 운행자인 갑과 운전자 을이 부부인데, 을이 위 차량 운전 중 중앙선 침범사고로 아들 병을 사망하게 하여 갑이 정 보험회사를 상대로 손해배상을 청구하는 경우 정은 보험금을 지급받을 수 있는가? (대판 2003.1.10. 2000다41653, 41660)

■ 참고문헌

□ 구민승, 가해자가 피해자의 자동차손해배상보장법상 손해배상청구권을 상속한 후 상속포기한 경우의 법률관계, 재판과 판례 16집, 2008, 623-658, 대구판례연구회.

□ 오시영, 손해배상청구권을 중심으로 한 혼동과 상속포기의 우열, 판례연구 19집(1), 2005, 226-249, 서울지방변호사회.
□ 윤장원, 교통사고로 인한 자동차손해배상보장법 제3조의 손해배상청구권의 혼동과 상속포기, 판례연구 18집, 2007, 279-322, 부산판례연구회.

제2항 제조물책임

■ 판례 1

대판 2000.2.25. 98다15934

| 사안 | A는 1996.7. 집에서 텔레비전을 시청하고 있던 중, 갑자기 텔레비전 뒤편에서 검은 연기가 피어올라 동작스위치를 끄고 전원플러그를 뽑았으나, 곧이어 텔레비전에서 '펑'하는 폭발음과 함께 불이 솟아 오르면서 커튼에 옮겨 붙어 집건물 내부와 그 안의 가재도구가 전소하였다. 위 텔레비전은 甲회사(피고)가 1988년 말경부터 1990년 초경까지 사이에 제조한 것으로서, A는 화재 발생 약 6년 전에 이를 구입하여 위 사고시까지 사용하여 왔는데, 당시까지 이를 수리하거나 내부구조에 변경을 가한 바가 전혀 없다. 그런데 위 사고는 텔레비전 수상관(브라운관) 내의 전자총 부분(고전압이 걸려 있음)이 누전으로 인하여 폭발하면서 발생한 것으로 추정될 뿐, 그 누전이 발생하게 된 경위에 관하여는 규명되지 않았다. A의 보험회사 乙(원고)이 A에게 위 사고로 인한 건물의 피해보험금을 지급하고, 甲에 대하여 구상금의 지급을 청구하였다.

| 판지 | 1. 원심은, 이 사건 텔레비전의 폭발원인이 된 전자총 부분의 누전 경위가 명백히 밝혀지지는 아니하였으나, 텔레비전이 이를 정상적으로 수신하는 상태에서 폭발한 이상, 특단의 사정이 없는 한 이 사건 텔레비전은 그 이용시의 제품의 성상이 사회통념상 제품에 요구되는 합리적 안전성을 결여하여 '부당하게 위험한' 것으로서 그 제품에 결함이 있다고 볼 수밖에 없고, 이와 같은 결함은 피고가 이 사건 텔레비전을 제조하여 유통에 둔 단계에서 이미 존재하고 있었다고 추정되므로, 피고는 이 사건 텔레비전의 제조업자로서 그 결함으로 인한 폭발사고로 말미

암아 A가 입은 재산상 손해를 배상할 의무가 있고, 나아가 보험자인 원고는 A와의 보험계약에 따라 동인에게 위 사고로 인한 보험금을 지급함으로써 그 지급한 금액 범위 내에서 A의 피고에 대한 손해배상채권을 대위취득하였다고 판단하였다.

무릇 물품을 제조·판매하는 제조업자 등은 그 제품의 구조·품질·성능 등에 있어서 그 유통 당시의 기술수준과 경제성에 비추어 기대가능한 범위 내의 안전성과 내구성을 갖춘 제품을 제조·판매하여야 할 책임이 있고, 이러한 안전성과 내구성을 갖추지 못한 결함으로 인하여 소비자에게 손해가 발생한 경우에는 불법행위로 인한 손해배상의무를 부담한다 할 것이다.

따라서 물품을 제조·판매한 자에게 손해배상책임을 지우기 위하여서는 위와 같은 결함의 존재, 손해의 발생 및 결함과 손해의 발생과의 사이에 인과관계의 존재가 전제되어야 하는 것은 당연하다. 그러나 고도의 기술이 집약되어 대량으로 생산되는 제품의 경우, 그 생산과정은 대개의 경우 소비자가 알 수 있는 부분이 거의 없고 전문가인 제조업자만이 알 수 있을 뿐이며, 그 수리 또한 제조업자나 그의 위임을 받은 수리업자에 맡겨져 있기 때문에, 이러한 제품에 어떠한 결함이 존재하였는지, 나아가 그 결함으로 인하여 손해가 발생한 것인지 여부는 전문가인 제조업자가 아닌 보통인으로서는 도저히 밝혀낼 수 없는 특수성이 있어서 소비자 측이 제품의 결함 및 그 결함과 손해의 발생과의 사이의 인과관계를 과학적·기술적으로 완벽하게 입증한다는 것은 지극히 어렵다.

그러므로 이 사건과 같이 텔레비전이 정상적으로 수신하는 상태에서 발화·폭발한 경우에는, 소비자 측에서 그 사고가 제조업자의 배타적 지배하에 있는 영역에서 발생한 것임을 입증하고, 그러한 사고가 어떤 자의 과실 없이는 통상 발생하지 않는다고 하는 사정을 증명하면, 제조업자 측에서 그 사고가 제품의 결함이 아닌 다른 원인으로 말미암아 발생한 것임을 입증하지 못하는 이상, 위와 같은 제품은 이를 유통에 둔 단계에서 이미 그 이용시의 제품의 성상이 사회통념상 당연히 구비하리라고 기대되는 합리적 안전성을 갖추지 못한 결함이 있었고, 이러한 결함으로 말미암아 사고가 발생하였다고 추정하여 손해배상책임을 지울 수 있도록 입증책임을 완화하는 것이 손해의 공평·타당한 부담을 그 지도원리로 하는 손해배상제도의 이상에 맞는다 할 것이다.

원심의 판단은 위 법리에 따른 것으로 정당하다.

2. 원심이 이 사건 사고가 A의 오사용(誤使用) 내지 관리소홀로 말미암아 발생

한 것이므로 면책되어야 한다는 피고의 주장에 대하여 이를 인정할 만한 증거가 없다는 이유로 배척한 조치는 정당한 것으로 보이고, 또한 원심이 피고가 이 사건 텔레비전의 내구연한을 제품구입일로부터 5년으로 설정하였고, 그 내구연한을 도과한 이후에 이 사건 사고가 발생하였으나, 위 내구연한은 이 사건 텔레비전이 본래의 용도에 따라 정상적으로 성능을 발휘할 수 있는 최소한의 기간을 의미하는 것으로 보여질 뿐, 그 결함으로 인한 손해배상청구권의 권리행사기간 내지 피고의 손해배상채무의 존속기간을 정한 것이라고 볼 수는 없고, 나아가 오늘날 일반 국민에게 널리 보급된 대표적 가전제품인 텔레비전은 제조자가 설정한 내구연한이 다소 경과되었다 하더라도 사회통념상 이를 소비자의 신체나 재산에 위해를 가할 수 있는 위험한 물건으로는 여겨지지 아니하므로 텔레비전의 제조업자는 그 내구연한이 다소 경과된 이후에도 제품의 위험한 성상에 의하여 소비자가 손해를 입지 않도록 그 설계 및 제조과정에서 안전성을 확보해야 할 고도의 주의의무를 부담한다 할 것이어서, 이 사건 텔레비전이 비록 그 내구연한으로부터 1년 정도 초과된 상태라 하더라도 그 정상적인 이용 상황 하에서 위와 같이 폭발한 이상, 그 제조상의 결함을 인정함에는 아무런 지장이 없다고 판단한 것도 정당한 것으로 수긍이 가며, 거기에 상고이유가 지적하는 바와 같은 제조물책임의 면책사유에 관한 사실오인 및 법리오해 등의 위법이 없다.

■ 쟁 점

위 판결은 제조물책임에서의 입증책임, 즉 텔레비전이 정상적인 이용상황 하에서 폭발한 경우에 이의 피해자는 텔레비전에 결함이 있음을 입증해야 제조자에게 손해배상책임을 물을 수 있는가 하는 점이 문제된 것이다.

■ 검토할 사항

- □ 물품의 결함으로 손해가 발생한 경우에, 일반적인 불법행위법의 법리에 의하면 피해자가 손해배상책임의 성립요건, 즉 결함의 존재, 손해의 발생, 양자간의 인과관계 등을 입증해야 한다. 그런데 고도의 기술이 집약되어 대량으로 생산되는 제품(제조물)의 경우에는 이와 달리 규율된다. 그 이유는 무엇인가?
- □ 위와 같은 제조물의 결함으로 손해가 발생한 경우에 피해자가 입증해야 할 내용과 제조자가 입증해야 할 내용을 살피시오.
- □ 이 사건에서의 텔레비전이 내구연한을 경과한 것임에도 제조자의 배상책임을 인정한 이유는 무엇인가?

■ 관련사례

□ 갑회사는 을회사로부터 노래방기기 중 본체인 스토어라는 제품을 매입하여 여기에 10여 종의 주변기기를 부착하여 노래방기기 세트를 다수의 노래방업소에 판매·설치하여 왔는데, 을이 제조한 스토어에 중대한 결함이 있어서 이를 구입한 노래방업소로부터 항의를 받고 하자담보책임을 지는 등 영업상의 손실을 입게 되었다. 갑은 을에 대하여 제조물책임을 물을 수 있는가? 즉 제조물의 결함으로 재산이나 신체에 손해를 입은 경우가 아니라, 제조물에 상품적합성이 결여되어 제조물 그 자체에 손해가 발생한 경우에도 제조물책임이론이 적용되는가? (대판 1999.2.5. 97다26593)

□ 갑이 1993.4.8. 21:40경 지하주차장에 주차해 두었던 차가 23:50경 운전석 쪽에서 발생한 화재로 전소되었다. 이 차는 1992.11.10. 출고되어 갑이 매수한 것인데, 그 사이 엔진 이상 징후로 점검을 받았고, 접촉사고로 파손된 좌측 문짝을 수리 내지 교환하였으며, 그 이후 엔진에서의 소음과 진동이 계속되어 교류발전기·에어컨 고압호스 등을 교환하였다. 이 차에 제조상의 결함이 있는 것으로 인정되는가? (대판 2000.7.28. 98다35525)

■ 참고문헌

□ 김민중, 제조물책임에서 입증책임의 분배, 저스티스 33권 3호, 2000, 211-227.

□ 민중기, 제조물책임의 성립요건과 입증책임의 분배, 법조 49권 6호(통권 525), 2000.6, 146-187.

□ 한삼인, 제조물책임, 고시계 49권 4호(통권 566), 2004.4, 83-91.

▣ 판례 2

대판 2004.3.12. 2003다16771 (급발진사고)

| 사안 | 甲(원고)은 A회사 소속 주차관리원으로서 1997.2.3. 18:00경 주차장에 세워져 있던 B회사 소유의 아카디아 승용차를 이동시키기 위하여 위 자동차에 탑승하여 시동을 켜고 자동변속기의 선택레버를 주차에서 전진으로 이동하였는데, 그러자 위 자동차가 갑자기 앞으로 진행하면서 그곳에 주차되어 있던 다른 자동차를 충격하고 계속 전진하면서 다른 주차차량과 음식점의 벽면을 잇달아 충격한 후 정지하였다. 이 사고로 위 자동차들 및 음식점 벽의 일부가 파손되었다. 위 자동차는 위 사고 이전에 엔진·자동변속기·브레이크 내지 전자제어장치에 이상이

생기거나 급발진사고를 일으킨 적이 없으며, 사고 후 점검 결과 차량 부품 등의 이상이 발견되지 않았다.

甲이 위 자동차를 제조(1996년 제조)한 乙회사(피고)에 대하여 다음과 같이 주장하면서 제조물책임법에 기한 손해배상을 청구하였다. 1) 乙회사가 위 자동차를 제조함에 있어 엔진제어장치를 부적절한 위치에 장착하고 전자파 간섭을 받지 않도록 하는 장치를 부가하지 않고 전자파 간섭시험을 하지 않은 등의 제조·설계상 결함이 있고, 그 결함이 사고 당시 전자파 간섭으로 인한 엔진제어장치의 작동불량상태를 일으켜 급발진사고를 초래하였다(제조·설계상의 결함). 2) 오랜 운전경력에 동종의 사고를 낸 적이 없는 甲이 통상적으로 자동차를 운전하던 중 급발진사고가 발생하였으니 乙회사가 위 자동차를 제조·설계하는 과정에서 발생한 결함으로 인하여 급발진사고가 발생한 것으로 추정되어야 한다. 3) 위 자동차에 급발진사고를 방지할 수 있는 쉬프트 록(Shift Lock)의 미장착 또는 액셀러레이터 페달과 브레이크 페달 사이의 간격과 관련한 설계상 결함이 운전자의 페달 오조작을 일으켜 급발진사고가 발생하였다(안전한 대체설계를 하지 않은 결함). 4) 제조자가 합리적인 설명·지시·경고 기타의 표시를 하지 않음으로써 피해나 위험을 줄일 수 없었다(표시상의 결함).

| 원심 | 원고의 각 주장에 대하여 다음과 같이 판단함으로써, 그 청구를 배척하였다.

1) 자동차가 운전자의 의도와 달리 급발진(급전진 및 급후진)하여 사고로 연결되려면 분당 엔진회전수가 4000 정도까지 올라간 상태가 유지되고 스로틀 밸브가 완전히 열리며 브레이크에 의한 제동이 제대로 되지 않는 등의 조건을 갖추어야 하는데, 스로틀 밸브는 액셀러레이터 페달을 밟아야만 열리도록 되어 있고 엔진제어장치의 결함으로 공회전속도 조절장치밸브 등이 열린다고 할지라도 급발진에 필요한 분당 엔진회전수에 이르지 못하는 등 자동차공학상 운전자의 의사와 무관하게, 즉 운전자가 액셀러레이터 페달을 밟지 않은 상태에서 급발진이 일어나기는 사실상 어려운 사실, 미국에서는 국립도로교통안전청이 1989.1.경 자동변속기 차량의 급발진사고 원인을 조사하여 자동차 자체에는 급발진에 직접적인 영향을 줄 기계적 결함을 발견할 수 없고 급발진사고 원인은 운전자의 조작 잘못으로 보인다는 결과를 발표한 바 있으며, 캐나다 및 일본에서도 유사한 연구조사 결과가 발표된 사실, 우리나라에서도 소비자보호원이 1998.2.경 급발진사고 사례를 조사한

외 교통안전공단 자동차성능시험연구소가 1999.11.경 건설교통부 주관하에 연구조사한 결과 급발진을 일으키는 자동차의 구조적인 결함은 발견되지 않고 일상생활에서 접할 수 있는 전자파 간섭의 영향력은 미미하여 운전자가 액셀러레이터 페달을 밟지 않는 한 급발진이 생길 수 없다는 조사 결과가 발표된 사실 등을 인정하고, 그렇다면 이 사건 급발진사고는 원고가 시동을 걸고 자동변속기 레버를 전진으로 이동하는 단계에서 액셀러레이터 페달을 밟지 않아야 할 상황인데도 비정상적으로 액셀러레이터 페달을 밟음으로써 발생한 것으로 추인함이 상당한바, 그렇다면 이 사건 자동차의 엔진제어장치에 원고 주장과 같은 전자파 간섭과 관련한 제조 · 설계상 결함이 존재한다거나 그 결함으로 인하여 급발진사고가 발생하였다고 볼 수 없다.

2) 원고의 페달 오조작으로 인하여 위 자동차가 급발진한 것으로 추인되는 한, 이러한 사고경위에 비추어 볼 때 원고가 사고 당시 이 사건 자동차를 정상적으로 사용하고 있었음에도 제조업자의 배타적인 지배하에 있는 영역에서 사고가 발생하였다고 볼 수 없으므로, 이 사건 자동차의 결함으로 인하여 급발진사고가 발생한 것으로 추정할 수도 없다.

3) 그 외에도 원고가 주장하는 안전한 대체설계를 하지 않은 결함 및 표시상의 결함 등이 인정되지 않는다.

| 판지 | 1. 자동차의 제조 · 설계상의 결함 주장에 관하여

물품을 제조 · 판매하는 제조업자는 그 제품의 구조 · 품질 · 성능 등에 있어서 그 유통 당시의 기술수준과 경제성에 비추어 기대 가능한 범위 내의 안전성과 내구성을 갖춘 제품을 제조 · 판매하여야 할 책임이 있고, 이러한 안전성과 내구성을 갖추지 못한 결함으로 인하여 소비자에게 손해가 발생한 경우에는 불법행위로 인한 손해배상의무를 부담하며, 한편 고도의 기술이 집약되어 대량으로 생산되는 제품의 결함을 이유로 그 제조업자에게 손해배상책임을 지우는 경우 그 제품의 생산과정은 전문가인 제조업자만이 알 수 있어서 그 제품에 어떠한 결함이 존재하였는지, 그 결함으로 인하여 손해가 발생한 것인지 여부는 일반인으로서는 밝힐 수 없는 특수성이 있어서 소비자 측이 제품의 결함 및 그 결함과 손해의 발생과의 사이의 인과관계를 과학적 · 기술적으로 입증한다는 것은 지극히 어려우므로, 그 제품이 정상적으로 사용되는 상태에서 사고가 발생한 경우 소비자 측에서 그 사고가 제조업자의 배타적 지배하에 있는 영역에서 발생하였다는 점과 그 사고가 어떤 자의 과실 없이는 통상 발생하지 않는다고 하는 사정을 증명하면, 제조업자 측에서 그 사고가 제품의 결함이 아닌 다른 원인으로 말미암아 발생한 것임을 입증하지 못하는 이상 그 제품에게 결함이 존재하며 그 결함으로 말미암아 사고가 발생하였다고 추정하여 손해배상책임을 지울 수 있도록 입증책임을 완화하는 것이 손해의 공평 · 타당한 부담을 그 지도원리로 하는 손해배상제도의 이상에 맞는 것임은 상고이유에서 주장하는 바와 같다.

그러나 위 법리에 비추어 살펴보더라도 앞서본 바와 같이 이 사건 자동차의 엔진제어장치에 원고 주장과 같은 결함이 있음을 인정할 수 없고, 나아가 이 사건 자동차가 정상적으로 사용되는 상태에서 제조업자의 배타적 지배하에 있는 영역에서 사고가 발생하였다는 점이 입증되지 않았다. 그러므로 원심이 위 급발진사고가 자동차의 결함으로 인하여 발생하였다고 추정할 수도 없다고 보아 이 부분 원고의 주장을 배척한 조치는 정당하다. 한편 자동차의 급발진은 엔진제어장치의 결함이 아니라 원고의 페달 오조작으로 인한 것으로 추인되는 이 사건에서, 원심이 원고 주장의 다른 결함, 즉 고성능의 컴퓨터를 장착하지 않았다거나 전자파 간섭에 의한 작동불량유형 및 영향분석실험을 실시하지 않았다는 점에 대하여 별도로 판단하지 아니하였다 하여 판단유탈의 위법이 있다고 할 수 없다.

2. 보다 안전한 대체설계를 하지 않음으로 인한 설계상의 결함 주장에 관하여

설령 이 사건 급발진사고가 운전자의 액셀러레이터 페달 오조작으로 발생하였다고 할지라도, 만약 제조자가 합리적인 대체설계를 채용하였더라면 급발진사고를 방지하거나 그 위험성을 감소시킬 수 있었음에도 대체설계를 채용하지 아니하여 제조물이 안전하지 않게 된 경우 그 제조물의 설계상의 결함을 인정할 수 있지만, 그러한 결함의 인정 여부는 제품의 특성 및 용도, 제조물에 대한 사용자의 기대의 내용, 예상되는 위험의 내용, 위험에 대한 사용자의 인식, 사용자에 의한 위험회피의 가능성, 대체설계의 가능성 및 경제적 비용, 채택된 설계와 대체설계의 상대적 장단점 등의 여러 사정을 종합적으로 고려하여 사회통념에 비추어 판단하여야 할 것이다.

그런데 기록에 의하여 살펴보면, 이 사건에서 원고가 급발진사고를 방지할 수 있는 대체설계로서 주장한 쉬프트 록은 운전자가 브레이크 페달을 밟아야만 자동변속기 레버를 주차 위치에서 전(후)진 위치로 움직일 수 있도록 고안된 장치로서, 쉬프트 록을 장착하더라도 모든 유형의 급발진사고에 대하여 예방효과가 있는 것이 아니고 시동을 켠 후 자동변속기의 레버를 주차 위치에서 후진 또는 전진 위치로 변속하는 단계에서 비정상적으로 액셀러레이터 페달을 밟는 경우에 한하여 이를 방지 또는 감소시키는 효과를 가질 뿐이며, 또한 설령 쉬프트 록이 장착된 차량이라고 할지라도 운전자가 자동변속기를 주차가 아닌 다른 위치에서 변속시키는 과정에서 급발진사고가 발생하는 위험성은 방지할 수 없어서 쉬프트 록의 장착으로 급발진사고를 예방할 수 있는 효과가 크다고 보기 어렵고 그 정도를 가늠하기도 어려운 점, 운전자가 자동변속기 자동차의 기본적인 안전운전 요령만 숙지하여 실행하면 굳이 쉬프트 록을 장착하지 않더라도 동일한 사고예방효과가 있는데 자동차는 법령에 정하여진 바에 따른 운전면허를 취득한 사람만이 운전할 수 있고 액셀러레이터 페달의 올바른 사용은 자동차 운전자로서 반드시 숙지하여야 할 기본사항인 점, 일반적으로 자동변속기 또는 액셀러레이터 페달의 오조작을 감소시키려면 쉬프트 록 이외에도 여러 가지 안전장치를 강구할 수 있는 점, 통계상 급발진사고를 일으킨 차량은 그 이전에 동종의 사고를 일으킨 적이 없으며 그 후에도 그러하기 때문에 그 차량에 대하여 급발진사고를 대비한 안전장치가 없다고 하여 그 자동차가 통상적으로 기대되는 안정성을 결하였다고 보기 어렵다는 점 등 여러 사정에 비추어 볼 때 피고회사가 이 사건 자동차에 쉬프트 록을 장착하였더라면 급발진사고를 방지하거나 그 위험성을 감소시킬 수 있었음에도 이를 장착하지 아니하여 위 자동차가 안전하지 않게 된 설계상의 결함이 있다고는 볼 수 없는 것이다.

또한 기록에 의하면 국내외의 조사 결과 급발진사고를 일으킨 차량들에 있어서 액셀러레이터 페달과 브레이크 페달 사이의 간격과 사고 사이에는 관련성은 없는 것으로 밝혀진 사실, 페달 간격을 넓게 배치하면 오히려 위급상황시의 대처가 어렵게 될 위험성이 있는 사실이 인정되는바, 그렇다면 이 사건 자동차의 페달 간격에 있어서 운전자의 오조작을 야기할 수 있는 설계상의 결함이 있다고 볼 수도 없다.

3. 표시상의 결함 주장에 관하여

제조자가 합리적인 설명 · 지시 · 경고 기타의 표시를 하였더라면 당해 제조물에 의하여 발생될 수 있는 피해나 위험을 줄이거나 피할 수 있었음에도 이를 하지 아니한 때에는 표시상의 결함에 의한 제조물책임이 인정될 수 있지만, 그러한 결함 유무를 판단함에 있어서는 제조물의 특성, 통상 사용되는 사용형태, 제조물에 대한 사용자의 기대의 내용, 예상되는 위험의 내용, 위험에 대한 사용자의 인식 및 사용자에 의한 위험회피의 가능성 등의 여러 사정을 종합적으로 고려하여 사회통념에 비추어 판단하여야 할 것이다.

기록에 의하면, 이 사건 자동차의 취급설명서에 엔진시동 시에는 액셀러레이터 페달과 브레이크 페달의 위치를 확인한 후 브레이크 페달을 밟고 시동을 걸고 자동변속기 선택레버를 이동시키라는 지시문구가 기재되어 있으므로 원고가 위 지시 내용을 확인하고 이에 따랐더라면 이 사건 사고는 충분히 예방할 수 있었던 점을 인정할 수 있으므로, 법령에 의한 면허를 갖춘 사람만이 운전할 수 있는 자동차에 있어서 위의 지시 외에 운전자가 비정상적으로 액셀러레이터 페달을 밟는 경우까지 대비하여 그에 대한 경고나 지시를 하지 아니하였다 하여 결함이 존재한다고 볼 수는 없다고 할 것이다.

■ 쟁 점

위 판결은 자동차의 급발진으로 인한 사고가 제조물의 결함으로 인한 것인가 하는 점이 문제된 것이다.

■ 검토할 사항

□ 제조물책임법의 취지, 그리고 제조물책임과 일반적인 불법행위책임과의 차이를 살피시오.

□ 어떤 경우에 제조물에 「결함」이 있는 것으로 인정되는가? (결함의 형태)

□ 위 판결이 각 형태의 결함의 존재를 부인한 이유를 살피시오.

■ 관련사례

□ 장미를 재배하는 갑이 을회사가 제조한 비료를 구입하여 장미에 살포하였는데, 장미가 고사하였다. 그런데 위 비료의 발효과정에서 비료 포장지 등에 명시된 암모니아 가스 발생기간인 15일 내지 20일을 훨씬 초과하여 40일 이상 장기간 가스가 발생하였으며, 위 장미가 고사하게 된 것은 위 가스에의 장기간 노출이 주요 원인 중 하나이다. 위 비료에 결함이 있는 것으로서, 을은 갑에 대하여 제조물책임을 지는가? (대판 2006.3.10. 2005다31361)

□ 합성 교감신경흥분제인 페닐프로판올아민이 함유된 일반의약품인 감기약 "콘택600"을 복용한 사람이 출혈성 뇌졸중으로 사망한 경우에, 위 의약품을 제조·판매한 회사는 제조물책임을 지는가? (대판 2008.2.28. 2007다52287)

□ 베트남전쟁에 참전하였던 군인들이 미국정부에 납품된 고엽제의 유해성분(TCDD)에 노출되었다가 귀국 후에 고엽제의 유해성분으로 인하여 발병된 것으로 추정되는 질병을 앓고 있는 경우, 이의 제조회사의 국내법인은 제조물책임을 지는가? (대판 2013.7.12. 2006다17539)

■ 기타 검토사항

□ 제조물책임을 지는 자가 면책되는 경우는 언제인가? (제조물책임법 제4조 참조)

■ 참고문헌

□ 권대우, 제조물책임의 성립요건, 민사판례연구 27권, 2005, 471-511.
□ 민유숙, 자동차 급발진사고와 제조물책임, 대법원판례해설 49호, 2004, 224-273.
□ 최명구, 자동기어변속장치를 장착한 자동차급발진과 제조물책임, 민사법학 28호, 2005, 111-152.

제2장 사무관리

1. 사무관리의 요건

대판 1997.10.10. 97다26326

| 사안 | A는 B가 그로부터 금 950만원 상당의 금원을 편취하였다고 B를 고소하여 B가 조사를 받게 되자, B는 처벌을 면하기 위하여 A에게 손해배상으로 금 2,000만원을 지급하기로 약정하였고, 그 과정에서 형인 甲(피고)의 허락을 받아 甲 명의로 A에게 액면금 1,000만원인 약속어음 2장(금액 합계 금 2,000만원)을 발행하여 A에게 교부하였다. B가 A에 대한 위 합의금을 지급하지 못하자 A는 위 약속어음의 지급기일에 甲에게 위 약속어음의 지급을 요구하였는데 甲이 위 각 약속어음이 위조되었다고 주장하며 그 지급을 거절하자 A는 B를 위 각 약속어음을 위조하였다고 다시 고소하였다. B는 경찰서에서 다시 조사를 받던 중 친구인 乙(원고)에게 그 자신을 대신하여 乙이 손해배상금으로 금 2,500만원을 A에게 지급하고 A와 대신 합의하여 줄 것을 부탁하여 乙이 이를 승낙하고 이에 따라 B를 대신한 乙이 1992.11.27. A에게 금 2,500만원을 지급하기로 하여 그에 따라 A는 고소를 취소하기로 B와 합의하였고, A는 乙로부터 금 500만원을 지급받고 고소를 취소하였으며 그 후 乙은 A에게 1993.8.2.경까지 약 6차례에 걸쳐 금 2,000만원을 분할 지급하였다. 乙이 위 금 2,000만원을 대위변제하고서도 甲 명의의 약속어음을 회수하지 아니하고 자신이 합의 과정에서 A에게 발행한 금 2,000만원의 약속어음만 회수하였다. 乙은 甲에 대하여 甲 명의의 약속어음금 2,000만원의 사무관리에 의한 비용상환을 청구하였다.

| 판지 | 사무관리가 성립하기 위하여는 우선 그 사무가 타인의 사무이고 타인을 위하여 사무를 처리하는 의사, 즉 관리의 사실상의 이익을 타인에게 귀속시키려는 의사가 있어야 함은 물론 나아가 그 사무의 처리가 본인에게 불리하거나 본인의 의사에 반한다는 것이 명백하지 아니할 것을 요하고(대법원 1994.12.22. 선고 94다41072, 41089 판결 참조), 따라서 의무 없이 타인을 위하여 사무를 관리하는 자는 그 타인과의 사이에서 사무관리가 성립하고 제3자에 대한 관계에서는 사무관리가 성립하지 아니한다고 할 것이다.

사실관계가 위와 같다면 甲이 발행을 허락하여 B가 A에게 甲 명의로 발행한 위 약속어음 2장에 대한 지급을 거절하자 A가 B를 유가증권 위조로 다시 고소한 사건에서 위 약속어음의 지급과는 관련 없이 그와는 별도로 원고가 위 B를 대신하여 B가 A에게 금 2,500만원을 지급하기로 합의하여 그 합의금 중 금 2,000만원을 분할하여 지급한 것으로서 원고는 B를 위하여 부담하게 된 합의금을 지급한 것에 불과하고, 甲이 명백히 지급을 거절한 甲 명의의 위 약속어음금 2,000만원을 지급한 것으로 볼 수 없고, 기록을 살펴보아도 원고가 甲을 위하여 甲 명의의 약속어음금 2,000만원을 지급하려는 의사로 위 금 2,000만원을 지급하였다고 볼 만한 증거가 없으므로 결국 원고와 甲 사이에는 사무관리는 성립할 수가 없다고 할 것인바, 이와 같은 취지에서 원고의 사무관리에 의한 비용상환 청구를 배척한 원심의 그 판단은 옳다고 여겨지고, 거기에 사무관리에 관한 법리오해의 위법이 있다고 할 수 없다. 이 점에 관한 상고이유의 주장도 이유 없다.

■ 쟁 점

다른 사람(甲)이 발행한 어음채무를 그 채무자의 부탁 없이 대신 제3자로서 변제한 사람(乙)이 채무자에 대해서 가지는 구상권의 성립여부가 문제되었다.

■ 검토할 사항

□ 乙이 甲에 대해 계약에 기초해 구상권을 가질 수 있는가?

□ 사무관리의 요건은 무엇인가?

□ 이 사건에서 乙이 제3자로서 한 변제는 사무관리로 인정되지 않았다. 어떠한 요건이 결여되어 사무관리가 부정되었는가?

□ 乙은 민법 제739조 제3항에 따라 甲에게 구상권을 행사할 수는 있겠는가?

■ 관련사례

□ 연대보증인이 보증기간 이전임에도 채무의 변제를 한 경우, 이를 제3자의 변제로

볼 수 있는가? 그러한 제3자의 변제는 사무관리의 요건을 충족할 수 있는가? 특히 제3자의 변제가 있으면 반증이 없는 한 채무자에게 유익하고 또한 그 의사에 반하지 아니한 것으로 추정할 수 있는가? (대결 1961.11.9. 4293민상729 참조)

- 한국토지개발공사로부터 택지를 분양받은 사람이 이 택지분양권을 매도하였으나 그 이전에 협조하지 않으면서 자신의 명의로 택지를 소유권이전등기 받고 그에 주택을 건축하였다. 나중에 소유권이전등기를 이전받은 매수인이 주택의 철거를 청구하자, 매수인은 자신의 주택 건축으로 한국토지개발공사에 환매될 가능성을 예방하였다고 주장하면서 그 비용을 사무관리에 기한 비용상환청구권에 기초해 청구한다. 이러한 주장은 타당한가? 사무관리의 요건 중 충족되지 아니한 것이 있는가? (대판 1994.12.22. 94다41072, 41089)

■ 기타의 쟁점

- 다른 사람의 사무를 자신의 이익을 위해서 처리한 사람에 대해 사무의 본인은 어떠한 권리를 가질 수 있겠는가? 사무관리에 관한 규정이 일부 유추적용될 여지는 있는가?

■ 참고문헌

- 양형우, 사무관리의 성립요건에 관한 고찰, 강원법학, 제16권, 2003, 163 이하.
- 김형석, 제3자의 변제·구상·부당이득, 서울대학교 법학, 제46권 제1호, 2005, 340 이하.

2. 사무관리의 효과

대판 2010.1.14. 2007다55477

| 사안 | 대한주택공사는 甲(피고)에게 이 사건 공사를 도급하면서 공사시방서 및 현장설명서를 통하여 이 사건 공사 현장에서 발생하는 건설폐기물의 분리수거, 재활용 및 이와 관련한 폐기물배출자 신고, 관리 등에 관한 업무를 甲이 처리하도록 하였다. 이에 따라 甲은 이 사건 공사 현장에서 발생할 건설폐기물량을 산출하여 그 관리 등에 관한 업무에 소요되는 비용을 도급내역에 반영하였으며 나아가 관할 행정기관에 甲을 이 사건 공사 현장의 사업장폐기물배출자로 신고하여 이 사건 공사 현장에서 발생하는 건설폐기물의 처리확인서에 甲이 폐기물배출자로 기재되어 있다. 공사발주자로 하여금 폐기물처리업체에게 충분한 처리비용을 지급하도록 함으로써 건설폐기물의 적정한 처리를 기할 목적으로 당시 관계법령에 의하여

건설폐기물 분리발주제가 도입되었는데, 대한주택공사는 위 분리발주제에 따라 이 사건 공사에 관한 도급계약과 별도로 乙(원고)과의 사이에 이 사건 공사로 발생하는 건설폐기물의 처리에 관한 용역계약(이하 '이 사건 계약'이라 한다)을 체결하여 乙로 하여금 이 사건 공사 현장에서 발생한 건설폐기물을 처리하도록 하였다. 그런데 이 사건 공사의 시행 과정에서 당초 이 사건 계약에서 예정하였던 양을 훨씬 초과한 건설폐기물이 발생하였고, 이는 甲이 이 사건 공사를 시행하는 과정에서 폐기물 관리를 잘못하여 폐콘크리트, 마감자재의 포장지, 생활쓰레기 등이 분리되지 않은 채 혼합폐기물과 섞여 배출되도록 방치한 데 기인하였다. 이 사건 공사 현장에서 발생하는 폐기물의 처리에 관하여 乙과 대한주택공사 사이에 이 사건 계약이 체결되었지만 당초의 계약 물량을 초과한 건설폐기물이 발생하자 乙이 건설폐기물의 처리를 중단하였다가 甲의 요청으로 용역업무를 재개하여 위 초과 건설폐기물을 처리하였다. 乙은 이 사건 계약에서 정하여진 건설폐기물 처리비용 단가에 기초하여 위 초과 건설폐기물의 처리비용을 산출하여 甲에게 그 상환을 청구하였다.

| 판지 | 1. 사실관계가 위와 같다면 위 초과 발생한 건설폐기물의 처리에 관한 종국적인 의무는 甲과 대한주택공사 사이의 위 도급계약에 따라 이 사건 공사현장에서 발생하는 건설폐기물에 관한 전반적인 관리책임을 맡고 있는 甲이 부담한다고 봄이 타당하다.

사무관리가 성립하기 위해서는 관리자가 법적인 의무 없이 타인의 사무를 관리해야 하는바, 관리자가 처리한 사무의 내용이 관리자와 제3자 사이에 체결된 계약상의 급부와 그 성질이 동일하다고 하더라도, 관리자가 위 계약상 약정된 급부를 모두 이행한 후 본인과의 사이에 별도의 계약이 체결될 것을 기대하고 사무를 처리하였다면 그 사무는 위 약정된 의무의 범위를 벗어나 이루어진 것으로서 법률상 의무 없이 사무를 처리한 것이며, 이 경우 특별한 사정이 없는 한 그 사무처리로 인한 사실상의 이익을 본인에게 귀속시키려는 의사, 즉 타인을 위하여 사무를 처리하는 의사가 있다고 봄이 상당하다.

원심판결 이유에 의하면 원심은, 위 초과 건설폐기물의 처리에 관하여는 乙이 계약상의 의무를 부담하지 아니한다는 전제에서 乙은 甲을 위하여 사무를 처리하는 의사, 즉 관리의 사실상의 이익을 甲에게 귀속시키려는 의사를 가지고 위 초과 건설폐기물을 처리하였다고 판단하였는바, 원심의 위와 같은 판단은 앞서 본 법리에 따른 것으로서 정당하고, 거기에 상고이유에서 주장하는 바와 같은 사무관리 의사에 관한 법리오해 또는 심리미진 등 위법이 없다.

2. 민법 제739조 제1항은 "관리자가 본인을 위하여 필요비 또는 유익비를 지출한 때에는 본인에 대하여 그 상환을 청구할 수 있다"고만 규정하고 있을 뿐, 사무관리자가 사무관리 본인에 대하여 보수를 청구할 수 있는지 여부에 관하여는 명시적으로 규정하고 있지 않다. 그러나, 직업 또는 영업에 의하여 유상으로 타인을 위하여 일하는 사람이 향후 계약이 체결될 것을 예정하여 그 직업 또는 영업의 범위 내에서 타인을 위한 행위를 하였으나 그 후 계약이 체결되지 아니함에 따라 타인을 위한 사무를 관리한 것으로 인정되는 경우에 상법 제61조는 상인이 그 영업범위 내에서 타인을 위하여 행위를 한 때에는 이에 대하여 상당한 보수를 청구할 수 있다고 규정하고 있어 직업 또는 영업의 일환으로 제공한 용역은 그 자체로 유상행위로서 보수 상당의 가치를 가진다고 할 수 있으므로 그 관리자는 통상의 보수를 받을 것을 기대하고 사무관리를 하는 것으로 보는 것이 일반적인 거래 관념에 부합하고, 그 관리자가 사무관리를 위하여 다른 사람을 고용하였을 경우 지급하는 보수는 사무관리 비용으로 취급되어 본인에게 반환을 구할 수 있는 것과 마찬가지로, 다른 사람을 고용하지 않고 자신이 직접 사무를 처리한 것도 통상의 보수 상당의 재산적 가치를 가지는 관리자의 용역이 제공된 것으로서 사무관리 의사에 기한 자율적 재산희생으로서의 비용이 지출된 것이라 할 수 있으므로 그 통상의 보수에 상응하는 금액을 필요비 내지 유익비로 청구할 수 있다고 봄이 타당하고, 이 경우 통상의 보수의 수준이 어느 정도인지는 거래관행과 사회통념에 의하여 결정하되, 관리자의 노력의 정도, 사무관리에 의하여 처리한 업무의 내용, 사무관리 본인이 얻은 이익 등을 종합적으로 고려하여 판단하여야 한다.

다만, 사무관리 제도는 사회생활에서의 상호부조의 이상에 터잡은 것으로서, 사무관리가 성립하기 위해서는 우선 그 사무가 타인의 사무이고 타인을 위하여 사무를 처리하는 의사, 즉 관리의 사실상의 이익을 타인에게 귀속시키려는 의사가 있어야 함은 물론 그 사무의 처리가 본인에게 불리하거나 본인의 의사에 반한다는 것이 명백하지 아니할 것을 요하는바(대법원 1997.10.10. 선고 97다26326 판결 참조), 특히 관리자가 본인의 사무를 관리하게 된 닥는 것도나 목적이 사무관리에 따른 보수를 지급받아 자신의 경제적 이익을 추구하고자 하는 데 있는 것으로 볼 수 있는 경우에는, 위와 같은 경제적 이익의 추구라고 하는 동기 때문에 관리자가 타인의 생활관계에 지나치게 개입함으로써 사적 자치의 원칙을 훼손시키고 오히려 사회적 상호부조의 이상에도 반할 우려가 있으므로, 이러한 경우 관리자에게 사무관리에 따른 비용청구권이 있는지를 판단함에 있어서는 그 사무의 처리가 본인의 이익과 의사에 부합하는지 여부 등 사무관리 성립요건의 충족 여부에 관하여 보다 엄격하고도 신중한 판단이 이루어져야 할 것이다.

위 법리에 비추어 원심판결의 이유를 이 사건 기록과 대조하여 보면, 유상으로 일하는 관리자의 직업 내지 영업의 범위 내에서 사무관리가 이루어졌다면 관리자는 통상의 보수도 함께 청구할 수 있다고 보고 이 사건 계약에서 정하여진 건설폐기물 처리비용 단가에 기초하여 위 초과 건설폐기물의 처리비용을 산출한 乙의 청구를 받아들인 원심의 판단은 수긍할 수 있고, 거기에 상고이유에서 주장하는 바와 같은 사무관리자의 비용상환청구권에 대한 법리오해 또는 심리미진 등 위법이 없다.

■ 쟁 점

대한주택공사로부터 건설폐기물배출을 도급받은 甲이 적절하게 사무를 처리하지 못하자 대한주택공사의 부탁으로 그 사무를 대신 처리한 乙이 甲에 대해 사무관리에 기한 비용상환청구를 할 수 있는지 여부 및 그 상환청구의 범위가 문제되었다.

■ 검토할 사항

- □ 사무관리에 따른 비용상환청구에서 상환되어야 할 비용의 범위는 어떻게 결정되는가?
- □ 이 사건에서 판례는 자신의 영업범위 내에서 사무관리를 한 사람의 비용상환청구에 대해 보수상당액을 비용상환으로 청구할 수 있다고 한다. 이러한 해석이 사무관리의 취지와 부합하는가? 정당화될 여지가 있는가?
- □ 위 사실관계에 따르면 乙이 甲에게 청구할 수 있는 액수는 어떤 금액을 기준으로 결정되겠는가?

■ 관련사례

- □ 주방장 갑이 평소 알고 지내는 을의 식당에 들렀다가, 마침 손님이 들어와서 식사가 되느냐고 묻자 식사를 주문할 것으로 알고 주방에 들어가 기름용기 등이 올려져 있는 가스레인지에 불을 켜 놓았다가, 손님이 식사를 주문하지 아니하고 음료수만을 주문하여 가스레인지의 불이 불필요하게 되었음에도 끄지 아니하고 줄여만 놓은 채 식당을 나가는 바람에 가스레인지 위의 기름용기가 과열되어 기름

이 용기 밖으로 넘치면서 화재가 발생한 경우, 갑은 을에 대해 손해배상책임을 진다. 청구근거로 고려가능한 규정들을 모두 생각해 보라. (대판 1995.9.29. 94다13008 참조)

■ 참고문헌

□ 이병준, 사무관리 제도의 기능과 그 적용범위: 계약이 성립하지 않거나 무효인 경우를 중심으로, 고려법학, 제56호, 2010, 137 이하.

제3장 | 부당이득

1. 급부부당이득

▣ 판례 1

대판 1975.6.25. 74다128

| 사안 | 甲회사(원고)는 농업용약제, 농업용기계 기구 및 화학공업약품의 각 제조, 가공판매를 영업으로 하는 회사인데 1966.11.8. 甲 회사의 대표이사인 A, B가 乙회사(피고)의 설립당시의 발기인인 丙(피고)에게 甲회사의 전 재산을 한데 묶어 甲의 영업일체를 양도함으로써 乙회사가 甲의 영업활동을 승계 영위하도록 함을 내용으로 하는 영업양도 계약(매매계약)을 하였는데, 이 계약은 단순한 영업용재산의 양도의 경우와는 달라서 상법 제434조의 규정에 의한 甲회사의 주주총회의 특별결의를 거쳐야 함에도 불구하고 동 주주총회의 결의를 거치지 아니하였다. 이에 기하여 이 사건 매매목적물의 일부인 부동산 X에 관하여 甲회사로부터 乙 회사 앞으로 소유권의 등기 및 그 점유가 이전되었다. 이에 甲회사는 乙회사에 대하여 부동산 X에 대한 소유권이전등기의 말소 및 그 점유의 반환과 점유개시일부터 법정과실의 반환을 청구하였다.

| 판지 | 원심은 A, B와 丙간의 이 사건 매매계약은 법률상 당연무효이므로 이에 기하여 피고 회사 앞으로 이전된 이 사건 매매목적물의 일부인 이 사건 부동산에 관하여 소유권의 이전등기 및 그 점유는 법률상 원인없이 乙 회사에게 된 것이므로 乙회사는 甲에게 이를 원상대로 회복할 의무가 있다고 하여 甲의 이 사건 청구

를 인용하였다. 원판결이 들고 있는 여러 증거를 기록에 대조 검토하건대 위 판시 결론이나 그에 이르게 된 사실인정의 조치는 정당하고 거기에 소론과 같은 회사의 영업재산양도에 관한 주주총회의 특별결의존부에 대한 채증법칙위배로 인한 사실오인 내지 주주총회의 특별결의를 요하는 사항에 관한 법리오해 혹은 을 1호증 (주주총회 의사록)에 기재된 "결의 사항을 승인함"에 대한 심리미진의 위법있음을 발견할 수 없으며 기타의 모든 논지도 이유 없다.

■ 쟁 점

무효인 영업양도 계약의 이행으로 부동산의 소유권이전등기를 경료해 주고 이를 인도한 양도인이 양수인에 대해 소유권이전등기의 말소 및 점유의 반환을 청구할 수 있는지 여부가 문제되었다.

■ 검토할 사항

- □ 이 사건에서 소유권이전등기말소 및 점유반환청구의 법적 근거는 무엇인가?
- □ 이 사건에서 원인계약이 무효이므로 소유권이전등기를 하였더라도 乙은 부동산 소유권을 취득하지 못한다. 그러한 점을 고려할 때, 말소되어야 할 등기가 乙에게 급부된 이득이라고 판단할 수 있겠는가?
- □ 권원 없는 점유자는 사용수익 권한이 없다. 그러한 점을 고려할 때, 반환되어야 할 점유가 乙에게 급부된 이득이라고 판단할 수 있겠는가?
- □ 이 사건에서 甲이 乙에게 물권적 청구권을 행사하여 같은 내용의 청구를 할 수 있는가? 있다면 부당이득반환을 청구하는 경우와 어떤 차이가 있는가?

■ 관련사례

- □ 국토이용관리법에 따라 토지거래허가를 받아야 하는 토지에 대해 매매계약이 체결된 경우 이는 허가를 잠탈할 목적에 의한 계약이 아닌 이상 허가가 있을 때까지 유동적 무효상태에 있다. 그러한 상태에서 매수인은 매매의 무효를 주장하여 지급한 계약금의 반환을 청구할 수 있는가? 만일 청구할 수 없다면, 매수인은 어떠한 경우에 비로소 계약금의 반환을 청구할 수 있는가? (대판 1993.8.14. 91다41316 참조)

■ 참고문헌

- □ 제철웅, 유동적 무효인 매매계약이 확정적 무효로 된 경우의 부당이득반환의무, 판례월보 제320호, 1997, 10 이하.
- □ 현병철, 급부부당이득반환청구권, 민사법학, 제9 · 10호, 1993, 317 이하.

■ 판례 2

대판 1998.7.10. 98다8554

| 사안 | 甲(피고)은 乙(원고) 소유의 건물 X의 일부에 대하여 임대차계약일을 1996.6.20.까지, 보증금을 350,000,000원으로 하는 임대차계약을 체결하여 볼링장으로 운영하였으나 경영이 악화되어 임료를 지급하지 못하다가 임대차계약종료일인 1996.6.20. 볼링장의 시설물을 반출하지 아니한 채 문을 닫고 乙에 대하여 임차보증금의 반환을 요구하며 현재까지 임차건물 부분을 계속 점유하고 있다. 이에 乙은 甲에 대하여 임차건물 부분의 점유의 반환과 현재까지의 연체임료 및 임료 상당의 금액을 청구하였다.

| 판지 | 법률상의 원인 없이 이득하였음을 이유로 한 부당이득의 반환에 있어 이득이라 함은 실질적인 이익을 의미하므로, 임차인이 임대차계약관계가 소멸된 이후에 임차건물 부분을 계속 점유하기는 하였으나 이를 본래의 임대차계약상의 목적에 따라 사용 · 수익하지 아니하여 실질적인 이득을 얻은 바 없는 경우에는, 그로 인하여 임대인에게 손해가 발생하였다고 하더라도 임차인의 부당이득반환의무는 성립하지 아니하는 것이고(대법원 1992.4.14. 선고 91다45202, 45219 판결, 1995.3.28. 선고 94다50526 판결, 1995.7.25. 선고 95다14664, 14671 판결 등 참조), 이는 임차인의 사정으로 인하여 임차건물 부분을 사용 · 수익을 하지 못하였거나 임차인이 자신의 시설물을 반출하지 아니하였다고 하더라도 마찬가지라고 할 것이다(대법원 1984.5.15. 선고 84다카108 판결 참조).

원심이 적법하게 확정한 바와 같이 피고가 이 사건 임대차가 종료한 이후인 1996.6.20. 이 사건 볼링장의 문을 닫고 더 이상 경영하지 아니하였다면, 피고는 그 다음날인 1996.6.21.부터는 이 사건 볼링장을 이 사건 임대차계약상의 목적에 따라 사용 · 수익하지 아니하여 실질적인 이득을 얻은 바 없다고 할 것이므로 원고는 피고가 이 사건 볼링장의 사용 · 수익을 종료한 날인 1996.6.20.까지의 임료 및 부당이득을 구할 수 있을 뿐이다.

원심이 같은 취지에서 피고가 원고에게 지급하여야 할 1996.6.20.까지의 연체임료 및 임료 상당의 부당이득금 합계 금 286,693,800원이 원고가 피고에게 반환하여야 할 임차보증금 350,000,000원보다 적다는 이유로 원고의 피고에 대한 이 사건 청구를 배척한 조치는 정당하고, 거기에 상고이유에서 지적하는 바와 같은 임료 상당의 부당이득에 관한 법리오해 등의 위법이 있다고 할 수 없다. 상고이유는 받아들일 수 없다.

■ 쟁 점

임대차기간이 만료한 다음 임차인이 임차목적물을 현실적으로 사용수익하지 아니한 경우, 임대인이 임차인을 상대로 점유기간 동안 차임 상당의 부당이득 반환을 청구할 수 있는지 여부가 문제되었다.

■ 검토할 사항

- □ 이 사안에서 임차인은 임대인의 임차목적물 인도청구에 대해 동시이행의 항변권을 주장할 수 있는가?
- □ 임차인이 동시이행의 항변권을 가지고 있다면, 임차인이 임차목적물을 점유하고 있다는 사실만으로 부당이득이 성립하는가?
- □ 임차인이 동시이행의 항변권을 가지고 있다면, 임차인은 임차목적물을 적법하게 사용수익할 수 있는가? 아니면 사용수익한 경우 그 이익을 임대인에게 부당이득으로 반환해야 하는가?
- □ 임차인이 유치권을 가지고 있는 경우는 어떠한가?

■ 관련사례

- □ 같은 사실관계에서, 동시이행의 항변권 없는 임차인이 임차목적물을 현실적으로 사용수익하지 아니한 경우, 임대인은 임차인에게 차임 상당의 부당이득을 청구할 수 있는가? (대판 1984.5.15. 84다카108 참조)

■ 참고문헌

- □ 양창수, 임대차종료 후 임차인의 목적물계속점유와 부당이득, 서울대 법학 제27권 제1호, 1986, 197 이하.
- □ 정범석, 법률상 원인 없는 점유와 부당이득, 법조 제35권 제1호, 1986, 116 이하.

2. 인식 있는 비채변제와 불법원인급여

▣ 판례 1

대판 1988.2.9. 87다432

| 사안 | 甲회사(원고)는 소외 A회사의 체납전기요금채무를 인수하지 아니하였으나 A(피고, 한국전력공사)로부터 A회사의 체납전기요금을 청산하지 않으면 甲에 대하여 전기공급을 하지 않겠다고 고집하므로 甲이 부득이 이를 변제하게 되었다. 이에 甲은 A에 대하여 자신이 변제한 체납전기요금을 부당이득으로서 반환을 청구하였다.

| 판지 | 상고이유의 논지는 원심인정의 사실만으로도 원고 회사가 A회사의 한국전력공사에 대한 체납전기요금채무를 인수한 것으로 인정하기에 충분함에도 불구하고 원심이 원고 회사가 A회사의 채무를 인수하였다는 한국전력공사의 주장을 배척한 것은 이유모순이고, 그렇지 않다고 하더라도 원고 회사는 한국전력공사에 대하여 위 체납전기요금을 지급할 채무가 없음을 알면서도 이를 변제하였으므로 그 반환을 구할 수 없다고 하여야 할 것인데, 원심이 A회사의 체납전기요금을 청산하지 않으면 한국전력공사가 원고 회사에 대하여 전기공급을 하지 않겠다고 고집하므로 원고 회사가 부득이 이를 변제하게 되었다는 사정만으로 원고 회사의 위 변제는 임의의 변제가 아니어서 그 반환을 구할 수 있다고 판단한 것은 당원 1979.11.29. 선고 78다2487 판결 및 1980.11.11. 선고 80다71 판결에 각 배치된다는 것이다.

살피건대, 원심판결에 이유모순의 위법이 있다는 점은 소송촉진 등에 관한 특례법 제11조 제1항 소정의 권리상고사유에 해당되지 아니하므로 그 부분 논지는 더 나아가 볼 것도 없이 이유 없으며, 민법 제742조 소정의 비채변제는 지급자가 채무없음을 알면서도 임의로 지급한 경우에만 성립하고 채무 없음을 알고 있었다 하더라도 변제를 강제당한 경우나 변제거절로 인한 사실상의 손해를 피하기 위하여 부득이 변제하게 된 경우 등 그 변제가 자기의 자유로운 의사에 반하여 이루어진 것으로 볼 수 있는 사정이 있는 때에는 지급자가 그 반환청구권을 상실하지 않는다고 하여야 할 것인바(당원 1960.9.29. 선고 4293민상208; 1967.9.26. 선고 67다

1683; 1976.12.14. 선고 76다2212 판결 등 참조), 원심이 위와 같은 취지에서 원고는 한국전력공사가 독점 공급하고 있는 전기공급을 받기 위하여서는 다른 방도가 없어서 인수하지도 않은 소외 A회사의 체납전기요금채무를 부득이 변제하게 된 것이므로 그 지급물의 반환을 구할 수 있다는 취지로 판단한 것은 정당하고, 상고이유의 논지가 들고 있는 당원 1979.11.27. 선고 78다2487 판결은 채무없음을 알면서 퇴직금을 추가 지급한 것이 노동청의 지시에 의한 것이기는 하나 지급자가 노동청의 지시에 따르지 않을 수 없어 부득이 지급하게 된 것으로는 볼 수 없고 노동청의 지시가 채무없음을 알면서도 임의변제를 하게 된 하나의 계기가 되었을 뿐이었던 사안에 관한 것이고, 당원 1980.11.5. 선고 80다71판결 또한 상대방의 주장의 채무를 피담보채무로 한 경매가 진행중이었다는 사정만으로 그 변제가 임의의 변제가 아니었던 것으로 단정할 수 없음을 밝힌 것에 불과하여, 모두 이 사건에 적합한 것이라 할 수 없으므로 원심판결이 당원의 판례에 배치된다는 논지부분 또한 이유 없다.

■ 쟁 점

자신의 채무 없음을 알면서도 전기공급중단이라는 불이익을 회피하기 위해 존재하지 아니하는 체납전기요금채무를 급부한 사람이 그 반환을 청구할 수 있는지 여부가 문제되었다.

■ 검토할 사항

- □ 채무 없음을 알면서 변제한 사람은 그 반환을 청구할 수 없다는 규정의 입법취지는 무엇인가?
- □ 이 사건에서 채무자가 채무 없음을 알면서 변제하였음에도 반환청구를 인정하는 이유는 무엇인가?

■ 관련사례

- □ 자신의 채무 없음을 과실로 알지 못하고 변제한 사람은 그 반환을 청구할 수 있는가? (대판 1998.11.13. 97다58453 참조)
- □ 변제자가 채무 없음을 알았다는 사정에 대한 증명책임은 누가 부담하는가? (대판 1962.6.28. 61다1453 참조)

■ 기타의 쟁점

- □ 실제로 甲의 乙에 대한 채무에 대해 자신이 채무자라고 믿은 丙이 甲에게 변제를 한 경우, 丙은 乙에 대해 부당이득 반환을 청구할 수 있는가?

■ 참고문헌

□ 김상용, 비채변제의 제유형, 연세대 법학연구 제7권, 1997, 263 이하.
□ 양창수, 비채변제: 민법 제742조의 입법취지에 따른 재조명, 서울대 법학 제44권 제3호, 2003, 171 이하.
□ 양창수, 타인채무의 착오변제, 인권과 정의 제324호, 2003, 103 이하.

▣ 판례 2

대판 1983.11.12. 83다430

| 사안 | 甲(원고)은 乙(피고)이 허가를 받은 직업알선업자가 아닌 것을 잘 알면서 乙에게 해외취업알선을 부탁하고 그 보수로 금원을 교부하였다. 甲은 乙에 대하여 자신이 지급한 금원을 불법원인급여로서 반환을 청구하였다.

| 판지 | 살피건대, 민법 제746조가 규정하는 불법원인이라 함은 그 원인될 행위가 선량한 풍속 기타 사회질서에 위반하는 경우를 말하는 것으로서 설사 법률의 금지함에 위반하는 경우라 할지라도 그것이 선량한 풍속 기타 사회질서에 위반하지 않는 경우에는 이에 해당하지 않는 것이라고 할 것인바(대법원 1969.11.11. 선고 69다925 판결; 1981.7.28. 선고 81다145 각 판결 참조) 본건 원심판시 원고들의 소위가 논지와 같이 직업안정법에 위배된다 하더라도 선량한 풍속기타 사회질서에 위반한 것이라고는 볼 수 없다 할 것이며, 소론 지적의 대법원판례는 이 사건에 있어서 적절한 것이 되지 못한다 할 것이므로 결국 이는 소송촉진 등에 관한 특례법 제11조 제1항 소정의 어느 사유에도 해당하지 아니하므로 적법한 상고이유가 되지 못한다 할 것이다.

■ 쟁 점

강행법규인 직업안정법을 위반한 직업알선계약의 이행으로 보수가 지급된 경우, 부당이득반환청구권이 불법원인급여를 이유로 배제되는지 여부가 문제되었다.

■ 검토할 사항

□ 이 사건에서 직업알선계약이 강행법규인 직업안정법에 위반하였음에도 판례는 그 이행을 위한 보수지급이 「불법」 원인에 의한 급부는 아니라고 하였다. 판례는 어떤 이유를 들고 있는가?

□ 만일 이 사건에서 보수지급이 불법원인급여에 해당한다고 본다면 어떠한 결과가 발생하는가? 직업안정법의 규범목적과 관련해 설명해 보라.

■ 관련사례

□ 강제집행을 면탈할 목적으로 자신의 부동산을 다른 사람에게 명의신탁한 경우, 신탁자가 명의신탁을 해지하고 부동산의 반환을 구하는 것에 대해 수탁자가 불법원인급여에 해당한다고 주장한다. 정당한가? (대판 1980.4.8. 80다1 참조)

□ 어업권의 임대차를 금지하는 강행규정을 위반하여 어업권을 임대한 어업권자가 임차인이 어장을 점유·사용함으로써 얻은 이익을 부당이득으로 반환을 구할 수 있겠는가? (대판 2010.12.9. 2010다57626 참조)

□ 도박자금채권을 담보하기 위하여 근저당권설정등기가 경료된 경우, 소유자는 그 말소를 청구할 수 있는가? 근저당권설정등기가 불법원인급여에 해당하지 않는다면 그 이유는 무엇인가? 만일 도박자금채권을 담보하기 위해 부동산의 소유권을 이전하는 양도담보를 설정해 주었다면, 앞의 경우와 차이가 있는가 없는가? (대판 1994.12.22. 93다55234 및 1989.9.29. 89다카5994 참조)

■ 참고문헌

□ 송덕수, 불법원인급여, 민법학논총 제2 (후암 곽윤직 선생 고희기념), 1995, 423 이하.

□ 정상현·최원준, 불법원인급여의 제도적 취지와 제한적 해석원리, 비교사법 제14권 제4호, 2007, 387 이하.

▣ 판례 3

대판(전) 1979.11.13. 79다483

| 사안 | 이 사건 임야 X는 원래 甲(피고)의 아버지 소외 A의 소유였는데, 그가 乙(원고)과 불륜의 내연관계를 맺고 그 대가로 乙에게 이를 증여하여, 소유권이전등기가 경료되었다. 甲은 아버지가 임야 X를 여자관계로 증여한 사실을 알고 이를 되찾고자 乙을 기망하여 원인 없이 임야 X에 대한 소유권이전의 가등기를 경료하였다. 乙은 이후 가등기 사실을 알고 임야 X에 대한 甲 명의의 가등기의 말소를 청구한다. 甲은 乙 명의의 소유권이전등기가 불법원인급여를 원인으로 한 것이기 때문에 무효라고 주장한다.

| 판지 | (다수의견) 민법 제746조는 불법의 원인으로 인하여 재산을 급여한 때에

는, 그 이익의 반환을 청구하지 못한다고 규정하고 있는 바, 일반의 법리에 따른다면, 불법의 원인에 의한 급여는, 법률상의 원인이 없는 것이 되므로, 부당이득이 되어 그 이익의 반환을 청구할 수 있게 되는 것이나, 이러한 청구를 인정하는 것은, 법의 이념에 어긋나는 행위를 한 사람의 주장을 시인하고 이를 보호하는 것이 되어, 공평의 이념에 입각하고 있는 부당이득제도의 근본취지에 어긋날 뿐만 아니라, 법률 전체의 이념에도 어긋나게 되기 때문에, 이 규정은 선량한 풍속, 기타 사회질서에 위반한 사항을 내용으로 하는 법률행위를 무효로 하는 민법 제103조와 표리를 이루어, 사회적 타당성이 없는 행위를 한 사람을 보호할 수 없다는 법의 이념을 실현하려고 하는 것이다 .

이리하여 민법 제746조는 민법 제103조와 함께 사법의 기저를 이루는 하나의 큰 이상의 표현으로서 이것이 비록 민법 채권편 부당이득의 장에 규정되어 있기는 하나, 이는 일반적으로 사회적 타당성이 없는 행위의 복구가 부당이득의 반환청구라는 형식으로 주장되는 일이 많기 때문이고, 그 근본에 있어서는 단지 부당이득제도만을 제한하는 이론으로 그치는 것이 아니라, 보다 큰 사법의 기본 이념으로 군림하여, 결국 사회적 타당성이 없는 행위를 한 사람은 그 스스로 불법한 행위를 주장하여, 복구를 그 형식 여하에 불구하고 소구할 수 없다는 이상을 표현하고 있는 것이라고 할 것이다 .

따라서 급여를 한 사람은 그 원인행위가 법률상 무효라 하여 상대방에게 부당이득을 원인으로 한 반환청구를 할 수 없음은 물론, 그 원인행위가 무효이기 때문에 급여한 물건의 소유권은 여전히 자기에게 있다고 하여, 소유권에 기한 반환청구도 할 수 없는 것이고, 그리하여 그 반사적 효과로서 급여한 물건의 소유권은 급여를 받은 상대방에게 귀속하게 되는 것이라고 해석함이 타당하다고 할 것이다.

이 사건에서 보건대 원심은 제1심 판결을 인용한 그 판결이유에서, 피고는 민법 제746조에 의하여 그대로 그 소유권을 취득한다고 하여, 피고 앞으로 된 위 소유권이전등기가 불법원인급여를 원인으로 한 것이기 때문에 무효라는 취지의 원고의 주장을 배척하고 있는 바, 원심의 위와 같은 판단은 결과적으로 위의 설시와 같은 취지로 보여지므로 정당하고, 거기에 소론과 같은 불법원인급여의 법리를 오해한 위법이 있다고 할 수 없으므로, 논지는 이유 없고, 이 법원이 종전의 다른 판결(대법원 1960.9.15. 선고 4293민상57 판결; 1977.6.28. 선고 77다728 판결 등)에서, 이와 다르게 판시한 의견은 모두 이 판결로써 변경하기로 한다.

(소수의견) 민법 746조는 부당이득의 장에 규정되어 있는 부당이득의 반환청구권에 관한 조문인 바, 채권적 청구권인 부당이득반환청구권을 제한하는 위 법조가 채권적 청구권과는 전연 그 근거를 달리하는 물권적 청구권까지를 제한하는 효력이 있다 함은 논리의 비약을 넘어서 법의 규정을 떠난 해석이라고 아니할 수 없다.

원래 민법 746조의 규정을 둔 것은 자기가 불법행위를 하였다는 것을 이유로 하여 권리의 주장을 한다는 것은 우리의 정의감에 반하는 것이므로 동 규정을 두어 다만 청구자가 자기의 불법행위를 청구의 근거로 삼는 것만을 막아 보자는 것뿐이므로 동 조문이 있다 하여 법률상 이를 저지할 아무런 이유가 없는 다른 청구권까지를 모조리 봉쇄할 수 있다는 해석은 나올 도리가 없다 할 것이다.

즉 물상청구권을 행사함에 있어서는 자기의 소유권만을 주장하면 족하고, 불법행위가 있었다는 것은 법률상의 청구원인으로 할 필요가 없을 것이니 이와 같이 자기에게 불법원인이 있다는 주장은 전연 없이 다만 소유권에 기하여 하는 청구가 어떠한 근거로 당사자가 주장도 하지도 않는 불법원인으로 인한 급부라 하여 이를 저지할 수 있을 것인가.

다수의견은 소유권에 기한 청구권도 배척하여 수익자에게 권리가 귀속되게 하는 것이 사법의 기저를 이루는 이상의 표현이라고 설시하였으나 불법원인으로 인한 급부가 이루어지는 경우에는 대개 수익자에게도 불법원인으로 수령하는 경우가 많고 경우에 따라서는 급부자의 불법행위보다도 수령자에게 더욱 중한 불법행위가 있는 경우도 있을 것인데, 이러한 경우에 동 행위는 민법 103조에 위배되어 수령자가 그 소유권을 취득할 수가 없는데 급부자의 반환청구 불능이라는 반사적 효과로 법에 근거없이 수령자가 권리를 취득하는 결과가 된다는 것은 공평의 이념에 맞는다고도 할 수 없고 법률의 이상의 표현이라고는 더욱 보기 어렵다 할 것이요 차라리 급부자에게 원상회복시켜 양자가 다 법률상 근거없는 이득을 취할 수 없게 하는 편이 훨씬 공평의 이념에 부합하는 결과가 된다고 아니할 수 없다.

■ 쟁 점

부동산의 증여가 선량한 풍속 기타 사회질서에 위반하는 경우, 증여자가 불법원인 급여를 이유로 부당이득반환으로는 청구할 수 없는 등기말소를 물권적 청구권에 의해 청구할 수 있는지 여부 및 그에 따른 소유권 귀속이 문제되었다.

■ 검토할 사항

- ㅁ 이 사건에서 대법원 다수의견에 의한다면 乙은 丙에 대해 소유권이전등기의 말소를 청구할 수 있는가? 이는 乙이 소유권에 근거한 물권적 청구권을 행사하는 경우도 마찬가지인가?
- ㅁ 이러한 다수의견은 불법원인급여의 경우 부당이득반환을 배제하는 규정의 입법취지를 어떻게 이해하고 있는가? 반면 소수의견은 규정의 입법취지를 어떻게 이해하기에 다른 결론에 도달하는가?
- ㅁ 부동산 소유권을 이전해 주었으나 이것이 불법원인급여에 해당하는 경우, 급부한 사람이 물권적 청구권으로도 등기말소청구를 할 수 없다면, 다수의견에 의할 때 소유권은 누구에게 귀속하는가? 이 결론은 필연적인가? 만일 소유권이 여전히 원고에게 귀속한다고 한다면 법상황은 어떻게 되는가?

■ 관련사례

- ㅁ 불법원인급에 해당하여 반환의무 없는 이익을 반환하기로 하는 계약을 급부수령자와 급부자가 체결한 경우, 그러한 계약은 유효한가? 급부수령자가 급부자에게 불법원인급여로 수령한 이익을 임의로 반환한 경우에는 어떠한가? (대판 1967.10.27. 64다798, 1995.7.14. 94다51994, 2010.5.27. 2009다12580 참조)

■ 참고문헌

- ㅁ 고상용, 불법원인급여 효력과 반사적 소유권취득, 법률신문 제1368호, 1980.10,12.
- ㅁ 서성, 물권적 청구권의 행사에 있어서 민법 제746조(불법원인급여)의 적용여부, 민사판례연구 3집, 1981, 61 이하.
- ㅁ 양창수, 불법원인급여로 소유권이 양도된 경우 수익자의 물권적 청구권 행사의 가부와 소유권의 귀속, 고시연구 제27권 제10호, 2000, 189 이하.
- ㅁ 엄동섭, 불법원인급여의 임의반환약정, 민사판례연구 제19권, 1997, 235 이하.
- ㅁ 정상현, 이른바 「반사적 소유권취득론」의 재검토, 법조 제51권 제9호, 2002, 75 이하.

▣ 판례 4

대판 1997.10.24. 95다49530,49547

| 사안 | 甲(원고)은 소외 A에 대한 도박 채무의 변제를 위하여 자기 소유의 주택 X를 A에게 양도하기로 하였다. 그런데 이는 A가 甲을 사기성 내기바둑에 계획적

으로 유인하여 甲이 수동적으로 가담하게 되었고 甲의 도박 채무가 점점 늘어남에 따라 도박이 지속되었으며, A의 甲에 대한 도박자금의 대여 및 회수 과정에서 폭리성과 갈취성이 있었고, 甲이 도박채무 변제를 위하여 자신의 유일한 재산인 주택을 양도하게 된 것이었다. 甲은 A에게 주택 X의 소유권을 이전하였고, A는 주택 X의 소유권을 乙(피고)에게 이전하였다. 이에 甲은 乙에 대하여 주택 X의 소유권 이전등기의 말소와 건물의 명도를 청구하였다.

| 판지 | 1. 민법 제746조에 의하면 급여가 불법원인급여에 해당하고 급여자에게 불법 원인이 있는 경우에는 수익자에게 불법 원인이 있는지의 여부나 수익자의 불법 원인의 정도 내지 불법성이 급여자의 그것보다 큰지의 여부를 막론하고 급여자는 그 불법원인급여의 반환을 구할 수 없는 것이 원칙이라 할 것이나, 수익자의 불법성이 급여자의 그것보다 현저히 크고 그에 비하면 급여자의 불법성은 미약한 경우에도 급여자의 반환 청구가 허용되지 않는다고 하는 것은 공평에 반하고 신의성실의 원칙에도 어긋난다고 할 것이므로 이러한 경우에는 민법 제746조 본문의 적용이 배제되어 급여자의 반환 청구는 허용된다고 해석함이 상당하다 할 것이다(대법원 1993.12.10. 선고 93다12947 판결 참조).

2. 원심이 판시 사실을 적법하게 인정한 다음 원고는 A에 대한 도박채무의 변제를 위하여 원고 소유의 주택을 A에게 양도하기로 한 것이지만, 내기바둑에의 계획적인 유인, 내기바둑에서의 사기적 행태, 도박자금 대여 및 회수 과정에서의 폭리성과 갈취성 등에서 드러나는 수익자인 A의 불법성의 정도가 내기바둑에의 수동적인 가담, 도박채무의 누증으로 인한 도박의 지속, 도박채무 변제를 위한 유일한 재산인 주택의 양도 등으로 인한 원고의 불법성보다 훨씬 크다고 보아 원고로서는 위 주택 X의 반환을 구할 수 있다고 판단한 것은 이러한 법리에 따른 것으로서 정당하다고 할 것이고, 거기에 민법 제746조 소정의 '불법원인급여'와 민법 제2조 제1항의 '신의성실의 원칙'이나 민법 제103조 소정의 '반사회질서의 법률행위'에 대한 법리오해가 있다고 볼 수 없다. 논지 역시 이유 없다.

■ 쟁 점

불법원인급여로 부동산의 소유권이 이전된 경우에, 수익자의 불법성이 급부자의 불법성보다 현저히 큰 경우 반환청구가 허용될 수 있는지 여부가 문제되었다.

■ 검토할 사항

□ 민법 제746조 단서에 의하면 어떠한 경우에 불법원인급여에 해당하는 이익이더라도 반환청구가 허용되는가? 이 규정이 위 사안에 직접 적용될 수 있는가?

□ 판례는 어떠한 이유를 들어 원고의 소유권이전등기말소 및 건물인도 청구를 받아들이는가? 그러한 이유는 민법 제746조 단서의 취지와 부합하는가?

■ 관련사례

□ 선량한 풍속에 위반하는 폭리적인 이자약정에 따라 금전을 차용한 사람이 대주에게 허용되는 이율을 초과하는 이자를 지급한 경우, 그 반환을 청구할 수 있는가? [대판(전) 2007.2.15. 2004다50426 참조]

■ 참고문헌

□ 박병대, 불법원인급여의 판단기준에 관한 구조분석, 저스티스 제76호, 2003, 76 이하.

□ 송덕수, 민법 제746조의 적용에 있어서 불법성의 비교, 민사판례연구 제18권, 1996, 316 이하.

□ 송덕수, 사기도박과 불법원인급여, 현대민사법연구: 일헌 최병욱 교수 정년기념, 2002, 283 이하.

□ 양창수, 공서양속에 반하는 이자약정에서 임의로 지급된 과잉이자의 반환청구, 법률신문 제3536호, 2007, 10.

3. 침해부당이득

▣ 판례 1

대판 1988.4.25. 87다카1073

| 사안 | 甲(원고) 소유명의로 등기되어 있는 구거(溝渠) X의 일부지상에 지방자치단체 乙(피고)이 교량 2개를 가설하여 차량과 시민의 통행을 하게 하고 또 일부는 乙 산하 국민학교부지로 사용하고 있었다. 甲은 乙에게 불법점유로 인한 임료상당액의 부당이득 반환을 청구한다.

| 판지 | 불법점유를 당한 부동산의 소유자로서는 불법점유자에 대하여 그로 인한 임료상당 손해의 배상이나 부당이득의 반환을 구할 수 있을 것이나, 불법점유라는 사실이 발생한 바 없었다고 하더라도 부동산소유자에게 임료상당 이익이나

기타 소득이 발생할 여지가 없는 특별한 사정이 있는 때에는 손해배상이나 부당이득반환을 청구할 수 없는 것이다(당원 1985.10.22 선고 85다카689 판결참조).

원심이 원고들 소유의 이 사건 구거 중 피고가 교량 2개를 가설하여 차량과 시민의 통행에 제공하고 있는 부분은 오래전부터 자연히 하천(준용하천)의 하상으로 되어 그 위로 늘 물이 흐르게 됨으로써 농경지나 대지로 회복될 가능성이 없게 되었고 다른 용도로도 쓸 수가 없게 되었으므로 피고의 교량가설에 의하여 소유자들이 새삼스럽게 위 구거부분을 사용수익할 수 없게 된 것은 아니라 하여 소유자들의 부당이득반환청구를 배척한 조치는 정당하고 소론과 같은 채증법칙위배나 심리미진, 준용하천구역지정에 관한 법리를 오해한 위법이 없다. 이 점 논지는 이유 없다.

그러나 원고들 소유의 이 사건 구거 가운데 피고산하 국민학교가 부지로 사용하고 있는 부분은 원심인정사실에 의하여도 이미 대지로 회복된 것인 만큼 소유자가 위 대지를 사용수익할 수 없게 된 것은 아님이 명백하다.

그럼에도 불구하고 원심이 위 부분조차 하상으로 되어 그 위로 물이 흘러 농경지나 대지로 회복될 가능성이 없게 되었고 그 위에 다른 용도로도 쓸 수 없게 되었음을 전제로 소유자의 부당이득반환청구를 배척한 것은 판결이유에 모순이 있다는 지적을 받아 마땅하며 이는 소송촉진 등에 관한 특례법 제12조 제2항에 해당한다고 할 것이다. 논지는 이유 있다.

■ 쟁 점

타인의 토지를 사용수익한 사람에 대해 토지 소유자의 부당이득반환 청구권이 성립하는지 여부가 문제되었다.

■ 검토할 사항

- □ 이 사건에서 乙이 甲의 토지 일부를 점유하고 사용수익하였다는 사실에는 다툼이 없다. 그럼에도 불구하고 대법원은 甲의 부당이득반환 청구를 일부 받아들이지 않는다. 어떠한 이유에서 그러한가?
- □ 판결의 이유제시는 타당하다고 생각되는가? 만일 이 결론을 따른다면 어떠한 문제점이 발생하는가?
- □ 이 사건에서 乙의 점유가 선의인지 아니면 악의인지 여부에 따라 반환범위가 달라지겠는가? 그러한 경우 적용되는 규정은 민법 제748조인가 아니면 민법 제201조인가?

- 판례와는 달리 권한 없이 타인의 소유물을 사용수익하였다는 사실만으로 부당이득이 성립한다고 한다면, 민법 제741조가 언급하고 있는 '손해' 요건은 어떻게 이해되어야 하는가?

■ 관련사례

- 권한이 없음을 알면서 타인의 소유물을 사용수익하여 부당이득반환 의무를 부담하는 악의의 수익자는 받은 이익을 반환하면 충분한가 아니면 그에 이자도 붙여서 반환해야 하는가? (대판 2003.11.14. 2001다61869 참조)

■ 참고문헌

- 김재형, 점유자의 소유자에 대한 부당이득반환범위, 법조 제561호, 2003, 47 이하.

▣ 판례 2

대판 1992.9.8. 92다15550

| 사안 | 부동산 X는 원래 A(사망)와 B의 공동소유이고, A가 1962.2.28. 사망하여 그의 지분을 甲 등(원고)과 乙(피고)이 상속하였는데, 소외 C가 1971.3.15. 허위의 보증서와 확인서에 의하여 자신과 B의 아들인 C 및 위 A의 아들인 乙 명의로 임야소유권 이전등기 등에 관한 특별조치법에 따라 소유권이전등기를 하였다. 뒤늦게 C의 위와 같은 행위를 알게 된 乙은 C를 상대로 소유권이전등기말소청구의 소를 제기하여 승소의 확정판결을 얻어 C 명의의 1/3 지분 소유권이전등기의 말소등기를 마쳤다. 그리고 乙은 부동산 X에 대한 1/2 지분이 자기 명의로 소유권이전등기되어 있음을 기화로 甲 등의 동의없이 이를 대금 80,400,000원에 D, E에게 매도하여 1987.12.3. 그들 명의로 소유권이전등기를 마쳤다. 甲 등은 부동산 X 중 A의 2분의 1 지분은 甲 등과 乙이 공동 상속한 것인데 그 6/11 지분권자에 지나지 아니한 乙이 임의로 이를 처분하여 그 대금을 모두 착복하였음을 이유로, 乙에 대해 불법행위로 인한 손해배상 또는 부당이득의 반환을 청구한다.

| 원심 | 이 사건 부동산에 관한 소외 망 A의 2분의 1 공유지분권은 원고인 甲 등과 피고인 乙이 공동 상속한 것이고 그 지분 2분의 1에 관하여 마쳐진 피고 단독명의의 지분권이전등기는 원고들의 동의 없이 이루어진 것이므로 피고 명의의 지분권이전등기는 원고들의 상속지분에 대하여는 무효라 할 것이고, 따라서 이에 터잡

아 소외 D 및 E 명의로 마쳐진 지분권이전등기 또한 무효라 할 것이니 원고들은 그 공유지분권을 상실하였다고 볼 수 없고, 따라서 원고들이 그 공유지분권에 따른 사용수익을 하지 못함으로써 입은 손해나 그 등기명의의 회복을 위한 비용의 배상을 구함은 별론으로 하고, 원고들이 그 상속에 의한 공유지분권 자체를 상실하였음을 전제로 하여 그 손해의 배상 또는 부당이득의 반환을 구하는 이 사건 청구는 더 나아가 살펴볼 필요 없이 이유 없다고 배척하였다.

| 판지 | 원고들은 법률상 그들이 상속한 각 공유지분권을 상실하였다고 볼 수 없고, 피고와 D, E를 상대로 원고들의 공유지분권에 대한 소유권이전등기의 말소를 청구하여 등기명의를 회복할 수 있을 것임은 원심이 설시하는 바와 같다고 할 것이나, 그렇다고 하더라도 피고는 위의 매매대금 중 원고들의 공유지분권에 관한 부분은 법률상 원인 없이 취득한 것으로서, 원고들이 원고들의 공유지분권매매의 추인을 전제로 하여 반환을 청구하는 경우에는 이를 반환하여야 할 것이다.

타인의 권리를 자기의 이름으로 처분하거나 또는 자기의 권리로 처분한 경우에 본인이 후일 그 처분행위를 인정하면 특별한 사유가 없는 한 그 처분행위의 효력이 본인에게 미치는 것으로서(당원 1988.10.11. 선고 87다카2238 판결 참조), 원고들이 피고와 위 D, E를 상대로 하여 위와 같은 등기의 말소를 청구하는 경우라면 원고들은 피고가 수령한 매매대금의 반환을 청구할 수 없는 것임은 당연하다고 하겠으나, 원고들이 이와 같은 말소등기청구권을 행사하지 아니하고 피고가 수령한 매매대금 중 원고들의 지분에 해당하는 돈의 반환을 청구한다면 피고는 이를 지급하는 것이 옳고, 이렇게 하여 원고들이 피고로부터 원고들의 지분에 해당하는 매매대금을 반환받게 되면 피고의 처분행위를 인정한 것이 되어 그 효력은 원고에게 미치고 원고는 피고의 처분행위의 효력을 다툴 수 없게 된다고 보는 것이 상당하다.

원심으로서는 원고들이 그들의 공유지분권에 대한 소유권이전등기의 말소와 중복하여 이 사건 청구를 하는 것인지, 아니면 피고로부터 매매대금을 반환받으면 피고의 처분행위를 추인함을 전제로 하여 청구하는 것인지 여부를 밝혀서, 이 사건 청구의 당부를 판단하여야 할 것이다.

■ 쟁 점

부동산의 공유지분을 甲 등과 함께 공동상속한 乙이 공유지분이 자기명의로 등기되어 있음을 기화로 甲 등의 동의 없이 이를 타인에게 매도하고 등기까지 한 경우, 甲

등은 乙에 대해 자기 지분에 상응한 매매대금액을 부당이득으로 반환청구할 수 있는지 여부가 문제되었다.

■ 검토할 사항

□ 이 사건에서 乙의 D, E에 대한 공유지분 처분에 의해 甲 등은 어떠한 손해를 입었는가?

□ 원심은 어떠한 이유로 甲 등의 乙에 대한 매매대금 상당의 손해배상이나 부당이득을 부정하였는가?

□ 대법원에 의하면 甲 등은 어떠한 이유로 乙에 대해 부당이득 반환을 청구할 수 있는가? 그러한 경우 甲 등은 불법행위를 이유로 하는 손해배상을 청구할 수도 있는가?

□ 甲 등이 D, E에 대해 이전등기말소를 청구하는 대신 乙에 대해 부당이득의 반환을 구할 실익은 무엇인가?

■ 관련사례

□ 압류경합을 이유로 전부명령이 무효임에도 선의이고 과실 없는 제3채무자가 전부채권자에게 채무를 변제한 경우, 경합압류채권자는 변제를 수령한 전부채권자에게 자신이 배당받아야 할 금액을 부당이득으로 반환청구할 수 있는가? (대판 1980.9.30. 78다1292 참조)

□ 채무자 이외의 자의 소유에 속하는 동산이 경매되어 경락인이 이를 선의취득한 경우, 소유권을 상실한 자는 그 동산의 매득금을 배당받은 채권자에 대해 부당이득 반환을 청구할 수 있는가? (대판 1997.6.27. 96다51332 참조)

■ 참고문헌

□ 양창수, 무권리자의 처분에서 권리자의 물권적 청구권과 부당이득반환청구권의 긴장관계, 서울대 법학 제42권 제2호, 2001, 209 이하.

4. 삼면관계 부당이득

▣ 판례 1

대판 2003.12.26. 2001다46730

| 사안 | 재개발조합 甲(피고)은 이 사건 상가 X를 신축한 후 1994.1.5. 乙 주식회사(제1심 공동피고)와 사이에 이 사건 상가 X를 대금 230억 원에 매도하는 매매계

약을 체결하고, 乙은 그 무렵부터 이 사건 상가 X를 호수별로 분할하여 분양업무를 개시하였다. 丙 등(원고들)은 乙과 사이에 이 사건 상가 X 중 각 부분에 대한 분양계약을 체결한 후 분양대금 중 일부를 乙에 지급하거나 乙의 지시에 따라 무통장입금의 방법으로 甲이 개설한 계좌로 송금하였으며, 무통장입금표를 乙에 제시하고 乙로부터 다시 입금표를 교부받았다. 乙은 위 매매계약 당시 입찰보증금 23억 원은 계약금으로 대체하고, 계약 후 3차례에 걸쳐 중도금 및 잔금을 지급하기로 약정하였으나 이 사건 상가 X에 대한 공사가 완공된 1994.9.경까지 약정된 중도금을 지급하지 아니하고 그로부터 점포를 재분양받은 사람들로 하여금 그 분양대금의 일부를 직접 甲 조합에 송금하게 하는 방법으로 중도금 중 극히 일부에 해당하는 금액만을 지급한 상태여서 丙 등이 상가를 분양받지 못하고 있다. 이에 丙 등은 甲에 대하여 계약을 해제하고 그 지급받은 대금을 부당이득으로서 반환을 청구하였다.

| 원심 | 피고가 원고 등에 대하여 계약이행책임을 부인하고 있는 이상 위 대금의 수령권자는 乙이고 피고는 이를 수령할 권한이 없으므로, 피고는 법률상 원인 없이 동액 상당의 이득을 얻고 원고 등은 동액 상당의 손실을 입었다고 할 것이어서 특별한 사정이 없는 한 피고는 원고 등에게 각 그 지급받은 대금을 부당이득으로 반환할 의무가 있다고 판단하였다.

|판지| 원심의 위와 같은 판단은 다음과 같은 이유로 수긍하기 어렵다.

계약의 일방 당사자가 계약상대방의 지시 등으로 급부과정을 단축하여 계약상대방과 또 다른 계약관계를 맺고 있는 제3자에게 직접 급부한 경우, 그 급부로써 급부를 한 계약당사자의 상대방에 대한 급부가 이루어질 뿐 아니라 그 상대방의 제3자에 대한 급부로도 이루어지는 것이므로 계약의 일방 당사자는 제3자를 상대로 법률상 원인 없이 급부를 수령하였다는 이유로 부당이득반환청구를 할 수 없다.

그런데 원심이 인정한 사실관계에 의하면, 이 사건에서 사실상의 급부관계는 원고 등과 피고 사이에 발생하였지만, 그것은 위의 법리에 따라 원고 등의 乙에 대한 급부와 乙의 피고에 대한 급부가 아울러 이루어진 것으로 볼 수 있으므로, 그렇다면 피고가 원고 등으로부터 분양대금을 수령한 것은 乙과의 계약관계에 의한 것으로서 정당하게 수령한 것이 되고, 따라서 원고 등은 피고에게 부당이득반환청구를 할 수 없다고 할 것이다.

원심은 또 원고 등이 乙과 사이의 분양계약이 적법하게 해제되었으므로, 이에 기하여도 피고에게 부당이득반환청구권을 행사할 수 있다고 부가적으로 판단하고 있으나, 기록상 원고 등이 위 분양계약이 해제되었다는 주장을 한 바 없을 뿐만 아니라, 가사 원고 등이 위 분양계약을 적법하게 해제하였다고 하더라도 그 계약관계의 청산은 계약의 상대방인 乙과 사이에 이루어져야 하고, 피고를 상대로 분양대금을 지급한 것이 부당이득이라는 이유로 그 반환을 구할 수 없다. 왜냐하면, 원고 등이 제3자인 피고에 대하여 직접 부당이득반환청구를 할 수 있다고 보면, 자기 책임하에 체결된 계약에 따른 위험부담을 제3자에게 전가시키는 것이 되어 계약법의 기본원리에 반하는 결과를 초래할 뿐만 아니라 수익자인 제3자가 계약상대방에 대하여 가지는 항변권 등을 침해하게 되어 부당하기 때문이다.

그럼에도 불구하고 원심이 피고가 원고 등으로부터 분양대금을 송금받음으로써 이를 부당이득하였다고 판단하여 원고 등의 부당이득반환청구를 인용한 것은 부당이득에 관한 법리를 오해하여 판결 결과에 영향을 미친 위법이 있다. 이 점을 지적하는 피고의 상고이유의 주장은 이유 있다.

■ 쟁 점

乙과 매매계약을 체결한 丙이 乙의 지시에 따라 甲에게 대금을 지급한 사안에서, 乙과 丙 사이의 매매계약이 해제되는 경우 丙의 해제에 따른 대금반환청구의 상대방이 누구인지가 문제되었다.

■ 검토할 사항

- 원심은 어떠한 이유로 丙의 甲에 대한 반환청구를 인용하였는가? 반면 대법원은 어떠한 이유로 이 청구를 배척하였는가? 대법원에 따르면 丙의 반환청구의 상대방은 누구인가?
- 만일 丙의 甲에 대한 반환청구를 인정한다면, 甲에게 어떠한 문제들이 발생하는가?
- 판례의 설명에 따를 때, 만일 甲과 乙 사이의 계약이 해제되었다면 甲은 수령한 대금을 乙과 丙 중 누구에게 반환해야 하는가?

■ 관련사례

- 갑은 을에게 송금을 해야 하는데 실수로 병의 계좌번호를 기입하여 계좌이체를 위임하였다. 병의 계좌에 송금된 금전에 대해 병은 자신의 은행 정에 대해 예금채권을 취득하는가? 갑은 오입금에 따른 반환을 누구에게 청구해야 하는가? (대

판 2007.11.29. 2007다51239 및 2010.5.27. 2007다66088 참조)

- 갑은 을로부터 물건을 매수하면서, 매매대금에 관해서는 갑이 병에 대해 직접 지급한다는 내용의 제3자를 위한 계약을 체결하였다. 병의 수익의 의사표시에 따라 갑이 대금을 지급한 이후, 갑과 을 사이의 매매계약이 을의 채무불이행을 이유로 해제되었다. 갑은 누구에 대해 지급한 대금의 반환을 청구해야 하는가? (대판 2005.7.22. 2005다7566,7573)

■ 참고문헌

- 김상중, 송금인의 수취인 착오로 이루어진 계좌이체에 따른 반환관계, 고려법학 제55호, 2009, 231 이하.
- 김형석, 지급지시 · 급부관계 · 부당이득, 서울대 법학 제47권 제3호, 2006, 284 이하.

▣ 판례 2

대판 2002.8.23. 99다66564,66571

| 사안 | 건물 X를 甲(피고)이 1/2 지분, 소외 A, B가 각 1/4 지분으로 공유하고 있다. A는 공유자인 甲의 동의 없이 1994.5.10. 乙에게 이 사건 건물 X의 1, 2층 창호공사를 금 250,000,000원에 도급하는 계약을 체결하였고, 乙이 약정 기간 내에 위 공사를 완료하였으나, 乙에게 공사대금을 지급하지 않았다. 위 공사로 인하여 이 사건 건물 X의 가치가 금 149,779,696원 상당 증가하였다. 乙은 甲에 대하여 위 공사로 인하여 이 사건 건물 X의 가치가 증가한 부분 중 甲 지분에 상응하는 금 74,889,848원을 부당이득 내지 유익비로서 반환을 청구하였다.

| 원심 | 피고는 원고에게 위 공사로 인하여 이 사건 건물 X의 가치가 증가한 부분 중 피고 지분에 상응하는 금 74,889,848원을 부당이득 내지 유익비로서 반환할 의무가 있다고 판단하였다.

| 판지 | 계약상의 급부가 계약의 상대방뿐만 아니라 제3자의 이익으로 된 경우에 급부를 한 계약당사자가 계약 상대방에 대하여 계약상의 반대급부를 청구할 수 있는 이외에 그 제3자에 대하여 직접 부당이득반환청구를 할 수 있다고 보면, 자기 책임하에 체결된 계약에 따른 위험부담을 제3자에게 전가시키는 것이 되어 계약법의 기본원리에 반하는 결과를 초래할 뿐만 아니라, 채권자인 계약당사자가 채

무자인 계약 상대방의 일반채권자에 비하여 우대받는 결과가 되어 일반채권자의 이익을 해치를 둠고, 수익자인 제3자가 계약 상대방에 대하여 가지는 항변권 등을 침해하게 되어 부당하므로, 위와 같은 경우 계약상의 급부를 한 계약당사자는 이익의 귀속 주체인 제3자에 대하여 직접 부당이득반환을 청구할 수는 없다고 보아야 할 것이다.

■ 쟁 점

도급계약에 따라 수급인의 노무제공이 도급인 아닌 다른 사람의 이익으로 귀속한 경우, 수급인이 도급인에게 보수지급을 청구하는 대신 그 이익을 받은 사람에게 부당이득 반환을 청구할 수 있는지 여부가 문제되었다.

■ 검토할 사항

- 乙이 도급인 A, B에 대해 도급계약에 따른 보수청구를 하는 대신 甲에 대해 부당이득 반환을 청구할 실익은 무엇인가?
- 여기서 乙의 甲에 대한 청구를 받아들인다면, 甲에게는 어떠한 문제들이 발생하는가?
- 乙의 甲에 대한 청구가 예외적으로 허용될 수 있는 경우를 상정할 수 있는가?

■ 관련사례

- 사용자 갑의 노무자 을은 직장에서 갑의 금전을 횡령하여 병에 대한 자신의 채무를 변제하였다. 갑은 병에 대해 해당 금액을 부당이득으로 반환청구할 수 있는가? 여기서 병이 선의인지 여부가 의미를 가지는가? (대판 2003.6.13. 2003다8862)
- 갑은 건축자재를 을에게 공급하면서, 대금이 완전히 지급될 때까지 소유권은 자신에게 유보된다고 약정하였다. 을은 이 건축자재를 자신의 도급인 병의 건물을 건축하는 과정에 사용하여 부합시켰다. 갑은 부합을 이유로 병에 대해 부당이득 반환을 청구할 수 있는가? (대판 2009.9.24. 2009다15602 참조)

■ 참고문헌

- 양창수, 금전의 부당이득으로 인한 반환의무, 서울대 법학 제43권 제4호, 2002, 1 이하.
- 이병준, 소유권이 유보된 재료의 부합과 부당이득 삼각관계, 대법원 판례해설 제81호, 2009, 89 이하.
- 제철웅, 3자관계에서의 부당이득: 특히 전용물소권의 사안을 중심으로, 저스티스 제67호, 2002, 54 이하.

5. 부당이득의 효과

대판 1981.8.11. 80다2885

| 사안 | 이 사건 임야 X는 甲(원고)의 조부모 묘가 설치되어 있는 임야인데, 乙(피고)은 산림훼손허가 등 적법한 절차를 거치지 아니한 채 1989.10.10.부터 같은 해 12.19.까지 사이에 甲 소유의 이 사건 임야 X의 27,868㎡당 중 11,478㎡에서 중장비인 포크레인과 덤프트럭을 사용하여 약 52,038㎥의 토석을 굴취하여 이 사건 임야 X를 훼손하고, 굴취한 토석을 전남 해남농지개량조합이 시행하는 해남지구 고천암 간척지 제방성토 작업장에 운반하여 사용하고 위 조합으로부터 그 토석성토대금으로 토석 1㎥ 재료비 388원, 노무비 277원, 경비 833원 합계 1,498원을 받았다. 이에 甲은 乙에 대하여 위 토석성토대금의 반환을 청구하였다.

| 판지 | 일반적으로 수익자가 법률상 원인 없이 이득한 재산을 처분함으로 인하여 원물반환이 불가능한 경우에 있어서 반환하여야 할 가액은 특별한 사정이 없는 한 그 처분 당시의 대가라 할 것이나(대법원 1965.4.27. 선고 65다181 판결; 1981.8.11. 선고 80다2885, 2886 판결 등 참조), 이 경우에 수익자가 그 법률상 원인 없는 이득을 얻기 위하여 지출한 비용은 수익자가 반환하여야 할 이득의 범위에서 공제되어야 할 것이고, 수익자가 자신의 노력 등으로 부당이득한 재산을 이용하여 남긴 이른바 운용이익도 그것이 사회통념상 수익자의 행위가 개입되지 아니하였더라도 부당이득된 재산으로부터 손실자가 당연히 취득하였으리라고 생각되는 범위 내의 것이 아닌 한 수익자가 반환하여야 할 이득의 범위에서 공제되어야 할 것이다.

위 토석성토대금 중 노무비 및 경비명목의 금원에는 원심이 판시한 이 사건 임야 X에서 위 토석을 굴취하는 데 지출된 경비(포크레인 사용비 및 노무비) 외에, 굴취한 위 토석을 위 작업장까지 덤프트럭을 사용하여 운반하기 위한 비용, 위 토석을 사용하여 제방성토작업을 함에 소요되는 비용 및 위 성토작업을 함으로써 얻게 되는 피고 자신의 이윤도 포함된 것이라고 봄이 상당하다. 따라서 피고가 위 토석을 취득하기 위하여 지출한 비용 및 위 토석을 사용하여 제방성토작업을 하기 위하여 지출한 비용은 반환할 이득의 범위에서 공제되어야 할 것이고, 또한 피고가 이 사건 임야 X에서 굴취한 토석을 위 작업장에 사용하여 위 조합으로부터 지급받은 위 토석성토대금 중에 이윤이 포함되어 있다 하더라도, 이는 피고의 노력에 의한 것이지 사회통념상 위 토석 그 자체로부터 당연히 그 이윤이 발생한다고 할 수는 없으므로, 그 이윤 상당 부분도 반환할 이득의 범위에 포함되지 아니한다 할 것이다. 원심이 위 토석성토대금 중 노무비 및 경비 부분을 반환이득의 범위에서 제외한 것은 결론적으로 정당하다고 판단된다. 상고이유 중 이 점을 지적하는 부분은 이유 없다.

■ 쟁 점

타인의 임야에서 토석을 채굴하여 이익을 받은 사람의 부당이득반환의무의 내용이 문제되었다.

■ 검토할 사항

- ▫ 부당이득은 원물반환이 원칙이지만, 이 사건에서는 가액반환이 이루어지고 있다. 어떠한 이유에서 그러한가?
- ▫ 이 사건에서 반환해야 할 토석의 가액을 산정하는 기준시점은 언제인가? 이는 정당한가?
- ▫ 이 판결에 의하면 반환할 가액에서 공제해야 할 항목으로는 어떠한 것들이 있는가? 그러한 공제의 이유는 무엇인가?

■ 관련사례

- ▫ 갑이 을로부터 쌀을 4860 킬로그램 차용하여 처분하였으나 법령상 이유로 소비대차 계약이 무효로 밝혀진 경우, 갑은 을에게 동종동량의 쌀을 조달하여 반환해야 하는가 아니면 가액을 반환해야 하는가? (대판 1968.4.27. 65다181)
- ▫ 갑은 유언으로 을에게 1천만원을 유증하였다. 유언에 따라 을에게 해당 금액이 지급되었으나, 나중에 유언이 무효임이 밝혀졌다. 갑의 상속인이 을에게 반환을 청구하자, 을은 유언 무효사실을 알지 못했으므로 선의의 수익자라고 하면서 받은 금액은 모두 소비했으므로 현존이익이 없다고 주장한다. 어떻게 해결되어야 하는가? (대판 1996.12.10. 96다32881 및 2009.5.28. 2007다20440,20457 참조)
- ▫ 매매계약이 무효이거나 취소되어서 이행된 급부가 각각 원상회복되어야 하는 경우, 매도인은 받은 대금에 이자를 붙여 반환하고 매수인은 인도받은 목적물의 사용이익을 반환해야 하는가? 아니면 일방의 이행제공이 있을 때까지 그러한 의무는 발생하지 않는가? (대판 1993.5.14. 92다45025 참조)

■ 기타의 쟁점

- ▫ 민법 제748조에 따르면 부당이득의 반환범위는 수익자가 선의인지 아니면 악의인지 여부에 따라 달라진다. 여기서 선의 · 악의는 무엇을 의미하는가?

□ 쌍무계약이 무효이거나 취소되어서 이행된 급부가 각각 원상회복되어야 하는 경우, 무효 사실을 알지 못하고 이익을 받았던 당사자는 현존이익이 없다는 사실을 주장할 수 있는가?

■ 참고문헌

□ 김동훈, 부당이득에서 이득의 개념과 현존이익의 판단기준, 중앙법학 제11집 제4호, 2009, 83 이하.
□ 김형석, 유류분의 반환과 부당이득, 민사판례연구 26권, 2007, 145 이하.
□ 김형석, 점유자와 회복자의 법률관계와 부당이득의 경합, 서울대 법학 제49권 제1호, 2008, 249 이하.
□ 최수정, 쌍무계약을 청산하는 법리: 급부반환을 중심으로, 21세기 한국민사법학의 과제와 전망(송상현교수 화갑기념논문집), 2002, 136 이하.

| 판례색인 |

대판 1953.2.21. 4285민상129 190
대판 1960.9.15. 4293민상57 387
대결 1961.11.9. 4293민상729 374
대판 1962.6.28. 61다1453 384
대판 1963.10.31. 63다573 287
대판 1965.4.27. 65다181 400
대판 1967.4.25. 67다240 177
대판 1967.6.27. 66다1592 61
대판 1967.9.5. 67다1307 60
대판 1967.10.27. 64다798 389
대판 1968.1.23. 67다2609 9
대판 1968.3.5. 67다2869 63
대판 1968.4.27. 65다181 401
대판 1969.7.22. 69다684 61
대판 1969.11.11. 69다925 385
대판 1970.1.27. 69다1606 355
대판 1973.9.25. 73다725 46
대판 1973.11.27. 73다919 53
대판 1975.3.25. 73다1077 330
대판 1975.5.13. 73다1244 195
대판 1975.6.24. 74다1929 61
대판 1975.6.25. 74다128 379
대판 1975.8.19. 74다1487 26
대판 1976.1.27. 75다322 211
대판 1976.1.27. 75다599 46
대판 1976.4.27. 75도115 26
대판 1976.7.13. 74다746 307
대판 1977.5.24. 77다354 36, 239
대판 1977.6.28. 77다728 387
대판 1978.1.17. 77다1942 61
대판 1978.2.14. 77다1650 46
대판 1978.7.11. 78다729 36, 239
대판 1978.11.28. 78다1805 36, 239
대판 1979.4.24. 79다156 175
대판(전) 1979.11.13. 79다483 386
대판 1979.12.26. 79다1843 33
대판 1980.2.26. 79다1746 84
대판 1980.4.8. 80다1 386
대판 1980.8.19. 80다460 46
대판 1980.9.9. 79도249 26
대판 1980.9.30. 78다1292 395
대판 1980.12.9. 80다1892 46
대판 1981.7.28. 81다145 385
대판 1981.8.11. 80다2713,2714 181
대판 1981.8.11. 80다2885 400
대판 1981.8.11. 80다2886 400
대판 1981.9.8. 81다카276,277 76
대판 1982.4.13. 81다카737 181
대판 1982.4.27. 80다2555 306
대판 1982.6.8. 81다카1130 284
대판 1982.8.24. 82다카348 329, 332
대판(전) 1983.3.22. 82다카1533 4

대판 1983.5.24. 83다카208 307
대판 1983.9.27. 85다2184 357
대판 1983.11.12. 83다430 385
대판 1984.3.13. 83다카2266 333
대판 1984.5.15. 84다카108 381, 382
대판 1984.6.12. 81다558 118, 123
대판 1984.7.10. 84다카474 239
대판 1984.11.13. 84다카722 43, 77
대판 1986.3.25. 85다카538 76, 177
대판 1987.3.10. 86다카331 76
대판 1987.3.24. 86다카1073 357
대판 1987.7.21. 87다카637 86
대판 1987.9.22. 86다카2580 357
대판 1987.11.24. 87다카1926 174
대판 1988.1.12. 87다카2240 26
대판 1988.1.19. 86다카2626 181
대판 1988.2.9. 87다432 383
대판 1988.4.25. 87다카1073 391
대판 1988.6.14. 88다카102 252
대판 1988.9.13. 86다카774 359
대판 1988.10.11. 85다카29 27
대판 1988.10.25. 86다카2516 345
대판 1989.1.31. 87다카1090 359
대판 1989.3.14. 88다카11121 332
대판 1989.3.28. 88다1936 4
대판 1989.5.23. 88다카15970 181
대판 1989.6.27. 88다카9524 9
대판 1989.7.11. 88다카16874 181
대판 1989.9.29. 89다카5994 386
대판 1989.10.27. 89다카432 354
대판(전) 1989.12.26. 88다카6761 69
대판 1990.6.26. 90다카2441 355
대판 1990.8.14. 90다카7569 172
대판 1991.3.8. 90다16771 30
대판 1991.4.9. 90다18500 249
대판 1991.4.12. 90다20220 46
대판 1991.5.10. 90다14423 303
대판 1991.5.10. 91다5396 153
대판 1991.7.23. 89다카1275 119
대판 1991.7.23. 91다16129 181
대판 1991.9.10. 91다19913 25
대판 1991.11.12. 91다30156 89
대판 1991.11.26. 91다17375 26
대판 1992.2.11. 91다12073 181
대판 1992.2.11. 91다34233 177
대판 1992.4.14. 91다36710 158
대판 1992.4.14. 91다45202,45219 381
대판 1992.4.24. 91다37652 324
대판 1992.4.28. 91다29972 76
대판(전) 1992.6.23. 91다33070 36, 184
대판 1992.7.28. 92다10531 267
대판 1992.8.14. 92다2028 185
대판 1992.9.8. 92다15550 393
대판 1992.9.14. 92다3243 325
대판 1992.10.27. 92다27164 320
대판 1992.10.27. 92다34582 46
대판(전) 1992.11.10. 92다4680 10
대판 1992.11.13. 92다14526 74
대판 1993.2.9. 92다31668 332
대판 1993.2.12. 91다43466 208

대판 1993.2.23. 92다37642 74
대판 1993.4.27. 92다8101 352
대판 1993.4.27. 92다44312 185
대판 1993.4.27. 92다56087 3
대판 1993.4.27. 93다4663 62
대판 1993.5.5. 92다54753 87
대판 1993.5.14. 92다45025 401
대판 1993.6.8. 92다633 9
대판 1993.6.8. 93다14998,15007 194
대판 1993.7.27. 92다15031 150
대판 1993.8.14. 91다41316 380
대판 1993.9.28. 92다42606 61
대판 1993.11.9. 93다19115 43
대판 1993.11.26. 93다18389 27
대판 1993.12.10. 93다12947 390
대판 1993.12.10. 93다36721 33
대판 1993.12.21. 93다11463 227
대판 1993.12.24. 91다36192 22
대판 1994.1.11. 93다26205 220
대판 1994.1.11. 93다32958 306
대판(전) 1994.2.8. 93다13605 237, 249
대판 1994.3.22. 92다52726 56, 85
대판 1994.6.14. 94다9368 46
대판 1994.6.28. 93다51539 175
대판 1994.6.28. 94다2787 333
대판 1994.8.23. 94다16403 333
대판 1994.9.9. 94다18003 33
대판 1994.9.27. 94다26134 74
대판 1994.9.30. 93다37885 74
대판 1994.10.25. 92다20655,20662 177
대판 1994.10.25. 94다24176 257
대판 1994.11.8. 93다21514 272
대판 1994.11.18. 94다34272 266
대판 1994.11.22. 94다32924 333
대판 1994.11.25. 94다35671 290
대판 1994.12.13. 93다59779 43
대판 1994.12.22. 93다55234 386
대판 1994.12.22. 94다41072,41089 373, 374
대판 1994.12.27. 94다36285 211
대판 1995.1.12. 94다21320 51
대판 1995.2.10. 94다51895 176
대판 1995.2.24. 94다57671 328, 333
대판 1995.3.10. 94다39567 166
대판 1995.3.28. 94다50526 381
대판 1995.4.25. 94다27151 148
대판 1995.6.16. 94다35718 236
대판 1995.7.14. 94다51994 389
대판 1995.7.25. 95다14664,14671 381
대판 1995.9.29. 94다13008 378
대판 1995.11.14. 95다30352 30, 85
대판 1996.1.23. 95다38233 175
대판 1996.1.26. 94다5472 69
대판 1996.2.13. 95다47619 185
대판 1996.2.27. 95다11696 229
대판 1996.4.9. 95다52611 284
대판 1996.4.12. 93다40614 116
대판 1996.4.23. 95다6823 230
대판 1996.5.28. 94다33828 27
대판 1996.6.14. 94다61359,61366 68

대판 1996.6.25. 94다13046 150
대판 1996.8.23. 94다38199 220
대판 1996.8.23. 96다19833 239
대판 1996.8.23. 96다21591 59
대판 1996.9.20. 96다25807,25814 50, 182
대판 1996.10.11. 95다56552 328, 332
대판 1996.10.11. 96다27384 89
대판 1996.11.22. 96다25265 332
대판 1996.12.10. 96다32881 401
대판 1997.2.25. 96다37589 34
대판 1997.4.8. 95다26995 354
대판 1997.4.22. 97다3194 328
대판 1997.4.25. 96다53086 230
대판 1997.4.25. 97다5367 74
대판 1997.5.16. 96다54102 325
대판 1997.6.13. 96다44433 243
대판 1997.6.27. 95다2692 119
대판 1997.6.27. 96다51332 395
대판 1997.6.27. 97다15258 243
대판 1997.8.22. 97다13023 22
대판 1997.8.26. 96다33143 212
대판 1997.8.29. 96다46903 155, 290
대판 1997.9.30. 97다24207 105
대판 1997.9.30. 97다24276 30, 52
대판 1997.9.30. 97도1230 113
대판 1997.10.10. 97다26326 372, 376
대판 1997.10.10. 97다27022 332
대판 1997.10.24. 95다49530,49547 389
대판 1997.11.11. 95다22115 355
대판 1997.11.25. 97다35771 51, 186
대판 1997.11.28. 95다29390 338
대판 1997.12.12. 96다50896 304
대판 1997.12.23. 97다42830 306
대판 1998.1.23. 97다25118 325
대판 1998.2.13. 96다7854 155, 287
대판 1998.2.13. 97다49800 320
대판 1998.2.27. 97다19038 27
대판 1998.4.28. 97다55164 261
대판 1998.4.28. 98다5135 33
대판 1998.5.8. 97다34563 105
대판 1998.5.15. 97다58538 257
대판 1998.5.29. 96다11648 10
대판 1998.5.29. 98다7735 174
대판 1998.6.9. 97다49404 250
대판 1998.6.23. 98다10380 345
대판 1998.7.10. 96다38971 43, 184
대판 1998.7.10. 98다8554 381
대판 1998.7.24. 96다42789 111, 216
대판 1998.7.24. 97다55706 279, 281
대판 1998.7.24. 98다12270 168
대판 1998.8.21. 98다23232 89
대판 1998.8.25. 97다4760 40
대판 1998.9.18. 97다47507 177
대판 1998.9.22. 97다36293 52, 217
대판 1998.9.22. 97다42502,42519 312
대판 1998.9.22. 98다2631 211
대판 1998.10.20. 98다31691 295, 315
대판 1998.11.13. 97다58453 384
대판 1998.11.24. 98다25061 92

대판 1998.11.24. 98다32045 177, 287, 290
대판 1998.12.23. 98다31264 292
대판 1999.1.26. 98다23850 132
대판 1999.2.5. 97다26593 365
대판 1999.2.9. 98다31356 109
대판 1999.3.23. 98다30285 96
대판 1999.4.9. 98다27623,27630 189
대판 1999.4.9. 98다59767 10, 205
대판 1999.4.13. 98다9915 167
대판 1999.4.13. 98다52513 199
대판 1999.5.25. 98다56416 219
대판 1999.6.11. 97다58477 220
대판 1999.6.11. 98다22857 39, 156
대판 1999.6.11. 98다22963 5, 205
대판 1999.6.11. 98다33062 158
대판 1999.6.11. 99다3143 306
대판 1999.6.22. 98다61470 26
대판 1999.7.13. 99다19957 177
대판 1999.7.23. 99다19346 33
대판 1999.10.8. 99다30367 269
대판 1999.10.12. 98다62671 252
대판 1999.12.24. 99다44588 220
대판 2000.1.12. 98다50586 169
대판 2000.2.11. 99다47297 264
대판 2000.2.25. 98다15934 362
대판 2000.3.10. 99다60115 232
대판 2000.3.14. 99다67376 281
대판 2000.4.11. 99다41749 294
대판 2000.4.11. 99다44205 245
대판 2000.4.21. 2000다386 332
대판 2000.4.25. 99다54998 315
대판 2000.5.16. 99다47129 232
대판 2000.5.26. 99다32431 337
대판 2000.5.26. 99다53247 320
대판 2000.7.28. 98다35525 365
대판 2000.7.28. 99다6203 105
대판 2000.9.8. 99다48245 287, 297
대판 2000.11.24. 2000다38718,38725 61, 69
대판 2001.1.19. 2000다10208 109
대판 2001.1.19. 2000다12532 31
대판 2001.1.19. 2000다33607 306
대판 2001.2.9. 99다55434 128
대판 2001.2.9. 2000다16763 75
대판(전) 2001.2.15. 96다42420 307
대판 2001.2.23. 99다61316 122
대판 2001.4.10. 99다38705 85
대판 2001.4.24. 2000다16114 216
대판 2001.4.24. 2001다3788 348
대판 2001.4.24. 2001다10199 34
대판 2001.4.27. 2000다30943 220
대판 2001.5.8. 2000다35955 236
대판 2001.6.15. 99다40418 198
대판 2001.6.29. 2001다23201,23218 340
대판 2001.7.10. 98다38364 82
대판 2001.7.13. 98다51091 195, 233
대판 2001.7.27. 99다56734 232
대판 2001.7.27. 2000다56822 325
대판 2001.7.27. 2001다28626 109

대판 2001.7.27. 2001다29001 74
대판 2001.8.21. 2001다3658 255
대판 2001.9.4. 2001다9496 96
대판 2001.9.7. 99다70365 297
대판 2001.9.7. 2001다36801 105
대판 2001.10.12. 2000다53342 22
대판 2001.10.12. 2001다47290 216
대판 2001.10.23. 99다36280 65
대판 2001.11.9. 2001다52568 151
대판 2001.11.13. 2001다26774 66
대판 2002.1.22. 2000다37524,37531 109
대판 2002.2.22. 2001다23447 216
대판 2002.2.26. 2001다74353 9
대판(전) 2002.3.21. 2000다62322 308
대판 2002.3.29. 2000다61947 82, 158
대판 2002.4.26. 2000다16237 170
대판 2002.5.10. 2002다10585,10592 243
대판 2002.6.25. 2001다66321 158
대판 2002.6.28. 2000다22249 95
대판 2002.7.12. 2001다46440 27, 28
대판 2002.8.23. 99다66564,66571 398
대판 2002.9.4. 2001다80778 59, 181
대판 2002.9.27. 2001다19295 33
대판 2002.9.27. 2002다15917 310, 314, 315, 320
대판 2002.10.22. 2000다65666,65673 119
대판 2002.10.25. 2002다48443 146
대판 2002.11.26. 2001다72678 57
대판 2002.12.10. 2000다72213 136
대판 2002.12.10. 2001다9298 337
대판 2002.12.10. 2002다53193 348
대판 2002.12.24. 2000다14613 99
대판 2002.12.27. 2000다47361 26
대판 2003.1.10. 2000다34426 85
대판 2003.1.10. 2000다41653,41660 361
대판 2003.1.10. 2000다50312 220
대판 2003.1.24. 2001다2129 90
대판 2003.2.11. 2002다62029 273
대판 2003.2.11. 2002다64544 249
대판 2003.2.28. 2002다65516 332
대판 2003.3.14. 2000다32437 194
대판 2003.3.14. 2002다57218 23
대판 2003.3.25. 2001다84480 105
대판 2003.3.28. 2003다5061 248
대판 2003.3.28. 2003다5917 40
대판 2003.4.8. 2000다53038 42
대판 2003.4.11. 2001다53059 65, 199
대판 2003.4.11. 2002다63275 152
대판 2003.4.25. 2001다59842 66
대판 2003.6.13. 2003다8862 399
대판 2003.6.27. 2001다734 122
대판 2003.6.27. 2002다72194 105
대판 2003.7.11. 99다24218 213
대판 2003.7.25. 2003다22912 89
대판 2003.10.9. 2001다24655 262
대판 2003.11.14. 2001다61869 393
대판 2003.12.11. 2001다65236 216
대판 2003.12.12. 2003다49252 75
대판 2003.12.26. 2001다46730 395

대판 2003.12.26. 2003다49542 250
대판 2004.2.27. 2001다53387 105, 114
대판 2004.3.12. 2002다14242 128
대판 2004.3.12. 2003다16771 365
대판(전) 2004.3.18. 2001다82507 174
대판(전) 2004.3.25. 2003다20909, 20916 175
대판 2004.4.16. 2003다67755 341
대판 2004.4.28. 2001다36733 79
대판 2004.5.27. 2003다24840 219
대판 2004.5.28. 2002다32301 196
대판 2004.6.25. 2004다6917 59
대판 2004.9.13. 2003다64602 136
대판 2004.9.23. 2003다49009 216
대판 2004.10.28. 2002다63565 136
대판 2004.11.12. 2002다53865 43, 79
대판 2004.11.12. 2003다52227 27
대판 2004.11.26. 2003다2123 53, 117
대판 2005.1.14. 2003다24499 329
대판 2005.1.14. 2003다38573,38580 359
대결 2005.1.17. 2003마1477 114
대판 2005.2.25. 2003다36133 275
대판 2005.4.14. 2004다68175 350
대판 2005.4.29. 2004다64067 160
대판 2005.6.23. 2004다66001 82
대판 2005.6.24. 2005다16713 90, 148
대판 2005.7.8. 2005다8125 306
대판 2005.7.22. 2005다7566,7573 398
대판 2005.9.30. 2004다52576 155, 165, 287, 288
대판 2005.10.13. 2003다24147 313
대판 2005.11.10. 2003다66066 300
대판 2005.12.8. 2005다46479,46486 355
대판 2005.12.23. 2003다30159 276
대판 2006.1.26. 2004다21053 325
대판 2006.1.26. 2005다47014,47021, 47038 286
대판 2006.2.9. 2005다28426 307
대판 2006.3.9. 2005다16904 71
대판 2006.3.10. 2005다31361 370
대판 2006.3.10. 2005다65562 257
대판 2006.4.13. 2005다73280 51
대판 2006.4.13. 2005다75897 69
대판 2006.4.27. 2006다4564 255
대판 2006.7.27. 2005다56728 340
대판 2006.9.8. 2006다21880 65
대판 2006.9.28. 2004다44506 232
대판 2006.10.12. 2004다48515 8, 39, 226
대판 2006.10.13. 2004다16280 110
대판 2006.10.26. 2004다63019 30, 275
대판 2006.10.27. 2004다2342 164
대판 2006.11.23. 2004다62955 220
대판 2006.12.22. 2006다56367 175
대판 2007.1.11. 2005다28082 220
대판(전) 2007.2.15. 2004다50426 391
대판 2007.4.12. 2006다82625 219
대판 2007.4.26. 2005다24318 244, 247
대판 2007.5.10. 2005다55299 295
대판 2007.5.11. 2004다11162 52, 199

대판 2007.5.31. 2005다5867 147
대판 2007.5.31. 2005다41863 160
대판 2007.5.31. 2005다56995 51
대판 2007.6.1. 2005다5812,5829, 5836 8, 221
대판 2007.6.14. 2005다32999 86, 291
대판 2007.6.14. 2005다72058 136
대판 2007.6.15. 2004다37904,37911 123
대판 2007.6.28. 2004다54282 137
대판 2007.6.28. 2007다10139 321
대판 2007.7.13. 2005다21821 47
대판 2007.7.26. 2006다20405 220
대판 2007.9.6. 2004다53197 220
대판 2007.9.6. 2005다25021 192
대판 2007.9.7. 2005다69540 148
대판 2007.9.7. 2005다72485 140
대판 2007.9.20. 2004다43886 279
대판 2007.9.21. 2006다9446 195
대판 2007.10.25. 2006다16758,16765 220
대판 2007.11.15. 2005다16034 244
대판 2007.11.16. 2005다55312 185
대판 2007.11.29. 2007다51239 398
대판 2007.12.27. 2007다29379 55
대판 2008.1.17. 2007다40437 243
대판 2008.2.28. 2007다52287 370
대판 2008.3.13. 2007다29287,29294 320
대판 2008.4.10. 2007다76306 290
대판(전) 2008.4.17. 2006다35865 136
대판 2008.5.15. 2007다37721 92
대판 2008.5.29. 2008다17359 52, 352
대판 2008.6.26. 2006다30730 22, 82
대판 2008.6.26. 2006다84874 52
대판 2008.6.26. 2007다90647 220
대판 2008.6.26. 2008다22481 287
대판 2008.7.24. 2007다37530 306
대판 2008.9.11. 2007다78777 53
대판 2008.9.25. 2006다18228 92
대판 2008.11.13. 2006다22722 42
대판(전) 2008.11.20. 2007다27670 116
대판 2008.12.24. 2008다41499 136
대판 2009.2.12. 2008다73830 76
대판 2009.2.26. 2008다89712 266
대판 2009.4.9. 2005다65494 109
대판 2009.4.9. 2008다93629 350
대판(전) 2009.4.16. 2008다53812 105
대판 2009.4.23. 2009다1313 295
대판(전) 2009.5.21. 2008다13104 76
대판 2009.5.21. 2009다17417 141, 146
대판 2009.5.28. 2006다16215 230
대판 2009.5.28. 2006다42818 189
대판 2009.5.28. 2007다20440,20457 401
대판 2009.7.9. 2007다90395 220
대판 2009.7.23. 2006다81325 212
대판 2009.7.23. 2006다87798 212
대판 2009.7.23. 2008다40526 22
대판 2009.8.20. 2008다51120,51137, 51144,51151 226
대판 2009.9.10. 2007다71 105
대판 2009.9.10. 2009다30762 39

대판 2009.9.24. 2009다15602 399
대판 2009.10.15. 2009다42703,42710 343
대판 2009.11.12. 2009다42765 1
대판 2009.11.26. 2008다24494 195
대판 2009.11.26. 2009다59350 282
대판 2009.12.10. 2009다64925 51
대판 2010.1.14. 2007다55477 374
대판 2010.1.28. 2009다78948 52
대판 2010.2.11. 2009다68408 303
대판 2010.2.11. 2009다82046,82053 204
대판 2010.4.8. 2009므3652 146
대판(전) 2010.4.22. 2008다38288 10
대판 2010.4.29. 2009다91828 38, 83
대판 2010.4.29. 2009다99105 96
대판 2010.4.29. 2009다101343 324
대판 2010.4.29. 2009므639 146
대판 2010.5.13. 2009다78863,78870 52, 219
대판 2010.5.27. 2007다66088 398
대판 2010.5.27. 2009다12580 389
대판 2010.6.10. 2010다15363,15370 52, 63
대판 2010.6.24. 2008다23729 136
대판 2010.7.8. 2007다55866 167
대판 2010.7.22. 2007다70445 164
대판 2010.7.22. 2010다13527 211
대판 2010.7.29. 2008다18284,18291 189
대결 2010.8.25. 2008마1541 53, 116
대판 2010.9.9. 2008다6953 230
대판 2010.9.9. 2008다77795 212
대판 2010.9.9. 2008다84236 22
대판 2010.9.9. 2010다29201 39
대판 2010.11.25. 2008다67828 212
대판 2010.12.9. 2007다42907 132
대판 2010.12.9. 2010다57626 386
대판 2010.12.23. 2009다10928,10935, 10942,10959 132
대판 2011.1.13. 2008다36930 52
대판 2011.5.13. 2009다100920 172
대판 2011.5.13. 2011다2517 236
대판 2011.7.28. 2010다76368 220
대판 2011.9.29. 2008다16776 92
대판 2011.10.13. 2010다63720 55
대판 2011.11.24. 2009다70906 148
대판 2012.1.12. 2010다79947 43
대판 2012.1.27. 2009다82275 153
대판 2012.2.9. 2011다14671 220
대판 2012.3.29. 2010다4608 345
대판 2012.3.29. 2010다20044 55
대판 2012.4.26. 2010다8709 9
대판 2012.5.9. 2010다57787 158
대판 2012.6.28. 2010다58056 335
대판 2013.3.14. 2010다101011 230
대판 2013.4.26. 2011다29666 148
대판 2013.7.12. 2006다17539 370
대판 2013.10.11. 2013다42755 340
서울고판 2005.6.22. 2005나9168 114
서울중앙지판 2006.8.10. 2005가합16572 116

서울중앙지결 2009.11.23. 2009카합 2880 114
서울지결 1995.6.23. 94카합9230 114
서울지판 1995.6.23. 94카합9230 116
헌재결(전) 2007.8.30. 2004헌가25 337

저자약력(가나다 순)

강봉석
서울대 법대 졸업
법학박사(독일 Göttingen대)
(현) 홍익대학교 법과대학 교수

김태선
서울대 법대 졸업
변호사
(현) 중앙대학교 법학전문대학원 교수

김학동
서울대 법대 졸업
법학박사(서울대)
(현) 서울시립대학교 법학전문대학원 교수

김형석
서울대 법대 졸업
법학박사(독일 Trier대)
(현) 서울대학교 법과대학/법학대학원 교수

박인환
연세대 법대 졸업
법학박사(서울대)
(현) 인하대학교 법학전문대학원 교수

신권철
서울대 법대 졸업
법학박사(서울대), 변호사
(현) 서울시립대학교 법학전문대학원 교수

엄동섭
서울대 법대 졸업
법학박사(서울대)
(현) 서강대학교 법학전문대학원 교수

이상욱
영남대 법대 졸업
법학박사(경북대)
(현) 영남대학교 법학전문대학원 교수

이은희
서울대 법대 졸업
법학박사(서울대)
(현) 충북대학교 법학전문대학원 교수

이준현
연세대 법대 졸업
법학박사(독일 Freiburg대)
(현) 서강대학교 법학전문대학원 교수

임성권
서울대 법대 졸업
(현) 인하대학교 법학전문대학원 교수

전경근
서울대 법대 졸업
법학박사(서울대)
(현) 아주대학교 법학전문대학원 교수

정소민
서울대 법대 졸업
변호사
(현) 한국외국어대학교 법학전문대학원 교수

로스쿨 불법행위법

2014년 8월 11일 초판 인쇄
2014년 8월 25일 초판 발행

저 자 김학동 외
발행인 이 방 원
발행처 세창출판사
서울 서대문구 경기대로 88 냉천빌딩 4층
전화 723-8660 팩스 720-4579
E-mail: sc1992@empal.com
Homepage: www.sechangpub.co.kr
신고번호 제300-1990-63호

정가 29,000 원 ISBN 978-89-8411-481-4 93360